陈梧桐　著

秋实集

河南文艺出版社
·郑州·

自　序

　　这是拙著《散叶集》梓行之后发表的一些文章,个别篇什是此前几个集子漏收的,将其结集出版,酝酿于2017年的金秋时节,故名《秋实集》。

　　本集收录的40余篇文章,按内容和体裁,分为三辑。第一辑"史事考论"18篇,涉及的全都是中国古代史,主要是明史的论题,既有史实的考辨,又有史事的论述。其中,《刘基死因考》《胡惟庸党案再考》《蓝玉党案再考》三篇,涉及史学界长期争论不休的课题,笔者"上穷碧落下黄泉",竭泽而渔地搜寻资料,通过细致的排比分析,去伪存真,力图拨开重重迷雾,还原历史真相,揭示真实之谜底。《朱元璋复兴传统文化的历史功绩》一文,是近年经过反复思考之后写成的。"文化大革命"刚刚结束时,我开始研究朱元璋。由于尚未完全摆脱极左思潮的束缚,对朱元璋恢复中国传统文化,主张独尊儒术,提倡尊孔崇儒,施行礼法之治、振兴文教、移风易俗诸多举措,都笼统地把它们作为强化文化专制的手段加以否定,不仅撰写《论朱元璋的文化专制》①的论文,而且在《洪武皇帝大传》一书中辟有《残暴的文化专制》专节,详加论述和抨击。后来,随着改革开放的不断深入,思想的日渐解放,我意识到,对朱元璋复兴传统文化的这种评价不够客观,有失公允。因此,在撰写《洪武皇帝大传》的增订本《洪武大帝朱元璋传》时,就删去了《残

---

　　① 《学术月刊》1980年第4期;拙著《朱元璋研究》,天津人民出版社1993年11月版,第140—155页。

暴的文化专制》一节,而将其倡导尊孔崇儒及施行礼法之治、振兴文教、普施教化等一系列措施,分散在有关章节加以论述,予以适当的肯定。但在最后一章末节《一生的功过评价》中,还只专条论述其"推行教化,振兴文教,淳厚风俗"的功绩,没有只字涉及对其尊孔崇儒、施行礼法之治的评价,可见对他复兴传统文化之举的评价仍是有所保留的①。近年来,随着国学热的升温,传统文化的价值日益凸显。笔者进一步认识到,朱元璋针对元朝统治者施行"内蒙外汉"、蒙古文化本位之基本国策,把儒学与儒士边缘化,压制与阻滞以儒学为主干的传统文化发展的现实状况,重拾华夏文化的传统,大力提倡尊孔崇儒,施行礼法之治,并辅之以兴办学校、推行科举、普施教化、移风易俗等措施,使传统文化开始全面走向复兴,他的一系列举措还被后继者作为"祖训"加以沿袭,儒家思想特别是程朱理学得到广泛深入的传播,并且渗透到边疆的少数民族地区,进一步增强各民族对以儒学为主干的中华文化的认同感。正是由于儒家思想的深刻影响,当明朝的统治被大顺农民军推翻之后,入关的清朝统治者虽也坚守满族文化,并对广大汉族施行民族压迫,但实行的却是"外满内汉"的基本国策,儒学的独尊地位并未改变,以儒学为主干的传统文化仍在缓慢而曲折地向前发展。因此可以说,如果没有朱元璋复兴传统文化的决策及其相应的措施,我们看到的传统文化未必就是现在的面貌。所以,对朱元璋复兴传统文化的历史功绩,应当给予充分的肯定。基于这种新的认识,2017 年笔者推出《朱元璋传》一书,便将尊孔崇儒、振兴文教、施行教化、全面复兴传统文化,作为朱元璋登基称帝后的四大历史功绩之一,充分加以肯定②。随后,又结撰此文,对朱元璋的这一历史功绩展开全面系统的论述。第二辑"序言书评"18 篇,除一篇是为家乡的陈氏族谱所写的序言之外,其余全都是为史学界同行或学生的论著所写的序言或书评。我认为,史学工作者不仅要在自己的专业领域进行深入的研究,写出有独到的创新之见的论著,推动本学科的发展,同时也应关注本学科同行和相邻学科的研究状况与学术成果,以增长自己的知识,借鉴他人的研究方法。因此,凡有学生或同行邀笔者为他们的论著撰写序言或书评,我都未加推辞。在认真研读的基础上,以实事求是的态度,既充分肯定其学术成就特别是敢于突破前人成说的创新之见,同时也适当指出其缺陷与不足,冀其能更上层楼。第三辑"其他杂叙"10 篇,内容较杂。《与中学教师谈论文的写作》是应人民

---

① 拙著《洪武大帝朱元璋传》第十五章,贵阳:贵州人民出版社 2005 年版,第 824—825 页。
② 拙著《朱元璋传》第十四章第三节,郑州:河南文艺出版社 2017 年 3 月版,第 386 页。

教育出版社期刊分社副社长李洁之约而写的。此前,我曾为我校历史文化学院的学生做过一个如何写作史学论文的报告,学生反映不错,认为对他们学习论文的写作很有帮助,有学生便整理出一篇简要的记录稿,放到历史文化学院学生会的网站上。李洁见到网上的这篇记录稿就找到我,要求笔者加以整理扩充,在前头加上一小段,论述中学教师在教学之余,应该搞点学术研究,交给他们的《课程·教材·教法》发表。我花了一周的时间,将稿子整理完毕,她带回编辑部送审。主编郭戈非常欣赏,把它作为特稿,发表在该刊 2017 年第 8 期。《猪见糠,喜洋洋》《从兴王世子到大明皇帝》两篇,记述元末朱元璋与陈友谅的鄱阳湖之战和明中期嘉靖皇帝的家世、藩邸生活及登基继统的过程。《怀念韦庆远教授》与《无尽的追思深切的怀念》两篇,记述笔者同韦庆远、张海鹏两位同行挚友的情谊,表达了对他们的无尽追思。最后的一篇附录,是中国文化报社记者对笔者的采访记录,反映了本人对朱元璋生平事功的看法。

书中的文章绝大多数此前已在报纸杂志上发表过,只有《从兴王世子到大明皇帝》是未曾发表的手稿。20 世纪的 90 年代,我在《洪武皇帝大传》出版后,曾拟撰写一部嘉靖皇帝的大型传记,并草成开头的第一章《从兴王世子到大明皇帝》送某出版社审读,他们看过之后表示将来书成可予出版。我主张,撰写明代的人物传记,不能仅靠实录、正史和几本野史笔记的记载,而应全面搜寻当时的文集、方志以及相关的史籍,竭尽所能地穷尽所有的资料,再经过缜密的考订,细致的分析,由表及里,从现象到本质,进而准确地把握传主一生的活动轨迹和思想变化,写出一个有血有肉、鲜活生动的人物形象。同时,历史人物传记的写作,不能仅限于记述传主个人的活动,还应写出当时的时代风貌与诉求,反映传主活动与时代风云的互动关系,说明他如何回应时代的诉求,是推动还是阻滞历史车轮的前进,对其是非功过作出客观、公正的评判。嘉靖皇帝在位时间仅次于万历皇帝,长达 45 年,许多大臣和文人的奏疏、文集都还存留于世,还有数量繁多的各种史籍。20 世纪 90 年代,这些古籍尚未大量校点或影印出版,人们只能到各大图书馆去查阅、摘录。正当我拟出计划,准备系统地查阅这些史籍时,校党委组织部找我谈了三次话,要我出任历史系主任,主持创办"国家文科基础学科人才培养和科学研究基地(历史学)"。我推辞不掉,只得走马上任,挑起这副担子。整天杂务缠身,系统查阅嘉靖朝古籍的计划只能搁置一旁。待到卸下系主任的担子,又忙于《黄河传》的写作和《洪武皇帝大传》的修订。此时,市面上除了已出的一部《嘉靖皇帝大传》外,又相继出现两部嘉靖皇帝的传记,我对嘉靖传的写作兴趣因此锐减,进而决定放弃。嘉靖传记的写作计划终于化为泡影,仅留下开篇第一章的手稿。现在拣出一读,回想这段经历,心中五味杂陈,既有欢愉,也有苦涩,更有遗憾,故将此文收入集子,作为这段经历的纪念吧!

河南文艺出版社社长陈杰和编辑部主任杨彦玲,因约请笔者撰写《朱元璋传》而相识。她们不仅工作认真细致,而且待人热情诚挚。当我提出出版这部《秋实集》时,她们慨然应允,令我十分感动。书稿发到出版后,责编梁素娟又花费不少心血,认真细致地作了编辑加工。在此,谨对她们表示衷心的谢意。

集子里的文章因为写于不同的时间,发表于不同的报纸杂志,注释的格式纷繁复杂,有页下注、篇后注,还有夹注,这次整理结集,一律改为页下注,并删去文章开头的"内容提要"和"关键词"。但各篇文章征引的有些资料虽出自同一部古籍,使用的却非同一版本,因为这些古籍有许多是在图书馆查阅的,经常会遇到你这次查阅的是这个版本,过些时候这个版本让别人借走了,你只能查阅另一个版本的情况。这次整理文稿,各篇文章征引古籍所注的版本一仍其旧,不加统一。

陈梧桐

于北京市海淀区民族大学西路书斋

2018 年 1 月 25 日

目　　录

史事考论

序言书评

杂叙

附　录

史 事 考 论

朱元璋起义早期在巢湖地区的活动

　　朱元璋最初是抱着保全性命的动机,到濠州(今安徽凤阳临淮镇)投奔郭子兴的起义队伍的。后来在南下定远扩兵和攻取滁州的途中,听取冯国用和李士元(后改名李善长)的建议,萌生谋取天下的思想,并做出先拔金陵(今江苏南京)以为根本,然后四出征伐,取得天下的战略决策。但是,要实施这个战略决策,必须有按照自己的意志指挥调遣部队的绝对权力,并且拥有数量可观的船只,这是当时的朱元璋所不具备的。只有待到计取和州,朱元璋进入巢湖地区之后,他才逐步创造出这样的两个基本条件,从而将其战略决策付之于实施。朱元璋在巢湖地区五个月的活动,无疑是其势力崛起的一个重要节点,值得进行认真的研究。

计取和州之前的起义活动

　　元朝末年,是个阶级矛盾和民族矛盾普遍激化的年代。朝政腐败,土地集中,赋役和地租征敛苛重,水灾、旱灾、瘟疫频繁发生,"贫者愈贫,富者愈富"①,广大农民连简单

---

① 〔明〕危素:《危太仆文集》卷九,《书张承基传后》,嘉业堂刻本。

再生产都难以维持,纷纷揭竿而起,开展小规模的反抗斗争。至正十一年(1351)四月,因黄河年久失修,经常决口泛滥,元廷征发 13 万民夫去修治黄河,派遣 2 万士兵监工。民夫在官吏和监工的督促下从事繁重的劳动,"手足血流肌肉裂"①,怨声载道。白莲教首领韩山童及其门徒刘福通等,乘机进行宣传鼓动。他们提出"复宋"的口号,并发布檄文,抨击"贫极江南,富称塞北"②的不平等现象,号召广大农民起来推翻元朝的黑暗统治。不幸消息泄露,官府派兵搜捕,韩山童被捕牺牲。刘福通等率众突围,于当年五月攻占颍州(今安徽阜阳),正式点燃元末农民大起义的烈火。各地农民纷纷响应,很快就涌现出无数支起义队伍。其中,信奉白莲教的起义军,因头裹红巾,被称为"红军""红巾军",主要有活动于江淮一带的以刘福通为首的北方红巾军和活动于江汉一带的以徐寿辉、彭莹玉为首的南方红巾军。另外还有不信奉白莲教的起义军,主要有起兵于庆元(今浙江宁波)的方国珍起义军和起兵于高邮(今属江苏)的张士诚起义军。这些起义军都各自为战而又互相呼应,共同对元朝的统治发起猛烈的冲击。

在刘福通起义的第二年即至正十二年正月,定远土豪郭子兴联合孙德崖、俞某、曹某和潘某四人起兵响应,二月攻占濠州,并称节制元帅,组建红巾军,属北方红巾军系统。闰三月,贫苦农民出身的穷和尚朱元璋,前往濠州投奔郭子兴,充当一名普通的步卒。未几,得到郭子兴的赏识,被收为亲兵,授予最低一级的军衔九夫长。郭子兴每次带兵出战,他都"从旁翼卫,跳荡无前,斩首捕生过当"③,立下不少战功。郭子兴常召与谋事,久之甚见亲爱,"凡有攻讨,即命以往,往辄胜,子兴由是兵益盛"④。郭子兴遂将养女马氏嫁给他,收他为心腹,军中称之为"朱公子"。

濠州红巾军的五个节制元帅,孙德崖与俞某、曹某、潘某的名位皆在郭子兴之上。土豪出身的郭子兴,认为他们都"起自农亩,性粗憨"⑤,从骨子里瞧不起他们,加上他性"素刚直,不屈人下"⑥,"每议事,独与四人异,四人多不悦,协谋倾子兴"。朱元璋多方调解,总不见效,"自是意愈不协,至相猜防"。九月,元兵攻破徐州,徐州红巾军首领彭

---

①　[元]廼贤:《金台集·新堤谣》,[清]顾嗣立:《元诗选》初集戊集,香野草堂刻本。
②　[明]叶子奇:《草木子》卷三上,《克谨篇》,北京:中华书局 1959 年版,第 50—51 页。
③　[清]谈迁著,张宗祥校点:《国榷》卷一,至正十二年闰三月甲戌,北京:中华书局 1958 年版,第 262 页。
④　《明太祖实录》卷一,壬辰年二月乙亥,台北:"中央研究院历史语言研究所"1962 年校勘本。
⑤　《明太祖实录》卷一,壬辰年二月乙亥。
⑥　[明]张来仪:《滁阳王庙碑》,[明]焦竑编:《献征录》卷一,上海书店 1987 年影印本。

大、赵均用率余众投奔濠州。"二人本以穷蹙来奔,德崖等四人与子兴反屈己下之,事皆禀命,反为所制"①。彭大颇有智术,专权自断,赵均用唯唯诺诺,事无主见。郭子兴瞧不起赵均用而厚待彭大,赵均用因此怨恨郭子兴,亲近孙德崖等人。孙德崖等四人遂与赵均用合谋,乘朱元璋率部外出征战之机,派人逮住郭子兴,关到孙德崖家里,准备偷偷将他杀掉。朱元璋闻讯,急回濠州,找彭大求救。彭大带兵包围孙家,朱元璋爬上屋顶,揭瓦掀椽下到屋里,把他解救出来。到了冬天,元兵包围濠州,几个起义军首领才暂时抛开嫌怨,共同抵御元兵的进攻。

濠州的几个起义军首领都缺乏远大的斗争目标,只图剽掠财物,据地称王。他们不仅互不团结,常闹摩擦,而且驭下无方,军纪败坏。郭子兴、孙德崖的队伍常"哨掠四乡,焚烧闾舍,荡尽民财,屋无根椽片瓦,墙无立堵可观"②,彭大、赵均用也"驭下无道,所部多暴横"③,因此队伍很难发展壮大。朱元璋"心窃鄙之"④,觉得他们将来难成气候,决心另行组建一支守纪律、听指挥的队伍。至正十三年五月,元军解围他去,濠州转危为安。六月,朱元璋即返回钟离东乡(今安徽凤阳小溪河镇燃灯社区金桥)老家招募徐达等700人为兵,被升为镇抚,正式成为一名带兵的小军官。年底,他将这700人交给别的将领统率,自己带着同乡汤和与在家乡招募的徐达等24人,南下定远扩展势力。他因病中途返回濠州,康复后于至正十四年五月被擢任总管,六月再度南下定远。由于他"每遇敌,智勇奋出,身先士卒",缴获的战利品,又"皆无取,辄令分给群下"⑤,颇得部众的拥戴,因而所向克捷,先后攻克定远县城及驴牌寨、横涧山、洪山寨等,收降几支地主武装,并"倡农夫以入伍","不逾月而众集,赤帜蔽野而盈冈"⑥。朱元璋从招募的农夫和收降的地主武装中挑选精壮男子万名,严加训练,"令知纪律",同心协力,"以建功业"⑦,然后率领他们杀向东南,于七月间攻占滁州。

在攻略定远、滁州的过程中,冯国用、冯国胜(后改名冯胜)兄弟与李士元等先后前

---

① 《明太祖实录》卷一,壬辰年二月乙亥。
② [明]朱元璋:《纪梦》;钱伯城等主编:《全明文》第一册,卷一二,上海古籍出版社1992年版,第177页。
③ 《明太祖实录》卷一,癸巳年六月丙申。
④ 《明太祖实录》卷二六,吴元年十月甲子。
⑤ 《明太祖实录》卷一,癸巳年六月丙申。
⑥ [明]朱元璋:《皇陵碑》,《全明文》第一册,卷一二,第172页。
⑦ 《明太祖实录》卷一,癸巳年六月丙申。

来投奔。冯国用兄弟"俱喜读书，通兵法"，李士元"少读书，有智计，习法家言"，朱元璋令冯国胜带兵打仗，而将冯国用、李士元留置幕府充当参谋。冯国用献策曰："金陵龙蟠虎踞，帝王之都，先拔之以为根本，然后四出征伐，倡仁义，收人心，勿贪子女玉帛，天下不足定也。"①李士元也进言："秦乱，汉高起布衣，豁达大度，知人善任，不嗜杀人，五载成帝业。今元纲既紊，天下土崩瓦解。公濠产，距沛不远。山川王气，公当受之。法其所为，天下不足定也。"②朱元璋当初投奔起义，不过是"本图自全，非有意于天下"③，"罔知王业之事何如，不过苟全性命而已"④，听取他们的建议后，眼界大开，开始萌生谋取天下，推翻元朝统治，夺取全国最高统治权的思想。而要谋取天下，除了"豁达大度，知人善任，不嗜杀人"，"倡仁义，收人心，勿贪子女玉帛"之外，还需"先拔金陵以为根本"，也就是攻取龙蟠虎踞的金陵作为自己的根据地，因为在敌强我弱而又群雄并立的形势下，要想立于不败之地，并逐一击败对手，取得最后的胜利，必须拥有一个比较稳固的根据地，为进行持久的战争提供人力、物力和财力的支持。从此，一个先拔金陵以为根本，然后四出征伐，取得天下的战略决策，在朱元璋的脑海里开始酝酿形成。朱元璋深知，自己目前只是郭子兴手下的一名小军官，既没有一支听从自己号令的武装队伍，更缺少一支数量可观的船队，无法将这一战略决策付诸实施。但他决心尽最大的努力，积极创造实施的条件。

就在朱元璋攻打定远、滁州之时，彭大和赵均用、孙德崖等人已领兵攻占了盱眙、泗州。赵均用与孙德崖还趁朱元璋不在濠州之机，将郭子兴挟持到泗州。他们几次想杀郭子兴，但碍于朱元璋在滁州拥有几万兵马，不敢动手，就派人请朱元璋带兵去守盱眙、泗州，拟就近将他除掉。朱元璋"以二人粗暴浅谋，不可与共事，辞弗往"。不久，郭子兴所依靠的彭大，在同赵均用的火并中死去，郭子兴的处境更加险恶。朱元璋忙派人去见赵均用，劝他不要忘记郭子兴当初开门迎纳的恩德，恩将仇报；否则，一旦郭子兴遇害，其部众不服，他自己也将难以安生。赵均用这才改变态度，"待子兴稍以礼"⑤。朱元璋

① [清]张廷玉等：《明史》卷一二九，《冯胜传附冯国用传》，北京：中华书局1974年版，第3795页。
② 《明史》卷一二七，《李善长传》，第3769页。
③ 《明太祖实录》卷五八，洪武三年十一月戊戌。
④ [明]秦锡田：《秦景容先生事迹考·遗事篇·明太祖高皇帝御制礼请前元臣秦裕伯书》，杨讷、陈高华编：《元代农民战争史料汇编》下编，北京：中华书局1985年版，第328页。
⑤ 《明太祖实录》卷一，癸巳年六月丙申。

又派人贿赂赵均用左右亲信,让他们替郭子兴说好话,赵均用终于答应放他去滁州。

七月,郭子兴带领 1 万部众来到滁州,朱元璋将自己的兵马献出。他"阅上(朱元璋)所将兵 3 万余,号令严明,军容整肃,乃大悦"①。但仅过一个月,由于听信谗言,加上其子郭天叙、妻弟张天祐的挑拨离间,不能容人的郭子兴又疏远朱元璋,不仅将他身边的将校和幕僚调走,而且不让他带兵出战。有一天,竟将朱元璋囚禁起来,断绝其饮食,幸赖马夫人偷偷送去炊饼,才未被饿死。朱元璋处处小心谨慎,对郭子兴毕恭毕敬,马夫人还拿出自己的私房钱,孝敬郭子兴的正室张氏,郭子兴这才逐渐消除对朱元璋的猜忌。

十一月,元右丞相脱脱统率百万大兵在高邮大败张士诚,分兵围六合。此时六合在赵均用、孙德崖手里,他们眼看挡不住元兵的攻势,派人来滁州求救。郭子兴与赵、孙有隙,拒绝出兵。朱元璋从大局出发,认为"雄虽异处,势同一家"②,而且六合与滁州唇齿相依,六合在滁州东南,是滁州的屏障,不能不救,劝郭子兴说:"六合受围,无救必毙,六合既毙,次将及滁,岂可以小憾而弃大事?"③郭子兴这才答应出兵。但诸将慑于百万元兵的威势,无人肯领兵赴援。最后还是朱元璋亲自出马,带兵前往六合驰援。经过一阵激战后,他用计诱骗元兵撤退。

郭子兴眼光短浅,"无意远略",见元兵撤退,就想在滁州据地称王。此时,反元起义刚刚发动几年,元朝的军事力量尚占优势,百万元兵还在高邮,一旦据地称王,树大招风,就会引起元廷的注意,遭受元军的围攻。况且,滁州的经济、军事、地理条件也不理想,不是个长期立足之地。朱元璋极力劝阻,对郭子兴说:"滁,山城也,舟楫不通,商贾不集,无形胜可据,不足居也!"④郭子兴听后沉默不语,据地称王之事只好暂时放下,静待时局的变化。

---

① 《明太祖实录》卷一,癸巳年六月丙申。
② 《皇明本纪》,[明]邓子龙辑,许大龄、王天有主点校:《国朝典故》上册,卷二,北京:北京大学出版社1993 年版,第 20 页。
③ 《明太祖实录》卷一,甲午年十月。
④ 《明太祖实录》卷一,甲午年十月。

计取和州，升任左副元帅

至正十四年底，由于元朝统治集团的内部矛盾，脱脱被罢官，围攻高邮的百万元兵一哄而散。自此"元兵不复振矣"①，各地起义军纷纷乘机出击。至正十五年二月，刘福通率领的北方红巾军，迎韩山童之子韩林儿，立为皇帝，号小明王，在亳州建立政权，定国号宋，纪年龙凤。随后遣使联络各地的红巾军，力图把周围的起义力量团结在自己的旗帜下，协同作战，对元朝的统治发动更有力的进攻。

随着斗争高潮的再起，郭子兴、朱元璋主动出击，向外发展势力。当时郭子兴的4万多军队困守滁州，粮食非常紧张，几个首领集议出击的方向。"子兴言计多失"，朱元璋"数谏之，子兴不听"②，他郁闷异常而病倒。郭子兴派人召他商讨出师的计策，他以疾辞。郭子兴再三下令召见，他才勉强支撑病体前往议事。郭子兴命他定计，他从先拔金陵以为根本的目标出发，建议南下攻取和州。和州东临长江，为"淮南要冲，江表藩蔽。渡横江（在和州东南）而出采石（今安徽马鞍山市南长江东岸），济滁口而向金陵，则长江不固矣"，是"建康、姑孰之门户"③。要想攻拔金陵，就必须先拿下和州。他对郭子兴说："困守孤城，诚非计。今欲谋所向，惟和阳（和州治所，元代称历阳）可图，然其城小而坚，可以计取，难以力胜。"历阳向为兵家必争之地，城池虽小却十分坚固，又有元平章也先帖木儿带领重兵把守，易守难攻。郭子兴问他如何计取，他答曰："向攻民寨时，得民兵号二，其文曰'庐州路义兵'。今拟制三千，选勇敢士，椎发左衽，衣青衣，腹背悬之，佯为彼兵，以四橐驼载赏物，驱而行，使人声言庐州兵送使者入和阳赏赉将士，和阳兵见之，必纳无疑。因以绛衣兵万人继其后，约相距十余里，俟青衣兵薄城，举火为应，绛衣兵即鼓行而趋，取之必矣。"④郭子兴点头称"善"，于是命其妻弟张天祐率领穿着庐州地主武

---

① ［明］俞本：《明兴野记（纪事录）》卷上，（美）陈学霖：《史林漫识》附录三，北京：中国友谊出版公司2001年版，第109页。

② 《明太祖实录》卷二，乙未年正月戊午。

③ ［清］顾祖禹撰，贺次君、施和金点校：《读史方舆纪要》卷二九《南直一一·和州》，北京：中华书局2005年版，第1417—1418页。

④ 《明太祖实录》卷二，乙未年正月戊午。

装"义兵"青衣的 3000 士兵,派赵继祖冒充慰问历阳守军的使者,导之前行,命耿再成率领万名穿红巾军红色衣裳的士兵继后,浩浩荡荡地向历阳进发。

至正十五年正月二十一,张天祐率领的青衣兵到达历阳西南的陟阳关,当地乡绅误以为他们真是庐州"义兵",携带牛酒出迎。张天祐带领士兵从他道就食,未能按约定的时间抵达历阳。耿再成带领绛衣兵走近历阳,见不到火光信号,以为张天祐早已进城而自己迟到,即率众直趋城下。也先帖木儿下令关闭城门,用飞桥缒下元兵出战。耿再成率部与战失利,自己身中流矢而退。元兵追击三十多里,到千秋坝已日落西山,只好收兵返回。这时,张天祐率领的青衣兵刚好赶到,急忙追击,一直追到历阳城的小西门。城上守兵慌忙拉起吊桥,青衣兵一拥而上,总管汤和举刀砍断其绳索,张天祐等乘机飞速冲过吊桥,登上了历阳城楼。也先帖木儿仓皇失措,趁着夜色弃城而逃。

耿再成战败后,他的士卒回到滁州汇报战况,谓:"天祐等皆陷没",郭子兴大惊失色。接着,又传来"元兵且至,遣使者来招降"的消息,郭子兴更加恐慌,急召朱元璋商量对策。当时城中主要兵力已派去攻打历阳,守备单弱,朱元璋令"合滁三门兵于南门,使填塞街市",然后让元朝使者膝行入见郭子兴。众士卒想杀掉使者,朱元璋说:"兵出城虚,若杀其使,彼将谓我怯,杀之以灭口,是速其来也,不如纵之归,扬以大言,彼必畏惮不敢进。"郭子兴依计放走使者,"明日,元兵遁去"①。

滁州虽然保住了,但郭子兴没有得到张天祐等已攻拔历阳的消息,又命朱元璋率领2000 士兵前去收集溃散的士卒,并规取历阳。朱元璋在半道收集耿再成的败兵上千人,加上自己带领的 2000 人,合共 3000 人向历阳挺进。度越陟阳关后,"命诸将皆息,期初昏人燃十炬为疑兵"。待诸将歇息后,他径自带领镇抚徐达、参谋李士元及骁勇数十人前往历阳。日暮抵达历阳城下,才知道城池已被张天祐等人攻克,便派人传呼张天祐。张天祐等急忙打开城门,迎朱元璋入城,"明日抚定城中"②。不久,元兵来袭,从城西门越过护城河,转攻北门。朱元璋下令打开北门,纵兵迎击,元兵被挡在护城河前,遭到惨败,狼狈逃窜。朱元璋派人向郭子兴报捷,郭子兴擢升朱元璋为镇守和州的总兵官。

朱元璋虽然升任总兵官,但年纪轻、资历浅,驻守和州诸将颇不服气,他们仗着是郭子兴的老部下,年岁又比朱元璋大,根本不把他放在眼里。特别是郭子兴的妻弟张天祐

---

① 《明太祖实录》卷二,乙未年正月戊午。
② 《明太祖实录》卷二,乙未年正月戊午。

不仅年岁比朱元璋大许多,而且历阳又是他首先攻克的,对朱元璋更不服气。只有同乡汤和、徐达等人对他格外尊重,奉命唯谨,还有比他长 14 岁的李士元,尽力为他斡旋,调解诸将的关系。为了树立自己的威信,朱元璋"密令人悉撤去厅事公座,唯以木榻置于中"。"及五鼓,诸将皆先入,上独后至。时座席尚右,诸将悉就座,唯虚坐末一席,上即就座不为异。遇公事至,诸将但坐视如木偶人,不能可否,独上剖决如流,咸得其宜,众心始稍屈服"。接着,朱元璋与诸将商议修筑城池的事,约定每人负责一段,限定三天之内完工。过了三天,只有朱元璋一段由徐达督工修完,其他几段均未完工。他拿出郭子兴的令牌,严肃地对诸将说:"总兵,主帅命也,非我擅专。且总兵大事,不可无约束。今甓城皆不如约,事由何济? 自今违令者,即以军法从事!"①诸将自知理亏,惶恐不安,谁也不敢吭声,朱元璋的威信逐渐树立起来了。

驻守历阳的部队,除了朱元璋原先训练的队伍具有严明的纪律外,其他队伍的纪律都很差。历阳城破时,"暴横多杀人,城中人民夫妇不相保"②,闹得人心惶惶。在滁州投奔的儒士范常,对朱元璋说:"得一城而使人肝脑涂地,何以成大事?"③朱元璋即召集诸将,宣布:"今城破,凡有所得妇人女子,惟无夫、未嫁者许之,有夫妇人不许擅配!"④然后将军中所掠的有夫之妇,全部释放回家。历阳的民心很快安定了下来。

元兵不甘心历阳之失,出动 10 万大军,想重新夺回这个战略要地。朱元璋指挥 1 万军队,坚守三个月。他不时用奇兵出击,元兵连吃败仗,伤亡惨重,到夏天解围他去。此时,和州发生严重粮荒,元太子秃坚、枢密副使绊住马及地主武装"民兵"元帅陈埜先又先后派兵屯驻附近的新塘、高望及历阳东北的青山、西北的鸡笼山等地,扼住通往和州的各处要道,使历阳无法得到粮食。朱元璋亲自带兵向西北出击,招降鸡笼山的元兵,重新打通了粮道。附近的元兵攻打历阳,又被李士元率众击败。不久,元兵渡江撤往江南,和州这才转危为安。

濠州节制元帅孙德崖正为缺粮犯愁,得到朱元璋镇守和州的消息,率部前来就食。他将部队安置在历阳城外的民家,自己带着亲兵请求入城借住三个月。朱元璋见他人

---

① 《明太祖实录》卷二,乙未年正月戊寅。
② 《明太祖实录》卷二,乙未年正月戊寅。
③ 《明史》卷一三五,《范常传》,第 1917 页。
④ 《皇明本纪》,《国朝典故》上册,第 23 页。

多势众,只好应允。几个妒忌朱元璋战功者,向郭子兴进谗,说他投降了孙德崖。郭子兴立刻从滁州赶来,责问朱元璋:"汝罪何逃?"朱元璋说:"诚有罪,然家事缓急可理,外事当速谋。"郭子兴问:"何谓外事?"他答道:"孙德崖在此,昔公困辱濠梁,某实破其家以出公,今相见宁无宿憾? 此为可忧。"①郭子兴听后沉默不语,算是解除了对他的怀疑。

孙德崖得知郭子兴到达历阳,心里非常不安,决定率部移往他处。朱元璋担心有变,连忙让郭子兴做好防备,自己赶去见孙德崖,对他说:"今两军合处城中,而一军尽起,恐下人有不谐者,公当留后,令军先发。"孙德崖答应。待孙德崖的部队离城后,朱元璋与几个饯行者一起出城为孙德崖送行。刚走出二十多里地,传来郭子兴与孙德崖两军相斗的消息,朱元璋忙策马而返,半道被孙德崖的弟弟逮住。孙德崖弟弟原想把朱元璋杀掉,随后得知孙德崖已被郭子兴逮捕,这才未杀朱元璋。后来,他听从部下的劝告,放朱元璋回历阳,"子兴亦释德崖去"②,这场风波才算平息下来。

郭子兴当初逮住孙德崖,本想将他杀掉,以报上次在濠州被囚之仇,不想朱元璋为其弟所执,只得作罢,因此"心常怏怏,忧闷致疾"③,在三月间不治身亡。郭子兴病逝后,朱元璋代领其军。"孙德崖欲统其军,子兴之子闻之,惧不能辩,乃以书递上代辩之。上方与元兵战,诸将闻上欲往,不悦,乃止。"此时,宋政权丞相杜遵素从亳州派来使者,让去人商议论功封帅之事。诸将问张天祐:"公度自能率众御元兵乎? 不然,公当往。"④张天祐自忖没有指挥作战的能力,只得动身前往亳州,朱元璋在历阳带兵戍守,并出击西南诸寨,接连获胜,巩固了和州的阵地。

四月,张天祐从亳州带回杜遵素颁给的小明王檄文,册封郭子兴之子郭天叙为都元帅,张天祐为右副元帅,朱元璋为左副元帅。《明太祖实录》记载此事说:"上曰:'大丈夫宁能受制于人耶!'遂不受。"⑤《明史·太祖纪》照抄这段记载后,加了一句:"然念林儿势盛可倚藉,乃用其年号以令军中"⑥。高岱《鸿猷录》则谓:"上曰:'大丈夫宁受制于人

①　《明太祖实录》卷二,乙未年正月辛巳。
②　《明太祖实录》卷二,乙未年正月辛巳。
③　《明太祖实录》卷二,乙未年正月辛巳。
④　《明太祖实录》卷三,乙未年四月丁丑。
⑤　《明太祖实录》卷三,乙未年四月丁丑。
⑥　《明史》卷一,《太祖纪》一,第4页。

耶!'却不受。郭某、天祐受之"①。一支队伍的三个头领,不可能两个接受小明王的封号,而另一个拒不接受,还可一起共同指挥作战。既然郭天叙、张天祐接受小明王的册封,朱元璋也应该是同他们一起接受册封的。再说如不接受小明王的封号,又怎么能使用其年号呢? 谈迁《国榷》则记为:"公子(指朱公子元璋)见檄不受,曰:'大丈夫不副人!'诸将曰:'明公方欲渡江,举吴楚,兼瓯越,今滁和间已属我,不受宋命,生一敌也,缓急犹可倚。夫公方举大事,奈何彼示外耶? 公子仅用其元纪年。'"紧接着这段记载之后,谈迁有段评论,曰:"诸家云,圣祖不受宋命,则何以用其元也? 汉之初臣于义帝,唐之初臣于突厥,区区一命,亦不足累也。②"综合上述诸书的记载。可以看出,朱元璋起初看到自己的封号位列第三很不满意,又担心接受册封后会受制于人,想拒绝不受。但郭天叙、张天祐主张接受册封,朱元璋考虑到"林儿势盛可倚藉",背靠大树好乘凉,现在自己的队伍实力不强,四面受敌,接受小明王的封号,可以利用他的旗号来掩护自己,借助他的威望来号令群众,也不失为一种权宜之计,于是就和郭天叙、张天祐一道接受封号,奉龙凤为正朔,以号令军中。《明太祖实录》《明史》的记载,显然是一种避讳之词。

朱元璋和郭天叙、张天祐接受小明王的册封后,在和州建立都元帅府。元帅府的三个元帅,都元帅郭天叙年轻没经验,右副元帅张天祐虽然年岁大,但缺乏智谋,优柔寡断,指挥大权便落到左副元帅朱元璋手里。和州的部队,大多数是朱元璋招募或招降来的,并经过他的训练,听从他的号令,加上他身边又有一批亲信的战将如徐达、汤和、耿再成、冯胜、邓愈等及谋士如李士元、毛麒、冯国用、范常等的支持,因此他虽位居第三,实际上却成了都元帅府的主帅。"是时三帅虽共府置事,运筹帷幄皆自上裁。将士乐战,军民倾向,权归于上矣。"③接受小明王的封号后,他名义上是宋政权辖下的一员红巾军将领,"纪年称龙凤,然事皆不禀其节制"④,实际上已成为号令一方的首领。

---

①　[明]高岱撰,孙正容、单锦珩点校:《鸿猷录》卷一,《集师滁和》,上海古籍出版社1992年版,第8页。
②　《国榷》卷一,至正十五年三月,第266页。
③　《明兴野记(纪事录)》,《史林漫识》附录三,第119页。
④　《鸿猷录》卷二,《宋事始末》,第29页。

收编巢湖水师,筹划横渡长江

数万红巾军在和州一住几个月,粮饷的供应非常紧张。四月,在打退元兵的几次进攻后,"和阳乏粮",发生粮荒,"上与诸将谋渡江"①。诸将之所以欲谋渡江,目的当然是为了解决粮饷的问题,因为以集庆路(治上元、江宁,今江苏南京)为中心的江南地区不仅是当时全国经济最为发达的地区,而且也是全国最大的产粮区,距太平不远的丹阳湖一带即以盛产大米而著称,攻占这个地区,粮饷供应问题便可迎刃而解。但朱元璋欲谋渡江,除了解决粮饷问题,还有更深一层的考虑,这就是夺取龙蟠虎踞、形势险要的金陵,以之作为四出征伐的根据地,进而谋取天下。不过,当朱元璋把渡江的谋划告诉李士元时,李士元虽然非常赞赏,却认为目前时机尚不成熟,说:"我兵众而食少,舟楫不备,不足以争江左,利姑小俟之。"②他指出,朱元璋虽然已经拥有一支听从自己指挥调遣的部队,但和州当前缺粮,士兵吃不饱饭,无法打仗,而且只有步卒,没有水师,缺少舟楫,根本无法横渡水域宽阔的长江,劝他先放一放,等待时机成熟再说。

正当朱元璋与诸将为粮饷和舟楫发愁之时,巢湖水寨的红巾军首领派遣俞通海间道前来求援。

巢湖地区很早就受到白莲教的影响。后至元四年(1338)南方白莲教首领彭莹玉与其门徒周子旺曾在袁州(今江西宜春)发动起义,失败后周子旺被捕牺牲,彭莹玉"逃淮西",淮民"争庇之"③。他便在淮西住下,有时也到鄂东、湘、赣一带,继续传播白莲教,从事反元活动。刘福通发动起义、攻占颍州后,彭莹玉也于至正十一年夏在江淮发动起义,其门徒金花小组与赵普胜(因善使双刀,人称双刀赵)、李普胜(又名李国胜,别号李扒头)起兵响应,"人多应之"。巢县俞廷玉与俞通海、俞通源、俞通渊父子"亦操戈起田间,从其徒李普胜"④。"李扒头据无为州,双刀赵居含山,聚众结水寨,俱称彭祖家"⑤。

---

① 《明太祖实录》卷三,乙未年四月丁丑。
② [明]王世贞:《中书省左丞相太师韩国公李公善长传》,《献征录》卷一一。
③ [明]权衡:《庚申外史》卷上,豫章全书本。
④ 《明太祖实录》卷二三,吴元年四月乙卯。
⑤ 《明兴野记(纪事录)》,《史林漫识》附录三,第107页。

此外,庐州的左君弼也聚众响应彭莹玉。赵普胜、李普胜联合附近的廖永安和廖永忠兄弟、赵仲中和赵庸兄弟、桑世杰、张德胜、金朝兴、华高等起义队伍,并与左君弼遥相呼应,共同抗击元兵。后来,金花小组战败,赵普胜、李普胜、俞通海父子等退据巢湖,结为水寨,"拥众万余,船千艘"①,还有大量粮食,左君弼则"独据庐州"②,双方发生矛盾。赵普胜、李普胜、俞通海父子屡被左君弼"出兵窘之,诸将郁郁不得志"③。至正十五年五月,他们担心遭到左君弼的袭击,派俞通海从小道前往和州,向朱元璋求救,"乞发兵为导,使凡三至"④。

朱元璋接见俞通海,俞通海表示巢湖水寨愿"以舟师万余,粮数万石请降"⑤。朱元璋大喜过望,对徐达等曰:"方谋渡江,而巢湖水军来附,吾事济矣!"当即亲往巢湖,与诸将会面,并实地考察水道。巢湖诸将迎朱元璋登舟,他即率水师东出湖口,直奔铜城闸(今安徽铜闸)。但尚未入江,元御史中丞蛮子海牙已调集楼船阻塞马场河口,挡住去路,他们只好退屯黄墩(今安徽运漕)。不料,赵普胜又"阴蓄异志",不想归附朱元璋,"通海父子与李普胜及将军廖永安、桑世杰、张德胜、华高、赵铖倾心,密露赵机"⑥。朱元璋脱身返回和州,调集一批商船,装载精锐猛士,再到黄墩,指挥巢湖水师发起攻击,一举击败蛮子海牙,然后乘大雨过后江水暴涨之机,从小港汊纵舟而出。"敌兵退,(赵)普胜不敢图"⑦,只好随船队一起行动。蛮子海牙挥师追击,无奈楼船高大,进退不便。俞通海、廖永安、张德胜等人素习水战,操舟若飞,再次挫败蛮子海牙,纵舟进入长江,驶抵历阳。

巢湖水师的归附,使朱元璋获得舟师万余,不仅增强了军事力量,而且拥有了一千艘船只和数万石粮食,解决了"兵众而食少,舟楫不备"的难题,具备了渡江的条件。李士元即对朱元璋指出:"渡江此其时矣!"⑧朱元璋立即着手进行渡江的准备工作。

① 《明太祖实录》卷三,乙未年四月丁丑。
② [明]朱国桢:《皇明开国臣传》卷一一,《指挥金事左公》,《皇明史概》下册,扬州:江苏广陵古籍刻印社1991年影印本。
③ 《河间郡公俞廷玉传》,《献征录》卷六。
④ 《明太祖实录》卷三,乙未年五月丁亥。
⑤ 《中书省左丞相太师韩国公李公善长传》,《献征录》卷一一。
⑥ 《虢国公俞通海传》,《献征录》卷六。
⑦ 《鸿猷录》卷一,《集师滁和》,第9页。
⑧ 《中书省左丞相太师韩国公李公善长传》,《献征录》卷一一。

一是组织将士练习水战。在归附的巢湖水师船队抵达历阳之前,朱元璋即"遣人诱蛮子海牙军来(历阳)互市,遂执之,得十九人,皆善操舟者,令其教诸军习水战"。巢湖水师的船队到达和州后,"命廖永安、张德胜、俞通海等将之"①,继续进行操练。

二是确定具体的渡江作战方案。起初,朱元璋召集诸将商议时,"诸将咸欲直趋金陵",朱元璋认为这样做过于冒险,主张先攻采石(今安徽马鞍山长江东岸)、太平(今安徽当涂),然后再攻取金陵,说:"取金陵必自采石始。采石,南北喉襟。得采石,金陵可图也!"②他的这个决策无疑是十分确当的,因为太平"控据(长)江山,密迩畿邑。自上游来者则梁山(在和州南长江岸边,与太平博望山隔江对峙)当其要害,自横江渡者则采石扼其咽喉,金陵有事,姑孰(太平治所所在地)为必争之地。东晋以后,尝谓京口(今江苏镇江)为北府,历阳为西府,姑孰为南州,而南州关要,比二方为尤切,地势然也"③。采石的江面比京口的瓜州要狭,自古江南有事,从采石渡江者占到十分之九。从和州东南渡江,攻占采石,然后占据太平,击败据守此地和附近的元兵,既控其咽喉,又解除后顾之忧,然后攻取金陵,犹如破竹之势,即可稳操胜券。否则,不攻占采石、太平,而直趋金陵,采石、太平的元兵在后追击,金陵的元兵在前堵截,两面夹击,胜负就难以预料。后来朱元璋率部渡江,正是按照他制定的这个作战方案进行,并取得胜利的。

三是制定攻占江南地区后实行"寨粮""检刮"的政策。这就是朱元璋在至正十五年六月渡江攻占太平后公布的一项命令:"凡入敌境,听从稍粮。若攻城而彼抗拒,任从战士检刮,听为己物;若降,即令安民,一无所取。"所谓稍粮,又称寨粮,是一种征粮于民的制度。考虑到渡江之初,"地狭粮少",军饷供应十分困难,朱元璋规定,"除守城军士,四十日支粮一次,准作一月口粮,出征军士不支,总兵官给榜,听与敌境远近乡村山寨,招安百姓,送纳粮草供给"④。所谓检刮,也就是抄掠。当时由元湖广平章阿鲁灰召至淮西镇压起义的湖广苗军元帅杨完者,就是靠抄掠来解决给养,元廷不向他们提供军饷。他们把抄掠叫作检刮,"检刮者,尽取而靡有孑遗之意,所过无不残灭"⑤。朱元璋的这种检刮政策,就是从苗军那里学来的,但他限定,检刮仅适用于对付"攻城而彼抗拒"的军民,

---

①《明太祖实录》卷三,乙未年五月丁亥。

②《明太祖实录》卷三,乙未年五月丁亥。

③《读史方舆纪要》卷二七,《南直九·太平府》,第1320页。

④《国初事迹》,《国朝典故》上册,第82—83页。

⑤ [元]陶宗仪:《南村辍耕录》卷八,《志苗》,北京:中华书局1959年版,第100页。

检刮来的财物包括粮食"听为己物";如果对方投降,"即令安民,一无所取",不能再搞检刮,只能实行寨粮。这是为了惩罚拒不投降的敌军,并激励自己将士的斗志,使之"人人奋力向前,战无不胜"①。

一切安排停当后,朱元璋于六月初二亲率水陆大军万余人、大小船只千余艘,横渡长江,实施其攻占采石、太平,再取金陵的作战方案,从而结束其在巢湖地区的活动,迈出了谋取天下的关键一步。

结　　语

综上所述,自至正十五年计取和州,被任命为总兵官,到六月初二率部横渡长江,朱元璋在巢湖地区的活动时间只有五个月。但是,就在短短五个月里,他先是继续发挥其优异的军事才能和灵活的斗争策略,化解内部的矛盾,击退元军的进攻,巩固和州的阵地,获得广大将士的拥戴,在郭子兴病逝后顺理成章地代领其部,寻被宋小明王授为左副元帅,名义上成为宋政权辖下的一员战将,"然事皆不禀其节制",实际上已拥有按照自己的意志指挥调遣部队的绝对权力,成为号令一方的起义首领。接着,他亲至巢湖接受巢湖水师的归附,又在原有的步卒之外,拥有了一支强大的水军和数量可观的舟楫。至此,朱元璋终于具备了实施先拔金陵以为根本,然后四出征伐,取得天下的基本条件,于是便率部横渡长江,攻取采石、太平,迈出了谋取天下的关键一步。朱元璋在巢湖地区的活动,可以说是他早期起义斗争史上的一个重要节点,对其势力的崛起具有重大的意义。

(原载《巢湖学院学报》2013年第1期)

---

① 《国初事迹》,《国朝典故》上册,第82页。参看拙著《关于朱元璋起义军"寨粮""检刮"若干问题的辨析》,《中国史研究》1983年第1期;拙著《朱元璋研究》,天津人民出版社1993年版,第329—336页。

朱元璋治理乡村社会的理念与措施

明王朝建立之初,广大农村经济凋敝,吏治腐败,豪强横行,社会动荡不安。明太祖朱元璋面对这种严峻的形势,总结历史的经验教训,提出了一套治理乡村社会的理念,并推行一系列强有力的措施。经过二三十年的整顿治理,收到了由乱到治的成效。本文拟就此作一专门的探讨与论述。

一

由于元末统治者的残酷剥削,加上长期战争的破坏,明初的广大农村,人口锐减,田野荒芜。中原诸州遭受战争的破坏尤为严重,"积骸成丘,居民鲜少"①。河北一带,"道路皆榛塞,人烟断绝"②;山东兖州府定陶县,"井田鞠为草莽,兽蹄鸟迹交于其中,人行终日,目无烟火"③;河南卫辉府获嘉县,"口,土著不满百,井闾萧然"④;安徽淮北颍州地

---

① 《明太祖实录》卷一七六,洪武十八年十一月乙亥,台北:"中央研究院历史语言研究所"1962 年校勘本。
② 《明太祖实录》卷三三,洪武九年闰七月庚子。
③ 乾隆《定陶县志》卷九,清乾隆十八年刻本。
④ 万历《获嘉县志》卷五,《官师志·宦绩》,明万历三十年刻本。

区,也是"民多逃亡,田多荒芜"①。整个农村,呈现一片衰败的景象,百姓的生活极端困苦,地主贵族难以榨取到地租,国家的税源几近枯竭。

明初的各级官吏,又承袭元末官场的腐败之风,擅权枉法,贪污受贿,巧取豪夺,蠹政害民。"中外贪墨所起,以六曹为罪魁"②,"天下诸司,尽皆脏罪"③。地方官吏,更是群起效尤,鱼肉百姓。浙江府县折收秋粮,按规定米每石官折钞2贯(2000文),但州县官吏巧立名目,"取要水脚钱一百文,车脚钱三百文,口食钱一百文,库子又要辨验钱一百文,蒲篓钱一百文,竹篓钱一百文,沿江神佛钱一百文"④。百姓每折钞2贯,就要缴纳7种附加税计900文,高达应交折钞的45%。嘉定县粮长金仲芳等三人,征粮巧立名目,多达"一十有八"⑤。粮长邾阿仍与谭理、徐付六等人互相勾结,巧立舡水脚米、斛面米、装粮饭米、车脚钱、脱夫米、造册钱、钱局和房钱、看米样中米、灯油钱、运黄粮脱夫米、均需钱、棕软篾钱等12种名目,计征收米37000石、钞11100贯。除应征的田赋米1万石外,共苛敛贪污米27000石,钞11100贯。"民无可纳者,以房屋准之者有之,揭屋瓦准者有之,变卖牲口准之者有之,衣服、缎匹、布帛之类准者亦有之,其锅灶、水车、农具尽皆准折。"⑥至于卖放死囚、买民物不给价钱、侵吞税款、私吞军物、贩卖私盐、冒派差役、说事过钱等贪贿行为,更是比比皆是。

各地的豪强劣绅,也多欺凌小民,武断乡曲,甚至"有田而不输租,有丁而不应役"⑦,使用洒派、包荒、诡寄、移丘换段等手段,把负担转嫁到农民身上,"靠损小民"⑧。如镇江丹徒大地主曹定等人,"以熟作荒者六十八顷九十八亩"⑨。那些上升为新贵族的勋臣宿将,更是越礼非分,诛求无度。他们倚仗权势,拼命扩占土地,私纳奴婢,侵夺民财,驱役士卒,贪赃枉法,影蔽差徭,胡作非为,无所顾忌。如蓝玉即"尝占东昌民田"⑩,"多畜庄

---

① 《明太祖实录》卷三六下,洪武元年十一月。
② [清]张廷玉等撰:《明史》卷九四,《刑法志》二,第2318页,北京:中华书局1974年版。
③ [明]朱元璋:《御制大诰·朝臣优劣第二十六》,国家图书馆藏明刻本。
④ 《御制大诰·折粮科敛第四十一》。
⑤ [明]朱元璋:《御制大诰续编·粮长金仲芳等科敛第二十一》,国家图书馆藏明刻本。
⑥ 《御制大诰续编·粮长邾阿仍害民第四十七》。
⑦ 《明太祖实录》卷一五〇,洪武十五年十一月丁卯。
⑧ 《御制大诰续编·洒派包荒第四十五》。
⑨ 《御制大诰·妄告水灾第六十三》。
⑩ 《明史》卷一三二,《蓝玉传》,第3865页。

奴,假子数千人"①,并叫家人"中云南盐万余引"②,贩卖取利。许多功臣的亲戚、家人甚至佃仆、火者,也都倚势冒法,横暴乡里,欺压百姓。如信国公汤和的姑父席某,即"隐瞒常州田土,不纳税粮"③,将负担转嫁给农民。

经济的凋敝,使农民的生活十分艰难,而吏治的腐败,豪强劣绅的横暴,更使他们的日子雪上加霜。元末农民战争后刚刚得到缓解的阶级矛盾又日趋激化。不少在元末参加起义的农民,不顾明廷多次下令胁迫或派兵围剿,仍然屯聚山林,不入户籍,不供赋役。如陕西汉中一带,直到洪武七年(1374)冬,起义农民犹多屯集深山,诛茅为屋,焚翳下种,"所种山地皆深山穷谷,迁徙无常,故于赋税,官不能必其尽实,遇有差役,则鼠窜蛇匿"④。在籍民户,也大批逃亡,如洪武五年,太原河曲等县,民多逃亡,"负粮二千五百八十余石"⑤。有些地方的农民,还重新拿起武器,发动起义。由于明初在战乱之后,中原草莽,人口稀少,农民较易获得土地,江南则无此旷土流民,土地兼并比较严重,而且田赋也较北方为重,因此洪武年间的农民起义也多发生于南方地区,遍及湖北、江西、浙江、福建、广东、广西、云南、贵州、四川等地,尤以东南地区起义最为频繁。很多起义者,继续利用白莲教等民间秘密宗教,以"弥勒降生""明王出世"相号召。另有一些起义者,则抛弃宗教外衣,提出了"铲平"的口号,要求铲平人间的不平等现象。如洪武十五年十月,南雄侯赵庸镇压广东一支数万人的起义军,其首领即号称"铲平王"⑥。

面对这种严峻的局势,朱元璋认真总结历代王朝特别是元朝兴亡的历史教训,寻求维护朱家天下长治久安的治国之策。他出身贫苦,亲身经历过元末农民战争,亲眼看见起义农民的伟大力量,惊呼:"所畏者天,所惧者民。苟所为一有不当,上违天意,下失民心,驯致其极而天怒人怨,未有不危亡者矣。"⑦一再引述儒家的名言说:"民犹水也,水能

---

① [明]王世贞:《弇州山人续稿》卷八四,《韩、宋、颍三国公》,文渊阁四库全书本,台北:商务印书馆1983年影印本。

② [明]孙宜:《洞庭集·大明初略四》,玄览堂丛书续集本。

③ [明]刘辰:《国初事迹》,[明]邓士龙辑,许大龄、王天有主点校:《国朝典故》上册,北京大学出版社1993年版,第99页。

④ 《明太祖实录》卷一○○,洪武八年五月己巳。

⑤ 《明太祖实录》卷七二,洪武五年二月丙戌。

⑥ 《明太祖实录》卷一四九,洪武十五年十月戊子。

⑦ 《明太祖实录》卷三二,洪武元年七月辛巳。

载舟,亦能覆舟。"①他认识到,民对于君既有依存的一面也有制约的一面,君主不仅不能"轻民",而且必须"畏民""敬民",说:"朕则上畏天,下畏地,中畏人。②"又说:"朕每观《尚书》至敬授人时,尝叹敬天之事,后世中主犹能知之,敬民之事,则鲜有知者。盖彼自谓崇高,谓民皆事我者,分所当然,故威严日重,而恩礼浸薄。所以然者,只为视民轻也。视民轻,则与己不相干,而畔涣离散不难矣。惟能知民与己相资,则必无慢视之弊,故曰:'可爱非君,可畏非民。众非元后何戴,后非众罔与守邦。'古之帝王视民何尝敢轻!故致天下长久者,以此而已。"③基于这种认识,朱元璋提出了"安民为本"的主张,认为"凡为治以安民为本,民安则国安"④,要求得天下大治,防止"覆舟"之患,最根本的一条,就是要安定百姓,只有民心安定了,社会才能安定,统治才能稳固。

　　古代中国以农立国,明代的社会是个农业社会。乡村秩序能否稳定,就成为明朝统治能否巩固的关键。朱元璋认为,理想的乡村社会,应该是"富者自安,贫者自存","富者得以保其富,贫者得以全其生"⑤,也就是说,地主阶级能够保有他们的财富,过着富裕的生活,而农民阶级也能够生存下去,具备进行简单再生产的条件。要实现这个目标,自然必须强化对乡村的控制,恢复和发展生产,并用法律手段来约束人们的行为,但更重要的是必须协调农村的阶级关系,使贫与富、弱与强双方都能循分守法,和谐共存,不致激化矛盾,形成对抗,导致社会的分裂与动乱。和平时期的农村,富者即勋贵富豪和强者即各级官吏,掌握着主要的生产资料土地和国家权力,处于强势地位,是矛盾的主要方面。如无适当的限制和约束,听任他们恣意妄为,肆意榨取和欺压贫者和弱者,农民必然无法自存。朱元璋出身于贫苦农民家庭,在农村出生长大,对此有着深刻的认识。他深知,贫苦农民最切齿痛恨的,就是豪强劣绅和贪官污吏,他自己"于大姓兼并,贪吏渔取"也是"深恶嫉之"的⑥。因此,朱元璋提出了"锄强扶弱"⑦的主张,一再告谕百官说:"天生烝民,有欲无主乃乱。所以乱者,正谓人皆贪心不已,动辄互相兼并,以致强

①　《明太祖实录》卷五一,洪武三年四月己巳。

②　《明太祖实录》卷八〇,洪武六年三月癸卯。

③　《明太祖实录》卷一四六,洪武十四年七月庚戌。

④　《明太祖实录》卷一一三,洪武十年七月。

⑤　《明太祖实录》卷四九,洪武三年二月庚午。

⑥　《天潢玉牒》,纪录汇编本。

⑦　《明太祖实录》卷二四,吴元年七月丁丑。

凌弱,众暴寡"。他作为全国的最高君主,必须采取必要的手段和措施,锄强扶弱,抑富右贫,"使有力大的不敢杀了力小的,人多的不敢杀了人少的。纵有无眼的、聋哑的,他有好财宝、妻妾,人也不敢动他的。若强将了,以强盗论;暗将了,以窃盗论。因此这般,百姓方安"①。洪武三年二月,他接见浙西诸郡富民,也谆谆告谕道:"民生有欲,无主乃乱。使天下一日无主,则强凌弱,众暴寡,富者不得自安,贫者不能自存矣。今朕为尔等立法定制,使富者得以保其富,贫者得以全其生,尔等当循分守法,能守法则能保身矣。毋凌弱,毋吞贫,毋虐幼,毋欺老,孝敬父兄,和睦亲族,周给贫乏,逊顺乡里,如此则为良民。若效昔之所为,非良民矣。"②清代官修《明史》,将朱元璋这个"锄强扶弱"的主张称为"右贫抑富",说:"(明太祖)惩元末豪强侮贫弱,立法多右贫抑富。"③

根据"安民为本""锄强扶弱""右贫抑富"的主张,朱元璋采取一系列措施,从政治、经济、礼乐、刑政诸方面,对乡村社会进行有力的治理,以期实现"富者自安、贫者自存"的目标。

二

朱元璋整治乡村社会的第一步,是编制户籍,设置基层行政机构,强化对乡村的治理,以稳定社会秩序。

金代在汉族地区实行村社制度,"在京府州县郭下则置坊正,村社则随户众寡为乡置里正,以按比户口,催督赋役,劝课农桑。村社三百户以上则设立主首四人,二百户以上三人,五十户以上二人,以下一人,以佐里正禁察非违。置壮丁,以佐主首巡警盗贼"④。元承金制,除在乡都设里正、主首催督赋役外,又于至元七年(1270)下令在广大农村普遍设立村社组织,"县邑所属村疃,凡五十家立一社,择高年晓农事者一人为之

---

① [明]朱元璋:《戒谕诸司敕》;[明]傅凤祥辑:《皇明诏令》卷二,四库全书存目丛书本,济南:齐鲁书社1995年影印本。
② 《明太祖实录》卷四九,洪武三年二月庚午。
③ 《明史》卷七七,《食货志》一,第1880页。
④ [元]脱脱等撰:《金史》卷四六,《食货志》一,北京:中华书局1975年版,第1031页。

长。增至百家者,别设长一员。不及五十家者,与近村合为一社"①。社长的职责是劝课农桑,体察非违,管理义仓,兴办社学。后来,坊里与村社两种基层机构逐渐合流,社长往往变成里正的助手。

明朝建立之前,经过长期的战乱,元代的基层组织多已废弛,就连户籍也多丧失无存,乡村秩序自然混乱不堪。控制乡村的户口和户籍,建立基层行政机构,这既是稳定乡村秩序的必要举措,同时也是保障国家赋役收入的前提条件。明朝建立后,朱元璋便下令命各地作战的总兵官及地方官员注意收集户口版籍,宣布:"凡各处漏口脱户之人,许赴所在官司出首,与免本罪,收籍当差。"并规定:"凡军、民、医、匠、阴阳诸色户,许各以原籍为定,不许妄行变乱;违者治罪,仍从原籍。"洪武三年,又令户部榜谕天下军民:"凡有未占籍而不应役者,许自首,军发卫所,民归有司,匠隶工部。"②当年,朱元璋即"命户部籍天下户口,每户给以户帖"。十一月正式"核民数,给以户帖"。"户帖各书其户之乡贯、丁口、名岁。合籍与帖,以字号编为勘合,识以部印。籍藏于部,帖给之民。仍令有司岁计其户口之登耗,类为籍册以进"③,正式建立户籍制度。

就在编制全国户籍、颁发户帖的同时,朱元璋开始着手建立小黄册制度。"国初,各都仍立里长。洪武三年以来,催办税粮军需,则为小黄册之法。"其主要内容是:"每百家画为一图,内推丁力田粮多者十名为里长,余十名为甲首。每岁轮流。里长一名,管甲首十名;甲首一名,管人户九名;催办钱粮,以十年一周。"④随着小黄册制度的建立,明代的基层行政机构里甲组织也开始出现了。

洪武十四年,又以赋役不均,在小黄册制度的基础上,建立更加周密的黄册制度。其法"以一百一十户为里。一里之中,推丁粮多者十人为之长,余百户为十甲。甲凡十人。岁役里长一人,甲首十人,管摄一里之事。城中曰坊,近城曰厢,乡都曰里。凡十年一周,先后则各以丁粮多寡为次。每里编为一册,册之首总为一图。其里中鳏、寡、孤、独不任役者,则管带于百一十户之外,而列于图后,名曰畸零"⑤。黄册制度推行后,每里

① ［明］宋濂等撰:《元史》卷九三,《食货志》一,北京:中华书局 1976 年版,第 2354—2355 页。
② ［明］申时行等修:万历《明会典》卷一九,《户部·户口》,北京:中华书局 1989 年影印本。
③ 《明太祖实录》卷五八,洪武三年二月癸酉。
④ 《永乐大典》卷二二七七,《湖州府三·田赋》引《吴兴续志》,北京:中华书局 1986 年影印本。
⑤ 《明太祖实录》卷一三五,洪武十四年正月。

由原来的100户增为110户,里长由1户增至10户,甲首也由10户增至100户。每里10甲,每甲11户。1里长户下辖10甲首户,挨甲轮差,10年一周。黄册编制完成后,便逐渐取代了户帖,成为明政府征派赋税徭役的依据,所以时人又称之为"赋役黄册"。

随着黄册制度的推行,里甲制度也更趋完善。里长由丁粮多者10户担任,每年由轮值的1户里长带领10户甲首,负责催办钱粮。除了催办钱粮,里甲还有"追摄公事"①的职责,包括祭祀鬼神、接应宾旅以及应付官府的各种征求。此外还要督促农耕,"凡里长部内,已入籍纳粮当役田地,无故荒芜及应课桑麻之类而不种者,俱以十分为率,一分笞二十,每一分加一等,罪止杖八十"②;要严格管辖和约束全里的人户,"谁贫谁富,谁困苦,谁逃流,谁人钱粮多寡,谁人丁口消长,彼尽知之"③。此外,邻里发生纠纷,里甲也要负责决断,若"其顽民不服,展转告官,捏词诬陷者,正身处以极刑"④。

从洪武四年起,朱元璋还下令在浙江、南直隶、湖广、江西、福建等省区设立粮长,由"田土多者"担任⑤,负责田赋的催征、经收和解运,并负责劝导违法豪户,劝导乡民耕种,具报灾伤及抛荒土地,请求豁免其税粮。洪武二十七年,又下令设置里老人,又称里老、耆宿,规定由"年高有德""公正可任事者"担任,实际多由"殷实户"的老人充当,与里长共主一里之事,"各里一应公务民风,责成里老"⑥。

里甲制度建立后,里甲之内,所有民户都要"互相知丁,互知务业",并且"互相作保",实行连坐。"民间一里之中,若有强劫盗贼、逃军、逃囚及生事恶人,一人不敢缉捕,里甲、老人必须会集里人擒拿赴官,违者以罪罪之"⑦。民人走出百里之外,必须持有官府发给的路引,外出住宿,亦须检查路引,"凡无文引私渡关津者,杖八十。若关不由门,津不由渡而越渡者,杖九十。若越度缘边关塞者,杖一百,徙三年"⑧。里甲负有监视里中居民行动的职责,《御制大诰续编》规定:"若一里之间,百户之内,见诰仍有逸夫(游

---

① [明]章潢:《图书编》卷九〇,《江西差役事宜》,四库全书本。
② 怀效峰点校:《大明律》卷五,《户律·田宅》,沈阳:辽沈书社1990年版,第54页。
③ 陈义钟编校:《海瑞集》上编,《参评·里长》,北京:中华书局1962年版,第150页。
④ [明]朱元璋钦定:《教民榜文》,《皇明制书》卷八,北京图书馆古籍珍本丛刊第46册,北京:书目文献出版社影印本。
⑤ 《明太祖实录》卷六八,洪武四年九月丁丑。
⑥ 《海瑞集》上编,《续引条约册式》,第255页。
⑦ 《教民榜文》,《皇明制书》卷九。
⑧ 《大明律》卷一五,《兵律·关津》,第115页。

民），里甲坐视，邻里亲戚不拿，……逸夫处死，里甲四邻化外之迁"①。这种里甲编制，不仅是封建国家征派赋役的基本单位，而且也是府州县以下最广泛的基层组织，兼具农村政权的性质。

由黄册制度所建立的里甲组织，里甲由"丁粮多者"担任，粮长由"田土多者"担任，里老实际上也多由殷实户充任，他们显然多为庶民地主，这就是朱元璋所说的："此以良民治良民"②，说明明王朝对广大乡村的基层统治，依靠的仍然是地主阶级，特别是庶民地主。明王朝正是通过里甲组织，对广大乡村居民实行政治强制，将他们束缚在土地之上，禁止随意流动与逃亡，以求社会秩序的恢复与稳定。同时，又通过里甲组织，对农民实行超经济强制，以保证地主对佃农剩余劳动的榨取，国家对赋役的征派。

三

朱元璋深刻地认识到："民窘于衣食或迫于苛政则逃。使衣食给足，官司无扰，虽驱之使去，岂肯轻远其乡土？"③民之所以不安，主要是由于衣食不能给足，加上统治者的残酷压迫和过分榨取，造成百姓的极端贫困。"民富则亲，民贫则离，民之贫富，国家休戚系焉！"④而当时乡村的广大农民，正如朱元璋所描述的，"其终岁勤劳，少得休息。时和岁丰，数口之家犹可足食，不幸水旱，年谷不登，则举家饥困"⑤。经济是基础，要求得乡村社会的安定，就必须恢复和发展生产，解决广大农民的衣食问题。为此，朱元璋决定与民休息。登基前夕，他向山东派遣一批府州县官员，即特地叮嘱他们："今山东郡县新附之民，望治犹负疾者之望良医。医之为术，有攻治，有保养。攻治者，伐外邪；保养者，扶元气。今民出丧乱，是外邪去矣，所望休养生息耳。休养生息，即扶元气之谓也。汝等今有守令之寄，当体予意，以抚字为心，毋重困之。"⑥登基即位的当月，又郑重告谕入

---

① 《御制大诰续编·辨验丁引第四》。
② 《明太祖实录》卷六八，洪武四年九月丁丑。
③ 《明太祖实录》卷二〇八，洪武二十四年四月癸亥。
④ 《明太祖实录》卷一七六，洪武十八年十一月甲子。
⑤ 《明太祖实录》卷二五〇，洪武三十年二月壬辰。
⑥ 《明太祖实录》卷二八下，吴元年十二月。

京朝觐的各府州县官员："天下初定,百姓财力俱困,譬犹初飞之鸟不可拔其羽,新植之木不可摇其根,要在安养生息之!"①

休养生息,发展生产的首要措施,是改革土地制度。土地是农业社会的主要生产资料。元代土地高度集中,除官府控制着大量官田外,蒙汉地主阶级也大肆兼并土地,特别是江南一带,"豪右之家连阡亘陌,所收动计万石"②。经过元末农民战争,原先为元政府控制的官田和蒙汉地主霸占的土地,部分为农民耕垦,更多的则成为无主荒地。明朝建立后,朱元璋在支持逃亡地主重返家园、恢复产业的同时,为了防止社会矛盾的激化,又实行抑制兼并的政策,限制地主经济势力的过分扩张。他规定:"凡威取田宅者归业主"③,农民在元末农民战争期间直接凭借战争的暴力剥夺地主的田地和房产,一律要退还原主。与此同时,他在洪武元年又下诏规定:"各处人民,曩因兵燹抛下田土,已被有力之家开垦成熟者,听为己业。其田主回还,仰有司于附近荒田内,验数拨付耕种。"如果地主自己逃亡抛荒的土地,已被农民垦为熟田,就归农民所有,地主还乡后,另由官府拨给一块荒地,作为补偿;并鼓励人们积极耕垦无主的荒地,"各处荒闲田地,许令诸人开垦,永为己业,与免杂泛差役三年,后并依民田起课税粮"④。洪武三年六月,又采纳济南知府陈修及司农官的建议,将北方郡县近城荒芜之地授与乡民无田者耕种,"户率十五亩,又给地二亩,与之种蔬,有余力者不限顷亩,皆免三年租税","若王国所在,近城存田五里,以备练兵牧马,余处悉令开耕"⑤。后来发现一些公侯富豪利用洪武元年允许诸人开垦无主荒地的诏令,凭借其雄厚的财力,多犁多占,兼并土地,朱元璋又于洪武四年三月谕令中书省:"今临濠之田连疆接壤,耕者亦宜验其丁力,计亩给之,使贫者有所资,富者不得兼并。若兼并之徒多占田以为己业,而转令贫者佃种者,罪之。"⑥翌年五月,又将这种"验其丁力,计亩给之"的办法推向全国,规定:"兵兴以来,所在人民抛下产业,逃避他方,天下既定,乃归乡里。中间若有丁力少而旧田多,不许依然占护,止许尽力耕种到顷亩,以为己业。若有去时丁少,归则丁多而旧产少者,许令于附近荒田内,官为验其

---

① 《明太祖实录》卷二九,洪武元年正月辛丑。
② [元]俞希鲁撰:至顺《镇江志》卷二,《地理·乡都》,清嘉庆间宛委别藏本。
③ [明]宋濂:《宋文宪公全集》卷三一,《岐阳经历熊府君墓铭》,四部丛刊本。
④ [明]朱元璋:《大赦天下诏》,《皇明诏令》卷一。
⑤ 《明太祖实录》卷五三,洪武三年六月丁丑。
⑥ 《明太祖实录》卷六二,洪武四年三月壬寅。

丁力，拨付耕种。敢有以旧业多余占护者，论罪如律。①"验丁授田的政策也推行于南方地区，但授田的亩数则视各地人口的疏密、荒地的多寡而定，如苏州府太仓"见丁授田一十六亩"②。后来，还多次下令，"民间田土，许尽力开垦，有司毋得起科"，"但是荒田，俱系在官之数，若有余力，听其再开"。洪武二十八年，明廷重新规定："凡民间开垦荒田，从其首实，首实一年后官为收科"③。虽然取消了原先永不起科的规定，但农民通过向官府缴纳赋税，却取得了所开垦土地的合法所有权。经过土地制度的改革，使广大农民获得了一份土地，自耕农的数量大量增加，估计占到整个农民阶级的多数，从而调动了农民的生产积极性。

由于荒地太多，朱元璋又大力推行屯田。屯田分为民屯、军屯和商屯三种形式。民屯主要是迁徙无业乡民和降民、罪徒，从地狭人稠地区迁往地广人稀的地区去垦荒屯种。屯田的移民，由官府授给土地，"给牛、种、车、粮，以资遣之，三年不征其税"④。满三年才向官府交纳赋税，税率各地参差不齐，有的是"中分收"⑤，有的是"什一取税"⑥，洪武二十六年改为"俱照民田起科"⑦，亦即三十税一。整个洪武年间，移民的数量相当庞大，据统计，有数字可考的即多达160余万人⑧，实际数量可能是这个数字的一倍甚至更多。这些移民，后来也多变成拥有小块土地的自耕农。军屯的范围非常广泛，"东自辽左，北抵宣大，西至甘肃，南尽滇蜀，极于交趾，中原则大河南北，在在兴屯"⑨。军屯的推行，对土地的开发和军粮的供应发挥了积极的作用，朱元璋曾夸口说："吾京师养兵百万，要令不费百姓一粒米。"⑩商屯主要兴起于北部和西南边陲之地，对边疆的开发与边防驻军粮饷的供应，也都产生了积极的作用。

---

① ［明］朱元璋：《正礼仪风俗诏》，《皇明诏令》卷二。
② ［明］周忱：《与行在户部诸公书》；［明］陈子龙等选辑：《明经世文编》卷二二，北京：中华书局1962年影印本。
③ 万历《明会典》卷一七，《户部·田土》。
④ 《明史》卷七七，《食货志》一，第1879页。
⑤ 《明太祖实录》卷五〇，洪武三年三月丁酉。
⑥ 《明太祖实录》卷八一，洪武六年四月壬申。
⑦ 万历《明会典》卷一七，《户部·田土》。
⑧ 徐泓：《明洪武年间的人口迁徙》，《第一届历史与中国社会变迁研讨会论文集》，台北："中央研究院历史语言研究所"1982年版。
⑨ 《明史》卷七七，《食货志》一，第1884页。
⑩ ［明］陆深：《俨山外集》卷三四，《同异录》，学海类编本。

为了推动农业的发展,朱元璋还大力兴修水利。他下令:"所在有司,民以水利条上者,即陈奏。"又谕工部曰:"陂、塘、湖、堰可蓄泄以备旱潦者,皆因其地势修治之。"①洪武年间,明官府调动大批人力和财力,修建了许多大型水利工程,有的工程投入人工达数十万,可灌田地万顷至数万顷。同时,还督促各地官吏组织劳力,利用农闲,修建许多中小型灌溉设施。如洪武二十七年派遣国子监生分赴各地,督促吏民兴修水利,到第二年底,计"开天下郡县塘堰凡四万九百八十七处,河四千一百六十二处,陂渠堤岸五千四十八处"②。

在实行休养生息的同时,朱元璋还提出"藏富于民"的主张,说:"保国之道,藏富于民。"③他指出:"军国之费所资不少,皆出于民"④,民之贫富,不仅关系到国家的安危治乱,更直接关系到国家的税源财源。"大抵百姓足而后国富,百姓逸而后国安。未有民困穷而后国独富安者。"⑤他指出,元朝就是由于"昏主恣意奢欲,使百姓困乏,至于乱亡"的⑥。因此,统治者不能只顾眼前的利益,不顾百姓的死活,竭泽而渔。"苟听其穷困而不之恤,民将抚然曰:'恶在其为我上也。'"⑦基于这种认识,朱元璋强调,要把眼前利益和长远利益结合起来,实行"取之有制,用之有节"⑧的政策,将赋役的征派和国家的财政支出控制在一定限度之内。

根据"取之有制"的原则,朱元璋实行轻徭薄赋,减轻百姓负担。明初的赋役法规定:"凡官田亩税五升三合五勺,民田减二升。"⑨官田是地租与赋税合并征收,所以赋率较重。民田一般亩税三升三合五勺,按当时亩产最低一石而论,为三十税一。不论是官田还是民田,负担都较元末大为减轻。

历来人民负担最重的是徭役,朱元璋也作了较大的改革。洪武初年的徭役分为三类。一类是均工夫役,按"验田出夫"的原则佥派,规定直隶、应天等 18 府及江西九江、

---

① 《明史》卷八八,《河渠志》六,第 2145 页。
② 《明太祖实录》卷二四三,洪武二十八年十二月。
③ 《明太祖实录》卷一七六,洪武十八年十一月甲子。
④ 《明太祖实录》卷一九,丙午年正月辛卯。
⑤ 《明太祖实录》卷二五〇,洪武三十年二月壬辰。
⑥ 《明太祖实录》卷一七六,洪武十八年十一月甲子。
⑦ 《明太祖实录》卷三二,洪武元年七月庚寅。
⑧ 《明太祖实录》卷二七,吴元年十一月甲午。
⑨ 《明史》卷七八,《食货志》二,第 1896 页。

饶州、南康5府，"田一顷出丁夫一人，不及顷者以别田足之"①，于每年农闲赴京应役，一月遣归。其他地方佥派的徭役，也贯彻"验田出夫"的原则。另一类是杂役，也叫杂泛，名目繁多，"以粮富丁多者充之"②，按丁粮的多寡点当。第三类是里甲正役，它在洪武初年实行于江南地区，洪武十四年黄册制度与里甲制度推向全国后，里甲正役便普遍推行于全国各地。洪武十四年，朱元璋令户部谕各府州县："凡赋役必验民之丁粮多寡、产业厚薄以均其力。"③第二年，明廷又令各府州县将民户分为上、中、下三等编制赋役黄册，"凡遇徭役则发册验其轻重而派役之"④。洪武二十六年定制："凡各处有司，十年一造黄册，分豁上、中、下三等人户，仍开军、民、灶、匠等籍，除排年里甲依次充当外，其大小杂泛差役，各照所分上、中、下三等人户点差。"⑤此后，均工夫役便废而不行。除里甲正役外，所有的徭役都统称为杂役，按丁粮多寡佥派。洪武二十年，明廷又在全国普遍丈量土地，编制鱼鳞图册，以"鱼鳞册为经，土田之讼质焉；黄册为纬，赋役之法定焉"⑥。从此"凡百差科，悉由此出，无复前代纷更之扰"⑦，使征敛有了一个统一的标准。上述诸种徭役，均工夫役的"验田出夫"，里甲正役与杂泛差役的"验民之丁粮多寡"佥派，显然都是有利于无地或少地的农民的。

此外，朱元璋还下令释放奴婢，出资赎还因饥荒典卖为奴者。并注意恤贫救灾，对一些生活困难的贫民实行救济。朱元璋在位31年，"赐予布钞数百万，米百余万，所蠲租税无数"⑧。

四

朱元璋登基之前，即对右御史大夫邓愈等指出："治天下当先其重且急者，而后及其

---

① 《明太祖实录》卷三〇，洪武元年二月乙酉。

② 《明太祖实录》卷七六，洪武五年九月丁酉。

③ 《明太祖实录》卷一六三，洪武十七年七月乙卯。

④ 《明太祖实录》卷一七〇，洪武十八年正月乙卯。

⑤ 万历《明会典》卷二〇，《户部·赋役》。

⑥ 《明史》卷七七，《食货志》一，第1882页。

⑦ [清]顾炎武：《天下郡国利病书》卷八七，《浙江》，清道光刻本。

⑧ 《明史》卷七八，《食货志》二，第1908页。

轻且缓者。今天下初定，所急者衣食，所重者教化。"①在他看来，教化是治民之本，是重中之重，强调："治道必先于教化，民之善恶，即教化之得失也。……不明教化之本，致风陵俗替，民不知趋善，流而为恶，国家欲长治久安，不可得也。"②

朱元璋施行教化的举措多种多样。首先，是大力提倡儒家思想。登基伊始，即针对元代实行蒙古文化本位之政策，将儒学与儒士边缘化的状况，明确宣布："仲尼之道，广大悠久，与天地相并，故后世有天下者，莫不致敬尽礼，修其祀事。朕今为天下主，期在明教化以行先圣之道。"③汉代以来被定于一尊的儒家思想，再次被明廷确定为国家的主流意识形态和社会的核心价值体系。他反复告谕廷臣："道之不明，由教之不行也。夫五经载圣人之道也，譬之菽粟布帛，家不可无。人非菽粟布帛，则无以为衣食，非五经四书，则无由知道理。"④他规定，学校生员必修四书五经。北方因长期战乱，经籍残缺，他还特地向北方学校颁赐一批经书。在儒家学说中，宋代的程朱理学将封建纲常化为主宰万物的精神实体——"天理"，比先秦的孔孟学说、汉代的经学、唐代的佛学更加精密，更有哲理性，也更加适应在战乱的废墟上重建封建统治秩序的需要。因此，朱元璋提倡儒学也更侧重于程朱理学，特谕国子监祭酒许存仁教授生徒应"一以朱子之学"，"令学者非五经、孔孟之书不读，非濂洛关闽之学不讲"⑤。在国子监与各府州县学均立有一块卧碑，上书"国家明经取士，说经者以宋儒传注为宗，行文者以典实纯正为主"，"不遵者以违制论"⑥。全国的科举考试，一概从四书五经中出题，以程朱注疏为准。并大力表彰恪守孔孟之道、程朱理学有突出表现的臣民。恪守妇道的，旌表其门；孝悌力田者，提拔做官。

除了儒家思想、程朱理学，朱元璋还积极扶植佛、道，发挥其淑世劝导、化恶为善的教化功能，起到"暗助王纲"的作用。

其次，是制礼作乐。朱元璋认为："教化必本诸礼义"⑦。礼是儒家文化的一个核心内容。儒家所说的礼，一般包括乐在内。礼的内容非常宽泛，它既是仁义道德的规范，

① 《明太祖实录》卷二六，吴元年十月癸丑。
② 《明太祖宝训》卷一，《论治道》，台北："中央研究院历史语言研究所"1962年校勘本。
③ 《明太祖实录》卷三〇，洪武元年二月丁未。
④ 《明太祖宝训》卷二，《尊儒术》。
⑤ [清]陈鼎：《东林列传》卷二，《高攀龙传》，四库全书本。
⑥ 《松下杂抄》卷下，《函芬楼秘笈》第三集本。
⑦ 《明太祖实录》卷六六，洪武四年六月戊申。

也是人际行为的准则,具有定尊卑、明贵贱、辨等列、序少长的作用。儒家的乐,不是今人所说的音乐,而是被赋予某种道德属性的德音雅乐,起到陶冶性情、淑化人心、协调人群、团结社会的作用。礼用以辨异,分别贵贱的等级;乐用以求同,缓和上下的矛盾。朱元璋说:"朕观刑政二者,不过辅礼乐为治耳。……大抵礼乐者,治平之膏粱;刑政者,救弊之药石。"①因此,在明教化之中,朱元璋特别强调要"明礼以导民"②,将制礼作乐作为治国之先务来抓。

元朝的礼制,带有浓厚的蒙古色彩,朱元璋决定摒弃不用,而依据中原传统的礼制,结合明初的社会现实,重新加以厘定。建国前夕,他务未遑,吴元年(1367)六月即"首开礼乐二局,广征耆儒,分曹究讨"③,着手修纂礼书。明朝刚建立,又从各地陆续征调一批耆儒,参与礼书的修纂。洪武元年,中书省会同礼官拟定新的祀典及官民服装之制、官民房舍及服饰等第。洪武三年九月,《大明集礼》编成,计50卷。后来,又陆续撰成《洪武礼制》等一批礼书,厘定包括吉礼、嘉礼、宾礼、军礼、凶礼在内的各种礼制,充分体现官员内部的上下等级和官民之间的尊卑贵贱。"元时古乐俱废,惟淫词艳曲更唱迭和,又使胡虏之声与正音相杂,甚者以古先帝王祀典神祇饰为舞队,谐戏殿廷,殊非所以道中和、崇治体也",朱元璋也下令"悉屏去之"④。他特地指示作乐的儒臣,要恢复华夏古代雅乐的传统,所撰词章要"和而正"⑤,弃绝谀词;所作乐曲,要和谐自然,"协天地自然之气"⑥。根据朱元璋的谕旨,洪武年间相继制成一批朝贺、祭祀、宴飨的乐歌,其中有些词章还是由朱元璋亲自撰写的,如《圜丘乐章》《方丘乐章》《合祭天地乐章》《先圣三皇历代帝王乐章》等。

在制礼作乐的过程中,朱元璋注意协调农村的阶级关系。元代地主与佃户之间贵贱等分甚严,法律明确规定地主与佃户行主仆之礼,佃户的地位等同于地主的奴仆,地主打死佃户,仅科以"杖一百七,征烧埋银五十两"⑦了事。故佃户对地主皆"拱侍如官

---

① 《明太祖实录》卷一六二,洪武十七年六月庚午。
② 《明太祖实录》卷二五三,洪武三十年五月甲寅。
③ 《明史》卷四七,《礼志》一,第1223页。
④ 《明太祖实录》卷六六,洪武四年六月戊申。
⑤ 《明史》卷六一,《乐志》一,第1507页。
⑥ 《明太祖实录》卷一六二,洪武十七年六月甲午。
⑦ 《元典章》卷四二,《主户打死佃客》,台北:台北故宫博物院1976年影印本。

府"①,在路上遇到,"不敢施揖,伺其过而复行"②。经过元末农民战争,"王公甘久辱,奴仆尽同升"③。洪武五年五月,朱元璋便下诏规定:"佃见田主,不论齿序,并如少事长之礼。若在亲属,不拘主佃,则以亲属礼行之。"④明制父辈曰"尊",兄辈曰"长"。农民与地主的关系,由仆主升为少长,农民虽说仍被置于地主的封建宗法统治之下,但较元代的身份地位毕竟有了提高。

再次,兴办教育科举。朱元璋认为:"教化之道,学校为本。"⑤"今天下初定,所急者衣食,所重者教化。……足衣食者,在于劝农桑;明教化者,在于兴学校。"⑥朱元璋即位前后,即相继在中央建立国学,在各府、州、县建立儒学,又称郡学,在基层建立社学。社学有部分设在城镇,更多的是设在乡村。洪武四年,方克勤出任济宁知府时曾"设社学数百区"⑦。洪武八年,朱元璋又下诏:"今京师及郡县皆有学,而乡社之民未睹教化,宜令有司更置社学,延师儒以教民间子弟,庶可导民善俗也。"⑧此后,社学便广泛地在各地乡社建立起来。据统计,洪武年间全国各个府、州、县,平均办有社学61所⑨。社学以教化百姓为首务,主要是学习一些儒家伦理道德的启蒙读物,兼读朱元璋所撰的《御制大诰》及本朝律令。朱元璋下诏规定,有司考课"必书农桑、学校之绩,违者降罚",如其所在地区"师不教导,生徒惰学",皆"论如律"⑩。随着学校教育的发展,明廷于洪武十七年颁行《科举成式》,科举制度从此正式确立,并走上规范化、标准化的轨道,反过来又推进了学校教育的发展,呈现出空前繁荣的景象。"无地而不设之学,无人而不纳之教,庠声序音,重规叠矩,无间于下邑荒徼,山陬海涯,此明代学校之盛,唐宋以来所不及也"⑪。

最后,移风易俗。朱元璋认为:"古者风俗淳厚,民相亲睦,贫穷患难,亲戚相救;婚

① [清]傅维鳞:《明书》卷九〇,《方国珍传》,畿辅丛书本。
② [明]黄溥:《闲中今古录摘抄》,丛书集成初编本。
③ [明]贝琼:《贝清江先生诗集》卷八,《黄湾述怀二十二韵寄钱思复》,四库全书本。
④ [明]朱元璋:《正礼仪风俗诏》,《皇明诏令》卷二。
⑤ 《明太祖实录》卷四六,洪武二年六月辛巳。
⑥ 《明太祖宝训》卷一,《论治道》,台北:"中央研究院历史语言研究所"1962年校勘本。
⑦ 《明史》卷二八一,《方克勤传》,第7187页。
⑧ 《明太祖实录》卷九六,洪武八年正月丁亥。
⑨ 王兰荪:《明代之社学》,《师大月刊》第21期。按:此统计数字,府限于府城,州限于州城,府属州县及州属县的社学不计在内。
⑩ 《明太祖实录》卷七七,洪武五年十二月甲戌。
⑪ 《明史》卷六九,《选举志》一,第1686页。

姻、死丧、疾病,邻保相助。近世教化不明,风俗颓敝,乡邻亲戚不相周恤,甚者强凌弱,众暴寡,富吞贫,大失忠厚之道。"①"移风善俗,礼为之本;敷训导民,教之为先。故礼教明于朝廷,而后风化达于四海。"②为此,他决心移风易俗,淳厚人情。朱元璋规定,基层的里甲组织,除了催征钱粮、勾摄公事外,还需负起教化之责:"一里之间,有贫有富。凡遇婚姻死丧、疾病患难,富者助财,贫者助力,民岂有穷苦急迫之忧?又如春秋耕获之时,一家无力,百家代之,推此以往,宁有不亲睦者乎?"③"每村置鼓一面,凡遇农忙时月,五更擂鼓,众人闻鼓下田,该管老人点闸。若有懒惰不下田者,许老人责决。"④朱元璋还下令,在全国乡村普遍设置申明亭、旌善亭,以旌善惩恶。申明亭始建于洪武五年二月,除张贴法令文告外,"凡境内人民有犯,书其过名,榜于亭上,使人有所惩戒"⑤。后来,觉得将犯人所犯罪过不分大小,一律在申明亭上公布,会"使良善一时过误者为终身之累",在洪武十五年改为"自今犯十恶、奸盗、诈伪、干犯名义、有伤风俗及犯赃至徒者,书于亭,以示警戒。其余杂犯、公私过误、非干风化者,一切除之"⑥。旌善亭的始建时间现已无考,但一些地方在洪武十六年已建有旌善亭⑦。亭内既书"民之孝子顺孙、义夫节妇及善行之人",也录"有司官善政著闻者"⑧,张榜公布官民的善政善举,以示旌表。此外,朱元璋还命人编撰《公子书》《农工技艺商贾书》及《律令直解》等通俗读物,颁行各地,使士农工商各类人等,知所遵循。

五

朱元璋强调"明礼以导民",但也不排除"定律以绳顽"⑨。他指出,只有礼法并用,

---

① 《明太祖实录》卷二三六,洪武二十八年二月乙丑。
② 《明太祖宝训》卷二,《崇教化》。
③ 《明太祖实录》卷二三六,洪武二十八年二月乙丑。
④ 《教民榜文》,《皇明制书》卷九。
⑤ 《明太祖实录》卷七二,洪武五年二月。
⑥ 《明太祖实录》卷一四七,洪武十五年八月乙酉。
⑦ 正德《瑞州志》卷四,《官室志·公署》,明正德十年刻本。
⑧ 嘉靖《象山县志》卷一,《建置志·诸署》,明嘉靖三十五年刻,隆庆五年增刻本。
⑨ [明]朱元璋:《御制大明律序》,《大明律》第1页。

才能建立"上下相安、和气充溢、天地清宁"的社会秩序。当臣民不能遵守礼制的规范时,就必须齐之以刑,用刑罚来迫使那些桀骜不驯的"顽民"就范。否则,如果"法纵民玩",使"奸者得以恣肆,良者含冤而受暴,虽欲善治,反不可得矣"①。鉴于元朝没有制定过像《唐律疏议》那样的刑法典,仅只"取所行一时之例为条格而已"②,这些条格不仅繁杂重出,往往同罪异罚,易被官吏上下其手,而且也不适应已经变化了的形势,无法继续使用。在明朝建立前夕,朱元璋即于吴元年十月下令议定律令,于当年十二月编成以唐律为蓝本的律285条。洪武建国后,经洪武七年、九年、十六年、二十二年的几次修订,最后于三十年五月正式颁行全国,这就是通行有明一代的《大明律》。除《大明律》外,朱元璋还亲自汇集一批针对"情犯深重、灼然无疑"的"奸顽刁诈之徒"施行法外加刑的案例,加上一些峻令和自己的训话,编成《御制大诰》四编,先后颁行于洪武十八年十月、十九年三月和十二月、二十年十二月,作为《大明律》的补充。洪武三十年五月重新颁布改定《大明律》时,又择取《御制大诰》四编的有关条目,与有关律文一起编成《钦定律诰》,附载于《大明律》之后,规定"其递年一切榜文禁例,尽行革去。今后法司只依律与大诰议罪"③。

　　明初制定的《大明律》与《御制大诰》,作为地主阶级专政的工具,对农民的反抗活动做出了严厉的惩罚规定,要求他们循分守纪,当差纳粮;同时又依据朱元璋锄强扶弱、右贫抑富的主张,对农村的阶级关系作出适当的调整,以缓和阶级矛盾,稳定乡村的社会秩序。

　　明律的"扶弱""右贫",主要体现在用法律形式肯定元末农民战争的某些成果,提高了农民的身份地位。在唐律中,奴婢、部曲、杂户、官户的地位均低于良人,明代已不存在与良人不同的部曲,故明律未见有与此相应的条文。关于奴婢,《大明律》明确禁止庶民之家存养奴婢,禁止官民之家阉割役使"火者",禁止将他人迷失子女、在逃子女卖为奴婢,禁止冒认良人为奴。洪武二十四年,明廷还规定,役使奴婢,公侯家不过20人,二品不过10人,三品不过8人④。唐律中有关部曲的某些规定,《大明律》改为"雇工人",

① 《明太祖实录》卷二〇二,洪武二十三年五月癸巳。
② 《明史》卷九三,《刑法志》一,第2279页。
③ [明]朱元璋:《御制大明律序》,《大明律》第1页。
④ [清]龙文彬纂:《明会要》卷五二,《民政·奴婢》,北京:中华书局1956年版,第969页。

但其法律地位高于部曲。如唐律规定雇主殴死部曲，徒一年；故杀，徒一年半。《大明律》规定雇主殴死雇工人，徒三年；故杀，绞。唐律规定部曲杀、伤、殴打主人或其亲属者，处刑与奴婢同，即杀主，斩；过失杀主，绞；殴伤主之近亲，斩或绞。《大明律》则规定："若雇工人殴家长及家长之期亲若外祖父母者，杖一百，徒三年；伤者，杖一百，流三千里；折伤者，绞；死者，斩；故杀者，凌迟处死；过失杀、伤者，各减本杀、伤罪二等。"①唐律规定部曲骂詈、奸污、告发等干犯主人之罪，处刑与奴婢无大区别。明律则规定，雇工人奸家长妻、女，与奴婢同罪，但骂詈及告发家长，处罚较奴婢为轻。另外，明律对于雇工人对家长有犯虽以"贱人"论处，但对"良人"有犯则往往以"良人"论处。凡此种种，表明雇工人的身份地位是介于"良人"与"贱人"之间，而高于奴婢的。佃户与地主的关系，也由元代的仆主升为少长。在有关乡饮酒礼的律条中还规定，举行乡饮酒礼时，"除乞丐外，其余但系老年，虽至贫，亦须上坐，少者虽至富，必序齿下坐"②。也就是说，不论富贫，一律按年龄的大小入座，即便是贫穷的佃农，年龄大的就坐上席，即便是富裕的地主，年龄小的就坐下席。农民的身份地位有了明显的提高，其人身依附关系有所松弛，对他们的超经济强制有所削弱。

此外，明律适应以父权、夫权为中心的封建宗法关系和伦理道德规范相对松弛的社会现实，相对减轻了触犯宗法关系和伦理道德行为的惩处。并适当放松对间接触犯封建专制统治行为的处罚。

明律的"锄强""抑富"，主要表现在对地主阶级贪暴行为的防范与惩治方面。明律首先降低贵族官僚的法律特权地位。唐律规定，皇族、贵戚、达官享有"八议"的特权，除"谋反""谋大逆"等"十恶"重罪之外，几乎都可免受审判和刑罚。《大明律》则不然，只规定"凡八议者犯罪，实封奏闻取旨，不许擅自勾问。若奉旨推问者，开具所犯及应议之状，先奏请议，议定奏闻，取自上裁。其犯十恶者，不用此律"③。还规定，文武官员犯公罪，只有笞刑可以听赎。如犯私罪，"笞四十以下，附过还职；五十，解见任别叙；杖六十，降一等；七十，降二等；八十，降三等；九十，降四等；俱解见任。流官于杂职内叙用，杂职于边远叙用。杖一百者，罢职不叙。若军官有犯私罪，该笞者，附过收赎；杖罪，解见任，

① 《大明律》卷二〇，《刑律·斗殴》，第162页。
② 万历《明会典》卷七九，《礼部·乡饮酒礼》，第456页。
③ 《大明律》卷一，《名例律·应议者犯罪》，第5页。

降等叙用;该罢职不叙者,降充总旗;该徒、流者,照依地里远近,发各卫充军"①。其余所有法律特权,一概取消。这些规定,大大减少了贵族官僚借助法律特权违法犯禁而逃避惩处的机会。

明律还严禁公侯之家侵占官民田地财产、接受投献、隐蔽粮役,禁止藩王侵占民田。并严禁官豪势要侵占他人田宅以及脱漏版籍、移丘换段、挪移等则、以高作下、诡寄影射等欺隐自己田地粮差的舞弊行为;禁止接受朦胧投献;禁止官员在现任处置买田宅。如有违反,处罚都极其严厉。如"豪民令子孙、弟侄、跟随官员隐蔽差役者,家长杖一百。官员容隐者,与同罪。受财者,计赃,以枉法从重论。跟随之人,免罪充军。其功臣容隐者,初犯,免罪附过;再犯,住支俸给一半;三犯,全不支给;四犯,依律论罪"②。

明律对官吏的贪污受贿,处罚尤为严厉。朱元璋曾下令:"官吏犯赃罪者无贷"③,并敕谕户部:"官吏受赃者,并罪通贿之人,徙其家于边,著为令。"④明廷又规定:"凡官吏人等犯枉法赃者,不分南北,俱发北方边卫充军。"⑤"官赃至十六(按:应作六十)两以上,剥皮贯草。"⑥依据朱元璋旨意制定的《大明律》,专为惩治贪污开列了许多条文,朱元璋的《御制大诰》四编更有121条专讲惩治贪赃受贿、科敛害民问题,占到总条数201条的56.3%。《大明律》规定:"凡官吏受财者,计赃科断。无禄人,各减一等。官追夺除名,吏罢役,俱不叙。说事过钱者,有禄人,减受钱一等;无禄人,减二等;罪止杖一百,各迁徙。有赃者,计赃从重论。"⑦并规定,受财枉法者,1贯以下杖70,每5贯加1等,至80贯绞;受财不枉法者,1贯以下杖60,每10贯加1等,至120贯,罪止杖100,流3000里;监守自盗仓库钱、粮等物,不分首从,并赃论罪,在右小臂上刺"盗官钱(粮、物)"三字,1贯以下杖80,每2贯500文加1等,至25贯杖100,流3000里,40贯斩。至于官吏私借官府钱粮和借官物、挪移出纳、冒支官粮、多收税粮斛两、隐瞒入官家产等,明律也都规定了很重的刑罚。就连因公乘坐官畜、车、船附载物超过规定重量者,也要处罚。

---

① 《大明律》卷一,《名例律·文武官犯私罪》,第6—7页。
② 《大明律》卷四,《户律·户役》,第46页。
③ 《明太祖实录》卷六九,洪武四年十一月庚申。
④ 《明史》卷九三,《刑法志》一,第2288页。
⑤ 《明史》卷九三,《刑法志》一,第2289页。
⑥ [明]屠叔方纂:《建文朝野汇编》卷一一,《大理寺少卿胡闰》,北京图书馆古籍珍本丛刊第11册,北京:书目文献出版社影印本。
⑦ 《大明律》卷二三,《刑律·受赃》,第181页。

朱元璋不仅制定了一系列惩治贪污的律令,而且有令必行。一旦发现官吏的贪污行为,立即严加惩处,罪行轻的处以笞、杖、谪戍、屯田、工役之刑,重的则处以墨面文身、挑筋、剁指刖足、阉割为奴、枷项游街、免死发广西拿象、全家抄没发配远方为奴、迫令自杀、枭首、凌迟、族诛等各种非刑。而且不避亲贵,即使是皇亲国戚、勋臣权贵,一旦贪污受贿,也照样处刑,毫不宽待。洪武末年,驸马都尉欧阳伦,命家奴周保等令陕西布政司派车为之贩运私茶,朱元璋即下令将欧阳伦和陕西布政司官员赐死,周保等家奴全部处斩,茶货全部没收入官。除了平时的随时惩办,朱元璋还对贪官污吏进行集中的打击。如洪武四年的录天下官吏、八年的空印案、十八年的郭桓案、十九年的逮官吏积年为民害者,声势都很浩大。郭桓案"自六部左右侍郎下皆死,赃七百万,词连直省诸官吏,系死者数万人"①。

对豪强地主横行不法、肆意兼并的行为,朱元璋也严厉加以打击。除洪武十四年在全国普查户口,编制赋役黄册外,洪武二十年又完成全国性的土地丈量工作,编制鱼鳞图册,防止豪强隐瞒丁口和土地,逃避国家的赋役征派。明律还对隐瞒丁口和土地的行为,规定了严厉的处罚。它规定,人户以籍为定,若诈冒脱免、避重就轻者,杖80。凡一户全不附籍、将他人亲属隐蔽在户不报,及相冒合户附籍、隐瞒自己或他人成丁人口不附籍,均严加惩处。还规定:"诸人不得于诸王、驸马、功勋大臣及各衙门,妄献田土、山场、窑冶,遗害于民,违者治罪";"各处奸顽之徒,将田地诡寄他人名下者,许受寄之家首告,就赏为业";"将自己田地移丘换段、诡寄他人及洒派等项,事发到官,全家抄没"②;典卖田宅必须过割,"不过割者,一亩至五亩,笞四十,每五亩加一等,罪止杖一百,其田入官"③。

对那些不遵守法令、敢于顶风作案的豪强劣绅,朱元璋则进行无情的打击。当时的江南地区,地主经济最为发达,豪强劣绅也最为横暴,朱元璋对他们的打击也最为严厉。明初派到江南的官吏有不少酷吏,就是这一政策的坚定执行者。如薛严守镇江,执法极严,"豪强为之屏迹"④。苏州太守王观,因当地拖欠税粮,就将全府的富豪都叫到府衙,

---

① 《明史》卷九四,《刑法志》二,第2318页。
② 万历《明会典》卷一七,《户部·田土》。
③ 《大明律》卷五,《户律·田宅》,第53页。
④ 乾隆《江南通志》卷一四,《职官志·名宦》,清乾隆元年刻本。

命令他们拿出家中储积代为赔纳。朱元璋还借几起大案,牵连诛杀了许多豪强势族。如郭桓案"核赃所寄借遍天下,民中人之家大抵皆破"①。特别是胡惟庸党案和蓝玉党案,江南的豪强受牵连者更多,仅吴江一县,罹祸的就"不下数千家"②。除了诛杀,朱元璋还将许多豪强劣绅迁离故土,徙置他乡。即位前后,他即开始执行这一政策,将张士诚、方国珍、陈友谅的部将和元朝的孤臣孽子以及依附他们的江南地主迁离故土,徙置于濠州、临淮、颍上等地。此外,朱元璋又仿效刘邦徙天下富民实关中的做法,如吴元年十月"徙苏州富民实濠州"③;洪武二十四年七月又谕工部臣曰:"昔汉高祖徙天下富豪于关中……京师,天下根本,……其令有司验丁产殷富者,分遣其来。"于是"工部徙天下富民至者凡五千三百户"④。这些豪强地主一离开故土,其田产也随之丧失,便无法再横行乡里,欺压小民。

<h1 style="text-align:center">六</h1>

朱元璋治理乡村社会的理念与措施,经过二三十年的实践,取得显著的成效。

首先,打击贪官污吏和豪强劣绅。贪官污吏和豪强劣绅,是农民最痛恨的两股恶势力,也是诱发社会动乱的两个毒瘤。朱元璋用严厉手段整饬吏治,虽然存在打击面过大过滥的偏差,但还是起到了"整顿一代之作用"⑤。在严刑酷法之前,大多数官吏还是重足而立,不敢恣肆妄为,"郡县之官虽居穷山绝塞之地,去京师万余里外,皆惊心震胆,如神明临其庭,不敢少肆。或有毫发出法度,悖礼义,朝按而暮罪之"⑥。经过长期的整治,一大批腐败的官吏遭到惩处和打击,官场的风气逐渐发生变化,吏治渐趋清明,"一时守令畏法,洁己爱民,以当上指,吏治焕然丕变矣。下逮仁、宣,抚循休息,民人安乐,吏治

---

① 《明史》卷九四,《刑法志》二,第2318页。
② 同治《苏州府志》卷一四六,《杂记》,清光绪八年江苏书局刻本。
③ 《明太祖实录》卷二六,吴元年十月乙巳。
④ 《明太祖实录》卷二一〇,洪武二十四年七月庚子。
⑤ [清]赵翼著,王树民校正:《廿二史札记》卷三二,《明祖晚年去严刑》,北京:中华书局1984年版,第744页。
⑥ [明]方孝孺:《逊志斋集》卷一四,《送祝彦芳致仕还家序》,四部丛刊本。

澄清者百余年"①。嘉靖、万历年间的著名清官海瑞赞扬说:"我太祖视民如伤,执《周书》'如保赤子'之义,毫发侵渔者加惨刑。数十年民得安生乐业,千载一时之盛。"②

朱元璋对豪强劣绅的打击也不遗余力。一批违法犯禁的大家势族特别是江南地区的巨姓大族遭到诛杀、籍没,或迁离故土,他们武断乡曲、欺压小民的活动因受到了严格的限制而大大减少。方孝孺在谈到明初对豪强劣绅的打击时说:"太祖高皇帝以神武雄断治海内,疾兼并之俗,在位三十年间,大家富民多以逾制失道亡其宗。"③吴宽说他的家乡长洲在洪武之世,"乡人多被谪徙,或死于刑,邻里殆空"④,并谈及三吴地区的情况说:"皇明受命,政令一新,豪民巨族,划削殆尽","一时富室或徙或死,声销景灭,荡然无存"⑤。贝琼也说,当时的三吴巨姓"既盈而复,或死或徙,无一存者"⑥。

其次,缓解农村的阶级矛盾。朱元璋即位之后,下令释放奴婢,还对畜奴作出限制,并相应提高了佃农的地位。随着土地制度的改革,许多无地或少地的农民获得土地,自耕农的数量大量增加。加上休养生息、藏富于民、轻徭薄赋、抑制兼并政策措施的实行,对贪官污吏和豪强劣绅的打击,农民的生活逐渐得到改善,阶级矛盾逐渐得到缓和,社会秩序逐渐趋于稳定,"商旅行,农夫耕,老瓦盆中冽酒盈,呼嚣隳突不闻声"⑦,呈现一片国泰民安的祥和景象。民间甚至流传着"道不拾遗"的传说,谓"闻之故老言,洪武纪年之末,庚辰(建文二年,1400)前后,人间道不拾遗,有见遗钞于涂,拾起一视,恐污践,更置阶圮高洁处,直不取也"⑧。

最后,促进生产的恢复与发展。朱元璋采取的一系列措施,对严重摧残生产力的贪官污吏和豪强劣绅进行打击,并在一定程度上保障劳动者最基本的生产条件,加上社会秩序的渐趋稳定,有力地推动着农业生产走出残破凋敝的困境。"流离渐怀归,沉疴渐苏醒"⑨,呈现一片蓬勃发展的景象。全国的耕地面积大量增加,洪武二十六年达到850

① 《明史》卷二八一,《循吏传》序,第2185页。
② 《海瑞集》下编,《论著类·赠赵三山德政序》,第354页。
③ 《逊志斋集》卷二二,《参议郑公墓表》。
④ [明]吴宽:《匏翁家藏集》卷五七,《先世事略》,四部丛刊本。
⑤ 《匏翁家藏集》卷五八,《莫处士传》;卷五一,《跋桃源雅集记》。
⑥ 《贝清江先生文集》卷一九,《横塘农诗序》,四部丛刊本。
⑦ [清]朱彝尊辑:《明诗综》卷一○○,《南丰歌》,四库全书本。
⑧ [明]祝允明:《野记》卷二,丛书集成初编本。
⑨ [明]孙蒉:《孙西菴集》卷四,《送虹县尹陈景明》,自明诚廔丛书本。

万余顷①,比北宋最高的耕地数字、天禧五年(1021)的 524 万余顷②,多了 300 多万顷。国家的税粮也随之增加,洪武二十六年岁征粮食 32789800 多石,布帛 512002 匹、丝绵、茶等物 3654000 余斤③,其中仅税粮一项就比元代岁入 12114000 多石④,多了一倍多。随着农业生产的发展,"四民各有定业,百姓安于农亩,无有他志,官府亦驱之就农,不加烦扰,故家给人足,乐于为农"⑤。在洪武年间奠定的基础上,社会经济在此后的永乐、洪熙、宣德三朝继续发展,"土无莱芜,人敦本业","百姓充实,府藏衍溢"⑥,"宇内富庶,赋入盈羡,米粟自输京师数百万石外,府县仓廪蓄积甚丰,至红腐不可食"⑦,促成了明前期盛世的出现。

当然,朱元璋治理乡村社会的理念和措施,是为了强化封建专制主义的统治,维护朱家天下的长治久安,无法从根本上解决地主和农民的阶级矛盾,这是阶级和时代使然。但是,作为明朝的开国君主,他从地主阶级的长远利益出发,能认真总结历史的经验教训,针对明初的社会现状,提出"安民为本""锄强扶弱"的主张,采取一系列有力的措施,协调农村的阶级关系,经过二三十年的艰苦努力,终于收到由乱至治的显著效果,为近三百年的大明江山打下了较为扎实的根基。对此,无疑应当给予历史的肯定。

[原载《江南大学学报》2012 年第 11 卷第 5 期(2012 年 9 月)]

---

① 《明史》卷七七,《食货志》一,第 1882 页。
② [元]脱脱等撰:《宋史》卷一七三,《食货志》上一,北京:中华书局 1977 年版,第 4166 页。按:元朝未留下耕地面积的数字,无从比较。
③ 《明太祖实录》卷二三〇,洪武二十六年十二月。
④ 《元史》卷九二,《食货志》一,第 2360 页。
⑤ [清]蒋延锡等编:《古今图书集成》《职方典》卷六九六,《松江府志》,上海:中华书局 1934 年影印本。
⑥ 《明史》卷七七,《食货志》一,第 1877 页。
⑦ 《明史》卷七八,《食货志》二,第 1895 页。

朱元璋推行乡饮酒礼述论

乡饮酒礼始行于周代,是当时唯一的一种达于庶民的礼制。其说有三:"《周礼》,乡大夫,三年大比,兴贤者、能者,乡老及乡大夫帅其吏,与其众寡,以礼宾之,一也;党正,国索鬼神而祭祀,则礼属民而饮酒于序,以正齿位,二也;州长,春秋习射于序,先行乡饮酒,三也。"①后来,乡饮酒礼时有损益,至元代在民间已基本消失。明初宋濂等撰写的《元史》,其《礼乐志》已不见有乡饮酒礼的记载。明太祖朱元璋建立明朝,又下令重新厘定乡饮酒礼,并将它广泛推行于全国。那么,朱元璋为什么要重新推行乡饮酒礼,明代的乡饮酒礼又有什么特色,应该如何进行评价呢?

一

由于元末蒙汉地主阶级的残暴统治,加上长期的战乱,明朝建立之初,到处呈现居民死亡、人口锐减,村里为墟、田畴荒芜的破败景象。往昔的繁华胜地扬州,龙凤三年(1357)被朱元璋的军队攻占时,"城中居民仅余十八家"②。素号繁华的苏州城,也是

---

① [元]脱脱等撰:《宋史》卷一四四,《礼志》一七,北京:中华书局 1977 年版,第 2720—2721 页。
② 《明太祖实录》卷五,丁酉年十月甲申,台北:"中央研究院历史语言研究所"1962 年校勘本。

"邑里萧然,生计鲜薄"①。湖广所在"多废地",常德武陵等十县"土旷人稀,耕种者少,荒芜者多"②。四川所辖州县"居民鲜少",成都故田数万亩"皆荒芜不治"③。西北地区不少地方,更是"城邑空虚,人骨山积"④。特别是中原诸州,"元季战争,受祸最惨,积骸成丘,居民鲜少"⑤。洪武元年(1368)闰七月,徐达从汴梁(今河南开封)统率明军北伐,"道路皆榛塞,人烟断绝"⑥。直到洪武二十七年,全国各地犹"多荒芜田土"⑦。人民力竭财尽,百姓的生活极端困苦,地主贵族难以榨取到地租,国家的税源几近枯竭。各地的官府和卫所不断传来报告:"累年租税不入","租税无所从出","积年逋赋"⑧。

明初的各级官吏,又承袭元末官场的腐败风气,"掌钱谷者盗钱谷,掌刑名者出入刑名"⑨,监守自盗,擅权枉法,贪污受贿,无所不为。"中外贪墨所起,以六曹为罪魁"⑩。中央各部的官员带头大搞贪污受贿,如洪武十八年的郭桓案,系狱被杀者多达数万人,他们"除盗库见在宝钞、金银不算外,其卖在仓税粮及未上仓该收税粮及鱼盐诸色等项课程,共折米算,所废者二千四百余万(石)精粮","恐民不信,但略写七百万耳"⑪。地方官员更是群起效尤,巧取豪夺。浙江官府折收秋粮,州县官吏巧立名目额外加征,百姓每折钞2贯,就要加征7种附加税共计900文,高达应交折钞的45%⑫。嘉定县粮长金仲芳等三人征粮,"巧立名色,凡一十有八"⑬。各地的豪强劣绅,不仅倚势武断乡曲,凌辱乡邻,而且"有田而不输租,有丁而不应役"⑭,采取洒派、包荒、诡寄、移丘换段等手

① [明]王锜撰,张德信点校:《寓圃杂记》卷五,《吴中近年之盛》,北京:中华书局1984年版,第42页。
② 《明太祖实录》卷二五〇,洪武三十年二月丁酉。
③ 《明太祖实录》卷一八一,洪武二十年三月丙子。
④ 《明太祖实录》卷五六,洪武三年九月甲寅。
⑤ 《明太祖实录》卷一七六,洪武十八年十一月乙亥。
⑥ 《明太祖实录》卷三三,洪武元年闰七月庚子。
⑦ [明]陈子龙等辑:《明经世文编》卷七;[明]桂彦良:《上太平治要十二条》,北京:中华书局1962年影印本。
⑧ 《明太祖实录》卷六一,洪武四年二月丙辰;卷一九七,洪武二十二年八月丙申;卷二五五,洪武三十年九月壬午。
⑨ [明]朱元璋:《御制大诰·谕官无作非为第四十三》,明刻本。
⑩ [清]张廷玉等撰:《明史》卷九四,《刑法志》二,北京:中华书局1974年版,第2318页。
⑪ 《御制大诰·郭桓造罪第四十九》。
⑫ 《御制大诰·折粮科敛第四十一》。
⑬ 《御制大诰·粮长金仲芳科敛第二十一》。
⑭ 《明太祖实录》卷一五〇,洪武十五年十一月丁卯。

段,把负担转嫁给农民,"靠损小民"①。

经济的凋敝,使农民的生活十分困苦,而地主阶级贪得无厌的榨取,更使他们的日子雪上加霜,元末农民战争后缓和下来的阶级矛盾又复趋于激化。不少元末参加起义的农民,不顾朝廷多次下令胁迫或派兵剿捕,继续屯聚山林,不入户籍,不供赋役。在籍民户,也大批逃亡,如洪武五年,太原河曲等县"民多逃亡,负粮二千五百八十余石"②。有的农民还拿起武器,举行武装暴动。湖北、江西、浙江、福建、广东、广西、云南、贵州、四川等地,屡有小股农民起义发生,社会秩序混乱不堪,动荡不安。

面对这种严峻的局势,朱元璋为求明王朝的长治久安,认真总结历代王朝特别是元朝兴亡的经验教训,惊呼:"所畏者天,所惧者人,苟所为一有不当,上违天意,下失民心,驯致其极而天怒人怨,未有不危亡者矣。"③他深知民对于君主既有依存的一面,也有制约的另一面,认为君主不仅不能"轻民",而且要"畏民""敬民",说:"朕则上畏天,下畏地,中畏人。"④基于这种认识,他提出了"安民为本"的治国思想,强调:"民者,国之本也"⑤,"凡为治以安民为本,民安则国安"⑥。从"安民为本"的治国思想出发,朱元璋还提出"锄强扶弱"的主张。他认为,理想的社会应该是"富者自安,贫者自存","富者得以保其富,贫者得以全其生"⑦,即地主阶级能够保有他们的财富,过上富裕的生活,农民阶级也具备进行简单再生产的条件,能够生存下去,两者能够和睦共处,这样社会才能够安定。朱元璋出身于贫苦农民家庭,从小在农村长大,深知在地主与农民的关系上,地主阶级在和平时期处于主导的地位。正是由于富者即豪强劣绅和强者即各级官吏,凭借他们手里控制的生产资料土地和国家权力,肆意兼并,巧取豪夺,把广大农民逼入绝境,才导致小民的反抗,社会的动乱。因此,他主张,作为最高统治者,必须"锄强扶弱",借以协调贫富、强弱的关系,以防止矛盾的激化,动乱的发生。朱元璋不仅一再告谕百官:"天生烝民,有欲无主乃乱。所以乱者,正谓人皆贪心不已,动辄互相兼并,以致

①　《御制大诰续编·洒派包荒第四十五》,明刻本。
②　《明太祖实录》卷七二,洪武五年二月丙戌。
③　《明太祖实录》卷三二,洪武元年七月辛巳。
④　《明太祖实录》卷八〇,洪武六年三月癸卯。
⑤　《明太祖实录》卷二五六,洪武二十一年三月甲戌。
⑥　《明太祖实录》卷一一三,洪武十年七月。
⑦　《明太祖实录》卷四九,洪武三年二月庚午。

强凌弱,众暴寡。"必须采取必要手段,锄强扶弱。"使有力大的不敢杀了小的,人多的不敢杀了人少的。纵有无眼的、聋哑的,他有好财宝、妻妾,人也不敢动他的。若强将了,以强盗论;暗将了,以窃盗论。因此这般,百姓方安。"①要求各级官吏做到"锄强扶弱,奖善去奸,使民得遂其所安"②,而且在接见浙西诸郡的富民时,也谆谆告谕他们:"民生有欲,无主乃乱。使天下一日无主,则强凌弱,众暴寡,富者不得自安,贫者不能自存矣。毋凌弱,毋吞贫,毋虐幼,毋欺老,孝敬父兄,和睦亲族,周给贫乏,逊顺乡里,如此则为良民。若效昔之所为,非良民矣。"③清代官修《明史》,将朱元璋这个"锄强扶弱"的主张称为"右贫抑富",说:"(明太祖)惩元末豪强侮贫弱,立法多右贫抑富。"④

根据"安民为本""锄强扶弱"的思想主张,朱元璋在大力强化封建专制统治、实行休养生息、恢复和发展生产的同时,则大兴礼法之治,说:"礼法,国之纪纲。礼法立,则人志定,上下安。建国之初,此为先务。"⑤登基称帝后,他即"仿古为治,明礼以导民,定律以绳顽"⑥。在明礼定律的过程中,朱元璋尤其重视礼治的作用,说:"威人以法,不若感人以心,敦信义而励廉耻,此化民之本也。"⑦"朕观刑政者,不过辅礼乐为治耳。苟为治徒务刑政,而遗礼乐,在上者虽有威严之政,必无和平之风,在下者虽存苟免之心,终无格非之诚。大抵礼乐者,治平之膏粱,刑政者,救弊之药石。"⑧强调要礼法并用,而以礼为主。

礼源于俗而形成于西周之时。公元前 11 世纪中叶,武王举兵伐纣,建立周朝,后由年幼的成王继位,其弟周公旦摄政。周公旦认为殷纣所以亡国,是由于"失德"所致,从而提出"明德"的治国纲领,强调要用德政来争取民心。为此他"制礼作乐",制定了一套全新的典章制度,包括政治制度、道德标准和行为规范。到了东周,经过孔子和子思学派的理论阐发,形成一套完备的体系。此后,历代王朝无不强调以礼治国,用以定尊卑、明贵贱、辨等列、序少长、睦宗族、和乡里,协调各种社会关系,维护和巩固现存的社会秩序。

---

① [明]朱元璋:《戒谕诸司敕》;[明]傅凤翔辑:《皇明诏令》卷二,文渊阁四库全书本,台北:商务印书馆1983 年影印本。
② 《明太祖实录》卷二四,吴元年七月丁丑。
③ 《明太祖实录》卷四九,洪武三年二月庚午。
④ 《明史》卷七七,《食货志》一,第 1880 页。
⑤ 《明太祖实录》卷一四,甲辰年三月戊辰。
⑥ 《明太祖实录》卷二五三,洪武三十年五月甲寅。
⑦ 《明太祖实录》卷四四,洪武二年八月戊子。
⑧ 《明太祖实录》卷一六二,洪武十七年五月庚午。

"元兴以夷变夏,民染其俗,先王之礼几乎熄矣",朱元璋认为这是元朝覆亡的一个重要原因,强调:"礼者,所以美教化而定人志。成周设大司徒,以五礼防万民之伪,而教之中。夫制中莫如礼,修正莫如礼,故有礼而治,无礼则乱。"①他还指出:"古者风俗淳厚,民相亲睦,贫穷患难,亲戚相救;婚姻、死丧、疾病,邻保相助。近世教化不明,风俗颓敝,乡邻亲戚不相周恤,甚者强凌弱,众暴寡,富吞贫,大失忠厚之道。"②"礼者,国之防范,人道之纪纲,朝廷所当先务,不可一日无也。"③强调要用礼治的教化作用,淳风俗,淑人情,来协调贫富、强弱的关系,使之各自循分守纪,和睦共存,以维护社会的安定。因此,在明朝建立前夕,朱元璋在就吴王位后,即于吴元年(1367)六月"首开礼、乐二局,广征耆儒,分曹究讨"④,着手修纂礼书。洪武建国后,又从各地陆续征召一批老儒,参与礼书的修纂。至洪武三年九月,礼书告成,赐名《大明集礼》。"其书准五礼而益以冠服、车辂、仪仗、卤簿、字学、音乐,凡升降仪节,制度名数,纤悉毕具"⑤,奠定了明代礼制的基本框架,乡饮酒礼即其中之一。

二

在《大明集礼》的修纂过程中,洪武二年八月,监察御史睢稼奏言:"《周官》有悬法象魏之文,《礼经》载乡饮酒读法之说,皆导民知礼法而远刑罚也。今新律(指吴元年律令)颁布天下,乡井细民犹有不通其说者,宜仿古人月吉读法之典,命府州县长吏,凡遇月朔会乡之老少,令儒士读律,解析其义,使之通晓,则人皆知畏法而犯者寡矣。"⑥朱元璋于是"诏中书省详定乡饮酒礼条法,敦叙长幼之节"⑦。洪武三年九月成书的《大明集礼》,即将乡饮酒礼列为嘉礼之一,详列其仪注,并对其制定原则及适用范围作了如下说明:"国朝受命勘定海

① 《明太祖实录》卷七三,洪武五年三月辛亥。
② 《明太祖实录》卷二三六,洪武二十八年二月乙丑。
③ 《明太祖实录》卷八〇,洪武六年三月癸卯。
④ 《明史》卷四七,《礼志》一,第1223页;黄云眉:《明史考证》第二册,北京:中华书局1980年版,第382—383页。
⑤ 《明史》卷四七,《礼志》一,第1223页。
⑥ 《明太祖实录》卷四四,洪武二年八月戊子。
⑦ [明]申时行等:万历《明会典》卷七九,《礼部·乡饮酒礼》,北京:中华书局1989年影印本。

内，即诏有司稽古考文，定为一代之制。于是取《仪礼》及唐宋所行，参酌损益为乡饮酒礼。又采周官属民读法之旨，于行礼之中一人升读律令。县邑则岁一行之，学校、里社则季一行之。里中盖本于正位之说，而宾兴贤能、春秋习射亦可通用焉。"①

洪武五年四月，礼部根据这个仪注，奏请将乡饮酒礼推行于全国各地的儒学、里社和各卫的武职衙门："在内应天府及直隶府州县，每岁孟春正月、孟冬十月，有司与学官率士大夫之老者，行于学校，在外行省所属府州县，亦皆取法于京师；其民间里社，以百家为一会，粮长或里长主之，百人内以年最长者为正宾，余以序齿坐，……所用酒肴，毋致奢靡，若读律令，则以刑部所编《申明戒谕书》兼读之；其武职衙门，在内各卫亲军指挥使司及卫指挥使司，凡镇守军官，每月朔日，亦以大都督府所编《戒谕书》，率僚佐读之。"朱元璋于是"诏天下举行乡饮"②。诏令颁布后，有些地方官即积极加以推行。当年出任苏州知府的魏观，便"以明教化，正风俗为治"，创办学校，聘请"耆民周寿谊、杨茂、林文友行乡饮"③，"合乡学及六县弟子员之立者百有六十人，文武僚佐之在位观礼者若干人，农工商贾远近之观者又以千计"④，为一时之盛。洪武六年正月，江西泰和县令刘宗启，在本县学宫明德堂举行乡饮酒礼，"自僚佐暨贤士学官弟子员等凡若而人，列位于明德之堂。于是学徒二三，于于而前，正立张拱，奉法书而更读之，先《令》，次《律》，次《戒谕》，炳炳琅琅，观者如堵，听者动色"⑤。洪武八年十月，江西泰和知县郝行谦，又率僚属与本县土民之高年者，在本县学宫明德堂举行乡饮酒礼，"大夫肃宾于庠门外，揖让升堂，以序就位，乃命诸生祗奉《大明律》而朗读之，又参伍讲之。环堂阶而听者如织，决知禁防之不可犯，决意之无非仁矣，既而以法行，酒爵有经而饮不乱"⑥。洪武十二年，昆山人李尚义担任粮长，也"即其乡宾礼耆英，远近毕至，则有若周寿谊年百有十二岁，皤然在席，九十、八十、七十者坐以齿，盛升降揖让拜俯周旋之仪，献酬有容，读法胥告，观者如堵墙，莫不感化翕然"⑦。

① ［明］徐一夔等：《明集礼》卷二九，《乡饮酒礼》，四库全书本。
② 《明太祖实录》卷七三，洪武五年四月戊戌。
③ 《明史》卷一四〇，《魏观传》，第 4002 页。
④ ［明］王彝：《王常宗集》卷一，《乡饮酒碑铭》，四库全书本。
⑤ ［明］陈谟：《海桑集》卷五，《乡饮酒读法诗序》，四库全书本。
⑥ 《海桑集》卷五，《乡饮酒读法诗序》。
⑦ ［明］叶盛撰，魏中平校点：《水东日记》卷二一，《乡饮酒礼》，北京：中华书局 1980 年版，第 208 页。

　　洪武十四年二月，朱元璋又命礼部申明乡饮酒礼，谕曰："乡饮之礼，所以叙尊卑，别贵贱。先王举以教民，使之隆爱敬，识廉耻，知礼让也。朕即位以来，虽已举行，而乡间里社之间，恐未遍习。今时和年丰，民间无事，宜申举旧章。其府州县则令长官主之，乡间里社则贤而长者主之。年高有德者居上，高年淳笃者次之，以齿为序。其有违条犯法之人，列于外坐，同类者成席，不许杂于善良之中。如此，则家识廉耻，人知礼让，父慈子孝、兄友弟恭之道不待教而兴，所谓宴安而不乱、和乐而不流者也。"①

　　在多年实践的基础上，明廷正式制定《乡饮酒礼图式》，于洪武十六年十月颁布执行。《乡饮酒礼图式》规定："各处府州县，每岁正月十五日、十月初一日，于儒学行乡饮酒礼，酒肴于官钱酌量支办，务要丰俭得宜。除宾、僎外，众宾序齿列坐，其僚属则序爵。"仪式正式开始时，由司正举酒致辞曰："恭惟朝廷，率由旧章，敦崇礼教，举行乡饮，非为饮食。凡我长幼，各相劝勉，为臣尽忠，为子尽孝，长幼有序。兄友弟恭，内睦亲族，外睦乡里，无或废坠，以忝所生。"然后由读律者讲读律令，"有过之人，俱赴正席立听，读毕复位"。里社则"每岁春秋社祭会饮毕，行乡饮酒礼。所用酒肴，于一百家内供办，毋致奢靡。百家内，除乞丐外，其余但系年老者虽至贫，亦须上坐，少者虽至富，必序齿下坐，不许搀越，违者以违制论。其有过犯之人，虽年老财富，须坐于众宾席末，听讲律受戒谕，供饮酒毕，同退。不许在众宾上坐。如有过犯之人，不行赴饮，及强坐众宾之上者，即系顽民，主席及诸人首告，迁徙边远住坐。其主席者及众宾，推让有犯人在上坐，同罪。其各里社，以百家为一会，百家之内，以里长主席，其余百人，选年最高有德、人所推服者一人为宾，其次一人为介，其余各依年齿序坐。如有乡人为官致仕者，主席请以为僎"②。

　　洪武二十二年，再定《乡饮酒礼图式》，规定："凡良民中，年高有德、无公私过犯者，自为一席，坐于上等。有因户役差税迟悮，及曾犯公杖私笞招犯在官者，又为一席，序坐中门之外。其曾犯奸盗诈伪、说事过钱、起灭词讼、蠹政害民、排陷官长，及一应私杖徒流重罪者，又为一席，序坐于东门之内，执壶供事。各用本等之家子弟，务要分别三等坐次，善恶不许混淆。"并规定："其所行仪注，并依原颁定式，如有不遵图序坐，及有过之人不行赴饮者，以违制论。"还规定："主，府知府，州知州，县知县，如无正官，佐贰官代，位

　　① 《明太祖实录》卷一三五，洪武十四年二月丁丑。
　　② 万历《明会典》卷七九，《礼部·乡饮酒礼》；《明太祖实录》卷一五七，洪武十六年十月乙未。

于东南；大宾，以致仕官为之，位于西北；僎宾，择乡里年高有德之人，位于东北；介，以次长，位于西南；三宾，以宾之次者为之，位于宾、主、介、僎之后；司正，以教职为之，主扬觯以罚；赞礼者，以老成生员为之。"①这个图式，便成为明代乡饮酒礼的定制。

　　明初的乡饮酒礼，是针对当时的社会现实，参酌古代制度而定的，既别贵贱又叙长幼，把两者紧密结合起来。朱元璋认为："礼莫大于别贵贱，明等威"②，"礼立而上下之分定，分定而名正，名正而天下大治矣"③。还说："食禄之家，与庶民贵贱有等，趋事执役以奉上者，庶民之事也。"④为了稳定社会秩序，巩固封建统治，所有礼制的制定，都必须严格区分尊卑贵贱，确定等级名分，举行乡饮酒礼也必须遵循这个原则。在明代，现任官员属于贵人，他们"家有田土者，输租税外，悉免其徭役"⑤；致仕的官员，"亦复其家终身无所与"⑥，同属贵人；生员是官员的后备队伍，除自身免服徭役外，也可"免其家差徭二丁"⑦，也属于贵人之列。他们的身份都高于庶民一等。明初厘定的乡饮酒礼，便严格区分他们与庶民以及违条犯法之人的不同身份，规定在府州县儒学举行的乡饮酒礼，设主（席）一名，以"府知府、州知州、县知县"为之，如无正官，"佐贰官代"；大宾一名，"以致仕官员"为之；僎宾一名，"择乡里年高有德之人"为之；介一名，"以次长"；三宾，"以宾之次者为之"；司正一名，"以教职为之"；赞礼者一名，"以老成生员为之"。所谓"年高有德者"，往往也是致仕官员。这些具有贵人身份者，都各有专席，不与作为众宾的庶民以及违条犯法之人坐在一起。即使是府州县长官的僚属，也是序爵列坐，不与序齿列坐的众宾及违条犯法之人坐在一起。里社在申明亭举行乡饮酒礼，"有粮长者，粮长为主席，无粮长者，里长为主席"⑧，在武职衙门举行的乡饮酒礼，则由镇守武官担任主席，其座位安排和仪式，与府州县学略同，皆严格区分尊卑贵贱的不同等级身份。与此同时，为了协调阶级关系，抑制、防止强凌弱、富吞贫现象的发生，朱元璋又强调乡饮酒礼要"敦叙长幼之节"。《乡饮酒礼图式》据此明确规定："除宾、僎之外，众宾序齿列坐"，

---

① 万历《明会典》卷七九，《礼部·乡饮酒礼》。
② ［明］余继登撰，顾思点校《典故纪闻》卷五，北京：中华书局1981年版，第84页。
③ 《明太祖实录》卷一四，甲辰年正月戊辰。
④ 《明太祖实录》卷一一一，洪武十年二月丁卯。
⑤ 《明太祖实录》卷一一一，洪武十年二月丁卯。
⑥ 《明太祖实录》卷一二六，洪武十二年八月辛巳。
⑦ 万历《明会典》卷七八，《礼部·学校》。
⑧ 《水东日记》卷二一，《乡饮酒礼》，第456—457页。

众宾的座位均按年齿的大小排列,而不分贫富,"百家内,除乞丐外,其余但系老者,虽至贫,亦须上坐,少者虽至富,必序齿下坐,不许搀越,违者以违制论"。洪武十八年十月颁布的朱元璋亲撰的《御制大诰》还规定:举行乡饮酒礼时,"主者若不分别,致使贵贱混淆,察知,或坐中人发觉,主者坐以违制"①。洪武三十年颁行的《大明律》也规定:"凡乡饮序齿及乡饮酒礼,已有定式。违者,笞五十。"②

将别贵贱与叙长幼结合起来,这是历代乡饮酒礼的传统惯例。而将礼法结合在一起,在乡饮酒礼中兼读律令,这是明朝的新创。这种做法的倡议者监察御史睢稼,在其上书中说"《周官》有悬法象魏之文,《礼经》载乡饮酒读法之说",但细检《礼经》即《仪礼》这部现存最早的关于礼仪的典籍,在乡饮酒礼之中并没有读律的内容。此后汉、唐、宋诸代的乡饮酒礼,也未见有读律的仪节,有之则始于明代。朱元璋历来重视律令的制定与普及工作。在登基称帝之前,他即于吴元年十月命左丞相李善长为总裁官,参知政事杨宪、傅瓛、御史中丞刘基、翰林学士陶安等人为议律官,制定律令。十二月,律令编成颁行,他召见议律官及儒臣,又谕之曰:"读书所以穷理,守法所以持身,故吏之称循良者,不在威严,在于奉法循理而已。卿等既读书,于律亦不可不通。大抵人之犯法者,违理故也。"③随后即召见大理寺卿周祯等人,说:"律令之设,所以使人不犯法,田野之民岂能悉晓其意,有误犯者,赦之则废法,尽法则无民。尔等前所定律令,除礼乐、制度、钱粮、选法之外,凡民间所行事宜,类聚成编,直解其义,颁之郡县,使民家喻户晓。"周祯奉命编成《律令直解》,朱元璋览而喜曰:"前代所行《通制条格》之书,非不繁密,但资官吏弄法,民间知者绝少,是聋瞽天下之民,使之不觉犯法也。吾以《律令直解》偏(遍)行,则犯法自少矣。"④下令颁行全国。睢稼的建议符合朱元璋的旨意,因而被他所采纳,命中书省详定乡饮酒礼条法,"使民岁时燕会,习礼读律"。后来礼部奏请推行乡饮酒礼,规定由"能者"即读书人担任的"读律者"诵读《大明律》,里社的乡饮酒礼还兼读刑部所编的《申明戒谕书》,武职衙门的乡饮酒礼也兼读大都督府所编的《戒谕书》。这样,将饮酒与读律结合起来,既习礼又普法,便成为明代乡饮酒礼的一大特色。

① 《御制大诰·乡饮酒礼第五十八》。
② 怀效锋点校:《大明律》卷一二,《礼律·乡饮酒礼》,沈阳:辽沈书社1990年版,第95页。
③ 《明太祖实录》卷二八上,吴元年十二月甲辰。
④ 《明太祖实录》卷二八上,吴元年十二月戊午。

明代乡饮酒礼的另一特色是分别善恶。洪武初年,朱元璋命中书省详定乡饮酒礼条法时,只强调要用此礼"敦叙长幼之节",并没有分别善恶的内容。因此,洪武三年九月成书的《大明集礼》,其《县邑饮酒读律仪注》只规定:"众宾六十以上者,席于西序,东面北上。若宾多,又设席于西阶上,北面东上;僚佐席于东序,西面北上。设众宾五十以下者位于堂下西阶之西,当序,东面北上。"《里社饮酒读律仪》则规定:"众宾六十以上者席于两序,东西相向;六十以下者席于堂下,亦东西相向;五十以下者席于堂下,亦东西相向。"①都没有分别善恶的任何内容。后来,随着打击贪官污吏和豪强劣绅斗争的展开,朱元璋又于洪武十四年二月谕礼部曰:"其有违条犯法之人,列于外坐,不许杂于善良之中。"洪武十六年十月颁行的《乡饮酒礼图式》便规定:"其有过犯之人,虽年老财富,须坐于众宾席末,听讲律受戒谕,供饮酒毕,同退。不许在众宾上坐。"如有过犯之人不行赴饮,及强坐众宾之上者,将被迁徙边远地区。主席及众宾,推让有犯之人在上坐者,也以同罪处罚。读律之时,"有过之人,俱赴正席立听,读毕复位"。随着打击贪官污吏和豪强劣绅斗争的深入,朱元璋在洪武十八年十月颁布的《御制大诰》,又特地重申:"所以乡饮酒礼,叙长幼,谕贤良,别奸顽,异罪人,其坐席间,年高有德者居于上,高年笃实者并之,以次序齿而列。其有曾违条犯法之人,列于外坐,同类者成席,不许干于善良之席。主者若不分别,致使贵贱混淆,察知,或坐中人发觉,主者罪以违制。奸顽不由其主,紊乱正席,全家迁出化外,的不虚示。"②洪武二十二年重定《乡饮酒礼图式》,更将庶民的座位分为三等,规定凡良民中,年高有德、无公私过犯者自为一席,坐于上等;有因户役差税迟误及曾犯公杖私笞招犯在官者,专为一席,序坐中门之外;有曾犯奸盗诈伪、说事过钱、起灭词讼、蠹政害民、排陷官长以及一应私杖徒流重罪者,又为一席,序坐于东门之内,执壶供事。各用本等之家子弟,务要分别三等坐次。如果不按照规定序坐,及有过之人不行赴饮者,皆以违制论处,告官流放。洪武三十年四月颁行的《教民榜文》,再次重申:"乡饮酒礼,本以序长幼,别贤否,乃厚风俗之良法,已令民间遵行。今再申明,务要依颁降法式行之,长幼序坐,贤否异席。如此日久,岂不人皆向善避恶,风俗淳厚,各为太平之良民?"③这样,便将正面表彰与反面警戒结合起来,以期起到彰善瘅

---

① 《明集礼》卷二九,《乡饮酒礼》。
② 《御制大诰·乡饮酒礼第五十八》。
③ 《教民榜文》,《皇明制书》卷八,北京图书馆古籍珍本丛刊第46册,北京:书目文献出版社影印本。

恶、化民成俗的作用。

　　洪武年间根据朱元璋的谕旨厘定的乡饮酒礼，成为明朝的"祖制"而为后世所承袭，在全国广泛推行。但是，这种理想化的礼制，在实际操作中毕竟困难重重。清人秦蕙田即曾指出："洪武二十二年所定乡饮仪，分善恶三等，序坐不得混淆，盖于讲礼读法之时，微寓彰善瘅恶之指，虽古礼所未有，而于化民成俗之义亦有当焉。惜乎有司视为具文，未闻有实心奉行者也。"①明人沈概在回顾明代乡饮酒礼的实施情况后也说："公过私罪别席之令，虽再申明，然恐启争生衅，废阁已久，而淑慝之戒微矣。"②到明中期，随着商品货币经济的发展，土地兼并的加剧，赋役征敛的加重，等级名分受到严重的冲击，乡饮酒礼已渐废弛。明廷不得不再次重申乡饮酒礼，于弘治十七年（1504）题准："今后但遇乡饮酒礼，延访年高有德、为众所推服者为宾，其次为介。如本县有以礼致仕官员，主席请以为僎，不许视为虚文，以致贵贱混淆，贤否无别。如违，该府县呈巡按御史，径自提问，依律治罪。"③但是，乡饮酒礼并未因此而有所起色。正德四年（1509）去职的户部尚书、文渊阁大学士王鏊，在《东丘会老记》一文中说："自乡饮酒礼废，而后有香山之会、洛阳之会、睢阳之会，以为希阔之举而侈谈焉，斯亦会之近古者也。"又说："余过宜兴，览而叹曰，乡饮之礼古也，香山诸会之后，继者无闻焉，岂非难哉！"④宜兴的东丘之会，恰在正德四年，此时的乡饮酒礼已废而"继者无闻焉"。

三

　　对据朱元璋旨意厘定并推行的乡饮酒礼，明史学界的评价很不一致。有的学者称之为"化乡饮为刑场"，说："乡饮酒礼中违条犯法之人于外座同类成席，不许杂于良善中的规定，其实也是类似于剥夺政治权利的社会隔离刑罚。这种刑罚比笞、杖等更残酷，

---

　　① ［清］秦蕙田：《五礼通考》卷一六八，《嘉礼四十一·乡饮酒礼》，四库全书本。
　　② ［明］沈概：《乡饮酒礼考》，［明］黄宗羲编辑：《明文海》卷一二〇，《考》二，北京：中华书局1987年影印本。
　　③ 万历《明会典》卷七九，《礼部·乡饮酒礼》。
　　④ 转引自黄云眉：《明史考证》第二册，北京：中华书局1980年版，第435页。

因为它实际上堵死了犯人的自新之路。"①另有学者则认为,朱元璋推行的乡饮酒礼是在基层民间移风善俗的措施之一,而移风善俗则是朱元璋施行"以教化为本"的治国方略的一个重要内容。"在通常情况下,维护正常秩序,所面临的大量问题属于伦理道德、精神文明的范围,而需要实施法律制裁的则属相对少数。因此礼法并行、教化为本治国方略是符合社会客观实际要求的。太祖实行这一治国方略的效果,总的来说是好的。"②两种观点一反一正,哪一种观点符合客观实际呢?

说明初厘定的乡饮酒礼是"化乡饮为刑场",似有言过其实之嫌。明初的《县邑饮酒读律仪注》,对乡饮场所的陈器有明确的记载,谓:"设酒尊于堂上东南隅,加勺幂,用葛巾;爵洗于阼阶下东南;篚一于洗西,实以爵觯;盥洗在爵洗东。设桌案于堂上下席位前,陈豆于其上。六十者三豆,七十者四豆,八十者五豆,九十者六豆,堂下者二豆。主人豆如宾之数,皆实以葅醢。设奠爵桌案于东序端及西楹南各一。"摆放的只有盛酒用的酒尊,饮酒用的爵觯,洗手用的盥洗,洗涮酒尊爵觯用的爵洗,以及盛放菜肴用的豆,不见有任何的刑具。而《里社饮酒读律仪》所载的陈设更为简单,只有"各设桌案于席前,豆用葅醢",加上序宾后的"酒一行止",读律后的"酒三行止"③的记载,可知摆放的只有酒尊、爵觯、豆,没有盥洗和爵洗,也不见有刑具。而据这两个仪注的记载,县邑乡饮酒礼的仪节有谋宾、迎宾、序宾、献宾、读律、无算爵、宾出等,里社乡饮酒礼的仪节有序宾、读律、宾出等,都不见有行刑的仪节。查遍明代的史籍,也未见有在乡饮酒礼中行刑的记录。这样的乡饮酒礼,怎么能说是"化乡饮为刑场"呢?

对乡饮酒礼中违条犯法之人于外座同类成席,不许杂于良善之中的规定,也应结合当时的时代背景进行细致的分析,不可一概加以否定。

前面说过,朱元璋在建立明朝后,提出了"安民为本"的治国思想和"锄强扶弱"的主张。为此,根据他的旨意制定的《大明律》和朱元璋亲撰的《御制大诰》,除对农民的反抗活动做出严厉的惩罚规定,要求他们循分守纪、纳粮当差外,还用法律形式肯定了元末农民战争的某些斗争成果。就帝位后,朱元璋即根据元末农民战争期间地主或死或逃,

① 罗冬阳:《明太祖礼法之治研究》,北京:高等教育出版社1998年版,第17—19页。
② 张显清:《试论明太祖"以教化为本"的治国思想与实践》,《明史研究》第7辑,合肥:黄山书社2001年版。
③ 《明礼集》卷二九,《乡饮酒礼》。

原为元官府控制的官田和蒙汉地主占有的土地,部分为农民耕垦,更多地成为无主荒地的状况,下诏规定:"各处农民,曩因兵燹抛下田土,已被有力之家开垦成熟者,听为己业。其田主回还,抑有司于附近荒田内,验数拨付耕种。"①他还下令将无主荒地授予无地的农民耕种,北方是"户率十五亩,又给地二亩,与之种蔬"②,南方一般是"见丁授田一十六亩"③,并鼓励农民尽力垦荒。他同样要求贵戚勋臣和富民势要循分守法,并颁布公侯《铁榜》,严惩公侯之家侵占官民田地财产、接受投献、隐蔽粮差等不法行为。明律还就公侯之家侵占官民田地财产、接受投献、隐蔽粮差作出明确的处罚规定,并严禁王府侵占民田,禁止官豪势要侵占他人田宅,禁止官员在现任官所置买田宅,禁止脱漏版籍、移丘换段、挪移等则、以高作下、诡寄影射等欺隐自己田地钱粮的不法行为④。这就在一定程度上抑制了地主豪强的兼并,保护了农民的土地所有权。明朝建立之初,朱元璋颁布了释放奴隶的诏令,明律又明确禁止庶民之家蓄养奴婢,禁止官民之家阉割、役使火者,禁止将他人迷失、在逃子女卖为奴婢,禁止冒认良人为奴⑤。朱元璋还下诏提高了佃农的身份地位⑥。

在制定律诰抑制地主阶级的贪暴行为的同时,朱元璋还对贪官污吏和豪强劣绅进行无情的打击。明律专为惩治贪污,开列了许多条文。朱元璋亲撰的《御制大诰》四编共计201条,其中有121条是专门惩治贪赃受贿、科敛害民的不法行为的,占到总数的56.3%。这些律令制定之后,朱元璋立即付诸实施,在全国范围内展开一场轰轰烈烈的反贪斗争。一旦发现官吏的贪污行为,立即严加惩处,而且不避亲贵,即使是皇亲国戚、勋臣权贵也严惩不贷。除了平时的随时惩办,朱元璋还对贪官污吏进行几次集中的打击,如洪武四年的录天下官吏、八年的空印案、十八年的郭桓案、十九年的逮官吏积年为民害者,声势都很浩大。郭桓案"自六部左右侍郎下皆死,赃七百万,词连直省诸官吏,系死者数万人"⑦。对豪强劣绅的不法行为,朱元璋也严加打击。当时的江南地区,地主

① 《大赦天下诏》,《皇明诏令》卷二。
② 《明太祖实录》卷五三,洪武三年六月丁丑。
③ [明]周忱:《与行在户部诸公疏》;[明]陈子龙等选辑:《明经世文编》卷二二,北京:中华书局1962年影印本。
④ 参看《大明律》卷四,《户律·户役》第44—48页;卷五,《户律·田宅》,第51—55页。
⑤ 参看《大明律》卷四,《户律·户役》,第45页;卷二六,《刑律·杂犯》,第199页。
⑥ [明]朱元璋:《正礼仪风俗诏》,《皇明诏令》卷二。
⑦ 《明史》卷九四,《刑法志》二,第2318页。

经济最为发达,豪强劣绅也最为横暴,朱元璋对他们的打击最为严厉。明初派到江南的不少酷吏,就是这一政策的坚定执行者。朱元璋还借几起大案,牵连诛杀了许多豪强势族。如郭桓案"核赃所寄遍天下,民中人之家大抵皆破"①。特别是胡惟庸党案与蓝玉党案,江南豪强地主受株连的更多,仅吴江一县,罹祸的就有"不下千家"②。洪武三十年"南北榜"事件发生后,第二年朱元璋又"以江南大家为'窝主',许相告讦告"③,不少江南地主也因此而坐牢。此外,朱元璋还将许多豪强劣绅迁离故土,徙置京师、临濠等地,使之再无法横行乡里,欺压小民。他们在迁徙之地入籍后,便不许再迁回故里④。

明初乡饮酒礼中违条犯法之人于外坐同类成席,不许杂于良善之中的规定,就是在这样的背景下制定的。据洪武二十二年重定的《乡饮酒礼图式》,所谓违条犯法之人包括两类,一类是因户役差税迟误及曾犯公杖私笞招犯在官者,罪行较轻,另一类是曾犯奸盗诈伪、说事过钱、起灭词讼、蠹政害民、排陷官长及一应私杖徒流重罪者,罪行较重。从所列罪名可以看出,过犯之人既有农民,也有豪强劣绅,更有贪官污吏,在有些地方特别是江南地区,豪强劣绅和贪官污吏的数量可能更多,比例更大。朱元璋在洪武十四年明谕,这些违条犯法的人,在举行乡饮酒礼时必须"列于外坐"。所谓"外坐",据洪武十六年颁行的《乡饮酒礼图式》,指的是"坐于众宾席末,听讲律受戒谕"。这既体现叙尊卑、别贵贱的原则,又可起到警戒的作用。到洪武二十二年重定《乡饮酒礼图式》,又将过犯之人分为两类,罪行较轻的序坐中门之外,罪行较重的则序坐于东门之内,执壶供事。将犯过之人列坐于众宾席末,或者序坐于中门之外、序坐于东门之内以执壶供事,这对他们无疑会造成人格尊严的伤害。但是,封建社会原本就是个等级社会,这种做法在当时乃是一种常见的现象。我们不应脱离当时的时代条件,以现代社会人人平等、充分尊重人格尊严的标准,去评判明代的乡饮酒礼,进而将它全盘加以否定。

事实证明,明初推行的这种移风善俗的乡饮酒礼,与朱元璋基于"安民为本""锄强扶弱"治国思想和主张所采取的其他措施,实行的效果,总的来说是好的。首先,是澄清了吏治。由于这一系列措施的实行,官场的风气逐渐发生变化,吏治日渐趋于清明,"一

---

① 《明史》卷九四,《刑法志》卷二,第2318页。
② 同治《苏州府志》卷一四六,《杂记》,清光绪八年江苏书局刻本。
③ 《寓圃杂记》卷七,《都文信代死》,第58页。
④ 详看拙作《朱元璋治理乡村社会的理念与措施》,本书第17—39页。

时守令畏法,洁己爱民,以当上指,吏治焕然丕变矣。下逮仁、宣,抚循休息,民人安乐,吏治澄清者百余年"①。其次,抑制了豪强地主的势力。经过洪武年间的打击,大家豪族特别是江南地区的巨姓右族势力遭到严重的削弱,他们兼并土地、飞洒粮差的活动受到严格的抑制,"皇明受命,政令一新,豪民巨族,划削殆尽","一时富室或徙或死,声销景灭,荡然无存"②。这些被划削殆尽、声销景灭的巨姓右族自然属于违条犯禁的不法豪强,至于遵守法纪的地主则属于朝廷的保护和依靠对象。但他们在当时的时代氛围之下,为了保护自己,往往也多"悉散所积以免祸"③,或是"每戒家人闭门,勿预外事"④,未敢恣肆妄为。再次,缓和了阶级矛盾。吏治的澄清、豪强兼并的抑制,加上土地关系的调整、休养生息政策的施行,使明初的阶级矛盾渐趋缓和,社会秩序日趋稳定,呈现一派国泰民安的景象。民间甚至出现"道不拾遗"的传闻,谓:"闻之故老言,洪武纪年之末,庚辰(建文二年,1400)前后,人间道不拾遗,有见遗钞于涂,拾起一视,恐污践,更置阶圮高洁处,直不取也。"⑤最后,促进了生产的恢复和发展。社会秩序的稳定,为经济的恢复与发展创造了良好的外部环境。随着休养生息政策的推行,"流离渐怀归,沉疴渐苏醒"⑥,明朝的经济逐渐走出"土旷人稀""邑里萧然"的困境,呈现一派"榛莽之地在在禾麻,游散之民人人钱镈"⑦的勃勃生机。此后的永乐、洪熙、宣德三朝,社会经济继续发展,"土无莱芜,人敦本业","百姓充实,府藏衍溢"⑧,弼成明前朝的盛世,从而为近三百年的大明江山打下了较为坚实的基石。对此,显然应予历史的肯定。

(原载东岳书院编:《礼与中国文化》,中国社会科学出版社 2012 年版,第 81—97 页;《北京联合大学学报》2013 年第 2 期)

---

① 《明史》卷二八一,《循吏传》序,第 2185 页。
② [明]吴宽:《匏翁家藏集》卷五八,《莫处士传》卷五一,《跋桃源雅集记》,四部丛刊本。
③ 《匏翁家藏集》卷七三,《怡隐处士墓表》。
④ 《匏翁家藏集》卷五七,《先世事略》。
⑤ [明]祝允明:《野记》卷二,丛书集成初编本。
⑥ [明]孙蕡:《孙西菴集》卷四,《送虹县尹陈景明》,自明诚楼丛书本。
⑦ [明]徐光启:《农政全书》卷三,《国朝重农考》,四库全书本。
⑧ 《明史》卷七七,《食货志》一,第 1877 页。

朱元璋以孝治天下的举措与作用

　　"孝"植根于我国古代农耕文明的土壤之中，是中华民族的传统美德。儒家学派创立之后，把它纳入儒学的范畴，视为仁的具体表现，是一切伦理道德的本源。我国古代的政治制度，与奠立于血缘关系的宗法制度相结合，家庭是社会的组织细胞，国家是家庭的扩大。儒家于是又将孝与忠联为一体，说"君子之事亲孝，故忠可移于君"①，并假借古昔明王的名义，提出"以孝治天下"的主张，曰："昔者明王之以孝治天下也，不敢遗小国之臣，而况于公、侯、伯、子、男乎？故得万国之欢心，以事其先王。治国者，不敢侮于鳏寡，而况于士民乎？故得百姓之欢心，以事其先君。治家者，不敢失于臣妾，而况于妻子乎？故得人之欢心，以事其亲。夫然，故生则亲安之，祭则鬼享之。是以天下和平，灾害不生，祸乱不作。"②

　　自汉武帝"罢黜百家，独尊儒术"之后，儒学的地位逐渐上升，成为我国传统文化的主干。在独尊儒术的汉、唐、宋三代，以孝治天下之策被奉为治国之圭臬，对稳定社会秩序发挥着积极的作用，这三个王朝都成为国祚绵长的朝代。后来长期从事游牧生活的蒙古族，以强悍的武力灭亡西夏、金朝与南宋，建立大一统的元朝。为了维护蒙古贵族的特权地位，元朝统治者不仅实行四等人的民族歧视和压迫政策，而且实行外汉内蒙、

　　①　《孝经·广扬名章第十四》，[清]阮元校刻：《十三经注疏》，北京：中华书局 1980 年影印本。
　　②　《孝经·孝治章第八》。

蒙古本位的国策,把儒学视为"宗教"而非作为治国修身之道,儒学被边缘化,孝道也被视若敝屣,不仅社会风俗逐渐被蒙古化,早已消失的"子纳父妾而弟妻兄妻,兄据弟妇者"①之类的乱伦现象又在某些地区死灰复燃,就是蒙元统治集团内部,兄弟之间、叔侄之间因为争夺皇位也不时互相倾轧。在元世祖忽必烈死后,短短的30年间,就换了10个皇帝。元朝的国祚因而非常短暂,仅仅存在89年便告覆亡。

明朝建立之初,面临着社会动荡不安、经济凋敝残破的严峻局势。为了尽快稳定社会秩序,恢复和发展经济,巩固朱明王朝的统治,明太祖朱元璋决定再度尊孔崇儒,倡导理学,以儒家的纲常伦理,整顿被"蒙古化"的社会风俗。登基伊始,即于洪武元年(1368)二月下诏以太牢祀孔子于国子学,遣使诣曲阜祭孔,并郑重诚谕使臣曰:"仲尼之道,广大悠久,与天地并,故后世有天下者,莫不致敬尽礼,修其祀事。朕今为天下主,期在明教化以行先圣之道。"②儒学再次被确定为国家的主流意识形态,处于独尊的地位。以孝治天下的"先圣之道",也就成为明朝的基本国策而付诸实施。

确定孝道的主要内容

朱元璋深明"家齐而后国治"的道理,说:"使一家之间长幼内外各尽其分,事事循理,则一家治矣。一家既治,达之一国以至天下,亦举而措之耳。"③但是,要以孝治天下,首先得让臣民知道孝的主要内容。儒家论述孝道的著述可谓连篇累牍,汗牛充栋,不要说老百姓记不住几条,就是一些熟读诗书的士子,恐怕也少有人能够记全。洪武十九年(1386)四月,朱元璋召见各地举荐上来的孝廉人才,他问道:"有司、耆宿举尔是否?"答曰:"是。"又问:"孝,何孝?"答曰:"父母跟前,晨省昏定,供奉饮膳,说的言语,不敢违了。"又问:"止此乎?"答曰:"是。"朱元璋连声慨叹:"呜呼愚哉!以尔所言,人子之道未见尽善,而称孝廉,不亦难乎?"④

①《明太祖实录》卷二三二,洪武二十七年三月癸卯,台北:"中央研究院历史语言研究所"1962年校勘本。

②《明太祖实录》卷三〇,洪武元年二月丁未。

③《明太祖宝训》卷一,《论治道》,台北:"中央研究院历史语言研究所"1962年校勘本。

④ [明]朱元璋:《御制大诰续编·明孝第七》;杨一凡点校:《皇明制书》第1册,北京:社会科学文献出版社2013年版,第102页。

有鉴于此,洪武十九年(1386)三月,朱元璋在《御制大诰续编》中专辟《明孝》一节,指出"孝子之节,非止一端,岂有但供饮膳而已",并根据儒家经典的论述针对明初的现实状况,列举亟须践行的孝道的重要内容,并对其意蕴做出详细的解释:

> 冬温、夏凉、晨省、昏定:冬寒,则奉父母以温;夏炎,则奉父母以凉;清晨,则问父母一宵安否;至暮,则俟寝方归,斯谓之孝也。
>
> 饮膳洁净,节之:父母饮食,必要十分洁净,供必以时,且得其中,不使过多,则谓之孝。
>
> 父母有命,善正速行毋怠,命乖于礼法,则哀告于再三:父母之命,其合理者,则速为奉行。若不合于理者,则哀告再三。若一概奉行,则致父母有殃,安得为孝?虽违命而告至再三,实至孝也。
>
> 父母已成之业毋消:人子承守父母产业者,必使常存,不至典卖及犯法而消费,则谓之孝。
>
> 父母运蹇,家业未成,则当竭力以为之:父母衰老,不能生理,况家业未成,子竭其力以成之,不至父母窘于衣食,则谓之孝。
>
> 事君以忠:孝子事君,知无不言,心无奸邪。上补于君,下有益于民。禄奉已亡,见存祖父母、父母,是谓大孝。
>
> 夫妇有别:人家有子,有孙,有兄,有弟,有姪,体先王之要道,别之以夫妇,家和户宁,是其孝也。若使混淆,不如禽兽,是谓不孝。
>
> 长幼有序:人有长幼,居家则有伯叔兄弟,邻里则有高年少壮。凡人居家无长幼之分,出则无长幼之序,其所被辱者多矣。此其所以不孝也。使其居家有长幼之分,出则有高年之敬,是其孝也。
>
> 朋友有信:人不能无朋友,必择可交者与交,使言语可复,皆无虚诈。若事有参差,必能谏正,不至于善交之怨,恶交之陷,故谓之孝。
>
> 居处端庄:人于起居动静之际,威仪要肃,则人望而敬之,不敢亵狎,故谓之孝。
>
> 莅官以敬:士有禄位者,若能持己以敬而临乎人,则事辑而人爱敬之,必不陷身于罪戾,故谓之孝。
>
> 战阵勇敢:人之居行伍者,当战阵之时,必奋勇以当先。成功则荣膺名爵,殁身

则忠义旌显,垂于千古,故谓之孝。

不犯国法:人皆父母之生,若不谨守法度,至遭罪责,则伤父母之遗体矣。故必保身毋犯,则谓之孝。

不损肌肤:君子爱护其体,为父母之遗体也。设使无籍,被人揉辱,肌肤为之伤,是为不孝。

闲中不致人之骂詈:人于闲中,若放肆忘诞,取人骂詈,则辱及父母矣。故闲静中,必谨言以保其身,则谓之孝。

朝出则告往某方,暮归则告事已成未成:呜呼!先王之道,至孝之哉。所以明所向之方,使父母暮指方而望。归告事成与未成,使父母知其善与不善。至此之际,父母无犹豫之忧,乐然而快哉,此其所以孝也。

最后,他告谕全国臣民:"从吾命者,家和户宁,身将终老,世将治焉。"①《明孝》一节所列的16项内容实质上也就是《御制大诰续编》卷首的《申明五常》一节所列的"五常",即"父子有亲""君臣有义""夫妇有别""长幼有序""朋友有信",所以他在《申明五常》一节又明确规定:"倘有不如朕言者,父子不亲,罔知君臣之义,夫妇无别,卑凌尊,朋友失信,乡里高年并年壮豪杰者,会议而戒训之。凡此三而至五,加至七次,不循教者,高年英豪壮者拿赴有司,如律治之。有司不受状者,具在律条。慎之哉,而民从之。"②

值得注意的是,朱元璋对孝道的提倡,并不完全照搬儒家经典的古训。周代《仪礼》依据"天无二日,土无二王,国无二君,家无二尊"的原则,对子为母服丧之制作出规定:父卒,为母服齐衰三年,若父在,则服齐衰杖期。此处所说的母,基本上指的是亲生母亲,至于庶母,因其身份卑贱,家中非其所生的儿子,在她死后只能为其服缌麻三个月。不过,这也仅限于士庶之家,大夫以上则无须对庶母服丧,《仪礼》即明确规定:"大夫以上为庶母无服。"③朱元璋主张礼应适时而变,说:"人情有无穷之变,而礼适变之宜。"④认为人情是随着时代条件、客观环境的变化而变化的,礼制也应该随着人情的变化而变

① 《御制大诰续编·明孝节七》,《皇明制书》第一册,第102—104页。
② 《御制大诰续编·申明五常节一》,《皇明制书》第一册,第98页。
③ 《仪礼注疏》卷三三。
④ 《明太祖宝训》卷二,《仪礼》,台北:"中央研究院历史语言研究所"1962年校勘本。

化。就这一点来说,他的主张颇有与时俱进的味道。如洪武七年九月,孙贵妃病逝,她生了三个女儿,次女早卒,而没有儿子,朱元璋想叫其他儿子为这位庶母服孝,命礼部议定丧服之制。礼部尚书牛谅等大臣奏曰:"周《仪礼》,父在,为母服期年,若庶母则无服。"朱元璋又命翰林学士宋濂等曰:"养生送死,圣王大政。讳亡忌疾,衰世陋俗。三代丧礼散失于衰周,厄于暴秦。汉、唐以降,莫能议此。夫人情无穷,而礼为适宜。人心所安,即天理所在。尔等其考定丧礼。"①宋濂等儒臣奏报,说古人论服母丧者凡42人,愿服期年者14人,愿服三年者28人,比愿服期年者增加一倍。朱元璋即说:"由是观之,三年之丧,岂不合人情者乎?夫父母之恩一也,父丧(服)三年,父在,为母则期年,岂非低昂太甚乎?其于人情何如也!且古不近人情而太过者有之。若父母新丧,则或五日、三日,或六七日,饮食不入口者,方乃是孝,朝抵暮而悲号焉,又三年不语焉。禁令服内勿生子焉。朕览书度意,实非万古不易之法。若果依前式,其孝子之家,为已死者伤见生者十亡八九,则孝礼颓焉,民人则生理罢焉,王家则国事紊焉。"他认为"礼乐制度出自天子",随即下令:"子为父母,庶子为其母,皆斩衰三年;嫡子、众子为庶母,皆齐衰杖期,使内外有所遵守。"②并将这一制度汇辑为《孝慈录》,亲自为之作序,于洪武七年十一月颁行。中国过去只为父亲服孝,为母亲服孝是明朝新创的制度。洪武三十一年颁行《教民榜文》,更将《御制大诰续编》所提倡的"五常"发展为"圣谕六言",将"父子有亲"改成为"孝顺父母"③

又如洪武二十七年九月,青州日照县民江伯儿,其母久病不起,他仿效古人割股疗亲的做法,将自己胁下肋骨上的肉割下一块,煮熟了喂给母亲。但母亲吃了仍未康复,又到泰山的岱庙求神,许愿神灵保佑母亲病愈,他将杀子以祀神。不久,母亲竟然康复,江伯儿果然杀死三岁的儿子来祭祀神灵。地方官闻讯,立即奏报朝廷,望给予旌表。朱元璋看了奏章,勃然大怒,说:"父子,天伦至重。礼,父为长子三年服。今百姓无知,贼杀其子,绝灭伦理,宜亟捕治之,勿使伤坏风化。"下令逮捕江伯儿,"杖一百,谪戍海南"。随即命礼部定议孝行旌表事例。礼部议曰:"割肝刲股,或至丧生,卧冰或致冻死。"规定

---

① [清]张廷玉等撰:《明史》卷六〇,《礼志》一四,北京:中华书局1974年版,第1493页。

② [明]朱元璋撰,胡士萼点校:《明太祖集》卷一五,《孝慈录序》,合肥:黄山书社1991年版,第302—303页;《皇明制书》第二册,第677—678页。

③ [明]朱元璋钦定《教民榜文》,《皇明制书》第二册,第728页。

割股、卧冰"不在旌表之列",朱元璋"诏从之"①。前代被列入《二十四孝图》的割股疗亲、卧冰求鲤等非理性行为,便被排除在旌表事例之外,使孝行更趋于理性。

倡导孝道的重大措施

为了将儒家标举的这些孝道推广开来,化为全国臣民的实际行动,朱元璋采取了许多重大的措施。

第一,向人们灌输儒家的孝道思想。登基之后,朱元璋即于洪武元年三月,命翰林儒臣修《女戒》,谓学士朱升等曰:"治天下者,修身为本,正家为先。正家之道,始于谨夫妇。……卿等为我纂述《女戒》及古贤妃之事可为法者,使后世子孙知所持守。"②《女戒》修成后,即颁之于后宫,令后妃研读遵守。四月,又命侍臣画古孝行及其身所经历艰难起家战伐之事,"为图以示子孙",令其"朝夕览观"。图画朱元璋自身所经历的艰难起家战伐之事以示子孙,目的是使他们"庶有所警",不致"习于骄奢"③,而图画古孝行,则是要求他们效而仿之,恪守孝道。而当各级学校在全国各地普遍建立之后,四书五经更成为国子监和郡学的必修课程。至于科举考试,更是专取生员所学的四书五经命题,以指定的程朱注疏为准。随着儒家经典的广泛传播,其中所蕴含的孝道便渗透到广大士子的血脉之中。

洪武六年,朱元璋"复虑经旨晦而人不知道",又命翰林修撰孔克表、御史中丞刘基、秦府纪善林温"取诸经要言,析为若干类,以恒言释之,使人皆得通其说"。他担心儒臣的纂述"未达注释之凡",不够通俗,还亲自撰写《论语解》二章,交给他们"取则而为之"。孔克表等遵照朱元璋提供的样板,"释四书五经以上",诏赐名曰《群经类要》④,付梓刊行。

---

① 《明太祖实录》卷二三四,洪武二十七年九月乙巳。
② 《明太祖实录》卷三一,洪武元年三月辛未。
③ 《明太祖实录》卷三一,洪武元年四月戊申。
④ [明]宋濂著,黄灵庚编辑校点:《宋濂全集》卷三九,《恭题御制论语解二章后》,北京:人民文学出版社2014年版,第875—876页。

后来,朱元璋又觉得,儒家有关孝道的阐述,散在诸多经传,一般人不易掌握,难于领会,又召集东阁大学士吴沉等大臣,说:"朕阅古圣贤书,其垂训立教,大要有三,曰敬天,曰忠君,曰孝亲。君能敬天,臣能忠君,子能孝亲,则人道立矣。然其言散在经传,未易会其要领。尔等其以圣贤所言三事,以类编辑,庶便观览。"洪武十六年二月,此书编成呈上,朱元璋"览而善之",赐名《精诚录》,命吴沉为之作序。该书凡三卷,"敬天一卷,取《易》十章,《书》七十二章,《诗》十七章,《礼记》二十七章,《孝经》《论语》各一章。忠君一卷,取《易》《大学》《中庸》各一章,《书》四十六章,《诗》十章,《礼记》十四章,《左传》六章,《国语》一章,《论语》十四章,《孟子》十二章。孝亲一卷,取《易》二章,《书》三章,《诗》九章,《礼记》四十八章,《论语》十一章,《孝经》十九章,《大学》二章,《中庸》三章,《孟子》十一章"①。《精诚录》的编纂,方便人们的阅读与掌握,对孝道的推广与普及产生了很大的作用。

第二,制定礼法制度,为孝道的施行提供制度上的保障。在古代社会生活中,礼为各种行为提供评判是非的标准,"君臣、上下、父子、兄弟,非礼不定"②。吴元年(1367)六月,"初定天下,他务未遑",朱元璋即"首开礼、乐两局,广征耆儒,分曹究讨"③。洪武三年九月,修成《大明集礼》50卷。此后,还相继修成《孝慈录》《洪武礼制》《礼仪定式》《诸司职掌》《稽古定制》《国朝制作》《大礼要议》《皇朝礼制》《洪武礼法》《礼制集要》《礼制节文》《太常集礼》《礼书》等书,厘定包括吉礼、嘉礼、宾礼、军礼、凶礼在内的各种礼制。其中,有的就是涉及孝道的礼制,如《孝慈录》即记载了嫡子和庶子为父母服孝的丧服制度。

"礼用之于未然之先,法施之已然之后。"当臣民不能遵守礼制的规范时,就必须绳之以法。朱元璋在"明礼以导民"的同时,也"定律以绳顽"。吴元年十二月即编定《大明律令》。后经洪武七年、九年、十六年、二十二年的几次修订,又于洪武三十年(1397)颁行《大明律》。此外,朱元璋还亲自汇集一批当时对"情犯深重、灼然无疑"的"奸顽刁诈之徒"施行法外加刑的案例,加上一些峻令和自己的训话,编成《御制大诰》四编,作为《大明律》的补充。这些律、诰对违背孝道的行为,都规定了严厉的刑罚。"恶逆(谓殴及

① 《明太祖实录》卷一五二,洪武十六年二月乙丑。
② 《礼记正义·曲礼上第一》,十三经注疏本。
③ 《明史》卷四七,《礼志》一,第1223页。

谋杀祖父母、父母,夫之祖父母、父母,杀伯叔父母、姑、兄、姊、外祖父母及夫者)""不孝(谓告言、咒骂祖父母、父母,及祖父母、父母在,别籍异财,若奉养有缺,居父母丧,身自嫁娶,若作乐释服从吉;闻祖父母丧,匿不举哀;诈称祖父母、父母死)""不睦(谓谋杀及卖缌麻以上亲,殴告夫及大功以上尊长、小功尊属)""不义(包括'闻夫丧匿不举哀,若作乐释服从吉及改嫁')""内乱(谓奸小功以上亲、父祖妾,及与和者)"皆定为"十恶"大罪,不在常赦之列①。

《大明律》参照唐律,对祖父母、父母等作为一家之长的尊长地位及家庭的尊卑名分作出严格的规定。家长被赋予处理家庭财产的全权,以便巩固家长制度的物质基础。别籍异财受到严厉禁止,"凡祖父母、父母在,而子孙别立户籍,分异财产者,杖八十"。"凡同居卑幼不由尊长,私擅用本家财物者,二十贯笞二十,每二十贯加一等。罪止杖一百。若同居尊长应分家财不均平者,罪亦如之"②。家政一概统于家长,子孙必须绝对服从家长的教训和命令,包括主办婚姻在内,"凡子孙违犯祖父母、父母教令及奉养有缺者,杖一百"③。子孙对祖父母、父母,妻妾对丈夫,弟妹对兄姊进行骂詈、殴打或谋杀,要受到凌迟、斩、绞或其他刑罚。"凡谋杀祖父母、父母,已行者皆斩;已杀者,皆凌迟处死。谋杀缌麻以上尊长,已行者,杖一百,流二千里;已伤者,绞;已杀者,皆斩"④。至于匿父母丧、冒哀出仕、弃亲之任、居丧嫁娶等违背孝道的行为,均在法律禁止之列。《大明律》又特设"亲属相为容隐"的条款,规定:"凡同居,若大功以上亲,及外祖父母、外孙、妻之父母,女婿,若孙之妇、夫之兄弟及兄弟妻,有罪相为容隐;奴婢、雇工人为家长隐者,皆勿论。……若犯谋逆以上者,不用此律。"⑤也就是说,家庭成员犯有谋反、谋大逆、谋逆之外的罪行,亲属为之隐瞒,不算犯罪。《大明律》还列有"犯罪存留养亲"的条款,规定:"凡犯死罪,非常赦所不原者,而祖父母、父母老疾应侍,家无以次成丁者,开具所犯罪名奏闻,取自上裁,若犯徒流者,止杖一百,余罪收赎,存留养亲。"⑥也就是说,罪犯如果祖父母、父母老病无人侍养,犯死罪的上奏皇帝裁决,犯徒流罪的只杖一百,犯其他较轻罪

---

① 怀效锋点校:《大明律》卷一,《名例律·十恶》,沈阳:辽沈书社 1990 年版,第 3—4 页。
② 《大明律》卷四,《户律·户役》,第 48 页。
③ 《大明律》卷二二,《刑律·诉讼》,第 176 页。
④ 《大明律》卷一九,《刑律·人命》,第 150 页。
⑤ 《大明律》卷一,《名例律》,第 18—19 页。
⑥ 《大明律》卷一,《名例律》,第 11 页。

行的交纳赎金,可存留养亲。《大明律》还列有"干犯名义"的条文,禁止家属之间的诉讼行为(犯"十恶"大罪者除外),否则要受到凌迟或其他刑罚①。亲属之间互相侵犯,则按尊卑亲疏定罪,对尊长的处刑远比卑幼为轻。当然,在保护家长的权力和地位的同时,则要求家长负责担保全家成员对国家、社会所承担的义务,不但全家的户口、租赋和徭役都要家长负责,就连家庭成员犯罪,家长也要受到牵连,而且"若家人共犯,止坐尊长"②。

此外,明律还严厉禁革蒙古人传入中原的"胡风""胡俗"。如同姓、两姨姑舅为婚及收继婚,朱元璋认为有违人伦之大防,不仅在《大明律》中特立专款严加禁止③,而且在《御制大诰》中严厉警告:"今后若有犯先王之条,罪不容诛!"④后来,发现民间又屡有犯者,洪武二十七年又再次重申:"比闻民间尚有顽不率教者,仍蹈袭胡俗,甚乖治体,宜申禁之,违者论如律。"⑤

第三,建立尊养老人的制度,将家庭的尊养扩大为社会的尊养。汉代有尊养三老之制,时人称:"尊养三老,视(示)孝也。"⑥朱元璋仿效这种做法,总结历代尊养老人的经验,建立起一套比较完备的制度,形成尊养老人的社会风气。其具体内容,大抵包括以下几项:一、擢用年老的耆民为官。明朝建立后,各级行政机构逐渐建立,官员奇缺,朱元璋屡次下诏举贤,举荐的对象,既包括年轻的俊秀,也包括年老的耆民。有些大臣认为人到60岁,精力衰耗,难以胜任工作,见到岁数大的便弃置不用,任用的大多是壮年英俊的后生。朱元璋即对礼部臣指出:"古之老者虽不任以政,至于咨询谋谟,则老者阅历多而见闻广,达于人情,周于物理,有可资者。""老成,古人所重。文王用吕尚而兴,穆公不听蹇叔而败,伏生虽老,犹足传经,岂可概以耄而弃之也。若年六十以上、七十以下者,当置翰林以备顾问。"⑦因此有不少年老的耆民被举荐到京师,仅洪武二十三年一年之内"选天下耆民才智可用者",就"得千九百十六人"⑧。对举荐入京的耆民,朱元璋都

① 《大明律》卷二二,《刑律·诉讼》,第 176—177 页。
② 《大明律》卷一,《名例律》,第 17 页。
③ 《大明律》卷六,《户律·婚姻》,第 59—60 页。
④ [明]朱元璋:《御制大诰·婚姻第二十二》,《皇明制书》第一册,第 56 页。
⑤ 《明太祖实录》卷二三二,洪武二十七年三月癸卯。
⑥ [汉]班固:《汉书》卷五一,《贾山传》,北京:中华书局 1962 年版,第 2330 页。
⑦ 《明太祖实录》卷一七八,洪武十九年七月辛巳。
⑧ 《明太祖实录》卷二〇六,洪武二十三年十二月。

根据其德才安排适当的职务。如洪武十五年礼部主事刘庸所举荐的鲍恂、全思诚、余诠、张光年等四人，鲍恂年已八十余，另外三人也都年逾七十，朱元璋并命为文华殿大学士①。洪武十八年，已73岁的刘三吾经茹瑺荐举，"奏对称旨，授左赞善，累迁翰林学士"②。二、推荐老人，与各里的里长、甲首，共同负责本里治安，"施行教化、督促生产以及裁决民间户婚、田土和斗殴相争之事"③。三、在乡饮酒礼中以年高有德之人列坐宾席，以示尊敬。乡饮酒礼为古代嘉礼之一，也是唯一达于庶民的礼制。始创于周代，后时有损益，至元代由于朝廷不加提倡，已在民间逐渐消失。明朝重新加以恢复，洪武五年四月诏令全国举行乡饮，"在内应天府及直隶府州县，每岁孟春正月、孟冬十月，有司与学官率士大夫之老者，行之于学校，在外行省所属府州县，亦皆取法于京师；其民间里社，以百家为一会，粮长或里长主之，百人内以年最长者为正宾，余以序齿坐"④。洪武十六年颁行《乡饮酒礼图式》，又规定："年高有德者居上，高年淳笃者次之，以为齿序。其余犯条违法之人，列于外坐，同类者成席，不许杂于善良之中。"洪武二十二年再定《乡饮酒礼图式》，又规定："凡良民中，年高有德、无公私过犯者，自为一席，坐于上等。有因户役差税迟误，及曾犯公杖私笞招犯在官者，又为一席，序坐中门之外。其曾犯奸盗诈伪，说事过钱，起灭词讼，蠹政害民，排陷官长，及一应私杖徒流重罪者，又为一席，序坐于东门之外，执壶供事。"还规定"大宾，以致仕官员为之"；"僎宾，择乡里年高而有德之人为之"；"介，以次长"；"三宾，以宾之次者为之"。高年有德者充当僎宾、介、三宾，坐于规格较高的专设席位，其他年龄较高的老年人，则按序齿坐于上席⑤。四、令耆民入京朝觐。洪武六年，朱元璋诏令耆民"五十以上者，随（州县长官）朝京师，访问疾苦"⑥。到二十六年，为免除其长途跋涉之劳累，才又"诏免天下耆民来朝"⑦。五、耆民免服徭役。洪武元年八月宣布："民年七十以上者，许令一子侍养，免其差役。"⑧六、给老年发放生活补贴。洪武十九年五月，特命有司存问老年："凡民年八十、九十而乡党称善者，有司以时

① 《明史》卷一三七，《吴伯宗传附鲍恂传》，第3946页。
② 《明史》卷一三七，《刘三吾传》，第3941页。
③ 朱元璋钦定《教民榜文》，《皇明制书》第二册，第725—733页。
④ 《明太祖实录》卷七三，洪武五年四月戊戌。
⑤ ［明］申时行等：万历《明会典》卷七九，《礼部·乡饮酒礼》，北京：中华书局1989年影印万有文库本。
⑥ ［清］查继佐：《罪惟录》卷七，《礼志·乡饮读法养老礼》，杭州：浙江古籍出版社1984年版，第690页。
⑦ ［明］郑晓撰，李致忠点校：《今言》卷四之一八九，北京：中华书局1984年版，第166页。
⑧ 《明太祖实录》卷三四，洪武元年八月己卯。

存问。若贫无产业者，年八十以上者月给米五斗、肉五斤、酒三斗；九十以上者，岁加赐帛一匹、絮一斤。其有田产能赡者，止给酒肉絮帛。"①七、设养济院收养鳏寡孤独老人。洪武五年五月下诏："孤寡残疾不能生理者，官为养赡，毋致失所。"官府于是开设养济院，收养鳏寡孤独废疾之老年人②。此外，洪武十九年五月的诏令，还特地规定给京城所在地应天和他的故乡凤阳二府的"富民年八十以上赐爵里士，九十以上赐爵社士，皆与县官平礼"③。

第四，普施教化，移风易俗。朱元璋强调："治道必先于教化，民俗之善恶，即教化之得失也。"④他普施教化、移风易俗的措施，有许多是围绕弘扬孝道来展开的。一是在举行乡饮酒礼之时，要由司正致辞，曰："恭惟朝廷，率由旧章，敦崇礼教，举行乡饮，非为饮食。凡我长幼，各相劝勉，为臣尽忠，为子尽孝，长幼有序，兄友弟恭，内睦亲族，外睦乡里，无或废坠，以忝所生。"⑤灌输孝道思想。二是强制讲读《御制大诰》。洪武十八年十月颁行《御制大诰》，特地规定官民每家都要备置一本，"若犯笞、杖、徒、流罪名，每减一等；无者每加一等"⑥。十九年三月颁行《御制大诰续编》，更规定："务必户户有之。敢有不收者，非吾治化之民，迁居化外，永不令归。"⑦十九年二月再颁《御制大诰三编》，并于二十年闰六月命礼部下令："民间子弟于农隙之时讲读之。"⑧朱元璋还将《御制大诰》颁赐国子监生及天下府州县学生⑨，后又"诏礼部令今后科举岁贡，于大诰内出题，或策、论、制、诰参试之"⑩。各级学校于是便掀起一股讲读《御制大诰》的风气，洪武三十年，全国讲读《御制大诰》的师生入京朝觐的人数达到193400余人，"并赐钞遣还"⑪，可谓盛况空前。三是在全国乡村遍设申明亭、旌善亭，以旌善惩恶。申明亭起初张榜公布境内

① 《明太祖实录》卷一七八，洪武十九年六月甲辰。
② 《明太祖实录》卷七三，洪武五年五月；[清]龙文彬纂：《明会要》卷五一，《民政·恤鳏寡孤独》，北京：中华书局1956年版，第959页。
③ 《明太祖实录》卷一七八，洪武十九年六月甲辰。
④ [明]朱元璋：《大赦天下诏》；[明]傅凤翔辑：《皇明诏令》卷一，四库存目丛书本，济南：齐鲁书社1993年影印本。
⑤ [明]申时行等：万历《明会典》卷七九，《礼部·乡饮酒礼》。
⑥ 《御制大诰·颁行大诰第七十四》，《皇明制书》第一册，第88页。
⑦ 《御制大诰续编·颁行续诰第八十七》，《皇明制书》第一册，第167页。
⑧ 《明太祖实录》卷一八二，洪武二十年闰六月甲戌。
⑨ 《明太祖实录》卷一七七，洪武十九年正月庚辰。
⑩ 《明太祖实录》卷二一二，洪武二十四年九月乙酉。
⑪ 《明太祖实录》卷二五三，洪武三十年五月己卯。

人民所犯罪过①。后来担心将境内百姓的杂犯小罪都张榜公布，会"使良善一时过误为终身之累"，改为"自今犯十恶、奸盗、诈伪，干名犯义、有伤风俗及犯赃至徒者，书于亭，以示惩戒。其余杂犯、公私过误，非干风化者，一切除之，以开良民自新之路"②。旌善亭张榜公布官民的善政善行，既书"民之孝子顺孙、义夫节妇及善行之人"，也录"有司官善政著闻者"③，以示旌表。四是强化基层里甲组织维护孝道的功能。里甲的里长、甲首和推举出来的老人，除了负责维护治安、督促生产以及裁决民间户婚、田土、斗殴相争之事外，还有维护孝道的职责。他们必须负责奏报本里孝子顺孙、义父节妇及有一善可称者的事，以供朝廷的表彰；督促七八岁或者十二三岁的本里子弟讲读《御制大诰》；教育本里乡民，为子孙者奉养祖父母、父母，为父母者教诫子孙，为子弟者孝敬伯叔，为妻者劝夫为善。每乡每里还设置一木铎，每月六次，令年老或残疾或瞽目者，由小孩牵引，持铎巡行本里，高声呼喊："孝顺父母，尊敬长上，和睦乡里，教训子孙，各安生理，毋作非为。"④

　　第五，大力表彰孝行，甚至将孝悌力田者提拔做官，为臣民树立榜样。浙江浦江郑氏家族，自宋代以来，"代以一人主家政"，累世聚族同居，几三百年。龙凤四年（1358），李文忠下浦江，特旌之为"义门"，禁士兵不得侵犯。明初，郑家族长郑濂担任粮长，入京受到朱元璋的接见，问以治家长久之道，曾想给他官做，他以老辞。后来，胡惟庸谋反案发，有人告发郑家"交通"胡惟庸，官府到郑家逮人，郑家六兄弟争着赴京承担罪责，郑濂之弟郑湜径自前往京师，准备入狱受审。正在京师的郑濂迎接他，说："吾居长，当任罪。"郑湜说："兄年老，吾自往辩。"两人争着入狱。朱元璋闻讯召见他们俩兄弟，说："有人如此，肯从他人为逆耶？"下令释放他们，并提拔郑湜为左参议，命其举荐可用之人。郑湜举荐同郡王应等五人，皆被授为参议之职。洪武二十六年，又擢郑濂弟郑济为左春坊左庶子。后来，又召郑濂弟郑沂，自布衣擢为礼部尚书。浦江王澄，仰慕郑氏家风，令子孙聚族同居。后来，他的孙子王应被擢为参议，另一孙子王懃被擢为左春坊右庶子⑤。

　　① 《明太祖实录》卷七二，洪武五年二月。
　　② 《明太祖实录》卷一四七，洪武十五年八月乙酉。
　　③ 嘉靖《象山县志》卷一，《建置志·公署》，明嘉靖三十五年刻、隆庆五年增刻本。
　　④ 《教民榜文》，《皇明制书》第二册，第725—733页。
　　⑤ 《明史》卷二九六，《郑濂传附王澄传》，第2584—2586页。

　　有些臣民犯法获罪,因其子有突出的孝义行为,朱元璋往往屈法宥之,或减轻处罚。洪武八年,淮安府山阳县有人犯罪当受杖刑,其子请以身代,朱元璋对刑部大臣曰:"父子之亲,天性也。然不亲不逊之徒,亲遭患难,有坐视而不顾者。今此人以身代父,出于至情。朕为孝子屈法,以劝励天下,其释之。"①江宁人周琬 16 岁时,担任滁州牧的父亲坐罪论死,他请求代父亲去死。朱元璋怀疑他是受人指使,下令将其处斩。周琬面对屠刀脸不改色,朱元璋很是惊异,令将其父免死戍边。周琬再次求情,说戍边与处斩,同样都是死,父亲死了,儿子活着还有什么意义? 他愿就死以赎父戍。朱元璋复怒,命将其缚赴市曹处斩。周琬却面露喜色,认为自己受斩却可使父亲免除戍边之苦。朱元璋"察其诚,即赦之,亲题御屏曰'孝子周琬',寻授兵科给事中"。浙江新昌人胡刚,其父谪役泗上,因逃亡论罪当死,敕驸马都尉梅殷监刑。胡刚正在河边等待渡船,准备过河前往省城,请求代父受刑,闻讯即脱下衣服跳入河中,泗水而往,哀号泣代。梅殷上奏朝廷,朱元璋"诏宥其父,并宥同罪者八十二人"②。

躬自践行,垂范天下

　　朱元璋深知,要以孝治天下,自己作为最高君主,应该以身作则,垂范天下,才能起到引领社会的作用。

　　登基之后,朱元璋不时回忆起往昔的生活和父母的养育之恩。他是家里最小的儿子,小时候体弱多病③,父母格外疼爱,尽管家里很穷,在他六七岁时还把他送到私塾读书④。可是由于家里实在太穷,他读了几个月,认得几十个字,还是退学,去给地主放牧牛羊,好给家里减轻点负担。朱元璋上头,还有朱重四、重六、重七三个哥哥。大哥朱重四是家里的老大,父母从小对他十分溺爱,结果反而惯出一身毛病,既不爱干活,又"无状甚焉,其非奉父母之道,有不可胜言"⑤,对父母不怎么孝顺,还带坏了重六、重七。父

　　① 《明太祖实录》卷九六,洪武八年正月壬申。
　　② 《明史》卷二九六,《周琬传》,第 7589—7590 页。
　　③ [明]朱元璋:《御制纪非录·靖江王》,国家图书馆善本室藏抄本。
　　④ 《明太祖实录》卷一:"上……既就学,聪明过人。"
　　⑤ 《御制纪非录·靖江王》。

母对老大、老二和老三非常失望,觉得他们将来不会有什么出息,为此把希望都寄托在
小儿子朱元璋身上。看着朱元璋慢慢长大,身体越来越壮实,"姿貌雄杰",又认得几十
个字,聪明过人,感到无限的喜慰。父母俩忠厚老实,勤劳吃苦,邻居有什么事,都热心
帮忙,从不惜力,村里人都说他们家将来肯定能出个"好人",会有出头之日。母亲便对
父亲说:"人言吾家当生好人,今吾诸子皆落落,不治产业。"然后指着小儿子说:"岂在此
乎?"①朱元璋看到三个哥哥好逸恶劳,所有的农活都靠父母去干,风里来,雨里去,辛苦
备至,令他十分心酸。可自己年龄毕竟太小,除了起早贪黑去给地主放牧牛羊,顺便给
家里拾点柴火,还能干些什么呢? 他盼着自己能快快长大,好为父母分担一些辛劳。

　　然而,未等朱元璋长大成人,至正四年(1344)春,一场百年不遇的大旱袭击江淮大
地,接着又闹起了瘟疫。四月初六,64 岁的老爹朱五四染病而亡,初九日大哥朱重四病
故,他的长子圣保也染病夭折,到二十二日,59 岁的老母亲陈氏也染病而亡。此时,家徒
四壁,既无钱财为父母和大哥购置棺材和寿衣,也无坟地安葬。幸亏邻居刘继祖给了块
地,朱元璋与入赘唐家的二哥朱重六才卸下门板,将换上旧衣裳的父母抬到坟地分别埋
葬。接着,又将大哥和侄儿圣保的尸体抬到地里,紧挨着父母的坟墓,分别埋葬了。后
来,朱元璋回忆当时埋葬双亲的情景,还不无感伤地叹道:"殡无棺椁,被体恶裳。浮掩
三尺,奠何肴浆!"②

　　父母和大哥去世后,失去依靠的朱元璋只能入於皇寺为僧。因为旱灾和瘟疫继续
肆虐,50 天后寺院关门,他只得外出化缘,流浪淮西。几年的流浪生活,风餐露宿,受尽
人间的白眼、冷漠和嘲讽,不时勾起他思念故乡和父母之情。他想,父母在世时,家里再
穷,三餐总算还有几碗伴着大把野菜的热乎乎稀米粥充饥,晚上总算有间茅草屋可以遮
风挡雨。由于思亲情切,至正六年(1346)又返回家乡,祭扫父母和大哥的坟墓③。无奈
家乡的灾情未见缓和,他不得不又外出游方,直到至正八年(1348)才再度返回故乡,回
到於皇寺住下。

　　至正十一年(1351)刘福通在颍州组织红巾军起义,点燃元末农民起义的烈火。第
二年正月,郭子兴与孙德崖等在定远起兵响应,二月攻占濠州。三月,於皇寺焚于兵燹。

---

①　《明太祖实录》卷一。

②　《明太祖集》卷一四,《皇陵碑》,第 271 页。

③　[明]解缙:《天潢玉牒》:"崎岖二载,仍还于皇觉寺(即於皇寺)。"丛书集成初编本。

闰三月,无处存身的朱元璋前往濠州投奔起义军。此后,他逐渐成长为一名智勇双全的战将。龙凤元年(1355)郭子兴病逝后,朱元璋代领其部,被宋小明王封为左副元帅。后来,随着其势力的不断壮大,小明王敕封的职位也越来越高,至龙凤九年(1363)封其为中书右丞相,并封赠朱元璋的三代。朱元璋感到无限荣耀,特撰《朱氏世德碑》,记载自己的家世和小明王对其三代的封赠。碑文将其所建的功业,归结为先世的恩泽,要求后世子孙牢记不忘:"今勉建事功,匪由己能,实先世灵长之泽,垂衍后昆,宜得推恩三代,并为上公,以遂为子孙者之至愿。《书》曰:'作善降之百祥。'《易》曰:'积善之家,必有余庆。'先祖父积功累善,天地之报,茂于厥后,凡子孙当体祖父之心,循德存仁,以承其绪于无穷,是吾之所望也。"①

自投奔起义军后,朱元璋离开了家乡,而且随着其势力的发展,攻取滁、和,南渡长江,东取应天,不但离开家乡越来越远,而且其故乡濠州还一度为敌对势力所攻占,他母亲的坟墓还曾遭敌对势力的挖掘和破坏②,他曾为此感慨道:"濠,吾家也,我有国无家可乎?"③龙凤十二年(1366)四月,朱元璋在攻打张士诚淮东地区的战役胜利在望之时,命部将韩政率顾时领兵攻取濠州。占领濠州的张士诚部将李济眼看抵挡不住,于初九日与知州马麟出降。这一天正是朱元璋大哥病死的忌日,距其父亲病故的忌日刚过了3天,距其母亲病逝的忌日还有13天,他当即决定回濠州省墓。四月十三日,朱元璋在曾被罚作书吏的许存仁、起居注王祎等人的陪同下,离开应天,于十六日抵达阔别几载的濠州。当天,他即赶往钟离太平乡孤庄村父母的坟地,只见父亲、母亲、大哥和侄子圣保几个矮小的荒冢,一个挨一个地戳在邻居赠送的一块地头,杂草丛生,破败不堪,心里感到不胜凄凉。他觉得当初限于条件,"始葬时礼有未备",如今自己成了一方首领,应该进行改葬,就向随行的许存仁、王祎等人询问改葬的仪式,并令有关部门制作比一般丧礼规格要高的丧帽、丧服。但消息传开后,却遭到许多人的反对,说:"改葬恐泄山川灵气。"朱元璋只好作罢,下令"增土以倍其封"。他父母的坟墓本来就靠得很近,经过增土倍封,变成了一个高大的坟堆,仿佛是一座合葬墓。然后举行一个隆重的祭祀仪式,并

---

① [明]郎瑛著,安越点校:《七修类稿》卷七,《国事类·朱氏世德碑》,北京:文化艺术出版社1998年版,第85页。

② 《明太祖实录》卷四一,洪武二年四月乙亥条记朱元璋追忆往事曰:"朕昔遭兵乱,母后之坟为兵所发。"

③ 《明史》卷一三〇,《韩政传》,第3825页。

让儿时的好友汪文、刘英"招致邻党二十家以守陵墓"①，赐"朱户"，免其赋役。

　　登基之后，朱元璋忆及往昔父母的哺育之恩，自己却无力奉养及其殁后"殡无棺椁"的情景，每每"感慨泣下"，泪流不止。有一天，见到一群传说能反哺其母的慈乌，曾十分感慨地写下一首《思亲歌》：

　　　　苑中高树枝叶云，上有慈乌乳雏勤。

　　　　雏翎少干呼教飞，腾翔哑哑朝与昏。

　　　　有时力及随飞去，有时不及枝内存。

　　　　呼来呼去翎羽硬，万里长风两翼振。

　　　　父母双飞紧相随，雏知返哺天性真。

　　　　歔欷！慈乌恻恻仁，人而不如鸟乎？

　　　　将何伸，将何伸！

　　　　吾思昔日微庶民，苦哉憔悴堂上亲。

　　　　有似不如鸟之至孝情，

　　　　歔欷！歔欷！梦寐心不泯。②

　　《孝经》说，子孙孝顺祖父母、父母"生则亲安之，祭则鬼享之"③。朱元璋自己在《教民榜文》中也曾这样告谕百姓："父母生身之恩至大，其鞠育勤劳，详载《大诰》。今再申明：民间有祖父母、父母在堂者，当随家贫富奉养无缺。已亡者，依时祭祀，展其孝敬。"④朱元璋想，过去父母在时无力奉养，现今自己贵为天子，欲以天下奉养父母却不可得，那就只能在"鬼享之"方面多下功夫了。于是又决定对父母的坟墓进行改建。先是在洪武元年进行第二次修建，"积土厚封，势若冈阜"，广植名木，开辟神道，树立华表和石人、石兽，"以备山陵之制"，命名为"英陵"，命翰林侍讲学士危素依据他的手录撰写碑文，立于

---

① 《明太祖实录》卷二〇，丙午年四月丁卯；[明]沈士谦：《明良录略》，稗乘本。

② 《明太祖集》卷一二，第250—251页。

③ 《孝经·孝治章第八》。

④ 《教民榜文》，《皇明制书》第二册，第731页。

陵前①。朱元璋大哥、大嫂及其子圣保，二哥、二嫂及其子旺儿，三哥、三嫂的坟墓，都附葬在他父母陵旁②。第二年五月，改建完工，更名为皇陵，设皇陵卫以守护之③。洪武七年六月，设立皇陵祠祭署，以汪文为署令、刘英为署丞，"专典祀事"④。洪武八年，中都罢建之后，又利用中都的积材对皇陵进行第三次大规模修建，至洪武十二年完工，形成三城环套、前朝后寝的格局，既雄伟壮丽又庄严肃穆。在此次修建完工之前一年即洪武十一年，朱元璋以"前所见碑，恐儒臣有文饰"，又亲自撰写《大明皇陵之碑》，"命江阴侯吴良督工刻之"⑤，立于陵前。同年，还下令清理钟离土著旧民，编为陵户，"每户拨给田地一亩，供办皇陵每岁时节祭祀，全免粮差"。洪武二十九年，又将钟离土民"尽编为陵户，祠祭署提调洒扫清洁，均派四时节令大小祭祀"⑥。此外，朱元璋还在京师修建太庙，在宫中修建奉先殿，按时祭祀先祖，以展孝思。

营建皇陵之后，朱元璋还在泗州孙家岗为祖父、曾祖父、高祖父修过一座衣冠冢"祖陵"，在中都城西北的白塔湾为其伯父朱五一一家修建了一座合葬墓"十王四妃坟"。

儒家的孝道不仅要求子孙侍养父母、祖父母，在父母、祖父母去世后隆重加以安葬、祭祀，更要求子孙继承先辈的优秀品德和事业，将其发扬光大，以为先辈增光。朱元璋的先辈都是脸朝黄土背朝天的贫苦农民，自然谈不上有什么伟大的事业，但是他们身上却不乏我国古代劳动人民的优秀品德，如忠厚老实，勤劳吃苦，乐于助人，等等，朱元璋在《朱氏世德碑》中将其归纳为"德"和"仁"，热切地表示："凡子孙当体祖父之心，循德存仁，以承其绪于无穷，是吾所望也。"他不仅这样说，而且确实这样做，在治国理政中，施行德治与仁政。早在登基前夕，他即提出"锄强扶弱"⑦，(《明史》称之为"抑富右贫"⑧)以及"取之有制，用之有节"⑨的主张，登基之后，又提出"安民为

① 《明太祖实录》卷四二，洪武二年五月甲午。
② 万历《明会典》卷九〇，《礼部·陵墓等祀·国初追封诸王坟》。
③ 《明太祖实录》卷四二，洪武二年五月甲午。
④ 《明太祖实录》卷九〇，洪武七年六月戊午。
⑤ 《明太祖实录》卷一一八，洪武十一年四月。
⑥ 天启《凤阳新书》卷五，《帝语篇》，明天启七年刻本。
⑦ 《明太祖实录》卷二四，吴元年七月丁丑。
⑧ 《明史》卷七七，《食货志》一，第1880页。
⑨ 《明太祖实录》卷二七，吴元年十一月甲午。

本"①"藏富于民"②的主张。根据这些主张,朱元璋以法律形式提高了劳动者的身份地位,相应降低贵族官僚的特权地位,部分肯定了元末农民战争的斗争成果;严惩贪官污吏,击杀不法豪强,营造清明的政治环境;实行轻赋薄徭,改革土地配置制度,移民垦荒屯田,扶植小农经济。从而收到稳定社会秩序,恢复与发展社会经济,弼成了"洪武之治"的显著效果。他自己也以布衣出身的有为之君形象载入史册,为其父母增了光。试想,如果没有朱元璋这番"治隆唐宋"的辉煌业绩,后人谁还记得朱五四这个普通农夫的名字,谁还记得陈氏这个平凡的农妇的名字? 更不要说有那么一座雄伟壮丽的陵墓供后人凭吊了。

作用与影响

　　面对明初社会动荡、经济残破的严峻局势,朱元璋实行以孝治天下之策,以孝为核心重建社会秩序,将孝的观念与社会秩序紧密相结合,使孝的血缘宗法关系再次扩大到整个社会,这对协调社会各阶层之间的关系,缓和社会矛盾,产生了一定的作用。万历《建阳县志》载:"国初俗淳质茂,都人斤斤自好,后进遇长者逡巡退让,不敢以贤智自多。……民俗质厚,宗族比闾之间,由由于于,患难相维持,缓急相倚赖,居然古朴之风。"③顾炎武的《天下郡国利病书》也引《歙志》说:"国家厚泽深仁,重熙累洽,至于弘治,盖綦隆矣。于时家给人足,居则有室,佃则有田,薪则有山,艺则有圃。催科不扰,盗贼不生,婚媾依时,闾阎安堵。妇人纺织,男子桑蓬,臧获服劳,比邻敦睦。诚哉! 一时之三代也。"④这些记述,自然有某些夸大溢美之词,但也反映了当时社会矛盾缓和的基本事实。当然,社会矛盾的缓和,是朱元璋诸多举措共同促成的,但是以孝治天下无疑是其中的一个重要因素。正是由于社会矛盾的缓和,社会秩序也由乱而趋于治,"山市

① 《明太祖实录》卷一一三,洪武十年七月。
② 《明太祖实录》卷一七六,洪武十八年十一月甲子。
③ 万历《建阳县志》卷一,《风俗》,明万历二十九年刻本。
④ [清]顾炎武撰,黄坤等校点:《天下郡国利病书·凤宁徽备录》,上海古籍出版社 2012 年版,第 1025 页。

晴,山鸟鸣,商旅行,农夫耕,老瓦盆中冽酒盈,呼嚣嚣突不闻声"①,呈现一派国泰民安的景象。"流离渐怀归,沉疴渐苏醒",社会经济也逐渐走出凋敝残破的困境,恢复与发展起来。全国的耕地面积大量增加,洪武二十六年(1393)达到850万余顷②,比北宋最高的耕地数字、天禧五年(1021)的524万余顷③,多了300多万顷(元代没有全国耕地数字可供比较)。国家的税粮也随之增加,洪武二十六年岁征粮食32789800余石,布帛512002匹,丝绵、茶等物3654000余斤④,其中仅税粮一项就比元代岁入121147008多石⑤,增加了近两倍。随着农业的发展,手工业也在逐步复苏,商业也日趋繁荣。在洪武年间奠定的基础上,社会经济在此后的永乐、洪熙、宣德三朝继续发展,形成了明前期的盛世局面。

不过,我们也应该看到,朱元璋以孝治天下,用血缘宗法关系来解释和强调个人对家庭和社会的义务,势必导致个人人格的丧失,做过了头,就容易造成思想的保守和僵化。孔子论孝时强调:"父在观其志,父没观其行,三年无改于父之道,可谓孝矣。"⑥《孝经》也说:"非先王之法服不敢服,非先王之法言不敢道,非先王之德行不敢行。是故非法不言,非道不行;口无择言,身无择行,言满天下,无口过,行满天下,无怨恶。"⑦这样,人们只能在先辈的思想言行圈子里打转而不能超越,毫无思想言行的自由,也就失去了创造的活力。明初的人们完全被封闭在封建正统观念和理学道德礼仪的规范之中,整个社会便日趋呆板和沉闷。学术界是程朱理学一家独霸,学者一味"遵朱""述朱",谨守其矩矱而未敢越雷池半步,完全丧失了朱熹时代的创新精神。文字界则充斥着歌功颂德、粉饰现实、追求雍容典雅的诗文,毫无生气。更有甚者,朱元璋手订的《皇明祖训》还规定:"凡我子孙,钦承朕命,无作聪明,乱我已成之法,一字不可改易。"⑧把孝从伦理道德层面扩展到政治层面,将他所制定的各种典章制度作为祖训,强令后代子孙遵守,永不更改,这就为后世的改革设置了巨大的障碍。

---

① [明]孙蕡:《孙西庵集》卷四,《送虹县尹陈景明》,自明诚楼丛书本。
② 《明史》卷七七,《食货志》一,第1882页。
③ [元]脱脱等撰:《宋史》卷一七三,《食货志》上一,北京:中华书局1977年版,第1166页。
④ 《明太祖实录》卷二三〇,洪武二十六年十二月。
⑤ 《元史》卷九二,《食货志》一,第2360页。
⑥ [春秋]孔丘:《论语·学而第一》,十三经注疏本。
⑦ 《孝经·卿大夫章第四》。
⑧ [明]朱元璋:《皇明祖训序》,《皇明制书》第三册,第783页。

　　因此，对朱元璋的以孝治天下，我们必须进行辩证的分析，既看到其积极作用的一面，也看到其消极影响的另一面。既不应全盘加以肯定，也不能全盘加以否定，而应当肯定其应肯定者，否定其当否定者，这才是辩证唯物主义者应有的态度。

2017 年 12 月 5 日

［原载《中国区域文化研究》第二辑（2020 年 11 月）］

朱元璋复兴传统文化的历史功绩

元世祖忽必烈建立的元朝是一个大一统王朝,为我国统一多民族国家的巩固与发展做出了重大贡献。然而,为了维护蒙古贵族的特权地位,它不仅实行四等人的民族压迫政策,优待蒙古人、色目人,歧视占人口多数的汉人、南人,而且推行"内蒙外汉"、蒙古文化本位的基本国策,把儒学与儒士边缘化,压制和阻滞以华夏文化为主干的传统文化的发展。

贫苦农民出身的朱元璋,在元朝末年,为了求得自身的生存而被逼上梁山,投奔郭子兴的红巾军队伍。在郭子兴病逝之后,他成为"滁阳一旅"的实际统帅。同其他的红巾军一样,当时的朱元璋,是利用白莲教为武器,来发动农民反抗元朝的压迫和统治的。当他的势力逐步发展壮大之后,在大批儒士的推动下,他便打出尊孔崇儒的旗号,以便争取汉族地主阶级的支持,以与群雄争夺天下。吴元年(1367)十月,在命将北伐,准备夺取全国最高统治权时,他发布由宋濂代为起草的《谕中原檄》,即用儒家传统的"华夷之辨"和天命思想来论证其推翻元朝、创建新朝的合理性,说"自古帝王临御天下,中国居内以制夷狄,夷狄居外以奉中国,未闻以夷狄治天下也"。元朝统治者"以北狄入主中国",虽或天命使然,但毕竟有违华夷之间的主属秩序,使达人志士有冠履倒置之叹。如今"天厌其德而弃之",元运已终,他将"恭天承命",遣兵"驱逐胡虏,恢复中华,立纲陈纪,救济斯民",重建"人君者斯民之宗主,朝廷者天下之根本,礼义者御世之大防"①的新王朝。洪武元年(1368)明朝建立以后,他不仅废除四等人制度,解除强加在广大汉族身上的民族压迫枷锁,而且采取各种政策措施,大力推行尊孔崇儒、倡导理学,制礼作乐、立法定律,兴办教育、推行科举,普兴教化、移风易俗,为传统文化的复兴做出了重大贡献。

尊孔崇儒,倡导理学

自汉武帝"罢黜百家,独尊儒术",儒学取得独尊地位,成为主流的意识形态。经过魏晋南北朝,道、释兴起,三教互相碰撞与角逐,儒学受到严重挑战,但在唐宋又复巩固其独尊地位。到了元代,嗜利黩武的忽必烈虽然附会汉法,改国号,用年号,定都邑,立朝仪,劝农桑,办学校,以适应汉地发达的农耕经济,但仍参用回回法以逐利,重用色目权臣以敛财,并坚持蒙古本位的国策,在国家体制和语言文字、朝会燕飨、行猎蒐狩等方面,始终保持蒙古原有制度和习俗的核心地位,从而构建起独特的内蒙外汉的政治文化二元复合体制。在这种体制之下,作为传统文化核心的儒学被边缘化,丧失了其独尊的地位。元仁宗延祐年间复开科举,明令"明经内四书、五经,以程子(指程颢、程颐兄弟)、朱晦庵(朱熹字元晦,一字仲晦,号晦庵)注解为主"②,朱熹的《四书章句集注》被定为官本,使理学完成了官学化。但元廷仍然坚持蒙古本位的基本国策未变,理学并未变成官方治国的指导思想与理论基础,儒学边缘化的状况并未改变。

明朝刚建立,朱元璋于洪武元年(1368)二月即下诏以太牢祀孔子于国子学,遣使诣曲阜祭孔,并郑重诫谕使臣曰:"仲尼之道,广大悠久,与天地并,故后世有天下者,莫不致敬尽礼,修其祀事。朕今为天下主,期在明教化以行先圣之道。"③儒学又重新恢复其独尊的地位。

① 　[明]宋濂著,黄灵庚编辑校点:《宋濂全集》卷二,《谕中原檄》,北京:人民文学出版社 2014 年版,第 70 页;《明太祖实录》卷二六,吴元年十月丙寅,台北:"中央研究院历史语言研究所"1962 年校勘本。
② 　方龄贵校注《通制条格校注》卷五,《学令·科举》,北京:中华书局 2001 年版,第 220 页。
③ 　《明太祖实录》卷三〇,洪武元年二月丁未。

　　为了树立儒学的崇高地位,朱元璋大力提倡尊孔崇儒。他在登基的次月,即下诏召元代最后一位衍圣公、国子祭酒、孔子第 55 世孙孔克坚入京朝见。孔克坚因病,命其子孔希学代他先行入京朝觐。朱元璋怀疑孔克坚瞧不起自己的布衣出身,给他发去一道亲笔谕,曰:"吾率中土之土(士)奉天逐胡以安中夏,虽曰庶民,古人由民而称帝者,汉之高宗(祖)也。尔无疾称疾,以慢吾国不可也。"①孔克坚赶忙于四月间入京朝觐,朱元璋说:"尔祖明先王之道,立教经世。万世之下,君君、臣臣、父父、子子,实有赖焉。"②并赐田 2000 大顷,赐宅 1 区、马 1 匹,月给米 20 石。十一月,诏以孔希学为衍圣公,品秩由元代的三品升为二品,赐银印,置衍圣公官署,以其族人孔希大为曲阜世袭知县,立孔、颜、孟三氏教授司,立尼山、洙泗二院,并免除孔氏子孙及颜、孟大宗子孙的徭役③。洪武十五年四月,诏全国通祀孔子。五月,京师国子监落成,又"释奠于先师孔子"④。到第二年二月,据谏官关贤报告:"国朝崇尚儒术,春秋祭享先师,内外费至巨万。"⑤尊儒之风盛极一时。

　　在儒家学说之中,宋代的程朱理学在先秦儒学的外王之外,着力解决内圣问题,将内圣与外王有效地贯通起来,形成一个完整而精致的理论体系,因而也更加适应在战乱之后重建封建统治秩序的需要。因此,朱元璋对程朱理学的提倡更是不遗余力。登基之后,他继续任用元末朱学在金华(婺州)的传承人物与学者,让他们参与国家大政的决策,或礼乐制度、文化教育事业的建设,进一步树立程朱理学的统治地位。如金华朱学的正宗传人柳贯、黄溍的弟子宋濂自奉诏至应天(今江苏南京),即除江南儒学提举,受命教太子读经,寻改起居注,恒侍朱元璋左右,备顾问。明开国后历任翰林学士、赞善大夫、知制诰、《元史》修撰总裁等官职,除为朱元璋谋划建国方略外,还参与礼乐制度的制定,"郊社宗庙山川百神之典,朝会宴享律历衣冠之制,四裔贡赋赏劳之仪旁及元勋巨卿碑记刻石之辞,咸以委濂,屡推为开国文臣之首","一代礼乐制度,濂所裁定者居多"⑥。师从郑复初受廉洛之学、继承"儒先理学之统"的刘基,奉诏至应天后,除不时"敷陈王

------

① 中国社会科学院历史研究所编:《曲阜孔府档案史料选编》第二编,济南:齐鲁书社 1980 年版,第 5 页。
② 《明太祖实录》卷三一,洪武元年四月戊申。
③ 《明太祖实录》卷三六上,洪武元年十一月甲辰。
④ [清]张廷玉等撰:《明史》卷三,《太祖纪》三,北京:中华书局 1974 年版,第 39 页。
⑤ 《明太祖实录》卷一五二,洪武十六年二月丙申。
⑥ 《明史》卷一二八,《宋濂传》,第 3784—3788 页。

道"之外,还为朱元璋削平群雄、平定天下献计献策。明开国后历任御史中丞、弘文馆学士、封诚意伯①。柳贯、黄溍的另一弟子王祎,洪武初年受命参与礼制的制定,并与宋濂共同担任《元史》总裁官,与之一起将金华朱学"文道合一"的主张写进《元史》的《儒学传》。《元史》修成后,擢为翰林待制,同知制诰兼国史院编修官,又"奉诏预教大本堂",教太子与诸王读经②。元代金华著名理学家许谦之子许存仁,奉命出任国子学第一任祭酒长达 10 年之久(包括吴元年)③,对树立程朱理学在教育部门的主导地位发挥着重要的作用。

朱元璋还通过各种途径,大力提倡读经。他反复告谕廷臣:"道之不明,由教之不行也。夫五经载圣人之道,譬之菽粟布帛,家不可无。人非菽粟布帛,则无以为衣食,非五经四书,则无由知道理。"④他除经常命儒士为太子、诸王和文臣武将讲授儒家经书外,还规定学校生员必修四书五经。北方经过长期战乱,经籍残缺,洪武十四年四月特地颁赐四书五经于北方学校,"使其讲习"⑤。朱元璋还特命国子学祭酒许存仁教授生员"一宗朱子之学","令学者非五经、孔孟之书不读,非濂、洛、关、闽之学不讲"⑥。在国子监与各府州县学均立有一块卧碑,上刻几行大字:"国家明经取士,说经者以宋儒传注为宗,行文者以典实纯正为主","不遵者以违制论"⑦。全国的科举考试,一概从四书五经中出题,以程朱注疏为准,四书主朱熹《集注》、《易》主程颐《传》、朱熹《本义》,《书》主蔡沉《传》及古注疏,《诗》主朱熹《集传》,《春秋》主左氏、公羊、穀梁三《传》及胡安国、张洽《传》,《礼记》主古注疏⑧。这样,举国上下所有思想言论,都被纳入程朱理学的轨道。

朱元璋不仅要求文武大臣和学校生员读经,自己更是努力学习、钻研四书五经。朱元璋原本没有多少文化,小时只读过几个月的私塾⑨,因为家境贫穷而辍学。父母双亡后,入於皇寺为小行童,仅过 50 日,由于灾荒严重,"岁歉不足给众食",寺院关门。他流

---

① 《明史》卷一二八,《刘基传》,第 3797—3782 页。

② 《明史》卷二八九,《忠义传》,第 2415 页。

③ 《明史》卷一三七,《宋讷传附许存仁传》,第 3953 页。

④ 《明太祖宝训》卷二,《尊儒术》,台北:"中央研究院历史语言研究所"1962 年校勘本。

⑤ [明]黄佐:《南雍志》卷一,《事纪》,续修四库全书,上海古籍出版社 1999 年影印本。

⑥ [清]陈鼎:《东林列传》卷二,《高攀龙传》,文渊阁四库全书本,台北:商务印书馆 1983 年影印本。

⑦ 《松下杂抄》卷下,《涵芬楼秘笈》第三集本。

⑧ 《明史》卷七〇,《选举志》二,第 1694 页。

⑨ 《明太祖实录》卷一:"上……既就学,聪明过人。"

浪淮西三年,眼界大开,至正八年(1348)重返於皇寺,"始知立志勤学"①,跟随几个识字的老和尚学习佛经,文化水平有了提高。参加起义后,冯国用兄弟、李善长、范常、陶安、李习、宋思颜、潘庭坚、王恺、汪广洋、夏煜、杨宪、孔克仁、秦从龙、陈遇等文化人及儒士前来投奔,他们引经据典,谈论古今,帮助他分析形势,出谋划策,使朱元璋进一步懂得读书的重要性,知道中国的传统文化和古人治国平天下的计策及经验教训都写在书本上,不读书,就无法吸收借鉴。于是,在战斗的空隙,他便抓紧时间刻苦读书,"甚喜阅读经史"②,并四处寻儒问道,"日攻询访,博采志人"③。每到一地,就设法招揽儒士,留置幕府,朝夕相处,讲论经史。龙凤四年(1358)朱元璋率部攻占婺州,征召儒士。范祖干持《大学》进见,朱元璋即命"剖析其义"④。接着,他又征召儒士许存仁、叶瓒玉等13人,"会食省中,日令二人进讲经史,敷陈治道"⑤。从浙东返回应天,又征聘各地名儒,"与论经史"⑥。后来,又尝召宋濂为他讲《春秋左氏传》⑦,命许存仁讲《尚书·洪范》休咎征之说⑧。明朝建立后,虽未确定经筵制度,但仍不定期地令儒士为其讲读经书,如命宋濂、王祎等进讲《大学》⑨,陈南宾讲《尚书·洪范》九畴⑩,朱善讲《周易》⑪。除了请儒臣讲解之外,朱元璋自己"每于宫中无事,辄取孔子之言观之"⑫。经过长期的学习、研读,朱元璋对四书五经不仅烂熟于心,而且还颇有独到的见解。对臣民和诸王讲话时,常脱口而出地引用经书中的词句,有时一次讲话就连续引用好几部经书中的语录。儒家思想、程朱理学成为他治国理政的理论基础和指导方针。

除了儒家思想、程朱理学,朱元璋还积极扶植中国传统文化组成部分的佛、道,发挥其淑世劝导、化恶为善的教化功能,起到"暗助王纲"的作用。

---

① 《皇明本纪》,纪录汇编本。
② [明]徐祯卿:《剪胜野闻》,纪录汇编本。
③ [明]朱元璋撰,胡士萼点校:《明太祖集》卷一五,《资世通训序》,合肥:黄山书社1991年版,第298页。
④ 《明太祖实录》卷六,戊戌年十二月。
⑤ 《明太祖实录》卷六,戊戌年十二月。
⑥ 《明太祖实录》卷一二,癸卯年五月癸酉。
⑦ 《明史》卷一二八,《宋濂传》,第3084页。
⑧ 《明史》卷一三七,《宋讷传附许存仁传》,第3953页。
⑨ 《明太祖实录》卷四九,洪武三年二月辛酉。
⑩ 《明史》卷一三七,《桂彦良传附陈南宾传》,第3950页。
⑪ 《明太祖实录》卷一七五,洪武十八年九月庚午。
⑫ 《明太祖实录》卷二〇,丙午年五月庚寅。

制礼作乐，立法定律

　　元朝既然将儒学边缘化，儒家的礼法制度自然也被摒弃不用。元朝建立后，便依据内蒙外汉的基本国策，另行构建蒙汉杂糅、大量保留蒙古旧俗的礼法制度。史载："元之有国，肇兴朔漠，朝会燕飨之礼，多从本俗。"①"元之五礼，皆以国俗行之，惟祭祀稍稍稽诸古"②，然也大量保留蒙古旧俗，如"其祖宗祭享之礼，割牲、奠马湩，以蒙古巫祝致辞，盖国俗也"③。至于乐制，更是将"古乐俱废，惟淫词艳曲更唱迭和，又使胡虏之声与正音相杂，甚者以古先帝王祀典神祇饰为舞队，谐戏殿廷，殊非所以道中和、崇治体也"④。法制方面，元朝始终没有修成一部形式完备、内容稳定的法典，只颁行一些称为"条例"、"通例"或"条画"的单行法规和处理个别事件的指令性文书（通常称为"断例"）。其中，既有源出金朝以唐律为基础编订的《泰和律》，又受到蒙古习惯法较多的影响，如对偷盗牲畜者实行盗一赔九的规定就是一种蒙古的习惯法。这些单行法规和指令性文书，不仅繁杂重出，往往同罪异罚，易被官吏上下其手，而且贯穿着优待蒙古人、色目人，歧视汉人、南人的原则，例如蒙古人打死汉人，只"断罚出征，并全征烧埋银"⑤，但汉人仅仅打伤蒙古人，就被"杀以惩众"⑥。汉人、南人犯盗窃罪的要刺字，蒙古人有犯，则"不在刺字之例"⑦。

　　朱元璋对元朝这套蒙汉杂糅的礼法之制深恶痛绝。明朝建国前夕，他总结元亡的教训说："元氏昏乱，纪纲不立，主荒臣专，威福下移，由是法度不行，人心涣散，遂致天下骚乱。"强调"立国之初，当先正纪纲"。所谓纪纲，就是以儒家思想为主导的礼乐与刑政两手，"礼法，国之纪纲。礼法立，则人志定，上下安"⑧。明朝一建立，他就以儒家思想为

①　[明]宋濂等撰：《元史》卷六七，《礼乐志》一，北京：中华书局1976年版，第1664页。
②　《元史》卷七二，《祭祀志》一，第1779页。
③　《元史》卷七四，《祭祀志》三，第1831页。
④　《明太祖实录》卷六六，洪武四年六月戊申。
⑤　《元史》卷一〇五，《刑法志》四，第2675页。
⑥　《元史》卷一四八，《董俊传附文忠传》，第3503页。
⑦　《元史》卷一〇四，《刑法志》三，第2656页。
⑧　《明太祖实录》卷一四，甲辰年正月戊辰。

指导,致力于礼乐制度和法制的建设。

礼是儒家文化的一个核心内容,被视为"国之斡""国之柄"。儒家所说的礼,一般包括乐在内。礼的含义非常宽泛,它既是国家典制、仁义道德的规范,也是人际行为的准则,具有定尊卑、明贵贱、辨等列、序少长的作用。儒家的乐,不是今人所说的音乐,而是被赋予某种道德属性的德音雅乐,起到陶冶性情、淑化人心、协调人群、团结社会的作用。礼用以辨异,分别贵贱的等级;乐用以求同,缓和上下的矛盾。朱元璋认为:"朕观刑政二者,不过辅礼乐为治耳。……大抵礼乐者,治平之膏粱,刑政者,救弊之药石。"[1]因此,在礼乐刑政两手之中,他尤重礼乐制度的建设,将它作为治国之先务来抓,决心重拾华夏传统,结合明初的社会现实,制定一套去蒙古化的新的礼乐制度。吴元年六月,"初定天下,他务未遑,即首开礼、乐两局,广征耆儒,分曹究讨",编撰礼书。除"屡敕议礼臣李善长、傅瓛、宋濂、詹同、陶安、刘基、魏观、崔亮、牛谅、陶凯、朱升、乐韶凤、李原名等,编辑成集",还"诏郡县举高洁博雅之士徐一夔、梁寅、周子谅、胡行简、刘宗弼、董彝、蔡琛、滕公琰至京,同修礼书"[2]。洪武元年,中书省会同礼官拟定新的祀典及官民丧服之制,官民房舍及服饰等。洪武三年九月,《大明集礼》修成,共50卷,"其书准五礼而益以冠服、车辂、仪仗、卤簿、字学、音乐,凡升降仪节,制度名数,纤悉毕具"[3]。此后,还相继修成《孝慈录》《洪武礼制》《礼仪定式》《诸司职掌》《稽古定制》《国朝制作》《大礼要议》《皇朝礼制》《大明礼制》《洪武礼法》《礼制集要》《礼制节文》《太常集礼》《礼书》等书,厘定包括吉礼、嘉礼、宾礼、军礼、凶礼在内的各种礼制。这些礼制,皆"斟酌古制"而定,"其度越汉唐远矣"[4]。

儒家认为:"礼言是其行也,乐言是其和也。"[5]历代都强调二者并用,相辅相成。朱元璋也将乐与礼摆在同等重要的位置,认为二者同为"治天下之道",谕群臣曰:"治天下之道,礼乐二者而已。若通于礼而不通于乐,非所以淑人心而出治道;达于乐而不达于

---

① 《明太祖实录》卷一六二,洪武十七年六月庚午。
② 《明史》卷四七,《礼志》一,第1223—1224页;黄云眉:《明史考证》第二册,北京:中华书局1980年版,第382—383页。
③ 《明太祖实录》卷五六,洪武三年九月;《明史》卷四七,《礼志》一,第1223—1224页。
④ 《明史》卷四七,《礼志》一,第1224页。
⑤ [周]荀况:《荀子·儒效》,四部丛刊本。

礼,非所以振纪纲而立大中。必礼乐并行,然后治化醇一。"①他认为元朝之所以覆亡,原因之一就是废弃华夏古乐,说:"礼以道敬,乐以宣和,不敬不和,何以为治?"②龙凤二年攻克应天后,他即命设典乐官,翌年又设置雅乐,"以供郊社之祭"。吴元年六月,在设置礼局的同时,正式设立乐局,征调懂音律的儒士,研究乐制的制定问题。他"锐意雅乐",特地指示作乐的儒臣,要恢复华夏古代雅乐的传统,所撰的词章要"章和而正"③,弃绝谀辞;所作乐曲要和谐自然,"协天地自然之气"④,弃绝艳曲。根据朱元璋的旨意,洪武年间相继制成一批朝贺、祭祀、宴飨的乐歌,其中有些词章还是朱元璋亲自撰写的,如《圜丘乐章》《方丘乐章》《合祭天地乐章》《先圣三皇历代帝王乐章》等⑤。经冷彝、陶凯、詹同、宋濂、乐韶凤等一批熟知音律的儒臣的反复究讨,终于制定了祭祀之乐歌节奏、朝贺宴飨之乐歌节奏及祭祀朝贺之乐舞器服制度。

朱元璋在强调"明礼以导民"的同时,也重视"定律以绳顽"⑥。他指出,只有礼法并用,才能建立"上下相安,和气充溢,天地清宁"的社会秩序。当臣民不能遵守礼制的规范时,就必须齐之以法。否则,"法纵而民玩",使"奸者得以恣肆,良者含冤而受暴,虽欲善治,反不可得矣"⑦。明朝建立前夕,朱元璋即于吴元年十月下令议定律令,于当年十二月编定以唐律为蓝本的律285条,与记载诸司制度的令145条合在一起,编为吴元年律令。洪武建国后,律条经洪武七年、九年、十六年、二十二年的几次修订,最后于洪武三十年五月正式颁行全国,这就是通行有明一代的《大明律》。除《大明律》外,朱元璋还亲自汇集一批针对"情犯深重、灼然无疑"的"奸顽刁诈之徒"施行法外加刑的案例,加上一些峻令和自己的训话,编成《御制大诰》四编,先后颁行于洪武十八年十月、十九年三月和十二月、二十年十二月,作为《大明律》的补充。洪武三十年五月重新颁布改定的《大明律》时,又择取《御制大诰》的有关条目,与有关律文一起编成《钦定律诰》,附载于《大明律》之后,规定"其递年一切榜文禁例,尽行革去。今后法司只依律与大诰议

---

①　《明太祖实录》卷一六二,洪武十五年六月庚午。

②　《明太祖实录》卷六六,洪武四年六月戊申。

③　《明史》卷六一,《乐志》一,第1499—1507页。

④　《明太祖宝训》卷二,《兴礼乐》。

⑤　《明太祖集》卷一一,《乐章》,第234—243页。

⑥　[明]朱元璋:《御制大明律序》,怀效锋点校:《大明律》,沈阳:辽沈书社1990年版,第1页。

⑦　《明太祖实录》卷二〇二,洪武二十三年五月癸巳。

罪"①。

《大明律》以唐律为蓝本，吸收了唐代以来特别是明初的治国经验，在体例结构和内容方面均较唐律有了发展。在体例结构上，唐律继承隋律的篇章结构，分为12篇30卷。洪武七年编成的《大明律》将唐律的末篇《名例律》列为首篇，其下11篇仍沿袭唐律之旧。洪武二十二年修订时，考虑到中书省和丞相已经废除，由六部分掌中书省的职权，除首篇《名例律》，将其他11篇归并为6篇，依六部官制分为《吏律》《户律》《礼律》《兵律》《刑律》《工律》，合共7篇30卷。这样，不仅分类更加合理，而且内容更为集中，条理更为分明，也更接近于近代按部门的分科立法。在内容上，为了强化君主专制，《大明律》设立"奸党"条，增加有关惩治思想言论犯罪的条款；并设立《受赃》的专卷，加重对官吏赃罪的惩罚。适应明初社会经济发展的现实，《大明律》还加大经济立法的比重，设立《户律》和《工律》两个专篇和《课程》《钱债》《市廛》等几个专卷，并取消了唐律中有关"占田过限"的条款。明律充分反映了明代统治阶级的意志，成为我国封建社会晚期高度成熟的一部法典。

基于礼法结合的精神，明律还引礼入法。为此，《大明律》特在卷首开列《二刑图》（《五刑之图》《狱具之图》）与《八礼图》（以儒家纲纪伦常为依据制定的丧礼服制图）。朱元璋说："此书（指《大明律》）首列《二刑图》，次列《八礼图》者，重礼也。"②从重礼的原则出发，《大明律》还规定"犯罪存留养亲"（对犯有死罪之人，所犯死罪不属"十恶"范围的，如有祖父母、父母老而无养者，可奏请免予处死，以留下来养亲）③。"亲属相为容隐"（同居亲属犯有"十恶"之外的罪行，可互相容隐）④的条款。此外，明律还规定，除了"十恶"大罪，奴婢不得告发主人，子孙不得告发父兄；告人祖父，不得指其子孙为证；弟不得证兄，妻不得证夫，奴婢亦不得证主人。凡此种种，旨在发挥礼的教化作用，以维护封建统治的秩序。

① 《御制大明律序》，《大明律》，第1页。
② 《明史》卷九三，《刑法志》一，第2283页。
③ 《大明律》卷一，《名例律》第11页。
④ 《大明律》卷一，《名例律》第18页。

兴办教育，推行科举

　　忽必烈建立元朝后，曾着手兴办儒学和书院，将书院逐渐纳入地方儒学教育体系，并在中央设立国子学，改变了以往蒙古国不重视儒学文治的偏向。但是，元代的学校教育，也充满民族歧视的色彩，如至元二十四年（1287）设立国子学，规定生员之数为200人，"其百人之内，蒙古半之，色目、汉人半之"。元武宗至大四年（1311）立"国子学试贡之法"，规定"蒙古授官六品，色目正七品，汉人从七品。试蒙古生之法宜从宽，色目生宜稍加密，汉人生则全科场之制"①。在当时的官场上，七品不过是个"芝麻官"，从七品就更卑下了。不仅如此，忽必烈还迟迟不开科举，儒士也就无法通过科举踏入仕途，被边缘化。在元朝，入仕的主要途径是怯薛（宫廷卫队），由怯薛出身做官的不仅人数很多，而且升迁很快。但只有蒙古人、色目人才有权充当怯薛，汉人、南人没有充当怯薛的权利。汉族儒士大多数只能充任吏员或教官等卑微的官职，就拿教官来说，即便是路、州级的教官，最高也就是区区九品，而大多数州、县教官则是不入流的底层官员。无怪乎时人会发出"热选尽教众人做，冷官要耐五更寒"②的慨叹。儒士入学读书的热情也就因此大大降低。元朝又实行独特的儒户制，将祖先父辈中有名儒身份或是从事儒业者编为儒户，世代相袭，不许改变，可免除徭役、差役，但须照纳赋税。儒户是世袭的，非儒户子弟也就难以学儒，元代教育的发展因此也受到很大的限制。元仁宗虽然复开科举，但仍坚持民族歧视政策，规定蒙古人、色目人与汉人、南人分卷考试。乡试、会试，蒙古、色目人试经问五条，试策一道；汉人、南人试明经、经疑二问，试经义一道，古赋诏诰章表内科一道，试策一道。殿试，蒙古人、色目人试时务策一道，限500字以上成；汉人、南人试策一道，限1000字以上成。汉人、南人不仅试题比蒙古人、色目人难，而且按人口比例的取士名额也比蒙古人、色目人少得多，规定会试蒙古人、色目人、汉人、南人四个等级各取75名。殿试不再淘汰，只排名次。元代尚右，以"国人暨诸部（蒙古人、色目人）为右榜，以汉人、南人为左榜"。两榜各分三甲。第一甲各一人，赐进士及第；第二甲赐进士

---

① 《元史》卷八一，《选举志》一，第2018—2030页。
② ［元］王义山：《稼村类稿》卷一，《送余仲谦赴江州教》，四库珍本初集本。

出身;第三甲同进士出身①。两榜的第一名都算状元,实际上只有右榜的状元才算真资格,左榜的状元并不被朝廷重视。就是二、三甲的进士,右榜授的官职也都高于左榜。从延祐元年至元亡的54年间,元朝共举行9次科举(其间曾停科两次),取士1200余人,只相当于唐代和北宋的十分之一强。其中参相者仅9人,官至省、部宰臣(包括侍郎)、行省宰相及路总管者亦不出六七十人,此外大部分"例不过七品官,浮湛常调,远者或二十年,近者犹十余年,然后改官。其改官而历华要者十不能四五;淹于常调,不改官以没身者十八九"②。时人因而感慨道:"元朝之法,取士用人,惟论根脚,其余图大政为相者,皆根脚人也;居纠弹之首者,又根脚人也;莅百司之长者,亦根脚人也。而凡负大器、抱大才、蕴道艺者,俱不得与其政事。"③儒士边缘化的处境仍无大的改变。学校是培育和传播传统文化的重要阵地,而儒士则是传统文化的重要载体和传承者。元代学校教育的发展受到限制,儒士被边缘化,传统文化的发展也就受到严重的阻滞。

朱元璋为了培育人才,推行教化,复兴传统文化,极其重视学校教育的发展,说:"古昔帝王育人材,正风俗,莫先于学校。自胡元入主中国,夷狄腥膻,污染华夏,学校废弛,人纪荡然,加以兵乱以来,人习斗争,鲜知礼义。今朕一统天下,复我中国先王之治,宜大振华风,以兴治教。"④因此,他把学校之设视为"国之首务"⑤。早在龙凤五年正月,即在婺州开设郡学,十一年九月又在应天开设国子学。登基称帝后,更是大力发展教育,形成了国学、郡学和社学三类学校。

国学是由中央设立的高等学府,前身是龙凤十一年设于应天的国子学,洪武十五年改为国子监。洪武八年三月还在凤阳设立一所国子监,二十六年并入京师国子监。两所国子监合并后,生员人数多达8124名,成为当时世界上规模最大的高等学府。监生分为官生(包括品官子弟、土司子弟与海外留学生)和民生(包括贡监即地方官从府、州、县学中选拔的岁贡生员,和举监即保送入监补习的会试下第举人)。监生学习的内容,有四书五经、《御制大诰》、《大明律令》,及汉代刘向的《说苑》。除此之外,还有数与书(书

① 《元史》卷八一,《选举志》一,第2020—2021页。
② [明]苏伯衡:《苏平仲集》卷六,《送楼用章赴国学序》,四部丛刊初编本。
③ [明]权衡撰,任崇岳点校:《庚申外史笺证》卷下,郑州:中州古籍出版社1991年版,第154页。
④ 《明太祖实录》卷四六,洪武二年十月辛卯。
⑤ 《明太祖宝训》卷一,《兴学》。

法）。读书之余,还需兼习骑射。监生考试结业,可以直接做官,也可以参加科举,及第后做官。

郡学又称儒学,是由府、州、县设立的中等学校。龙凤五年开设于婺州的郡学是最早的一所儒学。洪武二年十月,朱元璋诏令"天下郡县并建学校"①,各地陆续开设儒学。据《大明一统志》的记载统计,整个洪武年间,全国计有儒学1311所②。儒学的生员,起初规定府学40名,州学30名,县学20名,后来又命增广,不拘数额。生员"专治一经,以礼、乐、射、御、书、数设科分教"③,并学习《御制大诰》和《大明律令》。生员经过考核,成绩优异者可岁贡为国子监生,也可参加乡试而为举人。如果入学十年学无所成,或有大过,则送吏部充吏,追夺廪粮。

此外,同府、州、县儒学相近的,还有都司、卫所设立的儒学(亦称卫学)和土司设立的儒学。洪武年间,计有都司、卫所儒学26所④。此后各朝又陆续增设卫学。土司儒学设立较晚。洪武二十五年十一月贵州宣慰司始设儒学,二十八年六月,朱元璋谕礼部臣曰:"其云南、四川土官,皆设儒学,选其子孙弟侄之俊秀者以教之,使知君臣父子之义,而无悖礼争斗之事,亦安边之道也。"⑤此后在云南、四川等地,陆续出现了土司儒学。以后各朝皆承此例。如土司未设置儒学,则令其子弟入读附近的儒学。

社学是设在基层的启蒙性质的初级学校,遍布于各府、州、县的乡里城坊。最初属于官办,后来由于地方官借此扰民,曾一度下令停办。洪武十六年十月,朱元璋下诏"令民间自立社学,延师儒以教民间子弟,有司不得干预"⑥,于是又出现了民办的社学。社学也以《御制大诰》和《大明律令》作为必修课程。据统计,洪武年间各府州平均设有社学61所,数量相当可观⑦。后来社学大量发展,虽穷乡僻壤,也"莫不有学"。

除上述几类学校,还有为宗室子弟开设的宗学,为武官子弟开设的武学,民间私人开办的私学(私塾),等等。

---

① 《明太祖实录》卷四六,洪武二年十月辛巳。
② 郭培贵:《明史选举志考论》,北京:中华书局2006年版,第102页。
③ 《明太祖实录》卷四六,洪武二年十月辛卯。
④ 《明史选举志考论》,第121页。
⑤ 《明太祖实录》卷二三九,洪武二十八年六月壬申。
⑥ 《明太祖实录》卷一五七,洪武十六年十月癸巳。
⑦ 王兰荫:《明代之社学》,《师大学刊》第21期。其统计数字,府限于府城,州限于州城,所属州、县不计在内。

　　为了推动教育的发展,朱元璋采取了许多措施。第一,考核官吏的办学成绩。洪武五年敕谕中书省臣:"令有司今后考课,必书农桑、学校之绩,违者降罚。"规定所在地方"师不教导、生徒惰学者",当地官吏"皆论如律"①。第二,重视教官的选拔,稳定师资队伍。洪武十五年十月,朱元璋特命各地按察司严格考核儒学教官,不通经术的送吏部调任他职,有通经术、能文章而受到压制、任用不当的,列出名单上报,由朝廷另作安排②。二十六年十月又定教官考课法,规定教官在任9年,所教生员,府学有9人、州学6人、县学3人中举,本人经考试又精通四书五经者,提升官职;所教生员中举人数较少,本人又考不通经,则降黜之,调任教官以外的职务③。为了稳定师资队伍,提高教学质量,朱元璋还严禁随意将教官调离学校,担任其他部门的职务。洪武十四年九月,礼部尚书李叔正反映,许多州县儒学的训导被以贤良等名目荐举到京师做官,致使教官缺额,生徒废业,他即明示:"其即禁之,著为令。"④翌年五月,令全国郡县访求经明行修之士时,又明确规定现任儒学的教授、学正、教谕、训导,不在荐举之列⑤。第三,优礼师儒。规定在学生员由官府供给廪粮,并享受免役特权,除本人外,可免其家二丁差徭⑥。学习成绩优异者,岁贡易得美官。对教官,明令"禁有司不得差遣",让他们能"尽心教导"⑦。教学成绩优异者,可升任中央或地方官职。第四,书籍笔墨实行免税⑧。这些措施的推行,有力地推动了教育的发展,从而形成"无地而不设之学,无人而不纳之教,庠声序音,重规叠矩,无间于下邑荒徼,山陬海涯"的局面。"此明代学校之盛,唐、宋以来所不及也。"⑨

　　在大办学校的同时,朱元璋还大兴科举。吴元年三月,他就下令设文武二科取士,命"有司预为劝谕民间秀士及智勇之人,以时勉学,俟开举之岁,充贡京师"⑩。洪武建国后,洪武三年五月下诏正式建立科举制度,"定于当年八月举行科举考试,果有才学出众

---

① 《明太祖实录》卷七七,洪武五年十二月甲戌。
② 《明太祖实录》卷一四九,洪武十五年十月戊子。
③ 《明太祖实录》卷二二七,洪武二十六年五月丙寅;《明史》卷六九,《选举志》一,第1688页。
④ 《明太祖实录》卷一三九,洪武十四年九月丙午。
⑤ 《明太祖实录》卷一四五,洪武十五年五月丁丑。
⑥ [明]申时行等修:万历《明会典》卷七八,《礼部·儒学》,北京:中华书局1989年影印万有文库本。
⑦ 《明太祖实录》卷一四〇,洪武十四年十一月己酉。
⑧ 《皇明诏令》卷一,《大赦天下诏》,续修四库全书本。
⑨ 《明史》卷六九,《选举志》一,第1686页。
⑩ 《明太祖实录》卷二二,吴元年三月丁酉。

者,待以显擢。使中外文臣,皆由科举而选;非科举者,毋得与官"①。翌年三月,又令各行省连试三年,以后三年一举。当年,京师和各行省分别举行乡试,第二年举行会试,录取了 120 人。从洪武四年起,连续举行乡试三年,因为官员缺额很多,考取的举人均免于会试,赴京听候选官。但连试三年后,发现录取的多系"后生少年",缺乏实际工作能力。洪武六年二月又下令停止科举,别令察举贤才。此后科举停止了 10 年。但荐举上来的人滥竽充数者也不少,授任之后往往"政绩少闻",朱元璋于是决定对被荐举者实行考试,同时恢复科举,于洪武十七年命礼部定科举之式,颁行各行省,遂为永制。

　　洪武年间的科举考试,分乡试、会试和殿试三级。考试的内容,与学校教育相一致,专取生员所学的四书五经命题,"文略仿宋经义,然代古人语气为之,体用排偶,谓之八股,通谓之制义"②,四书五经以指定的程朱注疏为准。洪武三年规定,乡、会试分三场,初场试本经义一道、四书义一道;二场试礼、乐论一道,诏、诰、表、笺内选一道;三场试经、史、时务策一道。中式后十日,再面试骑、射、书、算、律③。洪武十七年三月颁布科举定式,规定初场试四书义三道;二场试论一道,判五道,诏、诰、章、表内选一道;三场试经、史、策五道,取消骑、射、书、算、律的面试④。乡试录取名额定为 500 名,除直隶 100 名,广西、广东各 25 名外,其他行省各 40 名,"才多或不及者,不拘数额"。中式者被称为举人⑤。会试的参加者,必须是乡试中式的举人,录取名额皆临期奏请定夺。洪武十八年一次录取多达 472 名,二十四年一次仅录取 31 名⑥。中式者被称为贡士,可参加殿试。殿试仅试时务策一道。殿试及第分三甲录取,一甲仅取三名,赐进士及第;二甲若干名,赐进士出身:三甲若干名,赐同进士出身。所取进士,或授翰林院修撰、编修、检讨等官,或至翰林院、承敕监等近侍衙门历练,称庶吉士,俟其谙熟政事,再擢任具体官职。其他或授给事、御史、主事、中书、行人、评事、太常、国子博士,或授府推官、知州、知县。举人、贡生多次参加考试落第的,可以改入国子监,卒业后也可担任小京官,或做府佐和

---

① 《明太祖实录》卷五二,洪武三年五月己亥。
② 《明史》卷七〇,《选举志》一,第 1693 页。
③ 《皇明诏令》卷一,《论科诏》。
④ 《明太祖实录》卷一六〇,洪武十七年三月戊戌。
⑤ 《明史》卷七〇,《选举志》二,第 1696—1697 页。
⑥ 《明史》卷三,《太祖纪》三,第 48 页。

州县正官,或做郡学的教官①。元代儒士被边缘化的局面,也就因此得到根本的改变。明代官员的任用,"国初之制,谓之三途并用,荐举一途也,监生一途也,吏员一途也"②。由于朱元璋规定,应"使中外文臣皆由科举而选,非科举者毋得与官",科举日益受到朝廷的重视,"内外重要之司,皆归进士"③,后来就逐渐形成所谓进士、科贡、吏员三途并用的格局④。据万历、崇祯两朝的缙绅录所记,出身于学校、科举两途的士子,已构成明代官员的主体,都察院等监察系统的官员以及六部的尚书、侍郎,则全部出身于进士⑤。儒士的境遇与元代相比,简直是一个天上,一个地上!

普施教化,移风易俗

在元代,由于蒙古贵族高居统治阶级的最高层,掌握着国家大权,蒙古族的风俗习惯自然也就处于强势的地位,对中原地区产生了深刻的影响。不少汉人在语言、名字、婚姻、服饰、丧葬等方面仿效蒙古人,受其熏染而使自身的文化发生某些变异。如"士庶咸辫发椎髻,深襜胡俗,衣服则为绔褶宽袖及辫线腰褶,妇女衣窄袖短衣,下服裙裳,无复中国衣冠之旧,甚者易其姓氏为胡名,习胡语,俗化既久,恬不知怪"⑥。又如"同姓、两姨姑舅为婚","兄收弟妇,弟收兄妻,子承父妾。有一妇事于父生子一,父亡之后,其妾事于正妻之子,亦生子一。所以夫妇无别,纲常大坏"⑦。即使是与蒙古人接触较少的江南地区,受蒙古风俗习惯影响的现象也不少见。"元既有江南,以豪侈粗戾,变礼文之俗,未数十年,熏渍狃狎,骨化成风,而宋之遗习消灭尽矣。为士者辫发短衣,效其语言容饰,以附于上,冀速获仕进,否则讪笑以为鄙怯。非确然自信者,鲜不为之变。"⑧直至

---

① 《明史》卷七〇,《选举志》二,第 1695 页。

② [清]顾炎武著,[清]黄汝成集释:《日知录集释》卷一七,《通经为事》,上海古籍出版社 1985 年影印本。

③ [明]王圻:《续文献通考》卷五五,《学校考·太学》,明万历刻本。

④ [明]归有光:《震川先生集》卷三,《三途并用议》,四部丛刊本。

⑤ 赵子富:《明代学校与科举制度研究》,北京:燕山出版社 1995 年版,第 280—294 页。

⑥ 《明太祖实录》卷三〇,洪武元年二月壬子。

⑦ [明]朱元璋:《御制大诰·婚姻第二十二》,杨一凡点校:《皇明制书》第一册,北京:社会科学文献出版社 2013 年版,第 56 页。

⑧ [明]方孝孺:《逊志斋集》卷二二,《俞先生墓表》,四部丛刊本。

明初,南京居民犹"循习元氏旧俗,凡有丧葬,设宴会亲友,作乐娱尸,惟较酒肴厚薄,无哀戚之情"①。

朱元璋对这种现象极为不满,说:"元以夷变夏,民染其俗,先王之礼几乎熄矣,而人情狃于浅近。"②决心普施教化,移风易俗,彻底改变这种状况。明朝建立前后,他反复强调:"今天下初定,所急者衣食,所重者教化。衣食给而民生遂,教化行而习俗美。"③"世之治乱,本乎人情风俗"④,"治道必先于教化,民俗之善恶,即教化之得失也"⑤。强调推行教化同发展经济一样重要,是关系到国家治乱兴衰的重大问题。

朱元璋认为,普施教化,首先要向人们灌输儒家学说、程朱理学的仁义道德、修身齐家的"圣学之道","好仁者,耻于为不义。如此,则风俗岂有不美? 国家岂有不兴"⑥。为此,就必须大办学校,"礼延师儒教授生徒,以讲论圣道,使人日渐月化,以复先王之旧,以革污染之习"⑦。同时,还要建立一套礼法制度,"剽悍骄暴非人之性也,习也。苟有礼法以一之,则剽悍者可使善柔,骄暴者可使循帖。若踱啮之马,调御有道,久则自然驯熟……苟非礼法,人无所守,故必当以此洗涤渐染之习"⑧。因此,立国之初,朱元璋便致力于尊孔崇儒、倡导理学,制礼作乐、立法定律,兴办学校、推行科举。除此之外,他还采取一系列措施,来普施教化,移风易俗。

第一,重新恢复传统的乡饮酒礼。乡饮酒礼始于周代,原是乡人的一种聚会形式,儒家为之注入尊贤敬老的思想,成为当时一种达于庶民的礼制,旨在使一乡之人在欢聚宴饮之时受到教化。后来时兴时废,至元代已在现实生活中消失。朱元璋认为:"乡饮之礼,所以序尊卑,别贵贱。先王举以教民,使之隆敬爱,识廉耻,知礼让也。"⑨洪武二年八月,他接受监察御史睢稼的建议,诏中书省详定乡饮酒礼条式,洪武五年四月正式诏令全国举行乡饮酒礼。洪武十六年十月颁行《乡饮酒礼图式》,洪武二十二年再定《乡饮

---

① 《明太祖实录》卷三七,洪武元年十二月辛未。
② 《明太祖实录》卷七三,洪武五年三月辛亥。
③ 《明太祖宝训》卷一,《论治道》。
④ 《明太祖宝训》卷二,《厚俗》。
⑤ 《明太祖宝训》卷一,《论治道》。
⑥ 《明太祖宝训》卷一,《论治道》。
⑦ 《明太祖实录》卷四六,洪武二年十月辛巳。
⑧ 《明太祖实录》卷一四,甲辰年三月丁卯。
⑨ 《明太祖宝训》卷二,《兴礼乐》。

酒礼图式》,成为明代乡饮酒礼的定制。明代乡饮酒礼,在继承别贵贱与叙长幼相结合的传统惯例之外,为强化其教化功能,又有两个突出的创新点。一是将饮酒与读律相结合,既习礼又普法。洪武二年八月,睢稼在奏书中建议:"宜仿古人月吉读法之典,命府州县长吏,凡遇月朔会乡之老少,令儒士读律,解析其义,使之通晓,则人知畏法而犯者寡矣。"①朱元璋采纳其建议,即诏中书省详定乡饮酒礼条式,"使民岁时燕会,习礼读律,期于申明朝廷之法,敦叙长幼之节"②。洪武五年四月,礼部奏请推行乡饮酒礼,规定在学校举行的乡饮酒礼,由"读律者"诵读《大明律令》,里社的乡饮酒礼还兼读刑部所编的《申明戒谕书》,武职衙门的乡饮酒礼兼读大都督府所编的《戒谕书》③。二是分别善恶。洪武十四年二月,朱元璋谕示礼部臣,举行乡饮酒礼时,"年高有德者居上,高年淳笃者次之,以齿为序。其有违条犯法之人,列于外坐。同类者成席,不许杂于良善之中。如此,则家识廉耻,人知礼让,而父慈子孝、兄友弟恭、夫和妇顺之道不待教而兴"④。据此,洪武十六年颁行的《乡饮酒礼图式》,规定有过犯之人坐于众宾席末,听讲律受戒谕。洪武二十二年重定的《乡饮酒礼图式》,又将过犯之人分为两类,罪行较轻的序坐中门之外,罪行较重的则序坐东门之外,执壶供事⑤。

第二,强化基层里甲的教化职能。朱元璋认为:"古者风俗淳厚,民相亲睦,贫穷患难,亲戚相救;婚姻、死丧、疾病,邻保相助。近世教化不明,风俗颓败,乡邻亲戚不相周恤,甚者强凌弱,众暴寡,富吞贫,大失忠厚之道。"⑥他钦定的《教民榜文》规定,每里除里长、甲长之外,"须令本里众人推举平日公直、人所敬服者,或三名、五名、十名",称为老人,与里长、甲长共同负责以下工作:理断本里的民间户婚、田土、斗殴等一切纠纷;将本里强劫、盗贼、逃军、逃囚及生事恶人擒拿赴官;向朝廷奏报本里孝子顺孙、义夫节妇及有一善可称者的实迹,以供朝廷表彰;督促有丁子弟入读社学;督促本里七八岁或十二三岁的民间子弟讲读御制三编大诰;教育本里乡民,为子孙者,奉养祖父母、父母;为父母者,教诫子弟;为子弟者,孝敬伯叔;为妻者,劝夫为善;遇到里中人户婚姻、死丧、吉

① 《明太祖实录》卷四四,洪武二年八月戊子。
② 万历《明会典》卷七九,《礼部·乡饮酒礼》。
③ 《明太祖实录》卷七三,洪武五年四月戊戌。
④ 《明太祖实录》卷一三五,洪武十四年二月丁丑。
⑤ 万历《明会典》卷七九,《礼部·乡饮酒礼》。
⑥ 《明太祖实录》卷二三六,洪武二十八年二月乙丑。

凶等事,组织协调邻里互相赒给;每乡每里各置一个木铎,每月六次,令年老或残疾或瞽目者,由小儿牵引,巡行本里,持铎高喊:"孝顺父母,尊敬长上,和睦乡里,教训子孙,各安生理,毋作非为。"每村置大鼓一面,凡遇农种时月,于五更擂鼓,众人闻鼓下田,该管老人点闸。有懒惰不下田者,许老人责决①。

　　第三,在全国乡村遍设申明亭、旌善亭,以旌善惩恶。洪武五年二月,朱元璋"命有司于内外府州县及其乡之里社皆立申明亭,凡境内人民有犯,书其过名榜于亭上,使人有所惩戒"②。后来,觉得将犯人所犯罪过不分大小,全部在申明亭张榜公布,会"使良善一时过误为终身之累",洪武十五年八月又改为"自今犯十恶、奸盗、诈伪、干犯名义、有伤风俗及犯赃至徒者,书于亭,以示警诫。其余杂犯、公私过误、非干风化者,一切除之"③。旌善亭建于何时,史无明载,但一些地方在洪武十六年已有旌善亭出现④。旌善亭张榜公布官民的善政善行,既书"民之孝子顺孙、义夫节妇及善行之人",也录"有司官善政著闻者"⑤,以示旌表。

　　第四,革除蒙古人传入中原的"胡风""胡俗","悉复中国之旧"。登基伊始,朱元璋即于洪武元年二月"诏复衣冠如唐制",规定"士民皆束于顶,官则乌纱帽、圆领袍、束带、黑靴,士庶则服四带巾、杂色盘领衣,不得用黄玄",庶民妻"不得服两截胡衣,其辫发椎髻,胡服、胡语、胡姓一切禁止"⑥。当年十二月又下令禁止丧葬时宴会亲友、作乐娱尸的陋俗⑦。明初许多地方仿效蒙古习俗,实行火葬,朱元璋认为:"古者圣王治天下,有掩骼埋胔之令,推恩及于朽骨。近世狃于胡俗,死者以火焚之,而投其骨于水,孝子慈孙,于心何忍,伤恩败俗莫此为甚",于洪武三年下令"禁止之",并规定:"若贫无地者,所在官司择近城空阔闲地为义冢,俾之葬埋。或有宦游远方,不能归葬者,官给力费以归之。"⑧对于同姓、两姨姑舅为婚及收继婚,朱元璋认为有违人伦之大防,更是深恶痛绝。不仅

①《教民榜文》,《皇明制书》第二册,第725—733页。
②《明太祖实录》卷七二,洪武五年二月。
③《明太祖实录》卷一四七,洪武十五年八月乙酉。
④ 正德《瑞州志》卷四,《官室志·公署》,明正德七年刻本。
⑤ 嘉靖《象山县志》卷一,《建置志·诸署》,明嘉靖三十五年刻、明隆庆五年增刻本。
⑥《明太祖实录》卷三〇,洪武元年二月壬子。
⑦《明太祖实录》卷三七,洪武元年十二月辛未。
⑧《明太祖实录》卷五三,洪武三年六月辛巳。

在《大明律》中立有专款严加禁止①，而且在《御制大诰》中严厉警告："今后若有犯先王之条，罪不容诛！"②后来，他发现虽然"禁令屡颁，民间仍有犯者"，又在洪武二十七年再次重申："先王之治天下，彝伦为本。至于胡元昧于教化，九十三年之间，彝伦不叙，至有子纳父妾而弟妻兄妻、兄据弟妇者，此古今之大变，中国之不幸者。朕膺天命，君主华夷，复先王之教以叙彝伦，务使各得其序。既定于律，又著之大诰，以明示天下。比闻民间犹有顽不率教者，仍蹈袭胡俗，甚乖治体。宜申禁之，违者论如律。"③至于官员之间、官民之间、庶民之间相见的礼仪，朱元璋也令议礼诸臣重加厘定，去蒙古化，而复归华夏之传统。此外，还严禁官员嫖妓，并严禁不事生产、四处闲逛的游民。

第五，严格规范民间的祭祀及文艺演出。我国自古就将祭祀视为国之大事，国家的祀典对各种祭祀活动规定了严格的等级和仪礼。但民间的祭祀，往往无视祀典的规定，不仅祭祀众多原始宗教信仰和秘密宗教的神灵，而且混杂了许多带有巫术色彩的仪式。朱元璋登基之后，将这种民间祭祀通通斥为"淫祠"，洪武三年下令严加禁止，制曰："朕思天地造化能生万物而不言，故命人君代理之。前代不察乎此，听民人祀天地，祈祷无所不至。普天之下，民庶繁多，一日之间祈天者不知其几，渎礼僭分，莫大于斯。古者天子祭天地，诸侯祭山川，大夫士庶各有所宜祭。其民间所祭之神，礼部其定议颁降，违者罪之。"于是中书省臣等奏："凡民庶祭先祖，岁除祀灶，乡村春秋祈土谷之神。凡有灾患，祷于祖先。若乡厉、邑厉、郡厉之祭，则里社郡县自举之。其僧道建斋设醮，不许奏章上表，投拜青祠，亦不许塑画天地神祇，及白莲社、明尊教、白云宗、巫觋、扶鸾、祷圣、书符、咒水诸术，并加禁止，庶几左道不兴，民无惑患。"诏"从之"④。流行于民间的通俗文艺如戏曲等，深受平民百姓的喜爱，对民风民俗有着潜移默化的影响。朱元璋则以儒家思想、程朱理学加以规范，要求民间文艺为宣传儒家的礼法制度和伦理道德服务。元末高明主张戏曲创作要有关风化，为宣扬儒家的伦理道德服务。他创作的《琵琶记》极力宣扬三从四德、忠孝两全的伦理道德，朱元璋大加赞赏，说："五经四书在民间，譬诸五

---

① 《大明律》卷六，《户律·婚姻》，第59—60页。
② 《御制大诰·婚姻第二十二》，《皇明制书》第一册，第56页。
③ 《明太祖实录》卷二三二，洪武二十七年三月癸卯。
④ 《明太祖实录》卷五三，洪武三年六月甲子。

谷,不可无。此记乃珍馐之属,俎豆之间,亦不可少也。"①依据朱元璋的旨意,《大明律》特立专款规定:"凡乐人搬做杂剧戏文,不许妆扮历代帝王、后妃、忠臣、烈士、先圣、先贤、神像。违者,杖一百。官民之家容令妆扮者,与同罪。其神仙、道扮及义夫、节妇、孝子、顺孙、劝人为善者,不在禁限。"②

这一系列教化举措的推行,使民风民俗逐渐发生变化,形成了一种俭朴淳厚的风气。

结语:作用与影响

朱元璋为复兴传统文化,首先针对元朝将儒学边缘化的弊政,尊孔崇儒,倡导理学,重树儒学独尊地位,以之作为治国的指导思想和理论基础。中国传统文化是以儒学为主干、融汇多种文化成分的多元复合体。朱元璋的这一举措,抓住了问题的关键。而后,他以儒学为指导,制礼作乐,立法定律,以礼来制约、规范、引导社会生活和个人行为;兴办教育,推行科举,既推动四书五经的广泛传播,又培育与重用大批儒士;普施教化,移风易俗,使民风民俗向俭朴淳厚转变。朱元璋采取的这一系列举措,目的自然是为了维护朱家王朝的统治,但其施行的结果,彻底改变元代儒学和儒士边缘化的困境,使传统文化开始全面走向复兴。

值得注意的是,朱元璋复兴传统文化的诸多政策措施,还被其后继者作为"祖制"加以沿袭。如明成祖,他在起兵靖难,路过山东汶上,即戒饬将士曰:"孔子,万世帝王之师,太平之道所自出;孟子,传孔子之道以开谕后世,其功德在生民,盖与天地日月相为无穷。今曲阜孔子之乡,邹县孟子之乡,将士毋入其境。敢有入境侵其一草一木,皆诛不宥。"夺位称帝后,又于永乐四年(1406)三月亲往国子监,让礼部臣详议释奠先师之礼,曰:"朕皇考太祖高皇帝,膺君师亿兆之任,正中夏文明之统,复礼乐衣冠之旧。渡江之初,首建学校,亲祀孔子,御筵讲书,守帝王之心法,继圣贤之道学,集其大成以臻至治。朕承鸿业,惟成宪是遵。今当躬诣太学。释奠先师,以称崇儒重道之意。其合行礼

① ［明］田艺蘅:《留青日札》卷一九,《琵琶记》,汲古阁本。
② 《大明律》卷二六,《刑律·杂犯》,第202页。

仪,礼部详议以闻。"礼部尚书郑赐说按宋制,谒孔子应穿袍靴,行再拜之礼。明成祖认为此礼太轻,说:"见先师礼不可简,必服皮弁,行四拜礼。"①祭拜孔子后,即命国子监祭酒、司业、博士、助教四人依次为他和诸大臣及太学生讲授儒家经典。明成祖认为,"一世之振兴,必首举学校之政"②,他继续兴办学校,推行科举。洪武年间的科举考试,专取四书五经试士,以程朱注疏为准。后来,解缙建议召集志士儒英,编辑一部继承孔孟坠绪的理学经典,"上溯唐虞、夏、商、周、孔之华奥,下及关、闽、濂、洛之佳苑,根实精明,随事类别,以备劝戒,删其无益,勒成一经,上接经史"③。此事洪武年间未及实行。明成祖夺位后,终于命儒臣广辑宋元理学的各家学说,纂成《五经大全》《四书大全》《性理大全》,颁赐全国,作为学校教材和科举取士的准绳。由于朱元璋及其后继者的大力提倡,加上学校教育的发展,儒家思想特别是程朱理学得到广泛而深入的传播,并且渗透到边疆的少数民族地区。因为受到儒学特别是程朱理学的浸染,加上与周边汉族军民接触交往的增多,许多边疆少数民族的风俗习惯也随之发生变化,如云南的临安府"自明以降卫军实其地,衣冠文物风俗大类中州"④,贵州石阡府弘治年间"渐染中华之教,所变易多矣"⑤,普定卫"自立军卫控之,渐染中原之俗,亦尚礼义而重之,服食器用,婚丧之礼皆可观矣"⑥,各民族对以儒学为主干的中华文化的认同感进一步增强。正是由于儒家思想的深刻影响,当明朝的统治被大顺农民军推翻之后,入关的清朝统治者虽也坚守满族文化,并对广大汉族实行民族压迫,但实行的却是"外满内汉"的基本国策,儒学的独尊地位并未因统治民族的改变而改变,以儒学为主干的传统文化仍在缓慢而曲折地向前发展。因此可以说,如果没有朱元璋复兴传统文化的决策及其相应的措施,我们看到的传统文化未必就是现在的面貌了。朱元璋复兴传统文化的历史功绩,应该给予充分的肯定。

[原载《明清论丛》第十七辑(2017 年 12 月)]

---

① 《明太宗宝训》卷三,《崇儒》,台北:"中央研究院历史语言研究所"1962 年校勘本。
② 《明太宗实录》卷五二,永乐四年三月辛卯,台北:"中央研究院历史语言研究所"1962 年校勘本。
③ [清]陈鼎:《东林列传》卷二,《高攀龙传》,文渊阁四库全书,台北:商务印书馆 1983 年影印本。
④ 雍正《临安府志》卷七,清雍正九年刻本。
⑤ 弘治《贵州图经新志》卷六,《石阡府·风俗》,明弘治间刻本。
⑥ 嘉靖《贵州通志》卷三,《风俗志》,明嘉靖三十四年刻本。

朱元璋尊容如何

　　明太祖朱元璋尊容如何,史无明载。他的老家在安徽凤阳,当地的老百姓,长期流传着这样的说法,说他是个长脸,上额和下巴往外突出,两个颧骨和鼻子高高隆起,呈五岳朝天之状,脸上布满大麻子。凤阳龙兴寺和合肥、南京等地有关单位和个人保存的一些朱元璋画像,都是根据这种传说画出的丑模样:额头、下巴、鼻子和两颊皆突出,立眉深目,胡须浓密,脸上满布着麻子。

　　除了民间留传下来的朱元璋画像,明朝皇宫内还有一些朱元璋画像。这些画像同明朝的帝、后画像一起,在明代均收藏于太庙东北的景神殿,清代乾隆十四年(1749)移藏于南薰殿。据清人胡敬《南薰殿图像考》记载,此殿共藏有明代帝、后图像63幅,其中仅朱元璋画像就有13幅。这13幅朱元璋画像,有1幅收藏于北京故宫博物院,12幅收藏于台北故宫博物院。这些画像大致有两种类型:一种类似于上述民间流传的长脸丑像;另一种则是圆脸俊像:紫色脸膛,黑色或白色胡须,脸庞丰满圆润,英俊威武。

　　明朝皇宫里为什么会有如此截然不同的两种朱元璋画像呢? 明成化二年(1466)进士、曾任南京主事、后迁兵部职方郎中、终居浙江参政的太仓人陆容,在《菽园杂记》中载:

　　　　高皇帝尝集画工传写御容,多不称旨。有笔意逼真者,自以为必见赏。及进览,亦然。一工探知上意,稍于形似之外,加穆穆之容以进。上览之,甚喜,仍命传数本以赐诸王。盖上之意有在,它工不能知也。①

原来,朱元璋登基称帝后,曾召集画工为自己画像。既然是为当今的皇上描摹尊容,这些丹青妙手自然不敢怠慢。他们都拿出真本事,像画得一幅比一幅逼真,但朱元璋都不满意。有个丹青高手琢磨着,或许前面的画工功力不足,画的像要么形似而神不似,要么神似而形不似,所以皇上瞧不上眼。他使出看家本领,认真描绘,像画得既形象逼真,又生动传神,可谓是神形兼备,心想皇上看了必定龙颜大悦,会赏给他一大堆金银财宝,甚至提拔他做官。不料,画像呈上之后,朱元璋还是不高兴,因为他的容貌实在不甚雅观,画得越逼真,就越是难看。后来,有个画工反复揣摩朱元璋的心思,终于悟出此中的奥秘,于是便"稍于形似之外,加穆穆之容",就是将长脸改成圆脸,画个基本轮廓,而把脸容画得端庄慈祥一些。朱元璋看了,果然非常高兴,下令照原样画了许多幅,分赐给诸王。这样,便有了两种截然不同的画像。

皇宫里的这两种画像,朱元璋认可的圆脸俊像,便作为皇家标准像,置于宫廷的各种殿堂,在朱元璋逝世后,则供奉于太庙,用于祭祀。而长脸丑像则作为疑像,用以迷惑百姓。朱元璋生性多疑,常微服私访,伺察臣民的活动。为了防止被百姓认出、识破,便令画工画了许多长脸丑像,画得极其怪异丑陋,派人四处张贴。百姓见了这种疑像,在脑海里留下深刻印记,即使见到朱元璋本人,也无法辨认出来了。

由于朱元璋的圆脸俊像藏于皇宫和各个藩王府邸,从不外传,一般臣民见到的,只有那种长脸丑像。直到明中后期,有些官员进入皇宫或藩王府邸,才得以见到这种圆脸俊像。如嘉靖年间进士、授南京工部主事、历官吏部尚书的张瀚,曾进入武英殿,才有机会瞻仰这种画像,在《松窗梦语》里写道:"余为南司空,入武英殿,得瞻仰二祖御容。太祖之容,眉秀目炬,鼻直唇长,面如满月,须不盈尺,与民间所传奇异之象大不类。"②又万历中举于乡、官至平越知府的张萱,也在《疑耀》书中写道:"先大人令滇时,从黔国邸中模高皇帝御容,龙形虬髯,左脸有十二黑子,其状甚奇,与世俗所传相同,似为真矣。余

---

① [明]陆容撰、佚之点校:《菽园杂记》卷一四,北京:中华书局1983年版,第170页。
② [明]张瀚:《松窗梦语》卷六,《方术纪》,北京:中华书局1985年版,第110页。

值西省,始得府所藏高、成二祖御容,高皇帝乃美丈夫也,须髯皆为银须,可数,不甚修,无所谓龙形虬髯,十二黑子也。"①

那么,这两种不同的画像,哪种更接近朱元璋的尊容呢?显然是根据凤阳百姓传说画出的长脸丑像,而不是宫廷画工所画的圆脸俊像。因为凤阳百姓的先辈,有的看着朱元璋从小长到大,有的还是朱元璋小时的玩伴,而更多的凤阳人后来投奔朱元璋的起义队伍,成为朱元璋起义军早期的主力,跟随他南征北战,他们同朱元璋利益一致,生死与共,没有必要造谣,故意丑化朱元璋的形象。因此,他们描绘的朱元璋脸容,应该是真实可信的。当然,有些长脸丑像画得极其怪异丑陋,那是宫廷画工为了迷惑百姓而有意为之,则另当别论。因为朱元璋的脸容尽管比一般人要丑,但也不至于过分怪异难看,否则朱元璋初起时至濠州招兵,濠人郭山甫也不会主动让自己的女儿盛装打扮一番,嫁给朱元璋做姬妾(后被封为宁妃,在马皇后、李淑妃去世后,掌管六宫事务)②。从那种长脸丑像看,朱元璋的额头高大突出,下巴又比上额长出好几分,俗称地包天,再配上高高的颧骨和隆起的大鼻子,活像个横摆着的"山"字形。怪不得宫廷的画工为朱元璋画像,画得越是逼真,他越是不高兴哩。

2021.1.7

---

①　[明]张萱:《疑耀》卷一,《高皇帝像》,《丛书集成初编》本。
②　[清]张廷玉等撰:《明史》卷一一三,《后妃传》一,北京:中华书局 1974 年版,第 3509 页。

略论明中都的营建与罢废及其影响

明中都之营建与罢废,是明初历史上的一件大事,已有不少学者包括凤阳当地的学者做过深入的研究。其中,尤以王剑英先生的贡献最为突出。他利用在安徽凤阳教育部"五七"干校劳动近六年的时间,寻访明中都遗址,撰写《明中都》的专著和《明中都遗址考察报告》①,不仅论述了明中都的营建与罢废,而且阐明它的历史沿革、设计规划、建筑雕刻艺术及建筑物的变迁情况,得到海内外学术界的广泛赞誉。本文拟在前人研究的基础上,就明中都之营建与罢废及其影响谈点看法,以就正于方家学者。

一、朱元璋的错误决策与明中都的营建

洪武元年(1368)正月初四朱元璋在应天(今江苏南京)登基称帝后,马上就面临着在何处建都的问题。

朱元璋是在应天就皇帝位的,应天既是他借以发展势力的基地,又有他当吴王时奠定的宫阙,自然成为他选作都城的对象。早在至正十四年(1354),朱元璋从濠州率兵南

---

① 王剑英:《明中都研究》,北京:中国青年出版社 2005 年版,第 3—205、206—441 页。

略定远,冯国用与其弟冯胜在妙山归附。朱元璋征询天下大计,冯国用即建议:"金陵龙蟠虎踞,帝王之都,愿先拔金陵而定鼎,然后命将四征,天下不难定也。"①

　　龙凤八年(1362)六月,当大宋政权丢失汴梁(今河南开封),北伐中路军和西路军均告失败,东路军也丢掉山东的最后一个据点益都(今山东青州),使朱元璋失去北方的屏障之时,浙江临海儒士叶兑又上书建议:"宜北绝李察罕(察罕帖木儿)之招诱,南并张九四(张士诚小字九四)之僭据,督方国珍之归顺,取闽越之土地,即建康以定都,拓江广以自资,进则越两淮窥中原而取天下,退则保全方面而自守。"②朱元璋身边的文武大臣大多是淮西子弟,他们留恋乡土,更希望把都城定在靠近家乡的应天。但是,有些儒士并不赞成这个方案,他们"皆曰有天下者,非都中原不能控制奸顽"③。都城的选择,一般都要把政治、军事、经济和地理形势等多种因素综合起来加以考虑。应天背靠钟山,面临长江,龙蟠虎踞,形势十分险要。它所在的江南地区,又是当时的经济重心,不仅盛产粮食,而且拥有发达的纺织业、制盐业和繁荣的商业,所谓"天下财赋出于东南,而金陵为其会"④,经济条件也很优越。但从军事的角度来考虑,应天的位置偏于江左,距离对元朝作战的北方前线太远,不便于朝廷部署军事和指挥、调动军队,这确实是个很大的缺陷。同时,朱元璋还认为,历史上在此地建都的东吴、东晋和南朝的宋、齐、梁、陈六朝"所历年数不久"⑤,这也很不吉利。所以,他没有马上做出决定。

　　洪武元年三月,徐达率领北伐军攻取了山东、河南,"言者皆谓君天下者宜居中土,汴梁宋故都,劝上定都"⑥。四月,朱元璋前往汴梁,改汴梁路为开封府,就地对这个城市做了一番考察,觉得开封地处中原,"四方朝贡,道里均适,父老之言,乃合朕志"⑦,决定在此建都,但感到这个城市无险可守,是个"四面受敌之地"⑧,又决定把应天也定作都

　　①　[明]焦竑辑:《献征录》第一册,《郢国公冯国用》,上海书店 1987 年影印本,第 204 页。
　　②　关于叶兑上书的时间,[清]夏燮著、沈仲九标点:《明通鉴》前编卷一,录于龙凤八年十二月(北京:中华书局 1959 年版,第 78—81 页)本文不取此说,而取孙正容之说,将上书时间定在龙凤八年六月(《朱元璋系年要录》,杭州:浙江人民出版社 1983 年版,第 81 页)。
　　③　[明]朱元璋撰、胡士萼点校:《明太祖实录》卷十七,《中都告祭天地祝文》,合肥:黄山书社 1981 年版,第 399 页。
　　④　[明]丘濬:《大学衍义补》卷八五,《都邑之建》上,文渊阁《四库全书》本。
　　⑤　[明]刘辰:《国初事迹》,《借月山房汇钞》本。
　　⑥　《明太祖实录》卷三一,洪武元年四月甲子,台北:"中央研究院历史语言研究所"1962 年影印校勘本。
　　⑦　《明太祖实录》卷三四,洪武元年八月己巳。
　　⑧　[明]刘辰:《国初事迹》,《借月山房汇钞》本。

城,实行古已有之的两京制度。八月初一,便下诏以应天为南京,开封为北京,天子于春秋往来巡狩①。

就在诏书颁布的第二天,北伐军攻占大都(今北京),元顺帝携后妃、太子逃奔塞北。面对这种形势,仍以开封为都城是否合适呢? 八月下旬,朱元璋为部署向秦晋进军的军事行动,又亲至开封,连带对这个城市进行第二次考察,"意在建都以安天下"。据朱元璋亲撰的《中都告祭天地祝文》载,他到开封一看,觉得此地"民生凋敝,水陆转运艰辛,恐劳民之至甚"。中原地区原是元末农民战争的主战场,遭受兵燹的破坏也最严重,田野荒芜,积骸成丘,道路榛塞,民生凋敝,如在汴梁建都,所需的劳力、物料还得从外地调入,但水陆转运艰辛,"恐劳民之至甚",老百姓也承受不了。于是"遂议群臣",让大臣们展开讨论,看看究竟在哪里建都合适。这些大臣多是淮西人,希望能衣锦还乡,便提出在临濠建都的建议,"人皆曰'古钟离可'"②。钟离原为春秋小国,秦置县,治今安徽凤阳县东板桥境内,元代为濠州州治。吴元年(1367)朱元璋改濠州为临濠府,钟离仍为府治所在地。群臣所说的"古钟离",即指临濠。有的学者认为这个记载不可靠,是把以临濠为中都的决定推给了群臣,而自己却没有半点责任。其实,这里说的是群臣提出的建议,而最后决策的责任,是朱元璋自己,朱元璋本人并不否认,这在后文还要说到。尽管群臣提出了在临濠建都的建议,但未等朱元璋做出决断,洪武二年八月明军已平定陕西,将北方的大片地区纳入明朝版图。随着全国政治、军事形势的重大变化,建都地点是否也应进行适当的调整呢? 朱元璋再次召集群臣进行讨论。许多大臣鉴于北方元朝的残余势力尚未消灭,仍然主张在中原建都,"或言关中,险固金城,天府之国;或言洛阳,天地之中,四方朝贡,道里适均;汴梁亦宋之旧京;又言北平,元之宫室完备,就之可省民力"。朱元璋回答说:"所言皆善,惟时有不同耳。"认为大臣们的话虽然都有道理,却不适应当前的形势。"长安、洛阳、汴京,实周、秦、汉、魏、唐、宋所建国,但平定之初,民未甦息,朕若建都于彼,供给力役,悉资江南,重劳其民;若就北平,要之宫室不能无更作,亦未易也。"他决定以应天为都城,同时接受淮西勋臣的建议,在临濠营建中都,说:"今建业,长江天险,龙蟠虎踞,江南形势之地,真足以立国。临濠则前江后淮,以险可恃,以水可漕,朕欲以为中都,何如?"在临濠建都,本来就是淮西勋臣的主意,他们自然

① 《明太祖实录》卷三四,洪武元年八月己巳。
② 《明太祖集》卷十七,《中都告祭天地祝文》,第399页。

都表示赞同。洪武二年九月,朱元璋便正式下诏在临濠营建中都,"命有司建置城池宫阙,如京师之制"①。

营建明中都的诏书颁布后,明廷开始准备营建中都。朱元璋下令设立行工部,具体负责营建工作②,并命退休的丞相李善长和汤和、吴良及工部尚书薛祥等前往督工③。中都的城址,定在临濠府城西而偏南20里的高亢坡地上。建筑的标准要求很高,殿坛的建筑都很华丽,如圜丘、方丘、日月社坛、山川坛及太庙都"上以画绣"④,连石构建筑也要雕饰奇巧。比如宫阙前的"御道踏级文用九龙、四凤、云朵,丹陛前御道文用龙、凤、海马、海水、云朵"⑤。为求坚固,一些建筑的关键部位要求灌注熔化的生铁水,如"城池坝砖脚五尺,以生铁镕灌之"⑥。在中都的营建过程中,临濠屡次改名,并不断扩大管辖范围。洪武六年九月,改临濠府为中立府⑦,"取中天下而立,定四海之民之义也"⑧。七年八月,又改中立府为凤阳府,并置凤阳县⑨,"以在凤凰山之阳,故名"⑩,府治随之从临淮迁至凤阳。在中都营建期间,先后划归中都管辖的共有寿、邳、徐、宿、颍、息、光、六安、信阳、泗、滁、和等12州和五河、怀远、定远、中立(后改为临淮)、蒙城、霍丘、英山、宿迁、睢宁、砀山、灵璧、颍上、泰(太)和、固始、光山、丰县、沛县、萧县、盱眙、天长、虹县、全椒、来安、凤阳等24县⑪,几乎包括了整个淮河流域。

对以凤阳为中都的决定,较有眼力的一些大臣一直持有不同的意见。洪武三年七月,中都营建工程开始不久,吉水儒士胡子祺应征至京,考选拜为监察御史,即曾上奏:

① 《明太祖实录》卷四五,洪武二年九月辛卯。
② 《明太祖实录》卷七七,洪武五年十二月甲申。
③ [清]张廷玉等撰:《明史》卷一二八,《李善长传》,北京:中华书局1974年版,第3771页;卷一二六,《汤和传》,第3753页;卷一三八,《薛祥传》,第3973页;天启《凤阳新书》卷四,明天启元年刻本。
④ [明]谈迁著、张宗祥校点:《国榷》卷四,洪武四年正月庚寅,北京:中华书局1958年版,第457页。
⑤ 《明太祖实录》卷八三,洪武六年六月辛巳。
⑥ 《明太祖实录》卷八三,洪武六年六月辛巳。
⑦ 《明史》卷四十,《地理志一》,第912页。
⑧ 成化《中都志》卷一,《天一阁明代方志选刊续编》本。
⑨ 《明太祖实录》卷一二,洪武七年八月庚子。按:朱元璋在洪武三年改钟离县为中立县,寻又改为临淮县。洪武七年,从临淮县划出太平、清乐、广德、永丰四个乡,另置凤阳县。十一月,又将虹县南八都并入凤阳县。
⑩ [明]李贤等:《大明一统志》卷七,《中都·凤阳府·凤阳县》,明天启万寿堂刊本。
⑪ 《明太祖实录》卷四五,洪武二年九月癸卯;卷六一,洪武四年二月癸酉;卷六二,洪武四年三月乙酉;卷八五,洪武六年九月壬戌;卷九二,洪武七年八月庚子;《明史》卷四十,《地理志一》,第913—914页;卷四二,《地理志三》,第986—987页;《大明一统志》卷七,《中都》。

"天下胜地可都者四:河东高厚,控制西北,然其地苦寒,士卒不堪;汴梁襟带江淮,然平旷无险可守;洛阳周、汉尝都之,然嵩、邙诸山非崤、函、终南之固,瀍、涧、伊、洛非泾、渭、灞、浐之雄,故山河百二,可耸诸侯之望,系宗社之久,举天下莫关中若也。"①朱元璋虽然点头称"善",但并没有采纳。洪武四年正月,朱元璋的重要谋士刘基致仕还乡,临行之前更对定都凤阳直接表示反对,说:"中都曼衍,非天子居也。"②朱元璋仍然听不进去。

朱元璋之所以拒绝胡子祺、刘基等人的意见,并且一反他历来"崇节俭""戒奢侈"的做法,"宫室但取其完固而已,何必过为雕斫"③,"处富贵正当抑奢侈,弘俭约"④的主张,要求把中都建造得非常宏伟华丽,这是因为"圣心思故乡,欲久居凤阳"⑤。洪武六年二月,礼部奏制中都城隍神主,尚书陶凯向皇上请示:"他日合祭,以何主居上?"他回答说:"以朕所都为上。若他日迁中都,则先中都之主。"⑥后来,洪武十六年凤阳的大龙兴寺建成,朱元璋亲撰《龙兴寺碑》,谈及建寺的经过时,又说:"洪武初,欲以(凤凰)山前为京师,定鼎四方,令天下名材至斯。后罢建宫室,名材为积木,因而建(寺)焉。"⑦可见,他是准备在中都建成之后,把都城迁去,以便在家乡长久居住的。其实,凤阳并不具备建都的经济、地理条件。在起义初期,当郭子兴准备在滁州称王时,朱元璋曾出面劝阻,说:"滁,山城也,舟楫不通,商贾不集,无形胜可据,不足居也!"⑧凤阳也不比滁州好到哪儿去,这里地处丘陵地带,形势曼衍,无险可据,加上土地贫瘠,商贾不集,更不是理想的定都之地。朱元璋之所以接受淮西勋贵的建议,决定在家乡建都,实出于安土重迁、留恋乡土的小农意识。

明中都的营建,以《周礼·考工记》为准则,来确定其基本布局。按照《周礼·考工记》的规制,都城应该是正方形。洪武五年正月二十日,"定中都城基址,周围四十五里"⑨。据王剑英先生的考证,最初设计的这个中都城呈正方形,皇城居中,东西对称。

---

① 《国榷》卷一,洪武三年七月乙巳,第 423 页。
② 《国榷》卷四,洪武四年正月庚寅,第 437 页。《明太祖实录》卷九九,洪武八年四月丁巳条记刘基致仕还乡前的谏言为:"凤阳虽帝乡,然非天子所都之地,虽已置中都,不宜居。"
③ 《明太祖宝训》卷三,《节俭》,台北:"中央研究院历史语言研究所"1962 年影印校勘本。
④ 《明太祖宝训》卷四,《戒奢侈》。
⑤ 天启《凤阳新书》卷七,《致仕指挥尹令等再疏》。
⑥ 《明太祖实录》卷七九,洪武六年二月丁丑。
⑦ 天启《凤阳新书》卷八,《龙兴寺碑》。
⑧ 《明太祖实录》卷一,甲午年十月。
⑨ 《明太祖实录》卷七一,洪武五年正月甲戌。

但这样的设计存在明显的缺陷,那就是把东边的独山和西南的凤凰嘴山都留在城外,一旦发生战争,敌人可据以居高临下,俯瞰全城,不利于城里的防守。后来便在施工中做了修改,把中都城的东城墙向东推移到独山东侧,又把西南的城墙向南突出一角,整个城墙扩展至"周五十里零四百四十三步"①,将独山和凤凰嘴山都包在城内,使中都城呈扁方彤之状②。

　　由于中都城的东城墙东移,原本处于城中央的皇城便稍偏西。它建在凤凰山正南的缓坡上,"席凤凰山以为殿"③。宫阙继承南京吴王新宫的设计,正殿为奉天殿,后为华盖殿、谨身殿,左、右为文楼、武楼。谨身殿之后为内宫,两侧序列六宫。皇城四周建有一道"周六里"④的城墙,用砖石修筑,四面各开一门,前为午门,后为玄武门,东为东华门,西为西华门。城垣的四角,均建有角楼。皇城外面,筑有一道禁垣,"枕山筑城",周长"十有四里"⑤,用砖石修筑,把凤凰山主峰及其相连的万岁山峰也都包绕在内,使宫阙显得气势雄伟。禁垣也开有四门,南为承天门,北为北安门,东为东安门,西为西安门。中书省、大都督府、御史台三大官署及太庙、社稷坛,都建在皇城外面这道禁垣之内。最外面的中都城,是百姓、商贾的居住区,有街有坊,城垣用土筑成,原计划开 12 座城门,到洪武八年建成 9 座,即正南的洪武门;两侧的南左甲第门、前太甲第门;北墙的北左甲第门、后右甲第门;东墙正中的独山门,北边的长春门,南边的朝阳门;西墙的涂山门。从洪武门经承天门至午门再经玄武门再到已规划而未建的中都城正北门,有一条南北向的中轴线。其中,从洪武门到午门的一段长达三里多,与中心御道叠合在一起。城内外的主要建筑,皆是南北对称,或以中轴线为界呈东西对称的格局。

　　中都城池宫阙的规划建设,继承中国传统的京城包括元大都和洪武初年的南京之制,但继承之中有创新。例如太庙和太社稷的配置方式,唐代的长安是分置于皇城的东南、西南隅,元代的大都是分置于宫城之外的左右两侧,朱元璋营建吴王新宫时是分置于"皇城东北""宫城西南",显得过于分散。中都把太庙、太社稷分别置于午门之前中轴

　　① 成化《中都志》卷三,《城部》;《明史》卷四十,《地理志一》,第 712 页。
　　② 王剑英:《明初营建中都及其对改建南京和营建北京的影响》,《历史地理》第三辑;《明中都研究》,第 449 页。
　　③ 天启《凤阳新书》卷三,《宫阙》。
　　④ 天启《凤阳新书》卷三,《宫阙》。
　　⑤ 《明太祖实录》卷八三,洪武六年六月辛未。

线的左右两侧,不仅更突出中心御道的地位,同时也更突显儒家"帝王受天明命"的思想。太庙、太社稷这种新的配置方式,后来改建南京和永乐年间营建北京都继续加以沿用,而"建为一代之典"①。

营建中都的诏书颁发后,经过选择地址、制定规划、调集材料、征调劳力,大约于洪武三年正式开工营建。至洪武八年四月,除奉天殿、华盖殿、谨身殿未建外,中都的营建"功将完成"②,一座崭新的都城已初具规模,在皖东大地矗立起来了。

二、营建工匠的"厌镇"事件与明中都的罢废

洪武八年三月下旬,朱元璋得知中都的营建"功将完成"的消息,决定亲自前往"验功赏劳"。四月初二,他兴冲冲地动身离开南京,当天到达滁阳(今安徽滁州),"乘春之景,踏青西郊",并在醉翁亭下"醴泉备酒",畅饮一番③。十五日到达凤阳,一面督工、验工,一面亲祭皇陵,并遣官代祭常遇春,命李文忠代祭外祖父扬王。不料,当他来到"大内之正中"的奉天门时,却发生了服役工匠的"厌镇"事件——"帝坐殿中,若有人操兵斗殿脊者"④。厌镇又称压胜,是古代方士的一种巫术,谓能以诅咒制服所憎恶的人或物。这个事件,反映了工匠对工役繁重的强烈不满情绪。

原来,为了营建中都,明廷从各地征调了大批人力。当时工部所辖"将及九万"⑤的工匠,几乎都在中都做工。除了这些专业工匠,参加中都营建的还有几十万士兵、民夫和罪犯。据记载,洪武五年八月,朱元璋曾令吏部尚书吕本、户部郎中万镛会同行大都督府官给参与营建中都的临濠、怀远、皇陵、长淮四卫军士分发 7 万件棉袄⑥。六年三月,又"诏于临濠造金吾、左右羽林、左右虎贲、左骁骑、左右燕山护卫、神策、雄武、兴武、

---

① 《明太祖实录》卷一一四,洪武十年八月癸丑。
② 《明太祖集》卷一七,《中都告祭天地祝文》,第399页。
③ 《明太祖集》卷一四,《感旧记》,第279—280页。
④ 《明史》卷一三八,《薛祥传》,第3973页。
⑤ 〔明〕朱元璋:《御制大诰三编·工匠顶替第三十一》,杨一凡点校:《皇明制书》第一册,北京:社会科学文献出版社2013年版,第232页。
⑥ 《明太祖实录》卷七五,洪武五年八月甲辰。

广武、英武、武德、鹰扬、龙骧、钟山、兴化、定远、怀远二十一卫军士营房三万九千八百五十间"①。成化《中都志》又记载在中都设置的卫所："国初有金吾、左羽林、左虎贲、左骁骑、左龙骧、兴武、兴化、和阳、雄武、钟山、定远、振武等卫。既定鼎金陵,后皆革调。"②通过这些史料可知,参加中都营建的除了设在本地的濠梁、定远、怀远、金陵、长淮等卫,还有原设在南京的金吾、左右羽林、左右虎贲、左骁骑、左右燕山护卫、神策、雄武、兴武、威武、广武、英武、武德、鹰扬、龙骧、钟山、兴化、和阳、振武等卫,合共 26 卫。如果按照洪武初年每卫万人的编制来推算,则有军士 26 万人;如果按照洪武七年八月规定的"大率以五千六百人为一卫"③来推算,也有军士 14 万余人。当时,朱元璋还曾下令,将罪犯发往临濠屯田或做工,如洪武五年正月诏:"今后犯罪当谪两广充军者,俱发临濠屯田。"④八年二月敕刑官:"自今凡杂犯死罪者,免死输作;终身徒流罪,限年输作;官吏受赃及杂犯私罪当罢职役者,谪凤阳屯种;民犯流罪者,凤阳输作一年,然后屯种。"⑤后来,"官吏有罪者,笞以上悉谪屯凤阳",到洪武九年竟"至万数"⑥。如果加上谪屯凤阳的其他罪犯当有几万人。此外,从各地移至凤阳屯田的移民数量也很大,如吴元年十月"徙苏州富民实濠州"⑦,十二月"徙方(国珍)氏官属刘庸等二百余人居濠州"⑧;洪武三年六月令苏、松、嘉、湖、杭五县民无田产者往临濠开种,"徙者凡四千余户"⑨,六年十月徙山西弘州等州县民于中立府,"凡八千二百三十八户,计口三万九千三百四十九"⑩,而最大规模

①　《明太祖实录》卷八〇,洪武六年三月壬戌。
②　成化《中都志》卷三,《军卫》。
③　《明太祖实录》卷九二,洪武七年八月丁酉。
④　《明太祖实录》卷七一,洪武五年正月壬子。
⑤　《明太祖实录》卷九七,洪武八年二月癸巳。
⑥　《明史》卷一三九,《韩宜可传》,第 3983 页。
⑦　《明太祖实录》卷二六,吴元年十月乙巳。
⑧　《国榷》卷二,至正二十七年十二月丁巳,第 350 页;《明太祖实录》卷二八上,吴元年十二月丁巳。
⑨　《明太祖实录》卷三三,洪武二年六月庚辰。
⑩　《明太祖实录》卷八五,洪武六年十月丙子。

的一次移民是洪武七年迁移江南民 14 万人①至凤阳屯田。这些移民的数量达二三十万人，他们除种田纳粮，还要为营建中都提供夫役。临濠在战争之后，人烟稀少，田土荒芜，工役又极繁重，做工的工匠、军士、民夫、罪犯的生活都苦不堪言。当时待遇最好的要算军士，官府有时还赐给棉袄和粮食，但他们"盛署重劳，伙食失节，董其役者督之太急，使病无所养，死无所归"，以致"多以疫死"②。至于待遇最差的罪犯，处境更是悲惨，"怨嗟愁苦之声，充斥园邑"③。这些军士、工匠、民夫和罪徒的心中，郁积着一股强烈的不满和愤怒情绪。工匠便在朱元璋视察的殿脊上搞了据说可以招来神鬼作怪的"厌镇法"，以发泄他们心中的积怨。

案发后，朱元璋下令"尽杀"搞"厌镇法"的工匠，但营建工匠对繁重工役的不满情绪，仍然使他受到强烈的震动。他清楚地记得，吴元年四月，为了拓建应天城，徐达令江南各查验民田，征砖瓮城，曾引起上海农民的反抗，3 万多农民拿起农具，在钱鹤皋的率领下，攻破松江府治，捕杀知府苟玉珍④。在灾荒连年的元末，元廷征发 17 万军民修治黄河，激起农民大起义的情景，更是不时浮现在朱元璋眼前。他逐渐清醒过来，开始意识到元朝统治刚被推翻，民困未苏，而统一战争尚在进行之时，就决策营建中都，并要求建得雄壮华丽，是个重大的失误。离开中都之前，他在圜丘祭告天地，怀着沉重的心情向皇天后土请罪："此臣之罪有不可免者。"⑤

---

① 《明太祖集》卷六，《谕太师韩国公李善长、江夏侯周德兴、江阴侯吴良等》（第 85 页）："古有移民之道，为产少而食多，所以狭乡之民，产少业薄者，被迁至所在，使得其安，生理且厚，可见昔君养民富国如是，诚为良法也。……前者移江南民十有四万诣凤阳，使各务农田而实地，以壮京畿。"天启《凤阳新书》亦载："洪武七年……上谓太师李善长曰：临濠吾乡里，兵革以后，人烟稀少，田土荒芜。天下无田耕种民尽多，于富庶处起取数十万，散于濠州乡村居住，给与耕牛、谷种，使之开垦成田，永为己业，数年之后，岂不富庶？遂徙江南民十四万实中都，以善长同列侯吴良、周德兴督之。"《明史》卷一二七《李善长传》（第 3771 页）、卷一三三《俞通海传附俞通源传》（第 3871 页），将这种"产少业薄""无田耕种"的 14 万移民记为"富民""豪民"，实误。[清]赵翼著、王树民校证《廿二史札记校证》卷三二《明祖行事多仿汉高》（北京：中华书局 1984 年版，第 737 页）记明太祖"徙江南富人十四万户于中都"，亦误。参看黄云眉：《明史考证》，第四册第 1147—1148 页；李龙潜：《明初迁徙富户考释》，《中国社会经济史研究》1988 年第 5 期。

② 《明太祖实录》卷七五，洪武五年七月戊申。

③ [明]陈子龙等辑：《明经世文编》卷八，《叶居升奏疏·万言书》，北京：中华书局 1962 年影印本。

④ 《明太祖实录》卷二三，吴元年四月丙午；万历《上海县志》卷七五，《祝大夫碑》，明万历十六年刻本。

⑤ 《明太祖集》卷一七，《中都告祭天地祝文》，第 399 页。

四月二十九日，朱元璋闷闷不乐地回到南京，又得知刘基已经去世①的消息，心情越发沉重。刘基是在当年正月吃了左丞相胡惟庸所派医生下的毒药，三月间被朱元璋送回南田老家养病的。乾隆《凤阳县志》云："《刘基传》：基有妻丧，请告归，时帝方营中都，基临行奏曰：'凤阳虽帝乡，非建都地也。'罢建中都，盖因基之奏云。"（清光绪二年刻本）王剑英先生认为，"这个说法不过是出于揣测附会，并不确切"。他将工匠的"厌镇法"事件拔高为"劳动人民的英勇斗争"，认为"罢建中都的根本原因是爆发了得到广泛支持和同情的工匠的反抗斗争"②。但得知刘基的死讯，还是让朱元璋想起刘基临还乡之前所说的"中都曼衍，非天子居也"的忠告。刘基反对在凤阳建都，虽然主要是从地理条件考虑，但朱元璋却从刘基被毒死这件事看到淮西勋贵势力的膨胀，为自己的皇权深感忧虑。

朱元璋在起义期间，主要是依靠同自己有乡里、宗族关系的淮西将臣打天下的。登基之后，他对淮西将臣采取优待、重用的政策，不仅赏赐淮西将臣大量土地、财产和各种经济特权，使他们由昔日的农民武夫变为拥有大量土地、佃户的贵族地主，而且给他们加官晋爵，使之成为身居高位掌权握兵的上层官僚。洪武元年正月，朱元璋刚就帝位，即任命李善长、徐达为左、右丞相，位列文武百官之首，汤和、邓愈为御史台的左右御史③。随后，又以李善长兼太子少师，徐达、常遇春兼太子少傅，常遇春兼太子少保④。洪武三年十一月大封功臣，封公者有李善长、徐达、常遇春之子常茂、李文忠、冯胜、邓愈等6人，其中徐、常、冯、邓与李文忠5人为淮西籍的渡江旧人，且以凤阳人数量居多，李善长原籍歙县但在蕲黄起义后已徙居滁阳⑤，在渡江前已投奔朱元璋，人们一般也将他看作淮西老臣。此后，朱元璋又陆续分封一批公、侯、伯。终洪武之朝，封公者计11人，除

---

① 《明太祖实录》卷九九，洪武六年四月丁巳（即二十九日）条载："上还自中都。"同条又载："诚意伯刘基卒。"据黄柏生《诚意伯刘基行状》（《诚意伯刘先生文集》卷首，北京：中国文史出版社2011年版，第16页）载，刘基死于洪武八年四月十六日，四月二十九日当系刘基死讯传至应天的日期。

② 《明中都研究》，《弇山堂别集》卷五二，第100—102页。

③ ［明］王世贞撰、魏连科点校：《都察院左、右都御史表》，北京：中华书局1989年版，第977、987页。

④ 《明太祖实录》卷二五，洪武元年正月辛巳；《明史》卷一一五，《兴宗孝康皇帝传》，第3548页。

⑤ ［清］许楚：《青岩诗文集》卷十，《李韩公外传》，清康熙五十四年自华堂刻本。按：据俞本《纪事录》卷上（李新峰笺证《纪事录笺证》，中华书局2015年版，第48页）载，李善长原名士元，龙凤二年改名善长。其籍贯，《明实录》《明史》皆记为安徽定远，谈迁《枣林杂俎》智集《李韩公灯榜藏敕》（罗仲辉、胡明校点校，北京：中华书局2006年版，第20页）云："李丞相善长，史谓定远人，实世居徽郡，祖口葬郡城东十里。丞相少读书灵金山。"民国《歙县志》也说他是歙县人。参看张健：《李善长籍贯歙县说》，《安徽史学》1992年第2期。

上述六国公,另有信国公汤和、凉国公蓝玉、梁国公胡显、开国公常昇,也都是淮西老将,颍国公傅友德虽是砀山人,但"其先宿州人,后徙砀山"①,也可算是淮西籍。封侯者计57人,仍以淮西籍居多。只有封伯者6人皆非淮西籍。而所封的侯、伯,其中有些只是恩赐给战败的对手的一种名誉性的爵位,如归德侯陈理、归义侯明昇、承恩侯陈普才、归仁侯陈友富、怀恩伯陈友直、崇礼侯买的里八剌等,他们并没有什么实权和地位②。此外,朱元璋还通过联姻的方式,来笼络淮西将臣。他除娶武定侯郭英之妹为宁妃,又聘开平王常遇春之女为皇太子妃,太原卫指挥使谢成之女为晋王妃,卫国公邓愈之女为秦王次妃,中书右丞相、魏国公徐达之长女为燕王妃,宋国公冯胜之女为吴王妃,大都督金事王弼之女为楚王妃③,并将自己的大女儿临安公主下嫁给中书左丞相、韩国公李善长的长子李祺为妻④。昔日的淮西将臣,便由开国元勋变成新朝显贵,成为执掌朝廷军政大权的最高统治阶层。

当然,在优待、重用淮西将臣的同时,猜忌多疑的朱元璋还采取一系列措施来防范他们逾礼犯分的行为。一是利用礼制和法令来约束淮西将臣的行为。除制定各种礼制和法令,要求功臣宿将严格遵守外,洪武三年十月还令省台延聘儒士,于每月朔望早朝之后,在都督府的官署为诸将讲论经史及君臣之礼,"庶几忠君爱国之心,全身保家之道油然日生而不自知也"⑤。五年,又作铁榜申诫公侯,规定内外各指挥、千户、百户、镇抚并总旗、小旗等,不得私受公侯金帛、衣服、钱物;非奉特旨,不得私役官军;凡公侯之家,除赐定仪仗户及佃田人户,不得私托门下,影蔽差徭,不得倚恃权豪,欺压良善,虚钱实契,侵夺人田地、房屋、孳畜,等等。对违反上述禁令,还逐项规定了处罚和用刑的办法⑥。八年二月,还编纂御制《资世通训》,要求臣僚认真学习,做到"勿欺勿蔽",效忠君主⑦。二是在中书省和六部安插非淮西籍官员,用这些非淮西籍的官员来监视、牵制淮

① 《明史》卷一二九,《傅友德传》,第399页。
② 《国榷》卷首之二,《勋封》,第67页。
③ 《明太祖实录》卷六四,洪武四年四月乙巳;卷八一,洪武六年八月丁丑;卷一○二,洪武八年十一月甲子;卷一○三,洪武九年正月壬午;卷一一三,洪武十年六月庚申;卷一二二,洪武十二年二月庚子。
④ 《明太祖实录》卷一○七,洪武九年七月壬戌;《明史》卷一二一,《公主列传》,第3662页。
⑤ 《明太祖实录》卷五七,洪武三年十月丙辰。
⑥ 《明太祖实录》卷七四,洪武五年六月乙巳。
⑦ 《明太祖实录》卷九七,洪武八年二月丙午。

西籍的官员①。三是加强对淮西将臣的监视。除利用检校和锦衣卫的特务伺察淮西将臣的活动外，还"以公、侯、伯于国有大勋劳"，给每个公、侯、伯加赐 120 名士卒，名曰"奴军"②，供其驱使，实际上是"防其二心，且稽察之也"③。

但是，这些淮西勋贵根本不听约束，不仅恃功骄恣，屡屡干出越礼非分的勾当，而且极力排挤、打击非淮西籍大臣。洪武三年七月，他们将山西籍的中书右丞杨宪倾陷致死④；四年三月，又将浙东籍曾任朱元璋顾问的刘基排挤出朝。在中都营建期间，这些权贵争权夺利的活动更加猖獗。洪武五年，朱元璋决定在中都为 6 公 27 侯营建第宅之前，武定侯郭英等竟私自役使营建中都宫殿的将士替自己建造私宅⑤。后来，江夏侯周德兴也"恃帝故人，营建第宅逾制"⑥。左丞相胡惟庸还公然对刘基下毒手，派医生给他下毒药，使之中毒而死⑦。朱元璋接受淮西勋贵的建议，在凤阳营建都城，原本想同他们一道衣锦还乡，一起共享安乐，共同维护明王朝的统治。但是，淮西勋贵一系列逾礼越制的行为，又不能不引起他的警觉。他由此想到，如果在凤阳建都并迁都于此，淮西勋贵利用家乡盘根错节的宗族、乡里关系扩大势力，对皇权的威胁更大，那时局面就难以收拾了。于是，他下决心抛弃乡土观念，在回到应天当日即洪武八年四月二十九日下诏"罢中都役作"⑧，放弃了营建中都的计划，从此不再返回凤阳老家。十月，下令对营建工匠进行安抚，命中书省"凡工匠有死亡者，皆给以棺送至其家，复其役三年"⑨。翌年五月，又复赐现役工匠钞币"凡六万三百六十余锭"⑩。

罢建中都后，朱元璋决定对南京进行改建。在罢建中都之前，他曾于洪武七年写下《阅江楼记》一文，比较在何处建都才是"道里适均"的问题，认为在中原建都是"偏北而

---

① 参看《明史》卷一〇九，《宰辅年表一》，第 3306—3309 页；《弇山堂别集》卷 46—51，《中书省表》《六部尚书表》，第 573—960 页。

② 《明太祖实录》卷二〇二，洪武二十三年五月辛未。

③ ［明］沈德符：《万历野获编》卷一七，《铁册军》，北京：中华书局 1959 年版，第 428 页。

④ ［明］雷礼：《国朝列卿记》卷三，《中书省左右丞行实杨宪》，台北：明文书局影印明万历刻本；《纪事录笺证》卷上，第 372 页。

⑤ 《明太祖实录》卷六九，洪武四年十一月壬申。

⑥ 《明史》卷一三二，《周德兴传》，第 3861 页。

⑦ 《明史》卷一二八，《刘基传》，第 378 页。参看拙作《刘基死因考》，《江南大学学报》2011 年第 4 期。

⑧ 《明太祖实录》卷九九，洪武八年四月丁巳。

⑨ 《明太祖实录》卷一〇一，洪武八年九月癸未。

⑩ 《明太祖实录》卷一〇六，洪武九年五月壬戌。

不居中"，而在南京建都倒是"道里适均"。如果在此建都，"万邦之贡，皆下水而趋朝，公私不乏，利益大矣"①。因此，他在洪武六年六月，命留守卫都指挥使司"修筑京师城"②，至八月完工，"周九十六里"③。又于八年九月下诏改建南京的大内宫殿，要求尽量简朴，说："唐虞之时，宫室朴素，后世穷极奢丽，去古远矣。朕今所作，但求安固，不事华丽，凡雕饰奇巧，一切不用，惟朴素坚壮，可传永久。吾后世子孙，守以为法。至于台榭苑囿之作，劳民费财之事，游观之乐，朕决不为之。其饬所司，如朕之志。"④洪武十年十月，南京大内宫殿改建完成。十一年正月，朱元璋下诏改南京为京师，同时罢除北京，仍称开封府⑤。犹豫 10 年之久的建都问题，至此算是解决了。

此后，朱元璋利用从各地调至凤阳的各种建筑材料，修建了皇陵、十王四妃墓和大龙兴寺。

三、明中都营建与罢废对明朝历史发展的影响

由淮西勋臣倡议、朱元璋决策的明中都营建，虽然仅仅持续将近六年的时间即告罢废，但它对明朝的历史发展却产生了深远的影响。

第一，明中都的营建，延缓了明初经济的恢复与发展。

明中都营建之时，明王朝刚刚建立，百业凋零，经济残破。特别是作为元末农民战争主战场的中原诸州，"受祸最惨，积骸成丘，居民鲜少"⑥。河北州县，"道路皆榛塞，人烟断绝"⑦。山东的博平、清平、夏津、朝城、观城、范、馆陶 7 县，"产少地狭"⑧；兖州定陶县"井田鞠为草莽，兽蹄鸟迹交于其中，人行终日，目无烟火"⑨。河南的获嘉县在洪武三

---

① 《明太祖集》卷一四，《阅江楼记》，第 276—277 页。
② 《明太祖实录》卷八三，洪武六年六月辛未。
③ 《明史》卷四十，《地理志一》，第 910 页。
④ 《明太祖实录》卷一〇一，洪武八年九月辛酉。
⑤ 《明太祖实录》卷一一五，洪武十年十月。
⑥ 《明太祖实录》卷一七六，洪武十八年十一月乙亥。
⑦ 《明太祖实录》卷三三，洪武元年闰七月庚子。
⑧ 《明太祖实录》卷五十，洪武三年三月。
⑨ 乾隆《定陶县志》卷九，清乾隆十八年刻本。

年县太爷上任时,"口,土著不满百,井闾萧然"①;颍州地区则是"民多逃亡,田多荒芜"②。就是朱元璋的老家濠州一带,也是"百姓稀少,田野荒芜"③。人民力竭财尽,百姓生活极端困苦,地主贵族难以榨取到地租,国家的税源几近枯竭,各地官府不断传来报告,"累年租税不入"④。但是,地主阶级仍在拼命追逐土地和财富,并用隐瞒土地和丁口的办法,逃避自己应当承担的赋役,向农民转嫁负担,而功臣宿将则倚仗权势,违法乱纪,横征暴敛,贪污腐化。刚刚缓和下来的阶级矛盾又日趋激化,小股农民起义不时发生。再加上统治阶级内部各派势力互相争权夺利,北元残余势力不时南下骚扰,东南沿海又有倭寇的侵扰,明初的政治局势显得动荡不安。面对这种局面,朱元璋着力重建和完善全国的封建政权,制定律法,强化专制统治,同时实行休养生息,轻徭薄赋,调整土地配置,移民屯垦,兴修水利,奖励农桑,大力恢复和发展生产。

朱元璋营建中都之举,同他的休养生息政策显然是背道而驰的。中都的营建,每年都要投入大量的人力、物力和财力。由于史无明载,人们无法了解其具体数额。就劳力的征发而言,永乐年间营建北京,"民以百万之众,终岁在官服役"⑤,营建中都的劳力大概与此相当。就物料的征调而言,仅烧造城砖一项,从凤阳已发现的地名砖来看,就有22府69州县烧造的砖,而这还不包括军队烧造的砖、字号砖、无字砖⑥。除城砖之外,还有大木、铜、铁、石灰、油漆、颜料等物料。至于财力的耗费,《明史·食货志》说:"明初工役之繁,自营建两京宗庙、宫殿、阙门、王邸。采木、陶瓷、工匠造作,以万万计。"⑦这里的两京指的是南京、北京,营建中都的工程质量要求高于改建南京和营建北京,其费用至少不低于"以万万计"的数额之半。在民穷国困、百业凋零的洪武初期,耗费如此巨大的人力、物力和财力来营建中都,不仅极大地加重江南百姓的负担,而且使他的休养生息政策大打折扣,延缓了明初经济的恢复和发展。

第二,明中都的营建罢废之后,使明初经济的恢复和发展走上正轨,得以较快地向

---

① 万历《获嘉县志》卷五,《官师志·官绩》,明万历十三年刻本。
② 《明太祖实录》卷三六下,洪武元年十一月。
③ 《明太祖宝训》卷四,《仁政》。
④ 《明太祖实录》卷六一,洪武四年二月丙辰。
⑤ 《明经世文编》卷二一,《邹庶子奏疏·奉天殿灾疏》。
⑥ 《明中都研究》第62页。
⑦ 《明史》卷七八,《食货志》二,第1906页。

前推进。

服役工匠的"厌镇"事件,给了朱元璋当头一棒,使他清醒过来,而刘基的死讯,又促使他进一步深思在凤阳建都的严重后果,从而痛下决心抛弃乡土观念,罢废中都的营建,并发布一个类似于汉武帝"轮台罪己诏"的《中都告祭天地祝文》,公开承认自己决策的失误:"此臣之罪有不可免者。"稍后下令改建南京的大内宫殿,要求尽量简朴,"但求安固,不事华丽,凡雕饰奇巧,一切不用,惟朴素坚壮,可传永久",并要求"后世子孙,守以为法"。大内宫殿改建完工后,朱元璋见"制度不侈,甚喜",对侍臣说:"朕常念昔居淮右,频年饥馑,艰于衣食,鲜能如意;今富有四海,何求不遂,何欲不得,然检制其心,惟恐骄盈不可复制,夙夜兢惕,弗遑底宁。……非故为矫饰,实恐暴殄天物,剥伤民财,不敢不谨。"①

此后,朱元璋确实"惟恐骄盈不可复制,夙夜兢惕",决定恢复过去营建江南根据地的传统,戒奢行俭。他反复告谕大臣:"惟俭养性,惟奢荡心。居上能俭,可以导俗,居上而侈,必至厉民。独不见茅茨卑宫,尧、禹以崇圣德。阿房、西苑、秦、隋以失人心。""自古王者之兴,未有不由于勤俭;其败亡,未有不由于奢侈。"②"元世祖在位,躬行俭朴,遂成一统之业。至庚申帝骄淫奢侈,饫粱肉于犬豕,致怨怒于神人,故逸豫未终,败亡随至。""节俭两字,非徒治天下者当守,治家者亦宜守之。"③朱元璋不仅要求大臣戒奢行俭,而且以身作则,做出榜样。他说:"人君不能无好尚,要当慎之。盖好功则贪名者进,好财则言利者进,……夫偏于好者,鲜有不累其心,故好功不如好德,好财不如好廉,……夫好得其正,未有不治;好失其正,未有不乱。所以不可不慎也。"④朱元璋不仅这样说,也确实这样做。史载,他"平日无优伶瞽近之狎,无酣歌夜饮之娱。正宫无自纵之权,妃嫔无宠幸之昵。或有浮词之妇,察其言非,即加诘责。故各自修饬,无有妒忌。……每旦星存而出,日入而休,虑患防危,如履渊冰。苟非有疾,不敢怠惰。"⑤在国家财政的收支中,继续坚持营建江南根据地时所秉持的"取之有制,用之有节"⑥原则,既

---

① 《明太祖实录》卷一一六,洪武十年十一月乙亥。
② 《明太祖宝训》卷三,《节俭》。
③ 《明太祖宝训》卷四,《戒奢侈》。
④ 《明太祖宝训》卷一,《谨好尚》。
⑤ 《明太祖实录》卷一三〇,洪武十三年二月辛未。
⑥ 《明太祖实录》卷二七,吴元年十一月甲午。

实行轻徭薄赋之策,又尽量压缩和减少官府的财政支出,以减轻百姓的负担。不仅在改建南京大内宫殿时要求尽量简朴,而且一些大规模的营建工程也都尽量加以限制,"必度时量力顺民情而后为之,时可为而财力不足,不为也,财有余而民不欲,不为也"①。并下令:"凡有劳民之事,必奏请而后行,毋擅役吾民。"②一般的工程尽量安排在农闲时进行,不很急需的则缓建。洪武十一年五月,浙江都司申请建造台州卫所并重修台州城墙,朱元璋说:"农事方殷,未可为也,候秋成议之。"③十二年八月,冯胜在开封府督工建造周王府宫殿,拟于九月开工,朱元璋认为其时民当种麦,遣使敕谕之曰:"中原民食,所恃者二麦耳。近闻尔令有司集民夫,欲九月赴工,正当备种之时而役之,是夺其时也。过此则天寒地冻,种不得人土,来年何以续食? 自古治天下者,必重农时。朕封建诸子,将以福民,今福未及施,而先夺农时,朕恐小民之怨咨也。敕至,其即放还,俟农隙之时赴工未晚也。"④十三年九月,山东都司请筑德州城,计划役工 2.66 万人,"上不许"⑤。同年十月,已经致仕的兵部尚书单安仁建议疏浚仪真从南坝到朴树湾的长江航道,他答复说:"所言虽善,然恐此役一兴,未免重劳民力,姑缓之。"⑥十七年正月,应天府因京师大中、昇平、幕府、金川、百川、云集 6 座桥梁年久失修,请求调集民夫加以修治,朱元璋"以东作方兴,恐妨农务,命犯法者输作赎罪,官给其费"⑦。因此,在罢废明中都的营建后,社会经济的恢复与发展便逐步走上正轨,得以较快地向前推进,呈现一派欣欣向荣的景象。可以说,工匠的"厌镇"事件,使坏事变成了好事。

第三,明中都的规划布局对改建南京与营建北京产生了深刻的影响。

洪武八年四月,朱元璋"诏罢中都役作"后,放弃了定都凤阳的打算。同年九月,下诏改建南京大内宫殿,要求"惟朴素坚壮,可传永久。吾后世子孙,守以为法"。这次改建,是将八年前刚刚建成的吴王新宫拆了重新改建的。据《明太祖实录》的记载,改建后的南京大内宫殿,"制度皆如旧,而稍加增益,规模益宏壮矣"⑧。所谓"制度皆如旧",指

---

① 《明太祖实录》卷二三五,洪武二十七年十月己丑。
② 《明太祖实录》卷一四五,洪武十五年四月丙子。
③ 《明太祖实录》卷一一八,洪武十一年五月丁丑。
④ 《明太祖实录》卷一二六,洪武十二年八月丁亥。
⑤ 《明太祖实录》卷一三三,洪武十三年九月丙申。
⑥ 《明太祖实录》卷一三四,洪武十三年十月庚戌。
⑦ 《明太祖实录》卷一五九,洪武十七年正月壬寅。
⑧ 《明太祖实录》卷一一五,洪武十年十月。

的是按照明中都的规划布局来进行改建,而稍加增益,显得比改建前的吴王新宫规模更为宏壮。后来,朱棣从其侄子建文帝手中夺取帝位,登基之后,礼部尚书李至刚建议改北平为北京,"宜遵太祖高皇帝中都之制,立为京都"①。后来,朱棣遵照乃父关于"但求安固,不事华丽""吾后世子孙,守以为法"的祖训,营建北京,"凡庙社、郊祀、坛、场、宫殿、(门)阙,规制悉如南京"②。因此,改建后的南京和朱棣营建的北京,其布局多有与明中都相似之处,如太庙、太社稷皆分置于午门之前的左、右两侧,即袭自明中都的布局。

［原载《江南大学学报》第 18 卷第 4 期(2019 年 7 月)］

---

① 《明太祖实录》卷一六,永乐元年正月辛卯,台北:"中央研究院历史语言研究所"1962 年影印校勘本。
② (明)徐学聚:《国朝典汇》,《工部·都邑城池》,北京:书目文献出版社 1996 年影印本。

刘基死因考

　　刘基(1311—1375),字伯温,处州府青田县南田镇武阳村(今属浙江文成县)人。他既是朱元璋兼并群雄、创建大明王朝、推翻元朝统治的重要谋士,也是元末明初著名的文学家和理学家。关于他的死因,至今众说纷纭,归纳起来,主要有被胡惟庸毒死、朱元璋指使胡惟庸毒死和正常死亡即病故三种说法。究竟哪种说法比较可靠,更加符合历史事实,这是需要继续探讨的问题。

一

　　传统的观点认为,刘基是被胡惟庸毒死的。其史料依据,主要出自署名黄柏生的《故诚意伯刘公行状》(以下简称《行状》)、《明太祖实录》(以下简称《实录》)、刘璟《遇恩录》、张时彻《明开国翊运守正文臣资善大夫赠太师谥文成护军诚意伯刘公神道碑铭》(以下简称《神道碑》)。清代官修《明史》采纳此说,谓:"基在京病时,惟庸以医来,饮其药,有物积腹中如拳石。其后中丞涂节告胡惟庸逆谋,并谓其毒基致死云。"①

---

　　① 〔清〕张廷玉等撰:《明史》卷一二八,《刘基传》,北京:中华书局 1974 年版,第 3781 页。

1934 年 6 月，吴晗在《燕京学报》第 15 期发表《胡惟庸党案考》一文，对这种传统观点提出异议。他不否认胡惟庸毒死刘基之事的存在，但认为此举系受朱元璋的指使，朱元璋才是毒死刘基的主谋。他说：

> ……胡惟庸之毒基，确受上命，所以刘基中毒后，虽质言情状，亦置不理。并且派人看他会不会死，直到确知他必定要死，方派人送他回家。我们看汪广洋之死是为涂节告发，胡惟庸之被罪，也和刘基死事牵连，但在宣布胡氏罪状时，却始终没提起这事。由此可见"欲盖弥彰"，涂节之所以与胡惟庸骈戮东市，其故也在是。①

吴晗认定朱元璋是毒死刘基的主谋，有直接与间接两种论据。直接论据是《明史·胡惟庸传》的记载："御史中丞（刘基）亦尝言其（胡惟庸）短。久之基病，帝遣惟庸挟医视，遂以毒中之。"②但是，这段文字仅仅是说刘基得了病，朱元璋命胡惟庸携带御医前往探视，并没有说朱元璋令其暗中下毒，而且还点明胡惟庸是因刘基"尝言其短"，怀恨在心，"遂以毒中之"。叫医生下毒的命令，显然是出自胡惟庸而非朱元璋。

吴晗认定朱元璋是毒死刘基的主谋，还有四条间接证据。第一条是"刘基中毒后，虽质言情状，（朱元璋）亦置不理，并且派人看他会不会死，直到确知他必定要死，方派人送他回家"。这是根据《行状》的一段文字推衍而来的："洪武八年正月，胡丞相以医来视疾，饮其药二服，有物积腹中如拳石，公遂白于上，上亦未之省也，自是疾遂笃。三月，上以公久不出，遣使问之，知其不能起也，特御制文一通，遣使驰驿，送公还乡，居家一月而毙。"③但这里的"公遂白于上"，仅言刘基告诉朱元璋自己服了胡惟庸所派医生开的两服药的情况，他并不知道也未言明是胡惟庸叫医生给他下了毒。"上亦未之省也"，这里的"省"字是省悟的意思。是说朱元璋听了刘基的诉说后，没有省悟到是胡惟庸令医生给他下毒的结果，而不是不予理会的意思。"上以公久不出，遣使问之"，是说朱元璋因久不见刘基出门，遣使探视，问问他的病情，并没有看他会不会死的意思。"知其不能起

① 吴晗：《胡惟庸党案考》，《吴晗史学论著选集》第一卷，北京：人民出版社 1984 年版，第 460 页。
② 《明史》卷三〇八，《胡惟庸传》，第 7906 页。
③ ［明］黄柏生：《故诚意伯刘公行状》；［明］刘基：《诚意伯刘先生文集》卷首，北京：中国文史出版社 2011 年版，第 16 页。

也,遣使送公还乡",是说朱元璋得知刘基病重,难以康复,便遣使送其还乡调养,也没有确知他必定要死,方才派人送他还乡的意思。

　　第二条间接论据是,朱元璋"宣布胡氏罪状时,却始终没有提起这事(指毒死刘基事)"。言外之意是,由于胡惟庸毒死刘基是受朱元璋的指使,所以他未把这件事情算作胡惟庸的罪状。吴晗所说的朱元璋"宣布胡氏罪状"的诏谕,指的是胡惟庸被诛杀的次日即洪武十三年(1380)正月初七日对文武百官的一道谕词:

　　　　朕自临御以来,十有三年矣。中间简任大臣,期于辅弼,以臻至治。……岂意奸臣窃持国柄,枉法诬贤,操不轨之心,肆奸欺之蔽,嘉言结于众舌,朋比逞于群邪,蠹害政治,谋危社稷,譬堤防之将决,烈火之将然,有滔天燎原之势。赖神发其奸,皆就殄灭。①

　　这道谕词列举的胡惟庸罪状,都是高度概括的大罪,没有细数其具体罪行。但一项高度概括的大罪往往是由几项具体罪行综合概括而成的。胡惟庸诬陷、毒死刘基的罪行(胡惟庸诬陷刘基的罪行容后细述),既可归入"窃持国柄,枉法诬贤"之罪,也可归入"蠹害政治,谋危社稷"之罪,不能因为此谕词宣布的胡惟庸罪状没有具体点到毒死刘基之事就把它排除在外。因此,在胡惟庸被诛后,朱元璋在接见刘基次子刘璟、胡深子胡伯机、章溢子章允载、叶琛孙叶永道时,就曾五次对刘璟提到胡惟庸毒死刘基之事:

　　　　刘伯温他在这里时满朝都是党,只是他一个不从,他吃他每蛊了。(洪武二十一年十二月二十五日)
　　　　这刘伯温是个好秀才,吃胡、陈(宁)蛊了。(洪武二十二年正月十八日)
　　　　刘伯温他父子两人都吃那歹臣每害了。我只知道他老病,原来吃蛊了。(洪武二十三年正月初四日)
　　　　你父亲吃胡家下蛊药,哥也吃他害了。(洪武二十三年六月初六日)
　　　　后来胡家结党,他吃他下了蛊。只见一日来和我说:"上位,臣如今肚内一块硬

① 《明太祖实录》卷一二九,洪武十三年正月己亥,台北:"中央研究院历史语言研究所"1962年校勘本。

结怛,谅着不好。"我派人送他回去,家里死了。后来宣得他儿子来问,说道胀起来鼓鼓的,后来泻得鳖鳖的,却死了。这到是着了蛊。(洪武二十三年十二月二十二日)①

第三条间接证据是,涂节因揭发胡惟庸毒死刘基的罪行,与胡惟庸一起骈戮东市。意思是,由于胡惟庸毒死刘基是受朱元璋的指使,涂节揭发胡惟庸毒死刘基的罪行,他就必须与胡惟庸一并受戮,以便遮掩胡惟庸背后的主谋者。但这种说法,却与史实明显不符。《实录》对涂节被诛杀的过程有明确的记载。谓:

> (洪武十三年正月)戊戌,群臣奏胡惟庸等罪,请诛之。于是,赐惟庸、陈宁死。又言:"涂节本为惟庸谋主,见事不成,始上变告,不诛无以戒人臣之奸宄者。"乃并诛节,余党皆连坐。②

洪武十三年正月初六日,"群臣奏胡惟庸等罪,请诛之",但朱元璋起初只是"赐惟庸、陈宁死",待到群臣又言"涂节本为惟庸谋主,见事不成,始上变告,不诛无以戒人臣之奸宄者",才又下旨一并诛杀涂节。这就不好说朱元璋将涂节与胡惟庸一并诛戮,是为了掩盖他指使胡惟庸毒死刘基的阴谋,否则就无法解释他起初何以只下令诛戮胡惟庸与陈宁,而未将涂节一并诛戮了。

可见,吴晗否定胡惟庸毒死刘基之罪,把它推到朱元璋身上,说朱元璋是毒死刘基的幕后黑手,纯属自己的主观臆测与推理,没有任何史料依据,因而是站不住脚的。③

---

① [明]刘仲璟:《遇恩录》,记录汇编本。

② 《明太祖实录》卷一二九,洪武十三年正月戊戌。

③ 后来,吴晗在1965年版的《朱元璋传》里已放弃了朱元璋指使胡惟庸毒死刘基之说。该书在记述刘基遭胡惟庸诬陷而回南京请罪,忧愤生病后,这样写道:"胡惟庸派医生来看,吃了药,病越发重了,洪武八年死去。胡惟庸案发后,有人告发,刘基是被胡惟庸毒死的。朱元璋后来和刘基的儿子谈话,也多次说:'刘伯温他在这里时,满朝都是党,只是他一个不从,吃他每蛊了。'"(北京:三联书店1965年版,第249页)。不过,吴晗的朱元璋指使胡惟庸毒死刘基之说仍在某些学者中流传,在某些传媒报刊上也时有所见。

二

　　杨讷2004年出版的专著《刘基事迹考述》（以下简称《考述》），辟有专节考证刘基的死因。他不赞同朱元璋主使胡惟庸毒死刘基之说，认为"这个说法没有直接的材料根据，全凭推理"。他也否定传统的被胡惟庸毒死之说，而另外提出第三种说法，即："刘基身体愈来愈差是明摆着的事实，应属病故。"①

　　杨讷否定刘基被胡惟庸毒死之说，与吴晗所持的论据和角度不同。吴晗不否认胡惟庸毒死刘基之事的存在，只是认为他是受朱元璋的指使，给人当枪使罢了；杨讷则根本否认胡惟庸毒死刘基之事的存在，其论据概括起来主要有两条。

　　第一，胡惟庸毒死刘基的重要史料依据《行状》，为伪托之作，不足为凭。《行状》是最早出现的一篇刘基传记，后来《实录》卷九九末尾的《刘基传》即脱胎于此，张时彻写的《神道碑》也大量抄录《行状》，清代官修《明史》的《刘基传》也大体沿袭《行状》的记述。这篇《行状》末尾署名曰："洪武癸亥（十六年）孟春将仕郎秦府纪善同郡诸生黄柏生状"，似乎是黄柏生洪武十六年的手笔。《考述》通过考证，"证实了《行状》有大量的不实之词，而且有些不实之词不可能写于洪武年间"，推测它"写于建文初年，是提供给纂修《实录》用的"，"应是刘璟、刘廌等人所为"②。作者的这个结论是令人信服的，书中揭露《行状》对刘基仕元背元、抗朱降朱行为的讳饰，无疑有助于元末史事和刘基生平的深入研究。但是，作者因《行状》为伪托之作，便将它记载的许多史事如刘基说胡惟庸为相如何如何，朱元璋两次说过要刘基任相的话等，都斥为"撰者编造的"，是不可信的"谎言"③，这显然是难以服人的。因为道理很简单，就算《行状》是刘基的后人在建文初年的伪托之作，此时距刘基辞世只有二十几年的时间，刘基生前特别是入明之后的事迹在人们的脑海里尚未完全淡忘，如果事事皆胡编乱造，不是很快就露馅了吗？怎么能骗过纂修《实录》的史官而为其所采纳呢？因此，对待《行状》的正确态度，应该是能找到史料

---

① 杨讷：《刘基事迹考述》，北京图书馆出版社2004年版，第158页。
② 《刘基事迹考述》，第168—179页。
③ 《刘基事迹考述》第164、169页。

证明其作伪者加以否定、摒弃,未能找到史料证明其作伪者加以承认、采纳,而不是不加区别地统统加以否定。此其一。其二,《行状》虽是提供给纂修《实录》用的,但《实录》有关胡惟庸毒死刘基的记载,并不仅仅依据《行状》提供的史料,而是广泛吸收、运用了各种史料包括胡惟庸党案的材料,如辑录胡案案犯供状的《昭示奸党录》,只是这些史料后来佚失今已不存在罢了。因此,不能因为《行状》是伪托之作而完全否定《行状》及《实录》有关胡惟庸毒死刘基的记载。

第二,"胡惟庸案是一场冤案"①,所谓胡惟庸毒死刘基一案,朱元璋根本拿不出证据。《考述》征引《实录》有关胡惟庸毒死刘基的两段记载:

> 至是(洪武十二年十二月)御史中丞涂节言,前诚意伯刘基遇毒死,广洋宜知状。上问广洋,广洋对以无是事。上颇闻基方病时丞相胡惟庸挟医往候,因饮以毒药,乃责广洋欺罔,不能效忠为国,坐视废兴,遂贬居海南。舟次太平,复遣使敕之曰:……广洋得所赐书,益惭惧,遂自缢卒。②

> (洪武十三年正月)甲午,御史中丞涂节告左丞相胡惟庸与御史大夫陈宁等谋反及前毒死诚意伯刘基事,命廷臣审录,上时自临问之。……诚意伯刘基亦尝上言惟庸奸恣不可用,惟庸知之,由是怨恨基。及基病,诏惟庸视之,惟庸挟医往,以毒中之,基竟死,时八年正月也。上以基病久,不疑。③

然后评论说:

> 所谓胡惟庸毒死刘基一案,《实录》只有这样一点记载,从中可以看出,朱元璋根本拿不出证据。"颇闻"算什么证据呢? 朱元璋不等审问胡惟庸就先问汪广洋,显然是向汪广洋打招呼,要汪配合。汪广洋答以"无是事",他便给汪广洋扣上"不能效忠为国,坐视兴废"的大帽子,匆匆把汪贬往海南,然后历数汪的旧过,摆出算

---

① 《刘基事迹考述》,第164页。
② 《明太祖实录》卷一二八,洪武十二年十二月。
③ 《明太祖实录》卷一二九,洪武十三年正月甲午。

总账的样子,把汪逼下黄泉。①

　　这段评论,存在两个明显的缺陷。其一,说胡惟庸毒死刘基,并不仅仅依据朱元璋的"颇闻",而是根据涂节的告发。他的告发究竟提供了胡惟庸怎样毒死刘基的具体情节和证据,由于《昭示奸党录》的佚失,今人已无从得知,加上司法机关判案的过程和判决书又未曾公布,今人更是无从知晓。说"朱元璋根本拿不出证据",便显得过于轻率了。其二,汪广洋被逼下黄泉,并不仅仅是由于他不配合对胡惟庸毒死刘基之事的调查,而是由于他与胡惟庸合谋造反。钱谦益曾指出:"据《昭示奸党录》诸诏,广洋实与惟庸合谋为逆,而上但以坐视兴废诛之。盖此时胡党初发,其同谋诸人,尚未一一著明也。"②潘柽章经考证也指出:"余考(洪武十三年)正月癸卯诏云:'丞相汪广洋、御史大夫陈宁昼夜淫昏,酗饮肆乐,各不率职,坐视废兴,以致胡惟庸私构群小,贪缘为奸,因是发露,人各伏诛。'以广洋与陈宁并称,则太祖之罪状广洋者深切矣。而手敕但摘其佐朱文正、杨宪已往之过,绝不及惟庸事,岂狱词未具,不欲讼言耶?"③

　　可见,上述两条论据都不过硬,实难推翻胡惟庸毒死刘基之案,更无法证明胡惟庸案是一场冤案。

　　杨讷认为刘基既非被胡惟庸毒死更非朱元璋指使胡惟庸毒死的,而是属于病故即正常死亡的。理由是:刘基在洪武八年三月离京返回青田老家之前,并无异常症状,看不到有中毒现象。他在《考述》中先征引《宋文宪公全集》卷一七《恭题御赐文集后》的一段文字:

　　　洪武八年岁次乙卯春三月壬辰(杨讷考证:查洪武八年三月无壬辰,此壬辰当
　　为二月二日),皇帝御乾清宫,召臣至,问前御史中丞刘基何日成行,臣以翌日对。
　　继问病势不革否,还可自力至家否,臣复具以闻。时基有霜露之疾,上悯其为开国
　　旧勋,特降手敕,令起居注郭传宣示之,俾还山以便侍养,然圣衷犹念之弗置,于是

①　《刘基事迹考述》,第 159 页。
②　[清]钱谦益:《太祖实录辨证》,《钱牧斋全集》第三册,上海古籍出版社 2003 年版,第 2126 页。
③　[明]潘柽章:《国史考异》卷二之一一,徐蜀编《〈明史〉订补文献汇编》,北京图书馆出版社 2004 年版,第 503—504 页。

廷臣扣其详。

接着，又征引收入《诚意伯刘先生文集》的由起居注郭传宣示的朱元璋手敕即御赐归老青田《诏书》：

> 卿今年迈，居京数载，近闻老病日侵，不以筋力自强，朕甚悯之。於戏！禽鸟生于丛木，翎翅干而飏去，恋巢之情，时时而复顾。禽鸟如是，况人者呼！若商不亡于道，官终老于家，世人之万幸也。今也老病未笃，可速往括苍，共语儿孙，以尽考终之道，岂不君臣两尽者欤！

然后论述道："宋文好比证人提供的一份证词，它既证明刘基离京前并无异常症状，也证实了朱元璋对刘基健康状况并非全不关心。""从宋文，看不到刘基有中毒的迹象；从诏书和刘基在京受的待遇，又看不出朱元璋对刘基有下毒的必要。""只要不能确定刘基中毒，同样不能推断胡惟庸下毒。"作者还从时间上进行推断，说："若是胡惟庸下毒，时间必在刘基离京之前，《行状》《实录·刘基传》也讲胡惟庸下毒在正月。然而刘基到四月十六日才去世，如果真是中毒，如何尚能存活两个半月以上？"①既然刘基此前已有"霜露之疾"，"老病未笃"，胡惟庸又未下毒，自然属于病故即自然死亡了。

但是，这个考证并不能令人信服。首先说刘基如果中毒何以能存活两个半月以上的问题。众所周知，毒药有急性与慢性两大类型，急性毒药服下之后即刻发作，很快毙命；慢性毒药服下之后药性发作缓慢，要拖几天、几月甚至几年才会毙命。胡惟庸和派遣的御医当然懂得，如果给刘基开的药方掺入急性毒药，服后立即毙命，其阴谋不是很快就暴露了吗？因此，他们便在处方中掺入慢性毒药，让刘基服后慢性中毒，拖段时间才死，而不易被人发觉。再说，刘基服下胡惟庸命御医所开的两服药后，并非"无异常症状"。刘基对朱元璋诉说的"饮其药二服，有物积腹中"，就是一种异常症状。虽然这种症状初发时，在外表体貌上表现得不那么明显，但也不是一点迹象都没有。朱元璋诏书中说刘基"老病日侵"，这种"老病日侵"就是刘基慢性中毒的一种反映，只是他们当时不

---

① 《刘基事迹考述》，第 157 页。

知是胡惟庸命医生下毒所致罢了。

三

为了给刘基属于病故之说创造立足的前提,杨讷还强调"朱元璋、胡惟庸都没有毒死刘基的必要"①,即朱元璋、胡惟庸都没有毒死刘基的动机。这句话只有一半是对的,即朱元璋确实没有毒死刘基的动机。

毋庸否认,朱元璋对刘基的态度是有一个从信任、器重到怀疑、猜忌的过程。朱元璋初起之时,势孤力弱,亟须分化、瓦解敌对阵营,以充实、壮大自己的势力,特别是急需吸收一些见多识广的儒士来为他出谋划策。因此,他对来自敌对营垒的归附者均采取欢迎的态度,"不以前过为过"②。起义初期,朱元璋就采纳李善长劝其效法刘邦"豁达大度,知人善任,不嗜杀人"③的建议,开始礼贤下士,网罗人才。至渡江前,已将范常、乐韵凤、杨元杲、阮弘道、李梦庚、侯元善、樊景昭等人招入幕府。渡江攻占太平,老儒李习、陶安出迎,他下令召见,留置幕下。接着,又征聘儒士宋思颜、潘庭坚、王恺以及流寓太平的名士汪广洋。龙凤二年(1356)攻占应天后,着手营建江南根据地,更是宣布"贤人君子有能相从立功业者,吾礼用之"④,大张旗鼓地招引人才,尤其注意礼聘高层次的饱学之士。夏煜、孙炎、秦从尤、陈遇、朱升等相继受到任用。龙凤四年十一月,朱元璋亲率大军出征浙东,十二月攻占婺州,又召见、聘用了许元、叶瓒玉、胡翰、吴沉、戴良、徐原、范祖干、王冕、叶仪、宋濂等一大批浙东儒士。朱元璋返回应天后,胡大海又于龙凤五年十一月攻破处州,儒士叶琛出降,不久,章溢、胡深、季汶等亦降,在青田老家隐居著述的刘基也被迫出见。胡大海将叶琛、胡深和刘基送往应天,推荐给朱元璋。朱元璋召见后,不知何故,没有任用,而是"出银碗、文绮赐之,而遣还金华"⑤。后来,处州总制孙

<hr>

① 《刘基事迹考述》,第 153 页。
② 《明太祖实录》卷二八上,吴元年十二月丁未。
③ 《明史》卷一二七,《李善长传》,第 3769 页。
④ 《明太祖实录》卷四,丙申年三月庚寅。
⑤ [明]苏伯衡:《苏平仲文集》卷三,《缪美传》,四部丛刊本;《明太祖实录》卷一一,壬寅年三月癸亥。

炎再次向朱元璋推荐刘基、叶琛和章溢,朱元璋特遣宣使,"赍币礼征聘"①。叶琛和章溢前来应聘,刘基可能对前次赴应天未被任用耿耿于怀,便以气节作幌子,"自以仕元,耻为他人用"②,婉言谢绝。

刘基生于元武宗至大四年(1311),14岁入郡学,博通经史,于书无所不窥,尤精象纬之学。至顺年间高中进士,除高安县丞,有廉直声。行省辟为椽吏,因与幕官论事不合,拂袖而去。后起为江浙儒学副提举,"又以疾谢事"③。至正十一年(1351)方国珍在海上起兵反元后,他参与庆元防务。继而调任江浙行省都事,助行省左丞帖里帖木儿招安方国珍。招安事毕,据《行状》的记载,刘基被元执政者"羁管"于绍兴。至正十六年复为行枢密院经历,后授行省郎中,与行枢密院判官石抹宜孙共守处州,以拒降后复叛的方国珍。后因执政者置其军功不录,乃弃官归田里,著《郁离子》。至朱元璋亲率大军下金华,定括苍,命总制孙炎遣使来聘,乃由间道诣金陵,归顺朱元璋。杨讷征引大量史料,论证这是缘饰刘基入明之前的仕元背元、抗朱降朱的不实之词。实际上,招安方国珍事毕,刘基是因为"盗起瓯括间"才"辟地之会稽"④的。两年后,他还守处州,与胡深、叶琛、章溢同入石抹宜孙幕府参谋军事,并不是为拒方国珍,而是为"谋括盗"。"处为郡,山谷联络,盗贼凭据险阻,辄窃发,不易平治。宜孙用基等谋,或捣以兵,或诱以计,未几皆歼殄无遗类"⑤。至正十八年十一月,朱元璋亲征浙东,十二月进逼婺州,石抹宜孙担心驻守婺州的弟弟石抹厚孙兵力单薄,"遣胡深等将民兵数万往赴援,而亲率精锐为之殿。兵至婺,与大明兵甫接,即败绩而还"⑥。此后,两军对垒于樊岭、黄龙之间,作为石抹宜孙的幕下士,刘基参与了抵御朱元璋队伍的策划。及至翌年春夏之交,刘基觉察到元朝统治已呈全面崩溃之势,而石抹宜孙"后好自用,幕下士多散去,部将胡君深、章君溢亦拥兵观望"⑦。而自己又升迁无望,这才"弃官归里"⑧。返回青田老家后,刘基反省过去,思考未来,著《郁离子》以明志,书中借郁离子之口表示:"仆愿与公子讲尧、舜之

① [明]刘辰:《国初事迹》,借月山房汇钞本。
② [明]宋濂:《宋文宪公全集》卷三四,《故江南等处行省都事孙君墓铭》,四部备要本。
③ 《诚意伯刘先生文集》卷一四,《送钱士能至建昌知州序》,第209页。
④ 《诚意伯刘先生文集》卷一一,《王原章诗集序》,第232页。
⑤ [明]宋濂等撰:《元史》卷一八八,《石抹宜孙传》,北京:中华书局1976年版,第4310页。
⑥ 《元史》卷一八八,《石抹宜孙传》,第4310页。
⑦ 《宋文宪公全集》卷二七,《故朝列大夫浙江行省左右司都事苏公墓志铭》。
⑧ 《刘基事迹考述》,第23—71页。

道,论汤、武之事,宪伊、吕,师周、召,稽考先王之典,商度救时之政,明法度,肄礼乐,以待王者之兴。"①龙凤五年(1359)十一月胡大海攻下处州后,将他和叶琛送往应天,但未被朱元璋任用。后来,朱元璋接到许多臣僚的推荐,又命处州总制孙炎派人去请,刘基回赠一把宝剑,还是不肯出山。孙炎封还宝剑,书赠一首《宝剑歌》,谓:"还君持之献明主,若岁大旱为霖雨。"②并写了一封洋洋数千言的长信,反复说明利害,非要他出山不可。陶安和另一浙东名士宋濂也分别赠诗劝说,刘基这才勉强出山。龙凤六年三月,他奉命与宋濂、叶琛、章溢一起来到应天,暂住在孔子庙学。他背负"仕元"的思想包袱,而"不能无介于心"③,处于忐忑不安的惶恐状态。但朱元璋却热情接待,说:"我为天下屈四先生耳","卿等其留辅予矣"。并下令在自己住所的西边筑礼贤馆以处之,宠礼有加。刘基为朱元璋的谦恭下士态度所感动,即针对朱元璋"四海纷纷,何时定乎?"的提问,"陈时策一十八款"④。通过接触与观察,朱元璋觉得刘基不仅才智突出,耿直坦率,而且精通象纬之学,能将一些深思熟虑的谋划,托诸神秘的启示,正可用来烘托自己得天之助、愚弄天下的需要,遂将他留在身边,不担任具体职务,充当谋士顾问。刘基也尽心尽责,倾力辅佐,为朱元璋贡献许多重要的计策,对其军事发展和政权建设做出了积极贡献。后来,朱元璋在洪武三年(1370)三月颁发给刘基的《御史中丞诰》,曾表彰他说:"刘基学贯天下,资兼文武,其气刚正,其才宏博。议论之顷,驰骋乎千古;扰攘之际,控驭乎一方。慷慨见予,首陈远略。经邦纲目,用兵后先,卿能言之,朕能审而用之,式克至于今日,凡所建明,悉有成效。"⑤

但是,待到吴元年(1367)击灭张士诚,即将派兵北伐、创建新朝、推翻元朝之时,朱元璋需要重新拾起"忠君"思想作为维护新王朝统治的武器,对曾经仕元背元的刘基便不再重用,而改命他为太史令,寻拜御史中丞兼太史令,不复充当谋士顾问。洪武元年登基称帝,也只让刘基继续做御史中丞,洪武三年七月兼任弘文馆学士。这些官职都没有太大的实权,不能再参与国家大事的决策,只能做些诸如卜宅相土、营建都城、清理狱

① 《诚意伯刘先生文集》卷四,《九难第十八》,第66页。
② [清]钱谦益辑:《列朝诗集》甲集一一,清顺治刊本。
③ 《诚意伯刘先生文集》卷一五,《送宋仲衍还金华序》,第301页。
④ [明]宋濂:《国初礼贤录》上,邓士龙辑,许大龄、王天有主点校:《国朝典故》上册,北京大学出版社1993年版,第115页。
⑤ 《诚意伯刘先生文集》卷一,《御史中丞诰》,第5页。

囚、制定律令、编纂历书等具体工作。刘基"性刚疾恶",往时朱元璋对此尚可容忍,现在刘基未改其耿直的秉性,"与物多忤"①。不仅得罪了一大批淮西勋贵,受到他们的排挤、打击,而且也引起朱元璋的不满,受到他的猜忌、怀疑。洪武元年,京城自夏至秋不雨,有司求神不应。到八月,朱元璋认为这是"在京法司及在外巡按御史、按察司冤枉人"所致,派人将京畿巡按御史何士弘等人捆绑于马坊,并令中书省、御史台及都督府发表意见。第二天,刘基上言停办三事,"一曰:出征阵亡、病故军妻数万,尽令寡妇营居住,阴气郁结;二曰:工役人死,暴露尸骸不收;三曰:张士诚投降头目不合充军"。刘基要求停办的三件事,有的是朱元璋出的主意,有的是由他批准施行的,这自然引起朱元璋的不满,但为求雨,他还是下令:"寡妇听其嫁人,不愿者送还乡里探亲;工役人释放宁家;投降头目免充军役"。过了十天,仍不见下雨,朱元璋便借机报复,令"刘基还乡为民,御史按察司官俱令自驾船只发汴梁安置"②。到十一月底,朱元璋怒火已消,才又将刘基召还京师,恢复其御史中丞之职,并"追赠基祖、父皆永嘉郡公"③。洪武三年五月,明军攻占应昌,逐走元嗣君爱猷识里答腊。六月,捷报传至京师,百官相率拜贺,朱元璋却又令礼部榜示:"尝仕元者不许称贺。"④当年七八月间,又免去刘基的御史中丞官职,只保留弘文馆学士的虚衔。不过,在当年十一月大封功臣时,朱元璋念其功绩,还是封他为诚意伯,"食禄二百四十石,以给终身",并在诰书中褒扬刘基:"尔能识朕于初年,秉心坚贞,怀才助朕,屡献忠谋,驱驰多难,其先见之明,比之古人,不过如此。"⑤由于不再担任具体职事,刘基受封后即于当年年底被赐归故里,但他在洪武四年正月初四日到家后还是让长子刘琏奉表诣阙"拜谢圣恩",并上了一个《谢恩表》对朱元璋表示由衷的感谢。在青田老家,他仍继续关注大明的江山社稷和朝中大事。此时,根据朱元璋的诏令,在其家乡临濠(今安徽凤阳)的中都营建工程正紧锣密鼓地进行。洪武四年正月十七日,当朱元璋令作圜丘、方丘、日月社稷山川坛及太庙于临濠,上以画绣,欲都之时,刘基从地理形势的角度考虑,表示了反对意见,认为"中都曼衍,非天子居也"⑥。所有这些,自然会

① 《明史》卷一二八,《刘基传》,第 3781 页。
② 《国初事迹》;[明]谈迁:《国榷》卷三,洪武元年八月丁丑,北京:中华书局 1958 年版,第 371 页。
③ 《明史》卷一二八,《刘基传》,第 3780 页。
④ 《明太祖实录》卷五三,洪武三年六月壬申。
⑤ 《诚意伯刘先生文集》卷一,《封刘基诚意伯诰》,第 6 页。
⑥ 《国榷》卷四,洪武四年正月庚寅,第 437 页。

引起朱元璋的猜忌和不满。

　　不过,不管朱元璋如何怀疑猜忌,刘基出山以来,在政治上对朱元璋一直忠心耿耿,并为其夺取天下贡献了许多计策,在经济上又不贪不占,廉洁自持。告老还乡之后,又谨慎有加,"惟饮酒下棋,口不言功。邑令求见不得,微服为野人谒基。基方濯足,令从子引入茅舍,炊黍饭令。令告曰:'某青田知县也。'基惊起称民。谢去,终不复见"①。刘基固然有"仕元"的问题,但他毕竟省悟得较早,归附之后又屡献良策。朱元璋称帝后虽然不再重用他,但也没有将其置之死地的必要和理由。江西临川人危素在元末官至从一品的翰林院学士承旨,又出为正二品的岭北行省左丞。因"言事不报,弃官居房山"。明军进抵通州后,元顺帝北逃,淮王帖木儿不花监国,复起之为翰林学士承旨。洪武元年八月明军进占大都,危素躲进报恩寺投井,被寺僧救起出降。洪武二年应召至应天,朱元璋授其为翰林侍讲学士,"数访以元兴亡之故,且诏撰《皇陵碑》文,皆称旨"。不久,坐失朝,遭弹劾罢官。过了一年,复故官,兼弘文馆学士。后来,御史王著等劾奏危素为"亡国之臣,不宜列侍从",朱元璋遂"诏谪居和州,守余阙庙,岁余卒"②。令危素看守为元朝殉国的余阙庙,尽管带有羞辱的性质,但毕竟没有把他处死。刘基在元末担任的行省都事、儒学副提举之职都是从七品,后来进为行枢密院经历或行省郎中,也不过是从五品,官阶比危素低多了,而他归附的时间却比危素早得多,功劳也大得多,朱元璋更没有理由将他置之死地。杨讷在考察朱元璋降敕让刘基回乡养病时的御赐归老青田诏书和刘基离京前的情境之后,也明确指出:"从诏书和刘基在京受的待遇","看不出朱元璋对刘基有下毒的必要"。可见,朱元璋没有对刘基下毒的动机,不是毒死刘基的主谋。

四

　　说"朱元璋、胡惟庸都没有毒死刘基的必要",这句话的另一半却是错的,即胡惟庸不是没有而是很有毒死刘基的必要和动机,这个动机就是,刘基反对胡惟庸为相。

　　胡惟庸是定远人,曾在元朝做过小官。龙凤元年(1355)在和州投奔朱元璋,任元帅

---

① 《明史》卷一二八,《刘基传》,第3781页。
② 《明史》卷二八五,《危素传》,第7314—7315页。

府奏差,寻转宣使。龙凤三年除宁国主簿,寻升知县。龙凤十年迁吉安通判,后升湖广按察佥事。吴元年(1367)向大同乡、左相国李善长行贿,经李善长的推荐,提升为太常司少卿,寻转为太常司卿,由一名地方官擢升为中央大员。胡惟庸对李善长非常感激,"因相往来"①,不仅将自己的侄女嫁给李善长侄子李佑,与之结为亲戚,作为自己向上爬的阶梯和保护伞,还极力帮助李善长打击非淮西籍大臣,以维护淮西将臣的权益。

就在吴元年,发生了中书参议杨宪,检校凌说、高见贤、夏煜攻击李善长的事件。关于此事,《行状》的记载为:

> 上适以事责丞相李善长,宪使凌悦(说)因弹之。公为上言:"李公勋旧,且能辑和诸将。"上曰:"是数欲害汝,汝乃为之地耶!汝之忠勋,足以任此。"公叩头曰:"是如易柱,必须得大木然后可。若束小木为之,将速颠覆。以天下之广,宜求人才胜彼者。如臣驽钝,尤不可尔。"上怒遂解。

刘辰《国初事迹》也有两段相关的记载,文曰:

> 杨宪、凌说、高见贤、夏煜尝言:"李善长无宰相才。"太祖曰:"善长虽无宰相才,与我同里,我自起兵,事我涉历艰难,勤劳簿书,功亦多矣。我既为家主,善长当相我,盖用勋旧也,今后勿言。"
>
> ……复任宪江西行省参政,再调山西参政,升御史台中丞。太祖尝曰:"杨宪可居相位。"宪数言李善长无大材。胡惟庸谓善长曰:"杨宪为相,我等淮人不得为大官矣。"宪因劾汪广洋不公不法,李善长奏排陷大臣、放肆为奸等事,太祖以极刑处之。

杨讷认为《行状》的说法不可信,因为吴元年"七月,'相国李善长等劝上即帝位',朱元璋口头上答以'无庸汲汲',实际上整个下半年都在为开国登基做准备。那时李善长极受信任,朱元璋怎么会找人替换他呢?"《考述》认为前引刘辰的第一段记载比《行

---

① 《明史》卷一二七,《李善长传》,第3771页。

状》说的可信,"吴元年朱元璋不可能想撤换李善长,自然也不会想以刘基为相"①。但是,《考述》一书却回避了前引《国初事迹》的第二段文字。这段文字,不仅记载了胡惟庸向李善长通报朱元璋想用杨宪为相的消息,要他设法加以阻止,而且透露了李善长当时尽管带头劝朱元璋登基称帝,但并非"极受信任",而是既受信任又不完全信任的,朱元璋曾动起以杨宪替换他的念头。

众所周知,李善长原是乡间的一名小知识分子,虽"少读书",但也只是"粗持文墨"而已②,连个举人都不是,并没有什么高超的文韬武略。除初见朱元璋劝其仿效汉高祖刘邦"豁达大度,知人善任,不嗜杀人"外,未再贡献过其他重要计策。在和州时,元军谍知朱元璋带兵外出攻打鸡笼山寨,乘机来袭,李善长曾率少量留守士卒设伏败之,使朱元璋"以为能"③。但龙凤六年(1360)闰五月,陈友谅亲率大军东下,约张士诚夹攻应天,朱元璋采纳刘基"伏兵邀取之"的建议,授意与陈友谅曾有交情的康茂才"佯欲为叛,遣人致书约其来,为内应",李善长大惑不解,问道:"方以寇来为忧,何为更诱致之?"朱元璋解释说:"使二虏(陈友谅、张士诚)相合,吾何以支? 先破此虏,则东寇落胆矣。"④他这才恍然大悟。龙凤十二年七月,朱元璋决定攻灭张士诚,李善长又认为张士诚"势虽屡屈而兵力未衰,土沃民富,又多蓄积,恐难猝拔,宜俟隙而动",结果遭到朱元璋的严厉驳斥:"彼疆域日蹙,长淮东北之地皆为吾有,吾以胜师临之,何忧不拔,彼败形已露,何待观隙?"⑤说明李善长缺乏用兵作战的战略战术素养。如果说在攻占应天之前,朱元璋的队伍数量不多,控制的地区较小,战争的规模不是很大,李善长多少还起过参谋作用的话,那么在攻占应天之后,随着一大批富于谋略的大儒的归附,并逐渐担负起谋士的职责,李善长主要的便是充当大管家的角色。因此,他论武功比不上后来被封为公、侯、伯的任何一位武将,论文治也比不上刘基、宋濂等一批文臣。朱元璋之所以高看李善长,除了李善长投奔较早而且对自己忠心耿耿之外,主要还是由于他当时存在浓厚的乡土、宗族观念,认为那些同自己有着乡里、宗族关系的淮西将臣,才是最可靠的心腹骨

---

　　① 《刘基事迹考述》,第143页。

　　② [明]王世贞:《中书省左丞相太师韩国公李公善长传》,[明]焦竑编:《献征录》卷一一,上海书店1987年影印本,第374页。

　　③ 《明史》卷一二七,《李善长传》,第3769页。

　　④ 《明太祖实录》卷八,庚子年闰五月庚申。

　　⑤ 《明太祖实录》卷二〇,丙午年四月丁未。

干。所以当杨宪、凌说等人说李善长无宰相才时,他便强调,李善长与自己"同里",又较早前来投奔,"事我涉历艰难","我既为家主,善长当相我,盖用勋旧也"。

不过,李善长"有心计而无远识"①,为人"外宽和,内多忮刻"②,并不是担任丞相的最佳人选。他的乡土、宗族观念极重,随着朱元璋势力的不断发展,他极力利用手中的权力,依靠乡土、宗族关系,拉帮结派,排挤、打击非淮西籍的臣僚,营建以自己为核心的淮西集团。他的这种做法,有时不免会引起朱元璋的不满,因为淮西将臣虽然是朱元璋最为倚重的力量,但毕竟不是朱元璋所依靠的唯一力量。因此,《行状》记载的吴元年朱元璋"以事责丞相李善长"的事件是可能发生的。正由于此类事件的存在,杨宪、凌说等人才敢于在朱元璋面前弹劾李善长"无宰相才"。也正由于朱元璋对李善长的有些做法存在不满,因此有时便会产生换相的念头。《国初事迹》记载的朱元璋尝言"杨宪可居相位",就是在这种情况下出现的。

接下来,洪武三年十一月大封功臣时,朱元璋以"善长虽无汗马功劳,然事朕久,给军食,功甚大,宜进封大国"为由,封李善长为韩国公,居六位封公者之首。但是,也就在这一年,"丞相李善长病,上以中书无官,召广洋为左丞。时杨宪以山西参政先被召入为右丞"③。查《明史·宰辅年表》,杨宪于洪武二年九月调任中书省右丞,汪广洋于洪武三年调任左丞,但未明载调任的具体月份,不过表中又载:"六月免。未几,复除左丞。"据此可知其始任左丞的时间应在六月之前。而胡惟庸则在洪武三年正月调任中书省参知政事④。从这一系列的人事调动可以看出,朱元璋此时已在酝酿物色新的宰辅人选,以取代李善长的职务。他看中的人选应该是新调入中书省的杨宪、汪广洋、胡惟庸之中的一个。《行状》对此有一段记载:

> 上欲相杨宪,公与宪素厚,以为不可。上怪之,公曰:"宪有相才,无相器。夫宰
> 相者,持心如水,以义理为权衡,而己无与焉者也。今宪不然,能无败者乎?"上曰:
> "汪广洋如何?"公曰:"此褊浅,观其人可知。"曰:"胡惟庸何如?"公曰:"此小犊,将

---

① 〔明〕朱国桢:《皇明开国臣传》卷二,《韩国李公》,《皇明史概》下册,扬州:江苏广陵古籍刻印社1992年影印本,第1761页。

② 《明史》卷一二七,《李善长传》,第3771页。

③ 《明太祖实录》卷一二八,洪武十二年十二月。

④ 《明史》卷一〇九,《宰辅年表》一,第3307页。

偾辕而破犁矣。"上曰:"吾之相无逾于先生?"公曰:"臣非不知,但臣嫉恶太深,又不耐繁剧,为之且孤大恩。天下何患无才? 愿明主悉心求之。如目前诸人,臣诚未见其可也。"

　　《考述》认为,《行状》的这段记事"可能是说洪武二年的事","更可能是在洪武三年上半年,当时三人均在中书。但是,无论是二年还是三年,朱元璋都只可能向刘基征询对杨、汪、胡三人能否任相的意见,而不可能属意刘基本人,原因很简单,刘基曾经仕元。'仕元'问题虽然到洪武三年六月才公开提出,但在朱元璋思想里肯定已经酝酿多时"①。我同意此事更可能出现在洪武三年上半年的说法。如果说吴元年朱元璋想撤换李善长的相职是因"以事责李善长"而引的一时冲动的话,那么,此时的朱元璋,则已下定撤换李善长的决心。尽管刘基认为杨、汪与胡三人都不足以承担宰相的职责,朱元璋还是在洪武四年正月令李善长"以疾致仕"②,以汪广洋为右丞相,而让左丞相空缺(徐达名义上还是右丞相,但因长期在外征战、备边,并未实任丞相职事)。第二年李善长病愈之后,也只让他去督建中都宫殿,未再恢复其丞相职务。

　　《考述》以刘基有"仕元"问题为由,认为《行状》所载朱元璋在吴元年和洪武三年两次要刘基任相的话不可信。我倒认为,《行状》所载应该是可信的,但那并不是代表朱元璋的真实意图,而是反映其激愤情绪的气话。吴元年那次,朱元璋一时冲动,产生换相的念头,但刘基却站出来为李善长辩护,朱元璋一气之下,便说:"是数欲害汝,汝乃为之地耶? 汝之忠勋,足以任此。"这既是可能的,也是可以理解的。洪武三年上半年,朱元璋决心换相,并提出三个替代人选征求意见,但刘基却认为这三个人都不适合当宰相,朱元璋当然恼火,就脱口而出,说:"吾之相无逾于先生?"这同样是可能的,也是可以理解的。我们不必过于较真,以为朱元璋真是想让刘基为相。刘基对此也是心知肚明的,所以每次都赶忙加以辞谢。

　　就因为刘基在洪武三年上半年对朱元璋说过胡惟庸是头小牛犊,如果任相,"将偾辕而破犁矣",胡惟庸恨死刘基,认为他阻挡了自己的升迁之道。洪武四年正月李善长致仕,汪广洋升为右丞相,胡惟庸为左丞相。洪武六年正月,汪广洋被贬为广东行省参

---

① 《刘基事迹考述》,第143—144页。
② 《明史》卷一二七,《李善长传》,第3771页。

政,朱元璋一时找不到合适的丞相人选,胡惟庸遂以左丞相的身份独专省事。他一面贪污受贿,结党营私,一面逢迎巴结朱元璋,"晨昏举止便辟,即上所问,能强记专对,少所遗,上遂大幸爱之"①,博取了朱元璋的信任。于是,胡惟庸便挟旧忿,命人攻击已还乡的刘基隔绝中书省奏事,并诬告他与民争夺有"王气"的谈洋想做墓地。《行状》载:

> 初,公言于上:"瓯括间有隙地,曰谈洋,及抵福建界曰三魁,元末顽民负贩私盐,因挟方寇以致乱,累年民受其害。遗俗犹未革,宜设巡检司守之。"上从之。及设司,顽民以其地系私产,且属温州界,抗拒不服。适茗洋逃军周广三反,温、处旧吏持府县事,匿不以闻。公令长子琏赴京奏其事,径诣上前而不先白中书省。时胡惟庸为左丞,掌省事,因挟旧忿,欲构陷公。乃使刑部尚书吴云老吏讦公。乃谋以公欲求谈洋为墓地,民弗与,则建立司之策,以逐其家,庶几可动上听,遂为成案以奏。赖上素知公,置不问。省部又欲逮公长子狱,上时已敕琏归。及奏,上曰:"既归矣,免之。"公入朝,惟引咎自责而已。

另据《野记》的记载,胡惟庸一伙还诬陷刘基之所以争夺谈洋之地,是因为"刘某善相地,以此地据山面海,有王气"②。

《考述》认为,"明人多以忠、奸论刘基与胡惟庸,今人容易沿袭旧评,殊不知封建时代也有一个体制的问题"③。言外之意,明初的中书省制袭自元朝,元代的"不得隔绝中书奏事"的规定也被沿袭下来,刘基命长子刘琏越过中书省向朱元璋建言谈洋设巡检,后来刘琏入京奏事又未通过中书省,确属违制,胡惟庸等人的检举揭发不存在挟旧忿报复的问题。但是,我们切莫忘记,在君主专制的封建社会,政治体制的基本特征就是皇权不受约束,君主绝对专制。自秦始皇确立"命为'制',令为'诏'""天下之事无大小皆决于上"④的专制主义原则之后,皇帝"总揽权威,柄不借下"⑤就成为历代王朝构建政治体制所遵循的一个总方针。因此,汉唐两宋在"廷议"、"朝议"、纳谏之外,还有臣工的密

---

① [明]王世贞:《胡惟庸》,《献征录》卷一一,第382页。
② [明]祝允明:《野记》一,《国朝典故》上册,第504—515页。
③ 《刘基事迹考述》,第160页。
④ [汉]司马迁:《史记》卷六,《秦始皇本纪》,北京:中华书局1959年版,第236、258页。
⑤ [宋]李昉等:《太平御览》卷九一;华峤:《后汉书》,四库全书本。

疏言事。南北朝至唐宋施行三省制,"中书主出命,门下主封驳,尚书主奉行"①,同时又有"斜封墨敕"的存在,即皇帝可不经政事堂议决而发出亲笔手令,以墨笔书写,斜封交付有司执行。这种密疏言事,斜封墨敕,既是当时封建体制的补充,同时也是当时政治体制的组成部分。所以,明初的朱元璋沿袭元代中书制度的同时,又认为元代"政专中书,事必先关报然后奏闻,其君又多昏蔽,是致民情不通,寻至大乱"②,存在很大的弊端。因而又远法汉唐两宋的历史传统,默许臣民隔越中书省奏事。洪武三年十二月,儒士严礼等人上书言治道,建言"不得隔越中书奏事",朱元璋即对侍臣指出:"今礼所言不得隔越中书奏事,此正元之大弊,人君不能躬览庶政,故大臣得以专权自恣。"③正如有的学者所指出的,严礼的上书表明,隔越中书奏事在此前已经常发生,而且最起码得到了朱元璋的默许④。洪武四年正月,刘基告老还乡,朱元璋又给他下达"察其乡有利病于民社者潜入奏"的密旨。既然密疏言事是我国封建社会的历史传统,是君主专制政体不可或缺的一个组成部分,刘基奉旨行事,就不存在违制的问题,否则他便是抗旨不遵,将面临被杀头的大祸。因此,胡惟庸状告刘基,显然是暗藏挟旧怨以图报复的祸心,而不是单纯为了维护现存的政治体制。

此时的朱元璋,信任的是胡惟庸,对刘基则持猜忌、怀疑的态度,接到胡惟庸手下人的告状,他明白刘基是遵照其密旨行事,故而并未惩处刘琏,但还是剥夺了刘基的俸禄,并发出手书告诫刘基要注意"君子保身之福,作孽之祸"及"君臣之义"。刘基只得于当年七月入朝谢罪,从此不敢再返回老家。

就在刘基入朝谢罪的同一个月,朱元璋任命胡惟庸为右丞相,刘基既忧虑又愤怒,再次表示反对的态度。《行状》记其事曰:

> 先是,杨宪败。汪广洋为丞相,未几而贬广东,乃相惟庸。公乃大戚,尝谓人曰:"使吾言不验,苍生之福也;言而验者,其如苍生何?"遂忧愤而旧疾愈增。

---

① [明]王鏊:《震泽长语》卷上,《管制》,丛书集成初编本。
② 《明太祖实录》卷一一七,洪武十一年三月壬午。
③ 《明太祖实录》卷五九,洪武三年十二月己巳。
④ 王剑:《明代密疏研究》,北京:中国社会科学出版社 2005 年版,第 54 页。

《考述》对《行状》的记载提出疑问,一是不相信刘基会有胡惟庸为相便会如何如何的预言。作者质问道:"在刘基去世之前,甚至直到胡惟庸案发,胡惟庸做了哪些事是贻害'苍生'的?""即使刘基真有那样的预言,在朱元璋在世的时候没有人敢那样写,因为那样写等于指摘朱元璋。"二是认为刘基因胡惟庸为相而"旧疾愈增"的说法不可信,"胡惟庸为相与刘基到京同在一个月,下离刘基得病一年半,这一年半中刘基虽不任职,杂事还是做了不少,也能参加朝会,是怎样的'旧疾愈增'呢?"①笔者认为,刘基因胡惟庸为相而忧愤,这是必然的,因为他刚吃过胡惟庸一伙诬陷的苦头。说他因此而"旧疾愈增"恐是过头话,正如《考述》所指出的,因为此时下离刘基得病还有一年半的时间。也许是考虑到这点,《实录》将这句话改作"居无何,疾作"②,将一年半的时间称为"无何"也勉强过得去。但是,不能因此就完全否定刘基当时说过的话。刘基所说:"使吾言不验"如何、"言而验者"如何,这个"言"是指他此前说的胡惟庸是头小牛犊,任相"将偾辕而破犁矣"这句话。他的这个判断,显然是根据胡惟庸的品德和为官的表现做出的。胡惟庸为人"憸而贪"③,他在地方当官时就不清廉,吴元年经李善长推荐调入中央任太常司少卿,寻转太常司卿,据李善长家奴卢仲谦等人的揭发,他"以黄金三百两谢者"④,而据李善长火者不花的招状,则是"以银一千两、黄金三百两谢者"⑤。在战争频繁、财政困难的年代,这是一个不小的数目。当时的文官是"拨与职田,召佃耕种,送纳子粒,以代俸禄"的⑥,职田的租米仅够维持一家人的温饱,他不是横征暴敛,就是贪污受贿,否则是无法拿出这笔巨款的。独专省事特别是任相之后,胡惟庸更是"大内货贿"。他"私擅奏差胡懋为巡检,营其家事。由是四方奔兢之徒趋其门下,及诸武臣谀佞者多附之,遗金帛、名马、玩好不可胜数"。他不仅在经济上贪污受贿,而且在政治上拉帮结派,打击异己,"专肆威福,生杀黜陟有不奏径行者","内外诸司封事入奏者"先取阅之,"有病己者辄匿不闻"⑦,而且"私用黄罗帐幔,饰以金龙凤纹"⑧,觊觎皇帝的宝座。所有这些,难道

---

① 《刘基事迹考述》,第163—164页。
② 《明太祖实录》卷九九,洪武八年四月丁巳。
③ [明]黄金:《魏国公徐公达》,《献征录》卷五,第143页。
④ 《明太祖实录》卷二〇二,洪武二十三年庚子。
⑤ 《太祖实录辩证》四,《钱牧斋全集》第三册,第2133页。
⑥ 《明史》卷八二,《食货志》六,第2003页。
⑦ 《明太祖实录》卷一二九,洪武十三年正月甲午。
⑧ [明]朱国桢:《皇明大事记》卷九,《高皇帝御制及纂辑诸书》,《皇明史概》中册,第1010页。

不是事关"苍生"之问题吗？至于以朱元璋在世时无人敢指摘朱元璋为由，否定刘基会有胡惟庸为相如何如何的预言，似乎也难以成立。前文提到久旱无雨，刘基要求停办由朱元璋出主意或批准的三件事，难道不是等于指摘朱元璋吗？《考述》一书曾征引洪武十年宋濂为危素撰写的新墓碑铭，说危素"逢时乱亡，不获大展以死，岂不可哀乎？"①，不也等于指摘朱元璋吗？

　　刘基再次反对胡惟庸为相，更增加了胡惟庸的仇恨。因此，当洪武八年正月，刘基得病，朱元璋命其携医往视时，他便令御医下毒，使之在中毒之后慢慢死去。就连刘基的长子刘琏，胡惟庸也不放过。刘基死后，出任江西行省参政的刘琏即"为惟庸党所胁，堕井死"②。

　　胡惟庸既有毒死刘基的明确动机，又有指使医生下毒的具体行动，显然是难逃毒死刘基的罪责的。如果没有发现新的史料，此案是难以推翻的。

［原载《江南大学学报》2011 年第 10 卷第 4 期（2011 年 8 月）］

---

① 《宋文宪公全集》卷二七，《故翰林侍讲学士中顺大夫知制诰同修国史危公新墓碑铭》。
② 《明史》卷一二八，《刘基传》，第 3782 页。

胡惟庸党案再考

一

　　胡惟庸党案是明初的一大要案。此案初发于洪武十二年(1379),翌年明太祖朱元璋以"谋危社稷"等罪名诛杀胡惟庸等人。洪武十九年将罪名升级为"通倭",二十三年再升级为"通虏"和串通李善长谋反,又先后诛杀了李善长等一大批功臣宿将。整个案件持续十余年之久,诛杀三万余人,对明初的政治产生了重大的影响。

　　洪武十三年胡惟庸被诛杀时,朱元璋并未公布案犯的供状。直到洪武二十三年李善长被诛杀后,才命令翰林院官将案犯的供状辑成《昭示奸党录》三编,"冠以手诏数千言"①,陆续予以公布。后来,《昭示奸党录》佚失不存,仅在钱谦益《太祖实录辨证》、潘柽章《国史考异》诸书中录存个别段落,朱元璋洪武二十三年(庚午年)的手诏即所谓"庚午诏书",也只在祝允明的《野记》中留下残篇,"首尾阙略,仅存其半"②。迫于严酷

---

　　① 〔清〕潘柽章:《国史考异》卷二之一二,徐蜀编:《〈明史〉订补文献汇编》,北京图书馆出版社2004年版,第505页。

　　② 黄云眉:《明史考证》第四册,北京:中华书局1984年版,第1114页。

的专制统治,时人对此案又大多未敢加以记载,即使有个别著述涉及此案,记述也极为简略,只扼要叙述案件的处理结果而未及具体的案情。例如,曾任朱元璋帐前黄旗先锋、后来长期担任下层军职的俞本,在永乐初年撰写的《纪事录》(今存明天启刻本易名为《明兴野记》)中,对胡惟庸党案的记述只有简短的两段文字:

> 是年(洪武十三年),……左丞相胡惟庸、右大夫陈宁,擅权坏法,俱伏诛于玄津桥,掘坑丈余,埋其尸,次日复出之,支解于市,纵犬食之。录其家资,以妻子分配军士,子弟悉斩之,连及内外文武官员数万人,凡十五年间党名始悉。减中书省,升六部,广都府,以十二行(省)改为承宣布政使司,改御史台为都察院,分为十二道,以(大)都督府改立左、右、中、前、后等军之名,以詹徽为都御史,所奏无不允者。上以应天府所属上元、江宁二县之民与胡惟庸为党,将男妇长幼悉屠之。①

> 是年(洪武二十五年)某月,……国老太师韩国公李善长为逆党事,伏诛,妻女子弟七十人余口悉斩之,连及延安侯唐胜宗、吉安侯陆仲亨,俱令自缢。②

因此,时过境迁之后,整个案件的真实面貌变得模糊不清。许多史籍叙述胡惟庸党案,除根据当时遗留下来的一鳞半爪的记载,更多的是出于自己的主观臆测。这样,一家一种说法,就出现了许多互相抵牾的观点。比如,是谁最先告发胡惟庸,有云奇告变与涂节、商暠告变两种不同的说法。云奇告变之说,最早见于唐枢的《国琛集》,雷礼的《国朝列卿记》卷一《胡惟庸传》曾加以征引,其文曰:

> 太监云奇,南粤人。守西华门,迩胡惟庸第,刺知其谋逆。胡诳言所居井涌醴泉,请太祖往观。銮舆西出,云虑必与祸,急走冲跸,勒马衔言状。气方勃晬,舌駃不能达。太祖怒其犯,左右挝捶乱下。云垂毙,右臂将折,犹奋指贼臣第。太祖乃

---

① ［明］俞本:《明兴野记》卷下,［美］陈学霖:《史林漫识》附录三,北京:中国友谊出版公司2001年版,第451页。

② 《明兴野记》卷下,《史林漫识》附录三,第457页。按:俞本将李善长被诛系于洪武二十五年,实误,应系于二十三年。

悟,登城眺顾,见其壮士披甲伏屏帷间数匝,亟返棕殿,罪人就擒。召奇则息绝矣。太祖追悼奇,赐赠葬,令有司春秋祀之。墓在南京太平门外,钟山西。①

而《明史》则主涂节、商暠告变之说,谓:

> (洪武)十二年九月,占城来贡,惟庸等不以闻。中官出见之,入奏。帝怒,敕责省臣。惟庸及(汪)广洋顿首谢罪,而微委其咎于礼部,部臣又委之中书。帝益怒,尽囚诸臣,穷诘主者。未几,赐广洋死,广洋妾陈氏从死。帝询之,乃入官陈知县女也。大怒曰:"没官妇女,止给功臣家。文臣何以得给?"乃敕法司取勘。于是惟庸及六部堂属咸当坐罪。明年正月,涂节遂上变,告惟庸。御史中丞商暠时谪为中书省吏,亦以惟庸阴事告。帝大怒,下廷臣更讯,词连宁、节。廷臣言:"节本预谋,见事不成,始上变告,不可不诛。"乃诛惟庸、宁并及节。②

类似彼此相左的记载,不胜枚举,令人莫衷一是。

针对这种状况,明清以来的许多史学家,纷纷搜寻有关史料,进行细致的排比考订,力图廓清历史之迷雾,探明胡案之真相。明末清初的钱谦益、潘柽章,分别撰有《太祖实录辨证》《国史考异》,都曾对胡案做过深入的考辨,做出过重大的贡献。如钱谦益通过考证,指出"云奇之事,国史(指《明实录》)野史,一无可考","国史于善长一狱,不胜舛误"③;潘柽章也确证,云奇之事是"凿空说鬼,有识者所不道","《实录》书李善长罪状,凡三变其说,前后各不相蒙",实不足信④。1934 年 6 月,吴晗在《燕京学报》第 15 期发表的《胡惟庸党案考》,更将胡案的研究向前大大推进了一步。此文广泛吸收前人的研究成果,对搜集到的大量史料重新进行审核、甄别和考订,指出"云奇事件出于中人附会","所谓通倭通虏都是'莫须有'的事","《实录》纪李善长狱事,尤暧昧支离,使人一

① [明]唐枢:《国琛集》卷下,丛书集成初编本。
② [清]张廷玉等撰:《明史》卷三〇八,《胡惟庸传》,北京:中华书局 1974 年版,第 7907—7908 页。
③ [清]钱谦益:《太祖实录辨证》三、四,《钱牧斋全集》第三册,上海古籍出版社 2003 年版,第 2172、2135 页。
④ 《国史考异》卷二,《〈明史〉订补文献汇编》,第 507、517 页。

见即知其捏造"①。此文还指出,洪武年间兴起的几次大狱,都是出于明太祖"巩固君权"的需要②。后来,吴晗1962年11月在中央高级党校举办明史讲座,又进一步指出,朱元璋与胡惟庸的矛盾"是君权与相权之间的矛盾",胡案是这种矛盾全面爆发的产物③。1965年2月出版的《朱元璋传》第四个本子,又重申了胡案为"皇权与相权"矛盾斗争产物的观点④。吴晗上述的这些论断有理有据,很有说服力,得到了明史学界大多数学者的认同。这是吴晗对胡案研究的一大贡献,应该给予充分的肯定。

但是,吴晗的翻案有点过头。《胡惟庸党案考》一文,不仅否定胡惟庸被诛后追加的通倭、通虏、串通李善长谋反的罪名,而且连他死前毒死刘基、贪污受贿、朋比为奸,特别是谋反的罪行也都一并推翻,把整个胡惟庸党案说成是彻头彻尾的大冤狱。这却是有悖于历史事实,令人难以赞同的。有的学者根据吴晗此文的考证,进而认定"胡惟庸谋反的故事是编造的"⑤。这种说法,显然无助于彻底弄清胡案的真相,深入了解明初的历史,从而也无法对胡案的作用和影响作出全面客观的评价。因此,本文拟就吴晗的这部分考证文字再作一番新的考证,提出个人的一些看法。不当之处,祈请方家正之。

二

胡惟庸毒死刘基,事见《明史·刘基传》:

> 基在京病时,惟庸以医来,饮其药,有物积腹中如拳石。其后中丞涂节告惟庸逆谋,并谓其毒基致死云。⑥

但是,吴晗却说胡惟庸毒死刘基,系受朱元璋之命,罪责在朱元璋而非胡惟庸。《胡惟庸

---

① 《胡惟庸党案考》,《吴晗史学论著选集》第一卷,北京:人民出版社1984年版,第477、468、464页。
② 《胡惟庸党案考》,《吴晗史学论著选集》第一卷,第480页。
③ 吴晗:《明史讲座》,北京:中华书局2005年版,第36页。
④ 吴晗:《朱元璋传》,北京:三联书店1965年版,第251页。
⑤ 吕景琳:《洪武皇帝大传》,沈阳:辽宁教育出版社1994年版,第361页。
⑥ 《明史》卷一二八,《刘基传》,第3781页。

党案考》一文写道：

> ……胡惟庸之毒基，确受上命，所以刘基中毒后，虽质言情状，亦置不理。并且
> 派人看他会不会死，直到确知他必定要死，方派人送他回家。我们看汪广洋之死是
> 为涂节告发，胡惟庸之被罪，也和刘基死事牵连，但在宣布胡氏罪状时，却始终没有
> 提起这事。由此可见"欲盖弥彰"，涂节之所以与胡惟庸骈戮东市，其故亦正在是。①

吴晗提出这些论断的依据是什么呢？他认定胡惟庸毒死刘基系受朱元璋之命，根
据是《明史·胡惟庸传》的记载：

> 御史中丞刘基亦尝言其（胡惟庸）短。久之基病，帝遣惟庸挟医视，遂以毒
> 中之。②

但是，这段文字仅仅是说刘基病重时，朱元璋令胡惟庸带御医前往探视，并没有说朱元
璋令其下毒。遍检其他史籍，也不见有类似记载。按这段文字前后的文义，显然是说，
胡惟庸因刘基"尝言其短"，怀恨在心，遂乘朱元璋令其携医往视之机，"以毒中之"。叫
医生下毒的命令，并非出自朱元璋而是胡惟庸。

说"刘基中毒后，虽质言情状，（明太祖）亦置不理。并且派人看他会不会死，直到确
知他必定要死，方派人送他回家"，吴晗的依据是黄柏生《诚意伯刘公行状》的记载：

> 洪武八年正月，胡丞相以医来视疾，饮其药二服，有物积腹中如卷石，公遂白于
> 上，上亦未之省也，自是疾遂笃。三月，上以公久不出，遣使问之，知其不能起也，特
> 御制为文一通，遣使驰驿，送公还乡，居家一月而薨。③

这里的"公遂白于上"，仅言刘基告诉朱元璋"胡丞相以医来视疾，饮其药二服，有物积腹中

---

① 《吴晗史学论著选集》第一卷，第460页。
② 《明史》卷三○八，《胡惟庸传》，第7906页。
③ ［明］黄柏生：《诚意伯刘公行状》，［明］刘基：《诚意伯文集》卷首，四部备要本。

如卷石",说的是服药后的状况,并未明言是胡惟庸叫医生故意给他下毒。"上亦未之省也",这里的"省"字是省悟的意思,是说朱元璋听了刘基关于服药后病情恶化的诉说后,没有省悟到是胡惟庸令医生给他下毒的结果,而不是不予理会的意思。下文的"上以公久不出,遣使问之",是说朱元璋因久不见刘基出门,遣使探视,问问他的病情,并没有看他会不会死的意思;"知其不能起也……遣使……送公还乡",是说朱元璋得知刘基病重,难以康复,便遣使送其还乡调养,也没有确知他必定要死,方才派人送他回家的意思。

说"宣布胡氏罪状时,却始终没有提起这事(指毒死刘基事)",依据的是胡惟庸被诛杀的第二天即洪武十三年(1380)正月初七日,朱元璋对文武百官宣布其罪状的那个谕词:

> (洪武十三年正月)己亥,胡惟庸等既伏诛,上谕文武百官曰:"朕自临御以来,十有三年矣。中间简任大臣,期于辅弼,以臻至治。……岂意奸臣窃持国柄,枉法诬贤,操不轨之心,肆奸欺之蔽,嘉言结于众舌,朋比逞于群邪,蠹害政治,谋危社稷,譬隄防之将决,烈火之将然,有滔天燎原之势。赖神发其奸,皆就殄灭。"①

这里列举的胡惟庸罪状,都是高度概括的大罪,没有细数其具体罪行。但一项高度概括的大罪往往是由几项具体罪行综合概括而成的。胡惟庸诬陷、毒死刘基的罪行(胡惟庸诬陷刘基的罪行容后细述),既可归入"窃持国柄,枉法诬贤"之罪,也可归入"蠹害政治,谋危社稷"之罪,不能因为朱元璋宣布的罪状没有具体到毒死刘基之事就把它排除在外。因此,朱元璋在其他场合,就曾提到过胡惟庸的这一罪行,如胡惟庸被诛后,朱元璋曾多次召见刘基次子刘璟,回忆自己同刘基的交往,说:

> ……后来胡家结党,他(刘基)吃他(胡惟庸)下了蛊(毒)。只见一日来和我说:"上位,臣如今肚内一块硬结恁,谅着不好。"我派人送他回去,家里死了。后来宣得他儿来问,说道胀起来鼓鼓的,后来泻得鳖鳖的,却死了。这正是着了蛊。②

---

① 《明太祖实录》卷一二九,洪武十三年正月己亥,台北:"中央研究院历史语言研究所"1962年校勘本。按:吴晗称此宣布胡惟庸罪状之谕词发布于"胡惟庸诛后数日"(《胡惟庸党案考》,《吴晗史学论著选集》第一卷,第452页),实误,应为诛后次日。

② [明]刘仲璟:《遇恩录》,纪录汇编本。

至于说涂节之所以与胡惟庸骈戮东市,是由于毒死刘基系受朱元璋之命,也与史实不符。《明太祖实录》对此有明确的记载:

> (洪武十三年正月)戊戌,群臣奏胡惟庸等罪,请诛之。于是,赐惟庸、陈宁死。又言:"涂节本为惟庸谋主,见事不成,始上变告,不诛无以戒人臣之奸宄者。"乃并诛节。余党皆连坐。①

可见,吴晗否定胡惟庸毒死刘基之罪,把它推到朱元璋身上,都出于自己的主观臆测,是缺乏史料依据的。

毋庸讳言,朱元璋对刘基是有一个从信任、器重到怀疑、猜忌的过程。朱元璋初起之时,势孤力弱,亟须分化、瓦解敌对势力,以充实、壮大自己的实力,尤其是急需吸收一些见多识广的儒士来为他出谋划策,因此对来自敌对阵营的归附者都抱着欢迎态度,"不以前过为过"②。起义初期,朱元璋就采纳李善长劝他效法刘邦"豁达大度,知人善任"③的建议,开始礼贤下士,网罗人才。龙凤二年(1356)攻占集庆改名为应天(今江苏南京)后,着手营建江南根据地,他宣布"贤人君子有能相从立功业者,吾礼用之"④,更是大张旗鼓地招引人才,尤其注意礼聘高层次的饱学之士。第二年十月,朱元璋亲率大军出征浙东,十二月攻占婺州,召见、聘用了许元、叶瓒玉、胡翰、吴沉、戴良、徐原、范祖干、王冕、叶仪、宋濂等一大批浙东儒士。朱元璋返回应天后,胡大海又于龙凤五年(1359)十一月,攻破处州,儒士叶琛出降,在青田老家隐居著述的刘基也被迫出见,胡大海将他们送往应天,推荐给朱元璋。朱元璋召见后,"出银碗、文绮赐之,而遣还金华"⑤。后来,处州总制孙炎向朱元璋举荐刘基、叶琛和章溢,朱元璋特遣宣使樊观"赍币礼征聘"⑥,叶琛和章溢前来应聘,但刘基不肯出山。刘基是江浙行省处州路青田县南田武阳村(今属浙江文成)人,14岁入郡学,博通经史,于书无所不窥,尤精象纬之学。至顺年

---

① 《明太祖实录》卷一二九,洪武十三年正月戊戌。
② 《明太祖实录》卷二八上,吴元年十二月丁未。
③ 《明史》卷一二七,《李善长传》,第3769页。
④ 《明太祖实录》卷四,丙申年三月庚寅。
⑤ [明]苏伯衡:《苏平仲文集》卷三,《缪美传》,四部丛刊本;《明太祖实录》卷一一,壬寅年三月癸亥。
⑥ [明]刘辰:《国初事迹》,借月山房汇钞本。

间,他年方二十三,即高中进士,除高安县丞,有廉直声。行省辟为掾史,因与幕官论事不合,拂袖而去。起为江浙儒学副提举,"又以疾谢事"①。至正十一年(1351)方国珍在海上起兵反元后,他参与庆元防务。继而调任江浙行省都事,助行省左丞招安方国珍。招安事毕,据黄柏生《故诚意伯刘公行状》载,刘基被元廷执政者"羁管"于绍兴②。至正十六年(1356)复为行枢密院经历,与院判石抹宜孙守处州,以拒方国珍。而据杨讷的考证,刘基招安事毕,是因"盗起瓯括间"才"辟地之会稽",后还守处州,则是为"谋括寇"即平息处州境内的民变③。"处为郡,山谷联络,盗贼凭据险阻,辄窃发,不易平治。宜孙用基等谋,或捣以兵,或诱以计,未几皆歼殄无遗类。"④。至正十八年(龙凤四年,1358)十月,朱元璋亲率大军出征浙东,攻打兰溪,逼近婺州,石抹宜孙"遣胡深等将民兵数万往赴援,而亲率精锐为之殿。兵至婺,与大明兵甫接,即败绩而还"⑤。此后,两军对垒于樊岭、黄龙之间。作为石抹宜孙的幕下士,刘基参与了抵御朱元璋军队的策划。及至翌年春夏之间,他见时局已不可为,石抹宜孙的幕下客也多已散去,才弃官归里⑥。返回青田老家后,刘基反省过去,思考未来,著《郁离子》以明志,书中借郁离子之口表示:"仆愿与公子讲尧、禹之道,论汤、武之事,宪伊、吕,师周、召,稽考先王之典,商度救时之政,明法度,肆礼乐,以待王者之兴。"⑦朱元璋派人往聘,刘基"自以仕元,耻为他人用"⑧,婉言谢绝。朱元璋再命孙炎派人去请,刘基回赠一把宝剑,还是不肯出山。孙炎"以为剑当献天子,斩不顺命者,人臣不敢私,封还之"⑨,并写了一封洋洋数千言的长信,反复说明利害,非要他出来不可。陶安和另一浙东名士宋濂也分别赠诗劝说,刘基这才勉强出山。龙凤六年(1360)三月,他奉命与宋濂、叶琛、章溢一起来到应天,暂住孔子庙学。他背负"仕元"的包袱而"不能无芥于心"⑩,处于忐忑不安的惶恐状态。但朱元璋却热情接待,说:"我为天下屈四先生耳","卿等其留辅予矣"。并下令在自己住所西边

① 《诚意伯文集》卷一四,《送钱士能至建州知州序》。
② [明]黄柏生:《诚意伯刘公行状》,《诚意伯文集》卷首。
③ 杨讷:《刘基事迹考述》,北京图书馆出版社 2004 年版,第 23—84 页。
④ [明]宋濂等撰:《元史》卷一八八,《石抹宜孙传》,北京:中华书局 1976 年版,第 4310 页。
⑤ 《元史》卷一八八,《石抹宜孙传》,第 4310 页。
⑥ 《刘基事迹考述》,第 58—71 页。
⑦ [明]刘基:《郁离子·九难》,学津讨原本。
⑧ [明]宋濂:《宋文宪公全集》卷三四,《都事孙君墓铭》,四部备要本。
⑨ 《明史》卷二八九,《孙炎传》,第 7411 页。
⑩ 《诚意伯文集》卷一五,《送宋仲珩还金华序》。

筑礼贤馆以处之,宠礼甚至。刘基为朱元璋的谦恭下士态度所感动,即针对朱元璋"四海纷纷,何时定乎"的提问,"陈时策一十八款"①。通过接触与观察,朱元璋觉得刘基不仅才智突出,而且诚实可靠,遂将他留在身边,不担任具体职务,充当谋士顾问,"任以心膂,运筹帷幄"。朱元璋迷信星占方术,刘基精通象纬之学,常将一些深思熟虑的谋划,托诸神秘的启示,以适应朱元璋的心理需求,两人的关系日趋密切。朱元璋有事常找刘基商量,并要他"有至计,勿惜尽言"。"每召基,辄屏人密语移时"。刘基也"自谓不世遇,知无不言。遇急难,勇气奋发,计画立定,人莫能测。暇则敷陈王道。帝每恭己以听,常呼为老先生而不名,曰'吾子房也'。"②

但是,待到吴元年(1367)击灭张士诚,即将举兵北伐、推翻元朝、创建新朝之时,朱元璋便不再重用刘基了。因为此时天下即将易手,作为新王朝的开创者,朱元璋需要重新拾起"忠君"思想作为维护封建统治的思想武器。在他看来,刘基应聘之后,尽管效忠于自己,但他毕竟有过仕元的经历,不宜为臣民所效法。故在吴元年,便只命刘基为太史令,寻拜御史中丞兼太史令,不复充当谋士顾问。洪武元年(1368)登基称帝,也只让刘基继续做御史中丞,洪武三年(1370)七月兼任弘文馆学士。这些官职都没有什么大的实权,不能参与国家大事的决策,只能做些诸如卜宅相土、营建都城、清理狱囚、制定律令、编纂历书等具体工作。刘基"性刚嫉恶",往时朱元璋对此尚可容忍,现在刘基未改其耿直的秉性,"与物多忤"③,不仅得罪一大批淮西勋贵,受到他们的排挤、陷害,而且也引起朱元璋的不满,受到他的猜忌、怀疑。洪武元年(1368)八月,就发生了刘基因祈雨不应而还乡为民的事件:

> 京城自夏至秋不雨,有司祷求不应。太祖曰:"在京法司及在外巡按御史、按察司冤枉人,以致天旱。"差人提问京畿巡按御史何士弘等,太祖命捆缚于马坊。又谕中书省、御史台及都督府言事。次日,御史中丞刘基言三事。一曰:"出征阵亡、病故军妻数万,尽令寡妇营居住,阴气郁结";二曰:"工役人死,暴露尸骸不收";三曰:

① [明]宋濂:《国初礼贤录》上,邓士龙辑,许大龄、王天有主点校:《国朝典故》上册,北京大学出版社1993年版,第115页。
② 《明史》卷一二八,《刘基传》,第3778—3782页。
③ 《明史》卷一二八,《刘基传》,第3781页。

"张士诚投降头目不合充军"。太祖曰:"寡妇听其嫁人,不愿者送还乡里探亲,工役人释放宁家,投降头目免充军役。"旬日仍不雨,太祖怒曰:"刘基还乡为民……"①

刘基要求停办的三件事,是朱元璋出的主意,或是由他批准施行的,这自然引起朱元璋的不快,但为求雨,又不得不批准执行。但停办之后,仍然不下雨,朱元璋便将其削职为民,《明史》记为"帝怒。会基有妻丧,遂请告归"②。十一月底,朱元璋又将刘基召回京师,恢复御史中丞官职,并"赍赐甚厚,追赠公祖、父,爵皆永嘉郡公"③。洪武三年五月,李文忠率领明军攻占应昌,逐走元嗣君爱猷识里答腊。六月,捷报传至京师,百官相率拜贺,朱元璋却命礼部榜示:"凡征元捷至,尝仕元者不许称贺。"④当年七八月间,便免去刘基的御史中丞之职,只任弘文馆学士,这又给刘基一个沉重的精神打击。但当年十一月大封功臣,朱元璋鉴于刘基"能识朕于初年,秉心坚贞,怀才助朕,屡献谋,驱驰多年,其先见之明,比之古人,不过如此",还是封他为诚意伯,"食禄二百四十石,以给终身"⑤。由于不再担任具体职事,刘基受封后即于当年年底被赐归故里。他在洪武四年正月初四日到家后,还是叫长子刘琏奉表诣阙"拜谢圣恩",并上了一个《谢恩表》,对皇上表示由衷的感谢。在青田老家,他仍继续关注大明的江山社稷和朝中大事。此时,根据朱元璋的诏令,在临濠(今安徽凤阳)的中都营建工程,正在紧锣密鼓地进行。洪武四年正月十七日,当朱元璋令"作圜丘、方丘、日月社稷山川坛及太庙于临濠,上以画绣,欲都之"时,刘基仍从整个大明王朝的利益出发,表示反对,说:"中都曼衍,非天子居也。"⑥洪武八年(1375)正月,刘基因服下胡惟庸所派医生开的药方而病重,朱元璋将他送回老家调养,临行前还嘱朱元璋说:"凤阳虽帝乡,非天子所居之地,虽已置中都,不宜居。"⑦所有这些,自然会引起朱元璋的猜忌和不满。洪武年间的礼科给事中陈汶辉,就曾在一个奏疏中指出:

---

① 《国初事迹》;谈迁:《国榷》卷三,洪武元年八月丁丑,北京:中华书局1958年版,第371页。
② 《明史》卷一二八,《刘基传》,第3780页。
③ 《诚意伯刘公行状》,《诚意伯文集》卷一。
④ 《明太祖实录》卷五三,洪武三年六月壬申。
⑤ 《封刘基诚意伯诰》,《诚意伯文集》卷一。
⑥ 《国榷》卷四,洪武四年正月庚寅,第437页。
⑦ 《明太祖实录》卷九九,洪武八年四月丁巳。

今勋旧耆德,咸思辞禄去位,而缙流憸夫,乃益以馋间。如刘基、徐达之见猜,李善长、周德兴之被谤,视萧何、韩信,其危疑相去几何哉?①

不过,不管朱元璋如何怀疑和猜忌,刘基自出山以来,在政治上一直对朱元璋忠诚不贰,恭谨有加,并为朱元璋夺取天下贡献许多计策,如劝说朱元璋脱离小明王自立、先图陈友谅后灭张士诚、在应天以伏兵邀取陈友谅,在鄱阳湖激战后移师湖口击灭陈友谅以及随后攻取张士诚、北伐中原、成就帝业,朱元璋依计而行,皆"略如基谋"②。而在经济上,刘基不贪不占,生活上也十分检点,没有什么出轨的行为。即使是在告老还乡后,刘基仍然十分谨慎,"惟饮酒弈棋,口不言功。邑令求见不得,微服为野人谒基。基方濯足,令从子引入茅舍,炊黍饭令。令告曰:'某青田知县也。'基惊起称民,谢去,终不复见"③。刘基固然有"仕元"的问题,但毕竟较早就省悟过来,之后又屡立大功,朱元璋虽然不再予以重用,却也没有将其置于死地的理由。江西临川人危素,至正元年(1341)任元经筵检讨,后累官至礼部尚书、中书省参知政事,二十五年出为岭北等处行中书省左丞,不久弃官居房山。二十八年(洪武元年)闰七月,明军将抵燕,元顺帝北逃,淮王帖木儿不花监国,起之为翰林学士承旨。八月,明军进入大都,危素出降。洪武二年正月,应召至应天,被朱元璋授为翰林侍讲学士,次年兼弘文馆学士。过了一年,御史王著等劾奏危素为"亡国之臣,不宜列侍从",朱元璋遂"诏谪居和州,守余阙(驻守安庆之元淮南行省左丞,至正十八年该城被陈友谅攻破,他自刭以殉元。朱元璋得安庆后,诏立庙祭祀,以彰其'忠')庙"④,并没有把他处死。危素是在余阙庙里待了一年后,才羞愤而逝的。刘基在元朝担任的官职比危素低得多,归附朱元璋早得多,功劳也大得多,朱元璋更没有理由将他置于死地。所以,朱元璋始终没有动过杀害刘基的念头。

胡惟庸对刘基则怀有刻骨的仇恨,非置之死地而后快。起因是刘基反对胡惟庸任相。洪武初年的中书左丞相李善长,因系朱元璋的大同乡,投奔朱元璋较早,"涉历艰难,勤劳簿书"。朱元璋称帝后,认为"我既为家主,善长当相我,盖用勋旧也"⑤。但李善

---

① 《明史》卷一三九,《李仕鲁传》,第3989页。
② 《明史》卷一二八,《刘基传》,第3779页。
③ 《明史》卷一二八,《刘基传》,第3781页。
④ 《明史》卷二八五,《危素传》,第7315页。
⑤ 《国初事迹》。

长文化程度不高，"外宽和，内多伎刻"①，"有心计而无远识"②，并不是丞相的最佳人选。朱元璋曾萌生换相的念头，找刘基商量过此事。他提出中书右丞杨宪、陕西参政汪广洋和太常寺卿胡惟庸三个人选，征求刘基的意见。刘基说"宪有相才无相器"，汪广洋"褊浅殆甚于宪"，胡惟庸"譬之驾，惧其偾辕也"。朱元璋听后说："吾之相，诚无逾先生。"刘基当然知道自己有过"仕元"的污点，朱元璋绝对没有用他为相的可能，但他还是诚挚地加以推辞："臣疾恶太甚，又不耐繁剧，为之且孤上恩。天下何患无才，惟明主悉心求之，目前诸人诚未见其可也。"③刘基的这番讲话，彻底打消朱元璋换相的念头，也阻滞了胡惟庸的升迁之道。洪武四年（1371）正月，李善长因病致仕，右丞相徐达正以大将军身份备边北平，不与省事，朱元璋才以汪广洋为右丞相，胡惟庸代汪广洋为左丞。洪武六年（1373）正月，汪广洋因"无所建白"④，被贬为广东行省参政，朱元璋一时找不到合适的丞相人选，胡惟庸以左丞的身份独专中书省事。他使尽浑身解数，极力逢迎巴结朱元璋，"晨朝举止便辟，即上所问，能强记专对，少所遗，上遂大幸爱之"⑤，才于当年七月被擢升为右丞相，至洪武十年（1377）九月升任左丞相。胡惟庸因此恨死了刘基，在独专省事之后，便命老吏诬告已退休的刘基与民争夺有"王气"的谈洋想做墓地：

> 　　初，公言于上："瓯括间有隙地曰谈洋，及抵福建界曰三魁，元末顽民负贩私盐，因挟方寇以致乱，累年民受其害。遗俗犹未革，宜设巡检司守之。"上从之。及设司，顽民以其地系私产，且属温州界，抗拒不服。适茗洋逃军周广三反，温、处旧吏持府县事，匿不以闻。公令长子琏赴京奏其事，径诣上前而不先白中书省。时胡惟庸为左丞，掌省事，因挟旧怨，欲构陷公。乃使刑部尚书吴云诇老吏讦公。乃谋以公欲求谈洋为墓地，民弗与，则建立司之策，以逐其家，庶几可动上听，遂为成案以奏。赖上素知公，置不问。省部又欲逮公子狱，上时已敕琏归。及奏，上曰："既归

　　① 《明史》卷一二七，《李善长传》，第 3771 页。
　　② ［明］朱国桢：《皇明开国臣传》卷二，《韩国李公》，《皇明史概》下册，扬州：江苏广陵古籍刻印社 1992 年影印本。
　　③ 《明史》卷一二八，《刘基传》，第 3780 页。
　　④ 《明史》卷一二七，《汪广洋传》，第 3774 页。
　　⑤ ［明］王世贞：《胡惟庸》，焦竑辑：《献征录》卷一一，上海书店 1987 年影印本。

矣,免之。"公入朝,惟引咎自责而已。①

关于这个事件,祝允明《野记》的记载更详:

> 刘诚意屡白上,汪广洋不堪相,胡惟庸必乱政,上未见从。刘屡乞归,久而得请,且有密旨,令察其乡有利病于民社者潜入奏。括有谈洋,斥而不卤,豪酋数辈即为之场灶,私煮海贩利,聚为大寇,益肆劫掠。刘疏其事,请建巡检司其地而籍其酋为醛丁,令子尚宝琏上之。上纳其奏,遣琏归,将见施行。惟庸辈闻之怒,谓中外章牍悉由中书,刘虽勋旧,既已休闲,不应私有陈请,其安得不入政府而径彻宸览。言于上,请究其事,且请以琏付法司,上曰:"朕已遣之矣。"海酋知之,相结为计,通于惟庸。走阙下言:"刘某善相地,以此土踞山面海,有王气,构图欲空民居,假以立公署而规攘为己有,则将居之,以当异符。且其地本不可为巡司。"上下之有司,惟庸等因请加以重辟,上不报。久之,为手书谕刘,历言古之君子保身之福,作孽之祸,及君臣相待之义,词甚详,末言念卿功,姑夺其禄而存其爵。(先是,刘虽闲居,犹给禄。)刘得书即诣阙谢恩,讫,遂居京师不敢归。久,始求赐还,上已洞释前疑,从之。复手书慰之,语极尊隆,方以周公。刘归,未几而卒。②

胡惟庸借口刘基违反"中外章牍悉由中书"的规定,使吏讦基,请加以重辟,非置之死地不可。但朱元璋心里明白,刘基绕过中书省臣奏事是根据他的密旨,故"置不问",并没有要杀刘基的念头,后手书谕刘,"姑夺其禄而存其爵"。刘基被迫于洪武六年七月入朝谢罪,不敢再返回老家。胡惟庸心有不甘,升任右丞相之后,便于洪武八年正月趁刘基病重而朱元璋命其遣御医往视之机,暗中令御医给他下毒,使他中毒而亡。就连刘基的长子刘琏也不放过。刘基死后,出任江西行省参政的刘琏,即"为惟庸党所胁,堕井死"③。

杨讷的近著《刘基事迹考述》,认为刘基既不是朱元璋也不是胡惟庸毒死的。他援

① 《诚意伯刘公行状》,《诚意伯文集》卷首。
② [明]祝允明:《野记》一,《国朝典故》上册,第504—505页。
③ 《明史》卷一二八,《刘基传》,第3782页。

引宋濂的《恭题御赐文集后》一文，证明刘基离京前"并无异常症状"，"看不到刘基有中毒的迹象"，"只要不能确定刘基中毒，同样不能推断胡惟庸下毒"。他还从时间上进行推断，说："若是胡惟庸下毒，时间必在刘基离京之前，《行状》《实录·刘基传》也讲胡惟庸下毒在正月。然而刘基到四月十六日才去世，如果真是中毒，如何尚能存活两个半月以上？"他的结论是，刘基"应属病故"①。但是，这个考证并不能令人信服。第一，先说刘基如果中毒何以能存活七十多天的问题。众所周知，毒药有急性与慢性两大类型，急性毒药服下之后即刻发作，很快毙命；慢性毒药服后使人慢性中毒，在数日、数月甚至数年之后才发作毙命。胡惟庸及其派遣的御医当然懂得，如果给刘基开的处方掺入急性毒药，服后立即毙命，其毒杀刘基的阴谋不是很快就败露了吗？因此，他们便掺入慢性毒药，让刘基服后慢性中毒，拖段时间才发作而亡，而不致被人察觉。第二，刘基离京返家之前，并非"无异常症状"。刘基对朱元璋诉说"饮其药二服，有物积腹中"，就是一种异常症状。只不过这种症状初发时，在外表体貌上表现得不是那么明显，但也不是一点痕迹都没有。宋濂见过刘基后，说他"有霜露之疾"②，朱元璋给刘基的《御赐归老青田诏书》，说他"今也老病未笃"③，就是慢性中毒初始时的反映，只是由于他们不知道这是胡惟庸命医下毒所致，所以说是"霜露之疾""老病未笃"罢了。

　　事实证明，胡惟庸毒死刘基，既有明确的动机，又有具体的行动，如果没有发现新的史料，此案是难以推翻的。

三

　　吴晗否认胡惟庸有贪污受贿的罪行，依据是《高皇帝文集》卷一六《跋夏珪长江万里图》的记述，称："文中有指摘惟庸受赃语，不过尽他所能指摘的也不过是一幅不甚著名的图。"④但细读朱元璋的这篇跋文，我们无论如何也得不出吴晗的结论。

---

① 《刘基事迹考述》，第 153—157 页。
② 《宋文宪公全集》卷一七，《恭题御赐文集后》。
③ 《御赐归老青田诏书》，《诚意伯文集》卷一。
④ 《胡惟庸党案考》，《吴晗史学论著选集》第一卷，第 462 页。

这里首先必须订正的是,《长江万里图》绝不是吴晗所说的"一幅不甚著名的图",而是南宋著名山水画家、画院待诏夏珪的代表作之一。绢长三丈三尺余,所绘之水欲溅壁,石欲出云,树欲含雾,生动地展现了万里长江滚滚东流的雄伟气势,具有很高的艺术成就。试想,如果它仅是"一幅不甚著名的图",胡维庸会瞧得上眼,用尽心计从犯人那里勒索到手,朱元璋会花费笔墨为之题跋吗?

朱元璋的《跋夏珪长江万里图》,全文分为两部分。第二部分是跋文的重点,记述该图描绘的风景、艺术成就和跋文作者的观感。第一部分是引言,交代此图的来历,文谓:

> 洪武十三年春正月,奸臣胡惟庸权奸发露,令诸司捕左右小人,询情究源。良久,人报左相赃贪淫乱,甚非寡欲。朕谓来者曰:"果何为实,以验赃贪?"对曰:"前犯罪人某被迁,将起,其左相犹取本人山水图一轴,名曰夏珪《长江万里图》。"朕犹未信,试遣人取以验。去不逾时而至。吁!微物尚然,受赃必矣。傍曰:"乃夏珪之亲笔也。"①

这里交代的这幅《长江万里图》,是左丞相胡惟庸从"前犯罪人某"手中勒索去,并从查抄的胡惟庸赃物中找到的。正如朱元璋所说:"微物尚然,受赃必矣。"仅此一图,就足以证明胡惟庸的贪污受贿罪行。但此文是图跋,只交代该图的来历即可。它不是查抄胡惟庸赃物的清单,不可能也无必要详细罗列胡惟庸的全部赃物。因此,这篇跋文只能说明胡惟庸确有贪污受贿的罪行,而不能说明胡惟庸一生只贪污了"一幅不甚著名的图"。

其实,胡惟庸一生何尝只贪污了"一幅不甚著名的图"。他早年在地方上做官,手脚就不干净。胡惟庸是定远人,曾在元朝做过小官。龙凤元年(1355)在和州投奔朱元璋,任元帅府奏差,寻转宣使。龙凤三年(1357)除宁国主簿,寻升知县。龙凤十年(1364),迁吉安府通判。龙凤十二年,擢湖广按察佥事②,整整做了十年的地方官。吴元年(1367),经大同乡、左相国李善长的推荐,擢升为太常司少卿,寻转为太常司卿,成为一

———

① [明]朱元璋撰,胡士萼点校:《明太祖集》卷一六,《跋夏珪长江万里图》,合肥:黄山书社1991年版,第388—389页。

② 《明太祖实录》卷一二九,洪武十三年正月戊戌。

名中央大员。据李善长家奴卢仲谦等人的揭发，为了报答李善长的推荐，"惟庸以黄金三百两谢之"①。而"据《昭示奸党录》所载招辞，有云龙凤年间，举荐惟庸为太常司丞，以银一千两、黄金三百两为谢者。此太师火者不花之招也"②。到洪武三年（1370），升任中书省参知政事，跨入权力中枢的门槛。

　　胡惟庸跨进中央机构、权力中枢门槛的关键筹码，是黄金300两（或白银1000两、黄金300两）的贿金，这可不是一个小数目。众所周知，明朝文武官员的岁俸制度是洪武四年（1371）正月才制定的。而在明朝建立之前，由于战争频繁，经济凋敝，财政十分困难，国家根本发不出官俸，在攻占应天后，只得听从武官"开垦荒田，以为己业"，文官"拨与职田，召佃耕种，送纳子粒，以代俸禄"③。不论是武官垦荒作为己业的田地，还是文官所受的职田，都是召佃耕种，收取田租充作俸禄，其数量史籍没有明载。吴元年（1367）之前，胡惟庸在地方任职，先是做了七年的正七品的知县，再做了两年的正六品的通判，而后做了一年的正五品的按察佥事，估计他从职田上收取的租米也就仅够维持一家人的温饱，而没有多少盈余。但他一下子却能拿出起码是300两的黄金向李善长行贿，说明他为官并不清廉，不是向百姓横征暴敛，就是贪污公帑，收受贿赂。否则，怎能拿得出这笔巨款？

　　独专省事特别是出任丞相之后，胡惟庸的贪欲更是恶性膨胀。大搞权钱交易，"大内货赂"。史载，他"私擢奏差胡懋为巡检，营其家事。由是四方奔兢之徒趋其门下，及诸武臣谀佞者多附之，遗金帛、名马、玩好，不可胜数"④。上述他收取某个罪犯的《长江万里图》，就是一个有力的佐证。明代史籍，说胡惟庸"憸而贪"⑤，一点儿也不冤枉。

①　《明太祖实录》卷二〇二，洪武二十三年五月庚子。
②　《太祖实录辨证》四，《钱牧斋全集》第三册，第2133页。
③　《国初事迹》。
④　《明太祖实录》卷一二九，洪武十三年正月甲午。
⑤　［明］黄金：《魏国公徐公达》，《献征录》卷五，第143页。

四

　　吴晗承认胡惟庸有"树党"行为①,但又说"庚午诏书所指的'枉法朋比',《明史》所记无事实可证"②。这种说法,从逻辑上讲,本身就自相矛盾。中国古代的"党",不是指现在意义上的政党,而是指为了谋取私利而结合起来的小集团。既然是为谋私利而树党,必然要依附、勾结同类,排斥、打击异己,树党就与朋比紧密相连,故有朋党之称。而无原则的朋比,必然要越出法律的界限,出现枉法的行为,胡惟庸自然也不例外。

　　胡惟庸通过行贿手段调到太常司后,对李善长感激不尽,"因相往来"③。他不仅将自己的侄女嫁给李善长侄子李佑,与之结为亲戚,作为自己向上爬的阶梯和保护伞,还极力帮助李善长打击非淮西籍大臣。当时,李善长为了维护自己的权势,正利用乡土、宗族关系,拉拢淮西勋贵,排挤非淮西籍大臣,营建以自己为核心的淮西帮派。吴元年,山西阳曲人、御史中丞杨宪,与检校凌说、高见贤、夏煜一起,合力攻击李善长"无宰相才",朱元璋也一度想换相,认为"杨宪可居在(相)位"。胡惟庸闻讯,急忙找李善长,说:"杨宪为相,我等淮人不得为大官矣。"要他设法加以阻止。后来,杨宪唆使侍御史刘炳劾奏汪广洋"不公不法",李善长即劾奏杨宪"排陷大臣、放肆为奸"等事④。朱元璋令群

---

　　① 《胡惟庸党案考》,《吴晗史学论著选集》第一卷,第462页。
　　② 《胡惟庸党案考》,《吴晗史学论著选集》第一卷,第461页。按:查《野记》所存"庚午诏书"残篇,仅有"若李韩公,前后封以五等,而善长心谋不轨,党比胡(惟庸)、陈(宁)"之语,无"枉法朋比"之词(《国朝典故》上册,第501—502页)。"枉法""朋比"之词,见于洪武十三年正月初七朱元璋对文武百官宣布胡惟庸罪状的谕词(《明太祖实录》卷一二九,洪武十三年正月己亥)。
　　③ 《明史》卷一二七,《李善长传》,第3771页。
　　④ 《国初事迹》(借月山房汇钞本)对这个事件的记载如下:"太祖尝曰:'杨宪可居在(相)位。'宪数言李善长无大材。胡惟庸谓善长曰:'杨宪为相,我等淮人不得为大官矣。'宪因劾汪广洋不公不法,李善长奏排陷大臣、放肆为奸等事。太祖以极刑处之。"(金华丛刊本与金声玉振集本的文字,与此相同。)钱谦益《太祖实录辨证》三,征引这段史料后,谓"故知尽发宪奸状及诸阴事者,善长也"(《钱牧斋全集》第三册,第2120—2121页)。然许大龄、王天有主点校的邓士龙辑《国朝典故》所收之《国初事迹》,文字与借月山房汇钞诸版本略有不同。其中,除"杨宪可居在位"一句作"杨宪可居相位"外,"宪因劾汪广洋不公不法,李善长奏排陷大臣、放肆为奸等事"一句作"宪因劾汪广洋不公不法,李善长排陷大臣,放肆为奸等事","李善长"三字之后无"奏"字(《国朝典故》上册,第89页),不知是邓氏刊本原文如此,还是点校本的疏漏。

臣按问。洪武三年(1370)七月,"宪辞伏,遂与炳等皆伏诛"①。

清除杨宪之后,李善长等淮西勋贵又把矛头指向浙东名士。浙东名士刘基、宋濂、叶琛、章溢等在朱元璋进军浙东时先后归附,他们都具备较高的文化素养,知兵识礼,富于谋略,为朱元璋扫灭群雄、创建大明王朝做出卓越的贡献,也引起淮西勋贵的忌恨。在明朝建立前,以武定天下,淮西将臣尚不觉得这些浙东文人的威胁,明朝建立后,要以文治天下,淮西勋贵不免感到恐慌,生怕满腹经纶的浙东名士会取自己而代之,成为朝廷依靠的重臣。而这批浙东名士之中,叶琛和胡深早在明朝建立前已殒于战阵,王袆又于洪武五年(1372)出使云南遇害,宋濂则为人小心谨慎,凡事与世无争,淮西勋贵便把矛头指向刘基。特别是李善长,更是必欲除之而后快。早在明朝建立之前,李善长就多次想加害刘基:

> (某日)上适以事责丞相李善长,宪使凌悦(说)因弹之。公(刘基)为上言:"李公旧勋,且能辑和诸将。"上曰:"是数欲害汝,汝乃为之地耶? 汝之忠勋,足以任此。"公叩头曰:"是如易柱,必须得大木然后可。若束小木为之,将速颠覆。以天下之广,宜求大才胜彼者。如臣驽钝,尤不可尔。"上怒遂解。②

洪武元年(1368)五月,朱元璋赴汴梁部署进兵大都事宜,命李善长与刘基留守应天。刘基以御史中丞之职,严惩李善长亲信李彬的贪纵犯法行为。李善长等人遂交相进谗,合力攻击刘基:

> 帝幸汴梁,基与左丞相善长居守。基谓宋、元宽纵失天下,今宜肃纪纲。令御史纠劾无所避,宿卫宦侍有过者,皆启皇太子置之法,人惮其严,中书省都事李彬坐贪纵抵罪,善长素昵之,请缓其狱。基不听,驰奏。报可。方祈雨,即斩之。由是与善长忤。帝归,诉基僇人坛壝下,不敬。诸怨基者亦交谮之。③

---

① 《明太祖实录》卷五四,洪武三年七月丙辰。
② 《诚意伯刘公行状》,《诚意伯文集》卷首;《明史》卷一二八,《刘基传》,第3780页。
③ 《明史》卷一二八,《刘基传》,第3780页。

　　李善长等人的合力进谗,不免使朱元璋心生疑虑。接着就发生了前面提到的刘基求雨不应的事件,激怒了朱元璋,刘基因而被削职返乡,至十一月才被召还,恢复原职。不过,李善长在洪武三年(1370)便病倒了,翌年正月致仕,最终也未能置刘基于死地。后来,胡惟庸独专省事,因刘基反对他任相而怀恨在心,便嗾使老吏讦基。此举虽使刘基失掉岁禄,但仍未能置刘基于死地。于是,在升任右丞相后,就趁刘基病重之机,暗中令御医下药毒死刘基,从而实现为自己和李善长清除宿敌的意愿。

　　如果说在李善长致仕之前,胡惟庸主要是投靠、巴结李善长,依仗李善长的扶持来扩大自己的权势的话,在李善长致仕之后,特别是自己独专省事乃至任相之后,胡惟庸则利用乡土关系,极力拉拢、巴结淮西将臣,结党营私,排斥异己,组成以自己为核心的小帮派。第一开国功臣徐达,就是他积极拉拢的对象:

　　　　胡惟庸为左丞相,憸而贪。以达元勋贵重,欲内好。达恶之,反略达阍者福寿,使为间以图达。福寿发之,达亦不问,惟时时为上言:"惟庸不可过委,过委必败。"①

　　胡惟庸还极力拉拢因违法乱纪而遭到朱元璋惩处的淮西武将,如濠人陆仲亨、五河人费聚等:

　　　　吉安侯陆仲亨自陕西归,擅乘驿传。上怒责之,曰:"中原兵燹之余,民始复业,籍户买马,艰苦甚矣。使皆效尔所为,民虽尽鬻子女,买马走递,不能给也。"责捕盗于代县。平凉侯费聚,尝命至苏州抚绥军民。聚不任事,唯嗜酒色。召还,责往西北招降达达,无功,上亦责之。二人惧。惟庸阴以权利胁诱二人,二人素憨勇,又见惟庸当朝,用事强盛,因与往来。久之益密。"②

　　淮西勋贵的核心骨干李善长,自然成为胡惟庸极力拉拢的重要对象。李善长在洪武三年受封为韩国公,"时封公者,徐达、常遇春子茂、李文忠、冯胜、邓愈及善长六人,而

---

①　[明]黄金:《魏国公徐公达》,《献征录》卷五。《明史》卷一二五,《徐达传》,第3730页。
②　《明太祖实录》卷一二九,洪武十三年正月甲午。

善长位第一"①。封公受赏之后,他"既富贵极,意稍溢,上始微厌之"②,于洪武四年病退。但朱元璋并未完全失去对他的信任。翌年李善长病愈,仍命其督建中都宫殿,洪武七年复命督迁江南民十四万人至凤阳屯田,并擢其弟李存义为太仆寺丞,李存义子李伸、李佑为群牧所官。洪武九年(1376),又将临安公主嫁给其子李祺,拜为驸马都尉,与其结为亲戚。虽然公主下嫁仅过一月,有人上告:"善长狎宠自恣,陛下病不视朝几及旬,不问候。驸马都尉六日不朝,宣至殿前,又不引罪,大不敬。"③但朱元璋只削减李善长岁禄1800石,寻又命与李文忠总中书省、大都督府、御史台,同议军国重事,督建圜丘。由于李善长在明初政坛的重要地位和影响,胡惟庸久"谋欲善长为己用",于洪武十年(1377)九月将谋反密告其婿父李存义,让他阴说李善长参与,"善长中坐默然而不答"。过了十天,胡惟庸命其旧人杨文裕再去劝说李善长,"许以淮西地封王",李善长说:"这事九族皆灭",没有应允。到十一月,胡惟庸又亲自往说李善长,李善长"犹赵趄未许"。洪武十二年八月,李存义再三往说,李善长乃云:"我老了,你每等我死时自去做。"④李善长虽然最终没有参与谋反,但也没有告发其谋,这就埋下了洪武二十三年牵连胡案被杀的祸根。

　　对一些非淮西籍的臣僚,胡惟庸也设法加以笼络,拉到自己一边。如湖广茶陵人陈宁,元末做过镇江小吏,后投奔朱元璋,累官至中书省参知政事,洪武三年(1370)坐事出知苏州。此人有些才气,但性特严酷。在苏州督征税粮,欲事速集,竟令左右烧铁烙人肌肤,人称"陈烙铁"。寻改任浙江行省参政,未行,经胡惟庸推荐,召为御史中丞。后升任右御史大夫、左御史大夫。及居宪台,益尚严酷。"上切责之,不改。其子孟麟,亦数以谏,宁怒,杖之数百至死。上深恶其不情,尝曰:'宁于其子如此,奚有于君父耶!'宁闻之惧,遂与惟庸通谋。"⑤陈宁从此成为胡惟庸帮派的一名核心骨干,并拉了同在御史台共事的中丞涂节入伙。又如江西金溪人吴伯宗,洪武四年廷试第一,授礼部员外郎,与学士宋讷等同修《大明日历》。当时"胡惟庸方用事,欲人附己。伯宗性刚直,不肯与之

① 《明史》卷一二七,《李善长传》,第3771页。
② 《左丞相李善长》,《献征录》卷一一。
③ 《明史》卷一二七,《李善长传》,第3771页。
④ 《太祖实录辨证》四,《钱牧斋全集》第三册,第2131—2132页。
⑤ 《明太祖实录》卷一二九,洪武十三年正月甲午;《明史》卷三〇八,《陈宁传》,第7909页。

相降屈;惟庸每衔之。八年,竟坐忤,惟庸中伤以事,谪居凤阳"。后来,吴伯宗上书论时政,"因言惟庸专恣不法,不宜独任以事,恐久为国患,辞甚剀切"。朱元璋得奏,"即召还,赐袭衣钞锭,奉使安南"①。

胡惟庸的同党,还有高邮名士汪广洋。钱谦益曾经指出:

　　据《昭示奸党录》诸招,广洋实与惟庸合谋为逆,而上但以坐视兴废诛之。盖此时胡党初发,其同谋诸人,尚未一一著明也。②

潘柽章经考证也指出:

　　余考(洪武十三年)正月癸卯诏云:"丞相汪广洋、御史大夫陈宁昼夜淫昏,酣歌肆乐,各不率职,坐视废兴,以致胡惟庸私构群小,夤缘为奸,因是发露,人各伏诛。以广洋与陈宁并称,则太祖之罪状广洋者至深切矣。而手敕但摘其佐朱文正、杨宪已往之过,绝不及惟庸事,岂狱词未具,不欲讼言耶?③

汪广洋为高邮人,元末举进士,流寓太平。朱元璋率部渡江,召为元帅府令史,江南行省提控。后历任行省都事、中书右司郎中、江西参政。洪武元年(1368),山东平,命理行省。当年十二月由山东行省参政召为中书省参政,翌年复出为陕西行省参政。"三年,丞相李善长病,上以中书无官,召广洋为左丞。时杨宪以山西参政先被召入为右丞,广洋至,宪恶其位轧己,每事多决不让,威福恣行。广洋畏之,常容默依违,不与较。宪犹不以为慊,欲逐去之,嗾侍御史刘炳等奏广洋奉母不如礼,以为不孝。上初未之知,因以敕切责,令还高邮。宪恐其后复入,又教炳奏迁之海南。上觉其奸,乃复召广洋还,宪坐是诛。冬十一月,进封广洋忠勤伯。四年,丞相李善长以老辞位,乃拜广洋为右丞相,以参政胡惟庸为左丞。广洋居位,庸庸无所建明。六年正月,以殆职迁广东行省参政。

①　《明太祖实录》卷一六一,洪武十七年四月乙未;《明史》卷一三七,《吴伯宗传》,第3945页。
②　《太祖实录辨证》三,《钱牧斋全集》第三册,第2126页。
③　《国史考异》卷二之一一,《〈明史〉订补文献汇编》,第503—504页。

逾年,召为左御史大夫。十年,复拜右丞相。"①胡惟庸在洪武三年(1370)正月召任中书参政,翌年正月升任左丞,六年七月升任右丞相,十年九月再迁左丞相。汪广洋与胡惟庸在中书省多年共事,并多年同在相位,估计他是在这个时期受胡惟庸拉拢而成为其同党的。不过,由于《昭示奸党录》今已不存,我们已无法了解此中的详情。

　　胡惟庸枉法朋比、结党营私,上述事实都是明证。而这些事实,《明史》皆有记载。但吴晗却说:胡案是在"李善长狱后数年方发觉,此时当不能预为周纳。"②言外之意,胡惟庸枉法朋比、结党营私的这些罪证,都是在洪武二十三年李善长牵连进胡案被杀后数年方被发觉、不能作为洪武十三年胡惟庸党案的罪证,否则就成了"预为周纳"。但事实是,上述胡惟庸的诸桩罪证,大多是在胡案初发之时即被发觉,如胡惟庸勾结李善长、拉拢陈宁、贿徐达阍者以图达、诬陷乃至毒死刘基、发杨宪"奸状"致其被杀、以事谪吴伯宗于凤阳等。任何案件的审理,只要据以定性的关键罪证确凿,便可做出判决,而非等到其他类似的罪证全部凑齐不可,这是司法审判的一个常识问题。

五

　　吴晗还否定胡惟庸有谋反罪行。《胡惟庸党案考》一文,曾援引钱谦益《太祖实录辨证》卷三据《昭示奸党录》第三录的供词概述胡惟庸谋反罪状的文字:

　　　　自洪武八年以后,惟庸与诸公侯约日为变,殆无虚月。或候上早朝,则惟庸入内,诸公侯各守四门;或候上临幸,则惟庸扈从,诸公侯分守信地。皆听候惟庸调遣,期约举事。其间或以车驾不出而罢,或以宿卫严密不能举事而罢,皆惟庸密遣人麾散,约令再举。见于《奸党三录》者,五年之中,朝会者无虑二百余。③

接着写道:"考《太祖本纪》胡惟庸以洪武六年七月壬子任右丞相,十年九月辛丑改左。

其时惟庸正被恩眷,得太祖信任。"说从洪武八年起胡惟庸就开始策划谋反,显然难以令人信服。因此,吴晗认为:"据《奸党录》言,则不特《实录》所记惟庸诸谋叛动机为子虚,即明人诸家所言亦因此而失其立足点。"①

《胡惟庸党案考》一文,还否定促成胡惟庸决心起事谋反的动机。文中援引史籍的两种不同记载,一是《明史·胡惟庸传》转述《明太祖实录》卷一二九的记载:

> 会惟庸子驰马于市,墜死车下,惟庸杀挽车者。帝怒,命偿其死。惟庸请以金帛给其家,不许。惟庸惧,乃与御史大夫陈宁、中丞涂节等谋起事,阴告四方及武臣从己者。②

一是王世贞《胡惟庸》一文的记述:

> 会其家人为奸利事,道关榜辱关吏,吏奏之,上怒,杀家人,切责,丞相谢不知乃已。
> 又以中书违慢,数诘问所由。惟庸惧,乃计曰:"主上鱼肉勋旧臣,何有我耶!死等耳,宁先发,毋为人束,死寂寂。"③

然后写道:"同样地是叙述同一事件,并且用同一笔法,但所叙的事却全不相符,一个说是惟庸子死,一个说是惟庸家人被诛。"④作者未明言何种说法正确,何种说法错误,或者两说皆错,但言外之意非常明确,那就是两说既然不相符合,就都不可信。因为紧接着,作者这样写道:"根据当时的公私记载……在胡案初起时胡氏的罪状只是擅权植党"⑤,"我们找不出有'谋反'和'通倭''通虏'的具体记载,……到了洪武二十三年后胡惟庸的谋反便成铁案"⑥。意思是说,在洪武十二年九月胡惟庸被捕入狱直到第二年正月被

---

① 《胡惟庸党案考》,《吴晗史学论著选集》第一卷,第 464 页。
② 《明史》卷三〇八,《胡惟庸传》,第 7907 页。
③ 《胡惟庸》,《献征录》卷一一。
④ 《胡惟庸党案考》,《吴晗史学论著选集》第一卷,第 463 页。
⑤ 《胡惟庸党案考》,《吴晗史学论著选集》第一卷,第 478 页。
⑥ 《胡惟庸党案考》,《吴晗史学论著选集》第一卷,第 463 页。

杀,朱元璋并未给他加上谋反的罪名,后来编造所谓通倭、通虏和串通李善长谋反的罪状,直到洪武二十三年后才将胡惟庸的谋反弄成铁案。这样,胡惟庸的谋反罪,从动机到行动就都被一笔勾销了。如果再加上吴晗对胡惟庸毒死刘基、朋比为奸、贪污受贿等罪行的否认,胡惟庸党案也就成为彻头彻尾的大冤案,胡惟庸就成为百分之百的冤死鬼了。

但是,吴晗的这番考证,却存在许多明显的漏洞。第一,其所引钱谦益概述胡惟庸谋反罪状的话,出自《昭示奸党录》第三录。胡惟庸党案的《昭示奸党录》与后来蓝玉党案的《逆臣录》性质相同。吴晗在《朱元璋传》中说:"胡案有《昭示奸党录》,蓝案有《逆臣录》,把用刑讯所得的口供和判案详细记录公布,让全国人都知道他们的'罪状'。"①这句话说对了一半,另一半却说错了。朱元璋为《逆臣录》所写的《御制逆臣录序》,谈到该书内容及编撰目的时就讲得十分清楚:"特敕翰林,将逆党情词辑录成书,刊布中外,以示同类,毋得再生异谋。"②书中只辑录刑讯案犯所得的口供,而未录载判案的经过和判决的结果。因此,我们遍检《逆臣录》和《太祖实录辨证》诸书录存的《昭示奸党录》个别段落,都是案犯的口供而未见只字的判词。《昭示奸党录》既然同《逆臣录》一样,是案犯口供的汇编而不是司法机构的判决书,某个案犯的口供出现与事实不符甚至荒唐怪诞的现象,那是极为正常的。我们不能据此就推断"《实录》所记惟庸诸谋叛动机为子虚",进而认定"明人诸家所言亦因此而失其立足点"。

第二,促成胡惟庸谋反的具体动机,明代史籍有惟庸子死与惟庸家人被诛两说,吴晗咬定这两个事件是"同一事件",既然是同一事件却有两种说法,因而全不可信。但是,吴晗未能说明为何这两件事是同一件事,也就是说,促成胡惟庸谋反的只能是一件事而不能是两件事,他更未能论证这两件事是否存在。事实上,迄今为止,我们还未见到有哪位史学家找出确凿的史料否定这两件事的存在。既然如此,这两件事都可能成为胡惟庸谋反的导火索。诸多史籍在记述胡惟庸谋反时,由于各自掌握的史料不同,有的只提到这件事,有的只提到那件事,这是完全可以理解的。

第三,《胡惟庸党案考》一文,完全回避明代史籍中有关胡惟庸策划谋反的某些具体史实。如《明太祖实录》的如下记载:

---

① 吴晗:《朱元璋传》,北京:三联书店1965年版,第253页。
② 王天有、张何清点校:《逆臣录》,北京大学出版社1991年版,序第2页。

（吉安侯陆仲亨、平凉侯费聚）尝过惟庸家饮酒。酒酣，屏去左右，因言："吾等所为多不法，一旦事觉，如何？"二人惶惧，计无所出。惟庸乃告以己意，且令其在外收辑军马以俟。二人从之。又与陈宁坐省中，阅天下军马籍。令都督毛骧取卫士刘遇宝及亡命魏文进等为心膂，曰："吾有用尔也。"①

这段史料反映了胡惟庸策划谋反的某些具体情节。其中，胡惟庸与陈宁"坐省中，阅天下军马籍"尤值得注意。明初的军队册籍是归大都督府（洪武十三年正月析为五军都督府）掌握，其他衙门包括中书省都不能过问。史载："祖制五府军，外人不得预闻，惟掌印都督司其籍。前兵部尚书邝埜向恭顺侯吴某（即吴克忠）索名册稽考，吴按例上闻。邝惶惧疏谢"②。邝埜是在明英宗正统年间担任兵部尚书的，可见直到明前期，连主管军政的兵部尚书都不许查阅军队册籍。但胡惟庸居然将大都督府掌管的军队册籍弄到中书省衙门，与陈宁一起查阅。而查阅天下军马籍的目的，不正是为调动军马进行谋反做准备的吗？《胡惟庸党案考》一文，既然是专门考证胡案的真假问题，显然是不应回避如此重要的史料的。

此外，该文虽也征引某些反映胡惟庸"谋为不轨"的史料，但又极力遮掩其"谋为不轨"的罪行。如朱国桢辑《皇明大事记》载：

（洪武二十八年）十一月，上谓翰林学士刘三吾等曰："朕自即位以来，累命儒臣历考旧章，自朝廷下至臣庶，冠婚丧祭之仪，服舍器用之制，各有等差，著为条格，俾知上下之分。而有奸臣胡惟庸等擅作威福，谋为不轨，僭用黄罗帐幔，饰以金龙凤纹。迩者逆贼蓝玉越礼犯分，床帐护膝，皆饰以金龙，又铸金爵为饮器，家奴至于数百，马坊廊房悉用九五间数。苏州府民顾常，亦用金造酒器，饰以珠玉宝石。僭乱如此，杀身亡家。"③

---

① 《明太祖实录》卷一二九，洪武十三年正月甲午。
② ［明］陈衍：《槎上老舌》，丛书集成初编本。
③ ［明］朱国桢：《皇明大事记》卷九，《高皇帝御制及纂辑诸书》，《皇明史概》中册。

在明代,龙凤纹饰属皇帝专用,玄、黄、紫三色也为皇家专用,官吏军民的衣服、帐幔均不得使用。"凡帐幔,洪武元年,令并不许用赭黄龙纹文。"①胡惟庸"僭用黄罗帐幔,饰以金龙凤纹",联系到他后来的谋反,显然不是一般意义上的逾制僭侈问题,而是包藏政治野心的图谋不轨行为。但是,《胡惟庸党案考》一文在征引这段文字时,却轻描淡写地说:"太祖和刘三吾的谈话中,胡惟庸的罪状,也不过只是擅作威福和僭侈"②。

　　第四,吴晗说胡案初起时,当时的公私记载没有通倭、通虏的罪状,这话符合实际;但说当时的公私记载没有谋反的罪状,却与史实不符。前面征引的朱元璋在诛杀胡惟庸次日向文武百官宣布的胡氏罪状中,就有"谋危社稷"四个字,"谋危社稷"指的就是谋反,属于不在常赦之列的十恶大罪之首。《大明律》卷一、卷十八,对"十恶"大罪中的谋反罪,都明确注明"谓谋危社稷"③。吴晗虽曾征引朱元璋的这段谕词④,遗憾的是他没有弄清"谋危社稷"一词在明代法律中的真正含义,却说找不出有谋反的具体记载。

　　透过明代史籍的一些零碎记载,人们可以看出,胡惟庸的谋反是既有动机也有策划,并有具体的行动,要想一笔抹杀,又谈何容易。

六

　　胡惟庸究竟是如何走上谋反之道的,胡案又是如何发生的呢?

　　胡惟庸是个私心极重、"憸而贪"的人物。他的贪欲,不仅止于对钱财的追求,更表现在对权力的追逐上,因为在阶级社会,权力可以转化为钱财,权力越大,钱财就越多。为了满足自己的贪欲,他什么奸邪卑劣的手段都使得出来,根本不顾忌道德和法律的底线。因此,当他踏进权力中枢的门槛,特别是独掌中书省事之后,经过多年的经营,利用乡土关系拉拢淮西勋旧,和门下的故旧僚佐结成一个小帮派,觉得羽翼已经丰满,政治野心便无限膨胀起来。不仅"专肆威福,生杀黜陟有不奏而行者。内外诸司封事入奏,

---

① ［明］申时行等修:万历《明会典》卷六二,《礼部·房屋器用等第》,北京:中华书局 1989 年版,第 396 页。
② 《胡惟庸党案考》,《吴晗史学论著选集》第一卷,第 452—453 页。
③ 怀效峰点校:《大明律》卷一、卷一八,沈阳:辽沈书社 1990 年版,第 3、133 页。
④ 《胡惟庸党案考》,《吴晗史学论著选集》第一卷,第 452 页。

惟庸先取视之,有病己者辄匿不闻"①,根本不把皇帝放在眼里;而且"僭用黄罗帐幔,饰以金龙凤纹",公然觊觎皇帝的宝座。

胡惟庸的骄恣擅权,一意专行,直接损害到皇权的利益,这是朱元璋绝对不能容忍的。他的末日,很快也就到来了。

贫苦农民出身的朱元璋,原本也存在浓厚的乡土、宗族观念。起义期间,他主要依靠同自己有密切的乡里、宗族关系的淮西将臣打天下。明朝建立后,不仅给予淮西将臣大量封赏,使之成为王朝的新贵,还在洪武二年(1369)九月下诏在其家乡营建中都,希望能和这些淮西勋贵一道衣锦还乡,共同巩固明王朝的统治。但是,在洪武八年四月初,当中都的营建"功将完成",朱元璋赶往中都准备"验工赏劳"时,却发生了营建工匠用"厌镇法"对繁重的工役发泄不满的事件。四月底,他返回南京,又得知刘基已在本月中旬去世的消息。朱元璋不禁想起刘基两次反对营建中都的意见,开始重新审视他所倚重的淮西勋贵和定都凤阳的决策。

朱元璋登基之后,在重用淮西勋贵的同时,也曾采取一系列措施,对他们严加防范。第一,在中书省和六部安插非淮西籍的官员,以监视、牵制淮西勋贵。如在中书省,曾任命非淮西籍的胡美、王溥、杨宪、汪广洋、丁玉、蔡哲、冯冕等出任平章政事、左右丞和参知政事,汪广洋还一度出任丞相,六部尚书更是以非淮西籍为主②。第二,制定各种礼制和法令,对淮西勋贵严加约束。如洪武五年六月作铁榜申诫公侯,明确规定:凡公侯之家,非特奉旨,不得私役官军,不得强占官民山场、湖泊、茶园、芦荡及金、银、铜场、铁冶,不得侵夺他人田地、房屋、孳畜,不得私托门下,影蔽差徭,不得接受诸人田土及朦胧投献物业,否则将受到严重的处罚,直到斩首③。第三,起用一批心腹亲信如高见贤、夏煜、杨宪、凌说、丁光眼、靳谦、毛骧、耿忠、吴印、华克勤等,充当检校,监视臣僚的各种活动。他们严密"察听在京大小衙门,官吏不公不法及风闻之事,无不奏闻太祖知之"④。

但是,这些措施对淮西勋贵并没有起到真正的约束作用。淮西勋贵往往自恃劳苦

① 《明太祖实录》卷一二九,洪武十三年正月甲午。
② 《明史》卷一〇九,《宰辅年表》,第3306—3309页。[明]王世贞撰,魏连科点校:《弇山堂别集》卷四六至卷五一,《中书省表》《六部尚书表》,北京:中华书局1985年版,第873—964页。
③ 《明太祖实录》卷七四,洪武五年六月乙巳。
④ 《国初事迹》。

功高，又是皇帝的同乡，不仅极力排挤、打击非淮西籍的大臣，而且屡屡逾礼越制，肆无忌惮地追逐财富和权力。洪武二年（1369）十二月，朱元璋在大赏平定中原及征南将士之功时，即曾批评右副将军冯胜在山西泽州之役中，"与平章杨璟妄分彼此，失陷士卒"；陕西平定后，大将军徐达和右副将军李文忠被调回京议功赏，命其代大将军权镇庆阳，总制各镇大军，他生怕自己得不到赏赐，竟然"擅自班师"，"时当隆冬"，"致士卒冻馁"①，并使元将扩廓帖木儿乘机"纵游骑掠平凉、巩昌北鄙人畜，大为边患"②。洪武三年（1370）十月，朱元璋大封功臣时，又狠狠批评了一些淮西大将的违法行为：

> 如御史大夫汤和，与朕同里闬，结发相从，屡建功劳，然嗜酒妄杀，不由法度；赵庸从平章李文忠取应昌，其功不细，而乃私其奴婢，废坏国法；廖永忠战鄱阳时，奋勇忘躯，与敌舟相拒，朕亲见之，可谓奇男子，然而使所善儒生窥朕意向，以徼封爵；佥都督郭子兴，不奉主将之命，不守纪律，虽有功劳，未足掩过。③

此后，类似的违法事件仍不时发生。在中都营建期间，淮西勋贵不仅加紧排斥、打击非淮西籍大臣，而且公然违反禁令为自己营建第宅。洪武五年（1372）朱元璋决定在中都为6公27侯建造第宅之前，武定侯郭英等人即私自役使营建中都的将士替自己建造私室，为此而遭到朱元璋的斥责："朕命军士往临濠造宫殿，汝等又役之为私室，岂保身兴家之道哉！"④后来，江夏侯周德兴也"恃帝故人，营第宅逾制"⑤。朱元璋因此受到很大的触动，意识到乡党并不都是忠诚可靠的，如果在凤阳建都，淮西勋贵利用家乡盘根错节的乡里、宗族关系扩张势力，势必对皇权构成严重的威胁。觉得刘基临回乡前所叮嘱的"凤阳虽帝乡，非天子所居之地，虽已置中都，不宜居"含义实在深刻。朱元璋于是决心抛弃乡土、宗族观念，在返回南京的当天，诏罢中都役作。当年九月，下诏改建南京的大内宫殿，彻底抛弃营建中都的计划。朱元璋从此未再返回凤阳老家，他的用人之策，也从倚重淮西勋贵逐步转向五湖四海。

---

① 《明太祖实录》卷四七，洪武二年十一月己酉。
② 《国榷》卷三，洪武二年十一月甲辰，第401页。
③ 《明太祖实录》卷五八，洪武三年十一月丙申。
④ 《明太祖实录》卷六九，洪武四年十一月壬申。
⑤ 《明史》卷一三二，《周德兴传》，第3861页。

与此同时,随着自己逐渐坐稳了龙椅,朱元璋又开始思谋如何改革国家机构,以强化封建专制中央集权的问题。洪武初年的政权体制基本袭自小明王的宋政权,而宋政权基本是仿照元朝的体制建立起来的。元朝的国家机构,在中央设中书省总理全国政务,最高长官中书令是一个名义上的虚衔,不常设。中书令下设右、左丞相(蒙古习俗尚右,右在左上)为实任丞相,"令缺,则总省事,佐天子,理万机"①。丞相之下设平章政事、右左丞、参知政事,为副相。在地方设行中书省,作为中书省的分出机构。行中书省的建制与中书省的建制相仿,中书省设什么官职,行中书省也设什么官职,中书省统管全国的军政、民政、财政,行中书省则统管地方的军政、民政、财政,"凡钱粮、兵甲、屯种、漕运、军国重事,无不领之"②,号称"外政府",职权极重。后期四处兵起,地方军政首领各自为战,往往擅权自专,不听朝廷指挥,形成分裂割据的局面。朱元璋是从小明王封授的江南等处行中书省平章政事起家的,他文檄用宋政权的龙凤纪年,"然事皆不禀其节制"③,行中书省俨然是个独立王国。这正好为朱元璋借助小明王旗号发展自己的势力提供了方便,所以他对这种体制颇为赞赏。但是,随着军事上不断取得进展,他又担心部下效而仿之,对自己闹起独立。果不其然,在龙凤十年(1364)朱元璋称吴王前后,臣僚越礼犯分的事即时有发生,龙凤八年甚至发生淮西骁将邵荣谋反事件,次年又发生另一淮西骁将谢再兴叛降张士诚的事件。这不仅引起朱元璋的警惕和忧虑,同时也使他认识到这种政权体制的弊端,说:"元氏昏乱,纪纲不立,主荒臣专,威福下移,由是法度不行,人心涣散,遂至天下骚乱。"④不过,当时战事频繁,尚无暇进行改革。

洪武建国之后,臣僚特别是淮西勋贵违法乱纪的事件层出不穷,促使朱元璋进一步探究这种体制弊端的症结所在。洪武三年(1370)十二月,儒士严礼等上书言治道,朱元璋即就元朝的兴亡得失,与侍臣展开一场讨论:

> 上退朝御西阁,因览礼所上书,谓侍臣曰:"汝等知古今,达事变,且言元氏之得天下与所以失之故。"或言世祖君贤臣忠以得之,后世君暗臣谀以失之;或言世祖能

---

① [明]宋濂等撰:《元史》卷八五,《百官志》一,北京:中华书局1976年版,第2121页。
② 《元史》卷九一,《百官志》七,第2305页。
③ [明]高岱撰,孙正容、单锦珩校:《鸿猷录》卷二,《宋事始末》,上海古籍出版社1992年版,第29页。
④ 《明太祖实录》卷一四,甲辰年正月戊辰。

用贤而得之,后世不能用贤而失之;或言世祖好节俭而得之,后世尚奢侈而失之。上曰:"汝等所言,皆未得其要。夫元氏之有天下,固由世祖之雄武,而其亡也,由委任权臣,上下蒙蔽故也。今礼所言'不得隔越中书奏事',此正元之大弊。人君不能躬览庶政,故大臣得以专权自恣。今创业之初,正当使下情通达于上,而犹欲效之,可乎?"①

在朱元璋看来,要实现天下大治,君主必须"躬览庶政"。所谓"躬览庶政",顾名思义,即指君主要临朝预政,亲自过问和处理国家大事。朱元璋认为,君主如不"躬览庶政",大臣就会专权自恣。不过,朱元璋所说的"躬览庶政",还有更深一层的含义,即主张进一步扩张皇权,强化专制的中央集权,地方集权于中央,中央集权于君主,以便君主能完全按自己的意志办事。

依照这个改革思路和方案,朱元璋首先着手地方行政机构的改革,以便消除地方割据的威胁。洪武八年(1375)十月,将地方军事机构都卫改为都指挥使司,以长官都指挥使"掌一方之军政,各率其卫所以隶于五府,而听于兵部","序衔布、按二司上"②。翌年六月,改行中书省为承宣布政使司,以长官布政使"掌一省之政,朝廷有德泽、禁令承流宣播,以下于有司"③,即主管民政和财政。再加上"掌一省刑名按劾之事"④的提刑按察使司,原来的行中书省职权便一分为三,由都司、布政司和按察司分掌,三者互相制约,并各自向朝廷负责,集权于中央。

接着,朱元璋就着手谋划中央行政机构的改革。朱元璋认为,中书省的制度妨碍君主"躬览庶政",而丞相的设置更容易导致"大臣专恣",说:"昔秦皇去封建,异三公,以天下诸国合为郡县,朝廷设上、次二相,出纳君命,总理百僚。当是时,设法制度,皆非先圣先贤之道。为此,设相之后,臣张君之威福,乱自秦起,宰相权重,指鹿为马。"⑤随着地方机构的改革,地方的民政、财政、军政和司法监察大权集中到中央,中书省的权力因而扩大,胡惟庸更是"专肆威福",相权和皇权的矛盾更加尖锐。朱元璋于是又采取一系列

---

① 《明太祖实录》卷五九,洪武三年十二月戊辰。
② 《明史》卷七六,《职官志》五,第1872页。
③ 《明史》卷七四,《职官志》四,第1839页。
④ 《明史》卷七四,《职官志》四,第1840页。
⑤ 《明太祖集》卷一〇,《敕问文学之士》,第202页。

措施来限制和削弱中书省的职权。洪武九年（1376）闰九月，下令裁汰中书省的平章政事和参知政事，"惟李伯昇、王溥等以平章政事奉朝请者仍其旧"①。这样，中书省只留下右丞相胡惟庸和右丞丁玉，而丁玉已在当年正月率师至延安防边，到七月才返回京师，中书省实际上只留胡惟庸一人在唱独角戏。第二年五月，又令李善长与亲甥李文忠共议军国重事，"凡中书省、都督府、御史台，悉总之，议事允当，然后奏闻行之"②。六月，"诏军民言事者，实封达御前"，又"命政事启皇太子裁决奏闻"③。至此，中书省的权力已受到极大削弱，君权得到了极大加强。九月，擢升胡惟庸为左丞相，命汪广洋为右丞相，又将丁玉调任御史大夫，将中书省的佐理官吏全部调空。洪武十一年三月，更告谕礼部："胡元之世，政专中书，凡事必先关报，然后奏闻。其君又多昏蔽，是致民情不通，寻至大乱，深可为戒。"④随后即"命奏事毋关白中书省"⑤，彻底切断中书省与中央六部及地方诸司的联系，使中书省变成一个空架子。下一步，朱元璋便准备选择适当时机罢废中书省和丞相之职，躬览庶政，以消除大臣专恣的隐患。为了防止突然事件的发生，洪武十二年七月，朱元璋还将李文忠从陕西调回京师，提督大都督府，以加强对军队的控制。

胡惟庸把这一切都看在眼里，深感焦虑和不安。他知道，如果中书省被撤销，丞相的官职被废除，自己多年的苦心经营都将尽付东流，自然不肯善罢甘休，遂与御史大夫陈宁、涂节等密谋造反。不仅与陈宁在中书省偷阅"天下军马籍"，令陆仲亨、费聚"在外收辑军马以俟"，令毛骧"取卫士刘遇宝及亡命之徒魏文进等为心膂"，而且力图把李善长也拉下水，同他一起谋反。不久，"会其家人为奸吏事，道关榜辱关吏"，被关吏告了一状，朱元璋大怒，下令杀此家人，并切责胡惟庸。他"谢不知乃已"，侥幸地逃过了一劫。紧接着，胡惟庸的儿子在市街上策马狂奔，撞到一辆大车上，身受重伤，不治而亡。胡惟庸一怒之下，杀了马车夫。朱元璋更是怒不可遏，要他偿命。胡惟庸这才感到大祸临头，决定"宁先发，毋为人束，死寂寂"，即刻派人"阴告四方及武臣从己者"，准备起事谋反。

---

① 《明太祖实录》卷一〇九，洪武九年闰九月癸巳。
② 《明太祖实录》卷一一二，洪武十年五月庚子。
③ 《明史》卷二，《太祖纪》二，第 32 页。
④ 《明太祖实录》卷一一七，洪武十一年三月壬午。
⑤ 《明史》卷二，《太祖纪》二，第 33 页。

胡惟庸的阴谋正在紧锣密鼓地进行。不料,洪武十二年(1379)九月二十五日,占城国王阿答阿者派使者阳须文旦朝贡至京,中书省未及时引见,被直门内使告发①。朱元璋敕责省臣,胡惟庸和汪广洋等叩头谢罪,而"微委其咎于礼部,部臣又委之中书"。朱元璋益怒,"尽囚诸臣,穷诘主者"②,胡惟庸、汪广洋等皆下狱,严加追查。十二月,御史中丞涂节告发胡惟庸毒死刘基之事,并说"广洋宜知其状"。朱元璋审问汪广洋,汪广洋答以"无之"③,被贬谪海南。舟次太平,朱元璋又追究其往昔当江西行省参政时曲庇朱文正,后居台省又未曾献一谋划、进一贤才,未能揭发杨宪的罪责,"特赐敕以刑之","以归冥冥"④。汪广洋被杀后,他的小妾跟着自杀,朱元璋查明此妾是被籍没入官的陈姓知县的女儿,大怒曰:"凡没官妇人女子,止配功臣为奴,不曾与文官。"遂查出"胡惟庸等并六部官擅自分给,皆处以重罪"⑤。翌年正月初二,涂节料想胡惟庸必死无疑,便告发了胡惟庸与陈宁谋划造反的事。差不多与此同时,被贬为中书省吏的御史中丞商暠,也做了类似的揭发。经过一番审讯,正月初六日,朱元璋"赐惟庸、陈宁死"。廷臣认为"涂节本为惟庸谋主,见事不成,始上变告,不诛无以戒人臣之奸宄者",于是"乃并诛节,余党皆连坐"⑥。应天府所属上元、江宁两县,许多豪强地主被指为胡党,也遭到屠戮。翌日,朱元璋召集文武百官,公布胡惟庸"谋危社稷"等罪状,并宣布其改革中央机构的决定:"朕欲革去中书省、升六部,仿六卿之制,俾之各司所事;更置五军都督府,以分领军卫。如此,则权不专于一司,事不留于壅蔽。"⑦通过这番改革,朱元璋将全国军政大权都集中到自己手里,由自己直接管理国家大事。从此,"勋臣不与政事"⑧,淮西勋贵除继续领兵征战者外,一般不再担任行政职务。

① 《明太祖集》卷七,《问中书礼部慢占城入贡敕》,第121—122页。
② 《明史》卷三〇八,《胡惟庸传》,第7909页。
③ 《野记》一,《国朝典故》上册,第505页。
④ 《明太祖集》卷七,《废丞相汪广洋》,第122—123页。
⑤ 《国初事迹》。
⑥ 《明太祖实录》卷一二九,洪武十三年正月戊戌。
⑦ 《明太祖实录》卷一二九,洪武十三年正月己亥。
⑧ 《明史》卷一三〇,《郭英传》,第3824页。

七

　　胡惟庸虽已被诛,但胡案并未就此结束。此后,朱元璋便以胡案为武器,抓住一些大臣的违法事件,搞扩大化,对淮西勋贵及其子弟继续展开诛杀,借以清除心目中的异己分子,以保障自己的"躬览庶政"。

　　日本的倭寇自元代开始侵扰我国沿海地区,元末明初"乘中国未定"之机,"率以零服寇掠沿海"①。明廷多次遣使赴日交涉,均无结果,倭寇的骚扰有增无减。洪武十九年(1386)十月,朱元璋又给胡惟庸加上通倭的罪名,说他曾令明州卫指挥林贤前往日本,借日本精兵助其谋反②。蒙古是明朝的劲敌,后来朱元璋又给胡惟庸加上通虏的罪名,说他曾派封绩前往漠北,请北元发兵呼应其逆谋。后来,胡惟庸伏诛,封绩不敢回来。"二十一年,蓝玉征沙漠,获封绩,善长不以奏。至二十三年五月,事发,捕绩下吏,讯得其状,逆谋益大著。"③最后,朱元璋还给胡惟庸加上勾结李善长谋反的罪名。洪武十三年(1380)胡案初发时,李善长并未受到触动,当年五月还受命理御史台事。洪武十八年有人告发李善长弟李存义父子"实惟庸党者",诏免死,安置崇明。"善长不谢,帝衔之"④。到洪武二十三年(1390),李善长年已七十有七,却"耄不能检饬其下",尝欲营建第宅,向信国公汤和"假卫三百人役",汤和攘臂曰:"太师敢擅发兵耶?"并"密以闻"⑤。四月,京民有坐罪应徙边者,李善长又奏请免其两个姐姐及私亲丁斌。朱元璋大怒,下令逮捕丁斌,严加审讯。丁斌供出李存义父子往时交通胡惟庸之事。李存义及其子李伸,他弟弟李存贤及其子李仁皆遭逮捕,他们的供词又牵涉到李善长。闰四月,李善长及其家人全被下狱,他的家奴卢仲谦等人又供出其"与惟庸往来状"⑥。五月,"会有言

---

　　① ［清］金安清:《东倭考》,《倭变事略》,上海书店1982年版,第201页。
　　② ［明］朱元璋:《御制大诰三编》《指挥林贤胡党第九》,钱伯城等主编:《全明文》第一册,上海古籍出版社1992年版,第701—702页。
　　③ 《明史》卷三〇八,《胡惟庸传》,第7908页。
　　④ 《明史》卷一二七,《李善长传》,第3772页。
　　⑤ 《左丞相李善长》,《献征录》卷一一。
　　⑥ 《太祖实录辨证》四,《钱牧斋全集》第三册,第2130—2134页。

星变,其占当移大臣"①,朱元璋遂以"心谋不轨,党比胡、陈"的罪名②,将李善长赐死,他的妻女子弟并家人七十余人口悉皆斩杀,家产全部抄没,"籍入六万金"③。吉安侯陆仲亨、延安侯唐胜宗、平凉侯费聚、南雄侯赵庸、荥阳侯郑遇春、宜春侯黄彬、河南侯陆聚等,皆同时坐胡党被杀,连已故营阳侯杨璟、济宁侯顾时等若干淮西武将,也追坐胡党,革除爵位。随后,命刑部尚书杨靖"备条乱臣情词",辑为《昭示奸党》诸录,"次第刊布"④,算是为胡案画上一个句号。

胡惟庸被诛后,朱元璋所追加的通倭、通虏及串通李善长谋反诸罪的具体情节,史籍的记载,包括《昭示奸党录》列举的案犯供状,往往彼此抵牾,漏洞百出。王世贞、钱谦益、潘柽章以及吴晗等诸多学者,经过认真仔细的考订,证明它们都属于向壁虚构,并不足信,此不复赘。然而,李善长何以会被牵连到胡案之中而遭诛杀,却仍有值得探讨之处。

李善长被诛的次年,御史解缙代虞部郎中王国用起草一封上疏,为之喊冤。疏曰:

　　窃见太师李善长与陛下同一心,出万死以得天下,为勋臣第一,生封公,死封王,男尚公主,亲戚皆被荣宠,人臣之分极矣,志愿亦已定矣,天下之富贵无以复加矣。若谓其自图不轨尚未可知,而今谓其欲佐胡惟庸者,揆事之理,大谬不然矣。人情之爱其子,必甚于爱其兄弟之子,安享万全之富贵者,岂肯侥幸万一之富贵哉?虽至病狂,亦不为矣。善长于胡惟庸则侄之亲耳,于陛下则子之亲也,岂肯舍其子而从其侄哉?使善长佐胡惟庸成事,亦不过勋臣第一而已矣,太师、国公、封王而已矣,尚主纳妃而已矣,岂复有加于今日之富贵者乎?且善长岂不知天命之不可幸求,取天下于百战而难危也哉?当元之季,欲为此者何限,莫不身为齑粉,世绝宫污,仅保守(首)领者几人哉?此善长之所熟见也,且人之年迈,摧颓精神,意虑鼓舞倦矣,偷安苟容则善长有之,曾谓有血气之强暴动感其中也哉?又其子事陛下,托骨肉至亲,无纤芥之嫌,何得忽有深仇急变,大不得已之谋哉?凡为此者,必有深仇

---

① 《明史》卷一二七,《李善长传》,第3772页。
② 《野记》一,《国朝典故》上册,第501—502页。
③ 《国榷》卷九,洪武二十三年五月乙卯,第709页。
④ 《太祖实录辨证》四,《钱牧斋全集》第三册,第2141页。

急变,大不得已,而后父子之间或至相挟,以求脱祸图全耳。未有平居晏然,都无形迹,而忽起此谋者也,此理之所必无也。若谓天象告变,大臣当灾,则杀人以应天象,夫岂上天之欲哉?今不幸以失刑而臣恳恻为明之,犹愿陛下作戒于将来也。天下孰不曰:功如李善长又何如哉?臣恐四方之解体也。①

史载,"太祖得书,竟亦不罪也"②。不过,潘柽章却认为:"《昭示奸党》凡三录,冠以手诏数千言,乃二十三年命刑部播告天下者,而《实录》不载,所述善长往来情词,约略诸招,不免脱误。即解学士讼冤疏草,亦似未究爰书者。"③潘柽章所说的"解学士讼冤疏草,亦似未究爰书者"是什么意思呢?要弄清这个问题,还得从《明太祖实录》记述善长与胡惟庸往来情词的脱误说起。《明太祖实录》载:

> 太仆寺丞李存义者,善长之弟,惟庸之婿父也,以亲故往来惟庸家。惟庸令存义阴说善长同起,善长惊曰:"尔言何为者,若尔,九族皆灭。"存义惧而去,往告惟庸。惟庸知善长素贪,可以利动。后十余日,又令存义以告善长,且言:"事若成,当以淮西地封公为王。"善长虽有才能,然本文吏,计深巧,虽佯惊不许,然心颇以为然,又见以淮西之地王己,终不失富贵,且欲居中观望,为子孙后计,乃叹息起曰:"吾老矣,由尔等所为。"存义还告,惟庸喜,因过善长。善长延入,惟庸西面坐,善长东面坐,屏左右欸语良久,人不得闻,但遥见颔首而已。惟庸欣然就辞出。④

钱谦益经考订指出,胡惟庸派去说李善长,许以淮西地封王者为"善长故人杨文裕"而非李存义⑤;说胡惟庸面见李善长,"欸语良久,人不得闻,但遥见颔首而已","盖用太史公淮阴诸传之法,可谓妙于揣摩矣。以言乎《实录》,则犹有间也",并不足信⑥。他还将《实录》与朱元璋的手诏和《昭示奸党录》的供状进行比对,指出:

---

① [明]解缙:《代虞部郎中王国用论韩国公冤事状》,程敏政辑:《皇明文衡》卷六,四部丛刊本。
② 《明史》卷一二七,《李善长传》,第3773页。
③ 《国史考异》卷二之一二,《〈明史〉订补文献汇编》,第505页。
④ 《明太祖实录》卷一二九,洪武十三年正月甲午。
⑤ 《太祖实录辨证》四,《钱牧斋全集》第三册,第2133页。
⑥ 《太祖实录辨证》四,《钱牧斋全集》第三册,第3132页。

手诏之罪善长曰:"李四(即李存义)以变事密告,善长中坐默然而不答。又十日,弟仍告之,方乃有言。皆小吏之机,狐疑其事。以致胡、陈知其意,首臣既此,所以肆谋奸宄。"善长自招,一云:"寻思难答应。"一云:"这事九族皆灭。"一云:"我老了,你每等我死时自去做。"皆徘回顾望,一无坚决之语。其所云:"这件事若举,恐累家里人口;这事急切也做不成。"以此含糊不举。此则其本情也。惟庸反谋已久,谋欲善长为己用,兄弟子侄,宾客朋旧,下及僮仆厮养,举皆入其彀中。善长昏姻谊重,目瞪口呿,宛转受其笼络而不能自拔,卒委身以殉之。以霍子孟(霍光字子孟)之忠,明知显(霍光妻)之邪谋,欲自发举,不忍犹与,以酿身后之祸。而况可责之于善长乎? 坐此族灭,岂为不幸哉?①

弄清《明太祖实录》记述李善长与胡惟庸往来情词脱误的情况,潘柽章所说"解学士讼冤疏草,亦似未究爰书者"的含义,也就清楚了,即批评解缙由于没有仔细阅读《昭示奸党录》,其讼冤疏状一味为李善长的被诛叫屈,却忽略了李善长虽未参与胡惟庸的谋反却也没有揭发的事实,而这则是作为一名朝廷重臣所不许可的行为。

钱谦益认为,李善长之所以没有举报胡惟庸的谋反,原因是其侄子李佑娶了胡惟庸的侄女,"昏姻谊重,家门虑深",故而"宛转受其笼络而不能自拔"。但是,要论婚姻情谊,李善长的儿子李祺娶了朱元璋的长女临安公主,不是比同胡惟庸的关系更深更重吗? 其实,李善长没有举报胡惟庸的谋反,另有更为深刻的原因在。李善长原是个乡间小知识分子,虽"少读书",但也只是"粗持文墨"而已②,并没有什么高超的文韬武略。在朱元璋起义的前期,他"为参谋,预机画,主馈饷"③,做过一定的贡献。龙凤二年(1356)攻占应天后,随着刘基等一批富于谋略的大儒的应聘,并担负起谋士的职责,他便主要充当起大管家的角色。论武功比不上受封为公、侯的任何一位武将,论文治更比不上刘基、宋濂等任何一位文臣,连朱元璋也说他"无汗马之劳"④。但是由于朱元璋当

① 《太祖实录辨证》四,《钱牧斋全集》第三册,第3131—3132页。
② 《左丞相李善长》,《献征录》卷一一。
③ 《明史》卷一二七,《李善长传》,第3769页。
④ 《明太祖实录》卷五八,洪武三年十一月丙申。

时存在浓厚的乡土、宗族观念,李善长投奔较早,对他也表现得忠心耿耿,所以对李善长非常器重。朱元璋就任江南行省平章时,就以李善长为参议,"军机进止,章程赏罚,十九取善长处分"①。称吴王后到称帝的初期,一直让他担任丞相的职务。吴元年虽有换相的想法,但洪武三年(1370)大封功臣时,又授予最高一级的封爵,赋予他一人之下、万人之上的崇高地位。"有心计而无远识"的李善长,对此自然感到十分满意。为了保住已经到手的权位,他拼命拉拢淮西勋贵,排挤非淮西籍的大臣。岂料好景不长,就在封公受赏之后,他因"富贵极,意稍骄",引起朱元璋的不满与猜忌,翌年便令其病退,使之失去往昔的荣宠。他的胸中不免腾起一股对朱元璋的怨气。此后,他同朱元璋的关系总是磕磕绊绊,不时遭到朱元璋的敲打,甚至被削减岁禄 1800 石,不复享有"无以复加"的富贵。他对朱元璋也就愈加怨恨。对朱元璋的这种积怨,促使李善长对胡惟庸的谋反采取一种沉默的态度,既不贸然参与,也不检举揭发。朱元璋正是抓着他的这个把柄,给他加上"心谋不轨,党比胡、陈"的罪名,把他牵连进胡案加以诛杀的。因此,李善长之被冤杀,固然是朱元璋强化君主专制的必然产物,也是李善长自酿的一杯苦酒。

八

那么,整个胡惟庸党案的真相究竟如何呢?正如吴晗所指出的,胡惟庸党案是明初皇权与相权矛盾冲突的产物。胡惟庸憸而又贪,私心极重,他在独专省事、继而任相之后,不仅在经济上贪污受贿,而且在政治上拉帮结派,打击异己,飞扬跋扈,擅专黜陟,藏匿于己不利的奏章,甚至"僭用黄罗幔帐,饰以金龙凤纹",流露出觊觎皇位的野心,对皇权构成严重的侵犯和威胁,最后发展到与同党秘密策划谋反,充分反映出封建社会后期地主阶级的贪婪与腐朽。他以"谋危社稷"等罪名被杀,是名副其实的真案,一点也不冤枉。而朱元璋大兴党狱,是为了加强君主专制的中央集权,便于他的"躬览庶政"。胡案一发生,他就借机搞扩大化,把自己心目中的异己分子都牵连进去,"余党皆连坐",这些被株连的"余党",有的便是冤死鬼。此后,他将罪名逐步升级,由谋危社稷升至通倭,再

① 《左丞相李善长》,《献征录》卷一一。

升至通房、串通李善长谋反，用以打击某些恃功骄恣、飞扬跋扈的功臣，这些则纯属冤假错案。整个胡案，"词所连及坐诛者三万余人"①，有的地方甚至"将男妇长幼悉屠之"，充分暴露出封建专制的血腥与残暴。

　　总之，就整个案件而言，胡惟庸党案是有真有假，真假掺杂，说它全都是真案有悖于史实，说它全都是假案也不符合实际。这就要求我们进行细致的辨析，认真的考证，分清其中的真与假。只有这样，才能对整个案件的作用和影响做出正确的评价，既看到朱元璋通过此案清除了部分骄横跋扈、逾礼越制的功臣，具有促进社会安定、经济恢复和发展的积极作用，又看到朱元璋借助此案冤杀了大批的无辜将臣，造成政治恐怖，人人自危，"多不乐仕进"②的消极影响。

2009 年 7 月 26 日初稿

2015 年 1 月 20 日改定

［原载《明清论丛》第十辑（2010 年 8 月）］

① 《明史》卷三〇八，《胡惟庸传》，第 7908 页。

② ［清］赵翼著，王树民校证：《廿二史札记证》卷三二，《明初文人多不仕》，中华书局 1984 年版，第 741 页。

蓝玉党案再考

一

明洪武年间的蓝玉党案,是继胡惟庸党案之后的又一大要案。洪武二十六年(1393)五月,在蓝玉被诛三个多月后,朱元璋敕命翰林院官将近千名案犯的供状辑录成书,名曰《逆臣录》,公布中外。"凡列名《逆臣录》者,一公、十三侯、二伯",同时"以党连坐者"有都督十余人,"多玉部下偏裨,于是勇力武健之士芟夷略尽"①,对明初的政治军事产生了深远的影响。

《逆臣录》是研究蓝玉党案的第一手原始资料,但流传不广。清乾隆后期,学识渊博的赵翼撰写《廿二史札记》时已找不到该书,说胡惟庸党案有《昭示奸党录》,蓝玉党案有《逆臣录》,"今二录不可考"②。吴晗的《朱元璋传》从1943年到1964年经过多次改写,也始终未能找到《逆臣录》,有关蓝玉党案只能根据《明太祖实录》《明史》和潘柽章《国史考异》等有关记载来展开论述。20世纪80年代,笔者为撰写《洪武皇帝大传》,到北京

---

① 〔清〕张廷玉等撰:《明史》卷一三二,《蓝玉传附曹震等传》;北京:中华书局1974年版,第3866、3870页。
② 〔清〕赵翼著,王树民校证:《廿二史札记校证》,北京:中华书局1984年版,第743页。

各大图书馆查找资料,得知北京图书馆(今国家图书馆)和北京大学图书馆藏有《逆臣录》手抄本①,真是喜出望外,赶忙跑到北大图书馆善本室查阅,并做了部分摘录。经过仔细研究,我赞同潘柽章的看法(详后),认为《逆臣录》辑录的案犯供状有真有假,蓝玉党案是真假掺杂,但蓝玉及其骨干的谋反罪行确实存在。笔者按照这个判断,征引《逆臣录》中几个要犯的供状,对蓝玉的谋反展开论述。书稿杀青后,几经周折,于1993年6月由河南人民出版社正式出版,与广大读者见面。

　　时隔一年,吕景琳推出一部与拙著同名的《洪武皇帝大传》(辽宁教育出版社1994年8月出版),批评拙著是"被《逆臣录》的众口一词所迷惑",认为《逆臣录》辑录的案犯供状都是"虚假的,经不起推敲的"②,不足为凭。接着,吕景琳将其《洪武皇帝大传》的有关论述加以整理补充,撰成《蓝玉党案考》一文,在《东岳论丛》1994年第5期发表。文中称:"许多研究者尽管认为朱元璋在借端株连,兴起大狱,但对蓝玉及其骨干之谋反也认为必有其事,加以肯定。新近出版的陈梧桐先生的《洪武皇帝大传》就是其中的代表。"文中列举《逆臣录》的五大"破绽":(一)"蓝玉并未招供"。这部供词汇编没有本案首魁蓝玉和二号人物景川侯曹震的口供,表明两名主犯(还有会宁侯张温、怀远侯曹兴等)根本没有招供。(二)"谋反时间的众说纷纭"。蓝玉的谋反,有洪武二十一年、二十三年、二十四年、二十五年、二十六年诸种说法,口径不一。(三)"胡编乱造的胡惟庸李善长故事"。为了把蓝党与胡党挂起钩来,蓝玉等人的谋反日期更推至洪武八年、十一年、十二年,漏洞百出,荒唐可笑。(四)"门庭若市的凉国公府"。蓝玉征西返回南京后不足一个月的时间里,上自侯爷、督爷、指挥,下至千百户、总旗小旗,乃至奴仆家丁、贩夫走卒、流氓无赖,都穿梭往来于凉国公府,而且差不多都由蓝公爷陪酒款待,并且扬言要"下手做一场",令人不可思议。(五)"具体谋反日期露出了马脚"。说蓝玉选择在皇帝享先农、耕籍田之日动手谋反,是根本不可能的。吕景琳根据这五条"破绽"断定:"蓝玉案是完完全全的一个假案,不但牵连而死的一二万人是无辜的,就是蓝玉本人,也没有谋反的行动与策划。"③

---

① 前者名为《蓝玉党案供状》,不分卷,已收入书目文献出版社1998年刊行的《北京图书馆古籍珍本丛刊》;后者名为《逆臣录》,分为五卷,已由北京大学出版社于1991年出版。
② 吕景琳:《洪武皇帝大传》,沈阳:辽宁教育出版社1994年版,第435、431页。
③ 吕景琳:《蓝玉党案考》,《东岳论丛》1994年第5期。

笔者仔细研读吕景琳所写的《洪武皇帝大传》及其论文后,觉得他的立论缺乏说服力,曾在安徽凤阳一次学术会议期间同他交换过意见。后来刊行的拙著增订版《洪武大帝朱元璋传》(贵州人民出版社 2005 年 8 月版),笔者仍按照自己的看法对蓝案展开论述,未涉及吕景琳的观点。有些熟悉的朋友读了这部增订版后,常问起我对吕景琳观点的看法。故此特撰此文,专就《逆臣录》及蓝案的真假问题作一番深入的探讨,并就吕景琳的观点发表一些个人的看法,以期进一步弄清蓝案的真相,加深对明初历史的了解。

二

在评述吕景琳的观点之前,有必要先来谈谈明清史籍对蓝玉党案的记载以及前人对《逆臣录》及蓝案的看法。

蓝玉党案发生后,除了朱元璋公布的《逆臣录》,时人迫于严酷的封建专制统治,对此案大多未敢加以记载,即使有个别论著涉及此案,记述也极简略。例如曾任朱元璋帐前黄旗先锋、后来长期担任下层军职的俞本,在永乐初年撰写的《纪事录》(今存天启年间刻本,已易名为《明兴野记》),只用简短的一段文字记述蓝玉与叶昇的姻亲关系和蓝玉、曹震被诛后其妻受辱的情景,而未及蓝玉谋反的具体案情。文曰:

> 洪武二十六年癸酉二月,蓝玉与叶昇结婚(结为姻亲),玉恐昇事(指洪武二十五年八月叶昇坐交通胡惟庸遭诛杀)被累,偕锦(景)川侯曹镇(震)谋逆,事泄,玉、镇俱伏诛。玉乃郑国公常茂之母舅,亦先皇太子标之妃母弟也。镇(之母?)乃标之乳母。夫镇、玉既诛,其妻俱悬铁牌,沿门乞食以辱之。其事连及内外卫分指挥、千百户、镇抚及府军左右二卫总小旗军皆戮之。诏一切人等皆得擒缚党人赴上前,就以党人所任职事赏之,名曰"忠义",及《忠义录》颁示天下武臣,不数年忠义官俱被戮。①

_____

① ［明］俞本:《明兴野记》卷下,［美］陈学霖:《史林漫识》附录三,北京:中国友谊出版公司 2001 年版,第458 页。

建文朝纂修、永乐朝两次重修的《明太祖实录》,是将《逆臣录》隐括为文来记述蓝玉党案的发生过程和处理结果的,文曰:

(洪武二十六年二月乙酉)凉国公蓝玉谋反伏诛。初,玉以开平王常遇春妻弟,屡从征伐有功,胡(惟庸)、陈(宁)之反,玉尝与其谋,上以开平之功及亲亲之故,宥而不问。后诸老将多殁,乃推为大将,总兵征伐,所向克捷,甚称上意。然玉素不学,性复狠愎,见上待之厚,又自恃攻伐,专恣横暴。……至是征西还,意觊升爵,命为太傅,玉怒,攘袂大言曰:"吾此回当为太师,乃以我为太傅!"及时奏事,上恶其无礼,不从。玉退语所亲曰:"上疑我矣。"乃谋反。当是时,鹤庆侯张翼、普定侯陈桓、景川侯曹震、舳舻侯朱寿、东莞伯何荣、都督黄辂、吏部尚书詹徽、侍郎傅友文及诸臣尝为玉部将者,玉乃密遣亲信召之,晨夜会私第,谋收集士卒及诸家奴,伏甲为变。约束已定,为锦衣卫指挥蒋瓛所告。命群臣讯状具实,皆伏诛。①

这段文字虽据《逆臣录》隐括为文,却只字没有提到《逆臣录》,遍查《明太祖实录》此后几年的记载,也无片言只字提到《逆臣录》。不仅如此,这段文字还存在两个明显的缺陷。一是史事叙述的错讹。《国史考异》在摘引《明实录》"鹤庆侯张翼"至"皆伏诛"一段记载后,援引《逆臣录》诸招指出:

按御制《逆臣录》序言,蓝玉同曹震、朱寿、祝哲、汪信等合谋,阴诱无知指挥庄成、孙让等设计伏兵,谋为不轨。录中无曹震招而有震男炳招,列于男闹儿等之次,则震之党逆最力,且与玉同时诛死可知也。而《实录》顾以张翼为称首,与爱书名次不合。考景川侯火者张海彭招云:"二十六年正月初七日,景川侯同凉国公吃酒,景川侯说我如今烧窑去,你每等商量得停当著,我那里烧窑也有些军,也有些军器。"凉国公回言:"我也说与府军前卫指挥、千百户了,著他收拾下军马。你如今去烧窑,你也收拾你的军。等到二月再来板房商量,上紧下手。"他如凉国公火者察罕不花诸招,皆首举景川。然则凉国之有景川,其犹韩国(李善长)之有吉安(陆仲亨)

① 《明太祖实录》卷二二五,洪武二十六年二月乙酉,台北:"中央研究院历史语言研究所"1962年校勘本。

欤？鹤庆侯张翼招云："三月初八日有旨，宣翼到京，为见婿王信兄王礼亦为党事败露，提送锦衣卫收问。翼惧本官招出情由不便，又对婿信言说：'你可自去出首，也免得我一家老小性命。'王信依听前来出首，不期就行孥问。"观此则张翼情罪自当与曹震殊科，而其伏法亦在三月以后。《实录》何系于二月乙酉之下，误也。①

二是略去"蓝玉逆节之最著者"即蓝玉及其骨干谋反的具体情节。潘柽章在《国史考异》中一针见血地指出：

按《实录》所述，蓝玉狠愎专擅之状，皆本御制《逆臣录》序，而于谋反始末不过数语，殊为疏略。《逆臣录》乃二十六年五月敕翰林辑录逆党情词，刊布中外者，史臣岂未详究耶？录中无蓝玉招，而有其兄荣及男闹儿等四招。以丁僧儿、史敬德所供按之，则知玉以二月八日入朝被收，九日下锦衣卫，十日伏诛，未及具狱，而杂取家属口语以证成之耳。蓝荣招云："蓝玉对说，前日靖宁侯为事，必是他招内有我名字，我这几日见上位好生疑我，我奏几件事都不从，只怕早晚也容我不过，不如趁早下手做一场。"盖靖宁既诛，玉以姻家疑惧谋变则其本性也，而《实录》绝不之及。又指挥佥事田珍招云："二十四年十一月，靖宁侯密与陈指挥说，有我旧识蒙镇抚为事提下了，我怕他指着我的名字，我这一回好生忧虑！在后本官果为胡党事发典刑了。"然则靖宁之通胡，因蒙镇抚而发，凉国公之谋逆又因靖宁而成，以此知蓝党者即胡党之流祸也。《立斋闲录》云："蓝玉于靖宁侯为姻家，靖宁既坐胡党诛灭，玉内怀忧惧。二十五年征建昌回，见上，觉上有疑之之心，……遂与景川侯曹震等约以二十六年二月十五日，伺上出劝农时举事，事觉坐诛。"此书约略诸招，颇称核实。史载是年二月庚寅，躬耕籍田，即上出劝农之期也。《逆臣录》载府军前卫百户李成招云："二月初一日，凉国公对说'我想二月十五日上位出正阳门外劝农时，是一个好机会。我计算你一卫里有五千在上人马，我和景川侯两家收拾伴当家人，有二三百贴身好汉，早晚又有几个头目来，将带些伴当，都是能厮杀的人，也有二三百都通，这些人马侭勾用了。你众官人好生在意，休要走透了消息，定在这一日下手。'"

---

① ［清］潘柽章：《国史考异》卷三之八，徐蜀编：《〈明史〉订补文献汇编》，北京图书馆出版社2004年版，第525—526页。

　　　　此蓝玉逆节之最著者，而史略之何也？①

黄云眉对此有个评论，谓："按《考异》谓蓝党即胡党之流祸，甚是。帝王欲以天下私其子
孙，凡有异己，猜嫌所及，剪灭务尽，太祖文宗，同此虐毒。惟《逆臣录》在愦愦一时，而
《实录》欲以欺后世，其不详谋反始末，讳之也，非疏略也。"②但不管是有意的为尊者讳，
还是无意的疏略，《明太祖实录》未载蓝玉谋反的具体情节确是事实。

　　　　此后，从明中期到清朝初年私家撰写的明史著作，如陈建的《皇明通纪》、郑晓的《吾
学编》、何乔远的《名山藏》、李贽的《续藏书》、谈迁的《国榷》、谷应泰的《明史纪事本
末》、查继佐的《罪惟录》等，除《罪惟录》外，都未提及《逆臣录》。而且所有这些史著，对
蓝案的记述均大致略同于《明太祖实录》，没有蓝玉谋反的具体情节。郑晓《吾学篇》的
《异姓诸侯传》，记述蓝玉的生平事迹至锦衣卫指挥蒋瓛告发其谋反，基本上略同于《明
太祖实录》，接着添枝加叶地记述明廷集群臣廷议的情景说："狱上，集群臣廷议。玉强
辩，攀染不肯服。吏部尚书詹徽叱玉吐实，无徒株连人。玉大呼曰：'徽即吾党！'遂并
杀徽及诗人王行、孙蒉。"③但是，他的这段记载仍属无稽之谈，钱谦益和潘柽章曾先后力
证其伪。钱谦益指出：

　　　　按《逆臣录》载徽招云："近日上位好生疑我，必是连我也拏下。"则玉先伏诛，而
　　徽后始败露也。郑晓所记，盖出稗史，近于戏矣。又史敬德招云："二月初九日，詹
　　尚书对敬德说：'凉国公见拏在卫，你可打听，如招到我，便来报我知道。'"此招亦可
　　征郑记之妄。④

潘柽章也指出：

　　　　考詹徽招则云："二月初二日，男詹绂传凉国公言：'本朝文官那一个有始终，便

　　①　《国史考异》卷三之七，《〈明史〉订补文献汇编》，第524—525页。
　　②　黄云眉：《明史考证》第四册，北京：中华书局1984年版，第1146页。
　　③　[明]郑晓：《吾学篇》《异姓诸侯传》上卷，《蓝玉》，《北京图书馆古籍珍本丛刊》第12册，第165页。
　　④　[清]钱谦益：《太祖实录辩证》五，《钱牧斋全集》第三册，上海古籍出版社2003年版，第2150页。

是老太师我亲家靖宁侯也罢了。如今上位病得重了,殿下年纪小,天下军马都是他(蓝玉)掌著,教说与父亲讨分晓。'徽回说:'知道了。'朝退,至长安西门,遇见何尚宝,是徽对说:'前日凉国公谋的事,上位知觉了。早是我当住两日,未曾拏下,你便去对哥哥说,教他上紧下手,莫带累我,就报与凉国公知道(何尚宝名宏,即东莞伯何荣之弟)。'"二月二十一日,金吾前卫指挥姚旺到部,徽潜对本官说:"近日上位好生疑我,必是连我也拏下。"当时文臣惟徽父子为玉谋主,表里窥瞷。玉诛逾旬,而徽始败。且玉未尝廷鞫也。郑氏所记,几于戏矣。①

张廷玉等撰写的《明史》于雍正十三年(1735)定稿,乾隆四年(1739)梓行。书中的《蓝玉传》,基本抄录《明太祖实录》的记载,而在"上疑我矣"下面添加一小段文字,曰:

> 锦衣卫指挥蒋瓛告玉谋反,下吏鞫讯。狱词云:"玉同景川侯曹震、鹤庆侯张翼、舳舻侯朱寿、东莞伯何荣及吏部尚书詹徽、户部侍郎傅友文等谋为变,将伺帝出籍田举事。"狱具,族诛之。列侯以下坐党夷灭者不可胜数。手诏布告天下,条列爰书为《逆臣录》。至九月,乃下诏曰:"蓝贼为乱,谋泄,族诛者万五千人。自今胡党、蓝党概赦不问。胡谓丞相惟庸也。于是元功宿将相继尽矣。②

清代夏燮的《明通鉴》,关于蓝玉党案的记载,大体也不出《明太祖实录》《明史》的框架,没有蓝玉谋反的具体情节。

由此可见,《逆臣录》不仅是研究蓝玉党案的第一手原始资料,而且是探明蓝玉及其同伙谋反具体情节的唯一资料。离开《逆臣录》,仅凭明清时期诸多的官私史著,是难以揭示蓝案的真相的。因此,它受到明末清初史学家钱谦益和潘柽章的重视。钱谦益征引吏部尚书詹徽、浙江余姚县民史敬德的供状驳郑晓《异姓诸侯传》所记之妄,表明他认为詹、史之招是真实可信的,蓝玉及其骨干的谋反罪行是确实存在的。潘柽章则认为《逆臣录》的部分供状是假的,未足尽信:"若夫录中所载番僧、内竖、豪民、贱隶累累至数

---

① 《国史考异》卷三之八,《〈明史〉订补文献汇编》,第526页。
② 《明史》卷一三二,《蓝玉传》,第3866页。

千人,其间岂无讹误、罗织不能自解者?翰林所辑要,亦未足尽信也。"①但从他征引蓝玉兄蓝荣、府军前卫百户李成的供状以彰蓝玉"逆节之最著者",征引景川侯火者张海彭与察罕不花、吏部尚书詹徽的供状斥郑晓所记"几于戏矣",表明他认为这些供状都是真实可信的,肯定蓝玉及其骨干确有谋逆的罪行。这就是说,潘柽章认为《逆臣录》的供状和蓝玉党案是有真有假,真假混淆的,不少牵连进蓝案被杀的番僧、内竖、豪民和贱隶是因"讹误、罗织不能自解"的冤死鬼,但蓝玉及其骨干确有谋反的策划与行动,其被诛杀乃是罪有应得。

当然,明清时期也有个别史学家对蓝玉及其骨干是否谋反之事持怀疑甚至否定的态度。晚明的何乔远,万历晚期居家时成稿的《名山藏》一书,在其《臣林记三·蓝玉》传中,对蓝案作了如下的记述:

> ……至是还,以为太傅。玉攘袂后言曰:"吾故当为太师。"玉时奏事,上不之从,退曰:"上疑我矣。"将收集其旧部将及诸士卒家奴,伏甲为变,为锦衣指挥蒋瓛所告。鹤庆侯翼、普定侯桓、景川侯震、舳舻侯寿、会宁侯温、沈阳侯察罕、东管伯荣、都督辂、吏部尚书徽、侍郎友文,凡诸功臣文武大吏,以至偏裨将卒,坐党谋死者可二万人。

这段记述也同《明太祖实录》一样没有蓝玉及其骨干谋反的具体情节,还将《明太祖实录》所记的"(玉)乃谋反",密遣亲信召见张翼、陈桓、曹震、朱寿、何荣、黄辂、詹徽、傅友文及诸臣尝为其部将者,"晨夜会私第,谋收集士卒及诸家奴,伏甲为变",改为"将收集旧部将及诸士卒家奴,伏甲为变",一个"将"字,把正在悄然展开的谋反策划与行动,化为尚未付诸实施的主观意图,罪行便大大减轻了。接着,他又加了一个按语,谓:

> 凉国公之亡也,岂不有狗烹弓藏之悲?然凉国以汰、宋国(冯胜)以贪,颍国公(傅友德)之功,岂不大哉。抑古人有云:"主上急,有死而已。"何至行无礼?不然,

---

① 《国史考异》卷三之八,《〈明史〉订补文献汇编》,第526页。

勋且与徐（达）、常（遇春）、邓（愈）、汤（和）差次矣。①

这个按语的弦外之音是,蓝玉并无谋反的实际策划与行动,他的被诛杀,实系朱元璋为确保朱家皇位的狗烹弓藏之举。

明末清初的谈迁,其《国榷》一书对蓝案的记述也沿袭何乔远的做法,说蓝玉"将收集其旧部将及诸士卒家奴,伏甲为变",然后附录何乔远的按语,再加上自己的按语,明确否认蓝玉有谋逆行动,说:

> 蓝凉公非反也。虎将粗暴,不善为容,彼犹沾沾一太师,何有他望!胡惟庸通倭虏颇有迹,蓝凉公欲以部校家奴数百千人冀幸万一,虽至愚不为也。富贵骄溢,动继疑网,积疑不解,衅成钟室。噫!功臣葅醢,安得止大树之下。晚游赤松,庶几哉不殆不辱矣。②

但是,何乔远、谈迁都未能说明,即便是"将收集其旧部将及诸士卒家奴,伏甲为变",它究竟是什么性质的行为,该当何罪?因此,他们的论说也就难以服人,始终没有得到史学界的认同。

何乔远的《名山藏》和谈迁的《国榷》,都未提到《逆臣录》,估计他们都未见到该书,所以都未曾针对该书辑录的案犯供状来评说蓝案的真假问题。首次援引《逆臣录》的供状来评说蓝案,进而认定该案是一桩完完全全的冤假错案的是吕景琳。

三

那么,吕景琳列举的五个"破绽"亦即五条理由,是否能够推翻《逆臣录》辑录的所有

---

① ［明］何乔远撰,张德信、商传、王熹点校:《名山藏》卷五八,《蓝玉》,福州:福建人民出版社2010年版,第1534—1535页。

② ［清］谈迁著,张宗祥校点:《国榷》卷一〇,洪武二十六年二月乙酉,北京:中华书局1958年版,第740页。

供状,进而认定蓝案是一个完完全全的假案,连蓝玉本人也没有谋反的行动与策划呢?

先说第一条蓝玉并未招供的问题。没有蓝案两名主犯蓝玉和曹震(还有张温、曹兴等)的供状,确是《逆臣录》的一个重大缺陷。但案件的判决,是取决于证据,而不是主要案犯的供词。潘柽章指出:"录无蓝玉招而有其兄荣及男闹儿等四招。以丁僧儿、史敬德所供按之,则知玉以二月八日入朝被收,九日下锦衣卫,十日伏诛,未及具狱而杂取家属口语以证成之耳。"潘柽章所说的蓝玉兄、致仕府军右卫指挥蓝荣招云:

洪武二十六年正月二十九日,有侄男闹儿到家,对荣言说:"父亲教请伯伯来说话。"是荣应允,就同蓝闹儿前去见弟。蓝玉留歇至夜,饮酒间,蓝玉对说:"我想胡党事公侯每也废了多,前日靖宁侯为事,必是他招内有我名字,我这几时见上位好生疑忌,我奏几件事都不从,只怕早晚也容我不过,不如趁早下手做一场。我如今与府军前卫头目每议定了,你可教蓝田(蓝荣侄男)知道,着他也收拾些人接应。"是荣允从,回说:"我明日写信去,教儿子自来商量。"①

袭替父职任府军右卫指挥、调江北权管英武卫事的蓝田招云:

洪武二十六年失记的日,有父令妹婿许昇送信前来任所,报说:"叔父征进回还,因见亲家靖宁侯胡党事发,生怕连累,唤你过江说话,准备些人马伺候。"是田依允,就对妹婿言说:"你且回去,对老官人说,这个不是小可的事,我随后自来商量。"②

蓝玉长子蓝闹儿也招:

一招洪武二十六年正月二十八日,有父请许都督、孙指挥、徐都督、周都指挥的男来家饮酒议事。又于二月初二日,有父对府军前卫孙指挥、刘指挥、孙百户说:"借马鞍七十副、马四十三匹,我要做些事。"……

---

① [明]明太祖敕录,王天有、张何清点校:《逆臣录》卷一,北京大学出版社1991年版,第2页。
② 《逆臣录》卷一,第3页。

一招有父对刘指挥、孙指挥、武指挥、严百户说:"我征西征北受了多少辛苦,如今取我回来,只道封我做太师,却着我做太傅,太师到着别人做了。你每肯从我时便好,若不肯时,久后坏了你。"各人听允,回说:"大人要借马用,我到二月初七日送马来。"①

蓝玉次子蓝太平则招:

于洪武二十六年二月初四日离家,至本月初七日到来京城。至父亲直房内,见父亲同景川侯、许都督三人正坐。吃酒间,都不要一个人在楼上,低言说话一会。借鞍马等事,并不知情。只知得成都左护卫千户霍杰将领本家马匹,约有打钟时分,与同哥哥出金川门外去。太平与同千户张忠打钟罢,出金川门接殿下。又听得夏百户与哥哥言说:"我明日早将马来,与官人一同去。"②

此外,蓝玉家火者赵帖木、察罕不花、董景住,蓝玉的两姨兄弟王福安、外甥李忠、外甥女婿尹蛮子,蓝田外甥柳观音保,蓝玉家管奴军百户徐大等,也各有涉及蓝玉谋反诸事的招供。

曹震无供状,但有其子曹炳的招状,云:

洪武二十六年二月初七日,有父在凉国公直房内吃酒,带醉至晚回家,与炳言说:"我每同徐都督三人在凉国公家饮酒,商量如今天下太平,不用老臣似以前,我每老公侯都做了反也都无了,只剩得我每几个没来由只管做甚的,几时是了?原跟随我的府军前卫孙指挥、武指挥,还有些旧头目都是些好汉,等今年四五月间,问他卫家收拾些好人马,我每再去各处庄子上也收拾些家人仪仗户等。今年上位年老不出来,我每预备下,伺候做事业,务要成就。"③

---

① 《逆臣录》卷一,第1—2页。
② 《逆臣录》卷一,第2页。
③ 《逆臣录》卷一,第11—12页。

曹震的火者张海彭、保住、小官童、大官童和曹震之妾张回奴、金氏、喜奴等，也各有涉及曹震参与蓝玉谋反的供状。

蓝玉及曹震家属招供蓝玉谋反的活动，在其他诸多案犯的供词中，也都得到了印证。早在征西返京之前，蓝玉在四川即已决心谋反，开始联络一些卫所军官，命其收集人马、兵器。奉命前往成都接蓝玉返京的中军佥都督谢熊招云：

> 洪武二十五年十一月二十七日，钦差往四川都司取回凉国公赴京。本年十二月二十二日到于成都馆驿内安下，就到凉国公宅内相见。本官问说："谢都督你来怎地？"是熊回说："我来取大人回家。"本官说："我知道了，必是我亲家靖宁侯胡党事内有我名字，差你来提取。"是熊回说："上位只教我宣唤大人，不知就里如何。"本官又说："生受你诺远田地到来。"就置筵席。饮酒间本官对说："实不瞒你，我如今回家看动静，若是果有着话说，好歹下手做一场。你回去休要泄机，若事成时，大家得安享富贵。"是熊回言："我的小儿也为此事在身上常常忧怕，大人谋的事，小人如何肯漏泄了。"酒罢，蒙与青马一匹，一同回还。①

担任蓝玉出征建昌的副手右军都督聂纬也招：

> 本年（洪武二十五年）十二月二十二日，有谢（熊）都督到来，钦取凉国公回家，有凉国公唤纬对说："如今谢都督来取我，必是靖宁侯招着我名字。"至闰十二月初一日，凉国公备筵席请谢都督、徐司马、四川徐都督、周都指挥、陕西王都指挥、随征西安右卫胡指挥、西安左卫蒋镇抚、西安前卫赵指挥、西安后卫向指挥、华山卫张指挥、徐指挥、秦山卫朱指挥一同饮酒间，有凉国公对各官言说："我早晚先与谢都督回京去，前日与众官人商议的话（指"下手做一场"）休要放下了心，久后封王封公都有日子。"纬等回说："大人放心，我每再无改变的意。"酒罢各散。在后凉国公又行言说："你到陕西时收拾下些好人马，伺候一声，事成时便来接应。"是纬依允，常伺胡指挥等官回还陕西。洪武二十六年正月初三日，是纬有不合置酒邀请胡指挥、赵

---

① 《逆臣录》卷一，第36—37页。

指挥、蒋镇抚、尚指挥、张指挥、徐指挥、朱指挥到都司后堂筵席。饮酒间,纬又说:"你众头目每记着蓝大人说的话,上紧与他摆布,莫要悮了。倘或事成,大家都享富贵。"各官依允。①

东莞伯何荣招云:

　　洪武二十六年二月十八日,有东平侯韩勋到镇朔卫,是荣办酒,请本官在下处吃饮。话间使开伴当,密与荣说:"前日宣宁侯(曹良臣)使人到我处,说凉国公在四川特地差人到他每处,说他亲家靖宁侯为党事废了,把见在的公侯都指着,如今他心里好生不安,只怕连累他。见今收拾下四川人马,与陈义指挥等商议摆布,要下京来做一手,着我每这里听候接应。……"②

普定侯陈桓招云:

　　至洪武二十五年七月十五日,钦差桓前去陕西修理连云栈路,至当年十二月失记日期,有凉国公差西安前卫朱指挥到彼,就于马道桥边小房内密说:"有总兵官差小人来,因点看连云栈路,特来与老官人说知。有他亲家靖宁侯,为胡党事一家都废了。料想有他名字,他要到京谋反,已差人京城去了,着老官人这里寻些旧头目,与他接应。"……是桓依从,当将管领修路秦州卫郑指挥、延安卫陈千户、西安右卫细千户、凤翔千户所家千户于桥边小房内议说前因。有郑指挥等俱各应允。③

　　蓝玉离开四川返京途中,又一路联络武昌、九江、安庆的军官,继续嘱咐他们收拾人马,呼应其谋反行动。
　　武昌中护卫指挥陈干招云:

---

① 《逆臣录》卷一,第34—35页。
② 《逆臣录》卷一,第25页。
③ 《逆臣录》卷一,第23页。

　　蓝玉到于湖广馆驿住歇,有干同都指挥前去探望本官。茶话间,本官赶退仆当,对干等言说:"我如今回京要谋件大事,恁心下如何?"干等回说:"大人既要如此,正好。恁放心向前,我这里专一听候接应。"①

武昌右护卫指挥姜昺招云:

　　至(洪武)二十六年,蓝玉四川回到武昌,朝见殿下,在馆驿内住歇。昺去拜望间,本官密说:"如今我回京要谋件大勾当,各卫头目每多收拾人马接应。你和陈干这里也聚些人听候,倘成事与恁大富贵。"昺回说:"小人恁向前不惧。"②

九江卫指挥佥事陆旺招云:

　　至当月(洪武二十六年正月)初三日,接得蓝玉到卫,宰杀黄牛、猪、羊各一只,安排筵席。管待饭宴间,有凉国公对说:"我在四川,听得我亲家靖宁侯也为胡党事全家废了,未知我到京时,事务如何? 如或光景不好,我好歹做一场。你每这里打听着消息,便来接应。"是旺等不合依听同谋,回说:"大人既是如此主张,小人每无有不从。"本官又说:"陆指挥你原是锦衣卫的官。若顺了我时,日后有公侯地位。"是旺不合叩头拜谢。本官又对指挥刘祯等说:"你众人也都是大名分。"各人也行拜谢。③

安庆卫指挥佥事蔡海招云:

　　洪武二十六年正月初七日,有指挥朱能驰驿到卫报说:"如今凉国公征南回还,将近到来。"是海当即与同本卫吴指挥、顾千户、袁千户、徐千户、宋千户、钱千户、张千户、百户沈荣、张林,并今在官王指挥等官,撑驾快船,装载羊酒等物,直至雷港接

---

① 《逆臣录》卷五,第261页。
② 《逆臣录》卷五,第261页。
③ 《逆臣录》卷五,第281页。

着本官。拜见毕,就备酒席。与各官吃饮间,有凉国公赶开左右伴当,对海等言说:"我在四川,听得我亲家靖宁侯为胡党事全家废了,只怕招内有我名字,各卫头目也都与我商量定了,到家再寻些知心的旧头目每,先做一场。不知恁官人心下如何?"是海等不合回说:"大人既有这个主张时,小人每佽力向前扶助。"本官见说大喜。酒毕,一同回至安庆河下,就差百户赵显送至裕溪口。有凉国公将出绿绫子一匹、毡衫一领赐与本官,就行分付:"回卫说与蔡指挥、王兴等官,趁早收拾人马伺候,但打听的下手时,便来接应。"①

洪武二十六年正月初十日前后回到京师后,蓝玉更是与曹震、朱寿、祝哲、汪信密谋策划,加紧联络他的旧部曲府军前卫将士,②以及驻扎在京师周围的金吾前卫、金吾后卫、羽林左卫、羽林右卫、府军卫、府军后卫、虎贲左卫、旗手卫和锦衣卫的头目。对此《逆臣录》中有大量供状,此不赘引。

以上所征引的案犯供状,吕景琳并没能举出确凿的证据加以推翻。因此,蓝玉及其骨干的谋反罪行也就难以否定。

四

再说吕景琳所揭第二、三、四条的问题。这些问题的出现,是由《逆臣录》的性质所决定的。朱元璋的《御制〈逆臣录〉序》指出,这部《逆臣录》是"特敕翰林,将逆党情词辑录成书"③的。既然是案犯的口供的汇编,供状中出现口径不一、互相矛盾乃至荒唐怪诞的现象也就不足为怪了。何况,这些口供又都是在锦衣卫诏狱特别残暴的酷刑之下取得的,不少人因忍受不了酷刑而屈打成招,在辑录成书时又经过翰林院官员的加工整理而走样,表述的自然不完全是客观的真实情况。也就是因此,书中辑录的许多供状,既有歧异迭出、彼此抵牾的一面,又有大同小异、千篇一律的另一面。千万不能一见到众

---

① 《逆臣录》卷五,第 270 页。
② 《国史考异》卷三之八:"府军前卫将士,皆玉旧部曲。"《〈明史〉订补文献汇编》,第 526 页。
③ 《逆臣录》,《御制〈逆臣录〉序》,第 2 页。

说纷纭、口径不一的供状,就认定通通是虚假的,一见到别人认为蓝玉及其骨干的谋反是客观事实,又斥之为"被《逆臣录》的众口一词所迷惑"。这就要求我们对这些供状进行认真细致的辨析,并和别的史料相印证,分清哪些是虚假的,哪些是真实的,哪些是真假参半,有真有假的,这样才能拨开重重迷雾,弄清历史的真相。

吕景琳所揭第二、三、四条的问题,恰好说明《逆臣录》辑录的供状是有真有假,真假掺杂的。潘柽章指出:"录中所载番僧、内竖、豪民、贱隶累累至数千人,其间岂无讹误、罗织不能自解者?"其实,何止是番僧、内竖、豪民、贱隶,就是一些下层军官如千百户、总小旗、镇抚甚至普通的军士,又岂无讹误、罗织而不能自解者?《逆臣录》的供状中那些招供"多次"甚至"时常"出入蓝玉府邸,受到酒饭招待,听其"下手做一场"的动员者,多为千百户、总小旗、普通军士、皂隶、农夫,从而呈现门庭若市的景象。作为一名"饶勇略"①的高级将领,蓝玉尽管"素不学",性粗暴,但他当然懂得谋反是一项十恶大罪,不在常赦之列。他既然察觉到"上疑我矣",知道返京之后必然处处受到朱元璋耳目的监视,要谋反也只能暗中联络平时同自己关系密切又对朱元璋怀有不满情绪的高级将领、文臣与旧部的头目,通过这些头目秘密收集人马和武器,而不至于愚蠢到自己亲自出面,四处联络一些下层军官、奴仆家丁、贩夫走卒、流氓地痞,让他们日夜出入自己的府邸,招待酒饭,直接对其发表"下手做一场"的鼓动演说。也就因此,这些案犯供词中所反映出来的凉国公府门庭若市的景象是虚构的,说蓝玉在洪武二十一年、二十三年、二十四年就拟谋反也有悖史实。

同时,我们又要看到,《逆臣录》部分案犯的供状是真实可信或基本可信的。如蓝玉征西返京后,他以凉国公兼太子太傅的身份,在上朝之外,同曹震、陈桓、朱寿、黄辂、汪信、詹徽、傅友文等文武大臣互相交往,有时还在蓝玉直房和府邸饮酒、交谈,乃是正常的现象。蓝玉就是在这种合法身份和正常交往的掩盖之下,暗中进行谋反的策划的。不能见到他们的供状有在蓝玉直房和府邸饮酒吃饭之事,就一概否定其供词。而且也只有通过他们以及其他案犯的诸多供状,再参以其他史籍的记载,我们才有可能弄清蓝玉谋反的时间以及蓝玉与胡惟庸的关系问题。

吕景琳所说的"蓝玉谋反的时间众说纷纭",这里的"谋反时间"实际上包含两层含

---

① 《明史》卷一三二,《蓝玉传》,第3865页。

义,一是决定进行谋反的时间,二是动手谋反的具体日期。关于前一个问题留待后文再作论证,这里先谈后一个问题。蓝玉究竟决定何时动手谋反,从《逆臣录》的供状来看,时间定在洪武二十六年是没有问题的,但具体日期说法不一。金吾前卫千户周本状招"约至(正月)十六日大祀天地,上位驾出"时动手①。锦衣卫指挥佥事陶干的火者姚福童、吴江县粮长沈文矩家人倪原吉均状招在二月内动手,没有具体日期②。景川侯曹震之子曹炳状招听其父言,是"等今年(指洪武二十六年)四五月间"动手。但是,更多的案犯则状招蓝玉定在二月十五日(有的状招定在二月半,实同)朱元璋往南郊享先农、耕籍田时举事。供出这个日期的招状有:羽林左卫指挥佥事马聚、戴成、千户苏庆、王逊、陈继、镇抚陈贵;府军卫千户金贵;府军前卫千户单庆(另有53名千、百户招同)、李成(另有23名千百户、小旗招同),军士吴二;锦衣卫千户潘福荣,百户汤泉,镇抚陈铭,总旗魏再兴,小旗魏迪;旗手卫小旗王德;留守中卫千户张仁等③,总计93人。李成、单庆等人还交代蓝玉布置的一些举事细节。李成招云:

> 本年(洪武二十六年)二月初一日,到于凉国公府内听候。蒙本官唤至前厅,对说:"我前日和你头目每议的事,急待要下手,未有个机会处,我想二月十五日,上位出正阳门外劝农时,是一个好机会。我计算你一卫里有五千在上人马,我和景川侯两家收拾伴当家人,有二三百贴身好汉,早晚又有几个头目来,将带些伴当,都是能厮杀的人,也有二三百都通,这些人马侭勾用了。你众官人好生在意,休要走透了消息,定在这一日下手。"④

单庆招云:

> 二月初三日,与本卫孙指挥、武指挥带同庆与今在官傅启等前到凉国公府内。相见毕,引至东厅赐坐。蒙本官对说:"所谋的事,疾速容易成功,若迁延日久,恐怕

---

① 《逆臣录》卷二,第69页。
② 《逆臣录》卷三,第157页;卷五,第304页。
③ 《逆臣录》卷二,第86—87、89—93、98、109、110、115页;卷三,第162、164、167—168、185、226页。
④ 《逆臣录》卷二,第115—116页。

泄了机不便。我想你府军前卫正守着午门、承天门、端门，如今等江北马军过来时，选着些好壮汉，安插在各门上守卫，外面多摆布些人马接应着一声，我里头看动静，好下手时，便都开门放进，这事无有不济。"当有孙指挥言说："这几处门上，又有金吾前卫相参守着，只怕被他阻节。"凉国公又说："到那日子，我每的人都有准备，他每不提防着，如何当得我每住。"①

府军前卫千户秦仁及六名百户、总旗、小旗，还有府军前卫水军所百户秦友直及府军前卫二名百户，也作了与单庆内容相同的交代②。后来，朱元璋果然在二月十五日这一天亲往南郊享先农、耕籍田，证明这些案犯所供的日期是准确可靠的。

关于蓝玉与胡惟庸的关系问题，《逆臣录》中所录的王行、王诚、陈桓等交代的具体情节不一定准确可靠。但蓝玉曾交通胡惟庸却是不争的事实。前引《明太祖实录》洪武二十六年二月乙酉条的记载："初，胡（惟庸）、陈（宁）之反，玉尝与其谋，上以开平之功及亲亲之故宥而不问。后诸将多殁，乃推为大将。"所谓"以开平之功及亲亲之故"，是指蓝玉为开平王常遇春之妻弟，常遇春之女为懿文太子妃，蓝玉之女为蜀王妃，朱元璋是照顾到这层关系，才对蓝玉之罪宥而不问的，后来命其为大将，乃是由于"诸将多殁"的缘故，不能因此而否认他曾交通胡惟庸的事实。试想，蓝玉如果没有把柄攥在朱元璋的手里，他又何必担心因交通胡惟庸被诛的靖宁侯叶昇"招内有我名字"呢？

为了撇清蓝玉与胡惟庸的关系，吕景琳在《蓝玉党案考》一文的开头，还将胡惟庸案与蓝玉案说成是一个案件，称为胡惟庸蓝玉案，说"它从洪武十三年（1380）搞到二十六年（1393），前后长达十四五年"，"可以划分为三个阶段：胡惟庸阶段，李善长阶段，蓝玉阶段"。而他的《洪武皇帝大传》则写道：近人吴晗"写了《胡惟庸党案考》一文，论证了胡惟庸谋反是一个假案，从而也就彻底推翻了《昭示奸党录》所载口供的不实之词"，故而"胡惟庸谋反的故事是编造的"③。弦外之音是，既然蓝玉党案是由胡惟庸党案发展而来的，胡案从一开头就搞错了，那蓝案就更是个冤假错案了。

但是，吴晗的观点仅是一家之言。他于 1934 年 6 月在《燕京学报》第 15 期发表的

---

① 《逆臣录》卷二，第 109—110 页。
② 《逆臣录》卷二，第 110—111、114 页。
③ 吕景琳：《洪武皇帝大传》，第 434—435、361 页。

《胡惟庸党案考》,在前人研究的基础上,对胡案的研究向前大大推进一步,否定了胡惟庸被诛后追加的通倭、通虏、串通李善长谋反的罪名,这是对胡案研究的一大贡献。但他的翻案有点过头,连胡惟庸死前毒死刘基、贪污受贿、朋比为奸,特别是谋反的罪行也都一并推翻,这却有悖历史事实,难以令人赞同。吴晗的论文,不仅刻意回避明代史籍中有关胡惟庸策划谋反的某些具体史实,而且声称:"根据当时的公私记载……在胡案初起时胡氏的罪状只是擅权植党","我们找不出有'谋反'和'通倭''通虏'的具体记载。……到了洪武二十三年后胡惟庸的谋反便成铁案"①。意思是说,在洪武十二年九月胡惟庸被捕入狱直到十三年正月被杀,朱元璋并没有给他加上谋反的罪名,后来编造通倭、通虏的罪状,直到洪武二十三年诛杀李善长后才将胡惟庸的谋反弄成铁案。但事实并非如此,在洪武十三年正月初六胡惟庸伏诛的第二天即正月初七,朱元璋即对文武百官宣布胡惟庸的罪状:

> (洪武十三年正月)己亥,胡惟庸等既伏诛,上谕文武百官曰:"朕自临御以来,十有三年矣。中间图任大臣,期于辅弼,以臻至治。……岂意奸臣窃持国柄,枉法诬贤,操不轨之心,肆奸欺之蔽,嘉言结于众舌,朋比逞于群邪,蠹害政治,谋危社稷,譬隄防之将决,烈火之将然,有滔天燎原之势。赖神发其奸,皆就殄灭。……②

朱元璋列举的胡惟庸诸多罪状中,就有"谋危社稷"四个字。"谋危社稷"指的就是谋反,属于不可赦免的十恶大罪之首。《大明律》卷一《名例律》及卷十八《刑律》,对十恶大罪中的谋反罪,都明确注明:"谓谋危社稷。"③对此,笔者曾撰有《胡惟庸党案再考》一文详加评论④,这里不复赘述。可见吴晗否定蓝玉谋反的罪行于史无据,那么吕景琳想借助吴晗的论断推翻胡案,进而否定蓝案的意图也就落空了。

---

① 吴晗:《胡惟庸党案考》,《吴晗史学论著选集》第一卷,北京:人民出版社1988年版,第478、463页。

② 《明太祖实录》卷一二九,洪武十三年正月己亥。

③ 怀效锋点校:《大明律》卷一《名例律》、卷一八《刑律》,沈阳:辽沈出版社1990年版,第3、133页。

④ 拙作《胡惟庸党案再考》,《明清论丛》第十辑,北京:紫禁城出版社2010年版,收入本书第117—154页。

五

　　吕景琳所说的第五条,认为93名案犯供出蓝玉选择在正月十五劝农日皇帝前往南郊这一天动手,并不可信。他提出的三个理由,都经不起推敲。

　　吕景琳的前两个理由是:提供这个日期的,没有本次政变的关键人物。公侯、都督等核心骨干没有一句话说到政变的策划及行动日期;稍微提供二月十五日政变情节的,只是府军前卫的一些千户,那些同时听到这个安排的该卫孙指挥、武指挥却连口供都没有收录,其他指挥同知、指挥佥事等高级将领的口供一概阙如,令人费解。这两个理由根本不值一驳,因为一些重大案件的关键人物,在案发之后,或顽固地坚持自己的立场,或抱着必死的决心,而拒不招供认罪,这在历史上并不少见。参与谋反的案犯身份不同,有的知道案件的这部分情节,有的知道那一部分情节,因而供词千差万别,这也是正常的现象。况且参与蓝玉谋反的核心骨干与高级将领,也并非全部拒绝招状,《逆臣录》就录有觚舻侯朱寿、东莞伯何荣,吏部尚书詹徽、户部侍郎傅友文,左军都督黄辂、汤泉、马俊,右军都督王诚、聂纬、王铭,中军都督谢然、汪信、萧用,前军都督杨春、张政,后军都督祝哲、陶文、茆鼎,羽林左卫指挥佥事马聚、戴成等人的供状。其中马聚、戴成虽未供出政变计划的具体情节,但明确说出在"二月半劝农时下手"①的具体日期。府军前卫是跟随蓝玉征战多年的"旧人",也是蓝玉谋划此次政变所要依靠的主要力量,此卫有76名千百户、小旗、军士招供定于二月十五日动手谋反,占到招出这个谋反日期的93名案犯的将近82%,再佐以羽林左卫、府军卫、锦衣卫、旗手卫和留守中卫案犯之供词,应该是可信的。

　　吕景琳的第三个也是最重要的一个理由是:"选择在二月十五日劝农日皇帝到南郊去这一天动手,是根本不可能的。"他认为,按照明代的礼制,皇帝耕籍田,要由钦天监临时"择日"。即使择定了日期,朱元璋也未必亲自前往,他可以派官代行,"去不去的随意性很强"。朱元璋"诸事慎之又慎,行踪诡秘",即使决定往南郊祭祀或者躬耕,"也不可

---

　　① 《逆臣录》卷二,第86—87页。

能提前广为宣泄","一般人决无可能较早知道享先农、耕籍田的日期,更不可能预测朱元璋今年去不去躬耕籍田"。因此,"具体谋反日期露出了马脚","这件最确凿的事实却恰恰成了蓝玉案中的最大漏洞和最有力的反证"。

这种说法未免过于武断。众所周知,古代中国以农立国,旨在劝农的耕籍礼历来受到朝廷的高度重视,被列为国家的重大典礼之一。早在明朝建立前夕,朱元璋即将耕籍田列为"悉修先王之典"的首位,决定"躬耕籍田,以仲春择日行事"①,并令礼部议定耕籍仪。随后,礼部制定了一个极其隆重的耕籍礼仪:

> 其耕籍仪:祀先农毕,太常卿奏请诣耕籍位,皇帝至位,南向立,公、侯以下及应从耕者各就耕位。户部尚书北面进耒,太常卿导引皇帝秉耒三推,户部尚书跪受耒。太常卿奏请复位,南面坐。三公五推,尚书、九卿九推,各退就位。太常卿奏礼毕。太常卿导引皇帝还大次,应天府尹及上元、江宁两县令率众人终亩。是日宴劳百官耆宿于坛所。②

根据这个耕籍仪,参与这种礼仪的不仅有皇帝,还有三公九卿、太常司卿、应天府尹和上元、江宁两县的县令及耆宿庶民。这样一个大规模的集体行动,显然需要提前进行认真细致的筹备。所以耕籍田的日期绝非临时择定,而需尽早地提前择定,择定的日期自然是保密的,"不可能提前广为宣泄",却需提前通知所有从耕的官员和耆宿庶民,以便负责操办耕籍田的太常司卿及早进行各种准备,从耕的官员提前安排好手上要办的政务和出行的交通工具,耆宿庶民也提前做好准备。负责择日的是主持历法制定工作的钦天监,选择的耕籍之日当然要求是个风和日丽的大晴天。提前一段时间择定耕籍田的具体日期,这就要求提前预测短期的天气变化。以当时的科学水平,钦天监是完全能够办到的。吴元年(1367)十一月十二日,朱元璋半推半就地接受文武百官的奉表劝进,决定登基的具体日期是由朱元璋与御史中丞刘基商量后决定的。刘基"博通经史,于书无不窥,尤精象纬之学"③,当时身兼太史令之职,主持历法的制定工作。他利用丰

---

① 《明太祖实录》卷三六上,吴元年十一月癸亥。
② 《明太祖实录》卷三九,洪武二年二月壬午。
③ 《明史》卷一二八,《刘基传》,第 3777 页。

富的天文气象知识,预测来年的正月初四是个大晴天,是朱元璋登基的吉日。十二月二十二日,朱元璋祭告上帝皇祇说:"是用明年正月初四,于钟山之阳,设坛备仪,昭告帝祇,惟简在帝心:如臣可为生民主,告祭之日,帝祇来临,天朗气清;如臣不可,至日烈风异景,使臣知之。"①据朱元璋洪武元年正月初四在应天南郊祀天地、即皇帝位的祝文描述:"自壬戌(十二月二十日)以来,连日雨雪阴沍,至正月朔(初一日)旦雪霁,粤三日省牲,云阴悉敛,日光皎然,暨行礼,天宇廓清,星纬明朗,众皆欣悦。"②说明刘基的预测是应验的,成功的。我们无法确定,刘基是在什么时候预测到来年正月初四是个大晴天,但应该不会早于吴元年十一月十二日,晚于十二月二十二日的前一天即二十一日,如果是前者则预测到50天后的天气,如果是后者也预测到11天后的天气变化。据《逆臣录》的记载,揭发蓝玉定在二月十五日耕籍田之日动手谋反的案犯中,苏庆、王逊、陈继、金贵、吴二、汤泉和王德交代是在"洪武二十六年正月内失记的日"得知这个具体日期的③,马聚、戴成和陈贵交代是在当年正月十二日④,张仁交代是在正月十四日⑤,潘福荣、陈铭、魏再兴和魏迪交代是在正月二十五日⑥,单庆及53名千百户、李成及23名千百户、小旗交代是在二月初一日⑦。其中,能明确说出得知耕籍田的具体日期的,最早是在正月十二日,从这一天到二月十五日为33天,最晚则在二月初一日,从这一天到二月十五日为14天,这在当时的条件下,专掌气候观测历法制定工作的钦天监,是完全能够办到的。

    至于说耕籍田的日期确定之后,朱元璋是亲自前往还是遣官代行,这要看皇帝政务是否繁忙、身体健康状况如何而定,而不是随心所欲,想去就去,不想去就临时遣官代行。而且在皇帝亲往躬耕抑或是遣官代行之事决定之后,还需及时通知太常司卿,以便就相关的礼仪是否改动和安全保卫工作是否应当加强做出决定和安排。因为皇帝亲往躬耕,按照耕籍仪的规定,"祀先农毕,太常卿奏请诣耕籍位,皇帝至位,南向立","户部

---

① 《明太祖实录》卷二八下,吴元年十二月甲子。
② 《明太祖实录》卷二九,洪武元年正月乙亥。
③ 《逆臣录》卷二,第89—91、98、122页;卷三,第164、185页。
④ 《逆臣录》卷二,第87、94页。
⑤ 《逆臣录》卷四,第226页。
⑥ 《逆臣录》卷三,第162、167—168页。
⑦ 《逆臣录》卷二,第109—110、115—116页。

尚书北面进耒,太常卿导引皇帝秉耒三推,户部尚书跪受耒。太常卿奏请复位,南面坐"。待各项礼仪完成,"太常卿奏礼毕。太常卿导引皇帝还大次"。如果皇帝不去而遣官代行,代行官员是不能"南向立""南面坐""还大次"的,户部尚书也不必"跪受耒"的,这一系列礼仪就必须进行相应的改动。而且如果皇帝亲往躬耕,还必须提前清道,并加强沿途及先农坛周边的警戒和保卫力量。蓝党的骨干詹徽在洪武十七年起即担任左都御史,二十三年兼吏部尚书,至二十五年专任吏部尚书①,作为必须参加耕籍典礼的七卿之一,他当然能够事先知道耕籍田的具体日期并得知朱元璋将亲自前往参加,而且会将消息告知蓝玉的。蓝玉预先知道耕籍田的日期并知道朱元璋将亲往参加,这是一点也不奇怪的。耕籍田的日期既然不是临时而是事先择定的,后来朱元璋果然在这一天亲自前往南郊祭祀先农、躬耕籍田,正是这一推断的最好证明。因此,许多案犯交代的具体谋反日期,不是蓝玉案的"最有力的反证",而是它的最有力的铁证。

　　吕景琳的蓝玉假案说是立足于《逆臣录》所录口供全都是造假的基础上的。他在《洪武皇帝大传》一书中说吴晗的《胡惟庸党案考》,论证了胡惟庸谋反是一个假案,从而也彻底推翻了《昭示奸党录》所载口供的不实之词。《蓝玉党案考》一文虽无类似的文字,但表达的却是相同的意思,即认为《逆臣录》所录口供也是"不实之词"。而吕景琳所说的"不实之词",即全都是假口供,因为其所著的《洪武皇帝大传》及《蓝玉党案考》,没有一处肯定过《昭示奸党录》及《逆臣录》中哪一个案犯的口供是真实可信的。事实果真像吕景琳所说的那样,人们就不禁要问:两部供状辑录的既然全都是不实之词的假货,时人一眼就能看穿,朱元璋为什么要把它们公之于众,那岂不是搬起石头砸自己的脚吗?既然是造假,《逆臣录》为什么只编造次要案犯的假口供,而不替蓝玉及其他几个重要骨干也编造一堆假口供,那样不是更能掩人耳目,更具迷惑作用吗?众所周知,洪武年间的大案要案除胡案与蓝案之外,还有空印案和郭桓案。洪武八年考校钱谷书册,"空印事起,凡主印吏及署字有名者皆逮系御史狱,狱凡数百人"。朱元璋闻讯,以为地方官借此舞弊贪污,下令严办,"行省诸臣二十余辈、守令署印者皆欲置之死,佐贰以下

---

① 《明史》卷一一〇,《七卿年表》一,第3398—3401页。

榜一百，免死，为军远方"①。宁海人郑士利诣阙上疏，为此案鸣冤。朱元璋不听，将郑士利罚至江浦做苦工，而杀空印者，并没有公布案犯的供状。郭桓案发生于洪武十八年，"自六部左右侍郎下皆死"，"词连直省诸官吏，系死者数万人，核赃所寄借遍天下，民中人之家大抵皆破"②。由于案件株连甚广，引起许多地主官僚的不满，纷纷攻击告发处理此案的御史和法官。朱元璋乃手诏公布郭桓等人的罪状，而将原审法官右刑审吴庸等人处以磔刑，以平众怨，但并没有公布案犯的口供。可见当时的大案要案并不全都公布案犯的供状，公布不公布全由朱元璋自己决定。既然如此，他就没有必要公布一大堆全系不实之词的假供而授人以口实，他所公布的供状虽然掺有水分，但也必定有部分是真实的。只有这样，才能真正起到他所预期的"以示同类，毋得再生异谋"的效用③。因此，我们切不可因为《逆臣录》辑录的供状掺有某些水分，而将它全部加以否定。

六

　　蓝玉何以会从屡立战功的大将军走上谋反的道路呢？

　　蓝玉，定远（今属安徽）人，是开平王常遇春的妻弟。投奔朱元璋的起义队伍后，初隶常遇春帐下，临敌勇敢，所向克捷，由管军镇抚累升至大都督府佥事。洪武四年从颍川侯傅友德入川讨伐明昇夏政权，克绵州。第二年，从徐达北征，先出雁门，败元兵于野马川，再败之于土剌河。七年，率师攻拔兴和，俘获北元国公帖里密赤。十一年，同西平侯沐英一起征讨西番洮州等处的叛乱，擒获叛酋三副使，翌年班师后被封为永昌侯，岁禄2500石，子孙世袭，成为淮西勋贵集团的重要人物。十四年，从傅友德出征云南，在曲靖擒获北元平章达里麻，进而包围昆明，北元梁王投滇池自尽。旋复西进，迭克大理、鹤庆、丽江、金齿、车里、平缅等地。"滇地悉平，玉功为多"④。朱元璋下令增其岁禄500

　　① ［明］方孝孺：《叶伯巨郑士利传》，［清］黄宗羲编：《明文海》第四册，北京：中华书局1987年版，第3995页。按：空印案的发生年代有洪武九年及十五年两种说法，均误，准确的年代应该为洪武八年，见拙作《明初空印案发生年代考》，载《历史研究》1982年第5期；《朱元璋研究》，天津人民出版社1993年版，第337—338页。
　　② 《明史》卷五四，《刑法志》二，第2318页。
　　③ 《逆臣录》，《御制〈逆臣录〉序》，第2页。
　　④ 《明史》卷一三二，《蓝玉传》，第3864页。

石。并册其女为蜀王妃。蓝玉从此跨入了皇亲国戚的行列,备受朱元璋器重。

洪武二十年,以征虏右副将军从大将军冯胜出征辽东北元太尉纳哈出,驻屯于金山(在辽河北岸)西侧。纳哈出亲率数百骑至蓝玉军营约降。蓝玉设盛宴款待,亲自为他敬酒。纳哈出一饮而尽,又斟酒回敬蓝玉,蓝玉却脱下身上的汉族服装,对他说:"请服此而后饮!"纳哈出认为这是对他的侮辱,拒不接受,蓝玉也不肯喝他敬的酒。双方僵持一会儿,纳哈出将酒泼到地上,用蒙古语指示随行部下,准备脱身离去。在座的郑国公常茂,抽刀砍伤了纳哈出的臂膀,都督耿忠忙招呼身边的士卒,簇拥着纳哈出去见冯胜。纳哈出的部众,纷纷溃散。冯胜以礼待纳哈出,复加慰谕,令耿忠与其同寝食,并派人招抚其溃散的部众,然后下令班师。此役冯胜虽收降有功,但有人告发他"窃取虏骑","娶虏有丧之女"①,失降附心,加上指挥失当,班师途中丢失殿后的都督濮英3000人马,被收夺大将军印。尽管蓝玉违反朱元璋"因俗而治"的民族政策,朱元璋还是"命玉行总兵官事,寻即军中拜玉为大将军,移屯蓟州"②。

洪武二十一年,蓝玉受命为征虏大将军,统率15万大军北征,"以清沙漠"。至捕鱼儿海(今贝尔湖)东南哈刺哈河岸边,侦知北元嗣君脱古思帖木儿驻帐捕鱼儿海东北方向八十多里处,令定远侯王弼为前锋,自率大军继后,对敌营发动突袭,杀北元太尉蛮子等,降其部众。脱古思帖木儿与太子天保奴等数十人上马逃窜,蓝玉率精骑追奔数十里,不及而还。此役计俘脱古思帖木儿次子地保奴、爱猷识里达腊之妃及公主以下百余人。又追获北元吴王朵儿只、代王达里麻及平章以下官属3000人、男女7700人,并宝玺、符敕、金牌、金银印诸物,马驼牛羊15万余匹,焚其甲杖蓄积无数。朱元璋得到捷报大喜,"赐敕褒劳,比之卫青、李靖"③。接着,蓝玉又破北元丞相哈刺章的营盘,获人畜6万。班师还朝后,朱元璋晋其为凉国公。蓝玉一生的事业,至此达到辉煌的顶点。

洪武二十二年,蓝玉奉命至四川督修城池,翌年,率师赴湖广、贵州平定几个土司的叛乱,朱元璋增其岁禄500石,诏其还乡。二十四年,又命其与魏国公徐辉祖、曹国公李景隆、徽先伯桑敬、宋国公冯胜、颍国公傅友德往陕西练兵,加强防务。二十五年二月,在外练兵的公、侯悉被召回京师,重新分派汛地。三月,蓝玉受命往理兰州、庄浪、西宁、

---

① 《明太祖实录》卷一八四,洪武二十年八月壬子。
② 《明史》卷一三二,《蓝玉传》,第3864页。
③ 《明史》卷一三二,《蓝玉传》,第3865页。

西凉、甘、肃等七卫军务。四月,他为追捕逃寇祁者孙,违背朱元璋在西番藏族聚居地借茶马贸易"以系番人归向之心"的羁縻政策,未经朝廷准许,擅自率兵攻打罕东之地(一说在今甘肃敦煌一带,一说在今甘肃酒泉西南,一说在今青海西宁西北)。就在这一个月,建昌卫(治今四川西昌)指挥使、故元降将月鲁帖木儿发动叛乱,朱元璋命蓝玉移师往讨,但考虑到他远在甘肃,路途遥远,又命都督佥事聂纬权代总兵官,朱元璋义子、中军佥都督徐司马和四川都指挥使瞿能为左、右副手,率所部及陕西步骑兵先行征讨,待蓝玉到达后,聂纬、徐司马与瞿能皆为之副。五月初,蓝玉抵达罕东,部将建议:"莫若缓以待之,遣将招谕,宣上威德,令彼以马来献,因抚其部落,全师而归。"但蓝玉就是不听,派都督宋晟等率兵绚阿真川,番酋哈昝等逃遁。追袭祁者孙,也不及而还。不久,接到朱元璋命其移师讨伐月鲁帖木儿的诏令,他还想深入西番之地,取道松叠前往建昌。"会霖雨积旬,河水汛急,玉悉驱将士渡河,麾下知非上意,多相率道亡"①。蓝玉不得已,才由陇右前往建昌。六月,待他抵达建昌,月鲁帖木儿已被瞿能击败,逃往柏兴州(治今四川盐源县东北)。十一月,蓝玉进次柏兴州,遣百户毛海以计诱擒月鲁帖木儿及其子,尽降其众。蓝玉派人将月鲁帖木儿解送京师伏诛,因奏"四川之境,地旷山险,控扼西番。连岁蛮夷梗化,盖由军卫少而备御寡也",建议增置屯卫,籍民为军守之,并请求移兵讨伐长河西朵甘百夷。朱元璋没有同意,他认为"其民连年供输烦扰,又以壮者为兵,其何以堪",不可再籍兵以困边民;蓝玉所率部队"兵久在外,不可重劳",况且往征长河西朵甘百夷,"此非四十万众不行"。他命令蓝玉:"今尔所统之兵,选留守御,余令回卫。尔即还京。"②蓝玉只得下令班师。

蓝玉为明王朝的建立和巩固立下了赫赫战功,但是这个粗鄙的武夫也因此逐渐滋长居功自傲的思想,贪财嗜利、骄淫奢靡,违法乱纪,逾礼犯分,无所不为。史载:

> (洪武二十一年八月)丁卯,征虏大将军、永昌侯蓝玉等还朝,上谓玉曰:"尔率将士北征,功最大。然虏主妃来降,不能遇之以礼,乃纵欲污乱人。尝恃劳遣人入朝,觇伺动静,此岂人臣之道哉!"③

---

① 《明太祖实录》卷二一七,洪武二十五年五月辛巳。
② 《明太祖实录》卷二二二,洪武二十五年十一月甲午。
③ 《明太祖实录》卷一九三,洪武二十一年八月丁卯。

……玉素不学,性复狠愎,见上待之厚,又自恃攻伐,专恣暴横。畜庄奴假子数千人,出入乘势渔猎。尝占东昌民田,民讼之,御史按问,玉捶逐御史。及征北还,私其驼马珍宝无算。夜度喜峰关,关吏以夜不即纳,玉大怒,纵兵毁关而入。上闻之不乐。会有发其私元主妃者,上切责之。玉漫不省,尝见上命坐,或恃宴饮,玉动止傲悖,无人臣礼。及总兵在外,擅升降将校,黥刺军士,甚至违诏出师,恣作威福,以胁制其下。①

(洪武二十八年十一月乙亥)《礼制集要》成。先是上谓翰林学士刘三吾等曰:朕自即位以来,累命儒臣历考旧章,著为条格,俾知上下之分……迩者逆贼蓝玉越礼犯分,席帐、护膝皆饰金龙,又铸金爵以为饮器,家奴至于数百,马坊、廊房悉用九五间数。②

……甚者无如蓝玉越礼犯分,其房屋家奴至于数百,马坊、廊房皆用九五间数,又于本家墙垣内起盖店舍,招集百工技艺之人在内居住,与民交易。③

蓝玉令家人中到云南盐一万余引,倚势兑支。事发,太祖曰:"此是侵夺民利,沮坏盐法,但是功臣家中到盐引,尽行没官。"④

李贽在《续藏书》中曾指出,蓝玉"私元主妃"是"罪当死","尝占东昌民田,民讼之,御史按问,玉捶逐御史",也是"罪当死"的行为⑤。那么,他僭用皇帝专用的金龙纹饰、九五间数,就更是包藏着政治野心图谋不轨的行为了。加上此前蓝玉与胡惟庸又有瓜葛,这不能不引起朱元璋的高度警惕与关注。洪武二十一年北征归来,朱元璋原拟封其

---

① 《明太祖实录》卷二二五,洪武二十六年二月乙酉。

② 《明太祖实录》卷二四三,洪武二十八年十一月乙亥。

③ [明]朱元璋:《稽古定制》序,杨一凡点校;《皇明制书》第二册,北京:社会科学文献出版社 2013 年版,第 737 页。

④ [明]刘辰:《国初事迹》,[明]邓士龙辑,许大龄、王天有主点校:《国朝典故》上册,北京大学出版社 1993 年版,第 103 页。

⑤ [明]李贽:《续藏书》卷四,《开国功臣·蓝公》,北京:中华书局 1959 年版,第 76—77 页。

为梁国公,"以过改为凉,仍镌其过于券"①。但是,蓝玉仍然我行我素,不仅没有悔改之意,而且还变本加厉,竟然"擅升降将校,黥刺军士,甚至违诏出师",未经朝廷准许,擅自率兵攻打罕东的西番之地。

　　蓝玉正是由于居功自傲,贪财嗜利,贪污盗窃,侵夺民利,骄奢淫逸,道德败坏,违法乱纪,越礼犯分,最终走上谋反道路的。洪武二十五年九月,因皇太子朱标在四月间去世,朱元璋立朱标次子朱允炆为皇太孙。十一月,蓝玉由建昌进至柏兴州,最后平定月鲁帖木儿之叛,奏请朝廷允其率兵往征长河西朵甘百夷,想以更多的战功谋求太子太师爵位。但朱元璋却未批准,而是令其班师。蓝玉闷闷不乐地率部回到成都,想起亲家靖宁侯叶昇于八月间坐前交通胡惟庸被杀,怀疑是叶昇的口供里指认他为胡党,故而引起朱元璋的猜忌,他奏办的几件事皇上都不从,于是下定了谋反的决心。十一月底,中军金都督谢熊奉命前往四川都司接蓝玉还京。十二月二十二日抵达四川都司的驿馆住下,然后去见蓝玉,说他奉命"来取大人回家",蓝玉说:"必是我亲家靖宁侯胡党事内有我名字,差你来提取。"谢熊回答说:"上位只教我宣唤大人,不知就里如何。"蓝玉看他话说得非常坦率,估计不会告发自己。于是设宴招待,坦白地告诉他说:"实不瞒你,我如今回家看动静,若是果有这话说,好歹下手做一场。你回去休要泄机,若事成时,大家得安享富贵。"谢熊回答:"我的小儿也为这事(指与胡党有牵连之事)在身上常常忧怕。大人谋的事,小人如何肯漏泄了。"十二月二十八日,朱元璋下诏"以宋国公冯胜、颍国公傅友德兼太子太师,曹国公李景隆、凉国公蓝玉兼太子太傅,开国公常昇、全宁侯孙恪兼太子太保,詹徽为太子少保兼吏部尚书,茹瑺为太子少保兼吏部尚书"②。消息传来,蓝玉的太子太师梦破灭,随即加紧了谋反的策划活动。闰十二月初一日,他备酒席宴请谢熊和随同征讨月鲁帖木儿的副手徐司马、聂纬以及四川徐都督、周指挥、陕西王都指挥,随征的西安右卫、西安左卫、西安前卫、西安后卫、华山卫、秦山卫的将领,进一步商议谋反之事。同时,派部将联络陕西卫所的将领,让他们收集人马,准备接应他的谋反。闰十二月底,蓝玉与谢熊离开成都,顺长江东下,二十六年正月初一二到武昌,初三日到九江,初七日到安庆,沿途又联络当地一些卫所将领,布置接应其谋反之事。洪武二十六

---

① 《明史》卷一三二,《蓝玉传》,第3866页。
② 《明太祖实录》卷二二三,洪武二十一年十二月乙亥。

年正月初十日前后,蓝玉抵达南京。此时朱元璋因受不住皇太子病死的打击,身患"热症","几将去世"①,经过太医的精心治疗,虽从死神手里夺回性命,但身体仍很虚弱。蓝玉认为"如今上位病证缠身,殿下(指皇太孙朱允炆)年纪幼小,天下军马都是我掌"②,正是谋反的好机会,于是"乃同曹震、朱寿、祝哲、汪信等合谋,阴诱无知指挥庄成、孙让等,设计伏兵,谋为不轨"③。并加紧联络其旧部曲府军前卫的将士以及京城周边的卫所头目,加紧谋反的准备。最后定在当年二月十五日朱元璋往南郊祀先农、耕籍田之日举事。但是,蓝玉的密谋,早被锦衣卫的特务察觉。未等蓝玉等人动手,锦衣卫指挥蒋瓛已向朱元璋告发,他"下手做一场"的谋反计划也就胎死腹中了。

七

蓝玉党案的爆发,归根到底,是皇权与军权矛盾的产物。

众所周知,明朝初建时,其政权体制基本上袭自小明王的宋政权,而宋政权基本上是仿照元朝的体制建立起来的。对于这种体制,朱元璋起初是十分赞赏的,因为它为朱元璋借助小明王的旗号暗中发展自己的势力提供了方便。但是待到称帝前后,他又担心臣僚凭借这种体制与自己分庭抗礼。他总结元亡的教训说:"元氏昏乱,纪纲不立,主荒臣专,威福下移,由是法度不行,人心涣散,遂至天下骚乱。"④还说:"元氏之有天下,固由世祖之雄武,而其亡也,由委任权臣,上下蒙蔽故也。……君不能躬览庶政,故大臣得以专权自恣。"⑤认为"主荒臣专"即君主不能"躬览庶政",是导致天下骚乱、元朝灭亡的一个重要原因。要实现天下大治,君主必须"躬览庶政",亲自过问和处理国家的军政、司法、监察大事。为此,就必须分散与削减各个机构的权力,使"权不专于一司"⑥,将权

---

① [明]朱元璋:《周颠仙人传》,钱伯城、魏同贤、马樟根主编:《全明文》第一册,上海古籍出版社1992年版,第813页。

② 《逆臣录》卷一,第38页。

③ 《逆臣录》《御制〈逆臣录〉序》,第2页。

④ 《明太祖实录》卷一四,甲辰年正月戊辰。

⑤ 《明太祖实录》卷五九,洪武三年十二月戊辰。

⑥ 《明太祖实录》卷一二九,洪武十三年正月己亥。

力集中到中央,"事皆朝廷总之"①,再集中到皇帝手里,使君主能完全按照自己的意志办事。

为了达到"躬览庶政"的目的,朱元璋首先对地方机构进行改革。元朝的行中书省是从中央的中书省分设出来,号称"外政府","凡钱粮、兵甲、屯种、漕运、军国重事,无不领之"②,后来四处兵起,中央根本指挥不动,俨然成为一个个独立王国。洪武九年,朱元璋下令废除行中书省,改设承宣布政使司、都指挥使司和提刑按察使司,作为中央的派出机构,分管地方行政(包括财政)、军政和司法。三个机构彼此独立又互相牵制,皆直接听从朝廷的指挥,便于中央的控制。接着,又进行中央行政机构的改革。元朝在中央设立中书省总理全国政务,最高长官中书令是一个名义上的虚衔,以右、左丞相(蒙古习俗尚右,右在左上)为实任丞相。朱元璋认为这种体制极大地限制了君主的"躬览庶政",说:"胡元之世,政专中书,事必先关报(中书省)然后奏闻,其君又多昏蔽,是致民情不通,寻致大乱,深可为戒。"③他对既对皇帝起助手作用、又限制皇权高度集中的丞相之职更为不满,说:"自秦始置丞相,不旋踵而亡,汉、唐、宋因之,虽有贤相,然其间所用者多有小人,专权乱政。"④"(设相)之后,臣张君之威福,乱自秦起,宰相权重,指鹿为马。"⑤随着地方机构的改革,地方的民政、财政、军政和司法大权集中到中央,中书省的职权增大,右丞相胡惟庸更是"专肆威福"⑥,相权与皇权的矛盾更为尖锐。洪武十三年,朱元璋便借胡惟庸谋反案,废除中书省和丞相,由吏、户、礼、兵、刑、工六部分理政务,直接对皇帝负责,使全国的最高行政权力集中到皇帝手里。同时,又撤销全国最高军事机构大都督府,改设左、右、中、前、后五军都督府,分领所属卫所军队,掌管军籍和军政,而由兵部掌握军令的颁发和军官的铨选之权。遇到战事,调遣军队和任命将帅均由皇帝做出决定,然后由兵部发出调兵之令,都督府才派出将领,统率所调集的军队出征。战事结束,将领交还帅印,回原职办事,军队也回到原来的卫所驻屯。军权也因此集中于

① [明]朱元璋:《皇明祖训·祖训首章》,《皇明制书》第三册,第784页。
② [明]宋濂等撰:《元史》卷九一,《百官志》七,北京:中华书局1976年版,第2305页。
③ 《明太祖实录》卷一一七,洪武十一年三月壬午。
④ 《皇明祖训·祖训首章》,《皇明制书》第三册,第784页。
⑤ [明]朱元璋撰,胡士萼点校:《明太祖集》卷一〇,《敕问文学之士》,合肥:黄山书社1991年版,第202页。
⑥ 《明太祖实录》卷一二九,洪武十三年正月甲午。

皇帝之手。中央的监察机构御史台也于洪武十三年撤销,十五年改设都察院,专职纠核百司,下设十三道监察御史,主纠察内外诸司之官邪,并可与都察院的御史互相纠劾。经过这番改革,各个系统的权力机构彼此独立又互相牵制,便于君主的操纵和控制。全国最高的行政、军事、司法监察大权完全集中到皇帝手里,实现"乾纲独断"的目标,皇权与相权的矛盾算是解决了。

　　但是,旧的矛盾解决了,新的矛盾又出现了。洪武二十五年四月底,就在蓝玉往征罕东西番之地、建昌卫指挥使月鲁帖木儿发动叛乱之后,年仅38岁的皇太子朱标在久病之后去世。朱标的长子朱雄英前已夭折,次子朱允炆是朱元璋的第三个孙子。九月,按照嫡长制的继承原则,朱元璋诏立朱允炆为皇太孙,作为将来的皇位继承人。此时的朱元璋已届65岁的高龄,而皇太孙只有16虚岁,性格酷似"性仁厚"①的父亲,仁柔宽厚。朱元璋担心自己一旦撒手人寰,这个年轻的接班人控制不住局面。尽管经过自己的一番改革,全国最高的行政、军政和司法监察大权都已集中到君主手里,但皇太孙毕竟缺少治国理政的经验,而又心慈手软,如果那些久经战阵、老谋深算的军中大将,凭借他们是开国元勋,不服调遣,后果将不堪设想。尤其是军中地位最高的蓝玉,骄蹇自恣,进止自专,更是引起朱元璋的忧虑。因此,他在洪武二十五年四月底命蓝玉从罕东移师建昌征讨月鲁帖木儿时,便命义子徐司马为其副手,随时对蓝玉加以监视。待到月鲁帖木儿叛乱一平息,又急忙于当年十一月二十七日派谢熊至四川都司接蓝玉还京。接着,又在十二月二十八日发布敕封东宫三师的诏令,有意将在军中地位较低的冯胜、傅友德封为太子太师,而将蓝玉封为太子太傅,借以敲打敲打蓝玉,警告他不得有越轨行为。

　　不想,蓝玉不仅毫不收敛,反而加紧了谋反的步伐。而谢熊不仅没有向朝廷告发蓝玉的谋逆行为,反而为自己的小儿子与胡党有牵连之事而担忧,默认蓝玉的谋逆之举,而且也没有催促蓝玉尽早起程还京,让蓝玉在成都待了一个多月时间,得以从容联络四川、陕西等地的卫所将领,进行谋反的部署。就连受命充当蓝玉征讨月鲁帖木儿之叛的副手、负责监视蓝玉行动的朱元璋义子徐司马,不仅未向朱元璋密报蓝玉的谋逆行为,而且自己也卷入了密谋之中。因此蓝玉也越发大胆,在返京途中一路加紧联络武昌、九江、安庆的卫所将领,返京后更是紧锣密鼓地进行谋反的部署。但是,他的异动很快便

---

①　《明史》卷四,《恭闵帝纪》,第59页。

被锦衣卫察觉,并由锦衣卫指挥蒋瓛告发。《明史》载:"洪武二十六年二月,锦衣卫指挥蒋瓛告蓝玉谋反"①。而何荣之弟、尚宝少卿何宏的供状则云:"至二月初一日早朝,退至长安西门,有詹(徽)尚书对宏言说:'前日凉国公谋的事,上位知觉了,早是我当住两日,未曾拿下。你便去对你哥哥说,教他上紧下手,莫带累我。'宏随即对兄何贵及潘指挥说知道。"②根据这则口供,蒋瓛的告发当在二月初一日之前的正月底。

　　此时,经过明军的屡次打击,明王朝的劲敌北元已被击溃,陷于分裂状态,北部边防比较巩固。朱元璋决定乘机再次大开杀戒,彻底铲除那些可能对朱家天下构成严重威胁的开国老将,确保年轻仁柔的皇太孙能坐稳江山。二月初二日,他"命晋王总宋国公冯胜等所统河南、山西马步军士出塞",以防北元残余势力的骚扰,而令"胜及颍国公傅友德、开国公常昇、定远侯王弼、全宁侯孙恪等驰驿还京,其余将校悉听晋王节制",并"诏长兴侯耿炳文还京"③。二月初八日,蓝玉入朝,即下令将其拘押,次日投入锦衣卫的诏狱,"玉不肯伏",第三天未经廷鞫即将其"磔于市,夷三族"④。与此同时,朱元璋又以蓝党的罪名,下令逮捕大批淮西彻侯功臣、文武大吏以及偏裨将士乃至番僧、内竖、豪民、贱隶。其中景川侯曹震之"党逆最力",与蓝玉同时诛死。其他案犯皆逮入锦衣卫诏狱,进行严刑拷打,录取口供,然后于五月初一日为辑录案犯口供的《逆臣录》撰写御制序,宣布其罪名是"谋为不轨""谋危社稷"⑤,刊布中外。列名《逆臣录》的一公、十三侯、二伯,除凉国公蓝玉和景川侯曹震于二月初十日诛死,鹤庆侯张翼、会宁侯张温、怀远侯曹兴、西凉侯濮屿(濮英之子)、东平侯韩勋(韩政之子)、全宁侯孙恪(孙兴祖之子)、沈阳侯察罕(纳哈出之子)、东莞伯何荣(何真之子)、徽先伯桑敬(桑世杰之子)也陆续被杀⑥。航海侯张赫已于洪武二十三年病逝,二十六年仍坐蓝党论死⑦。吏部尚书詹徽(詹同之子)、户部侍郎傅友文也被杀。"同时以党连坐者,都督则有黄恪、汤泉、马俊、王诚、聂纬、王铭、许亮、谢熊、汪信、萧用、杨春、张政、祝哲、陶文、茆鼎凡十余人,多玉部下

　　① 《明史》卷一三二,《蓝玉传》,第3866页。
　　② 《逆臣录》卷一,第26页。
　　③ 《明太祖实录》卷二二五,洪武二十六年二月丁丑。
　　④ 〔清〕查继佐:《罪惟录》列传卷八下,《蓝玉传》,杭州:浙江古籍出版社1986年版,第1440页。
　　⑤ 《逆臣录》《御制〈逆臣录〉序》,第2页。
　　⑥ 《明史》卷一○五,《功臣世表》一,第3043—3083页。
　　⑦ 〔明〕王世贞撰、魏连科点校:《弇山堂别集》卷三七,《高帝功臣公侯伯表》,北京:中华书局1985年版,第668页。

偏裨"①。朱元璋的义子徐司马,洪武二十六年正月初五日已在成都病死,也"追坐蓝玉党,二子皆获罪"②。蓝玉的外甥、开国公常昇(常遇春之子),在蓝玉被杀后,"又于三山聚兵谋逆",也被处死③。到九月,为了安定人心,朱元璋下诏宣布,此后胡党、蓝党概赦不问。事实上,赦免令颁布后,诛杀仍在进行。过了一年,颍国公傅友德、定远侯王弼也坐蓝党赐死④。又过一年,宋国公冯胜也以蓝党罪名赐死⑤。"及洪武末年,诸公、侯且尽,存者惟(耿)炳文及武定侯郭英二人"⑥。活跃于政治军事舞台的淮西勋臣宿将已被基本清除,朱元璋觉得皇权与军权的矛盾已经解决。为了安抚那些对皇权已构不成威胁的尚存武将,朱元璋便在洪武二十九年九月,将已退休的武臣2500余人招至京师,每人赏给一大堆银子,令其"还家抚教子孙,以终天年",十月复谕兵部,"令升其官各一级,皆受职于甘肃、大同、北平、大宁、辽东诸卫所,其嗣子职任军者,复皆许从今职升授"⑦。

八

蓝玉党案是明初皇权与军权矛盾冲突的产物。素不学、贪财嗜利、性复狠愎的蓝玉,早年作战勇敢,屡立战功,洪武十二年被封为永昌侯。为求升官发财,曾暗中交通同乡、左丞相胡惟庸。洪武十三年胡惟庸案发被诛,朱元璋考虑到蓝玉是开平王常遇春的小舅子,常遇春之女是懿文太子朱标之妃,而蓝玉之女又为蜀王妃,"以开平之功及亲亲之故",对他宥而不问,让他继续领兵作战。洪武二十年以征虏左副将军从大将军冯胜出征辽东纳哈出,班师途中代冯胜为大将军。由于能征善战的中山王徐达、开平王常遇

---

① 《明史》卷一三二,《蓝玉传附曹兴传》,第3870页。
② 《明史》卷一三四,《何文辉传附徐司马传》,第3899页。
③ 《太祖实录辨证》五,《钱牧斋全集》第三册,第2147页。
④ 《明史》卷一二九,《傅友德传》,第3803页;卷一三二,《王弼传》第3863页。二传两人被"赐死",未明载缘由。俞本《明兴野记》卷下记:"宋国公冯胜、颍国公傅友德等为党逆事伏诛,而家属悉令自缢,毁其居室而焚之。"(第459页)可知傅友德系坐蓝党而被赐死。《弇山堂别集》卷三七,《高帝功臣公侯伯表》又明载王弼"二十六年坐蓝党论死"(第667页)。
⑤ 《明史》卷一二九,《傅友德传》,第3799页。
⑥ 《明史》卷一三〇,《耿炳文传》,第3819页。
⑦ 《明太祖实录》卷二四七,洪武二十九年九月癸酉、十月戊戌。

春已殁,此后蓝玉数总大军,多立功,二十一年进为凉国公。但他也因此居功自傲,骄蹇自恣,更加疯狂地追逐财富和地位,违法乱纪,越礼犯分,不仅"总兵在外,擅升降将校,黥刺军士,甚至违诏出师,恣作威福",而且"床帐、护膝皆饰金龙","马坊、廊房悉用九五间数"。虽然屡次受到朱元璋的切责,他不仅毫不收敛,反而暗中串联几个高级文官武将和自己的部下偏裨,秘密策划谋反,对皇权构成严重的威胁,反映了封建社会后期地主阶级的贪婪与腐朽。他和几个核心骨干以"谋危社稷"即谋反之罪而被杀,是名副其实的真案,丝毫也不冤枉。朱元璋因担心年轻仁柔、缺乏治国经验的皇太孙朱允炆将来接班后,驾驭不住那些久经战阵、老谋深算的军中大将,坐不稳江山,借机搞扩大化,牵连诛杀一两万人,这些则是冤假错案。许多下层军官、普通士卒、番僧、内竖、豪民、贱隶,就因此而命丧黄泉。如吴县布衣出身的王行,自学成才,"淹贯经史百家言",能诗善画,洪武年间曾受聘至蓝玉家教书,"后玉诛,行父子亦坐死";广东顺德人孙蕡,"性警敏,书无所不窥。诗文援笔立就,词采灿然",洪武三年中举,曾召为翰林典籍,与修《洪武正韵》,后历任平原主簿、苏州经历。就因为"尝为玉题画,遂论死"①。他们无疑都是朱元璋刀下的冤死鬼。不仅如此,就连一些高层的将领,也因战功居多,遭到朱元璋的猜忌,被他坐以蓝党的罪名蒙冤而死。如傅友德"喑哑跳荡,身冒百死。自偏裨至大将,每战必先士卒。虽被创,战益力,以故所至立功,帝屡敕奖劳",受封颍川侯,再进为颍国公,"子忠,尚寿春公主,女为晋世子济嬉妃",史籍包括《逆臣录》没有任何关于他参与蓝玉谋反行动的记载,却被朱元璋下令"赐死。以公主故,录其孙彦名为金吾千户"②。又如冯胜,战功卓著,"时诏列勋臣望重者八人,胜居第三。太祖春秋高,多猜忌。胜功居多,数以细故失帝意"。尽管如此,他毕竟没有参与蓝玉的谋反行动,最终也被"赐死,诸子皆不得嗣"③。这又一次暴露出封建专制的血腥与残暴。

总而言之,朱元璋兴起的蓝玉党案是有真有假,真假掺杂的,说它全部是真案不符合实际,说它全都是假案也有悖于史实。因此它产生的社会作用和影响,也必然是积极与消极并存的。就积极方面而言,朱元璋通过此案,清除了某些骄蹇自恣、违法乱纪、逾礼越制、进止自专的功臣,有利于社会的安定、经济的发展。就消极方面而言,朱元璋借

---

① 《明史》卷二八五,《文苑传》一,第7330—7332页。
② 《明史》卷一二九,《傅友德传》,第3803页。
③ 《明史》卷一二九,《冯胜传》,第3799页。

助此案冤杀了大批无辜的将臣,甚至是普通的军士和平民百姓,造成政治恐怖,人人自危,"时京官每旦入朝,必与妻子诀,及暮无事,则相庆以为又活一日","故人多不乐仕进"①。而且由于诛戮过甚,出现大量的冤狱,"勇力武健之士芟夷略尽","存者惟炳文及武定侯郭英二人"。及至朱元璋死后,燕王朱棣起兵"靖难",继位的建文帝朱允炆竟无将可用,先后起用年迈的老将耿炳文和年轻而无作战经验的膏粱子弟李景隆为大将军,带兵北上征讨,结果全都惨遭败绩,不久便导致皇位易手。这大概是朱元璋生前未曾预料的,却是他借蓝玉党案屠戮大批无辜将臣的必然结果,也可以说是他为接班人所酿造的一杯苦酒。

[原载《明清论丛》第十七辑(2017 年 12 月)]

---

① 《廿二史札记校正》卷三二,《明祖晚年去严刑》,第 744 页;《明初文人多不仕》,第 741 页。

马皇后与明代宫廷政治

明代的宫廷政治，未曾出现后妃或外戚专权的弊病，这是汉、唐、宋、元和后来的清代所不及的。这种局面的出现，不能仅仅归功于明太祖朱元璋制定的宫廷制度，更应当看到马皇后所做出的重大贡献。

一

明朝建立之初，朱元璋为了巩固自己的统治，确保朱家江山的万世一系，即着手制定各种宫廷制度。洪武元年（1368）三月，朱元璋登基称帝不久，就吸取汉、唐后妃擅权专政的教训，命翰林儒臣纂修《女戒》，严禁后妃干政。他对翰林学士朱升等说："治天下者，修身为本，正家为先。正家之道，始于谨夫妇。后妃虽母仪天下，然不可使预政事。至于嫔嫱之属，不过备执事、侍巾栉，若宠之太过，则骄恣犯分，上下失序。观历代宫闱，政由内出，鲜有不为祸乱者也。夫内嬖惑人，甚于鸩毒，惟贤明之主能察之于未然，其他未有不为所惑者。卿等为我纂述《女戒》及古贤妃之事可为法者，使后世子孙知所持守。"①洪武三年五月，朱元璋又下诏严宫闱之政，"上以元末之君不能严宫闱之政，至宫嫔女谒私通外臣而纳其贿，或施金帛于僧道或番僧，入宫中摄持受戒，而大臣命妇亦往来禁掖，淫渎亵乱，礼法荡然，以至于亡。遂深戒前代之失，著为令典，俾世守之。皇后之尊，止得治宫中嫔妇之事，即宫门之外，毫发事不预焉。自后妃以下至嫔侍女使，小大衣食之费，金银钱帛器用，百物之供，皆自尚宫奏之，而后发内使监官复奏，方得赴所部关领。若尚宫不及奏而朦胧发内官监，监官不复奏而辄擅领之部者，皆论以死。或以私书出外者，罪亦如之。宫嫔以下，遇有病，虽医者不得入宫中，以其证（症）取药而已。群臣命妇于庆节朔望朝见中宫而止，无故即不得入宫中。人君亦无有见外命妇之礼。……至于外臣请谒，寺观烧香、禳告星斗之类，其禁尤严"②。洪武五年六月，还命工部"造红牌镌戒谕后妃之辞悬于宫中，其牌用铁，饰字以金"③。

此后，朱元璋敕撰作为"家法"的《祖训录》及《皇明祖训》，即依照他的这些令旨，对天子后妃、嫔嫱、女使人等所应遵守的事项逐一做出严格的规定。洪武二年四月诏中书纂修、洪武十四年最后定本的《祖训录》之《内令》篇规定："凡自后妃以下，一应大小妇女，及各位下使数人等，凡衣食金银钱帛，并诸项物件，尚宫先行奏知，然后发遣内监官。监官复奏，方许赴户部关领。尚宫若不知，朦胧发遣，内官亦不复奏，辄擅关支，皆处以死"；"凡私写文帖于外，写者、接者皆斩。知情者同罪，不知者不坐"；"凡庵、观、寺、院，烧香降香，禳告星斗，已有禁律，违者及领香送物者，皆处以死"；"凡皇后，止许内治宫中诸等妇女人，宫门外一应事务，毋得干预"；"凡宫中遇有病者，仰御药局官唤到方脉科，或小儿科、外科等项医人，须要监官、局官各一员，当值内使三名、老妇二名同医人进宫看视。如监官、门官、局官并当值老妇不及元（原）定名数，监官、门官、局官各杖一百；当值内使、老妇各杖八十。若当值内使并各官不行引进医人，止令老妇引至者，监官、门官、局官皆斩；内使并医人、老妇皆凌迟处死。如后妃、女孩儿等病者，轻则于乾清宫诊脉；如果病重者，方许白昼就房看视，不许夜唤医士进宫，违者并唤医者皆斩。如使数人病，轻则于王宫门看视，重则出宫赴养容堂。监官、门官、局官、内使人等同医人就彼发药医治"；"凡宫闱当谨内外，后妃不许群臣谒见。群臣妻非命无故不许入宫，君亦无召

① 《明太祖实录》卷三一，洪武元年三月辛未，台北："中央研究院历史语言研究所"1962年校勘本。
② 《明太祖实录》卷五二，洪武三年五月乙未。
③ 《明太祖实录》卷七四，洪武五年六月甲辰。

见之理"①。后来,依据《祖训录》增删修订,于洪武二十八年或二十九年最后定本的《皇明祖训》②,上述规定皆保留不变,只是将宫中妇女看病的规定改为:"凡宫中遇有疾病,不许唤医入内,止是说证(症)取药。"③即恢复朱元璋原来的谕旨。这样,严禁后妃干政便成为明朝皇室的一条家法,而被确定下来了。

二

"赞成大业,母仪天下"的马皇后,对朱元璋严禁后妃干政的家法是完全支持、坚决执行的。

马皇后是郭子兴老友马三的小女儿。马三原是宿州闵子乡信丰里的富户,"以赀豪里中"④。他性格刚强疾恶,"见有为不义者,视之若仇雠"⑤,又喜结交宾客,"善施而贫"⑥。至顺三年(1332),其妻郑氏生下小女儿后死去。不久,因杀人避仇,他带着小女儿逃到定远投奔郭子兴,与之结为刎颈之交。至正十二年(1352)二月,郭子兴起义时,他将小女儿送给郭子兴抚养,自己偕夫人返回宿州策划起兵响应,不料回去不久就死了。郭子兴把他的小女儿收为义女,视如己出,交给第二夫人张氏(人称小张夫人)照顾。闰三月,朱元璋前来投奔,郭子兴见他有勇有谋,便将这个义女嫁给他,收其为心腹。

马夫人出身于富豪之家,经历曲折,因而不仅"知书精女红",而且"善承人意"⑦。自嫁给朱元璋为妻,就与之患难与共,帮助他摆脱困境,赞助他成就自己的事业。郭子兴一度受到别人的挑拨,猜忌、排斥朱元璋,她拿出自己的积蓄献给小张夫人,求小张夫

　　① 张德信等主编:《洪武御制全书》,《祖训录》,黄山书社1995年版,第375—376页。
　　② 关于《祖训录》及《皇明祖训》的最后定本,采用黄彰健、张德信之说。参见陈怀仁、夏玉润主编:《洪武六百年祭》,海口:南方出版社2001年版,第69—104页。
　　③ 《皇明祖训》,《洪武御制全书》,第402页。
　　④ [清]毛奇龄:《胜朝彤史拾遗记》卷一,西河合集本。
　　⑤ [明]邓士龙辑,许大龄、王天有点校:《国朝典故》中册,宋端仪《立斋闲录》卷一,北京大学出版社1993年版,第907页。
　　⑥ 《胜朝彤史拾遗记》卷一。
　　⑦ 《胜朝彤史拾遗记》卷一。

人向郭子兴调停说情。朱元璋遭到郭子兴的监禁,不得进食,她从厨房偷出炊饼送给他充饥。后来,朱元璋出征遇到灾荒缺粮,她常贮存一些干粮腌肉,让朱元璋随时充饥,"而己不宿饱"①。朱元璋行军作战的文书、军令和随手记下的札记、备忘录,都交她保管,她整理得井井有条,朱元璋需要查询,她"即于囊中出而进之,未尝脱误"②。朱元璋率部渡江后,与陈友谅、张士诚接邻,战争频繁,她"暇即率诸校妻缝纫衣袄",分给军士。陈友谅奔袭应天,她"尽发宫中金帛犒士",鼓舞军士斗志。她还经常给朱元璋出谋划策,并告诉朱元璋:"定天下在得人心","用兵焉能不杀人,但不嗜杀人,则杀亦罕也"③。参军郭景祥守和州,有人告发他的儿子拿着丈八长矛想刺杀父亲,朱元璋大怒,准备将这个不孝子杀掉,她出面劝阻,说:"景祥止一子,人言或不实,杀之恐绝其后。"朱元璋派人调查,果然冤枉,郭景祥的儿子才免于一死。李文忠守严州,杨宪告发他有不法行为,朱元璋立即将他调回,命他移守扬州。她又出面劝阻,曰:"严,敌境也,轻易将不宜。且文忠素贤,宪言讵可信?"朱元璋觉得她的话很有道理,令李文忠还守严州,"后卒有功"④。

朱元璋称帝后,册封马夫人为皇后,并对侍臣夸奖她的贤德,提起当年的炊饼,比之在汉光武帝危难之时冯异所献的芜蒌豆粥、滹沱麦饭。还把她比作唐太宗的长孙皇后,说:"家有良妻,犹国之良相。"马皇后听到这话,回答说:"妾闻夫妇相保易,君臣相保难。陛下既不忘妾于贫贱,愿无忘群臣百姓于艰难。且妾安敢比长孙皇后贤?但愿陛下以尧舜为法耳!"⑤

正位中宫后,马皇后勤于内治,遵照朱元璋"严宫闱之禁"的旨意,严格管束后宫的妃嫱宫女。为此,她特地召集女史清江范孺人等,问道:"自汉唐以来,何后最贤?家法何代最正?"她们回答说:"惟赵宋家诸后多贤,家法最正。"她便命令她们"录其家法贤行",不时让她们读给她听,说:"不徒为吾今日法,子孙帝王后妃当省览,此可为万世法也。"⑥在她的督促之下,宫妾们不仅要熟读朱升等儒臣编纂的《女戒》,还要学习女史辑

---

① 《明史》卷一一三,《高皇后传》,北京:中华书局1974年版,第3505页。
② 《胜朝彤史拾遗记》卷一。
③ 《胜朝彤史拾遗记》卷一。
④ 《明史》卷一一三,《高皇后传》,第3506页。
⑤ 《明太祖实录》卷一四七,洪武十五年八月丙戌。
⑥ 《明太祖实录》卷一四七,洪武十五年八月丙戌。

录的宋朝后宫的家法贤行。马皇后还严厉"督宫妾,治女工,夙兴夜寐,无时豫怠"。这既是为了在当时百业凋零、财政困难之际,减省宫廷的开支,也是为了培养王妃、公主的俭朴意识,"生长富贵当知蚕桑之不易"①,但更重要的是防止宫妾闲得无聊,结交宫外的臣僚外戚,干预政事,而酿成大的祸患。

朱元璋严禁后妃干政,规定后妃对"宫门外一应事务,毋得干预"。马皇后深知此举的用意,是为了朱家天下的长治久安,这也正是她自己追求的目标。而朱元璋的这个规定,她只有率先垂范,才能令身边的妃嫔宫人乃至后世的后妃、嫔嫱、女使认真执行。因此,她对朱元璋的这条规定,是严格遵守、坚决照办的。自正位中宫后,她便严格遵守这条规定,从不恃椒房之宠,萌生权势之欲;也从不抛头露面,直接参与宫外的政务,更不拉帮结派,结党营私。但是,作为"天下之母",为朱家天下的长治久安着想,她又不能不关心臣民的疾苦、国家的安危和朱元璋治政的得失。有一天,她问朱元璋:"今天下民安否?"朱元璋说:"此非尔所宜问也。"她即说:"陛下天下父,妾辱天下母,子之安否,何可不问?"②朱元璋竟无言以对。所以,一旦发现问题,马皇后就无法袖手旁观,置若罔闻,听之任之。既然不许出面干预,直接插手,聪颖贤惠的马皇后便采用"随事几谏"③的办法,对朱元璋进行委婉的劝谏。她常常在适当的时机,借助某个有关的事件,对朱元璋进献一些治国的良策,或者对他的一些错误决策提出善意的批评。比如,北伐大军克复大都后,将元朝府库的珍宝财货解送京师,马皇后意味深长地问朱元璋:"得元府库何物?"朱元璋答道:"宝货耳!"她便说:"元氏有是宝,何以不能守而失之? 盖货财非可宝,抑帝王自有宝也?"朱元璋领悟她的弦外之音,说:"皇后之意朕知之矣,但谓以得贤为宝耳!"她即拜谢道:"诚如圣言。妾每见人家产业厚则骄,至时命顺则逸生。家国不同,其理无二。人之常情,所当深戒。妾与陛下同处穷约,今富贵至此,恒恐骄纵生于奢侈,危亡起于忽微。故世传:'技巧为丧国斧斤,珠玉为丧心酖毒。'诚哉是言! 但得贤才,朝夕启沃,共保天下,即大宝也,显名万世即大宝也,而岂在于物乎?"朱元璋听了这番肺腑之言,连连点头称"善"④。有一次,朱元璋到太学祭祀先师孔子归来,马皇后问:"太学生

① 《明太祖实录》卷一四七,洪武十五年八月丙戌。
② 《明史》卷一一三,《高皇后传》,第3505页。
③ 《明太祖实录》卷一四七,洪武十五年八月丙戌。
④ 《明太祖实录》卷一四七,洪武十五年八月丙戌。

几何?"答曰:"数千。"她又问:"悉有家乎?"答曰:"亦多有之。"她又说:"善理天下者,以贤才为本。今人才众多,深足为喜。但生员廪食于太学,而妻子无所仰给,彼宁无累于心乎?"①朱元璋听后,即下令设置红板仓,贮存粮食,按月给太学生家属发放廪食,"太学生家粮自后始"②。

由于元末以来长期战乱,明初田畴荒芜,人口锐减,到处是一片破烂不堪的景象,老百姓的日子过得非常艰难。马皇后将百姓的疾苦时常挂在心上。有一次,朱元璋对马皇后说:"君者,百责所萃。一夫不得其所,君之责也。"她即起拜曰:"妾闻古人有云:'一夫失所,时予之辜;一民饥曰我饥之,一民寒曰我寒之。'今陛下之言即古人之心也。致谨于圣心,加惠于穷民,天下受其福,妾亦与有荣焉!"③遇到灾荒岁歉,她用餐必备麦饭野蔬。朱元璋见了,知道她的用意,就告诉她已下令赈济灾民,她又说:"妾闻水旱无时无之,赈恤之有方,不如蓄积之先备。卒不幸有九年之水,七年之旱,将何法以赈?"朱元璋"深以为然"④。后来便在各州县设立预备仓,每个州县设"东南西北四所","选耆民运钞籴米,以备振济"⑤。

朱元璋为强化封建专制统治,运用法庭、监狱、特务和锦衣卫震慑臣子,诛除异己。马皇后对这种做法非常反感,规劝他说:"人主虽有明圣之资,不能独理天下,必择贤以图治。然世代已降,人无全才。陛下于人才固能随其短长而用之,然尤宜赦小过以全其人。"⑥还说:"法屡更必弊,法弊必奸生;民屡扰必困,民困则乱生。"⑦据《明史·马皇后传》记载,有时朱元璋在前殿决事,发火震怒,待其还宫,马皇后就随事加以规劝,"虽帝性严,然为缓刑戮者数矣"。侍讲学士宋濂年老退休还乡,由于孙子宋慎卷进胡惟庸党案而受到连坐,被逮到京师,朱元璋要杀他。马皇后想起宋濂教太子、诸王读书的功劳,向朱元璋求情,说:"民间延一师,尚始终不忘恭敬。宋先生亲教太子、诸王,岂忍杀之!且宋先生家居,宁知朝廷事耶?"⑧朱元璋拒不采纳。待到进御膳时,马皇后既不饮酒,也

① 《明太祖实录》卷一四七,洪武十五年八月丙戌。
② 《明史》卷一一三,《高皇后传》,第3507页。
③ 《明太祖实录》卷一四七,洪武十五年八月丙戌。
④ 《明太祖实录》卷一四七,洪武十五年八月丙戌。
⑤ 《明史》卷七九,《食货志》二,第1924—1925页。
⑥ 《明太祖实录》卷一四七,洪武十五年八月丙戌。
⑦ 《明史》卷一一三,《高皇后传》,第3507页。
⑧ [清]谷应泰:《明史纪事本末》卷一三《胡蓝之狱》,北京:中华书局1977年版,第182页。

不吃肉,朱元璋感到奇怪,问是何故,她答道:"妾为宋先生作福事也。"所谓"作福事",也就是服"心丧"。朱元璋很不高兴,扔下筷子就走。但第二天还是下令"赦濂,安置茂州"①。元末隐居不仕的李希颜受朱元璋手书之召,至京师教诸王读经。他执教极严,"诸王有不率教者,或击其额。"朱元璋见了很生气,"抚而怒"。马皇后怕他一发火又要杀人,就劝解说:"乌有以圣人之道训吾子,顾怒之耶?"朱元璋这才消了气,不仅没有惩处李希颜,反而授予"左春坊右赞善"②之职。有时宫女对朱元璋侍候不周,遭到朱元璋的责骂,马皇后怕朱元璋火气上来,严惩宫女,就马上装作发脾气,下令将宫女交付宫正司论处。朱元璋不明其故,问起这事,她解释说:"帝王不以喜怒加刑赏。当陛下怒时,恐有倚重。付宫正,则酌其平矣。即陛下论人罪亦诏有司耳。"③吴兴富豪沈万三的后裔,拿出大笔资财助筑三分之一的南京都城,又请求犒劳官军。朱元璋大怒,说:"匹夫犒天子军,乱民也,宜诛!"马皇后劝谏说:"妾闻法者,诛不法也,非以诛不祥。民富敌国,民自不祥。不祥之民,天将灾之,陛下何诛焉?"朱元璋听后,释放了沈万三的后裔,改"戍云南"④。修建南京城时,朱元璋下令叫判处死刑的囚徒筑城以赎刑,马皇后又委婉地劝说:"赎罪罚役,国家至恩。但疲困之囚,加以劳役,恐不免于死亡。虽曰生之,其实死者多矣。"朱元璋认为她说的有道理,"罢其役,悉释之"⑤。

尤其值得注意的是,马皇后不仅自己不干预宫外的政事,而且不私亲族,不让娘家人做官,参与政事。朱元璋刚就帝位时,并未注意到汉、唐以来外戚干政的祸害。洪武元年正月,他登基仅十余天,为酬谢马皇后与之患难与共、赞助大业的功绩,派人寻访其亲人,准备给官做。但马皇后的父亲马公"无后"⑥,派出去的人只找到马皇后的亲族,朱元璋还是想授予官职。马皇后汲取历史上外戚干政的惨重教训,坚决予以回绝,说:"国家官爵,当与贤能之士。妾家亲属,未必有可用之才。且闻前世外戚之家多骄淫奢纵,不守法度,致有覆败者。陛下加恩妾族,厚其赐予,使得保守足矣。若其果贤,自当用

　　① 《明史》卷一一三,《高皇后传》,第 3506 页。
　　② 《明史》卷一三七,《桂彦良传附李希颜传》,第 3949 页。
　　③ 《明史》卷一一三,《高皇后传》,第 3507 页。
　　④ 《明史》卷一一三,《高皇后传》,第 3506 页。按:此处原文将沈万三后裔称为"沈秀"即沈万三本人。据顾诚的考证,沈万三在元末已经去世,捐资助朱元璋修筑都城后被充军云南者,实系沈万三后裔而非沈万三本人。参见顾诚:《沈万三及其家族事迹考》,《历史研究》,1999 年第 1 期。
　　⑤ 《明太祖实录》卷一四七,洪武十五年八月丙戌。
　　⑥ 《明史》卷三〇〇,《外戚传》,第 7662 页。

之。若庸下非才而官之，必恃宠致败，非妾之所愿也。"朱元璋"闻后言遂止"①，仅"赐金帛而已"②。正是基于马皇后的这番劝谏，朱元璋此后便将严禁外戚干政作为一项重要的内容，载入《祖训录》之中。《祖训录》的《箴戒》篇明确规定："凡外戚，不许掌国政，止许以礼待之，不可失亲亲之道。若创业之时，因功结亲者，尤当加厚。其官品不可太高，虽高亦止授以优闲之职。"③严禁外戚干政之所以成为明朝皇室的一条重要家法，马皇后是立了首功的。

　　所谓外戚，是指皇室的外姓亲族，包括皇帝的母族、妻族和皇家公主的夫家。将严禁外戚干政列为家法之后，朱元璋便对外戚政策逐步进行调整。对马皇后的亲族，他仅赐金帛。对母亲陈氏的亲族，由于其父陈公已死，又"无子"④，更无可赏赐。自己有两个姐姐均已去世，大姐夫王七一也已去世，只有二姐夫李贞封以"恩亲侯、驸马都尉"⑤，后以其子即较早参加自己起义队伍的李文忠的战功而"进封曹国公"⑥，但也都是虚衔。至于太子、诸王及公主的婚配，起初并无严格的规定，朱元璋曾亲选徐达之女为燕王妃，公主也多嫁给勋臣之子，借以笼络一批开国武将，巩固自己的统治地位。洪武三年五月，他便开始改变这种做法，下诏说："天子及亲王后妃、宫嫔等，必慎选良家子而聘焉。戒勿受大臣所进，恐其夤缘为奸，不利于国也。"⑦《祖训录》的《内令》篇据此规定："凡天子及亲王后妃、宫人等，必须选择良家子女，以礼聘娶，不拘处所，勿受大臣进送，恐有奸计。但是娼妓，不许狎近。"⑧《皇明祖训》仍保留这条规定不动⑨。故而明代后妃"自文皇后而外，率由儒族单门入俪宸极"⑩。公主驸马也多求之市井，"岁禄各有差，皆不得预政事"，"以恩泽封侯，非制也"⑪。这样，便可防范皇室的外姓亲属借助太后、皇后或皇帝宠妃的裙带关系形成强大的政治势力，把持军政大权，导致朱姓皇权的旁落。

————————

① 《明太祖实录》卷二九，洪武元年正月壬午。
② 《明史》卷三〇〇，《外戚传》序，第 7659 页。
③ 《洪武御制全书》，《祖训录》，第 366 页。
④ 《明史》卷三〇〇，《外戚传》，第 7661 页。
⑤ 《明太祖实录》卷三〇，洪武元年二月庚午。
⑥ 《明史》卷一〇八，《外戚恩泽侯表》，第 3270 页。
⑦ 《明太祖实录》卷五二，洪武三年五月乙未。
⑧ 《洪武御制全书》，《祖训录》，第 376 页。
⑨ 《洪武御制全书》，《皇明祖训》，第 402 页。
⑩ 《明史》卷一〇八，《外戚恩泽侯表》，第 3270 页。
⑪ 《明史》卷七六，《职官志》五，第 1856 页。

马皇后正位中宫后，不仅勤于内治，严格管教太子诸王，约束女使嫔妃，自己也从不直接参与宫外政务，而是采用"随事几谏"的方式，对朱元璋的过失提出委婉的劝谏，或者对治国理政提出建议，供朱元璋参考，而且拒绝朱元璋为其亲族授官，促使朱元璋作出严禁外戚执掌国政的规定，使其家法更趋完备，从而为明代宫廷政治的建设做出了积极的贡献。

三

朱元璋制定的宫廷制度，在明代被奉为"祖制"而为其后继者所承袭。而马皇后严守家法、勤于内治的表率作用，也对此后的后妃产生了深远的积极影响。

明成祖的徐皇后，是一位极力仿效马皇后的榜样。徐皇后是明初大将中山王徐达的长女，"幼贞静，好读书，称女诸生"①。朱元璋闻其贤淑，征得徐达的同意，于洪武九年（1376）册为燕王妃。她"从王之国，内政肃且和。高后丧，蔬食三年。王即大位，册为皇后，凡有献纳，多裨军国。数言南北累年战斗，兵民疲敝，宜休息之；内外贤才，皆先皇帝所遗，陛下宜不以新旧间意。乘上燕居，为款数先皇后遗言之裨后世者"，"作《内训》二十篇，复采三教中嘉言善行，授皇太子诸王。奉祭诚敬，事上恭勤，教妃嫔以下惟端顺和睦，谕外戚奉法循理。俭素之风，宫闱化之"②。靖难之役中，其弟徐增寿在南京多次给燕王输送情报，为建文帝所杀。明成祖夺位后，想为他追授官爵，"后力言不可，帝不听，竟封定国公，命其子景昌袭，乃以告后。后曰：'非妾志也。'终弗谢"。永乐五年（1407）七月病逝之前，她还特地叮嘱明成祖："毋骄畜外家。"③

此后的明朝诸后妃，也大多能遵守朱元璋制定的这些规章，不干预宫外之事，也不让外戚干政。即使皇帝病故，太子不在京城或者年纪太小，难以理政，甚至根本未立太子，无人可以继位之时，她们也不曾垂帘听政，或是跻登宝座，充当女主，而是以"天下之母"的特殊身份，与文武大臣紧密配合，排除各种干扰，拥立太子；在未立太子的情况下，

①　《明史》卷一一三，《徐皇后传》，第 3509 页。
②　［清］查继佐：《罪惟录》列传卷二，《徐皇后》，杭州：浙江古籍出版社 1986 年版，第 1148—1149 页。
③　《明史》卷一一三，《徐皇后传》，第 3510 页。

则依据《皇明祖训》确立的原则,在朱家子孙中择立新君,使皇位得以顺利传承,避免混乱局面的发生,防止江山的易姓。如宣德十年(1435)正月,年仅38岁的明宣宗遽然病逝,临终前敕群臣曰:"朕疾不起,天也。命皇太子嗣位。尔文武大臣,尽心辅导。家国重务,必禀皇太后、皇后行之。"①太子朱祁镇当时年仅9岁,难以治国理政,明宣宗之母张太后"以为国有长君,社稷之福,尝欲召襄王(宣宗同父同母之弟朱瞻善)"立为新君,"后以三杨学士(杨荣、杨士奇、杨溥)议不谐而止"②。此事虽然未果,却引来不少议论,一时浮言四起。张太后于是急调诸大臣至乾清宫,指朱祁镇泣曰:"此新天子也!"群臣高呼万岁,"浮言乃息"③。但有些廷臣见朱祁镇尚未成年,请求张太后垂帘听政,她以本朝无此先例,《皇明祖训》也禁母后临朝,坚决回绝,说:"以我寡妇,坏祖宗家法,不可!"便"委政于三杨,从中主之"④,直至正统六年(1441)朱祁镇亲政为止。后来明孝宗张皇后、明穆宗李贵妃和明熹宗张皇后,在皇位的继承出现严重危机时,也都未曾垂帘听政或临朝称制,而是团结身边的大臣,克服重重困难,实现皇位的顺利更替,从而赢得后人的广泛赞誉。

当然,明朝享祚长达277年,自然免不了会有个别后妃和外戚出于一己私利而破坏朱元璋制定的家法。正统十四年八月十五日,明英宗朱祁镇在土木堡被瓦剌俘虏,成为瓦剌要挟明朝的筹码。此时,明朝亟须拥立新君,以便动员和组织全国军民抵御瓦剌的侵犯。在明英宗亲征瓦剌之前奉命留守北京的郕王朱祁钰,是英宗同父异母之弟,年方二十二,年富力强,是最适当的新君人选。但明宣宗皇后、当时已成为皇太后的孙氏,从自己的私利出发,却百般阻挠郕王继位称帝。她先是颁敕朱祁钰,命其"暂总百官"⑤,意即朱祁镇仍是明朝皇帝,朱祁钰只是暂时代理国政,不能存有非分之想。同时,又给瓦剌送去大量金银财宝,希望尽快赎回明英宗。但瓦剌就是置之不理。于是,她又令司礼监下达"圣旨":"立皇帝庶长子见深为皇太子。"⑥孙太后的意图十分明显。明英宗当皇帝,她是皇太后,即使他回不来,朱见深继位,她仍是太皇太后。而朱祁钰却是明宣宗的

① [清]谈迁著,张宗祥点校:《国榷》卷二二,宣德十年正月乙亥,北京:中华书局1958年版,第1482页。
② [明]陆容撰,佚之点校:《菽园杂记》卷八,北京:中华书局1985年版,第97页。
③ 《明史》卷一一三,《张皇后传》,第3513页。
④ 《罪惟录》列传卷二,《张皇后传》,第1151页。
⑤ 《明英宗实录》卷一八一,正统十四年八月乙丑,台北:"中央研究院历史语言研究所"1962年校勘本。
⑥ 《明英宗实录》卷一八一,正统十四年八月丁卯。

贤妃吴氏所生,不是自己的亲生儿子,他如被拥立为帝,自己的太后地位恐将不保。不过,朱见深年仅两岁,还是个孩童,根本无法承担动员和组织军民抗击瓦剌的重任。以兵部尚书于谦为首的廷臣还是合疏坚请拥立郕王为帝。八月二十三日"左顺门事件"发生,王振的亲信马顺、毛贵和王长随被殴杀,王振的罪行遭到清查后,郕王已掌握朝中大权,孙太后才被迫批答群臣的奏疏,同意命郕王即皇帝位。九月六日,郕王登基,是为明景帝。明朝抵抗瓦剌的战争进入新阶段,于当年十月取得了北京保卫战的胜利。瓦剌见继续扣留明英宗已无利可图,被迫于景泰元年(1450)八月将他放回。明景帝贪恋权位,将南归的明英宗幽禁于南宫的崇质殿,并于景泰三年五月更易太子,立自己的儿子朱见济为太子,其生母杭氏为皇后,改封原太子朱见深为沂王。不久,朱见济病死,明景帝没有第二个儿子,又不肯恢复朱见深的太子地位,这就加深了他同明英宗之间的积怨。景泰八年正月,明景帝病重,不能视朝。一些失意的及不满于谦的官僚,主要有石亨、徐有贞等和宦官曹吉祥,便密谋发动政变。他们将计划告知孙太后,孙太后"即下懿旨,言天子疾大渐,殆弗兴,天位久虚。上皇居南内,于今八年,圣德无亏。天意有在,以奸臣擅谋,闷而不闻,欲迎立藩王,以承大统,将不利于国家。亨等其率兵以迎"①。其弟孙继宗、孙显宗也率43名子侄及家丁,参与政变②。石亨、徐有贞一伙,遂于景泰八年正月十六日夜,率兵潜入南宫,护持明英宗夺门(东华门)进入皇宫,于十七日黎明登基复辟。复辟成功后,孙太后又颁发制谕,指责明景帝"斁败纲常,变乱彝典"③,全盘否定明景帝和于谦等人率领军民抗击瓦剌入侵、整顿朝政、挽救明朝于危亡的功绩,为明英宗杀害、罢黜于谦及其任用的文武官员,奖赏和提拔徐有贞、石亨及其他参与政变的人员提供理论依据。明英宗对她感激不尽,竟突破明朝祖制,为其上徽号为"圣烈慈寿皇太后",史载"明兴,宫闱徽号亦自此始"④。

不过,就整个明代而言,后妃、外戚破坏家法干预政事的现象,毕竟少见。故而《明

① [明]黄光昇:《昭代典则》卷一六,上海古籍出版社2008年影印本。
② 《明英宗实录》卷二七五,天顺元年二月乙未,会昌侯孙继宗奏:"正月十七日早,臣同总兵官忠国公石亨、太平侯张軏、文安伯张锐及臣弟显宗率领子侄、甥婿、义男、家人、军伴四十三人,各藏兵器,夺取东上门,直抵宫门,恭请皇上复登大位。"
③ 《明英宗实录》卷二七五,天顺元年二月乙未。
④ 《明史》卷一一三,《张皇后传》。参著林延清:《明朝后妃与政局演变》,田澍等主编:《第十一届明史国际学术讨论会论文集》,天津古籍出版社2007年版,第80—88页。

史·后妃传》赞曰："高后从太祖备历艰难,赞成大业,母仪天下,慈德昭彰。继以文皇后(即成祖徐皇后)仁孝宽和,化行宫壶,后世承其遗范,内治肃雍。论者称有明家法,远迈汉、唐,信不诬矣。"①这是大体符合实际的。

历史上某种宫廷制度的形成,不仅需要制定缜密的条规章程,更需要位居权力顶峰的皇帝及其后妃做出表率,带头执行,否则所有的条规章程便形同摆设,不起作用。这方面的突出事例,就是朱元璋称帝后防范宦官预政的规定。洪武元年四月,朱元璋鉴于汉、唐末世宦官为祸的教训,曾对侍臣说:"吾见史传所书汉、唐末世,皆为宦官败蠹,不可挽救,未尝不为之慨叹。此辈在人主之侧,日见亲信。小心勤劳如吕强、张承业之徒,岂得无之,但开国承家,小人勿用,圣人之深戒。其在宫禁,止可使之供洒扫、给使令、传命令而已,岂宜预政典兵。汉、唐之祸,虽曰宦官之罪,亦人主宠爱之使然。向使宦者不得典兵预政,虽欲为乱,其可得乎?"②他还指出:"阍寺之人,朝夕在人君左右,出入起居之际,声音笑貌日接乎耳目,其小善小信皆足以固结君心,而便辟专忍其本性也,苟一为所惑而不之省,必将假威福、窃权势以干预政事。及其久也,遂至不可抑,由是所乱者多矣。"③为此,他特地规定,宦官"不得兼外臣文武衔,不得预外臣冠服,官无过四品",又"敕诸司不得与文移往来"。"尝镌铁牌置宫门曰:'内臣不得预政事,预者斩。'"④但是,朱元璋自己就率先破坏这些禁令。早在龙凤十一年(1365)十月、十二年八月,曾先后派内使朱明、李顺赴徐达军中传达政令。⑤ 朱元璋称帝后,出于强化封建专制统治的需要,更是多次委派宦官参与国内外一些重大的政治、军事、经济活动,不仅预政事,而且还预兵事。如洪武十一年十月,命内臣吴诚至正带兵征讨五开蛮的辰州卫指挥杨仲名军中"观方略",十一年又派尚履奉御吕玉前往"观兵阅胜"。《明通鉴》指出:"是役也,两遣内臣出使,宦官之预兵事自此始。"⑥此后,朱元璋的后继者效而仿之,明成祖不仅命宦官监军、分镇地方,派太监郑和下西洋,还设立东厂,让宦官刺探臣民隐事,明宣宗更设置

---

① 《明史》卷一一四,《后妃传》,第3546页。
② 《明太祖实录》卷三一,洪武元年四月乙卯。
③ 《明太祖实录》卷一一二,洪武十年五月。
④ 《明史》卷三○四,《宦官传》序,第7765页。
⑤ [明]王世贞撰,魏连科点校:《弇山堂别集》卷八六,《诏令杂考》二,北京:中华书局1985年版,第1634、1638页。
⑥ [清]夏燮著,沈仲九标点:《明通鉴》卷六,北京:中华书局1959年版,第362页。

内书堂,令大学士陈山教小宦官读书,并叫宦官代替自己在大臣的奏章上"批红",宦官的权势于是迅速膨胀,到正统年间,便出现王振专权的局面。此后,宦官专政的祸乱屡屡出现,成为明代宫廷政治的一大弊端。

　　朱元璋破坏自己严禁宦官预政典兵的规定,酿成日后宦官专权的祸乱,从反面衬托出马皇后勤于内治、肃清宫壶的重大贡献。试想,如果马皇后作为"天下之母",不率先垂范,严守家法,严格管教妃嫔、太子、诸王与外戚,明代能够避免后妃垂帘听政、临朝称制或外戚专权的祸乱吗? 这恐怕不好说。因此,对马皇后在明代宫廷政治中的积极贡献,应当给予充分的肯定。

(原载《故宫学刊》2013 年总第九辑)

何真简论

何真是元末明初岭南地区的重要人物。在元末农民起义风起云涌之际,他"为保生计"①,组织地主武装,镇压当地的农民起义。同时,练兵据险,开署辟士,施行仁政,使得岭南地区得以保持相对的安定。朱元璋建立明朝后,遣使招谕,他即率部归顺,并为明初国家的统一、社会的安定、生产的恢复发展,做出了积极的贡献。本文拟就其生平事迹及评价问题,作一粗浅的论述。

一

何真(1321—1388),字邦佐,号罗山,广东东莞员冈人。其先祖在宋室南渡时,自南雄珠玑巷移居东莞,至其祖父时"家道寝昌"②,成为当地的富户巨室。何真"生八岁而丧父,母夫人守志不夺"③,独自承担起抚育何真兄弟的职责。何真少年时"好驰马试

①　《明太祖实录》卷三三,洪武元年闰七月辛酉,台北:"中央研究院历史语言研究所"1962年校勘本。
②　[明]何崇祖:《庐江郡何氏家记》,玄览堂丛书续集本。
③　[明]宋濂著,黄灵庚编辑校点:《宋濂全集》卷五〇,《惠州何氏先祠碑》,北京:人民文学出版社2014年版,第1176页。

剑”,不事诗书,经其母叶氏劝说,始“肄业”读书①。长大成人后才兼文武,“尤好儒术”②。至正初年,仕为河源务副使,寻转淡水盐场管勾。未几,鉴于岭南社会动荡不安,乃弃官还乡,奉养其母。

何真生于政局日趋混乱与溃烂的元中期。当时元朝的政治日趋保守腐败,财政溃坏与军力衰微日甚一日;蒙古人、色目人、汉人、南人四等级的法律地位早已固定下来,南人从朝廷要职中被完全排斥;皇帝大多沉湎酒色,政变和武装冲突不断。所有这一切,都加剧了元朝固有的阶级矛盾和民族矛盾,激起人民的强烈反抗。各地此起彼伏的小规模反抗,最终汇合成农民大起义的洪流。至正十一年(1351),刘福通在江淮大地点燃大起义的烈火,元末农民战争终于爆发,并迅速波及广东地区。元代的广东,大部分地处山区,“平地绝少,加以岚瘴毒疠,其民刀耕火种,巢颠穴岸,崎岖辛苦”,生活穷困,贫穷人家甚至买不起盐,“终岁淡食”。沿海地区的盐民,由于盐法峻刻,日子过得也很艰难,“灶户盐丁,十逃三四”③。元朝统治者为了对外用兵,还多次征召沿海的渔民和盐民,充当舟师的弁卒和水手,或承担建造舰船的工役,更是弄得民不聊生。广东人民的心中,早就深埋着仇恨的火种。后至元三年(1337)正月,东莞北边的增城县,曾爆发过朱光卿起义,东莞乡民唐道明起兵响应,不到数月即“聚众数万”④。元末农民大起义爆发后,广东各地的贫苦农民纷纷揭竿而起,涌现出惠州王仲刚、黄常,南海卢述善、邵宗愚,东莞王成、陈仲玉等多支起义军,一时“岭南骚动”。⑤

元末蜂起的农民起义军,不仅把斗争的矛头指向元朝统治者,同时也对地主阶级进行严厉的打击,“见富人如仇,必欲焚其屋而杀其人”⑥,使地主阶级受到严重的威胁。各地的地主富豪纷纷组建“义兵”(地主武装),与农民军对抗。东莞的土豪文仲举、郑润卿等也纷纷组织武装,据地自保。元廷鉴于承平日久,“世袭官军,善战者少”⑦,遂改变以往不许汉人、南人执兵器、弓矢的禁令,于至正十四年宣布“义兵立功者权立军职,事平

① 《庐江郡何氏家记》。
② [明]黄佐:《湖广左布政使封东莞伯何真传》,[明]焦竑编:《献征录》卷一〇,上海书店1987年影印本。
③ [明]宋濂等:《元史》卷九七,《食货志》五,中华书局1976年版,第251页。
④ 万历《广东通志》卷三,《事纪》四,中国书店1992年影印本。
⑤ 嘉靖《广东通志》卷六九,《列传》一六,广东省地方志办公室1998年影印本。
⑥ [元]卢琦:《圭峰先生文集》卷下,《谕寇文》,明万历刻本。
⑦ [元]余阙:《青阳文集》卷五,《再上贺丞相书》,四部丛刊本。

授以民职"①,对地主富豪组织武装的举措加以鼓励。当年,东莞县人王成、陈仲玉举兵
反元,何真即"赴告元帅府"②,"请于行省举义兵除之"③。但行省"调万户府兵剿捕,不
利,退还"④。不料,王成向元帅府行贿,元帅府的蒙古官员反将何真逮捕下狱。何真设
法逃出后,至坭岗"举兵攻成,不克"⑤,便率族人及部分家丁投奔文仲举与郑润卿。后
来,何真先后与文仲举、郑润卿交恶。至正十八年,乃起兵反郑,在东莞瓢湖泾、东西涌
之役一举击败郑润卿与另一土豪吴彦明的联军,"斩首七百六十余级,生获者四百余
人"⑥,从此崭露头角。此后,何真以东莞的黄冈、黄田场、海南栅、山下营为基地,逐步向
周边扩张,兼并东莞境内半数的割据势力,与王成起义军形成对峙的局面,于至正二十
年被元江西行省授为"惠州路同知"。至正二十一年,江西行省参知政事黄常杀惠州路
守将反元,占据惠州。何真只得暂时放下对王成的进攻,率部驰赴惠州。黄常逃往东
莞,投奔王成。何真遂据有循、惠二州,被升为"惠州路总管"⑦,并将全家从东莞迁至惠
州。宋濂《惠州何氏先祠碑》说何家"世居广之东莞,至公始迁惠州",并在何氏先祠之前
冠以"惠州"二字,即缘于此。

　　据有循、惠二州后,何真又掉头对付王成起义军。至正二十三年,他"率清塘、板石、
江边诸镇攻王成乌湿营"。王成败退福隆,何真率兵进击,王成再退保茶山,"力屈宵遁
水南营",最后双方在水南城下展开了一场恶战。王成派人向卢述善、邵宗愚及东莞张
黎昌求援,他们派出楼艚数百前来支援。何真部将曹叔安"额中火筒死,筏师败衄"⑧,又
逢雨潦,他乃下令撤兵,转攻依附于王成的东莞村镇和河源县,继续扩大自己的地盘。
就在当年八月,卢述善、邵宗愚趁元江南行台侍御史八撒剌不花不奉朝命、发动叛乱,江
西行省平章朵列不花移檄讨伐之机,出兵攻占广州,执杀八撒剌不花。但不久,卢、邵因
争夺财位反目相攻。于是何真便在第二年亲率大军,联合附近的元兵和地主武装,围攻

---

①　《元史》卷四三,《顺帝纪》六,第 914 页。

②　[清]张廷玉等:《明史》卷一三〇,《何真传》,中华书局 1974 年版,第 3834 页;《湖广左布政使封东莞伯
何真传》。

③　《湖广左布政使封东莞伯何真传》。

④　《庐江郡何氏家记》。

⑤　《明史》卷一三〇,《何真传》,第 3834 页。

⑥　《庐江郡何氏家记》。

⑦　《庐江郡何氏家记》。

⑧　《庐江郡何氏家记》。

广州。邵宗愚采用其侄之策,迎何真等入城,自己则退回南海三山。何真趁机命部将攻占海丰、梅州、河源、龙州、兴宁等,据有广、惠、循、梅四州之地,并命造海舶,"遣省都事鲁献道进表贡方物于朝"。元顺帝乃授何真为资善大夫、江西等处行中书省左丞,何真弟何迪为中奉大夫、广东道宣慰使司都元帅,何真的部将、堂兄弟和几个儿子也都封官授职,其他何氏先祖、女眷均有册封。①

至正二十五年,邵宗愚、卢述善联合东莞未受何真控制的几股反元势力,攻占增田、茅冈、小径、车陂、冼村等地,打死何真堂弟何汉贤,俘获何汉贤之长子何彦宗及何真之第四子何贵祖。邵、卢还率百艘海舶,袭击何真沿海诸营。何真急率马丑汗等几支队伍赴援。邵宗愚又联合起义反元的江西行省右丞跌里迷失及廉访司副使广宁,率兵攻打广州。何真退守广州,不意马丑汗中途反,"阴结王成"②,阻断惠州与广州的粮道。广州因此乏粮,何真被迫率部返回惠州。当年十月,邵宗愚乘势占领了广州。

马丑汗叛何之后,与王成联兵攻打惠州,并献计让王成集结重兵,围攻何真长子何荣祖镇守的安和镇。何真急率大军赴援,击杀马丑汗,大败王成军。王成损失惨重,到至正二十六年只得退保茶山营,树栅坚守。后来茶山营栅被攻破,再退守水南营。何真屯兵围之,并悬赏"钞十千"捉拿王成。不久,其家奴张进祖及雷万户绑缚王成,献给何真。何真释放富豪出身的王成,如数付给其家奴赏钞,然却叫人具汤镬以烹之,并把汤镬放在转轮车上,命数人推之,令此家奴高声呼喊:"四境毋如奴缚主以罹此刑也。"又命数人击钲,督奴妻烧旺汤镬之火,家奴呼喊一声,众人则群呼应之。③

扑灭王成起义军后,何真于至正二十七年初发兵攻占东莞全境,以解除后顾之忧,然后率军再攻广州。五月,何军攻破广州,"副使广宁因贼入家,军乱伤死"④,邵宗愚、卢述善及跌里迷失逃往南海三山。何真再次"差都事徐渊之以克复省治,贡方物于朝"。元廷再次"授资德大夫,仍分省广东,兄叔诸将升赏有差,钦赐龙衣御酒"⑤。后来,江西、福建合为一省,又改任何真为江西福建行中书省左丞,仍治广州。最后升为右丞,"东连

---

①　《庐江郡何氏家记》。
②　《庐江郡何氏家记》。
③　《湖广左布政使封东莞伯何真传》。
④　《庐江郡何氏家记》。
⑤　《庐江郡何氏家记》。

潮惠,西连苍梧,皆真保障"。①

在元末农民大起义期间,何真为保护本阶级的利益,组织地主武装,与农民起义军相抗衡,这是地主阶级本能的表现。不过,何真并没有更大的政治野心。史载,他"既显贵,先墓尝有紫气,人或指为符瑞,辄斥绝之"。② 有人以这种所谓的符瑞劝他效法汉代的赵佗,割据自立,说:"以子之才,即不并驱中原,岂不可为汉尉佗?"他即"执而戮之"③。后来,何真归附朱元璋后,曾这样表白自己的志向:"臣本蛮邦之人,始者逢乱,不过结聚乡民,为保生计,实无他志。"④正是基于这样的志向,他秉承儒家学说,"以生民为念"⑤,开署求士,施行仁政。当时"元君失驭,天下土崩,豪杰之士,乘时而起,或假元之号令,或自擅其兵威,暴征横敛,蚕食一方,生民涂炭"⑥。广东的几支起义军,也往往肆行焚掠,毫无纪律,如王仲刚与黄常攻占惠州,"贪暴肆虐,民不堪命"⑦,卢述善、邵宗愚攻陷广州,也是"纵火杀掠,居民丧失甚众"⑧。但何真控制的地区,却是"号令明肃,广人大悦"⑨,未见有贪暴肆虐、纵火杀掠之类的记载。他也没有"驱民以应锋镝",向境外拓展势力,而是练兵据险,保境安民,使"邻敌不敢窥其际"⑩,从而保持了岭南社会的相对安定。加上何真开署辟士,礼待士人,"凡以一艺名者,真不弃也"。⑪ 许多知名之士,纷纷前来投奔。南海孙蕡"与王佐、赵介、李德、黄哲并受礼遇,称五先生"⑫,孙蕡、王佐还被何真任为"书记"官,"军旅事多见咨询"⑬,"中原知名之士如江右(伯)颜子中、茶陵刘三吾、建安张智,皆往依之"⑭。这些士人,后来大都归附朱元璋,对明初政治和文化教育的建设发挥了积极的作用。对此,应该给予肯定。

---

① [清]查继佐:《罪惟录》列传卷八中,《何真传》,杭州:浙江古籍出版社 1986 年版,第 1429 页。
② 《湖广左布政使封东莞伯何真传》。
③ [清]何乔远撰,张德信、商传、王熹点校:《名山藏》卷五八,《何真》,第 1550 页。
④ 《明太祖实录》卷三三,洪武元年闰七月辛酉。
⑤ 《湖广左布政使封东莞伯何真传》。
⑥ 《湖广左布政使封东莞伯何真传》。
⑦ 《湖广左布政使封东莞伯何真传》。
⑧ 《庐江郡何氏家记》。
⑨ 《湖广左布政使封东莞伯何真传》。
⑩ 《明太祖实录》卷三三,洪武元年闰七月辛酉。
⑪ [明]黄佐:《广州人物传》卷一二,《给事中王公佐》,丛书集成初编本。
⑫ 《明史》卷二八五,《孙蕡传》,第 7331 页。
⑬ 《广州人物传》卷一二,《给事中王公佐》。
⑭ 《名山藏》卷五八,《何真》,第 1550 页;《明史》卷一三八,《周祯传附李质传》,第 3968 页。

二

　　在元末天下大乱之时,何真说他"结聚乡民"是"为保生计","实无他志",并不等于他只埋头经营岭南的一隅之地,而不关心全国的形势。何真出任元朝的官职,并"累遣使由海道贡方物于朝"①,也不等于他赞同元朝的腐朽统治,而不考虑自己的前途,甘愿为之殉葬。何真在拒绝据地自立的劝说时,曾明确表示:"吾俟真主耳!"②说明他已看出元朝必将灭亡的命运,但还看不清并立诸雄谁将取而代之,得到全国黎民的认可。他名义上臣服元朝,不过是借元朝旗号的掩护,练兵据险,保护和发展自己的实力,以静观时变,等待得到黎民认可的"真主"出现。

　　元末农民大起义爆发之后,刘福通率领的北方红巾军经过十几年的艰苦斗争,虽然最终陷于失败,却动摇了元朝的统治基础。属于北方红巾军系统的朱元璋,从和州(今安徽和县)南渡长江,攻占集庆改名应天后,势力迅速壮大。他先后击灭陈友谅与张士诚,逐步走上封建化的道路,由农民领袖转化为地主阶级的代表人物,公开宣布:"旧政有不便者,吾为汝除之"③,"旧有田产房舍,仍前为主"④,实行革除元朝苛政、保护地主阶级利益的政策。由于这些政策的施行,加上朱元璋的队伍纪律严明,极具战斗力,不少江南地主儒士认为"朝政靡宁,势不可久,命在朱氏"⑤,纷纷前来投奔,为之出谋划策,更加速了其势力的发展。

　　至正二十七年击灭张士诚后,朱元璋即分兵几路,大举南征北伐。洪武元年(1368)正月,在北伐大军已平定山东,南征大军已迫降浙东南的方国珍,正以破竹之势向福建挺进的捷报声中,朱元璋在应天称帝,创建汉族地主阶级的明王朝。二月,当汤和、廖永忠统率明军击灭陈友定平定福建后,即命廖永忠为征南大将军、朱亮祖为副,率舟师自福州航海攻取广东,命陆仲亨率步军从江西入粤,两路夹攻,并谕示廖永忠在出兵之前

① 《明史》卷一三〇,《何真传》,第3865页。
② 《名山藏》卷五八,《何真》,第1550页。
③ 《明太祖实录》卷四,丙申年三月庚寅日。
④ 《平吴录》,纪录汇编本。
⑤ [明]解缙:《解文毅公集》卷一一,《显考筠涧公传赞》,清乾隆刊本。

先行招喻:"彼闻八闽不守,湖湘已平,中心震慑,无固守之志。若先遣人宣布威德,以招徕之,必有归款迎降者,可不劳师旅。"①于是廖永忠遣使捎信赴广东招喻何真。恰好此前何真遣往大都奉表元廷的都事刘尧佐、检校梁复初,返回途中在福建遭遇汤和、廖永忠的部队②。这两个使臣可能想起何真拒绝据地自立以"俟真主"的话,"遂改其表请降,且遣人回报真"③。

何真在广州密切关注全国形势的发展,看到新生的明朝战胜并取代腐朽的元朝已是大势所趋,认定这个新王朝的创建者朱元璋正是他所期盼的"真主"。加上儒家思想的长期浸染,"大一统"观念已在脑海中深深扎根,因此,接到廖永忠的劝降书和使臣改表请降的报告,便决心归附,实现和平统一。三月,廖永忠派人护送何真使臣携降表至应天,朱元璋赐诏褒之,曰:"尔真连数郡之众,乃不劳师旅,先命来降,其视窦(融)、李(勣)奚让焉。今特驿召来庭,赐尔名爵,以彰有德。"④廖永忠从福州率舟师抵达潮州,何真即遣都事刘尧佐诣军门,"上其印章并所部图籍"⑤。四月,廖永忠至东莞县,何真率其官属迎见,"仍以榜招降诸寨",并与廖永忠共同发兵攻打邵宗愚,"诛邵宗愚等,余孽悉平"。随后,朱元璋褒谕的诏书到达,何真乘驿传入朝,向朱元璋贡献方物。朱元璋赐给何真文绮纱罗绫绢各百疋、白银千两,将士各赐有差,"侍膳内禁,赐宴中书"。按照明制初赐招喻必须上缴,何真叩头乞赐,说拟将此诏书"藏于家,为后世子孙荣",破例得到批准。朱元璋赞扬何真说:"顷者师临闽越,卿即输诚来归,不烦一旅之力,使兵不血刃,民庶安措,可谓识时达变者矣。"何真答曰:"今幸遇大明丽天,无幽不烛,臣岂敢上违天命!"⑥朱元璋考虑到江西地近广东,特授何真为江西行省参知政事,并授其部将杨润德、梁以默等百余人"府州县官"。⑦

元末并立的诸雄中,张士诚是被朱元璋用武力消灭的;陈友谅在鄱阳湖大战中被朱元璋部队击杀,其子陈理在武昌被围,力屈而降;方国珍是经朱元璋部队穷追猛打之后,

---

① 《明太祖实录》卷三〇,洪武元年二月癸卯。
② 《庐江郡何氏家记》。
③ 《明太祖实录》卷三一,洪武元年三月庚寅。
④ 《明太祖实录》卷三一,洪武元年三月甲戌。
⑤ 《明太祖实录》卷三一,洪武元年三月庚寅。
⑥ 《湖广左布政使封东莞伯何真传》。
⑦ 《庐江郡何氏家记》。

走投无路,被迫投降的。明朝建立后,福建的陈友定和云南的梁王都拒不投降而被明军消灭;陕西的李思齐、四川的明氏和云南的段氏是经明军的沉重打击而后投降的;辽东的纳哈出,则是在明军大兵压境的情况下被迫投降的。正如朱元璋所说:"洪武初,朕命将西征,所在虽有降者,非义旗临境则未附。"①何真却是明军尚未临境,即主动接受明朝的招喻,纳土归附,这既是元末明初统一战争中唯一的特例,而且在岭南地区也为"南越以来所未有也"②。何真这种审时达变的明智之举,不仅加速了明朝的统一进程,而且也使岭南地区免除战争的破坏,从而为明代广东经济特别是商品货币经济的发展创造了条件。

何真籍所部归附朱元璋,成为其政治生涯的转折点。元末明初战败而降或大兵压境被迫归附的割据势力首领,朱元璋授予的都是虚衔而非实职,如授陈理归德侯、明昇归义侯,赐第京师,后来陈理"邑邑出怨望语","及归义侯明昇并徙高丽";③授方国珍广西行省左丞、李思齐江西行省左丞,"第与空名,奉朝请而已"④,"俱不之官,食禄于京师"⑤;授纳哈出海西侯,授其所部官属指挥、千户、百户,"俾各食其禄而不任事"⑥,纳哈出后随傅友德出征云南,道中疾作而卒。只有何真是不劳师旅而主动归附,朱元璋因而授予江西行省参知政事的实职,并殷切地叮嘱说:"卿令名已著,尚懋厥德,以辅我国家。"⑦

不过,朱元璋是个猜忌多疑的人,他对何真并未完全信任,尤其担心其家族势力的坐大会危及明朝对岭南地区的统治。因此,他虽授予何真江西行省参知政事之职,但只是从三品的官,比之前元时位至正二品的江西福建行省右丞,不升反降。而对何真之弟何迪,堂弟何亨济、何克信、何元忠、何宗茂,子何荣祖、何华祖、何富祖,婿封靖卿及姻亲廖允忠、叶德辉等身经百战并受前元封爵的何氏家族重要成员,均未予起用,而是遣散还乡,在家赋闲。何真对此虽然不很满意,有时也流露出愧疚自责和解甲归田之意,尽

---

① 《明太祖实录》卷一八三,洪武二十年七月乙巳。
② 《湖广左布政使封东莞伯何真传》。
③ 《明史》卷一二三,《陈友谅传》,第3691页。
④ 《名山藏》卷五八,《何真》,第1551页。
⑤ 《明太祖实录》卷四六,洪武二年十月壬戌。
⑥ 《明太祖实录》卷一八五,洪武二十年九月戊寅。
⑦ 《明太祖实录》卷三三,洪武元年闰七月辛酉。

管如此,何真还是尽力克制自己的情绪,"事高皇帝夙夜畏威惟谨"①,兢兢业业,做好自己的本职工作。他根据儒家的德治、仁政学说,"莅官有德有威,施政发令,风行霆断,人莫敢犯,而一主于宽厚"②,很快就稳定了江西的地方局势。洪武三年三月,转任山东行省参政,寻又改任四川布政使。由于何真归降时,其旧部解散还乡,没有得到很好的安置,"时朝廷以真部落在乡邑,恐生变"。加上元末以来广东境内的各种武装势力并未彻底肃清,"各据境土,号称围主"③,成为地方治安的隐患。洪武四年,朱元璋遂命何真返回广东,收集旧卒。何真返乡后,"移文广州等府州县,榜谕里长供报,定限赴官",④将其旧部及地方武装"追籍自立者为戎,名职目军,发河南彰德等卫入伍"⑤。翌年,朱元璋复命何真再次回广东收集旧卒,共"收集广东所部旧卒三千五百六十人,发青州卫守御"⑥。事竣,仍莅四川,至洪武九年致仕。何真在江西、山东、四川任上的政绩以及回乡收集旧部的政绩,颇令朱元璋满意,他觉得何真对朝廷忠心耿耿,可以信任,开始解除了对何真家族的猜疑态度。洪武十三年何真请求以其四子何贵祖参侍东宫,他即"除贵(祖)北城兵马指挥"⑦。

洪武十四年,当多次招谕未成,决定动用武力平定云南的故元梁王及大理土司段氏之时,朱元璋又想起已退休五年的何真,"命真及子贵(祖)同往云南,规划粮饷,开拓道路,置立驿传,积粮草以俟大军征进"⑧。何真父子克服种种困难,出色地完成了任务。出征云南的主帅、征南将军傅友德称誉说:"何老官在此,我这场勾当有托付。"⑨"及还,升(真)山西左政使"⑩,到洪武十六年再度致仕。

自洪武十二年起,广东"贼寇"频起。其中尤以东莞为甚,仅洪武十五年正月南雄侯赵庸"讨东莞诸盗",即"克寨十二,擒贼万余人,斩首二千级"⑪。洪武十六年春,朱元璋

---

① 《湖广左布政使封东莞伯何真传》。
② 《湖广左布政使封东莞伯何真传》。
③ [明]卢祥:《历世事迹》,康熙《东莞县志》卷一三,《艺文志》六,东莞市人民政府 1993 年影印本。
④ 《庐江郡何氏家记》。
⑤ 《历世事迹》,康熙《东莞县志》卷一三,《艺文志》六。
⑥ 《明太祖实录》卷七四,洪武五年六月癸卯。
⑦ 《湖广左布政使封东莞伯何真传》,《献征录》第 331 页。
⑧ 《明太祖实录》卷一八九,洪武二十一年三月乙卯。
⑨ [明]戴记:《东莞伯何公祠记》,崇祯《东莞县志》卷六,《艺文志》,明崇祯抄本。
⑩ 《明太祖实录》卷一八九,洪武二十一年三月乙卯。
⑪ 《明太祖实录》卷一四一,洪武十五年正月乙未。

又命刚刚退休的何真回乡收集旧卒,"充京卫军,名收集军"①。何真"奉旨带四兄(何贵祖)同办事。至广,移咨布政司,行府州县榜,谕令自出官者,头目领军赴京"②。据黄佐《湖广左布政使封东莞伯何真传》记载,这次共收集"土豪一万六百二十三人"③,而《庐江郡何氏家记》则云"收集头目除授百户一百六十余员,总小甲及军二万余"④,并以之组建镇南亲军卫,拜"贵(祖)明威将军、镇南卫指挥佥事,真从子润、弼、敬三人皆拜官"⑤。第二年,何真再次奉命回广东收集未至军校,共"招集广东旧所部兵三千四百二十三人送京师"⑥。洪武十八年,"迁浙江右布政使"⑦。翌年,"朝京师,调湖广左布政使"⑧,直至洪武二十年才彻底退休。

何真自归明之后,不仅"事高皇帝夙夜畏威惟谨",忠心耿耿,而且为官尽职尽责,终于使朱元璋逐步解除疑忌,对他"推心委任勿疑"⑨,多次在其致仕之后又命其复出,对他的家族也多所委任,甚至命其四子出任镇南亲军卫指挥佥事的要职。而何真不论担任何种官职,都兢兢业业,任劳任怨。加之何真"平居读书、缀文无虚时",具有较高的文化修养,因而"在朝名公多乐从之游,如宋濂、方孝孺辈,皆其交契"⑩,颇著声誉。因此,在何真年老退休之时,朱元璋特地敕封何真为东莞伯,食禄 1500 石,赐钞 1 万贯,赐第京师,以其第六子何荣祖为尚宝司丞,并赐铁券,表达自己当初亏待何真及其家族的歉意:"曩者事务繁冗,有失抚顺之道,致真职微,有负初归之诚。"⑪翌年三月,何真病逝,朱元璋亲为文祭之,命以侯礼葬于京师城南八里冈,谥曰"忠靖"。四月,又命何真长子何荣祖袭爵东莞伯,并在赐诰中再次称赞何真说:"当元之季,海内兵争,群雄割据,不可胜数。其间能识时务而审去就者几人哉? 尔何荣父东莞伯何真,昔能辑众保有岭南,俟朕平定之秋,不劳师旅,即纳其土地,而全其民人,可谓深识时务者矣。朕嘉其诚,锡之封

---

① 《历世事迹》。
② 《庐江郡何氏家记》。
③ 《湖广左布政使封东莞伯何真传》。
④ 《庐江郡何氏家记》。
⑤ 《湖广左布政使封东莞伯何真传》。
⑥ 《明太祖实录》卷一〇七,洪武十七年十月戊申。
⑦ 《明太祖实录》卷一八九,洪武二十一年三月己卯。
⑧ 《湖广左布政使封东莞伯何真传》。
⑨ 《湖广左布政使封东莞伯何真传》。
⑩ 《湖广左布政使封东莞伯何真传》。
⑪ 朱元璋:《御赐封东莞伯何真铁券制》,崇祯《东莞县志》卷六,《艺文志》。

爵,近以高年令终,朕念不忘!"①此前,朱元璋对何真的谕旨、赐给的诰书,称其为"识时达变者""识时务者",这次赐给何荣的诰书,则称何真为"深识时务者",多了一个"深"字,进一步突出其识时达变、归附明朝的历史功绩。

三

何真从腐朽的元王朝投奔新生的明王朝,在元朝末年,他曾经担任元朝的官职,镇压过农民起义,身上沾染过血污,其一生的功过究竟如何评价呢? 在我国历史上,每当朝代鼎革之时,从旧王朝投奔新王朝的历史人物并不少见。如与何真同时代的浙东名士刘基、宋濂等。因此,在具体评判何真之前,有必要先谈谈如何评价此类历史人物的问题。

众所周知,古代历史上之所以会发生王朝鼎革,那是由于旧王朝政治腐败,刑罚繁苛,赋役沉重,民不聊生,而新王朝政治清明,刑罚得当,赋役宽减,民得遂其生的缘故。这种王朝鼎革,有利于社会的进步,历史的发展。在这种变革中,某些政治人物弃暗投明,从旧王朝投奔新王朝,起到瓦解与削弱旧营垒、壮大与强化新营垒的作用,应予充分的肯定。评价这样的历史人物,既不能忽视他们在旧王朝中的言行,须分清其是非曲直,但更重要的则要看他们在新王朝中的所作所为,看他们对旧王朝的覆灭和新王朝的发展究竟做出了什么贡献,然后综其一生,作出恰如其分的评价。因此,尽管刘基在方国珍海上起兵反元后,他被元朝的江浙行省辟为元帅府都事,曾积极参与对方国珍的招安和对处州"山贼"的镇压,并参与对出征浙东的朱元璋队伍的阻截对抗,史学界还是充分肯定他在受聘担任朱元璋的顾问后,为之制定平定天下的计策与谋略以及营建应天、清理狱囚、制定律令、完善科举制度、编定《戊申大统历》及《大明集礼》等重大贡献,誉之为"明朝第一开国文臣"。对宋濂的评价,同对刘基的评价大体相似。

根据上述的评价原则,我们可以看到,何真在元末出于阶级本能,镇压过广东的农民起义。这些起义军尽管斗争目标并不明确,斗争水平也不高,侵害过一些平民百姓的

---

① 《明太祖实录》卷一九○,洪武二十一年四月乙巳。

利益,但其矛头指向元朝的腐朽统治,与全国各地的农民起义军一起,共同汇合成一股摧毁元朝统治基础的巨大力量。何真对广东农民起义军的镇压,无疑是应该予以否定的。但他又有三个突出的历史功绩:一是在元末天下大乱之时,练兵据险,开署求士,施行仁政,保持了岭南社会的相对安定;二是在明朝建立后,能看清历史潮流,从维护国家统一的大局出发,主动归附,使岭南地区避免了兵燹的破坏;三是在归附之后,忠心耿耿、兢兢业业,为国家的统一、社会的安定、生产的恢复发展做出了积极的贡献。因此,综其一生,何真功大于过,是一位应该肯定的历史人物。

(原载东莞市政协、暨南大学历史系主编:《明清时期珠江三角洲区域史研究》,广东人民出版社 2011 年版,第 293—303 页)

明成祖为何迁都北京

明太祖朱元璋始建明朝,都城定于南京。后来明成祖朱棣在位时,把都城迁到了北京。朱棣是在什么历史背景下实行迁都的,迁都北京具有什么意义呢?

定都南京的利弊

要说明朱棣迁都北京的原因及其意义,先要了解朱元璋定都南京的背景及其利弊。

在元末农民战争中,朱元璋是以应天为基地发展他的势力,并在应天称吴王的。洪武元年(1368)正月,当其北伐军攻下山东,即将攻取元大都(今北京市)之时,他就在应天即皇帝位,建立起明王朝。但是否把应天定作明的都城,他一直犹豫不决。都城的选择,一般都要把军事、经济和地理条件等各种因素结合起来考虑。应天背靠钟山,面临长江,龙蟠虎踞,形势非常险要。它所在的江南地区,又是当时全国的经济中心,不仅盛产粮食,而且拥有发达的纺织业、制盐业和繁荣的商业,所谓"天下财赋出于东南而金陵为其会"①,经济条件也很优越。但从军事的角度来考虑,应天的位置偏于江左,距离

---

① 〔明〕丘濬著,林冠群、周济夫校点:《大学衍义补》卷八五,《都邑之建》上,北京:京华出版社1999年版,第723页。

对元朝作战的北方前线太远,不便于朝廷部署军事和指挥、调动部队。同时,朱元璋还认为,历史上在此地建都的东吴、东晋和南朝的宋、齐、梁、陈六朝都"祚数不久"①,这也是不吉利的。因此,大臣们便提出建都汴梁(今河南开封)的建议,朱元璋即于洪武元年三月亲赴汴梁作实地考察。考察后,他觉得汴梁地处中原,位置适中,决心在此建都,但感到这里无险可守,是个"四面受敌之地"②,又决定把应天也定作都城,实行古已有之的两京制。八月,下诏以应天为南京,汴梁为北京,天子于春秋往来巡狩。

　　但是,就在诏书颁发的第二天,北伐军攻克大都,推翻了元朝的统治。全国的政治、军事形势已发生重大变化,还要不要在汴梁建都呢? 朱元璋"会议群臣",大臣们鉴于北方蒙古贵族的残余势力尚未消灭,仍主张在中原建都,并提出几种不同的方案:"或言关中(指长安,今陕西西安)险固金城,天府之国;或言洛阳天地之中,四方朝贡,道里适均,汴梁亦宋之旧京,漕运方便;又言北平(大都攻克后改名北平府)元之宫室完备,就之可省民力。"朱元璋认为这些意见都有合理之处,但又都不适应当前形势,说:"长安、洛阳、汴京实周、秦、汉、魏、唐、宋所建国,但平定之初,民未苏息,朕若建都于彼,供给力役悉资江南,重劳其民;若就北平,元之宫室不能无更作,亦未易也。"③他自己又有浓厚的乡土、宗族观念,另外提出在南京及其故乡临濠建都的方案,认为南京"长江天堑,龙蟠虎踞,江南形胜之地,真足以立国",可作都城,但它"去中原颇远,控制(北方)良难",而离中原稍近的"临濠则前江后淮,以险可恃,以水可漕",以它作为中都,既可补救定都南京的不足,又可满足自己和淮西勋贵衣锦还乡、共享安乐的愿望。④ 尽管一些有眼力的臣僚持有不同意见,刘基也认为"中都曼衍,非天子居也"⑤,但朱元璋所倚重的一帮淮西勋贵,皆一致拥护朱元璋的方案。从洪武二年(1369)九月起,朱元璋便在临濠大兴土木,营建中都。这项工程持续了六年,终因力役供给都要仰给江南,劳费太甚,民不堪命,发生了工匠的"厌镇"事件,不得不半途停罢。朱元璋决心抛弃乡土、宗族观念,于洪武十一年(1378)下诏改南京为京师,商议了十年之久的定都问题才算解决了。

　　在南京定都,可以免去另建新都的大量耗费,又能就近从江南地区取得粮食和其他

①　[明]刘辰:《国初事迹》,纪录汇编本。
②　《国初事迹》。
③　《明太祖实录》卷四五,洪武二年九月癸卯,台北:"中央研究院历史语言研究所"1962年校勘本。
④　《明太祖实录》卷四五,洪武二年九月癸卯;卷八〇,洪武六年二月癸卯。
⑤　[清]谈迁著,张宗祥点校:《国榷》卷四,洪武四年正月庚寅,北京:中华书局1958年版,第437页。

物资的供应,这是有利的一面。不利的一面是远离北方,不便于对付蒙古贵族残余势力的侵扰。元朝的统治被推翻之后,元顺帝带着一帮大臣逃出大都,"旋舆大漠,整复故都","引弓之士不下百万众也,归附之部落不下数千里也,资装铠仗尚赖而用也,驼马牛羊尚全而有也"①。他们图谋恢复对中原的统治,经常派兵南下骚扰,对明朝构成严重的威胁。针对这种状况,朱元璋在北方边境沿长城一带,遍置卫所,屯驻军马,加强防御,并在平定辽东后,置北平行都指挥使司于大宁(今辽宁宁城西),东与辽阳、西与大同相应援,作为北方的三大要塞,重点扼守蒙古骑兵南侵的要道。同时,在分封诸子为藩王时,朱元璋又特地将九个儿子封在长城内外,东自辽阳,西至甘肃,设置辽、宁、燕、谷、代、晋、庆、秦、肃九个封国。他授予这些藩王以雄厚的护卫兵力和军事指挥大权,以此来弥补都城远离前线、朝廷指挥困难的缺陷。

不过,朱元璋尽管采取了各种补救措施,但因都城偏处江左,仍不免有鞭长莫及之虞。在晚年,他还拟迁都长安或洛阳。洪武二十四年(1391)八月,特派皇太子朱标巡视西北,绘制关、洛形势图。不料太子回来即病死,朱元璋只好打消了迁都的念头,伤心地说:"今朕年老,精力已倦。又天下新定,不欲劳民。且废兴有数,只得听天!"②

明成祖的迁都决定

明成祖朱棣是朱元璋的第四个儿子,洪武三年(1370)被封为燕王,十三年(1380)就藩北平。他"智勇有大略"③,就藩后数从备边北平的开国名将徐达学兵法。徐达死后,开国大将因受胡惟庸、蓝玉两案牵连多遭诛戮,朱棣遂与秦、晋二王并当北方边防之任,屡率诸将出征,并奉命节制沿边兵马,从此威名大振。他拥有一支10万人的护卫武装,是诸王中实力最强的一个,早有继承皇位的欲望和野心。洪武三十一年(1398)闰五月,朱元璋病死,皇太孙朱允炆继位。朱允炆感到"拥重兵,多不法"④的诸王对他是一个严

① [清]谷应泰:《明史纪事本末》卷一〇,《故元遗兵》,北京:中华书局1977年版,第149页。
② [清]顾炎武撰,黄坤等校点:《天下郡国利病书·江宁庐州安庆备录·南京》,上海古籍出版社2012年版,第831页。
③ [清]张廷玉等:《明史》卷五,《成祖纪》一,北京:中华书局1974年版,第65页。
④ 《明史》卷四一,《黄子澄传》,第4015页。

重的威胁,与大臣齐泰、黄子澄谋议削藩。到建文元年(1399)六月,已先后削废了五个藩王,接着准备向燕王开刀。朱棣早就预谋夺位,遂于七月指齐泰、黄子澄为奸臣,援引朱元璋《祖训》关于藩王有权向朝廷索取奸臣的规定,以清君侧为名,举兵反叛,号为"靖难"。经过三年多的战争,他攻入南京,夺到皇位。永乐元年(1403),诏"以北平为北京","称为'行在'"①。他即位后,为防备其他藩王仿效其办法起兵"靖难",动摇他的统治,决定营建北京,待完工后,迁都于此。

营建北京与正式迁都

然而,北京的营建工程并没有如期动工,不久连采木也停了下来。这是因为,当时还不具备大规模营建北京和迁都的条件。

历时三年多的靖难之役,对社会生产造成了严重的破坏。战争期间,"中原无辜赤子,困于道,迫于输,民不聊生,日甚一日"②。战争过后,"淮以北鞠为茂草"③,田园荒芜,经济凋敝,国家的财政收入大为减少。洪武二十四年(1391),国家收入的税粮达32278983 石,布帛达 646870 匹,至"靖难"之役结束时的建文四年(1402),税粮只有30459823 石,布帛 56744 匹④。此后,朱棣采取了一些恢复和发展生产的措施,国家的财政收入虽然有所增长,但又发生了下面的几件事,使财政的支出大为增加。一是皇后徐氏在永乐五年(1407)死去,朱棣为之营建昌平寿陵,十一年葬徐氏于长陵后,长陵的营建仍在继续,至十四年(1416)三月才告竣工。二是与越南发生了连年的战争,接着又与蒙古进行了大规模的战争。永乐七年(1409)派丘福率精骑 10 万北征,次年朱棣又"自将五十万众出塞"⑤,征讨鞑靼。永乐十二年,朱棣又"发山东、山西、河南及凤阳、淮安、

① 《明史》卷六,《成祖纪》二,第 75 页;卷四〇,《地理志》一,第 883 页。
② [明]吕毖辑:《明朝小史·建文纪·机密奏》,玄览堂丛书本。
③ 《明史》卷七七,《食货志》一,第 1881 页。
④ 《明太祖实录》卷二一四,洪武二十四年十二月;《明太宗实录》卷一五,建文四年十二月,台北:"中央研究院历史语言研究所"1962 年校勘本。
⑤ 《明史》卷三二七,《鞑靼传》,第 8468 页。

徐、邳民十五万,运粮赴宣府"①。亲征蒙古、营建长陵和连年的战争,都耗费大量的人力、物力和财力,使明廷更难以筹集营建北京所必需的巨额资财和工役。同时,当时北方的粮食不能自给,必须仰给江南。但会通河"岸狭水浅,不任重载"②,在洪武二十四年黄河决口后更是淤塞不通。漕运既无法进行,而陆运又十分艰难,海运则更有风涛之险。在漕运问题解决之前,北京的粮食和物资供应缺乏保证。这样,营建北京的计划就只得推迟了。

　　过了十年左右的时间,营建北京和迁都的物质条件才逐渐成熟起来。首先,是生产有了较大的恢复和发展,社会经济出现繁荣的景象。朱棣夺位后,继续推行朱元璋的移民屯垦政策,特别是移民到北京屯垦,加强对北京地区的经济开发,如永乐元年"发流罪以下垦北京田","徙直隶、苏州等十郡、浙江等九省富民实北京",二年、三年各"徙山西民万户实北京",十四年"徙山东、山西、湖广流民于保安州(今河北怀来西)"③。此外,还采取措施赈济水旱灾区,特别是"靖难"之役的被灾地区,如建文四年诏:"山东、北平、河南被兵州县,复徭役三年,未被兵者与凤阳、淮安、徐、滁、扬三州蠲租一年,余天下州县悉蠲今年田租之半",永乐元年"命宝源局铸农器,给山东被兵穷民"④,二年"命太仆寺给山东屯牛"⑤。这些措施的执行,使生产较快得到恢复和发展,国家的财政收入因而大量增加。到永乐十一年(1413),政府征收的税粮达 32352244 石,布帛达 1878828 匹⑥。《明史·食货志》载:是时"屯田米常溢三之一","宇内富庶,赋入盈羡,米粟自输京师数百万石外,府县仓廪蓄积甚丰,至红腐不可食"。这就为营建北京提供了雄厚的物质基础。其次,会通河已经得到治理,可以通漕转输。永乐九年(1411),朱棣采纳济宁州同知潘叔正的建议,命工部尚书宋礼督疏会通河,兼治黄河,由是"运道以定"⑦。十三年(1415),又命总督漕运的陈瑄开凿清江浦,打通淮河与淮南漕河的阻塞,"由是漕舟直达于河,省费不訾"⑧。这样,贯通南北的京杭大运河又复畅通,载重三五百石以至千

---

① 《明史》卷七,《成祖纪》三,第 93 页。
② 《明史》卷一五三,《宋礼传》,第 4203 页。
③ 《明史》卷六,《成祖纪》二,第 80—82 页;卷七,《成祖纪》三,第 96 页。
④ 《明史》卷五,《成祖纪》一,第 75 页;卷六,《成祖纪》二,第 80 页。
⑤ [明]申时行等:万历《明会典》卷二〇二,《屯种·牛只》,北京:中华书局 1988 年影印本。
⑥ 《明太宗实录》卷一四六,永乐十一年十二月。
⑦ 《明史》卷八五,《河渠志》三,第 2081 页。
⑧ 《明史》卷一五三,《陈瑄传》,第 4207 页。

石的漕舟可以顺利地往来航行,江南的粮食和丝绸布帛等物资源源不断地输往北方,北京的供应有了保障。营建北京的时机来到了。

永乐十四年八月,朱棣下令在北京"作西宫,为视朝之所"①,揭开了营建北京的序幕。八个月后,西宫建成,为营建北京的宫殿腾出地方,下一步就准备着手大规模营建北京。为慎重计,朱棣于永乐十四年十一月特地在南京召集文武群臣讨论营建事宜,群臣一致上疏:"北京乃圣上龙兴之地,北枕居庸,西峙太行,东连山海,南俯中原,沃壤千里,山川形胜,足以控四夷,制天下,诚帝王万世之都也。宜敕所司营建。"②营建之议遂定。

永乐十五年(1417)六月,北京的营建工程正式动工,"凡庙社、郊祀、坛场、宫殿、(门)阙,规制悉如南京"③。工程主要分为京城、皇城与宫城三个部分。京城也叫内城,大体上取元大都的南部,而将南边的城垣向南拓展二里多。皇城基本上取元城的旧址。宫城又叫紫禁城,里面是宏伟的宫殿。由于元宫已在洪武时拆除,这些宫殿实际上是重新建造的,它们虽仿自南京,但更加壮丽。来自全国各地的数十万优秀工匠和上百万民工,充分发挥了他们的聪明才智和高超的建筑技术,经过三年半的艰苦劳动,终于把北京建造成一座雄伟的城市。

永乐十八年(1420)九月,在营建工程即将完成之前,朱棣下诏自明年起改北京为京师。十二月,北京的宫殿建成。永乐十九年(1421)正月,朱棣于奉天殿受朝贺,把都城正式迁到了北京。迁都之后,南京成为"留都",南京诸司的设置继续存在,称为"留守"。北京与南京,并称"南北两直隶"。时人称:"并建两京,用南京之财赋,会西北之戎马,无敌于天下。"④

朱棣迁都北京,这是明朝历史上的一件大事。迁都北京后,"以天子备边",大大加强了北方的军事力量。这对于维护北方边境的安全,巩固多民族国家的统一,具有积极的意义。

(原载《文史知识》1984年第3期)

---

① 《明太宗实录》卷一七九,永乐十四年八月丁亥。
② [清]夏燮:《明通鉴》卷一六,永乐十四年十一月壬寅,北京:中华书局1959年版,第724页。
③ [明]徐学聚:《国朝典汇·工部·都邑城池》,北京:书目文献出版社1996年影印本。
④ 《大学衍义补》卷八五,《都邑之建》上,第723页。

四百年后再看张居正的改革

2017 年是明代杰出政治家张居正逝世 435 周年，笔者想起他生前大无畏的改革勇气，彪炳史册的改革业绩，死后被夺秩抄家的悲惨结局，不禁感慨良多。

日益严重的统治危机

张居正（1525—1582），字叔大，号太岳，湖广江凌（今属湖北荆州市）人。从小聪颖绝伦，15 岁为诸生，就写得一手好文章，得到湖广巡抚顾璘的赏识，誉之为"国器"。16 岁中举，顾璘解下犀带相赠。20 岁赴京会试下第，23 岁再试成功，中二甲进士，入翰林院为庶吉士，开始了自己的政治生涯。

张居正慨然以天下为己任。他利用在翰林院当庶吉士的历练机会，了解当时的时事政治，着力收集一切可能到手的原始资料，一一分类条列，进行深入的思考，探讨治国除弊的办法，为后来的改革打下坚实的基础。三年后，他授翰林编修，后来又在裕王府邸担任侍讲侍读，再升任侍讲学士，领翰林院事。这段时间，他继续密切地关注着形势的发展，于嘉靖二十八年（1549）上了一个《论时政疏》，历陈宗室骄恣、庶官瘝旷、吏治因循、边务未修、财用大匮五大弊病，吁请从速进行改革。奏疏呈上后被"留中"，如同石沉大海,毫无音信。

16 世纪是经济全球化的起始阶段,而白银货币化则是中国与世界的关键连接点。明代的白银货币化始于 14 世纪末的洪武末年,到 15 世纪下半年的成化、弘治年间为官方所承认,随即自上而下地全面铺开。到 16 世纪 40 年代,即嘉靖年间,白银货币化已基本完成,中国进入了银本位阶段。这既有力地推动着商品经济的繁荣,同时也促进对外贸易的发展,国外主要是日本和南美的白银开始如潮水般流入中国。

伴随着白银的货币化和商品经济的发展,明中期的皇帝大多沉醉于穷奢极欲的生活,而不问国家大事。如明宪宗即位不久,即深居宫中,热衷“神仙、佛老、外戚、女谒、声色、货利、奇技淫巧”之事,而疏于朝政。被称为“中兴”“圣主”的明孝宗,执政中后期也怠于政事,等待批阅的奏章往往稽留数月,或竟不施行。明武宗更好逸乐,经常外出巡游,嬉戏玩乐,是明史上著名的荒唐皇帝。明世宗由外藩继统,为了巩固自己的皇位,早期忙于“议大礼”。待到坐稳了皇位,又迷恋方术丹药,日事斋醮修炼,祈求长生不老,30年不理朝政。明穆宗在位六载,也是热衷于游玩、挥霍,很少过问政事。皇帝如此昏聩,政局自然混乱不堪,不是宦官擅权乱政,就是阁臣内斗不休。一般官员或是阿谀奉承,见风使舵,或是虚与委蛇,明哲保身,行政效率极其低下,中央集权机构运转失灵。在社会奢靡之风的影响下,官吏以权谋私、贪赃枉法的行为日见猖獗。内阁首辅严嵩及其子严世藩大肆贪污受贿,倒台后从其家中就抄出黄金 30 万两、白银 200 万两,其他珍宝器物无数。皇亲国戚、大地主疯狂地兼并土地,隐田逃税,“私家日富,公室日贫”,不仅使国家财源大大减少,也使百姓的负担日益加重,激起广大农民的强烈反抗。皇室开支不断膨胀,土木繁兴,国家财政入不敷出,到嘉靖末年已是“帑藏匮竭”,隆庆年间更是“府库久虚”,宗藩禄米、官俸和军费的运作都相当困难。边防日益废弛,边患丛生,南有倭寇肆虐,北有蒙古逞威。明王朝面临着深刻的政治、经济和军事危机。

面对尖锐的社会矛盾和严重的统治危机,一些较有远见的政治家纷纷呼吁进行改革。早在宣德年间,就有个别地方官在江南地区推行均平负担的改革。在全国范围内实行改革则始于明武宗去世之后。正德十六年(1521)明武宗病死,无嗣可立,也没有同父的兄弟可以继位,而由兴献王之长子、明宪宗之孙、明孝宗之从子、明武宗之从弟朱厚熜继统,是为明世宗。在明世宗自湖广安陆入京继位之前的 37 天里,内阁首辅杨廷和用明武宗遗诏、皇太后懿旨和明世宗登极诏的办法,做了不少改革,革除明武宗的一系列弊政。明世宗入京继统后，为了巩固自己的皇位，从嘉靖三年起，也在"议礼新贵"张璁、桂萼等大臣的辅佐下，以此前的改革为基础，施行一系列革新措施，其主要内容有五：一、扩大内阁事权，使之领导九卿而成为百官之首。内阁自此开始侵夺六部之权，这为日后张居正当国进行改革创造了条件。二、整顿都察院，清理失职的监察官员，以较为廉明的官员取代之。三、革除正德朝派往各地的镇守中官。四、革除外戚世封，裁减宗室禄米。五、开放言路。不过，随着皇位的巩固，明世宗逐渐迷恋于玄修，改革的劲头越来越小，至嘉靖十年（1531）政治改革已趋于平淡。各种社会矛盾因而继续发展，明朝的统治危机也越发严重。

力推政治与经济财政改革

张居正对此忧心如焚，期盼着有朝一日进入权力中枢，实施他的改革宏愿。嘉靖四十五年（1566）明世宗病逝，裕王继位，是为明穆宗。张居正以裕王旧臣的身份，被擢为吏部左侍郎兼文渊阁大学士，入阁参与机务。他入阁后即与当时的内阁首辅徐阶共同起草世宗遗诏，革除了嘉靖时期的诸多弊政。寻升礼部尚书、武英殿大学士。第二年他呈上《陈六事疏》，提出省议论、振朝纲、重诏令、核名实、固邦本、饬武备等六大改革主张。但明穆宗热衷声色犬马，对此置若罔闻，而张居正还不是内阁首辅，权力有限，也不可能展开全面的改革。其时徐阶已去职，继任的首辅李春华为人宽厚平庸，此后接替他的首辅高拱同张居正关系密切，张居正便利用这个有利条件，在力所能及的范围之内，首先开展了"饬武备"的军事改革。

当时，明朝北方面临着漠南蒙古俺答汗的严重威胁。俺答汗控制着以河套为中心，西达青海、东抵兀良哈三卫的广大地域，兵强马壮。他为了称雄蒙古诸部，希望能与明朝议和，并多次遣使向明廷表达通贡互市的愿望，却遭到明世宗的顽固拒绝。于是便不断出兵攻掠明边，想"以战求和"。张居正和内阁诸臣为了求得北部边境的安宁，决定调整对蒙古的政策，"外示羁縻，内修战守"。他们深知，要实现对等的议和，首先必须改变北部边防积弱的局面，实现双方军事力量的均衡。为此，张居正大力整顿军纪，严格训练军队，并抽调谭纶、戚继光、王崇古、方逢时、李成梁等智勇双全的将领到北方要地担任总督、巡抚、总理等要职,整饬防务,修筑长城,使北部边境的防御能力大为提高。隆庆四年(1570),俺答汗的孙子把汉那吉,因与俺答争夺一女子而率十多名部将降明。张居正抓住时机,力排众议,授命宣大山西总督王崇古与俺答汗进行和谈,达成"隆庆和议"。俺答汗解送叛明投附于他的赵全等人,换回把汉那吉。翌年,明廷敕封俺答汗为顺义王,授其部将六十余人大小不等的官职。俺答汗承诺岁贡马匹物品,"永不犯边"。自此,"虏酋内附,逆贼伏诛,边境叛宁"①,结束了明蒙长期对峙的局面,从而为万历初年的社会改革创造了条件。

隆庆六年(1572),明穆宗去世,明神宗继位,张居正结纳内官冯保驱逐首辅高拱,代为内阁首辅。其时明神宗年方 10 岁,对顾命大臣兼帝师张居正既尊重又敬畏,言听计从。明神宗的生母李太后对张居正又十分信任,加上有内监冯保的支持,张居正因而大权在握,独揽朝纲,成为明代最有权威的内阁首辅,可以放手施展自己的才干。他即以《论时政疏》《陈六事疏》为总纲,大刀阔斧地开展全面改革。改革的范围涉及政治、军事、经济财政、文化教育等各个方面。政治与经济财政改革则是这次改革的主要内容。

政治改革是以推行考成法为核心的吏治改革。张居正认为,自嘉靖以来"纪纲不肃,法度不行"的根本原因,在于官员的不负责任,敷衍塞责,而其政绩又漫无稽察,不受制约。为此,他在万历元年(1573)十一月经奏准正式推行考成法。其主要内容有二:一是加强内阁的行政责任和监察责任,提高六科的监察效能。规定以六科督促六部,以六部督促诸司及地方抚按,最后以内阁直接控制六科,通过六科直接掌握各级官吏的监察督促大权,形成一个严密而又完整的官吏考成系统。二是考成系统确立后,又规定六部及都察院对于皇帝批准的各项奏章,应该立即转发有关衙门执行。转发之前,要先酌量道里远近,事情缓急,立定程限,编造一式三本文簿。一本留底,月底注销;一本送交六科备案,实行一件,注销一件,半年将文簿上交一次;另一本送交内阁查考。这样,对于要办的事情,从内阁到六部,从六部到各个衙门,都做到心中有数,层层考试,"月有考,岁有稽,不惟使声必中实,事可责成,而参验之法严,即建言立法者,亦终虑其终之罔效,而不敢不慎其始矣"②。考成法推行之后,行政效率大为提高,朝廷政令,"虽万里之外,

---

①　[明]张居正:《张太岳集》卷二二,《答王鉴川》,上海古籍出版社 1984 年影印本。

②　《张太岳集》卷三八,《请稽查章奏随事考成以修实政疏》。

朝下而夕奉行"①。

随着考成法的推行,张居正"大计廷臣,斥诸不职",精简机构,裁汰冗员。如万历六年(1578)三月,直隶府州县和卫所28名官员因未完成收缴钱粮的任务而受处分,未完成七分者被降职二级,未完成二分以上者被罚俸一年。万历八年(1580)六月,科臣傅作舟弹劾南京工部尚书沈应时"以部差不行考核",经查实后沈被罚俸一年。张居正还借考成法的推行,精简机构,裁革冗员。据《明神宗实录》的记载统计,仅从万历八年十一月到九年七月,裁汰的冗员就达595人②。史称,在张居正当国期间,"汰冗员什二三",可见其裁革力度之大。

张居正还大力惩治贪污,说:"吏治不清,贪官为害。"他当国后,即严惩贪污。黔国公沐朝弼在云南横行霸道,"谋害亲子,擅杀无辜"③,"事母嫂不如礼,夺兄田宅,匿罪人蒋旭等,用调兵火符遣人诇京师"。隆庆六年(1572)八月,云南抚按和兵科先后"交章言状,并发其杀人通番诸不法事"④,但许多大臣顾忌到他是开国功臣西平侯沐英的后代,不敢吭气,张居正果断"驰使缚之"⑤,绳之以法。辽王朱宪㸅极其荒淫暴虐,"淫乱从姑及叔祖等妾,逼奸妇女,或生置棺中烧死,或手刃剔其骨肉……用炮烙刲剥等非刑剜人目,炙人面,辉人耳"⑥。但是因系皇亲国戚,无人敢碰。张居正还是同他展开了斗争,使之受到沉重的打击。

在惩治贪污、裁汰冗员的同时,张居正积极举荐、任用具有真才实学的人才。他把综核名实作为发现人才、使用人才的首要条件,而不受资历、毁誉、亲疏的影响。并强调用人要"赏罚明而信任笃"。张居正任用戚继光镇守蓟门,修建敌台。尽管议论纷纷,他却坚决给予支持,终获成功。又如任用精通水利的潘季驯治理黄河,"一切假以便宜久任,帑藏不问出入。诸奉行不及事者,下诏狱鞠治之。于是当事者日夜焦劳,盖逾年而堤成,转漕无患"⑦。

---

① [清]张廷玉等:《明史》卷二一三,《张居正传》,北京:中华书局1974年版,第5646页。
② 张海瀛:《张居正改革与山西万历清丈研究》。太原:山西人民出版社1993年版,第112页。
③ 《明神宗实录》卷七,隆庆六年十一月丙午,台北:"中央研究院历史语言研究所"1962年校勘本。
④ 《明史》卷一二六,《沐英传》,第3764页。
⑤ 《明史》卷二一三,《张居正传》,第5645页。
⑥ [明]徐学聚:《国朝典汇》卷一三,北京:书目文献出版社1996年影印本。
⑦ [清]谷应泰:《明史记事本末》卷六一,《江陵柄政》,北京:中华书局1977年版,第953页。

　　考成法的施行,不仅大大提高了行政工作效率,而且实现了内阁的集权,这就为其他改革措施的推行提供了组织的保障。

　　张居正改革的最重要内容,是推行经济改革,重建新的财政体系。这是宣德以来特别是嘉靖后期和隆庆年间地方赋役改革的继续和总结。

　　第一,清丈全国田粮。土地是传统农业社会最主要的生产资料,也是国家的主要税源。洪武年间,曾在全国丈量田亩,编制《鱼鳞图册》,作为征收田赋的依据。正统以后,地主阶级大肆兼并土地,并欺隐田亩,不仅减少朝廷掌握的土地数额,而且加重了赋役不均的局势。因此,自正德年间起,就不断有人吁请朝廷普遍丈量田亩,并曾在局部地区实行过丈量。到嘉靖年间,要求丈量的呼声更是此起彼伏。江南总督顾鼎臣、应天巡抚欧阳铎、苏州知府王仪,曾合力在应天推行丈田,因遭当地豪绅的强烈反对,最后以夭折告终。张居正认为,清丈田亩是“剔刷宿弊,为国家建经之策”,他援引先秦郑国子产“苟利社稷死生以之”的话表达自己的决心①,决定排除万难,在全国普遍推行之。

　　张居正深知,这项清丈工作,牵涉到国家以及各个阶层的利益,不能草率地鲁莽从事,出现任何的闪失。他选择在福建先行试点,取得经验,然后再推向全国。福建的试点工作始于万历六年(1578)十一月,完成于八年(1580)九月。当月,张居正经与内阁大学士张四维、申时行和户部尚书张学颜商议,决定将清丈工作推向全国,限三年完成。十一月,张学颜颁布依据福建试点的经验制定的《清丈条例》八款,对清丈的政策性和技术性要求做出明确的规定,清丈工作于是在全国普遍展开。在清丈过程中,有些地方的强宗豪民百般阻挠,有些地方官员敷衍塞责,懈怠迟缓,皆受到严厉的惩处。在清丈的基础上,张居正命令重新编制或修订《鱼鳞图册》,各地也都认真执行。如万历十年(1582)江苏武进县“奉旨通县丈量”,“是年丈量,尝造《鱼鳞图》”②,常州府在清丈之后,也攒造《鱼鳞图册》,“惟求缮写,不啻再三”③。

　　经过三年的努力,全国的清丈于万历十一年(1583)基本告竣。从各地上报的数字看,这次清丈查出了大量欺隐的田土,新增地亩1828542.73顷,约占万历六年全国地亩

---

　　①　《张太岳集》卷三一,《答福建巡抚耿楚侗谈王霸之辩》。
　　②　[清]顾炎武撰,黄珅等校点:《天下郡国利病书·常镇备录·武进县志》,上海古籍出版社2012年版,第721、723页。
　　③　万历《常州府志》卷四,《钱谷》,明万历四十六年刻本。

总数 7013976 顷的 26%①。这不仅有助于政府控制税源,增加财政收入,减少因富户豪绅欺隐田亩向农民转嫁的负担,更为一条鞭法的普遍推行和国家财政体系的全面转型铺平了道路。

第二,普遍推行一条鞭法,重建新的财政体系。自宣德五年(1430)江南巡抚周忱创平米法起,有不少地方官员在各地试行各种名目的改革,以图均平负担。至嘉靖初年出现一条鞭法后,各地的赋役改革便朝向赋役合一和一体征银的方向发展。不过由于阻力重重,谤议纷起,这些改革往往数行数止,效果甚微。张居正就任内阁首辅后,大力支持地方官推行一条鞭法。万历元年(1573),他在给应天巡抚宋阳山讨论一条鞭法的信中即表示:"仆以一人身当天下之重,不难破家以利国,岂区区浮议而摇夺乎? 公第任法行之,有敢挠公法、伤任事之臣者,国典俱存,必不容贷。"②后来,他在给山东巡抚李世杰的信中,更断然表示,为推行一条鞭法,将不惜付出最大的牺牲:"仆今不难破家沉族,以殉公家之事,而一时士大夫乃不为之分谤任怨,以图共济,亦将奈之何哉? 计独有力竭而死足哉!"③但张居正清醒地认识到,"行法在人,又贵因地","须得良有司行之耳"④。因而没有马上颁布在全国普遍推行一条鞭法的政令,而是选拔一些能干的官员,先到条件成熟的地方推行一条鞭法。此后,各地推行一条鞭法的改革逐渐进入高潮。万历八年(1580)底在全国清丈田亩,重新编制《鱼鳞图册》,又为推行一条鞭法扫除了一大障碍。张居正乃于万历九年下令在全国普遍推行一条鞭法,这就是《明史·食货志》所说:"(条鞭之法)嘉靖间数行数止,至万历九年乃尽行之。"

一条鞭法的施行,将部分徭役摊入田亩,合并诸项杂役,条鞭征收,计亩征银。一条鞭法的推行,有利于消除赋役征派中的不合理现象,减轻农民负担;赋役征解由民办改为官办,减少了地方官吏鱼肉百姓的行为;赋役由原来征收实物和力役的形式,改为征收白银货币,标志着白银货币化的完成,也标志着国家财政体系的全面转型,建立一种全新的中央集权货币财政体系,这是张居正改革的最重要成果。

---

① 《张居正改革与山西万历清丈研究》,第 130 页。
② 《张太岳集》卷二七,《答应天巡抚宋阳山》。
③ 《张太岳集》卷二九,《答少宰杨二山言条鞭》。
④ 《张太岳集》卷二八,《答楚按院向明台》。

张居正的时代与阶级局限性

　　张居正的经济改革,暂时挽救了明朝的财政危机。到万历十年(1582),"府库充溢","太仓粟可支十年,冏寺积金至四百余万"①。时人评价道:"自正、嘉虚耗之后,至万历十年间,最称富庶。"②更重要的是,伴随着田亩的清丈和一条鞭法的推行而实现的国家财政体系的全面转型,标志着中国由传统国家向近代国家的转型,这是中国历史上亘古未有之巨变,具有重大的历史意义。正是由于实现这种转型,农民对国家和地主的人身依附关系大大削弱,从而有力推动了晚明时期的商业化、市场化和城市化进程,促进商品货币经济的繁荣,和参与国际市场的建构。

　　但是,人无完人,张居正亦有其时代与阶级的局限性。他不仅结纳宦官冯保,而且参与冯保主谋的"王大臣案"以逐高拱,是其政治生涯的一个疵点。不仅如此,他在权力鼎盛时期,还显露出专权独断、骄盈自用的作风,好听奉迎的谀辞,无情打击逆耳的谏诤,甚至渐染奢靡之习,收受苞苴馈遗,利用权势助其年长的三个儿子高中制科。万历十年(1582),张居正病逝后,反对改革的保守派,即抓住这些把柄对他大肆攻击。明神宗早已耿耿于张居正作为帝师对自己过于严苛的管束,于是下诏尽削张居正官秩与谥号,派人抄其家产,差点将其剖棺戮尸。这幕历史的悲剧,既充分暴露了封建专制君主的冷酷与无情,同时也昭示后人:改革家应该慎始慎终,拒腐蚀,永不沾。不过,就功过是非而言,张居正的历史贡献还是主要的、巨大的。他由清丈田亩、推行一条鞭法而促成国家转型的历史功绩,将永载史册,光耀千秋。

(原载《博览群书》2017 年第 7 期)

---

① 《明史记事本末》卷六一,《江陵柄政》,第 958 页。
② 《明史》卷二二二,《张学颜传》,第 5856 页。

明思宗为何成为亡国之君

一

天启七年(1627)八月,明思宗朱由检根据其兄明熹宗朱由校的遗诏入继大统。面对朝政腐败、国库空虚、军事败坏、灾荒频发、内忧外患并生的危局,他锐意求治,在《即位诏》中宣布:"朕以冲人统承鸿业,祖功宗德,惟祗服于典章,吏治民艰,将求宜于通变。毗尔中外文武之贤,诸予股肱耳目之用,光昭旧绪,愈懋新猷。"①表示在遵守祖制的前提之下,将针对现实的状况,对"吏治民艰"问题实行改革,以求实现"光昭旧绪,愈懋新猷"的"中兴"之治。继位后,他一改明神宗、熹宗长期怠政的恶习,夜以继日地勤理政务,从不懈怠,也以明神宗的穷奢极欲为戒,崇尚俭朴,不迩声色,积极支持引进西方的天文历法和火炮技术,并以潜移默化的手段,一举铲除魏忠贤阉党集团,显露出些许中兴的曙光,赢得了广泛的赞誉。然而,在追求明朝中兴的过程中,他却日渐陷入心劳力绌的困境,不仅"吏治民艰,将求宜于通变"的诺言未能兑现,而且出现了全面深刻的社会危机,

---

① [明]孔贞运辑:《皇明诏敕》卷一〇,续修四库全书·史部,上海古籍出版社 2012 年影印本,第 458 册,第 422 页。

朝廷内外的党派之争愈演愈烈,关外之地几乎尽失于清军之手,农民起义的烽火更是烧到了北京城下,自己最终也落个魂断煤山(今北京景山)的下场。

一向自视甚高的明思宗,对这场中兴之梦的破灭,始终感到难以理解。他不从自己身上找问题,而是归咎于手下的文臣武将。崇祯八年(1635)因凤阳皇陵被焚而下《罪己诏》,明思宗在"罪己"的同时,就不忘诘难文武诸臣,指责他们"夸诈得人,实功罕觏","诸臣失算"①。崇祯十七年二月,李自成率领的大顺军渡过黄河横扫山西之时,他更是指责臣僚:"朕非亡国之君,诸臣皆亡国之臣矣!"②到三月,大顺军兵临北京城下,他自缢前,还在衣襟上愤然写道:"朕凉德藐躬,上干天咎,然皆诸臣误朕。"③至死都不承认自己是亡国之君。

明朝灭亡后,史学界对明思宗的评价多持否定态度,但也有些论者对他表示同情,甚至为他开脱、辩解,赞同其"非亡国之君"说。清代官修的《明史》,称"明之亡,实亡于神宗"④,并从明清易代为历史必然的宿命论观点出发,说明思宗"承神、熹之后,慨然有为。即位之初,沉机独断、刈除奸逆,天下想望治平。惜乎大势已倾,积习难挽。在廷则门户纠纷,疆场则将骄卒惰。兵凶四告,流寇漫延。遂至溃烂而莫可救,可谓不幸也已。……祚迄运移,身罹祸变,岂非气数使然哉"⑤。近年更有学者援引明清史学家孟森"思宗而在万历以前,非亡国之君也;在天启之后,则必亡而已矣"⑥的论断,进而推论是历史让崇祯皇帝演出了一个非亡国之君的亡国悲剧。

明思宗及其同情者的这种种说法,显然是经不起仔细推敲的。先说明思宗的"诸臣误朕"之说。明思宗不像明英宗、明神宗的幼年继位,军国大政由辅臣决断,他继位时虽说虚岁十七,实龄不足十六⑦,但"太阿独操"⑧,"沉机独断",不论大小政务,人事变动,生杀予夺,皆牢牢地掌握在自己手中。明朝之亡,周延儒、温体仁、熊文灿等大臣固然负有一定的责任,但作为掌握实权的最高君主,不是更应该承担主要的责任吗?再说《明

---

① [明]谈迁著,张宗祥校勘:《国榷》卷九四,崇祯八年十月乙巳,北京:中华书局1958年版,第5717页。
② [清]查继佐撰:《罪惟录》帝纪卷一七,《毅宗纪》,杭州:浙江古籍出版社1986年版,第384页。
③ [清]张廷玉等撰:《明史》卷二四,《庄烈帝纪》二,北京:中华书局1974年版,第335页。
④ 《明史》卷二一,《神宗纪》赞,第295页。
⑤ 《明史》卷二四,《庄烈帝纪》赞,第335页。
⑥ 孟森:《明清史讲义》上册,北京:中华书局1981年版,第283页。
⑦ 明思宗生于万历三十八年十二月十四日,天启八年八月二十四日继位时虚岁十七,实际年龄不足十六。
⑧ [明]夏允彝:《幸存录》,[清]留云居士辑:《明季稗史初编》卷一五,上海书店1988年版,第306页。

史》的"明实亡于神宗"之论。毫无疑问,明神宗亲政之后,对辅臣张居正进行清算,使改革风气荡然无存,除一条鞭法之外,改革成果尽付东流;由此引发的翻案风,又开启官僚队伍的门户之争,导致统治阶级力量的分散与削弱。而明神宗酒、色、财、气的极度膨胀,又导致其长期怠政,造成政局的混乱,边防的废弛;他大量赏赐诸王、公主田地,又加剧了土地的兼并;他大肆挥霍浪费,传索帑金,聚敛财货,掏空国库,刮尽民脂,更导致民变与兵变的频发,为后金(天聪十年即崇祯九年改国号为清)的崛起提供了可乘之机。所有这一切,无不埋下明亡的祸根。不过,明朝毕竟没有亡于明神宗之手,这是客观存在的历史事实。再看孟森的论断。他明确表示,明思宗"在天启之后,则必亡而已矣",并无否认他是崇祯朝的亡国之君的意思。而说明思宗如"在万历以前,非亡国之君也",不过是种假设。但历史是不能假设的,因为任何事物的发展变化都是以时间、地点为转移的,万历以前和天启以后的历史环境与时代诉求大不相同,谁也无法预料明思宗如果在万历以前当权,会有怎样的作为。再说"气数使然",也就是历史使崇祯皇帝演出一个非亡国之君的亡国悲剧问题。所谓"气数",指的无非是历史发展的趋势,它确实与朝代兴衰密切关联,顺之者昌,逆之者亡。但这不等于说人们只能听天由命,毫无作为,否则岂不等于认同了宿命论? 须知,外因是通过内因起作用的,人的努力虽然难以改变历史发展的趋势,却可以起到延缓或加速的作用。明朝末期,朱明王朝的统治确已病入膏肓,正在滑向其灭亡的末路,但是它究竟在何时灭亡,则视其最高君主的所作所为而定,不可一概而论。

其实,明思宗受人赞誉的勤于政务、崇尚俭朴,不过是任何阶级社会最高掌权者所应具备的基本素质,但仅仅具备这些基本素质并不足以治理好国家,更不要说挽救危局了。明思宗在即位之初,虽然诛除了魏忠贤阉党集团而备受好评,但他却有始无终,不久又重新起用身边亲信的太监,培植忠于自己的宦官势力,导致政局的混乱。这恰好说明,他是个空有中兴之志而缺乏中兴之才的另一类昏庸的君主。

在封建社会里,任何王朝的最高君主,要想治理好国家,特别是挽救濒临危亡的局势,不仅要有远大的志向,而且必须具备深邃的目光、开阔的视野、高度的智慧、坚强的意志、雄伟的气魄和高超的治国能力,能够抓住当时社会的主要矛盾,找到相应的解决办法,从而制定出长远的治国方略,采取妥当的政策措施。但是,明思宗虽然锐意求治,却缺乏治国理政的才干,没有认识到明末深刻的社会危机的根源所在,找到解救危局的办法。除了在《即位诏》中提出"吏治民艰,将求宜于通变"这个笼统抽象的理政构想之外,他始终没能提出一个明确具体的治国方略,他的治国理政也就缺乏长远的战略筹划,只能是头痛医头、脚痛医脚,左右摇摆、举棋不定。而他自小在明末环境险恶的深宫里长大,养成刚愎自用而又多疑善变、急功近利而又优柔寡断、虚荣心强而又缺乏担当、专横残暴而又刻薄寡恩的性格特点,又往往导致其军国大事的决策失误,措置失当,从而加速明王朝的覆亡,终于酿成了历史的悲剧。

二

那么,明思宗究竟在哪些军国大事上决策失误、措置失当呢?首先,是目光短浅,未能抓住当时主要的社会矛盾即阶级矛盾,采取有力的措施加以缓解,而是"刻于理财"[1],促使其进一步激化,导致起义的烈火越烧越旺,终致不可收拾。

明思宗即位之时,面临着阶级矛盾、民族矛盾和统治阶级内部矛盾三大尖锐的社会矛盾。就东北地区而言,以后金(清)为代表的女真(天聪九年即崇祯八年改族名为满洲)贵族和以明王朝为代表的汉族人民的民族矛盾,已上升为当地的主要矛盾。而关内的广大地区,则是农民阶级和地主阶级的阶级矛盾居于主导的地位。正是尖锐的阶级矛盾,决定着整个政局的走向和明王朝的命运。只有抓住这个主要的社会矛盾设法加以缓解,才有望使刚刚爆发的农民起义得以平息,从而解除后顾之忧,集中全国的力量对付后金(清)的进攻,并进而解决统治阶级内部的党争(这种党争很大一部分是由如何应对农民起义和后金的进攻而引起的),实现中兴之治。但目光短浅的明思宗见不及此,并没有抓住这个主要的社会矛盾,采取有力的措施加以缓解。

明末阶级矛盾的急剧激化,主要是由于政治体制的僵化腐朽、官场贪风的强烈炽盛、土地的高度集中、赋役征敛的过分苛重、水利设施的年久失修造成的,广大农民因而陷于极端贫穷的困境,连简单的再生产都难以维持,只得铤而走险,揭竿而起。其中的许多问题是长期积累的痼疾,不是一纸诏令就能马上解决的,但赋役征敛的过分苛重,

---

[1] [明]张岱著,上海图书馆点校:《石匮书后集》卷一《烈皇帝本纪》石匮书又曰,上海:中华书局1959年版,第41页。

却是可以立即采取措施加以缓解的。明思宗刻于理财,其《即位诏》表示对"民艰"将"求宜于通变",随后开列的 50 款大赦新政,其中的第 8 款规定免各省通欠夏税秋粮及杂项课税一年,南直隶、浙江等 13 省免天启元年,北直隶免天启二年;内宫物料则南直隶、浙江等 13 省免万历四十六年(1618),北直隶真、保、顺、河、广、大 6 府免万历四十七年,顺天、永平二府免天启二年,以后年份照常征解。第 9 款规定免天启元年以前拖欠加派钱粮;免拖欠万历四十八年以前金花银。第 10 款规定免天启元年以前各地永折及因灾折收银两。第 11 款规定将清查民间丁口,蠲免无丁而被迫缴丁粮者。第 12 款规定禁有司不得于征收赋税中加重科罚。第 16 款规定解官、解户解到绢布式样不合格者酌量从宽验收。第 47 款规定蠲免浙江、福建、苏、松、常、镇、徽、宁、扬、广等处拖欠万历四十八年以前岁造缎匹。第 48 款规定蠲免各地拖欠天启元年以前解四司物料①。这些蠲免,多是拖欠多年而无法征收的税课,至于夏秋两税这两项赋税中的主要税种,最多只免至天启二年,有的地方则只能免到万历四十七年以前的欠额,这就意味着有些地区拖欠了八年之久的税课仍将继续追缴,至于近五年的正税,一毫一厘都不得减免,口惠而实不至,等于画饼充饥。

继位之后,明思宗虽然"切念民艰"②,一再表示:"孜孜民力艰苦,思与休息","连年加派络绎,东西水旱频仍,商困役扰,民不聊生,朕甚悯焉",但他在位 17 年,仅有以下寥寥可数的几次停止织造、蠲免逋赋、禁止私派的举措,即崇祯元年二月"停苏杭织造"③,四月"禁有司私派";九年三月"蠲山西被灾州县新旧二饷",五月"免畿内五年以前逋赋",十一月"蠲山东以前逋赋";十二年八月"免唐县等四十州县去年田租之半";十三年三月"免河北三府逋赋";十五年正月"免天下十二年以前逋赋"④。与此同时,明思宗又不顾百姓的死活,加重赋税的征派。崇祯三年九月,兵部尚书梁廷栋以"兵食不足"为由,请求增派田赋。经户部尚书策划,乃于万历末年每亩加征九厘辽饷的基础上再加征三厘,从崇祯四年开始征派,计征银 6679208 两,加上该年辽饷中增派的杂项、盐课、关税等项银两,该年辽饷总数高达 10299602 两⑤。崇祯十年,为了镇压日益高涨的农民起

① 《皇明诏敕》卷一〇,第 424—430 页。
② [明]文秉:《烈皇小识》卷一,上海书局 1982 年版,第 25 页。
③ [明]孙承泽:《春明梦余录》下册,卷四六,《工部·税科》,扬州:江苏广陵刻印社 1990 年影印本。
④ 《明史》卷二三、二四,《庄烈帝纪》一、二,第 310—320 页。
⑤ 郭松义:《明末三饷加派》,《明史研究论丛》第二辑,南京:江苏人民出版社 1983 年版。

义,兵部尚书杨嗣昌建议加派剿饷,"亩输粮六合,石折银八钱,伤地不与,岁得银百九十二万九千有奇"。明思宗批准这一建议,假惺惺地表示:"勉从廷议,暂累吾民一年。"①实际上一年后又下令再征,直至崇祯十三年才停止征收。崇祯十二年,又以"抽练各镇精兵"缺乏饷银为由,"复加征练饷"②,于六月开始征收,总数为730万两。上述辽饷、剿饷、练饷三项加派,从田赋中加征的饷银总计多达1670多万两,超过常年岁入的一倍以上③,难怪当时的百姓怨声鼎沸,"呼崇祯为重征"④。

不仅如此,明思宗还严责各级官吏,必须将规定的税额征收上缴,并将征税的数额与职位的升降、俸禄的增减直接挂钩。史载,"上(指明思宗)初即位,便严于钱粮,部议知府非完钱粮不得升司道,推知非完钱粮不得与考选。于是松江方郡伯岳贡、苏州陈郡伯洪谧,有住俸数十次,降至八十余级者"⑤。官员凡是反对加派的,明思宗就感到厌烦,甚至严加惩处。如崇祯十二年五月,耿直朴忠的傅宗龙出任兵部尚书,入见皇上,"谆谆以民穷财尽为言,云饷不可加,兵不可增"。明思宗开始还言不由衷地表示"卿言是",傅宗龙"指天画地,言俞力",明思宗便拉下脸来,说:"卿但当料理寇敌耳!"待傅宗龙告退后,他又对阁臣说:"宗龙所言,半言官唾余,何也?"从此,"兵部诸疏无一俞者,未几下狱"⑥。相反,凡是支持加派重征的,明思宗就感到高兴,甚至大加提拔。如崇祯十一年四月,他在中左门考选诸臣,征询足兵足食之计,知县曾就义说:"百姓之困,皆由吏之不廉。使守令俱廉,即稍从加派以济军需,未为不可。"明思宗当即"拔第一"⑦。

明思宗一而再,再而三的加派,使本已十分贫困的广大农民进一步陷于破产,大批逃亡,而官府又穷凶极恶地追讨钱粮,甚至勒逼未逃的农户赔纳已逃农户应交的钱粮,逼使更多的农户逃亡。"饷加而田日荒,征急而民日少"⑧,弃田逃亡的现象与日俱增。如河南彰德府的武安(今属河北省),据知县窦维辂在崇祯十四年的奏疏报告:"本县原

---

① 《明史》卷二五二,《杨嗣昌传》,第6510页。
② 《明史》卷二四,《庄烈帝纪》二,第327页。参看上引郭松义文。
③ [明]孙承泽:《春明梦余录》上册,卷三六,《户部·本计》:"御史吴履中论加派疏……国家岁入,计一千四百六十余万,而辽饷五百万不予焉。"第452页。
④ [明]李清撰,顾思点校:《三垣笔记》,《笔记上·崇祯》,北京:中华书局1982年版,第3页。
⑤ 《三垣笔记》,《笔记上·崇祯》,第8页。
⑥ 《三垣笔记》,《笔记上·崇祯》,第34页;《明史》卷一一二,《傅宗龙传》,第6778页。
⑦ 《国榷》卷九六,崇祯十一年四月辛酉,第5867页。
⑧ 《春明梦余录》上册,卷三五,《户部·赋役》。

编户口一万三十五户,今死绝者八千二十八户;原编人丁二万三百二十五丁,今逃死者一万八千四百五十丁。"①加上政治腐败,水利年久失修,自崇祯十二年起,连续三年不断发生雨雹、旱蝗等自然灾害,贫苦农民无以为生,转死沟壑。中州平原更是赤地千里,"流亡满道,骴骨盈野。阴风惨骨磷之青,啸聚伏林莽之绿。且有阖门投缳者,有全村泥门逃者,有一日而溺河数百者,有食雁矢、蚕矢者,有食荆子、蒺藜者,有食土石者,有如鬼形而呻吟者,有僵仆于道而不能言者,……有集数千数百人于城隅周道而揭竿者"②。

明思宗之所以一再实行加派,借口是"帑部匮绌"③,国库空虚,无法支付日益增加的军费。当时,国库固然匮乏,但内府即皇帝的私库并不缺钱。明朝初年,米、麦等实物的征收在国家的财政收入中占据主导地位,户部所设的内府十库既是中央政府的国库,也是皇帝的私库,"公"私不分,混同开支。进入明中期后,随着商品经济的发展,白银的货币化,大量实物形式的财政收入转化为货币收入。明廷于是对财政体制作出相应的调整,于正统七年(1442)在北京设立太仓库,用以贮银,弘治八年(1495)又在南京户部设立银库。此外,还有京、通两仓,贮存由运河漕运来的米、粟,以供京城贵族、百官和京边卫军之食用。太仓银库设立后,便成为中央政府的国库,而内府则完全变成皇帝的私库,政府的财政收支与皇室财政收支基本分开。嘉靖中期以后,由于土木繁兴,加以"南倭北虏"交相进犯,军费开支急剧增长,太仓入不敷出,到隆庆初年曾出现财政危机。但一待边事停息,再经过张居正的改革,危机便得到缓解,到万历四年,"京、通储粟足支八年","府库充溢,太仆寺亦积金四百余万"④。明神宗亲政后,不停地"传索帑金",加上宗禄的大量增加,万历三大征庞大的军费开支,国家财政入不敷出,只得动用累年的储积,弄得国库空空如洗。但是明神宗通过"传索帑金",加上派遣矿监税使四处搜刮,却使"内帑之充韧"达到"亘古未有"的程度⑤,内府金银山积。明神宗死后,明光宗在位仅一个多月,明熹宗在位也仅七年,短短几年时间,内府的储蓄并没有花光。但明思宗也

① [清]黄之孝修,李喆纂:(康熙)《武安县志》卷一八,《艺文》,《崇祯十四年乞免钱粮疏》,清康熙五十年刻本。

② [明]吕维琪:《明德先生文集》卷一二,《复劝倡义赈荒说》,四库全书存目丛书·集部,济南:齐鲁书社1995年影印本,第185册,第191页。

③ [清]彭孙贻辑,陈协、刘益安点校:《平寇志》卷三,上海古籍出版社1984年版,第56页。

④ [清]谷应泰:《明史纪事本末》卷六一,《江陵柄权》,北京:中华书局1977年版,第947—948页。

⑤ 《春明梦余录》上册,卷三五,《户部·内供》。

同明神宗一样嗜财如命,就是不肯往外拿,有时还对群臣大叹穷经,说"目今帑藏空虚"①。后来,李自成大顺军入京,内库"银尚存三千余万两,金一百五十万"②。另有记载说:"内帑所出,不知几千百万。"③明思宗死死捂住的这一大笔金银财宝,最终都成了大顺军的战利品。

明思宗的刻于理财,竭泽而渔,只能进一步激化阶级矛盾,为农民起义提供更为深厚的社会基础。而三饷的加派,更是直接促成起义高潮的到来。崇祯十年三月,杨嗣昌到京就任兵部尚书,提出"四正六隅十面张网"之策,并在加派辽饷之外,再加派剿饷,加强对农民军的征剿,将大部分起义军剿杀殆尽,迫使张献忠与罗汝才受"抚",李自成被迫率领残部退入陕鄂川交界的商洛山中,革左五营也遁入英霍山中,起义暂时进入低潮。但是,辽饷与剿饷的加派,自然灾害的频发,把百姓逼入了更加痛苦的深渊,加上杨嗣昌密谋对张献忠发动突然袭击,张献忠遂于崇祯十二年五月在谷城重举义旗。明廷又于当年加派练饷,更把广大贫苦农民推向绝路。李自成遂于崇祯十三年六七月间,率残部从房县山区出发,取道陕西,攻入赤地千里、流民遍野、"土寇"蜂起的河南,并提出"均田免粮"④的口号和"不催科"⑤、"不当差,不纳粮"⑥的政策,起义队伍迅速扩大到百万人,明末农民起义进入了高潮阶段。后来,正是李自成率领的大顺军攻占北京,推翻了明王朝的统治。

三

明思宗的又一重大决策失误、举措失当,是不辨忠奸,屡逐直臣,滥杀良将,而重用奸佞之臣与宦官,导致政局的混乱。

---

① [明]杨嗣昌:《杨文弱先生集》卷四三,丁丑四月二十七日召对,续修四库全书·集部,第608册,第609页。
② [明]冯梦龙:《甲申纪事》,玄览堂丛书本。
③ 《石匮书后集》卷一,《烈皇帝本纪》石匮书曰,第41页。
④ 《罪惟录》列传卷三一,《李自成》,第2709页。
⑤ 中国第一历史档案馆编:《清代档案史料丛编》第六辑,北京:中华书局1980年版,第114页。
⑥ 《平寇志》卷八,第184页。

要实现中兴之治,必须起用大批忠于国家社稷的直臣与良将。但明思宗却缺乏识人之明,只凭个人的好恶来取舍人才。他"性多疑而任察,好刚而尚气。任察则刻薄寡恩,尚气则急遽失措"①。由于刚愎自用,虚荣心强,他要求臣僚完全顺从自己的旨意,听不得逆耳之言,"一言合,则欲加诸膝;一言不合,则欲堕之渊,以故侍从之臣,止有唯唯、否否,如鹦鹉学语,随声附己耳"②,"言语率直,切中时弊者,率皆摧折而去"③。如东林党人刘宗周在天启年间因抨击魏忠贤和客氏而遭削籍,崇祯初年被重新起用,任为顺天府尹。他刚入京就职,就上疏批评明思宗"求治之心,操之太急。酝酿而为功利;功利不已,转为刑名;刑名不已,流为猜忌;猜忌不已,积为壅蔽"。"己巳之变"起,枢辅诸臣多被明思宗作为替罪羊逮捕下狱,刘宗周又批评皇上说:"国事至此,诸臣负任使,无所逃罪,陛下亦宜分任咎。"因而"忤帝意",乃以疾辞官。崇祯八年,吏部奉旨推举刘宗周等三人入阁,他推辞不允,于翌年正月入京,又批评明思宗"求治太急,用法太严,布令太烦,进退天下士太轻。诸臣畏罪饰非,不肯尽职也,故有人而无人之用,有饷而无饷之用,有将不能治兵,有兵不能杀贼"。明思宗大不高兴,改命其为工部左侍郎。过了一个月,他又上疏批评明思宗"二帝三王治天下之道未暇讲求,施为次第犹多未得要领者"。明思宗极为恼怒,先后四次命阁臣拟严旨惩处。阁臣每次呈上拟旨,他都反复阅视刘宗周的奏疏,"起行数周"。后来怒气消解,仍降旨诘问,"谓大臣论事宜体国度时,不当效小臣归过朝廷为名高,且奖其清直焉"④。当年十月,刘宗周再次上疏批评明思宗的弊政,连带批评首辅温体仁。明思宗大怒,温体仁又上章力诋,遂下旨将其革职为民。

由于求治太急,猜忌多疑,明思宗还专横地贬斥甚至屠戮一批屡立战功的良将。袁崇焕在天启年间镇守辽东,着力构筑宁锦防线并取得了宁远大捷,只因不肯巴结魏忠贤,遭其党羽的弹劾而辞官。明思宗继位后,重新起用他为蓟、辽、登、莱、天津总督。在明思宗召见时,他轻率地许下五年复辽的诺言。经兵科给事中许誉卿的提醒,他又提出"五年内,户部转军饷,工部给器械,吏部用人,兵部调兵选将,须中外事事相应,方克有济"⑤,明思宗一一允准。两天后,他又上疏说明:"辽事恢复之计,不外臣昔年'以辽人

① 《明史》卷三〇九,《流贼传》序,第7548页。
② 《石匮书后集》卷一,《烈皇帝本纪》石匮书曰,第41页。
③ 《明史》卷三〇九,《流贼传》序,第7548页。
④ 《明史》卷二五五,《刘宗周传》,第6573—6577页。
⑤ 《明史》卷二五九,《袁崇焕传》,第6713页。

守辽土,以辽土养辽人''以守为正著,战为奇著,款为旁著'。法在渐不在骤,在实不在虚,此皆臣与在边文武诸臣所能为而无烦圣虑者。至用人之人与为人用之人,俱于皇上司其钥。"明思宗批示说:"浮言朕自有鉴别,切勿瞻顾",令"战守机宜,悉听便宜从事"①。袁崇焕随即赴关就职,着手调整关内外防务,修补明蒙联盟。接着,依据"悉听便宜从事"的谕旨,诛杀不听节制的东江守将毛文龙,以统一事权。己巳之变起,绕道内蒙古入塞的皇太极兵临京师。袁崇焕急率辽军勤王,副总兵周文郁劝阻他:"外镇之兵,未奉明旨而径至城下,可否?"他回答说:"君父有急,何惶他恤? 苟得济事,虽死无憾!"②周延儒、温体仁等辅臣勾结阉党余孽,合力诬陷袁崇焕"引敌协和,将为城下之盟",皇太极又借被俘的杨太监行反间计。对袁崇焕未经奏请而诛毛文龙、率领辽军入援京师心存疑虑的明思宗,竟下令将其斩于西市。"自崇焕死,边事益无人,明亡征决矣!"③

早在崇祯二年十一月,河南府推官唐开远就批评说,明思宗继位之后"明罚敕法,自小臣以至大臣,与众推举或自简拔,亡论为故为误,俱褫夺戍配不少贷,甚则下狱拷追,几乎刑乱国用重典矣"④。事实正是如此,据统计,明思宗在位17年,计"诛总督七人"⑤,"巡抚被戮者十有一人(河南巡抚李仙风被逮自缢,尚不计在内)"⑥。就连"贵极人臣"的内阁辅臣也有两人被杀,"辅臣戮死,自世庙夏言后,此再见云"⑦。由于不断地罢黜和诛杀,官员的更替十分频繁,如蓟镇总督"半载更五人"⑧。整个崇祯朝17年,"易中枢(兵部尚书)十四人"⑨,"刑部易尚书十七人"⑩;内阁辅臣更是走马灯似的不断变换,17年间任命的大学士多达50余人,其中先后充当首辅者即达10余人⑪。这种做法,不仅使朝廷失去许多能干的文臣武将,也使在职的官员胆战心惊,畏缩不前,丧失进取心和积极性,办事效率极度低下。

---

① 《崇祯长编》卷一一,崇祯元年七月乙亥,台北:"中央研究院历史语言研究所"1962年校勘本。
② [明]周文郁:《近事小纪》卷一,玄览堂丛书本。
③ 《明史》卷二五九,《袁崇焕传》,第6718—6719页。
④ 《国榷》卷九〇,崇祯二年十一月癸未,第5498页。
⑤ 《明史》卷二六〇,《郑崇俭传》,第6744页。
⑥ 《明史》卷二四八,《颜继祖传》,第6425页。
⑦ 《明史》卷二五三,《薛国观传》,第6541页。
⑧ 《明史》卷二五一,《蒋德璟传》,第6500页。
⑨ 《明史》卷二五七,《张凤翼传》,第6636页。
⑩ 《明史》卷二五四,《乔允升传附易应昌传》,第6555页。
⑪ 《明史》卷一一〇,《宰辅年表》二,第3382—3393页。

对于自己喜欢、信任的官员，明思宗则百般呵护，甚至有罪不罚或者轻罚。崇祯九年秋，清兵再度绕道内蒙古突入长城，侵扰京畿，兵部尚书张凤翼自请督师，御敌无方，畏罪而日服大黄药，清兵退后于九月初一日死去。明思宗"顾廷臣无可任用者"，起用在家守丧的杨嗣昌为兵部尚书。"嗣昌通籍后，积岁林居，博涉文籍，多识先朝故事，工笔札，有口辩"。翌年三月抵京，"帝与语，大信爱之"。张凤翼作风柔靡，"兵事无所区画"，杨嗣昌"锐意振刷，帝益以为能"。明思宗每次召见，都同他深谈移时，凡有奏请无不应许，说："恨用卿晚！"①杨嗣昌于是提出征剿农民军的"四正六隅十面张网"的建策，推举熊文灿具体负责执行这个战略计划，并建议加派剿饷，以便增加围剿的兵力。明思宗一一照准。杨嗣昌立下军令状，以崇祯十年十二月至明年二月为"灭贼之期"。到崇祯十一年三月，因未能完成"灭贼"的许诺，他只得上疏引罪。明思宗不许，"命察行间功罪"，杨嗣昌于是借机诿过于洪承畴、曹变蛟、朱大典、左光先、祖大弼、史可法诸将，来为自己开脱。六月，明思宗改命杨嗣昌为礼部尚书兼东阁大学士入阁，仍掌兵部事。当年九月，清兵再度进逼京师，先后攻陷七十余城，明思宗没有惩罚既为阁臣又掌兵事的杨嗣昌，反而令其议文武大臣失事之罪，从巡抚、总兵官至州县官共36人，同日弃市。言官纷起弹劾杨嗣昌，一时舆论大哗。明思宗只得令其落职冠带视事，旋又叙功复其官。崇祯十四年三月，农民起义军横扫大河上下，福王、襄王相继被杀，杨嗣昌畏罪自杀。许多大臣上疏弹劾，要求追究其罪责。明思宗训斥说："杨嗣昌系朕特简，用兵不效，朕自裁鉴，况尚有才可取。"②不仅未追究杨嗣昌的罪责，反而追赠其为太子太保。

一些奸佞之臣，看准明思宗的性格特点，便千方百计讨其欢心，博取高官厚禄。礼部右侍郎周延儒，"性警敏，善伺意旨"。崇祯元年冬，锦州守军因缺饷哗变，督师袁崇焕请给饷。明思宗召问诸大臣，皆请发内帑，明思宗嗜财如命，舍不得从皇家库藏中往外掏钱，并且怀疑有边将故意煽动边兵哗变相要挟。周延儒摸透皇上心思，发表与众不同的意见："关门昔防敌，今且防兵。宁远哗，饷之，锦州哗，复饷之，各边且效尤。"认为饷虽然不得不发，"但当求经久之策"。明思宗连连点头，降旨切责众大臣。事后，他又对明思宗做了说明，认为"哗必有隐情，安知非骄弁构煽以胁崇焕耶"？这话切中明思宗的心意，明思宗"由此属意延儒"。当时吏部会推内阁辅臣，但列出的候选名单有东林党

① 《明史》卷二五二，《杨嗣昌传》，第6510—6513页。
② 《三垣笔记》，《附识中·崇祯》，第198页。

人、礼部侍郎钱谦益，却没有周延儒的名字。一心想挤进内阁的周延儒，即暗中散布流言，称"此番枚卜，皆钱谦益党把持"，明思宗"遂入其说"①。也想挤进内阁的礼部尚书温体仁，"为人外曲谨而中猛鸷，机深刺骨"，他揣测皇上看到这份候选名单必然生疑，便上疏攻击钱谦益"关节受贿，神奸结党，不当与阁臣选"②。所谓"关节受贿"，是指天启元年钱谦益主持浙江会试时，金保元与徐时敏两个奸人策划的一场科场舞弊案。案发后，查明士子钱千秋因买通关节而中举，钱千秋与金保元、徐时敏三人"俱依律遣戍"，钱谦益并不知情，以"失于觉察"被"罚俸三个月"③。明思宗看了温体仁的奏疏，在文华殿召集大臣，让钱谦益与温体仁当面对质，结果证明关节受贿案七年之前早已结案。明思宗又问温体仁，所谓"神奸结党"指的是谁？温体仁先是回答："钱谦益之党甚多，不敢尽言"，后又指责主持会推的吏部官员、科道官与钱谦益"结党"，继而说替钱谦益辩护的辅臣也是钱谦益的"同党"④。周延儒又从旁煽动说，会推"只是一两个人把持住了，谁都不敢开口，就开口了也不行，徒然言出而祸随"⑤。温体仁遂以"孤立"为由，请求辞官归里。所谓"孤立"即无党无派之意，明思宗自然欣赏，因而"益向之"，忙加慰留，并宣布将钱谦益革职听勘，钱千秋重新提审（时金保元与徐时敏已死）。钱千秋虽经重刑，供词与原先的供状一致，证明温体仁诬告不实。但明思宗还是将钱谦益夺官闲住，并于崇祯二年十二月和三年六月，将周延儒、温体仁先后擢为大学士，入阁辅政。

入阁之后，周延儒与温体仁联手，攻倒首辅东林党人成基命，由周延儒于崇祯三年九月继为首辅。接着，温体仁一面对明思宗"务为柔佞"，使"帝意渐向之"⑥，一面加紧拉帮结派，抓住周延儒的小辫子，唆使其亲信上疏弹劾。周延儒被迫于崇祯六年六月引疾乞归，温体仁如愿以偿地当上了首辅。自此，温体仁出任首辅四年，而居辅臣之位则长达八年，为崇祯朝担任辅臣时间最长的一位，"恩礼优渥无与比"。但他从不把心思放在国家社稷的安危上面，"惟日与善类为仇"，排挤、打击东林党人与正直的官员，"其所

---

① 《明史》卷三〇八，《周延儒传》，第7926页。
② 《明史》卷三〇八，《温体仁传》，第7921—7935页。
③ 《烈皇小识》卷二，第32页。
④ 《春明梦余录》上册，卷二四，《内阁》，第25页。
⑤ 《烈皇小识》卷二，第34页。
⑥ 《明史》卷三〇八，《周延儒传》，第7927页。

引与同列者,皆庸才,苟以充位"①。内阁辅臣中受到他信任的,只有碌碌无为的吴宗达和刚愎自用的王应熊,时人讽之曰:"内阁翻成妓馆,乌归(指乌程籍的归安人温体仁)、王巴(指四川巴县人王应熊)、篾片(指无所作为的吴宗达),总是遭瘟!"②京师还有民谣唱道:"崇祯皇帝遭温(瘟)了!"③

由于明思宗"性多疑而任察,好刚而尚气","委政柄者非庸即佞","言语戆直、切中事弊者,率皆摧折而去"④,觉得无人可用,于是又转而重用身边的家奴、宫中的宦官。在他心目中,宦官依附于皇权而存在,与自己朝夕相处,比文武百官可靠;他们的命运都掌握在自己手里,如不服管束,一纸圣旨,即可加以清除。正如时人谈迁所说的,"(明思宗)直谓三尺(法律)在我,此曹亦何能为!"⑤即位之初,在清除魏忠贤的阉党集团时,明思宗曾下令尽撤各地的镇守太监,说"宦官观兵,古来有戒"⑥。仅过半年,就来个180度的大转弯,重新赋予宦官监军之大权。崇祯元年五月,他即"以司礼监管文书内官监右少监宋尚志提督正阳等九门、永定等七门及皇城等四门,巡城点军"⑦。第二年冬,后金军队再次南下,京师戒严,"遣乾清宫太监王应朝监视行营",以"司礼太监沈良佐、内官太监吕直提督九门及皇城门,司礼太监李凤翔总督忠勇营,提督京营"⑧。崇祯四年九月,明思宗更是大规模起用宦官,"命太监张彝宪总理户、工二部钱粮,唐文征提督京营戎政。王坤往宣府,刘文忠往大同,刘允中往山西,各监视兵饷";十月,又"命太监监军,王应朝往关宁,张国元往蓟镇东协,王之心中协,邵希诏西协";十一月,"以太监李奇茂监视陕西茶马,吴直监视登岛兵饷"⑨。后来,由于文武大臣的一再劝谏,明思宗只好在崇祯八年八月下诏,撤回总理户、工二部钱粮及监视各道的太监。但仅隔一年,又再次大规模起用宦官,不仅赋予监军之权,有的还担任总督、分守之职,直接指挥军队。崇祯

① 《明史》卷三〇八,《温体仁传》,第7935页。
② 《烈皇小识》卷四,第96页。
③ [清]计六奇撰,魏德良、任道斌点校:《明季北略》卷一〇,《童谣》,北京:中华书局1984年版,第163页。
④ 《明史》卷三〇九,《流贼传》序,第7548页。
⑤ 《国榷》卷九七,崇祯十三年三月戊子谈迁曰,第5859页。
⑥ 《国榷》卷八八,天启七年十一月戊辰,第5399页。
⑦ 《崇祯长编》卷九,崇祯元年五月甲戌。
⑧ 《崇祯实录》卷二,崇祯二年十一月辛卯、十二月辛亥,台北:"中央研究院历史语言研究所"1962年校勘本。
⑨ 《明史纪事本末》卷七四,《宦侍误国》,第1234页。

十三年三月,再次撤回各镇宦官,仅隔半年,再度派遣宦官监制各镇,直至明亡为止。明思宗派出的这些宦官多为市井庸愚,妄自尊大,又根本不懂军事。他们一旦大权在握,"多侵克军资,临敌辄拥精兵先遁,诸将耻为之下,缘是皆无功"①。不仅如此,宦官的派出,还侵犯了文官武将的职权,严重挫伤他们的积极性,加剧统治阶级内部的矛盾,成为加速明朝灭亡的一服催化剂。

四

　　明思宗的另一重大决策失误、措置失当,是不辨是非,亲自介入门户之争,致使党争不断,分散、削弱了统治阶级自身的力量。

　　明思宗继位之初,想从魏忠贤阉党集团手里夺回朝政大权,依靠的是与阉党没有瓜葛的正直官员,特别是与阉党对立的东林党人。在处死了魏忠贤之后,崇祯元年的上半年,正是在内阁大学士刘鸿训的帮助下,杨维垣、李恒茂、杨所修、田景新、孙之獬、徐绍吉、张讷、李蕃、贾继春、霍维华等先后被斥,"人情大快"②。当年三月,新任南京兵部武选司主事别如纶上疏请求重新审定阉党炮制的《三朝要典》,四月翰林院侍讲倪元璐更上疏请求销毁《三朝要典》,明思宗批准了这个请求,为清查阉党集团扫清了一大障碍。而后,东林党人韩爌和李标、钱龙锡等内阁辅臣及刑部尚书乔允升等人拟出《钦定逆案》的名单,由明思宗于崇祯二年三月正式颁布,给予阉党集团以沉重打击。与此同时,一大批遭到阉党迫害的东林党人得到平反昭雪,重新受到任用。阉党与东林党两派的力量对比发生了根本变化,东林党的力量远远超过阉党,并于崇祯元年十二月组成以韩爌为首的东林内阁。

　　明思宗在崇祯二年三月颁布《钦定逆案》之前,曾在一道谕旨中表示:"分门别户,已非治征。"要求臣僚停止门户之争,"化异为同""天下为公"③,团结一致,共同致力于中兴之治。《钦定逆案》颁布后十天,户科给事中解学龙上疏弹劾蓟镇巡抚王应豸"克饷激

---

① 《明史》卷三〇五,《宦官传》二,第 7829 页。
② 《明史》卷二五一,《刘鸿训传》,第 6481 页。
③ 《崇祯长编》卷五,崇祯元年正月己丑。

变",疏中有王应豸系"魏珰私人"之语,明思宗非常反感,当即训斥说:"应豸克饷虐兵,罪在不赦,何必又引魏党所私!"①不过,《钦定逆案》并未将阉党集团一网打尽,有的阉党分子仍然逍遥法外,有的甚至还在官府继续任职。如右庶子杨世芳就是一个阉党分子,他是韩爌的姻亲,得其庇护而未遭清算。还有"素附珰,仇东林"②的吏部尚书王永光以及御史曹思诚、袁弘勋、史䖒、高捷等,也都是漏网的阉党分子。被列名逆案的阉党分子不甘心自己的失败,未被列名逆案的漏网阉党更是力求保住自己的官职,他们都力图掀翻逆案。而吃尽阉党迫害之苦的东林党人,自然是希望继续清查阉党余孽。这显然不是一道谕旨就能禁止的。但明思宗见不及此,未能抓住引发党争的症结,正确地加以引导和解决,反而因自己的猜忌多疑、刚愎自用,亲自介入门户之争,不辨是非、不别贤否,支持并重用奸佞之徒,为党争的再起起到推波助澜的作用。

崇祯元年十一月,因会推阁臣引起一场纷争,明思宗不仅亲自介入,而且站在周延儒、温体仁一边,将东林党人钱谦益夺官闲住,不久又将周、温擢为大学士,入阁辅政。周延儒早年里居时,颇从东林游,后"既陷钱谦益,遂仇东林"③。温体仁是毛文龙的同乡,"衔(崇)焕杀文龙,每思有以报之"。袁崇焕下狱前后,他"前后五疏,力请杀焕"④。后来,袁崇焕被冤杀,他还得意地致书其弟曰:"崇焕之擒,吾密疏实启其端。"袁崇焕不是东林党,但同东林党人关系密切。他的座主是东林领袖之一韩爌,他本人是由东林党人侯恂举荐而被擢升为兵部职方司主事,又由东林党人孙承宗的支持而驻守宁远,被东林党视为抵御后金之长城。温体仁"当日亟谋入相,所忌韩爌、钱龙锡二辅臣"⑤,自然也就深恨东林党人。阉党分子在《钦定逆案》颁布后,不敢公开跳出来为逆案翻案,便纷纷投靠周、温等奸佞之臣。两者同气相求,一拍即合,随即携手合作,形成新的邪恶集团,共同打击东林党人。

温体仁、周延儒与王永光等人经过密谋策划,首先把矛头指向东林党的重要人物内阁大学士钱龙锡。钱龙锡曾与韩爌、李标等共同主持钦定逆案的工作,"逆案之定,半为

---

① 《崇祯长编》卷一九,崇祯二年三月辛巳。
② 《明史》卷二五八,《许誉卿传》,第 6646 页。
③ 《明史》卷三〇八,《周延儒传》,第 7928 页。
④ [明]余大成:《剖肝录》,《袁督师事迹》,岭南遗书本。
⑤ [清]叶廷琯:《鸥陂渔话》卷四,《温体仁家书》,清代笔记丛刊本。

龙锡主持,奸党衔之次骨"①。崇祯二年冬袁崇焕下狱后,温体仁决计"借崇焕以挤去(韩爌、钱龙锡)二人",他在密疏中攻击袁崇焕"阴与华亭辅(钱龙锡)、临邑罪枢(兵部尚书王洽)密谋款敌,遂引之长驱,以胁城下之盟"②,王永光等"谋因崇焕兴大狱,可尽倾东林"③。他唆使高捷上章"指通款、杀将为龙锡罪"④。史蛊又疏言:"龙锡出都,以崇焕所畀重贿数万,转寄姻家,巧为营干,致国法不伸"⑤。明思宗遂于崇祯三年十二月将钱龙锡逮下诏狱,后遣戍定海卫。同年正月,内阁首辅韩爌因遭阉党分子原抱奇的弹劾而三疏辞职。三月,阁臣李标也五疏乞休。九月,成基命又三疏去职。东林内阁仅存在一年的时间,就这样解体了。

随着参与定逆案的辅臣相继离职,阉党分子纷纷跳出来为自己翻案。崇祯三年二月,吏部尚书王永光首先释放一个试探信号。他借会推天津巡抚之机,将列入逆案名单的王之臣排在六个候选人名单的首位,心里盘算着"倘得点用,则可渐次为翻案之计"⑥。明思宗自然不会允许推翻自己钦定的逆案,点用排在候选名单第四位的翟凤翀为天津巡抚。王永光此计虽未得逞,但给了其他阉党分子以翻案的勇气。被列入逆案第七等即"结交近侍又次等"而"坐徒三年,纳赎为民"的兵部原尚书吕纯如,就公然上疏为自己鸣冤叫屈,说他"未尝归美厂臣(魏忠贤),不当列于逆案之内"⑦。当时的言官皆慑于王永光的威势,不敢吭气。五月,东林党人左谕德文震孟挺身而出,上疏猛烈抨击"平生无耻惨杀诸贤之吕纯如,且籍奥援而思辨雪","吏部尚书王永光假窃威柄,横行私臆"的行为⑧。明思宗命其就所揭露的吕、王罪状指实再奏。文震孟又再上一疏,逐一列举具体事实。疏出,王永光窘甚,上疏狡辩,并密结大太监王永祚出面帮其渡过难关。于是,"永光辩疏得温旨",文震孟反而被明思宗责为"任情牵诋"⑨。十二月,袁崇焕被杀后,阉党分子更是蠢蠢欲动。"御史田唯嘉疏荐杨维垣、贾继春;通政使章光岳疏荐吕纯如、

①　《明史》卷二五一,《钱龙锡传》,第6485页。
②　《鸥陂渔话》卷四,《温体仁家书》。
③　《明史》卷二四〇,《韩爌传》,第6248页。
④　[清]王鸿绪:《明史稿》卷二三五,《钱龙锡传》,《横云山人集》,敬慎堂刊本。
⑤　《明史》卷二五一,《钱龙锡传》,第6455页。
⑥　《崇祯长编》卷三一,崇祯三年二月甲寅。
⑦　《烈皇小识》卷二,第52页。
⑧　《国榷》卷九一,崇祯三年五月丁亥,第5532页。
⑨　《明史》卷二五一,《文震孟传》,第6497页。

霍维华、徐扬光、傅櫆、虞廷陛、叶天陛六人"。这几个被推荐者,都是名列逆案的阉党分子,明思宗未予批准,"有旨:'逆案奉旨方新,居然荐用,成何政体?'"①

树欲静而风不止,为阉党翻案的风潮并未因此而平息。温体仁入阁辅政的第二年,吏部尚书王永光因其党羽纳贿事发,遭言官弹劾而罢去,他用同乡闵洪学代之,"又用御史史葶、高捷及侍郎唐世济、副都御史张捷等为腹心"②。在扳倒周延儒而代为首辅之后,温体仁继续攻击东林,重翻逆案。为了不牵连自己,他不亲自出面,而是暗中指使自己的心腹到前面去打头阵。先是在崇祯七年八月因吏部尚书、左都御史缺人,明思宗召集群臣会推时,张捷按温体仁的授意"独举吕纯如、唐世济"。明思宗问:"吕纯如是钦案有名的,张捷如何举他?"他回答说:"吕纯如有才有品,臣所深知。"③在场的给事中、御史纷纷加以批驳。"捷气沮,体仁不敢言,仍荐谢陛、唐世济为之。"④接着,在崇祯九年唐世济又以边才举荐列名逆案的兵部原尚书霍维华,明思宗谓"逆案概不举用,世济欺蒙,削籍下刑部"⑤。"维华之荐,亦体仁主之也。体仁自是不敢讼言用逆案,而愈侧目诸不附己者。"⑥

在明朝后期的门户之争中,江南地区出现了由众多社团联合组成的复社。复社继承东林党的政治主张,其领袖张溥公开声明:"吾以嗣东林也。"⑦官府中同东林党有瓜葛的官员,一般都支持复社;与阉党有瓜葛的官员,一般都与复社作对。温体仁也极力打击复社。崇祯六年,温体仁之弟温育仁要求参加复社遭拒,便雇人撰写《绿牡丹传奇》,在浙江各地演出,用以影射张溥等复社名士。崇祯十年,温体仁还暗中"募人劾溥"⑧。他的同乡陆文声因请求入社遭到拒绝,诣阙上疏,极言"风俗之弊,皆源于士子。溥、(张)采为主盟,倡复社,乱天下"。温体仁即命南直隶提学御史倪元珙查核。但倪元珙及兵备参议冯元飏、太仓知州周仲连皆言复社无罪。结果三人都遭到温体仁的贬斥。闽人周之夔曾任苏州推官,坐事罢去,他怀疑系张溥捣鬼,听说陆文声弹劾张溥,也伏阙

---

① 《烈皇小识》卷二,第 61 页。
② 《明史》卷三〇八,《温体仁传》,第 7933 页。
③ 《烈皇小识》卷三,第 88 页。
④ 《明史》卷三〇八,《温体仁传》,第 7934 页。
⑤ 《国榷》卷九五,崇祯九年十一月庚午,第 5766 页。
⑥ 《明史》卷三〇八,《温体仁传》,第 7934 页。
⑦ 《明史》卷二八八,《张溥传》,第 7404 页。
⑧ [清]夏燮著,沈仲九标点:《明通鉴》卷八五,北京:中华书局 1959 年版,第 3274 页。

疏劾"溥等把持计典"及"复社恣横状"。但巡抚张国维经查核，"言之夔去官，无预溥事"，"亦被旨谯让"①。当年六月，温体仁致仕，继任首辅的张至发、薛国观执行没有温体仁的温体仁路线，此案仍迟迟未能了结。

　　复社人士从这一系列事件中逐渐认识到，朝中大臣特别是担任首辅的大学士，如果不支持复社，复社孤立无助，必定难有作为。复社首领决定物色支持本社的官员出任首辅，他们看中了被温体仁挤出内阁的周延儒，因为他是张溥的座主，早年"颇从东林游"，当首辅时虽站在东林的对立面，下台后有悔恨之意。张溥便出面找周延儒谈判，约定"公若再相，易前辙，可重得贤声"，周延儒"以为然"。张溥于是联络吏部侍郎吴昌时、侯恂等人，积极展开活动，并筹资重贿司礼太监。崇祯十四年二月，明思宗终于发出起复周延儒的诏书。"延儒被召，溥等以数事要之。延儒慨然曰：'吾当锐意行之，以谢诸公。'"周延儒入朝后，"悉反体仁辈弊政。首请释漕粮白粮欠户，蠲民间积逋，凡兵残岁荒地，减见年两税。苏、松、常、嘉、湖诸府大水，许以明年夏麦代漕粮。宥戍罪以下，皆得还家。复诖误举人，广取士额及召还言事迁谪诸臣李清等。帝皆忻然从之。"他起用了一些东林党人士或其他正直之士，如郑三俊、刘宗周、倪元璐、黄道周等。但"延儒实庸驽无材略，且性贪"，他对清兵的步步紧逼和农民起义军的蓬勃发展，仍然"一无所谋画"②，到崇祯十六年四月被罢官。不久，其门生、兵部左侍郎兼右佥都御史、兼任蓟辽昌通等处总督的范志完懦弱怯战、纵兵掳掠、克扣军饷、贪污行贿，其亲信吴昌时窃权附势、纳贿行私，遭到弹劾，周延儒受到牵连，终被明思宗勒令自尽。明王朝的政治不仅毫无起色，反而在明思宗亲自介入的门户之争中进一步分散、削弱统治阶级自身的力量，加快了灭亡的步伐。

五

　　明思宗的再一个重大决策失误、措置失当，是极好虚荣，缺乏担当精神，患得患失，屡屡错失延缓败亡的时机。这突出地表现在两件事情上，一是陈新甲议和泄密被杀，二

①　《明史》卷二八八，《张溥传》，第7404—7405页。
②　《明史》卷三〇八，《周延儒传》，第7928—7929页。

是南迁之议久拖未决。

先说陈新甲议和泄密被杀事件。后金（清）自宁锦之战失败后，一时难以突破明朝的宁锦防线，改从内蒙古迁回入塞，先后四次侵扰明朝内地，大肆烧杀掳掠，劫夺大量财物和人口，既用以充实自己，也消耗明朝的有生力量，为突破宁锦防线创造条件。接着，便屯兵义州，逐步向锦州推进，于崇祯十四年三月包围了锦州。明廷急命蓟辽总督洪承畴率领 13 万大军驰援锦州。洪承畴主张"必守而兼战"①，即一边防守，一边进攻，稳扎稳打，逐步推进。起初兵部同意这个计划，明思宗也予以肯定。但当农民起义由暂时的低潮重新走向高潮，明思宗又希望尽快结束辽西的战争，以便集中兵力对付农民军。兵部尚书陈新甲于是提出四路进兵、合击围攻锦州清兵的方案，明思宗密敕洪承畴克期进兵。洪承畴只得将粮饷留在宁远、杏山与塔山西北的笔架山，自率 6 万大军于七月底挺进塔山。皇太极"悉索沈中人丁"②，倾国而出，并亲至松山督战。明军先胜后败，洪承畴被困于松山。总兵祖大寿被围于锦州，屡次突围而不得出。陈新甲与清议和就是在这个背景下进行的。

为了挽救被围的洪承畴与祖大寿，陈新甲主政的兵部在崇祯十四年十月提出了"息兵"之策③。十一月，辽东大雪，"达虏粮刍俱尽，将解围而归，虑我军蹑之，俾西虏（漠南蒙古）入关求和"④。当时在宁远的宁前道副使石凤台，获悉清兵有意议和，致书清兵将领询问此事是否属实，得到"此吾国素志也"⑤的答复，即上报辽东巡抚叶廷桂，叶廷桂又上奏朝廷。明思宗内心同意议和，但他虚荣心强，过去曾多次拒绝与清议和，现今大败后主动求和，觉得有失面子，斥责叶廷桂是"漫任道臣辱国妄举"⑥，将石凤台逮捕下狱。到年底，李自成农民军进围开封，农民起义的烈火已燃遍中原大地，清兵更是将松山围得水泄不通。内阁大学士谢陞便与内阁同僚商量，决定由陈新甲奏请与清和议。崇祯十五年正月初一日，明思宗召对时，陈新甲婉转地提出："（松、锦）两城久困，兵不足援，

---

① 中国第一历史档案馆藏《明档》153 号档，第 2 号。
② 吴晗辑：《朝鲜李朝实录中的中国史料》上编，卷五七，北京：中华书局 1980 年版，第 3686 页。
③ "中央研究院历史语言研究所"编：《明清史料》乙编，第四册，《兵部行"御前发下兵科都给事中张缙彦题"稿》，上海：商务印书馆 1936 年版，第 336 页。
④ 《国榷》卷九七，崇祯十四年十一月，第 5910 页。
⑤ 《明史纪事本末》补遗卷五，《锦宁战守》，第 1484 页。
⑥ 《明清史料》乙编，第四册，《兵部行"御前发下辽东巡抚叶廷桂题"稿》，第 338 页。

非用间不可。"明思宗明白他的"用间"一词的真正含义,爽快地回答说:"城围且半载,一耗不达,何间之乘?可款则款,不防便宜行事。"陈新甲随即推荐兵事赞画主事马绍愉作为议和使节,明思宗即予允准,"加绍愉职方郎中,赐二品服"①。但是,他还是觉得战败求和,有失中原天子的颜面,因此特地"谕新甲密图之"②,要求绝对保密。

马绍愉于是衔命出关,前往宁远,与清方接洽。清方请以敕书为信。明思宗仍大摆中原大国对待边疆属夷的架子,以一纸"谕兵部陈新甲"的敕谕代之。皇太极极为不满,也以敕谕英郡王阿济格等人的形式,要求更换敕书。马绍愉只得奏报朝廷,耽误了很多时间。在这期间,松山、锦州、塔山、杏山已先后被清兵攻陷,洪承畴被俘,祖大寿降清。

明思宗得到奏报,仍以敕谕兵部尚书陈新甲的形式,准其便宜行事,并差兵部司务朱济赍敕,同马绍愉前往沈阳与清方谈判。皇太极提出的议和条件是:"每岁贵国馈黄金万两、白金百万两,我国馈人参千斤、貂皮千张;以宁远双树堡中间土岭为贵国界,以塔山为我国界,连山适中之地两国于此互市。"③并"约九月不至,则治兵"④。马绍愉返回宁远,立即派人向陈新甲禀报和谈的结果。但此前和议的消息却被谢陞无意间泄露,引起言官的慷慨陈词:"堂堂天朝,何至讲款!"⑤明思宗只得将谢陞革职,以平息舆论。不料,陈新甲收到马绍愉禀报议和结果的密疏阅后置于几案之上,即去上朝。打扫书房的仆人误以为是份塘报稿,交塘报官抄传。一时舆论大哗,言官交章弹劾。与清议和,原是遵照明思宗"可款则款"的谕旨推行的,谈判使节也是由他加官赐服任命的,如果明思宗勇于承担责任,以君主之尊站出来说明议和的理由,舆论不难平息。但他却患得患失,只顾自己的颜面,下严旨切责陈新甲,令其自陈其过。陈新甲不服,上疏自辩。明思宗遂于七月底将陈新甲逮捕入狱,并于九月二十二日将他押赴西市斩首。议和失败后,皇太极诱降宁远总兵吴三桂未成,即于当年十月下令第五次入侵明朝腹地。十一月,清兵分两路从墙子岭、青山口突入长城,历时八个月,攻破3府18州67县88座城池,掠走269000余口人及大量财物,再次给明朝以沉重的打击。

---

① 《国榷》卷九八,崇祯十五年正月辛未,第5913页。
② 《明史》卷二五七,《陈新甲传》,第6639页。
③ [清]蒋良骐撰,林树惠、傅贵九点校:《东华录》卷四,崇德七年六月,北京:中华书局1980年版,第55页。
④ 《国榷》卷九八,崇祯十五年五月庚辰,第5926页。
⑤ 《国榷》卷九八,崇祯十五年六月辛丑,第5928页。

　　再说南迁即迁都南京之议久拖未决的问题。崇祯十六年四月,清兵第五次入塞侵掠行将撤退之时,明思宗见各路明军不是胆怯不战,便是望风而逃,召见周延儒等大臣,表示要亲自出征。周延儒只得请求代替皇上前往前线督师。临出都门之前,明思宗以内外交困,曾同他"议南迁,命无泄"。明思宗的兄嫂懿安皇后不知从什么渠道得知此事,对明思宗的皇后周氏说:"此周延儒误皇叔也,宗庙陵寝在此,迁安往?"明思宗大怒,派太监追查消息的来源,"懿安坚讳,上坚请,迫欲自缢"①,只好不了了之。不过,明思宗还是在暗中做着南迁的准备。先是命给事中左懋第"往南中,察沿江舟师士马之数"②。继而在崇祯十六年十月,天津巡抚冯元飏"密陈南北机宜,谓道路将梗,当疏通海道,防患于未然",为来日南迁做准备。明思宗即"俞之",冯元飏"乃具海舟二百艘以备缓急"③。

　　崇祯十六年十月,李自成农民军在中原地区歼灭明军主力,北上占领荆襄之后,亲率大军自洛阳西进,直趋潼关,攻占西安,并派遣一支先头部队于十二月十八日渡过黄河,攻占山西荣河等县,为东征做准备。崇祯十七年正月初一日,李自成在西安正式建大顺国。初三日,忧心忡忡的明思宗在德政殿召见左允中李明睿,征询"御寇"之策。李明睿提出:"惟有南迁,可缓目前之急,徐图征剿之功。"明思宗说:"此事重大,未可易言,亦未知天意若何?"李明睿答道:"上内断圣心,外度时势,不可一刻迟延,若筑室道旁,后悔何及。"明思宗四顾无人,曰:"朕有此志久矣,无人赞襄,故迟至今。汝意与朕合,朕志决矣,诸臣不从奈何? 尔且密之。"④接着,他同李明睿具体商议了南迁的路线、护卫、饷银和留守诸事。

　　在当时形势下,南迁不失为一个可行的选择。当初明太祖肇建明王朝,就把南京定为全国的首都。后来明成祖迁都北京,南京仍然保留着陪都的政治地位,保存着一套形式上与北京相同的中央机构,只是任职的官员多为虚衔。此时,长江中游驻扎着左良玉号称数十万军队,下游又有江北四镇的重兵把守,南京要比北京安全得多。南京所在的江南地区,又是当时全国经济最为发达、人口最为密集的财赋之区,遭受战争破坏也较

　　① 《三垣笔记·笔记中崇祯》,第58页。
　　② [清]吴伟业:《绥寇纪略》补遗中,《虞渊沉》下,丛书集成初编本。
　　③ 沈善洪主编:《黄宗羲全集》第十册,《南雷文集》上,《巡抚天津右金都御史留仙冯公神道碑铭》,杭州:浙江古籍出版社1985年版,第226页。
　　④ [清]彭孙贻:《流寇志》卷九,杭州:浙江人民出版社1983年版,第136—137页。

小。如果退守南方，即使丢掉了北方，也可划江而治，凭借南方充裕的人力、物力和财力，与北方抗衡，最后鹿死谁手，还难以预料。但是，将政治中心都城南迁，涉及放弃宗庙陵寝的敏感问题。正统末年，明英宗亲征被俘，瓦剌兵临京师，有人主张南迁，即遭到万人的唾骂。这就需要手握乾纲的君主勇于承担责任，敢于做出决断。明思宗虽刚愎自用却又优柔寡断，死要面子却又怕担责任，虽对李明睿表示"朕志决矣"，却耻于亲自决策南迁，想待群臣力劝而后行之，此事便暂时搁置下来。

　　但形势瞬息万变，时间不等人。崇祯十七年正月初八日，李自成亲率大顺军主力由西安出发，开始向北京进军。京城内外，惶恐不安的气氛越发浓重。左都御史李邦华为李明睿同乡，也是李明睿出任左允中的举荐人之一。他支持李明睿的南迁主张，曾私下问过李明睿："上亲行与东宫孰便？"李明睿回答："东宫年少，禀命则不威，专命则不敬，不如上亲行为便。"①李邦华担心南迁之议为朝论所阻，就提出由太子朱慈烺南下南京监国作为一种过渡，具疏请下明诏，"用成祖朝仁宗皇帝监国故事，急遣皇太子监国南京"。越数日，又"请命定、永二王分封江南"，以壮藩翰。正月十八日，明思宗密谕首辅陈演："宪臣言是。"②陈演反对南迁，将消息向外透露，从而引起群臣的议论。李明睿于是公开上疏，阐明自己的主张："今日所最急者，无如亲征……夫亲征之举，不必皇上自为之也。南京有史可法、刘孔昭，此皆忠良晓畅军务，可寄大事。皇上召与之谋，必能摧陷廓清，建中兴大业。"疏入，明思宗命下部速议。兵科给事中光时亨上疏斥为"邪说"，扬言"不斩明睿，不足以安人心"。李明睿再次上疏辩驳，谓："唐室再迁再复，宋室一迁南渡，传国百五十年。若唐、宋不迁，又何有灵武、武林之恢复？又何有百五十年之历数哉？"明思宗召见光时亨，斥之曰："一样邪说，却专攻李明睿何也？显是朋党。"又曰："光时亨阻朕南迁，本应处斩，姑饶这遭。"③

　　二月初七日，李自成统率的大顺军主力攻占太原，然后经宁武、大同，于三月初占领宣府，拟从居庸入关进逼京师。与此同时，刘芳亮率领的另一支大顺军，也于二月间从蒲坂渡河，沿黄河北岸向东挺进。北京面临着大顺军的南北夹击，形势越来越危急。二

---

① 《明季北略》下册，卷二〇，《李邦华议南迁》，第434页。
② ［清］钱谦益著，钱仲联标校：《钱牧斋全集》第六册，《牧斋有学集》卷三四，《明都察院左都御史赠特进光禄大夫柱国太保吏部尚书谥忠文李公神道碑》，上海古籍出版社1996年版，第1206页。
③ 《流寇志》卷九，第140—141页。

月二十七日,明思宗召集群臣,议战守之策。少詹事项煜表示支持李邦华的建议,由太子监国南京。明思宗原本是支持此议的,但后来几经琢磨,觉得让太子往南京监国,自己还是难以逃命,况且由太子监国,说不定会重演唐肃宗灵武登基的旧戏,认为还是实行李明睿的皇帝南迁之议为妥。第二天,他又召集阁臣,把李邦华的奏稿递给阁臣,要大家表态。阁臣回奏:"昨东阁会议,有二臣亦主此议。"明思宗大为恼火,即赌气地表示,他将坚守京师,"国君死社稷,义之正也,朕志决矣"。他说这番气话,实际是让阁臣转而支持李明睿之议,劝皇上南迁。但阁臣担心,皇上南迁会留下自己辅佐太子居守,成为替死鬼;就算随驾南迁,一旦京城失守,自己也会因为支持南迁而代人受过。因此他们还是一个劲地劝谏道:"太子监国,古人尝有,亦是万世之计。"明思宗反驳说:"朕经营天下十几年,尚不能济,哥儿孩子家,做得甚事!"①

三月初三日,代帝出征的督师大学士李建泰疏请南迁,表示"愿奉太子先行"。次日,明思宗再次召对,对辅臣说:"李建泰劝朕南迁,国君死社稷,朕将焉往?"实际上是再次试探大臣的态度。大学士范景文、左都御史李邦华、少詹事项煜请奉太子监国江南,在正月底升任右庶子的李明睿也放弃前议,附和此议。光时亨大声驳斥:"诸臣欲为灵武故事乎?"范景文等大臣遂不敢言声。明思宗复问战守之事,诸臣仍沉默不语。明思宗喟然叹道:"朕非亡国之君,诸臣尽亡国之臣!"②拂袖而去。过了三天,南路大顺军已抵达直隶真定,南迁的可能性已经很小,明思宗便只有"死社稷"一条路可走了。

六

事实十分清楚,明思宗虽有中兴之志,力图挽狂澜于既倒,但志大才疏,缺乏深邃的目光、开阔的视野、高度的智慧、坚强的意志、雄伟的气魄和高超的治国能力,未能认识到明末深刻社会危机的根源所在,找到挽救危局的办法,始终未能制定一个明确具体的治国方略。他的治国理政缺乏长远的战略筹划,只能是头痛医头、脚痛医脚,左右摇摆,举棋不定。而他刚愎自用而又多疑善变、急功近利而又优柔寡断、虚荣心强而又缺乏担

---

①　《绥寇纪略》补遗中,《虞渊沉》下。
②　《流寇志》卷九,第 149 页。

当精神、专横残暴而又刻薄寡恩的性格特点,又往往导致其对军国大事的决策失误、措置失当。他目光短浅、没有认识到阶级矛盾是当时主要的社会矛盾,采取有力的措施加以缓解,而是刻于理财,竭泽而渔,导致矛盾进一步激化,使农民起义的烈火越烧越旺。他不辨忠奸,只凭个人的好恶取舍人才,屡逐直臣,滥杀良将,重用奸佞之臣与宦官,致使局势越搞越糟。他不辨是非,亲自介入门户之争,致使党争持续不断,分散削弱了统治阶级自身的力量。他极为虚荣,只顾自己的颜面和尊严,缺乏担当精神,患得患失,屡屡错失延缓败亡的时机。所有这些重大的决策失误、措置失当,最终酿成了历史的悲剧,导致明王朝的灭亡。因此明思宗便以有别于古来以酒、以色、以暴虐、以奢侈、以穷兵黩武而亡的另一类亡国之君的形象,定格于史册之中。

［原载《江南大学学报》2014 年第 13 卷第 2 期(2014 年 3 月)］

明代清官循吏的数量与声名

　　明代曾涌现一些著名的清官循吏,如周忱、况钟、于谦、海瑞、徐九思等。清代官修的《明史》,为从守令超擢公卿大僚而且有突出德行和政绩的清官循吏单独立传,而将始终在守令一级任职,并有政绩可记的清官循吏编入《循吏传》。细读这些传记,给人留下两点非常深刻的印象:一是明前期的清官循吏远远超出明中后期的数量。仅以《循吏传》的记载为例,正传中的30名清官循吏就有21名属于明前期,占到总数的三分之二强,明中后期只有9名,还不到总数的三分之一,附传中的几十名清官循吏,绝大多数是明前期的。这说明明前期的清官循吏具有一定的数量,构成一个群体,而明中后期的清官循吏却寥若晨星,仅是偶现的个体。二是明前期的清官循吏尽管数量较多,但不如中后期的清官循吏的名气大。周忱、况钟算是明前期比较著名的清官了,但比起声名远播的海瑞来,简直是小巫见大巫。

　　明前期和中后期的清官循吏,在数量和名气上为什么会呈现如此大的反差呢? 我想,这应该从当时的政治体制和最高当权者的国策导向中去寻找答案。

　　中国的封建社会是君主专制的社会,"朕即国家",君权至上。明代进一步强化君主专制,君主集行政、军事、司法大权于一身。在这种人治的社会里,当权君主的贤愚好恶及其采取的治国方针政策,在某种程度上左右着国家和臣民的命运。

　　明王朝是在元末农民大起义的风暴之中诞生的,明前期几位当政的君主,都能汲取元亡的教训,树立起"民本"思想。亲身经历过元末农民大起义的明太祖,曾一再引用古人说的"水能载舟,亦能覆舟",反复强调:"凡为治以安民为本,民安则国安。"①明成祖降生于元末农民大起义的战火中,也深明此理,说:"民者,国之根本也。"②明仁宗、宣宗出生于元末农民起义真正结束不久的洪武、建文年间,也都能坚守"民本"思想。

从"安民为本"的思想出发,明前期的当权君主不仅大多勤奋理政,孜孜求治,而且都致力于经济的恢复和发展。明太祖称帝后,就针对"天下初定,民财力俱困"的状况,把"田野辟,户口增"作为治国之急务,实行休养生息。他宣布在农民战争期间被农民耕垦成熟的荒地,归农民所有,并把大量荒地分给农民耕种。他还大规模移民垦荒,推行屯田,兴修水利,赈灾救灾,轻徭薄赋,减轻农民负担。明成祖通过"靖难"之役夺取帝位后,面临江淮以北鞠为茂草、人民流离失所、国家财政收入锐减的困境,也实行休养生息,大力招抚流民,移民屯种,兴修水利。永乐后期,因历年北征南战、远航西洋及营建北京诸役频举,耗费巨大,人民不堪重负。明仁宗继位后,改取守成之策,停止对外用兵和下西洋活动,并多次颁布"宽恤"之令,以纾民困。明宣宗在全国范围内蠲免百姓累年拖欠的税粮,并恤贫赈灾,招抚流民,允许久留他乡、已有产业者在当地附籍定居。

明前期的当权君主,还基于"安民为本"的思想,积极整肃吏治,抑制豪强,促进社会的安定。明太祖深知,官吏贪暴,豪强横行,是造成社会动乱的祸根之一。称帝之后,他便大力整肃吏治,不仅制定严格的官吏考核制度,而且动用严刑酷法,采取随时惩治和集中清洗相结合的办法,严厉打击贪官污吏。他规定,官吏受赃并罪通赃之人;贪赃至60两以上者皆枭首示众,剥皮实草;官吏犯赃遇到赦免,"仍追其赃"。当时的江南地区是地主经济最为发达的地区,豪强势族的势力也最为强横。他不仅用酷刑诛杀一批江南的不法豪强,而且多次借"实京师"之名,将各地富户迁至南京和中都临濠,使之丧失原有的社会地位,无法再鱼肉乡邻。明成祖也屡次敕谕中外官员,要他们"洁己爱民","犯赃必论如法"。他驭下极严,有功则赏,有罪必罚,从不曲宥。明宣宗在位时,除精简机构,裁汰冗员,限制入仕人数,实行保举之法,以提高官员的质量外,还令吏部甄别郡县守令,派遣廷臣替换不称职的知府。同时还大力整顿南北两京的监察机构,撤换一批不称职的御史,使"宪台为之廓清"。宣德初年,明宣宗还命刚直果敢的熊概和叶春巡抚

---

① 《明太祖实录》卷一一三,洪武十年十二月,台北:"中央研究院历史语言研究所"1962年校勘本。
② [明]朱棣:《圣学心法》序,明刻本。

南畿、浙西,严厉打击不法土豪,"一日懔民,剪除殆尽"。

　　明前期当权君主的"民本"思想及其发展经济、安定社会的国策,为清官循吏提供了产生的土壤和生存的环境。官吏廉洁自奉、忠于职守、为政宽厚、兴利除弊、革奢务俭、兴学施教、公正执法、平抑冤狱、惩治贪官、搏击豪强,这种种举措,无不符合朝廷发展经济、安定社会的要求。朝廷不仅积极支持,而且还给予表彰,加以提拔。洪武年间,国子监生陶垕仲担任监察御史,清介自持,纠弹不避权贵,曾联合其他御史弹劾刑部尚书开济的违法行为,使之伏法。不久,陶垕仲升任福建按察使,又诛杀赃吏数十人,兴学劝士,抚恤军民,政绩卓著,明太祖特下诏谕褒奖。洪武末年,解州人史诚祖诣阙奏陈盐法利弊,被太祖授为汶上知县。永乐七年(1409),明成祖北巡,派遣御史考核郡县长官的政绩,御史回来报告说"史诚祖治第一"。成祖特赐玺书慰劳,称赞他:"持身励志,一于廉公。平赋均徭,政清讼简,民心悦戴,境内称安。方古良吏,亦复何让!"①特擢为济宁知州,仍视汶上县事。周忱于宣德五年(1430)以工部右侍郎巡抚江南诸府,总督税粮。他亲自调查江南积欠税粮的原因,革除积弊,使豪强不敢欠税,粮长不能中饱。他又和苏州知府况钟联合奏请朝廷,减省江南官田之租72万余石。周忱和况钟的改革,曾遭到朝野一些人士的攻击,但朝廷始终给予信任和支持。周忱"两遭亲丧,皆起复视事"②。户部大臣郭资、胡滢上书攻击他"变乱成法",明宣宗对郭资等痛加切责,明确支持周忱的改革。这样的政治环境,就为清官循吏的产生和施展才能创造了必要的条件,"由是长吏竞劝,一时多循良之绩焉"③。

　　正统七年(1442),宦官王振专政,明朝的历史开始步入中期阶段。明王朝的最高当权者开始改变前期的国策,不仅加大了对百姓的剥削,而且在日益发达的商品经济的刺激下,更加贪婪地追求财富和享受。"好逸乐"的明武宗"嗜酒而荒其志,好勇而轻其身"④,不是沉湎于歌舞角抵,就是四出巡游。妄想成仙的明世宗,中年以后不见朝臣,不理政务,整日只知设斋醮,服丹药。"酒""色""财""气"俱全的明神宗,亲政几年后也不理政事,不见朝臣,就连国家机构缺员也不理会,只顾一味酗酒纵欲,聚敛财货。皇帝荒

---

① 〔清〕张廷玉等:《明史》卷二八一,《循吏传》,北京:中华书局1974年版,第7192页。
② 《明史》卷一五三,《周忱传》,第4215页。
③ 《明史》卷二八一,《循吏传》,第7191页。
④ 〔清〕夏燮:《明通鉴》卷四五,正德九年九月庚午,北京:中华书局1959年版,第1703页。

嬉怠政,必然导致朝纲的紊乱,法纪的松弛,并委政于宦官或辅臣。那些执掌大权的宦官或权臣,也多是以权谋私,中饱私囊。王振擅权七年,后被抄家,"得金银六十余库,玉盘百,珊瑚高六七尺者二十余株,他珍玩无算"①。刘瑾操纵朝政五年,后被处死,抄没其家产,"凡得金二十四万锭又五万七千八百两,银元宝五百万锭又一百五十八万三千六百两,宝石二斗,金甲二,金钩三千,金银汤鼎五百,蟒衣四百七十袭,牙牌二椟,穿宫牌五百,衮龙袍四,金龙盔甲三十,玉印一,玉琴一,玉带四千一百六十束,他物称是"②。有人估计,刘瑾贪污所得折成银子可达 500 万锭。明末臭名昭著的大宦官魏忠贤权倾一时,后被崇祯帝扳倒,抄家数字虽未公布,时人估计折成银子 700 万锭,"可裕九边数岁之饷"③。权奸严嵩在嘉靖朝当了二十多年的首辅,和他儿子严世蕃贪污纳贿,巧取豪夺,成为当时全国的首富,家产有说是 400 万,有说为 500 万,有"钱癖"之称,倒台后抄没的家产除大量土地和房产,还有黄金 13170.65 两,纯金器皿 3185 件,重 11033.31 两,金嵌珠宝器皿 367 件,重 1802.72 两,更有价值连城的古今名画手卷册页 3201 轴卷册,等等④。就是万历初年厉行改革的首辅张居正,屁股也不干净。他一面倡廉惩贪,另一面又行贿纳贿,不仅进占辽王府的豪宅,还在北京购买大量房产,死后抄家的财产折合金银近 20 万两,另有良田 8 万余顷。上梁不正下梁歪,贪风也就越刮越盛。在这样的政治环境里,官吏廉洁自律,为政宽厚,惩治贪污,搏击豪强,不仅要招来贪官污吏、豪强地主的嫉恨和阻挠,而且得不到上司和朝廷的信任和支持,随时都有可能惹火烧身,命丧黄泉。相反,官吏尽管贪婪峻刻,残民以逞,但只要向上司或朝中大臣奉送大量金钱财宝,讨得他们的欢心,便可在他们的庇护之下,肆其贪欲,胡作非为。因此,明中后期的清官循吏自然也就越来越少,犹如凤毛麟角了。

　　明朝最高当权者前期与中后期国策导向的不同,不仅造成清官循吏的数量呈现递减的现象,而且也导致其名气大小的差异。明朝前期,由于政治修平,清官循吏兴利除弊的举措虽然也会遭到种种阻力,但因为有朝廷的支持,最终大都能冲破阻力而获得成功。加上清官循吏数量较多,人们也就习以为常,并不觉得多么稀奇。到了明中后期,

　　① 《明史》卷三〇四,《王振传》,第 7773 页。
　　② [明]高岱撰,孙正容、单锦珩点校:《鸿猷录》卷一二,《刘瑾之变》,上海古籍出版社 1992 年版,第 270—271 页。
　　③ 《明史》卷二三三,《樊玉衡传附子维城传》,第 6085 页。
　　④ 参看张显清《严嵩传》第二十二章《巨额家资》,合肥:黄山书社 1992 年版,第 367—429 页。

朝政腐败,赋役繁重,加上官吏贪暴,冤狱遍地,百姓迫切希望能有清官循吏出来"为民做主",凭借他们的道德良心和手中权力,兴利除弊,惩治贪污,减轻赋役,解救大众的苦难。但清官循吏却日益稀少,"物以稀为贵",这就更增加百姓的期望值,加深了他们的清官情结。而个别具有坚强政治信心和优秀道德品质的清官循吏,不仅处在众多碌碌无为的庸官和贪婪峻刻的贪官以及横行不法的豪强势族的包围之中,处处受到掣肘和阻挠,而且还受到朝廷最高当权者的打击。因此,他们的斗争矛头便逐渐指向最高当权者,最后落个含冤入狱,甚至牺牲自己宝贵性命的结局。海瑞在嘉靖朝任南平教谕、浙江淳安知县和江西兴国知县,清丈土地,均平负担,惩治贪吏,平反冤狱。嘉靖四十三年(1564),海瑞调京任户部云南司主事。两年后,他摸清朝廷情况,发现全国存在的种种弊端,根子就在明世宗身上,便不顾自己的身家性命,备好棺材,诀别妻子,上书明世宗,大胆批评世宗迷信道术,妄想长生,大兴土木,耗尽钱财,20多年不上朝,刚愎自用,拒纳谏言,弄得君道不正,臣职不明,吏贪将弱,民不聊生,并引用当时流行的民谣说:"嘉靖者,言家家皆净而无财用也。"①明世宗怒不可遏,令锦衣卫将他关进大牢。海瑞这种忧国忘身、勇批龙鳞的精神,把古代清官循吏的优良品格发挥到极致,赢得百姓的无限钦佩和景仰,他的英名也就迅速传遍四方,永载史册了。

明朝的历史早已远离我们而去,但明代清官循吏的种种历史现象却给后人留下了许多有益的启示。

[原载《历史学家茶座》第二辑(2005年11月)]

---

① 陈义钟编校:《海瑞集》上编,《治安疏》,北京:中华书局1962年版,第218页。

明朝覆亡的历史反思

　　应中国文史出版社之约,我撰写的25万字的《晚明悲歌》于2012年8月梓行。我的这本著作以雅俗共赏的笔法,从政治史的角度,撷取了若干重要的历史人物、历史事件和历史现象,来展现繁荣强大的大明王朝走向灭亡的曲折复杂过程。书虽已出版,但我还不时地思考这样的问题:是什么原因导致明朝的覆灭,现今人们可以从中获得什么启示?

明初埋下覆亡的祸根

　　明朝统治时间长达277年,是我国封建社会仅次于唐朝的第二国祚绵长的统一王朝。这个王朝最终却亡于李自成的农民军,随后由于清军入关,出现了明清易代的更迭。对于明朝的覆亡,学术界的看法见仁见智,众说纷纭。其实,如果细加深究便不难发现,对明朝的倾覆,晚明乃至南明诸帝,固然都有不可推卸的责任,但其祸根早在明朝建立之初即已深深地埋下。这就是明太祖高度强化的封建专制主义中央集权的政治体制。

　　面对各种矛盾错综复杂、经济凋敝残破、社会动荡不安的严峻局面,明太祖按照"权不专于一司""事皆朝廷总之"①的原则,对国家机构进行大刀阔斧的改革。在地方,废除总管一省行政、军事和司法监察大权的行中书省,分设布政司、按察司和都司,分管行政、司法监察和军事。三司彼此独立,又互相牵制,皆直属朝廷指挥。在中央,撤销总揽全国行政的中书省,废除丞相,以六部分理庶政,直接对皇帝负责。军事与监察机构,也都进行相应的改革。经过改革,全国的行政、军事和司法监察大权都集中到中央,最后统归皇帝一人掌握。皇权空前集中,君主的专制集权发展到新的高度。

明太祖对此非常满意,认为这样的制度可以确保自己"躬览庶政",防止皇权旁落。他还特地规定:"凡我子孙,钦承朕命,无作聪明,乱我已成之法,一字不可改易。"②后来继位的皇帝,无不固守这种"祖制",直至明亡。尽管后来明成祖正式建立了内阁,明宣宗又授予阁臣代皇帝草拟答复大臣奏章的"票拟"权,但内阁既没有官属,也不得专制诸司,诸司奏事也不得相关白,它不过是皇帝的秘书、顾问班子。虽然明宣宗还授予司礼监秉笔太监代皇帝对内阁的票拟进行朱批的"批红"权,但宦官代行的只是"手"的功能而非"脑"的功能。他们只能按皇帝的"圣意"行事,不得掺杂自己的私意。可见,内阁与司礼监都是辅佐皇权运行的机构,旨在强化而不是削弱皇权,并没有改变君主专制集权的本质。

如此高度强化的君主专制的中央集权制度,虽然带有明太祖个人猜忌多疑的性格烙印,但归根到底乃是中国地主土地所有制和租佃制发展以及封建社会走向衰落的产物,含有某些顺应社会发展趋势的因素,对明代特别是明前期的政治、军事、经济和文化的发展曾产生过积极的作用。第一,它使明王朝得以集中更多的人力、物力和财力,特别是牢牢地控制一支强大的军队,对内能够迅速平定割据势力和少数民族上层贵族的叛乱,防止元朝残余势力的卷土重来,维护多民族国家的统一;对外能够有力地抵御倭寇的骚扰,维护国家领土的完整和主权的独立。第二,中央集权体制的强化,使明王朝在其前期能够有效地维护社会的稳定,推动社会经济的发展。它使明代生产力的总体水平超过了宋元时代,为明代中后期商品货币经济的繁荣、全国性市场的形成并向世界延伸,进而参与世界市场的建构奠定了坚实的基础。第三,由于强大的中央集权体制,

---

① 《明太祖实录》卷一二九,洪武十三年九月乙亥;卷二三九,洪武二十八年六月己丑,台北:"中央研究院历史语言研究所"1962年校勘本。

② [明]朱元璋:《皇明祖训序》,张德信、毛佩琦主编:《洪武御制全书》,合肥:黄山书社1995年版,第387页。

明王朝不仅得以大力兴办教育,推行科举,而且还凭借手中掌握的人力、物力和财力,兴办许多规模宏大的政治、军事、经济和文化工程,如营建中都、南北两京、皇陵、十三陵、显陵以及南京大报恩寺、湖北武当山宫观等为代表的庙宇宫观,修筑长城,修建自北京通往东西南北各地的驿道干线,治理大运河和黄河,编纂《永乐大典》和众多的史志、佛藏、道藏,为后人留下了丰富的历史文化遗产。

但是,明代高度强化的皇权如同以往的历代皇权一样,既不能解决封建社会的矛盾,也未能消除封建统治的种种痼疾。到明代中后期,随着国内外形势的变化,这种高度强化的君主专制集权体制的种种弊端,便日益显著地暴露出来,最终导致明朝覆亡。

高度的君主专制集权致明朝覆亡

明中期以后,社会生产继续快速发展,随之而来的是白银实现货币化,农村经济日趋商品化,市镇经济骤然勃兴,在农村出现了经营地主,在城镇出现了使用雇佣劳动的手工工场。私人海外贸易日益兴盛,国内市场已从区域性市场转变为全国性的统一市场,并参与世界市场的建构,大量白银滚滚流入中国,经济结构从单一的农业经济转变为农、工、商并举的多元经济。

经济领域的变化,诱发社会生活和思想观念的变化。追求财富、崇尚消费、尊卑失序、违礼越制、标新立异、开放不拘成为一股新的社会风尚。处于独尊地位的程朱理学受到严重的挑战,阳明心学与经世实学勃然兴起,人们的价值观、伦理观、财富观与政治观发生了明显的改变。到明后期,明代社会已开始由传统向近代转型。

在国外,自15世纪末、16世纪初地理大发现后,西方殖民主义者不断向世界各地扩张势力,世界市场的雏形初具规模,全球化的趋势初露端倪。陆续东来的葡萄牙人、西班牙人和荷兰人,不仅到中国沿海从事走私贸易,葡萄牙人还于嘉靖三十二年(1553)租居澳门。荷兰人和西班牙人则在天启年间分别侵占台湾的南北部,经过一场激烈的火拼,荷兰人击败西班牙人,于崇祯十五年(1642)独占了我国的台湾。

面对急剧变化的国内外形势,明中后期的皇帝仍然恪守祖训,以不变应万变,固守高度强化的君主专制集权体制,不作任何改良与变革,不论是嘉靖革新还是隆万改革,都不曾触及政治体制问题。高度强化的君主专制集权体制的种种弊端,集中爆发出来,导致明朝统治大厦的轰然倒塌。

首先,不受监督的皇权空前膨胀,无法保证明帝国航船的正确航向。全国的行政、军事、司法监察大权集中于皇帝一人之手,军国大事的决策全凭他的个人意志。这就要求皇帝具有高度的智慧、深邃的目光、开阔的视野和驾驭群臣、治国理政的才能。但是,明太祖制定的皇位继承制度是有嫡立嫡、无嫡立长的嫡长子制。皇帝的嫡长子立为皇太子,作为法定的皇位继承人,其余诸子悉皆封王。如果皇帝死后没有子嗣,则按"兄终弟及"的原则,从众藩王中选择其同父之弟继位。皇太子们从小生长于深宫之中,缺乏像明太祖、成祖那样长期经历政治与军事斗争的实践,很难具备治国理政的经验,相反却极易受到周围宦官的蛊惑和诱导,不是沉湎酒色,就是贪财好货,或是沉溺佛道,追求长生,置国计民生于不顾,将国家社稷的安危抛之脑后,变成昏庸透顶的君主。分封制的实行,赋予藩王众多的经济特权,"令世世皆食岁禄,不授职任事"①,更谈不上政治与军事斗争的历练,而优裕的寄生生活又必然导致他们的腐朽没落,变成一无所长的废物。这样的皇太子和藩王一旦登上皇帝的宝座,自然难以自如地驾驭皇权。如果是幼龄继位,更容易导致权臣与宦官的专政,而使皇权旁落。明代以前,丞相之设,多少限制皇帝的过分集权,并对皇帝起着助手的作用。"天子传子,宰相不传子;天子之子不皆贤,皆赖宰相传贤足相补救,则天子亦不失传贤之意。宰相既罢,天子之子一不贤,更无与为贤者矣。"②胡惟庸案发后,丞相罢而不设,皇帝高度集权,明朝的航船只能听凭这些腐朽无能的庸主昏君的意志,驶向黑暗污浊的深渊而为滔天巨浪所倾覆。

其次,君主的绝对专制,以天下奉一人,必然导致朝政的腐败。在君主绝对专制的体制之下,君主与臣工的关系,只能是"主子"与"奴才"的关系。文官武将只能绝对服从君主的意志,按"圣意"办事。在官场中也就只能根据等级权力,看上司的眼色行事,阿谀奉承、趋炎附势、因循守旧、推诿卸任、隐瞒欺骗之风必然盛行起来。官员的任免升降,取决于皇帝和长官的好恶,势必任人唯亲,大搞裙带关系。官员一朝邀恩得宠,也势必肆行无忌,滥用特权,拉帮结派,营私舞弊,贪赃枉法,贿赂公行。正直的官员不屑于同流合污,群起反对,又势必形成激烈的党争,使朝政变得更加混乱。同时,君主越是专

---

① ［清］张廷玉等:《明史》卷八二,《食货志》六,北京:中华书局1974年版,第2001页。
② ［清］黄宗羲:《明夷待访录・置相》,北京:中华书局1981年版,第8页。

制,就越是需要庞大的官僚机构。"利不欲其遗于下,福必欲其敛于上。用一人焉,则疑其自私,而又用一人以制其私。行一事焉,则虑其可欺,又而设一事以防其欺。"①如此一来,衙门势必越设越多,官职势必越设越滥,官僚机构日趋臃肿,官僚队伍日益庞大。到明中后期,全国的官员多至10万上下,宦官10余万,厂卫特务10余万,形成一支庞大的官僚队伍。官僚机构臃肿庞大,官员人浮于事,既层层掣肘,又互相推诿,行政效率越来越低,这更为吏治的腐败提供了肥沃的土壤。到明朝后期,官僚政治的种种腐败现象,便如大河决堤一般泛滥起来。朝政败坏,军政废弛,赋役征敛繁苛、国家财政破产,土地高度集中,自然灾害频发,经济文化横遭破坏,民变与兵变迭起,边疆危机日益加剧。这种政治的黑暗腐败,正是封建专制主义高度强化的必然结果。

最后,君主的绝对专制,又势必导致财政的崩溃。君主的绝对专制,使全国的财政大权集中于一人之手,经济政策的制定由其拍板,财政的收支也由其支配。这种体制,必然导致皇室财政与国家财政界限的混淆。明朝初年,户部所设的内府十库,既是中央政府的国库,也是皇帝的私库,"公"私不分,混同开支。后来,随着商品货币经济的发展,于正统七年(1442)在北京户部设立太仓银库,弘治八年(1495)又在南京户部设立银库,此后太仓银库就成为中央政府的国库,内府完全变成皇帝的私库,政府收支与皇室收支基本分开。但在皇帝的心目中,全国的土地和所有的赋役收入都是他的私有财产,不仅内府就连国库都是皇帝的财产。如明神宗就声称:"朕为天子,富有四海之内,普天之下,莫非王土,天下之财皆朕之财。"②到明中后期,随着商品货币经济的发展,皇帝的私欲日益膨胀,生活日趋腐化,不仅纵情声色,而且大兴土木,滥施赏赐,大肆挥霍浪费,造成内府支绌,于是便向国库伸手,化国为家,甚至派遣宦官直接向工商业者进行搜刮,导致经济秩序的紊乱,破坏社会经济的发展。为了满足皇室的贪欲,自明中期起,皇帝不仅大肆扩大皇庄的规模,而且大量赏赐给藩王、公主和勋戚田土,助长兼并之风,导致土地的高度集中,加剧农村的两极分化。与此同时,由于战事频繁,军费的开支日益扩大,加上宗藩人口的不断膨胀,禄米的数额迅速扩增,国家财政入不敷出,皇帝更是不顾百姓的死活,屡次下令向农民加派田赋,而不肯动用内府的储积,从而极大地加重了人民的负担。所有这一切,都导致社会矛盾特别是阶级矛盾的激化。明王朝的统治大厦

---

① 《明夷待访录·原法》,第6页。
② [明]申时行:《召对录》,宝颜堂秘笈本。

在农民起义军与清朝八旗兵的两面夹击之中苦苦支撑了一段时间,终于被农民军冲垮。继起的几个南明政权,虽然联合农民军的余部展开抗清斗争,但最后还是无法挽救明王朝覆亡的命运,从而打断了社会转型的历史进程。

明亡的历史启示

明朝的灭亡,距今已过去 368 年,但现今人们回首往事,仍可从中获取许多深刻的启示。

第一,政治体制必须随着客观形势的变化,实行与时俱进的改革。政治制度是经济基础的上层建筑,是一定经济形态的产物,而政治体制则是政治制度的核心,必须与经济基础相适应。明太祖制定的高度强化的君主专制集权体制,与明初封建地主经济主导的自给自足的单一农业经济是相适应的,起到了巩固封建统治、促进生产发展和社会进步的作用。但是,明太祖认为这种体制可以千秋万代一成不变地维持下去,要求他的子孙"一字不可改易"。他的子孙也未能根据客观形势的变化而进行与时俱进的改革,死死抱着祖制不变。到了明中后期,当西方殖民者开始染指我国沿海地区,国内的经济结构也正由单一的农业经济转变为农、工、商并举的多元经济,在传统的封建地主经济之外,出现经营地主和使用雇佣劳动的手工工场,国内市场已向国外延伸,并开始融入世界市场之时,这种高度强化的君主专制集权体制显然已与国内外形势的发展不相适应,其最终的崩解也就在情理之中了。

第二,经济政策必须根据经济的发展变化不断地进行调整。明初的经济结构是单一的农业经济,国家的财政收入主要是通过超经济强制手段向农民征派的田赋和徭役。为了维护小农的简单再生产,又实行"重本抑末""重农抑商"的政策,以求达到维护明王朝长治久安的目的。在明前期,这种经济政策确实收到显著的效果。但到明代中后期,国内外经济形势已发生深刻的变化,朝廷却只对传统的经济政策稍作微调,于隆庆年间开放海禁,在万历初年张居正改革时推行"一条鞭"法,部分摊丁入亩,未能对经济政策进行重大的调整。既没有及时地由几乎单一的农业税制转化为真正意义上的多种税制并举,从而堵塞了多种税源,无法缓解国家的财政困难,也没有实行保护与扶植手工业和商业的政策。相反,却在万历年间派遣大批矿监税使,对工商业者进行残暴的掠夺,使各地的工商业惨遭破坏。更没有看到经济逐渐全球化的新形势给中国带来的挑战与机遇,继续坚持与周边国家保持朝贡关系,未能制定出保护、发展海外贸易的政策,从而使中国错失了走向世界快速发展的一次机会。

　　第三,解决民生问题是维护社会安定的关键所在。明朝建立之初,贫苦农民出身的明太祖即提出"安民为本"的主张,说:"为政以得人心为本","人安则国固"①。为此,他又提出"藏富于民"的主张,说:"民富则亲,民贫则离,民之贫富,国家休戚系焉!""大抵百姓足而后国富,百姓逸而后国安。未有民困穷而国独富安者。"②因此,他极其重视民生问题,在大力恢复和发展生产的同时,还实行轻徭薄赋、均平负担、惩治贪污、抑制豪强,并建立对灾荒及孤寡病残贫民的救助体系,从而促使社会迅速走向安定。此后继位的几个皇帝,大多也比较重视民生问题,所以明前期经济继续向前发展。但到明中后期,许多皇帝的贪欲却因商品货币经济的刺激而无限膨胀,既享乐腐化,又贪财好货,不仅不断向国库伸手,化国为家,而且滥施赏赐,助长大土地所有制的发展,加速土地的高度集中和贫富的两极分化。

　　随着国家财政的日见支绌,明廷便不顾农民的死活,拼命加重田赋的征派。据统计,从万历四十六年(1618)到崇祯十二年(1639),前后累计增派饷银近 2000 万两。田赋加派之外,还有杂税加派、地方私派、官吏暗派,可以说是层出不穷,大大超出了农民所能承受的极限。阶级矛盾于是空前激化,无法维持简单再生产的广大农民,只能揭竿而起,终于把黑暗腐朽的明王朝送进了坟墓。

(原载《博览群书》2012 年第 11 期)

---

① 《明太祖实录》卷一七四,洪武十八年七月丙子;卷四九,洪武三年二月辛酉。
② 《明太祖实录》卷一七六,洪武十八年十一月甲子;卷二五〇,洪武三十年二月己丑。

长城不是闭关自守的符号

已被列入《世界文化遗产名录》的长城,长期以来被视为中国人民聪明智慧的结晶,中华民族坚强不屈精神的象征。但是,贬斥长城的声音也时有所闻。今年年初播放的一部纪录片《玉石传奇》,在解释明朝缺少和田玉而清朝却有许多和田玉的原因时,说是由于明朝大修长城,闭关自守,清朝不修长城,实行开放。长城俨然成为闭关保守的符号,成为一切罪过的祸根。有人还撰文,把修长城和大炼钢铁,水稻密植到可以躺上去睡觉,喝红茶菌、搞鸡血、凉水、甩手疗法等,一并称为"大愚蠢"①。这样,修长城便成为一场荒唐可笑的闹剧,毫无价值和作用可言,应予全盘否定了。看来,如何评价长城的价值和作用,仍是一个值得继续探讨的重大课题。本文拟就此谈点自己的看法,供大家参考。

明清两朝能否获得和田玉,同修不修长城根本无关

有人把明清两朝能否获得大量和田玉,同是否修长城直接挂钩的说法,显然不符合

---

① 鲍吉尔·原野:《愚蠢学研究》,《中华读书报》2011 年 1 月 26 日。

历史事实。

明朝大修长城,是为对付北方蒙古和东北女真(满族)的侵扰。明长城的西端,只修到甘肃嘉峪关,并没有修到新疆境内。中国品质最为精良的玉石,产自新疆塔里木盆地南缘的和田。和田古称于阗,至清代始改称和阗。《明史》载:"于阗自古为大国,……南距葱岭二百余里,东北去嘉峪关六千三百里","其国东有白玉河,西有绿玉河,又西有黑玉河,源皆出昆仑山。土人夜视月光盛处,入水采之,必得美玉"①。嘉峪关距离于阗"六千三百里",折算成今制,大约有两千公里的距离。可见明朝修建长城,同能否获得和田玉,根本毫无关系。明朝之所以未能获得大量和田玉,根本原因在于未能实现对新疆的统一,直接控制和管辖新疆。

我国史籍将玉门关、阳关以西的广大地区称为西域,其核心部分为包括我国新疆在内的中亚地区。在元代,新疆的大部分地区和中亚一带属于察合台汗国的领地。洪武三年(1370),察合台汗国分裂为东西两个汗国。据有新疆大部分地区的东察合台处于四分五裂状态,"地大者称国,小者止称地面","各自割据,不相统属"②。洪武二十二年(1389),察合台后裔黑的儿火者被拥立为汗,定都别失八里(今新疆吉木萨尔北破城子),以武力兼并吐鲁番(今新疆吐鲁番)、火州(今新疆吐鲁番东南哈拉和卓)等地,并向哈密地区发动进攻,基本上统一了东察合台地区,明朝称之为别失八里,史称东察合台汗国。但统一之后的东察合台汗国,内外仍然充满着矛盾和斗争,战乱不息。到正德九年(1514),东察合台汗国再度分裂,出现两个并立的政权,即统治东部地区的居于正统地位的东察合台汗国与崛起于南部和西部的叶尔羌汗国。嘉靖四十四年(1565),叶尔羌汗国攻占东部的吐鲁番、哈密等地,重新实现了统一。

明朝建立后,在派兵攻占元大都、出征塞北的同时,于洪武二年(1369)、三年(1370)、五年(1372)三次向西北大举进军,底定陕甘地区,而后确定了隔绝蒙藏联系以断蒙古右臂的战略方针。根据这一方针,明廷首先在河西和青海东北部陆续建立一批军事卫所,设立陕西行都司。然后以此为基地,向嘉峪关外扩展势力,打通中西交通的陆上丝绸之路。从洪武七年(1374)到永乐初年,先后在嘉峪关外建立安定、阿端、曲先、罕东、沙州等五个羁縻卫和赤斤蒙古羁縻千户所。洪武二十四年(1391)八月,明军攻占

---

① [清]张廷玉等:《明史》卷三三二,《西域传》四,北京:中华书局1974年版,第8614页。
② 《明史》卷三三二,《西域传》四,第8616页。

新疆的哈密,永乐四年(1406),明成祖设置哈密羁縻卫。永乐八年(1410),又将赤斤蒙古升格为羁縻卫,从而完成关西七卫的建置,实现隔绝蒙藏联系、断蒙古右臂的战略目标。而此前一年即永乐七年,蒙古可汗本雅失里派兵南下,袭扰明边,并拘杀前去招抚的明朝使臣。当年,明朝已在东北建立奴儿干都司,实现了断蒙古左臂的目标。明成祖于是决定集中主要兵力北征蒙古。从这一年起,他连续六次出兵漠北,直到自己病逝于榆木川(今内蒙古多伦多西北)。由于连续北征,加上下西洋、征交趾、修运河、建北京、筑长陵等,明廷未能再像往昔那样投入大量的力量经营西北。此后,除继续巩固对哈密以东诸地的控制与治理外,对哈密以西的西域各国,主要是以和平交往的方式,发展朝贡与互市贸易。从永乐七年(1409)起,连续派遣给事中傅安,吏部员外郎陈诚,宦官李达、郭敬等,频繁出使西域各国,广行招徕。对前来贸易的西域商人,明廷采取"其市易者听自便"①,对入贡的西域使臣,更采取"厚往薄来"②之策,不仅给予超过贡品价值数倍的回赐,还允许他们在京师会同馆进行交易,故西域之使,岁岁不绝。随着经济联系的不断加强,明朝在西域的声威日隆,政治影响也日益扩大,和西域的一些邦国开始形成一种类似宗主国与藩属国的关系。

但是,到明中期,由于朝政腐败,国力下降,南倭北虏之患日益猖獗,明廷疲于奔命,对西北地区的经营也就采取收缩政策,对关西七卫的控制与支持日渐削弱。成化九年(1473),吐鲁番攻占哈密,此后以之为跳板,不断向河西扩张势力,严重威胁明朝西北的安全。为此,从成化至正德年间,明廷几次图谋兴复哈密,但最终因实力不济而未获成功,连关西七卫也亡失殆尽。到嘉靖八年(1529),明世宗不得不做出决定,承认吐鲁番对哈密的占领。此后,明廷的势力局限于河西一线,未能再深入新疆,除了尚能维持与西域某些邦国的贸易往来外,对西域的政治影响也就日渐式微了。

事实很清楚,明廷尽管着力经营西北,但除一度控制哈密之外,一直未能直接控制和管辖整个新疆地区,而且哈密也仅占领 80 余年又复丢失。因此,明朝就只能通过贡赐与互市贸易,获得有限的和田玉了。

到了清代,情况发生了变化。建立清朝的满族,源出东北的白山黑水,后来逐步南迁并发展壮大,建立后金政权,后改名为大清,与明朝对峙。在入关之前,清廷已使用联

---

① 《明太宗实录》卷一四一,永乐十一年七月丙午,台北:"中央研究院历史语言研究所"1962 年校勘本。
② 《明太宗实录》卷二四,永乐元年十一月甲子。

姻、结盟、封官和赏赐的手段,招降漠南蒙古,指授牧地安置,并规定严格的界线,严禁越境游牧,否则将会受到惩处。如天聪三年(1629),奈曼、札鲁部贝勒等,就"因越钦定地界驻牧"而被"各罚马一"①。天聪末年、崇德初年,又将较大的蒙古部落进一步划小,共析分为49旗,划定明确的地域和四至,限制其自由活动。清朝入主中原后,清廷又于康熙三十年(1691)与漠北的喀尔喀蒙古会盟,按照漠南之例,编审旗分,划定牧地。与此同时,还大力扶植黄教,提倡不杀生灵、慈悲为怀,以消弭蒙古人的尚武精神。这样,蒙古人就被固定在各自的旗界之内,形成一个个孤立分散的力量,不能再像从前那样自由活动,聚合成势,也就无法南下骚扰,威胁到清朝的统治。因此,清朝也就没有再修长城的必要。

但是,清朝之所以能获得大量和田玉,并不是由于不修长城,而是由于实现了对新疆的统一,直接控制与管辖新疆。明末清初,新疆北部为卫拉特(即西蒙古瓦剌部)所控制。卫拉特分为和硕特、准噶尔、杜尔伯特、土尔扈特、辉特等部。17世纪二三十年代,准噶尔部势力日渐膨胀,"恃其强,侮诸卫拉特"②。土尔扈特部被迫西迁至伏尔加河下游,和硕特部也迁至青藏高原游牧。康熙十年(1671),噶尔丹出任准噶尔部首领,迅速统一天山北路。此时,天山南路叶尔羌汗国的伊斯兰教教派斗争严重,白山派首领阿帕克和卓北走天山之北,向噶尔丹求援。噶尔丹遂于康熙十九年(1680)率兵南下,灭了叶尔羌汗国,将天山南路置于自己的统治之下。此后,以噶尔丹及其继承者为首的准噶尔上层贵族,不断发兵攻掠蒙古、青海、西藏等地,从事分裂祖国的活动。

清廷入关确立其在中原地区的统治地位后,即与准噶尔的分裂势力展开坚决的斗争。康熙二十七年,噶尔丹趁喀尔喀蒙古三部内乱外患之机,率兵东进,迫使三部举族南迁,然后以同俄国采取联合军事行动相要挟,向清圣祖提出"圣上居南方,我长北方"③的狂妄要求,并于康熙二十九年(1690)引兵南下,攻入内蒙古。清圣祖亲率大军,前往迎击。经过康、雍、乾长达60余年的努力,清廷最后平定准噶尔之乱。接着,清军又平定了南疆白山派首领、阿帕克和卓的两个孙子大小和卓的叛乱。乾隆二十七年(1762),清朝设置伊犁将军作为全疆最高军事、行政长官,总揽天山南北两路各项军政事务。在南

---

①　《清太宗实录》卷五,天聪三年五月丁未,北京:中华书局1985年影印本。

②　[清]张穆:《蒙古游牧记》卷一四,《额鲁特蒙古新旧土尔扈特部总叙》,上海复古书局光绪石印本。

③　[清]温达等:《亲征平定朔漠方略》卷七,文渊阁四库全书,台北:商务印书馆1983年影印本。

疆又设立归伊犁将军统辖的参赞大臣，"以噶什噶尔为参赞大臣建牙之所，节制南路各城"①。由于对新疆实现了直接的管辖和治理，清朝不仅容易得到和田玉，而且还在叶尔羌开辟了新的玉石矿，"产玉乃埒和田"②。这样，大量优质的玉石便源源不断输往内地，极大地推动着清代琢玉工业的发展。

修长城的王朝未必闭关自守，不修长城的王朝未必实行开放

有人把长城说成是一个"限制文明空间的环"③，意思是说，修建长城就等于把国门全部关闭起来，阻隔了中外交流。这种说法，更是与史实相违背。众所周知，我国位于欧亚大陆的东侧，南北跨亚热带、温带和寒温带三大气候带。在北方横亘着地势高峻而开阔的蒙古高原，"地平、少草木，多大沙"④。西半部有戈壁、沙漠，东半部为宽广的大草原。在萨彦岭、贝加尔湖、外兴安岭一线的北面和东北面，是茂密阴冷的西伯利亚原始森林，封锁着北行之路，再往北则是寒带的北极苔原，更是人迹罕至。在西北，河西走廊以西之地，绵延耸立着天山、阿尔泰山和昆仑山，再往西是冰峰林立的帕米尔高原（葱岭）。在西南方，壁立着世界上最高峻的青藏高原和地势崎岖的云贵高原，青藏高原的南侧，更有喜马拉雅山脉横空出世，将青藏高原与南亚次大陆分隔开来。东面和东南面，则为黄海、东海和南海所环绕，再向东是一望无际的太平洋。在古代生产力发展水平较低的条件下，人类很难在纬度超过 66°33′ 的寒带生存，从事生产和生活活动。我国由于自然环境的限制，对外交往主要便依靠陆上和海上两条丝绸之路，与寒温带、温带、亚热带和热带的国家和民族交往，展开经济和文化交流。万里长城，屹立在我国北部牧业区与农耕区的交界线，旨在阻挡北方游牧民族的侵扰，并未阻挡东、南、西三面的对外交往。长城的西段虽然沿河西走廊向西伸延，汉代曾一度修到新疆的罗布泊，但它位于

① ［清］赵翼撰，韩锡铎、孙文良点校：《圣武记》卷四，《乾隆勘定回疆记》，北京：中华书局 1984 年版，第167、168 页。
② ［清］赵翼撰，韩锡铎、孙文良点校：《圣武记》卷四，《乾隆勘定回疆记》，北京：中华书局 1984 年版，第167、168 页。
③ 何新：《中国文化史新论》，哈尔滨：黑龙江人民出版社 1987 年版，第 147 页。
④ ［汉］班固撰：《汉书》卷九四下，《匈奴传》，北京：中华书局 1982 年版，第 3803 页。

陆上丝绸之路的北侧,不仅没有妨碍丝路的畅通,相反却起到阻挡北方游牧民族的侵扰、保护往来商旅的作用。

长城不是闭关自守的符号。修建长城的王朝,可能闭关自守,也可能对外开放;不修长城的王朝,同样是既可能闭关自守,也可能对外开放。下面我们不妨以西汉、明、清三朝为例,对此略加说明。

西汉王朝是一个大修长城的朝代,同时也是一个以宏大气魄实行对外开放的朝代。其开放政策的突出表现,是陆海两条丝绸之路的开通,而这则是与长城的修筑同时并举的。

西汉的长城,当时人称"塞"或"亭障"。它始修于汉高祖时期,不过当时及此后一段时间,只是对秦长城加以修缮利用。随着反击匈奴战争的不断胜利和开通丝绸之路的需要,汉武帝始令修筑新的长城。建元二年(前139),张骞应募出使西域,力图联络大月氏(在今乌兹别克斯坦与土库曼斯坦阿姆河流域)共击匈奴。此行虽未达目的,却首次踏出一条内地通往中亚的直接交通线。返回长安后,他"具为天子言其地形、所有"①,为汉廷制定经营西域的战略方针提供了依据。元狩二年(前121),霍去病深入河西走廊,大破匈奴军,"汉始筑令居(今甘肃永登西北)以西"②,修筑了自令居至酒泉的长城,并陆续设置河西四郡,驻军屯田,从而为过往的使臣、商旅提供食宿和生活用品的补给,并为打通前往西域的道路提供了物质条件。元狩四年(前119),卫青、霍去病出征漠北,大败匈奴,迫其远遁后,张骞通过河西走廊第二次出使西域。此次出使,除张骞到达乌孙(在今新疆伊犁河流域)外,随行的副使还分别出使大宛(在今乌兹别克斯坦)、康居(在今哈萨克斯坦境内巴尔喀什湖与咸海之间)、大月氏、大夏(在今阿富汗北部)、安息(在今伊朗)、身毒(在今印度)、于阗、扜弥(在今新疆于田)等国,陆上的丝绸之路正式开通。此后,西汉为同匈奴争夺西域又展开一系列战争,并将长城不断向西伸延,相继修筑了自酒泉至玉门、自敦煌至盐泽(今新疆罗布泊)、自居延泽(在今内蒙古额济纳旗北境)西、索古淖尔(今内蒙古苏古诺尔)之南起沿额济纳河直至毛目之南的长城,以保护过往使臣、商旅,并在西域各地戍兵屯田,"以给使外国者"③。神爵三年(前59),西汉设

---

① 《汉书》卷六一,《张骞传》,第2689页。
② [汉]司马迁撰:《史记》卷一二三,《大宛列传》,北京:中华书局1982年版,第3170页。
③ 《汉书》卷九六上,《西域传》上,第3873页。

置西域都护,管辖西域归附诸国,将西域正式纳入中国版图,从而为中西交往提供了政治和军事保障,陆上丝绸之路便成为一条有官方设施的正规交通线。从此,中外使节相望于道,"商胡贩客,日款于塞下"①。陆上的丝绸之路日益趋于繁荣。

除了陆上的丝绸之路,西汉还开辟了海上丝绸之路。其主线为南海航线,开辟于汉武帝元鼎六年(前111)平定南越之后。它由合浦(今广东合浦廉州镇西南三汉港)、徐闻(今广东海康)、日南(在今越南顺化、归仁一带)起程,经南海,到今印度南部东海岸的黄支国(今印度康契普腊姆)和已不程国(今斯里兰卡)。"有译长,属黄门,与应募者俱入海市明珠、璧流离(几乎不含铅钡的玻璃)、奇石异物,赍黄金杂缯而往。"②除南海航线,汉武帝时期还开辟东海航线。在攻灭南越后,汉武帝发兵讨伐卫氏朝鲜,其中一路大军"从齐浮勃海"③,表明从今山东渡过渤海到达朝鲜半岛的航线已经开通。灭亡卫氏朝鲜后,又将此航线由朝鲜半岛延伸到日本,"于是东夷始通上京(指西汉京都长安)"④。

陆海丝绸之路的正式开通,不仅使中原内地的丝绸、陶器、漆器、铁器以及先进的井渠和冶铁技术,输往边疆地区和域外的许多国家,同时也使边疆和域外的皮革、毛毡,"西极马""天马"等良马,葡萄、石榴、核桃、红蓝花、苜蓿、芝麻、胡豆、黄瓜、大蒜、芫荽等,象牙、犀角、玳瑁、琥珀、玛瑙、水晶、肉红石髓、璧流离、幻术(魔术)以及各种乐器、乐舞,大量输入中原地区。后来,通过丝绸之路,还传入了佛教。正是这种大规模、远距离的传播和吸纳,中外文化的汇聚与交融,造就了汉代文明的昌盛辉煌,对此后中华文明乃至世界文明的发展产生了深远的影响。

明代是中国古代修筑长城的最后一个封建王朝。明太祖建立明朝后,在下令修筑长城的同时,为了防止流亡海上的方国珍、张士诚旧部与倭寇互相勾结,于洪武四年(1371)实行海禁,"禁濒海民不得私出海"⑤。有些论者即将明朝的海禁与清朝的海禁等同起来,认定它们都是一种闭关锁国的政策。但是,明初的海禁只禁止中国民间私人出海贸易,却没有禁止而是欢迎外国来华与明朝官府进行朝贡贸易,实行的是一种半开

---

① [南朝宋]范晔撰:《后汉书》卷八八,《西域传》,北京:中华书局1985年版,第2931页。
② 《汉书》卷二八下,《地理志》下,第1671页。
③ 《汉书》卷九五,《朝鲜传》,第3865页。
④ 《后汉书》卷八五,《东夷列传》,第2809页。
⑤ 《明太祖实录》卷七〇,洪武四年十二月乙未,台北:"中央研究院历史语言研究所"1962年校勘本。

放政策。明成祖在继续实行海禁的同时,又进一步对各国敞开国门,宣布"诸藩国遣使来朝,一皆遇之以诚,其以土物来市易者,悉听其便"①,并派郑和出使西洋。郑和率领的船队七下西洋,到达中南半岛、印度半岛、阿拉伯半岛和非洲东海岸等30多个国家,用丝绸、瓷器、铁器、铜钱交换番香、胡椒、苏木、象牙、宝石、珍珠、珊瑚等物品,"所奉献及互市采取无名至宝,以巨万计"②,获得巨额利润,成为当时"国用不绌"③的一项重要财源。郑和船队每到一地,都代表明朝热情邀请当地国王或首领访华。据不完全统计,永乐年间共有60多个国家的国王或使臣245次访问中国。中国和亚非各国的经济、文化交流,掀起了一个新的高潮。

郑和下西洋有力地推动着官方朝贡贸易的发展,而海外贸易的巨额利润也刺激着民间商贾去冒险犯禁,从事海外走私贸易,出现了"比年民往往嗜利忘禁"④的现象。到嘉靖年间,民间海外走私贸易已逐渐取代了官方朝贡贸易的地位。嘉靖初年,由于东来的葡萄牙海盗商人与倭寇互相勾结,导致倭患的猖獗,明廷再度厉行海禁,但仍阻挡不住民间海外走私贸易发展的势头。到嘉靖末年东南沿海的倭患基本平定,明廷终于在隆庆元年(1567)对海外贸易政策做出调整,开放海禁,允许民间从漳州月港出海贸易,"准贩东西两洋"⑤,但不许前往日本贸易。民间海外贸易取得了合法地位,官方的朝贡贸易名存实亡。许多海商不仅前往东西两洋,还冒禁前往日本贸易,并接通了月港—马尼拉(在今菲律宾)—阿卡普鲁科(在今墨西哥)的航线。万历初年,葡萄牙人以每年交付500两白银租居广东澳门后,澳门作为广州的外港迅速兴起,并接通了广州—澳门—果阿(在今印度)—里斯本(在今葡萄牙)和广州—澳门—长崎(在今日本)两条航线。中国的国内市场通过几条航线与海外市场连接起来。中国商人的足迹遍及东亚、东南亚各国,以闽、粤商人为主的商人集团还开始远航美洲,在墨西哥等地从事贸易活动,参与世界市场的建构。中国的生丝、丝织品和瓷器等货物,源源不断地输往东亚、东南亚和欧美各地,换回大量的白银。据统计,从1540—1644年的一百多年间,日本所产白银的绝大部分输到中国,共7900吨左右。从1570—1644年,美洲所产白银也有一半通过

---

①《明太宗宝训》卷五,《怀远人》,台北:"中央研究院历史语言研究所"1962年校勘本。
②[明]王世贞撰,魏连科点校:《弇山堂别集》卷四,《皇明盛事述》四,北京:中华书局1985年版,第77页。
③《明史》卷一四九,《夏原吉传》,第4151页。
④《明英宗实录》卷一七九,正统十四年六月壬申,台北:"中央研究院历史语言研究所"1962年校勘本。
⑤[明]张燮著,谢方点校:《东西洋考》卷七,《饷税考》,北京:中华书局1981年版,第131页。

各种渠道流入中国①。由于隆庆开关,明朝终于从半开放走向全开放,融入世界市场之中。

清朝不修长城,但并不因此而实行对外开放。清朝进关入主中原之时,西方资本主义的商船和舰队已经来到中国海上的大门口。清廷为了对付东南沿海的南明抗清势力,却将明中期已经开放的国门砰然关闭。顺治三年(1646)颁布的第一部清代法典《大清律集解附例》,竟不顾时代环境的变化,将250年前明朝制定的《大明律》中的"私出外境及违禁下海"条文沿袭下来,并加重惩罚,以谋叛处罪②。随后,即在沿海各地厉行海禁。后来,为了隔绝沿海人民与台湾郑成功抗清力量的联系,又于顺治十八年(1661)、康熙十一年(1672)、十七年(1678)三次发布迁海令。最初规定沿海居民必须内迁30里,康熙元年(1662)又改为一律内迁50里,越界通洋兴贩者即斩。迁海范围遍及广东、浙江、江南、山东、北直五省,海外岛屿尽行放弃,寸板不许下海。海外贸易只剩下官方朝贡贸易一个狭小的孔道,但准许入贡者也只限于朝鲜、暹罗(今泰国)、琉球、安南(今越南)、苏禄(今菲律宾)、南掌(今老挝)、缅甸7个近邻之国③。正当西方商业资本主义狂潮席卷全球,国际贸易竞争日趋激烈之时,中国完全退出了世界市场。这是一种彻底闭关自守的政策。

禁海迁海令实行长达四十年之久,给沿海人民造成深重灾难,对社会经济造成严重破坏,国家的财政收入锐减。清朝统一台湾后,清廷于康熙二十三年(1684)以有益于"闽、越边海生民"为由,"令开海贸易"④。随即在厦门、广州、云台山(今江苏连云港,一说在松江府上海县)、宁波设置闽、越、江、浙四个海关,负责向出入的海船征税。由于当时来华的外国商船大多集中于广州,康熙二十五年(1686)又特在广州设立洋货行,俗称十三行,招募商人承充行商,负责代理外商销售货物和购买内地货物,并代为缴纳进出口税。海外贸易于是迅速得到恢复和发展,前往南洋贸易的中国商船数量大增,海外各国的商船也纷纷来华贸易,为清廷带来大量的财政收入。但是,清廷仍对商民的出海倍怀戒心,担心他们出洋滞留吕宋(今菲律宾)、噶罗吧(即巴达维亚,今印尼雅加达)等地,

① 参看万明:《白银货币化与中外变革》,《晚明社会变迁》,北京:商务印书馆2005年版,第240—241页。
② [清]三泰等撰:《大清律例》卷二〇,《兵律》二二五,文津阁四库全书本。
③ 清光绪《钦定大清会典事例》卷五〇二,《礼部·朝贡》,台北:新文丰出版公司1976年影印本。
④ 《清圣祖实录》卷一一九,康熙二十二年九月甲子,北京:中华书局1985年影印本。

会聚集起抗清势力。康熙五十六年(1717)又下达禁往南洋的命令:"凡商船照旧东洋贸易外,其南洋吕宋、噶罗吧等处,不许商船前往贸易。"①这个局部海禁的施行,严重影响到沿海经济的发展。雍正五年(1727),清廷不得不又下令"开海禁,以惠商民"②,但限定闽粤海船只许在厦门、虎门二港出入,其他口岸概行禁止。

在对华贸易的西方资本主义国家中,以英国的增长速度最快。到18世纪中叶,开始进行工业革命的英国,对华贸易的总值已经远远超过其他欧洲国家对华贸易值的总和。英国从中国进口的商品以茶和生丝为大宗,从广州购买,距离其产地江浙、闽皖较远,长途运输,成本很高。有的英国商船便前往宁波,试图在那里建立新的贸易据点。清廷唯恐"日久弊生",担心外国了解中国的情况,尤其害怕国内人民结交外国人,危害它的统治,于乾隆二十二年下令关闭厦门、宁波、云台山三个口岸,规定外商"将来只许在广东收泊贸易"③,将四口通商改为一口通商。接着,又相继颁布《防范外夷规条》《民夷交易章程》和《防夷八条章程》等,规定外商不许在广州过冬,外国妇女不得进入广州城;外商必须居住在政府指定的十三行行商的商馆中,由行商负责管束稽查;中国人不得向外商借款或受雇于外商;中国人不得代外商借款或受雇于外商;中国人不得代外商打听商业行情;中国人不准向外国人教授汉语等。对中国商人出海贸易的限制也愈加严格,规定出海人民必须由地方官颁给执照,守口官弁查验放行,严禁无照私渡;出海经商之人需在三年之内回国,否则不许入籍;严禁米粮、铁、铁器出口,丝和丝织品也曾一度禁止出口;出海商船初造时需先报明海关监督并地方官,经地方官查验确系殷实良民,并由保甲具保,同行船只互保,才可放行;出洋商船载重量限500石以下,只许使用双桅,舵水人等不得超过28名;每条船只许携带铁锅一口,每人只许带铁斧一柄;对出海商船预先规定往返日期,每人每日只许带米一升,并带余米一升。在这样严密的管制下,中国商人的远洋贸易变得极其艰难,18世纪中期以后便逐渐转为在本土接纳外国商人的来华贸易。这种对外贸易政策,本质上就是一种闭关锁国的政策。

清朝的海外政策,从最初实行禁海迁海的闭关到解除海禁,实行开放,而后经过曲折的反复,最终又回到闭关锁国的老路上。究其原因,既是清朝统治者昧于世界大势,

---

① 《清圣祖实录》卷二七一,康熙五十六年正月庚辰。
② 《皇朝政典类纂》卷一一八,光绪二十九年,上海图书馆集成局石印本。
③ 《清高宗实录》卷五五〇,乾隆二十三年十一月戊戌,北京:中华书局1985年影印本。

自恃"天朝物产丰盈,无所不有,原不籍外贸货物以通有无"①的自大心理的反映,也是其以少数民族入主中原而猜忌防范汉人的国内政策的延续。中国由此与世界隔绝,未能及时接触、学习西方先进的思想文化和科学技术,便逐渐落后于世界的潮流了。

长城的价值和作用,应予历史的肯定

作为冷兵器时代的一种综合性军事防御工程,长城的修筑不是某个王朝统治者随心所欲的决定,而是我国北方游牧民族与中原农耕民族矛盾的产物。

由于自然条件的不同,北方游牧民族与中原农耕民族的经济结构存在很大的差异。游牧民族的畜牧业发达,但农业和手工业都较薄弱,产品不能自给,粮食、茶叶、食盐、铁器、铜器、银器、丝绸、布匹、陶瓷等农产品和手工业产品,需要取给于农耕民族。农耕民族有着发达的农业和手工业,但畜牧业比较落后,他们也需要游牧民族为之提供牛马、驴骡、皮货和其他土特产。这种经济结构的差异,使得北方游牧民族和中原农耕民族必须经常交换产品,互通有无,否则在生产和生活上便会产生很大的困难。因此,从遥远的远古时代起,北方游牧民族与中原农耕民族就开始进行经济交流,形成一种互相依存的关系。

北方游牧民族与中原农耕民族的这种经济交流,通常是以和平的方式进行的。但是,一旦某个民族的统治者为了满足自己的贪欲和称王称霸的野心而大肆扩张地盘,或者遭遇严重自然灾害而向外迁徙以争夺新的牧地之时,和平的交换就会变成暴力的掠夺,从而形成尖锐的民族冲突,爆发大规模的战争。在冷兵器时代,遇到战争,农耕民族以步兵为主,往往难以对付以骑兵为主的游牧民族。游牧民族善于骑射,发明鐙具之后,更是如虎添翼,马上作战聚散自如,机动灵活,在开阔的平原地带更是纵横驰骋,势不可挡。但是,游牧民族不擅长步战攻坚。因此,农耕民族对付他们的最有效办法,便是在缺乏险峻天然屏障的农牧分界线上,修筑坚固的长城。遇到长城的阻挡,游牧民族的骑兵只能下马步战,其优势随即转化为劣势,难以破墙而入,深入到中原内地了。秦

① 〔清〕梁廷楠:《粤海关志》卷三三,《贡舶》三,孔氏岳雪楼影钞本。

始皇统一六国,夺取河南地,命蒙恬大修长城,便收到显著的效果。西汉贾谊的《新书·过秦论》即称赞秦朝"北筑长城而守藩篱,却匈奴七百余里,胡人不敢南下而牧马"①。继起的西汉王朝,更是"建塞徼,起亭燧,筑外城,设屯戍,以守之,然后边境得用少安"②。不仅如此,长城往往还是农耕民族由防守转向进攻的支撑点和前进基地。如元封三年(前108)西汉王朝发动楼兰之战。攻破楼兰(在今新疆罗布泊一带)、姑师(在今新疆吐鲁番)之后,汉军"列亭障至玉门矣"③,将长城从酒泉修至玉门。然后便以此为依托,举兵伐大宛,于太初四年(前101)迫降了大宛。又如明代隆庆二年(1568),"督臣谭纶、帅臣戚继光治塞垣,夹垣为台,高数丈,矢石相及,环蓟而台者三千,垣周二千余里"④。这段蓟东长城修成之后,戚继光以之为依托,不仅打退了朵颜长昂和董狐狸的进攻,而且出塞追击,大获全胜。万历三年(1575),董狐狸之弟、长昂之叔长秃又犯董家口关城(在今河北山海关西北)。戚继光率部出塞,追击百余里,活捉了长秃,迫使董狐狸等叩关请罪。"终戚继光在镇,二寇不敢犯蓟门。"⑤

正是看到长城可以有效地抵挡北方游牧民族袭扰的作用,后来一些游牧民族南下中原地区,转向农耕之后,他们所建的王朝如北魏、东魏、北齐、北周、辽、金诸朝,也仿照汉族王朝,修筑长城,以抵挡北方其他游牧民族的南下,保护当地的农业生产。在长城修建的历史上,少数民族王朝的数量甚至超过了汉族王朝。所以我们说,长城是我国多民族共同修建的,是中华民族血汗和智慧的结晶。

历代王朝为修建万里长城,投入大量的人力、物力和财力,付出了沉重的代价。但它绝不是一种蒙昧无知、盲目蛮干的"大愚蠢"行为。因为长城的修筑,确实产生重大的积极作用,有其不容置疑的价值。

长城不是一堵孤立的墙体,而是由城墙和关城、烽燧、城障和军用道路等共同组成的综合性军事防御工程,易守难攻。戍守的军队,一旦发现敌人来袭,可先点燃烽燧(明代亦用火炮)报警,通过军用道路调集兵力,加强防守。敌人近前,遇到城墙的阻挡,只

---

① ［汉］贾谊:《新书》,四部丛刊本。
② 《汉书》卷九四下,《匈奴传》下,第3803页。
③ 《汉书》卷九六下,《西域传》上,第3876页。
④ ［清］顾祖禹撰,贺次君、施和金点校:《读史方舆纪要》卷一一,《北直二·蓟州》引《边防考》,北京:中华书局2005年版,第492页。
⑤ 《明史》卷二一二,《戚继光传》,第5616页。

得下马步战,从而丧失其擅长骑射的优势,而守军则可凭借高大的城墙,居高临下地向敌人发射弓箭、石炮或抛掷石块,使其难以溃墙而入。10世纪以后,虽然出现了火药武器,敌军可用火炮轰击长城,但长城也随之由夯土改用砖石砌筑,变得更加坚固,况且长城的守军也可用火铳、火炮进行还击,使其难以逼近长城。即使敌军一时得手,溃墙而入,由于有长城阻隔,也难以退出,容易被守军围堵歼灭。所以,历史上不乏依靠长城成功防守的事例,秦汉事例前已言及,明代的事例也多不胜举。如明代的王琼,嘉靖七年(1528)以兵部尚书兼右都御史总督陕西三边军务后,自黄河东岸的横城(今宁夏银川东南)向东抵达定边营南山口挖掘壕堑210里,修筑长垣18里。嘉靖十三年(1534)秋,驻牧河套的鞑靼吉囊"由花马池入犯",由于有垣堑之险可供凭借,"梁震及总兵刘文拒却之"①。自嘉靖十年(1531)起,继吉囊之后,俺答年年内犯,甚至深入到京畿地区。隆庆初年,高拱、张居正任用谭纶、戚继光、王崇古、方逢时等主持蓟镇、宣府、大同、山西等地边务,增修敌台和城垣,积极练兵,加强防御。敌知有备,入犯的次数便逐渐减少,至隆庆五年(1571)终于实现"俺答封贡","自是边境休息,东起延(庆)、永(平),西抵嘉峪七镇,数千里军民乐业,不用兵革,岁省费什七"②。反之,如无长城的阻隔,中原王朝对抗游牧民族的侵扰就要艰难得多。如五代后晋的石敬瑭将燕云十六州割让给契丹后,长城东段为辽所有,"自是中国非但失其土地人民,乃并其关隘而失之。晋人自捐其险隘与人,既无以自守其国,宋人承其后,而不能复中国之旧,遂以白沟河为界,故二国所受夷狄之祸略同"③。契丹、女真的骑兵屡屡南下,北宋与南宋都被搅得精疲力竭,寝食难安。正反两面的事例说明,尽管战争的胜负最终取决于国力的强弱、民心的向背以及战争指导的正确与否,但在双方实力大体相当时,长城的修筑,对于防御游牧民族的袭扰,保护中原地区的农业生产和人民生命财产,确实起到了重大的作用。

长城修筑之后,需派驻重兵戍守,随之就必须解决粮饷的供应问题。于是,历代王朝在修筑长城后,往往大规模地移民实边,垦荒屯田。秦始皇三十三年(前214),在蒙恬夺取河南地、修筑长城和沿河44座县城后,即令"徙谪,实之初县"④。秦始皇三十六年

---

① 《明史》卷三二七,《鞑靼传》,第8478—8479页。

② 《明史》卷二二二,《王崇古传》,第5843页。

③ [明]丘浚:《大学衍义补》卷一五一,四库全书本。

④ 《史记》卷六,《秦始皇本纪》,第253页。

（前211），又以"拜爵一级"的优惠条件，"迁北河（今内蒙古托克托县一带黄河沿岸）、榆中（今陕西东北角，一说为今内蒙古河套东北岸）三万家"①。西汉文帝时，也采纳晁错徙民实边之策，"募民徙塞下"②。汉武帝时更大规模加以推行，数量最大的一次是元狩四年（前119）徙关东贫民于陇西（治今甘肃临洮）、北地（治今甘肃宁县西北）、西河（治今内蒙古杭锦旗霍洛柴登古城）、上郡（治今陕西榆林南）等地，"凡七十二万五千口"③。汉武帝还令军卒屯田。如元狩四年"自朔方（治今内蒙古乌拉特前旗东南）以西至令居，往往通渠，置田官，吏卒五六万人"④；元鼎六年（前111）又在上郡、朔方、西河、河西（河西走廊）置田官，"斥塞卒六十万人戍田之"⑤；太初三年（前102）"自敦煌西至盐泽，往往起亭，而轮台（今新疆轮台东）、渠犁（今新疆库尔勒西南）皆有田卒数百人"⑥。这种移民实边、垦荒屯田之策，此后的汉昭帝、宣帝、元帝、平帝都继续施行，并为后世的许多王朝所沿袭。东汉建武七年（公元31），"诏（杜）茂引兵北屯田晋阳（今山西太原）、广武（今山西代县西南），以备胡寇"⑦。北齐昭帝曾"开幽州（治今北京西南隅）督亢旧陂，长城左右营屯，岁收稻粟数十万石"⑧。隋开皇三年（583）也"令朔州（治今山西朔州市）总管赵仲卿于长城以北，大兴屯田，以实塞下"⑨。到明代，更是大规模推行民屯、商屯和军屯。洪武二十六年（1393），明太祖即下达命令："那北边卫分都一般叫他屯种，守城军的月粮，就屯种子粒内支。"⑩屯种士卒的比例几经调整，后来大抵确定为边地"军士三分守城，七分屯种"⑪。历代王朝的大规模屯垦，有力地推动了长城沿线的经济、文化的发展，使大片荒无人烟的不毛之地变成了繁荣的农耕区。

地处农牧分界线的长城，既是农牧民族矛盾的产物，同时也是农牧民族连结的纽

① 《史记》卷六，《秦始皇本纪》，第259页。

② 《汉书》卷四九，《晁错传》，第2278页。

③ 《汉书》卷六，《武帝纪》，第178页。

④ 《史记》卷一一〇，《匈奴列传》，第2911页。

⑤ 《史记》卷三〇，《平准书》，第1439页。

⑥ 《汉书》卷九六上，《西域传》上，第3873页。

⑦ 《后汉书》卷二二，《杜茂传》，第776页。

⑧ （唐）魏征、令狐德棻等撰：《隋书》卷二四，《食货志》，北京：中华书局1973年版，第677页。

⑨ 《隋书》卷二四，《食货志》，第681页。

⑩ ［明］陈子龙等选辑：《明经世文编》卷一九八，［明］潘潢：《请复军屯疏引明太祖圣旨》，北京：中华书局1962年影印本。

⑪ ［明］申时行等撰：万历《明会典》卷八，《户部·屯田》，北京：中华书局1989年影印本。

带。随着长城的修筑,历代王朝不断移民实边,垦荒屯田,将农耕区不断向北拓展,逐步靠近游牧区,加上军用道路的建设,交通便利,长城沿线地区便成为农牧民族进行经济、文化交流,开展互市贸易的重要场所。汉代官营的关市,具体地点今已无考。但"商胡贩客,日款于塞下"的记载,表明西汉之时已有不少游牧民族的胡商贩客来到长城脚下进行贸易。到了隋代,东突厥都兰可汗遣使"请缘边置市",隋文帝"诏许之"①,即在幽州、马邑(今山西朔州)、太原和榆林等地开设榷场,用中原内地的粮食、布帛、瓷器等换取突厥的马、羊、牛及皮毛。到了明代,长城沿线地区的互市贸易更加发达。明代的互市亦称马市,有的地方包括茶市和木市等。明初,"东有马市,西有茶市"②。马市均由官府控制,通常每年开市一或二次,每次 3 至 15 天,先进行官市贸易,然后再进行民市贸易。因与蒙古时战时和,这些马市便时开时停。俺答封贡后,明蒙战争基本结束,马市贸易重新恢复。隆庆五年(1571),明廷即在宣府张家口堡(今河北张家口)、大同得胜堡(今山西大同得胜堡村)、山西水泉营堡(今山西偏关水泉营村)及宁夏花马池(今宁夏盐池)开设四个马市。后来,长城沿线地区的马市愈设愈多,见于记载者近七十处,可考者有五十余处③。马市之外,还开设每月一次的月市和数日一次或随时开市的小市。互市的广泛发展,有力地推动着长城南北农牧经济和文化的发展。万历五年(1577),兵部尚书王崇古疏言,自通贡互市七年来,"开垦屯田远至边外,修砌城堡各用砖包,筑建边垣各数百里,柴砖木料咸取于房中。昔也,各边米值银二三钱,今则仅值钱许"④。蒙古地区的畜牧业,由于通贡互市为之提供广阔而稳定的市场而日益发达;土默特地区的农业,由于中原内地农具、种子的输入而得到发展;中原纸张和笔墨的输入,又为《俺答汗传》《蒙古黄金史》《蒙古源流》等史学著作的书写和流传提供条件,也使藏文佛经得以译成蒙文;汉文书籍如《孝经》《大统历》及《大明律》等传入蒙古地区,则促进了蒙汉思想文化的交流。长城南北这种频繁而又持久的经济、文化交流,促进蒙汉民族的大融合,培育了民族的认同感。明将方逢时诗云:"雁门东来接居庸,羊肠鸟道连崇墉。关头

---

① 《隋书》卷八四,《突厥传》,第 1871 页。
② 《明史》卷八一,《食货志》五,第 980 页。
③ 余同元:《明代马市市场考》,《民族研究》1998 年第 1 期。
④ 《明神宗实录》卷六七,万历五年九月庚午,台北:"中央研究院历史语言研究所"1962 年校勘本。

日出光曈昽,于今喜见车书同。"①"车书同"局面的出现,为后来清代北疆统一的实现奠定了坚实的基础。

　　研究任何历史问题,都应该坚持历史主义的原则,即把问题放到一定的历史条件下来进行分析,考察其所产生的社会基础和自然环境。否则,脱离开当时的历史条件和环境,人们便难以对其是非功过做出准确的判断。作为冷兵器时代农牧民族矛盾的产物,长城确是防御游牧民族骚扰的最有效的手段,它起到了保护中原内地的农业生产和人民的性命财产,推动沿线地区经济、文化的发展,促进农牧民族经济、文化的交流和民族融合的作用,对此应予历史的肯定。

（原载《北京联合大学学报》2011 年第 4 期）

---

① ［明］方逢时:《大隐楼集》卷三,《塞上谣》,《四库未收书辑刊》第五辑第 19 册,北京出版社 1998 年版,第 688 页。

序 言 书 评

党员干部为什么要学点历史知识

——《新编简明中国史》序言

　　我们党的几代领导人都十分重视历史的学习,号召广大党员干部要认真学习历史知识。早在抗日战争时期,毛泽东同志就曾这样说过:"指导一个伟大的革命运动的政党,如果没有革命理论,没有历史知识,没有对于实际运动的深刻的了解,要取得胜利是不可能的。"因此,他向全党提出了学习历史、研究历史的任务,提出要"学习我们的历史遗产,用马克思主义的方法给予批判的总结"①。2015 年 12 月 28、29 日,习近平同志在中央政治局"三严三实"专题民主生活会上也强调:"我们要加强对历史的学习,特别是对古代史、中国近现代史、中国共产党党史的学习,历史是一面镜子,从历史上得到启迪、得到定力。"②2019 年 11 月,他在上海考察时,又强调要"引导广大党员、干部深入学习党史、新中国史、改革开放史,让初心薪火相传,把使命永担在肩"③。

　　党的领导人为什么如此强调历史知识的学习? 这是因为历史知识具有认识、鉴别、教育的诸多功能,举其大端,大抵有以下几个方面。

　　第一,有助于加深对人类社会发展规律和国情、省情、市(县)情的认识。在当今的

---

① 《毛泽东选集》一卷本,北京:人民出版社 1966 年版,第 521、522 页。
② 《在中央政治局"三严三实"专题民主生活会上的讲话》,《习近平关于"不忘初心、牢记使命"论述摘编》,中央文献出版社、党建读物出版社 2019 年版,第 214 页。
③ 转引自《学习历史,为的是面向未来》,《光明日报》2020 年 6 月 21 日第一版。

时代,人们要在社会上立足,要求得生存和发展,就必须了解人类社会历史的发展规律,顺应时代潮流而动,否则逆潮流而动,不仅难以生存和发展,而且会落个身败名裂的下场。而认识历史发展的规律,把握时代潮流的脉搏,则需借助史学研究的认识功能,广披博览,积累丰富的历史知识。马克思还告诉我们:"人们自己创造自己的历史,但他们并不是随心所欲地创造,并不是在他们自己选定的条件下创造,而且在直接碰到的、既定的、从过去承继下来的条件下创造。"①因此,人们要求得生存和发展,就不仅要掌握人类社会历史的发展规律,还需认识当今的国情、省情和市(县)情,因为这是我们生存和发展的出发点。而当今的国情、省情和市(县)情又是从过去发展而来的,这同样要求我们掌握丰富的历史知识,以此为依据对未来的发展方向做出科学的预判。而对党员干部来说,全面认识国情、省情、市(县)情更显得尤其重要,因为我们党和政府的各种战略构想、政策措施,都是依据我国的国情、省情和市(县)情来制定的,如果我们对国情、省情和市(县)情缺乏全面的认识,你就无法了解这些战略规划、政策措施制定的依据,也难以有效地加以贯彻执行。

　　第二,有利于批判地继承历史文化遗产,增强文化自信。历史是人类时代的延续和更替。各个时代的人们在改造客观世界的实践中,都需借助先前时代的历史文化遗产和成果。无产阶级在争取自身和全人类的解放斗争中,既勇于破除一切对既往事物的迷信,又善于汲取和改造人类历史上一切有价值的精神财富。列宁曾指出:"每个民族的文化里面,都有一些哪怕是还不发达的民主主义和社会主义的文化成分,因为每个民族里面都有劳动群众和被剥削群众,他们的生活条件必然会产生民主主义和社会主义的思想体系。"②毛泽东也指出:"我们这个民族有数千年的历史,有它的特点,有它的许多珍宝。对于这些,我们还是小学生。今天的中国是历史的中国的一个发展;我们是马克思主义的历史主义者,我们不应当割断历史。从孔夫子和孙中山,我们应当予以总结,承继这一份珍贵的遗产。"③要总结、承继这份珍贵的历史文化遗产,自然就得埋头学习,广泛吸收中外的优秀文化成果,看到我们中华民族在漫长的历史长河中,创造了光辉灿烂、绚丽多彩的文化,为世界文化宝库和人类的进步做出了巨大的贡献。同时,在

①　《马克思恩格斯选集》第一卷,北京:人民出版社 1972 年版,第 603 页。
②　《列宁全集》第三十卷,北京:人民出版社 1958 年版,第 6、7 页。
③　《毛泽东选集》一卷本,北京:人民出版社 1966 年版,第 522 页。

世界四大文明古国中,埃及、巴比伦、印度三国的古代文明后来全都消亡,唯独中国的文明没有中断,而是继续向前发展。批判地继承这份丰厚而珍贵的历史文化遗产,必将大大增强我们的民族自信,提振我们的民族精神。

第三,有益于总结前人成败的经验教训,作为行事的借鉴。在历史上,有许多历史人物,他们顺应历史潮流而动,获得了成功,千古留名。如唐太宗即位后,勤于政务,虚怀纳谏,广纳贤才,知人善任,弼成了"贞观之治"。明太祖创建大明王朝后,提出"安民为本""锄强扶弱"的主张,实行休养生息,大力恢复和发展生产,使耕地面积和人口数量迅速超越前代水平;立法定律,严惩贪污腐败,打击不法豪强,推行教化,移风易俗,使动荡不安的社会秩序迅速趋于稳定,促成了"洪武之治"。而有些历史人物,却逆时代潮流而动,最后落个遗臭万年的可耻下场。如商纣王骄奢淫逸,为鹿台糟丘,酒池肉林,驰猎无穷,鼓乐无厌,并对臣民滥施"炮烙"之刑,导致百姓的不满与反抗,最终被日益强大的周族所灭。慈禧太后在独揽清廷大权之后,不仅残酷镇压太平天国、捻军起义,还在维新变法之时发动政变,囚禁光绪帝,杀害谭嗣同等六君子,破坏变法。义和团运动失败后,以她为首的清朝权贵,更是一味屈从帝国主义的势力,甘心充当列强在中国的统治工具,给中国人民带来深重的灾难,而成为历史的罪人。学习中外的历史知识,汲取古人成功的经验和失败的教训,可以为人们提供行事的借鉴。

第四,可以帮助人们提高鉴别美、丑、善、恶的能力,生活得更有诗意,更好地奔向远方。在过往的历史舞台上,各色各样的人物演出一幕又一幕生动的活剧,将人性的美、丑、善、恶暴露在阳光之下。有的为正义的进步的事业而奋勇拼搏,有的为不义的反动的阵营而卖命;有的为国家民族的利益而奋不顾身,有的为自己的蝇头小利而苟且偷生;有的为民族大义不惜抛洒热血,牺牲性命,有的为顾惜自己的小命不惜卖友求荣,甚至出卖国家民族的利益。通过中外历史知识的学习,人们可以更好地辨明什么是善、恶、美、丑,认识什么是公平、进步、正义,有所甄别,有所汲取,启迪智慧,净化心灵。特别是那些仁人志士所体现的优秀品德,更为人们提供见贤思齐的楷模,效法的榜样。古代霍去病"匈奴未灭,何以家为"的志向,文天祥"人生自古谁无死,留取丹心照汗青"的千古绝唱,戚继光"封侯非我意,但愿海波平"的高尚品格,近代林则徐"蛮烟一扫海如镜"的宏伟理想,无不激励着后人去为国家民族而献身。而为劳苦大众的解放、为共产主义事业而献身的李大钊、方志敏、刘胡兰、黄继光、邱少云等无产阶级革命烈士的共产主义品格,更激励着当今的人们,为中华民族的振兴、为建设现代化的社会主义强国而奋勇拼搏。

最后还要着重强调的是,历史知识可以帮助人们正确地认识人与自然的关系,增强生态环境的保护意识。无数的历史事实表明,只有处理好人与自然的关系,与之和谐共处,做好生态文明建设,经济才能得到持续的发展,人类才能健康地生活。否则,过度地向自然索取,造成严重的环境污染,生态失衡,不仅经济无法持续发展,人类的健康必将受到损害,而无法生存。鉴于以往血的教训,习近平同志近年在视察长江、黄河时,就一再强调对长江、黄河要搞大保护,不搞大开发,要求沿江沿河各省区市都要自觉地承担起保卫母亲河的重任。人们学习历史知识,便可很好地领会其中的深刻道理,提高环保意识,自觉投身于当今的环保事业,为建设社会主义生态文明尽自己的一分力量和责任。

为适应广大党员干部学习中国历史的需要,中国文史出版社推出了这部供党员干部阅读的《新编简明中国史》。全书用50多万字的篇幅,以马克思主义的唯物史观为指导,择取公认的典型史料,广泛吸取学术界新近的研究成果,按照时间的顺序,简明扼要地记叙了从远古时间至辛亥革命时间的中国历史。线索分明,头绪清楚,不作艰深的理论分析,不征引大段的原始文献,文字生动活泼,语言通俗易懂,容易为广大读者所接受。相信它的出版,会受到广大党员干部的欢迎。

2020 年 6 月 16 日于北京

(原载陈梧桐、李楠主编:《新编简明中国史》,中国文史出版社,2021 年出版)

《另一半中国史》序言

　　近年来，随着经济的快速发展，一股文化热正在祖国大地上悄然兴起，普及性的历史读物日渐增多。遗憾的是，有关我国少数民族历史的通俗读物相对较少，在许多书店难觅踪影，因此看到高洪雷托人辗转捎来的这部书稿自然感到十分高兴。

　　高洪雷同志的这部作品以生动活泼的文笔，简明扼要地勾画出我国众多少数民族的历史发展脉络。书名为《另一半中国史》，既形象又寓意深刻，点明少数民族历史是中国历史不可或缺的有机组成部分，充分肯定了少数民族对祖国的缔造和发展所做的巨大贡献。

　　众所周知，我国自古是多民族的国家，从秦汉起更以统一的多民族国家屹立于世界。现今在我国境内居住着 56 个民族，除了汉族，还有 55 个少数民族。此外，在历史上还存在着许多曾经称雄一时而后融合到其他民族或者迁徙到中国境外的少数民族。如今汉族人口之所以占到绝大多数，一个重要原因是在长期的历史发展过程中，大量吸收了其他民族的成分，如雪球一般越滚越大。同时，汉族在不同历史时期也曾有不少人融合到其他民族中去，为少数民族注入了新的血液，可谓是我中有你，你中有我。一部悠久漫长的中国历史，就是由汉族和少数民族共同谱写的。作为我国的主体民族，汉族在各个历史时期的经济、文化处于先进地位，对祖国的缔造和经济、文化的发展起着主导的作用，但各个少数民族在政治、经济、文化上都有属于自己的特点和长处，对祖国的缔造和经济、文化的发展也都做出了宝贵的贡献,同样功不可没。

我国的少数民族大多聚居在边疆地区,他们一般都是当地疆土的最早开发者,并且首先实现该地区的统一,从而为全国的大统一奠定了基础。我国历史上规模空前的大统一则是由蒙古族建立的元朝实现的。我国辽阔的历史疆域是由满族建立的清朝最后确定下来的。

我国的少数民族在历史上曾建立过许多区域性政权或统一王朝,它们都曾创建各具特色的经济、政治制度,对后来中国历史的发展产生了深远的影响。如对隋唐经济发展推动巨大的“均田制”即源自鲜卑族创建的北魏、北周的均田制。元朝实施的行省制度是我国省级行政区创建之肇始,它经益损改革被后代沿用了下来。

我国的少数民族曾经独自或与其他民族包括汉族人民一起掀起规模巨大的反抗统治者残暴压迫和剥削的斗争。明清时期,我国开始遭受外敌入侵时,少数民族又与汉族人民共同展开不屈不挠的反侵略斗争。到了近代,面对西方资本主义、帝国主义列强的侵略,少数民族与汉族人民更是同仇敌忾,一起用鲜血和生命来捍卫国家的主权独立和领土完整。

在物质文化方面,许多以游牧为生的少数民族曾独立驯化和培育多种优良的牲畜品种,发展了畜牧业技术。从春秋战国秦汉时起,北狄、匈奴和西域的大批马骡源源不断地输入中原,促进了内地交通运输和农业、手工业的发展。许多少数民族的农业和手工业生产技术也有不少突出的成就。南宋末年流落到海南的黄道婆学习黎族先进的棉纺织技术,元初返回家乡松江后加以改进和推广,使松江迅速崛起,成为一个著名的棉纺织中心,带动了江南棉织业的发展。

在精神文化方面,少数民族素以能歌善舞著称,他们发明创造的胡笳、羌笛、羯鼓、腰鼓、横吹、琵琶、三弦、箜篌、唢呐、铜钹等众多的乐器至今仍在广泛使用。少数民族的文学创作也是争奇斗艳,成就斐然。古代敕勒民歌《敕勒歌》、藏族史诗《格萨尔王传》、柯尔克孜族史诗《玛纳斯》、蒙古族史诗《江格尔传》、维吾尔族叙事长诗《福乐智慧》等都是脍炙人口的名篇,清代满族作家曹雪芹的名著《红楼梦》则把我国古典长篇小说的创作推向巅峰。至于少数民族服饰文化和建筑艺术的成就,更是人所共知了。

可见我国少数民族历史的内涵是多么的博大精深、瑰丽奇绝,然而目前以少数民族历史为题材的普及读物却数量不多。我想,这除了受到当前少数民族历史研究相对薄弱的制约之外,可能还与一些作者和出版社不很了解和熟悉我国的民族政策有关。

写作少数民族史的作品必须以唯物主义史观为指导,从维护国家统一和民族团结的高度出发,坚持民族平等的原则。这就要求我们摒弃大汉族主义和地方民族主义,平等地对待我国历史上的各个民族,肯定汉族和各个少数民族都是中华民族大家庭的成员,都享有中国历史主人的政治地位和权利,并且以此为出发点来阐述他们在历史上的关系,评价他们的历史活动,分清是非曲直,而不厚此薄彼。过去有些论著之所以出现问题,一大原因是把汉族及其建立的中原王朝等同于历史上的中国,把中原王朝的历史等同于整个中国历史,而把少数民族及其建立的政权或王朝视为"异族"或"外国",排除在中国历史之外,从而违背了民族平等的原则。

我国境内的少数民族绝大多数是在中国土地上土生土长的民族,他们的祖先很早就劳动、生息、繁衍在祖国的土地上,有的最初还是在中原地区活动,后来才逐渐迁移到边疆地区的。只有个别的民族是外来的民族,但他们在迁入我国并取得中国的国籍以后,也已成为我国的少数民族。至于回族,虽然有较多的外来血统,但他们并不是在境外形成一个民族再迁入我国境内的,而是由在我国落地生根的信仰伊斯兰教的波斯人、阿拉伯人等与维吾尔、蒙古、汉等民族的一部分人互相通婚融合后,在我国境内形成的一个民族。我国境内的这些民族不仅共同开发了祖国的疆土,共同创造了祖国的历史,而且从很早的时候起就结成了不可分割的经济联系,在生产和生活上形成互相依存的关系。在我国统一的多民族国家的形成过程中,随着经济联系的不断加强,各民族之间的政治联系也日益密切。他们曾多次长时间地统一在一起,共同处于一个高度集中的政权管辖之下,命运相同,休戚与共。及至清代,当我国的疆域最后确定下来之时,所有这些民族世代居住和开发的地区都成为我国的版图,他们共同结合成为中华民族自在的民族实体的历史过程也就完成了。及至近代,在共同抵御西方列强侵略的殊死搏斗中,这个自在的民族实体经过血与火的锤炼,又进一步发展成为一个自觉的民族实体。因此,我国境内的各个民族,不论是汉族,还是少数民族,理所当然地都是中华民族的成员,都享有中国历史主人的政治地位和权利。

说到这里,有必要谈谈"中国"一词的古今变化问题。"中国"一词出现很早,但古代的"中国"并不是一个近现代意义上的国家概念,历代王朝都自有国号,并不冠以"中国"二字。古代的"中国"通常是一个地域的、文化的概念,而且其含义是随着历史的发展变

化而发展变化的。"中国"一词最早出现于西周武王、成王之时的文献记载,指的是京师
雒邑(今河南洛阳)。《诗经·大雅·民劳》曰:"惠此中国,以绥四方","惠此京师,以绥
四国",以"中国"对"京师",以"四方"对"四国",故郑玄《笺》注:"中国,京师也。"《汉
书·地理志》谓:"昔周公营雒邑,以为在土中,诸侯蕃屏四方,故立京师。"周天子分封的
诸侯国分布在东、西、南、北四土(亦称"四方""四国"),而京师雒邑居"天下之中",故称
"中国"或"土中(即中土)"。到东周,"中国"的称呼由周天子的直接统治区扩大到华夏
诸侯国,但衡量"华夏"与"夷狄"的条件不以地域而以文化为转移,只要是吸收周文化、
遵行周礼的,即使是"夷狄",也可称为"诸夏",否则即使是周王室的同姓诸侯国,也被称
作"夷狄"。到春秋战国,"中国"的称号逐渐演变成华夏诸侯国所在的中原地区的通称。
东汉以后,它又用来指称中原王朝的管辖地区。到了清朝实现全国的大统一,中国疆域
可以说已经确定下来,各民族共同结合成为中华民族的历史过程已经完成,"中国"的含
义也大大拓展,实际上包括了中国的整个领土和所有民族,清朝在外交中便称自己为
"中国"。不过,此时清朝的国号是"大清",仍未冠以"中国"二字。

　　显然,在古代,"中国"并不是一个正式的国家称号。古代史籍中的所谓"国",指的
是某个奴隶制或封建制的政权,并不包含当时我国的所有民族和疆域。这些前资本主
义性质的"国"与我们现在所理解的"国家"概念是不同的。我们现在所理解的"国家"
概念,是指把境内的各个民族、各个地区结合成为一个拥有统一的政府、统一的法律、统
一的民族利益和统一的关税的国家。这种近现代意义的国家,乃是资本主义上升时期
经济发展的产物。在我国,建立这种近现代意义的国家则是清代以后的事。只有到了
辛亥革命推翻清朝统治,建立"五族共和"的中华民国,特别是中国共产党领导各族人民
夺取新民主主义革命的胜利,建立起实现民族平等的中华人民共和国,"中国"才最终成
为具有近现代意义的正式国名,涵盖了我国的所有民族和疆域。因此,我们不能把汉族
及其建立的中原王朝与历史上的中国画等号,把其管辖之外的少数民族及其所建的政
权、王朝排除在中国之外。1840年遭受西方列强侵略以前的清代疆域是中国的历史疆
域,凡是在这个疆域之内繁衍、生息、活动的民族,都是中国的民族,其所建立的政权、王
朝都是中国的政权、王朝。尽管在互相对峙时期,这些民族和政权、王朝是彼此视为异
族、外国的,但这里的异族、外国是相对于另一方而言,并非对中国而言;如果对中国而
言,它们就都是中国的民族和政权、王朝。在历史上,汉族中原王朝固然以"中国"自居,

但少数民族建立的政权、王朝也不自外于中国。两晋南北朝时,建立北汉的匈奴人刘渊就自称"汉王",声称自己是继承汉朝法统的中国皇帝;建立夏政权的匈奴人赫连勃勃则自称"朕,大禹之后",是继承夏朝法统的中国皇帝。辽、宋、夏、金对峙时期,各个民族政权都以"中国"自居,指斥对方是"蛮夷""僭伪"。清朝康熙帝诗云:"卜世周垂历,开基汉启疆。"也认为其先祖继承的是周朝开创的法统,汉朝开辟的疆域。所以这些少数民族及其建立的政权、王朝的兴衰史,理所当然是中国历史的组成部分了。

高洪雷同志较好地把握了民族平等的原则。他的这部作品从民族团结的视角,试图引导读者在各民族兴替沉浮成败荣辱中思考人生。他坚信"只有系统完整地反映各少数民族从洪荒落后到繁盛文明的发展历程,才能使读者真切地感受到少数民族发展进程的曲折与凝重,进而深深地体会到一个孤立民族的涓涓细流在历史的长河中是多么微不足道,各民族团结互助汇成滔滔江河结伴前行,才能抛弃历史的包袱,超越现实的阻隔,奔向未来的大海"。整部作品立意高远,而又写得形象生动,通俗易懂,熔科学性与趣味性于一炉,相信它的出版会受到普通大众的欢迎。

希望我们的专家、学者和作家多写一些有关少数民族历史的雅俗共赏的普及读物,并能"飞入寻常百姓家",让人们受到历史的熏陶,智慧的启迪。

2008 年 4 月 28 日晨于北京

(原载高洪雷著:《另一半中国史》,北京:文化艺术出版社 2010 年版)

探究与弘扬中华民族精神的力作

—— 读《历史视野下的中华民族精神》

　　民族精神是一个民族在长期的历史进程中形成的心理状态、价值观念、思维旨趣的集中体现,是推动民族创造和发展的力量源泉。1840年鸦片战争后的近现代时期,中国面临着资本主义、帝国主义列强的侵略,主权和领土完整遭到破坏,民族危机愈演愈烈。为了救亡图强,有识之士急切地呼唤中华民族的觉醒,亟盼民族精神的重铸,中华民族精神的研究因而成为学术界关注的一个重大课题,相继涌现出一批研究成果。1949年新中国成立后,中国人民赢得了民族独立,意气风发地开展社会主义现代化的建设事业。随着社会主义现代化建设的发展,特别是改革开放以来,人们深刻地意识到,实现社会主义现代化,必须物质文明与精神文明并举,培育与弘扬中华民族精神便成为普遍关注的一个重大时代课题。中共十六大的报告即强调指出:"民族精神是一个民族赖以生存和发展的精神支撑。一个民族,没有振奋的精神和高尚的品格,不可能立于世界民族之林。"民族精神的研究由此又掀起新的热潮,有关的论著接连涌现。郑师渠、史革新教授主编,由十多位老、中、青学者撰写的《历史视野下的中华民族精神》(广东人民出版社,2014年3月出版),就是其中的一部力作。

　　这部专著从历史学的角度,对中华民族精神形成和发展的历史进程进行全面系统的梳理,进而就中华民族精神相关的诸多问题展开深入的探讨,不仅整体风貌有别于从其他角度研究的论著,而且对许多重大问题发表了自己的新见解。

第一,对中华民族精神发展史的分期提出了自己的主张。作者认为,中华民族精神史不同于中国政治史,中华民族精神发展史分期不能迁就政治史的分期,而应以作为民族精神主体的中华民族的阶段性发展为准来重新划分。为此,作者主张,将中华民族精神的发展史,大致划为古今两大时期和前后五个发展阶段,即第一阶段,先秦秦汉,中华民族精神的发轫与形成;第二阶段,魏晋南北朝隋唐,中华民族精神的融合与发舒;第三阶段,宋元明清,统一的多民族国家的发展与民族精神的升华;第四阶段,晚清民国,近代中国社会的剧变与中华民族精神的重铸;第五阶段,新中国,中国的崛起与中华民族精神的新发展。这种分期法,显然更符合中华民族阶段性发展的历史实际,便于人们更好地把握其发展脉络和规律。

第二,深刻阐释了中华民族精神的丰富内涵。中华民族精神博大精深,人们对它的体认往往因时代的不同和个人视角的差异而见仁见智。本书将其基本内涵概括为"和"、"重德"、"自强不息"和"爱国精神",逐一作了深刻的阐释,并论述了四者之间的辩证关系。作者强调指出,"和"或称"和合""中和",处于最高的哲学层次,是中华民族精神的核心范畴和最高准则。它深刻影响了中国人的宇宙观、价值观、人生观和思维方式,渗透到中国政治、经济、思想文化和社会生活的各个方面,从而培育了中华民族博大的宽容精神。重德的核心是体现"和为贵""仁"的人生观。它不仅是注重个人的品格修养,同时更是强调以道德作为整个文化的价值取向,二者相辅相成,使重德精神深入到人们的内心世界,化为民情风习。自强不息是遵循阴阳相辅相成、生生不已、变化运动的"天行"法则,是以"和"为哲学基础的。其核心在于顺天应时,日新求进,集中体现了中华民族坚韧不拔、不屈不挠、积极进取、奋发有为的民族精神。爱国精神则是中华民族精神的特质,在民族、国家危难之际最集中、最有力的迸发与升华。它具有与"大一统"思想相统一,兼具深沉的忧患意识,注重民族气节三大特色。要言之,中华民族精神的核心内涵与特质,充分展现了中华民族深沉的理性与崇高的德行。这就是强调在实践道德的基础上,坚持自强不息,和而不同,将理想与现实相结合,进而追求人与自然、个体与社会、物质与精神的和谐统一。这样的阐释,显然便于人们的理解和把握,有助于中华民族精神的培育与弘扬。

第三,独到的见解随处可见。例如关于中华民族精神的构建问题,书中指出:"中华民族精神是长期构建与积淀的结果。先秦时期是古代中国民族精神构建的时代。夏商周历经长达千年之久的文化积累,到了周公与孔子的时代进行了两次大规模的总结。"当秦的统一战争硝烟散尽的时候,中华民族精神的构建才算基本完成。""天下一家的统一精神、自强不息的开拓精神和厚德载物的兼容精神构成了古代中国民族精神的基本点。这些精神的奠基是先秦时期所完成并为后世长期所发展的。汉唐雄风展现了古代中国民族精神'外王'方面的开拓,而魏晋玄学和宋明理学则在'内圣'方面有了深入的进展。"又如关于建设和谐社会的问题,本书根据中共十六届六中全会《关于构建社会主义和谐社会若干重大问题的决定》所强调的"弘扬我国传统文化中有利于社会和谐的内容,形成符合传统美德和时代精神的道德规范和行为规范",指出中国传统文化的精华"如果用一个字来提炼,'合'字是最恰当不过"。"合是实现'和'的前提和条件。只要能做到'天合''地合''人合''心合',就能'致中和,天地位焉,万物育焉'。""中国共产党吸收和发展了'合'的思想,以构建和谐社会的大厦。"其具体措施是:"一、'天合':察知天时,顺应历史发展的规律";"二、'地合':认识地利,适应自然呼吸的气息";"三、'人合':摆正自己,奏响人我和谐的乐章";"四、'心合':修养身心,平衡人生跳动的节律"。这些发前人所未发的创新之见,令人耳目一新,深受启迪。

第四,探讨弘扬与培育中华民族精神的途径。作者指出,弘扬与培育中华民族精神,是提升民族素质的需要,是增强民族凝聚力的需要,是全面建设小康社会的需要,也是提高国际竞争力的需要。应该通过什么途径来弘扬和培育中华民族精神呢? 至关重要的有以下几点:首先,站在时代的高度,将弘扬与培育中华民族精神作为国家战略来实施,建立长效机制,在政治、经济、社会、文化各领域以及各项事业中,突显民族精神对中国社会整体发展的促进作用。其次,创造良好环境,为弘扬与培育中华民族精神打下坚实基础。就政府而言,应大力推动物质文明、制度文明与精神文明的协调互动,建构和谐社会的文明生态系统;就民间百姓而言,应尽力通过各种途径提高各方面的素质。再次,加强制度建设,为弘扬与培育中华民族精神提供制度保障。具体而言,要制定相关政策,落实组织机构,对相关载体做出制度规定,并建立弘扬与培育中华民族精神的过程机制,等等。最后,加强文化建设,为弘扬与培育中华民族精神提供丰富养料。

　　由上可见,《历史视野下的中华民族精神》是一部具有重要学术价值和现实意义的好作品,值得人们认真地研读。

(原载《博览群书》2014 年第 6 期)

《走向和谐:广西民族关系发展的
历史地理学研究》序言

　　刘祥学、刘玄启的这部专著《走向和谐:广西民族关系发展的历史地理学研究》,是由国家社科基金西部项目的课题成果修订而成的。

　　在多民族国家里,民族问题始终是关系到国家政权稳定与主权领土完整的重大问题。自20世纪90年代以来,随着国际上民族冲突的加剧,一些学者出于居安思危的社会责任感,纷纷把目光投向边疆民族问题的研究上,着力探讨边疆民族关系的稳定和发展战略问题。地处祖国南疆、与越南毗邻的广西壮族自治区,境内现今居住着40多个民族,既有全国人口最多的少数民族——壮族,也有跨界民族存在。据2004年公布的资料,在广西壮族自治区的总人口中,少数民族占到40.32%,是一个典型的多民族杂居的边疆自治区。但不论从历史还是现状来看,广西的民族关系都是比较和睦的。在历史上,广西尽管也曾产生过一些局部的民族矛盾和民族冲突,却从未出现过一个民族与另一个民族的持久对抗与仇杀,各民族之间长期保持密切的联系,互相交往,互相帮助,彼此接近和融合。通过交往与融合,各个民族的经济、文化都得到发展与提高,原有的矛盾逐渐化解。新中国成立以来,广西的民族团结工作更是取得显著成效,为全国各族人民所公认,受到广泛的赞誉。广西各民族之间长期以来这种和睦相处、和谐发展的良好格局,自然引起学术界的广泛关注。党中央提出建设和谐社会、倡导社会和谐发展的执政理念之后,许多学者纷纷对广西的民族关系展开研究,试图揭开此中的奥秘,并取得了一些积极的成果。《走向和谐:广西民族关系发展的历史地理学研究》,就是其中一项值得关注的成果。

《走向和谐:广西民族关系发展的历史地理学研究》之所以值得关注,有以下几个方面的原因。

首先,是采用新的研究角度和理论、方法。以往以及当下研究广西民族和谐发展的论著,都是从历史学或民族学的角度出发,采用历史学或民族学的理论和方法,虽取得相当丰硕的成果,解开了此中的某些奥秘。但是,结论还不能说十分圆满。本书作者意识到,在一个地理区域内,民族关系的发展状况,既受民族政策等政治因素的强烈影响,同时又与地理环境尤其是与各自聚居地域的自然条件有着密切的联系。仅从历史学或民族学的角度,研究民族政策等政治因素对该区域民族关系的影响,显然难以得出全面和周密的结论。因此,他们便转换视角,另觅蹊径,运用历史地理学主要是民族地理学的相关理论和方法,并将它与历史学和民族学的知识结合起来,深入探讨广西的民族地理及其对民族关系发生作用的机制,从民族地理分布格局、环境承载状况、经济地理及文化地理等几个层面,揭示广西民族和谐发展关系形成的地理因素,从而弥补了以往学术研究的不足。

其次,是资料翔实丰富。广西僻处祖国南疆边陲,文化教育的发展长期滞后于中原内地。加上广西各少数民族绝大多数都有自己的本民族语言,却没有本民族的文字,在汉文化传入并广泛传播后,壮族社会内部虽曾产生过"土俗字",但始终未能得到普及,因此留下来的历史文献资料相对较少,而且极为分散。这就为研究工作带来很大的困难。本书的作者知难而上,他们除下大力气广搜博览、翻阅了大量文献资料外,还不辞辛劳,深入到左右江地区的乐业、凌云、靖西、龙州、大新、凭祥、南丹、三江、罗城、龙胜、灵川、平乐、兴安等地进行社会调查,考察当地的地理环境和自然条件,搜集各种资料。全书除利用社会调查中搜集到的资料外,还征引古代文献170部,现代方志、地图集16部,民国时期及现当代专著与调查报告100部,民国时期及现当代论文、工作报告、新闻报道47篇,资料翔实而丰富。这就为全书的撰述与论证打下了扎实的基础。

再次,是颇多新颖的见解。由于采用新的研究角度、理论与方法,作者能见他人之未见,在书中提出了不少从历史学或民族学角度研究的论著未曾言说的见解。例如,作者在分析汉唐、两宋、明清和民国时期广西地理环境的承载状况后指出,广西历史上随着外来人口的大量迁入,土地的承载指数虽然有所变化,但始终未曾超过警戒线。因为外来人口的迁入,虽然使广西人口不断增长,但在明代以前,主要是分布在平原地区,这些地方尚有可供开发的土地;更重要的是,外来人口的迁入,又带来先进的生产工具和技术,推动着土地的垦殖与粮食单位面积产量的提高,从而缓解了人口增长对自然环境的压力。因此,广西人口的增长始终没有超过土地的承载力。这种人地关系的状况,是广西民族和睦关系形成的重要因素。

又如,作者在分析影响广西民族关系和谐发展的诸多因素及其发展过程后,总结广西的民族关系的几个基本特征:一是经济上的紧密联系。广西境内山多田少,江河密布,中间又有许多自然条件各异的小区域。这些自然地理障碍,无疑会对民族之间的交流产生一定的消极影响。但各自相异的自然条件和资源,又使各民族的经济存在较强的互补性,彼此需要互通有无,从而推动着各民族之间的经济交流,最终形成互相依存、互为补充的关系,谁也离不开谁。二是文化上的互相兼容。广西各民族,绝大多数均有自己的民族语言和文化传统。但长期以来,各民族之间一直保持着密切的文化交流,互相影响,互相吸收,互相兼容,不仅在语言方面朝着双语甚至多语化的方向发展,而且在生活习俗和价值观等方面出现趋同的现象。三是共同的国家认同。先秦时期,广西存在一些独立的古方国。至秦汉之交,广西土著的先民西瓯、骆越犹自"称王"。但自秦始皇统一岭南后,广西纳入中原王朝的统治版图之中。此后尽管有独立的南越国存在,但为时不长。随着中央王朝统治的不断强化,广西各民族逐渐形成共同的国家认同,对中国具有高度的认同感,并由此产生强大的向心力。四是共同的发展道路。纵观广西民族关系发展的历程,各民族之间虽亦存在一些矛盾和冲突,但都是局部地区群众之间暂时的利益纠葛。从总体看,各民族始终保持着交往互助的优良传统,不仅共同反抗封建压迫,共同抵御外来侵略,而且在生产生活上互相帮助,朝着共同发展的道路前进。所有这些,都是相当独到而深刻的见解,给人以有益的启迪。

当然,这部专著还有一些内容研究不够深入。但总的来说,这是一部具有重要学术价值和现实意义的专著,相信它的出版,会受到学术界和读者的欢迎。

2010 年 8 月 27 日于北京

(原载刘祥学、刘玄启著:《走向和谐:广西民族关系发展的历史地理学研究》,北京:民族出版社 2011 年版。后以《探究广西民族和谐发展的奥秘》为题,发表于《中国民族报》2012 年 3 月 23 日第 5 版)

《广西简史》跋

　　我曾于1972年参与广西大学中文系的创办与教学。1975年调离广西,到北京中央民族学院(今中央民族大学)任教后,对广西的事情包括历史与现状,仍然十分关注。最近,收到广西师范大学历史文化与旅游学院院长刘祥学教授寄来的《广西简史》,感到非常高兴。

　　简史之类的著作,主要是供历史学专业之外的普通大众阅读的普及性读物,篇幅不能过大,论述也不可能过于艰深。但简史类作品又属于史学性质的著作,必须客观真实地记述历史事件、历史人物和历史现象,揭示其中复杂的因果关系,反映蕴藏其背后的历史规律,帮助人们总结过去,改造现实,开创未来。刘祥学深明此理,他摒弃平铺直叙、面面俱到的惯常做法,而采用以重要人物为目、以重要事件为纲的写作框架和写作形式,用一个个重要事件和重要人物,串联广西的历史,提纲挈领地勾勒广西历史发展的基本脉络。这样写,既简明扼要,又脉络清晰。

　　围绕广西历史发展基本脉络这根主轴,刘祥学综合运用历史、地理、民族、经济、文化、民俗、环境、生态等多种学科的研究方法,对广西历史上的一些重大问题,诸如壮族的来源与形成,外地移民的迁入与多民族分布格局的形成,"广西"名称的确定,土司制度的形成与改流,经济文化的发展等,做了剖析与探讨。这些分析与论证,虽限于篇幅,文字不多,但都相当深刻到位,令人信服。例如第九章第一部分关于南宁省会地位的最终确定,第九章第三部分关于 1965 年北部湾地区划归广西管辖的问题,分析都颇为透彻。有些史事的论述,往往只用短短的一两句话,就能点明其意义所在。由于作者能综合运用多学科的研究方法,取长补短,对重大史事分析深刻,论述到位,读者便可透过现象看本质,不仅知其然,而且知其所以然。

我国的各省区市,由于历史、地理、民族、经济、文化条件的差异,其历史文化呈现不同的特色,共同组成了中华文明和谐统一、丰富多彩的百花园。刘祥学注意到这个问题,因而在书中尽力彰显广西历史文化的特色。不仅写了广西的手斧文化、大石铲文化、青铜文化(特别是铜鼓)、花山崖壁画、桂剧,还列专节讲了桂林山水与刘三姐。此外,书中在论述广西历史上众多著名人物的历史功绩与文化成就后,往往还捎带提及与之有关的名胜古迹,如贵港市的怀橘井,柳州市的柳侯祠,桂林市东安街的圣母池,永福县凤凰山的涌珠洞,百色市田阳县田州镇的瓦氏夫人墓,等等。人们读过此书,对独具特色的广西历史文化,便会留下深刻的印象。

最后还应指出的是,本书作为一部记述广西历史的普及性读物,作者坚持作品的科学性,所有的论述皆以确凿的史料为依据,做到叙事的客观、真实,同时又注意可读性,文字的表述生动形象,活泼流畅,叙述话语与引用古籍有机地融为一体,水乳交融,妥帖自然。全书读来,令人感到津津有味,毫无枯燥沉闷之感。

基于上述几点,我认为刘祥学的这部《广西简史》定会受到广大读者的欢迎,飞入寻常百姓家。

2018 年 7 月 17 日夜

于北京市民族大学西路墙外楼

(原载刘祥学著:《广西简史》,桂林:漓江出版社 2018 年版,第 369~370 页)

《京师北门宣府镇》序

　　治所设于今张家口市宣化区的宣府镇,乃明代北边防御重镇。为了防御北方游牧民族南下侵扰,明朝建立后,在北部沿边一带大修长城,设立都司卫所,派驻重兵,构筑一道前哨防线。后来,在边地都司的基础上,分别建立九个军事重镇,俗称"九边"。九边的设置,始于派驻常设的武职大臣,即总兵官(这种武职大臣拥有"相机作战"和"军法从事"的权力,即在外领兵作战时具有便宜行事的较大指挥权和对属下将士惩罚的大权);而完备于文职大臣的设置,即设置巡抚都御史。宣府镇为明代九边之一,始建于永乐七年(1409),是明成祖亲征漠北的后防基地,但是明成祖的五次亲征并未能彻底征服蒙古。仁宗、宣宗时期,对蒙古采取保守内敛的防御政策,北方边界步步后撤,大同与宣府遂直面蒙古,"敌犯山西必自大同,入紫荆必自宣府"①,大同镇与宣府镇成为北京的西北屏藩。在九边重镇中,"其最重而称要害者,莫如宣与大"②。因此,明廷极其重视宣府镇的军事防御体系的建设,不仅陆续增设卫所,遣兵设戍,督促操练,而且大修长城与驿道,力图在宣府辖区构筑起一道坚固的屏障。正统以后,由于明朝政治腐败,蒙古瓦剌、鞑靼部相继崛起,不时突破大同、宣府防线,寇略内地。仅从明成化七年(1471)至隆庆二年(1568),瓦剌、鞑靼诸部侵扰劫掠宣府及其辖区就达30余次之多。嘉靖二十九年

① [清]张廷玉等撰:《明史》卷九一,《兵志》三,北京:中华书局1974年版,第2241页。
② [明]杨时宁:《宣大山西三镇图说》卷一,《总图说》,玄览堂丛书初辑本。

（1550）的"庚戌之变"中,北京周围受到俺答汗的劫掠,都城受到严重威胁。此后,明廷更加重视京师的防务,京畿地区的蓟镇地位骤然提升,超越了宣府镇。但是,作为京师的北大门,宣府的防务仍然受到明廷的高度重视,其军事防御建设仍在进行,即使隆庆和议之后,北方蒙古的压力有所缓和,宣府的防御建设也未曾停止。

明代宣府镇的这种重要地位,为其辖区的政治、军事、经济、文化留下了深刻的印记。宣府镇治所地的宣化古城、城市中心的镇朔楼和清远楼、张家口城北的大境门、怀来县的鸡鸣驿城,以及居庸关、紫荆关、倒马关、飞狐峪、独石口等雄关险隘,如今都成为中外游客赞叹不绝的著名历史古迹和旅游景点。但是,随着岁月的流逝,现在许多人对宣府镇的历史已经非常隔膜,就连土生土长的不少当地百姓,对这段历史也比较陌生。有鉴于此,作者决定潜心研究,撰写一部有关宣府镇的历史著作。作者查阅史料,实地勘察,勤奋写作,终于推出了这部《京师北门宣府镇》。

全书分为 16 章,大体按照时间顺序,记述从明初略定居庸关外、谷王建藩、宣府置镇,直至大顺军经宣府攻入北京,明朝覆亡的历史过程。而后捎带略述清初 50 年宣府镇的经济、文化的恢复和当代张家口市的概貌。书中对明代宣府镇的都司卫所建置、军事指挥系统、长城修筑、驿道建设、军事屯田、马市贸易、儒学书院,以及明成祖亲征、也先入塞、武宗北巡、庚戌之变、俺答封贡等重大历史事件,都予以详加叙述。明代宣府镇的防守区域,包括今张家口市所辖的怀安、万全、张家口市区、宣化、赤城和怀来、涿鹿的北部地区,北京市延庆的东北部、河北省涞源县及山西省天镇的东北部地区。也就是说,明代宣府镇的辖区,绝大多数在现在的张家口市辖区内。因此,这部记述宣府镇历史的作品,亦可视为反映张家口市明代历史的著作。一书在手,对那个时期张家口市的历史发展进程便可以了然于胸,从中受到历史的熏陶和有益的启迪。

为适应不同的阅读群体,作者努力使研究著作具备雅俗共赏的历史普及特色。历史普及读物有两个属性,一是历史著作,二是大众读物,因而必须兼顾历史科学性与文本可读性。所谓历史科学性,就是所记述的历史事件、历史人物和历史现象必须客观真实,准确无误,不能臆测戏说,胡编乱造。遵循这个原则,作者认真查阅大量史籍和方志,并注意吸收史学界新近的研究成果,力求史事的记述真实可靠,言之有据。所谓文本可读性,就是要写得生动活泼,通俗易懂,能引起普通大众的阅读兴趣。按照这样的要求,作者在作品的通俗化方面下了一番工夫。

一是抛弃传统教科书式的呆板写法,每章标题尽可能做到雅俗结合。具体做法是正标题用一句史籍中的原文,显得非常雅致,副标题则用通俗的语言概括本篇的内容,让人一看就知道要讲什么。比如第二章正标题为"因宣德旧名而称之",副标题为"谷王建藩宣府";第五章正标题为"凡兵粮边备,俱听厘正",副标题为"巡按御史和巡抚都御史";第七章正标题为"戍以强兵,统以主将",副标题为"宣府镇的军事指挥体系"。这样雅俗结合,相映成趣,足以引人入胜。

二是不作烦琐考证,恰当引用原始资料。明代宣府镇的某些史事,史籍缺载或存在歧疑之处,作者一般不在书中详加考证,而只写自己考证之后认为正确的一种观点,以避免拖沓沉闷。书中所使用的原始资料,除非常必要者外,大多不引用原文,而用自己的言语加以阐释表述,以减少普通大众的阅读障碍。

三是文字简洁流畅,篇幅短小精悍。全书分为 16 章,章下又分为若干子目,每个子目记述一件事,也不过几百个字至一两千字。忙于生计的普通大众,虽然没有大段的时间阅读大部头著作,但只要得空拿起书来,三五分钟最多十来分钟,便可以读完一个子目,日积月累,不难把整部著作读完。

历史知识的普及,是提高国民素质的主要途径,希望有更多的历史学家、历史教师、作家和业余爱好者,用他们的生花妙笔,写出更多的生动活泼、雅俗共赏的历史普及读物。

2010 年 10 月 29 日于北京墙外楼

(杨润平、杨申茂、颜诚著:《京师北门宣府镇》,北京:科学出版社 2012 年版)

重修《颍川同美陈氏族谱志》序

　　作为中华儿女,陈姓族人不论何时何地,心中都牢记先辈艰苦创业的卓越功绩,不忘自己的祖源。浓烈的寻根意识,是民族认同感形成的重要因素。血脉的同根同源和基因上的共承共传,使中华民族具有强大的向心力和凝聚力,而生生不息地屹立于世界民族之林。

　　陈姓是中华民族大家庭的一员。相传陈姓源出黄帝九世孙虞舜之后。舜的部落,活动于虞(故址在今山西平陆),故称虞舜,亦称有虞氏。舜年20,即以孝闻名。他30岁被推举为部落联盟首领尧帝的继承人,50岁代尧帝摄行部落联盟首领之权,58岁时尧帝去世,继其位正式担任部落联盟首领,称舜帝。后来,周武王于公元前1070年讨伐商纣,复求舜帝之后人,得其三十四世妫满,封授陈国,都宛丘(今河南淮阳),领有今河南东部和安徽部分地区。妫满去世后谥胡公,子孙以国为姓,胡公就成为陈姓的始祖。此后,陈姓子孙繁衍,分派播迁,散处各地。胡公四十八世实公,居颍川许(今河南许昌东),肇开颍川陈氏世系。实公十四世忠公又开南陈世系。至忠公十三世校尉公(名弘元),为避中原战乱,于后周显德年间(954—960)从河南光州固始入闽,择居于永春小岵南山,又开永春小岵陈氏世系。传至十五世昆禄公,大约于元末至正二十五年(1365)迁至安溪塘尾,又开同美陈氏世系。如果说,黄帝及尧舜是古代传说中的人物,其准确年代今已难以考证的话,那么陈氏始祖胡公及此后的颍川陈氏始祖、南陈世系始祖、永春小岵陈氏始祖,直到安溪同美开基始祖昆禄公,其生存年代及传承谱系则历历可考,清晰明了。从胡公算起,陈氏得姓已有 3000 多年的历史,而同美陈氏从昆禄公开基至今,也有将近 650 年的历史,可谓源远流长。

为了追溯族源,区别昭穆,我国早有修纂族谱的传统。安溪同美陈氏族谱始修于清康熙十二年(1673)元月,咸丰八年(1858)重修,此后每隔 30 年左右重修一次,最后一次重修在民国十一年(1922)。中华人民共和国成立后,由于极左思潮的泛滥,族谱被作为封建糟粕而横遭批判,同美陈氏族谱的重修自然也就长期陷于停顿。改革开放以后,随着思想的解放,经济文化的发展,许多有识之族亲屡次倡议重修族谱。后由一些热心的族亲牵头成立重修族谱筹备组,聘请修谱人员,分工协作,查找旧谱,搜集资料,终于在中断九十余载之后,完成这项工作,了却族人多年的夙愿。

毋庸讳言,古代和近代所修的族谱,带有时代的烙印和局限,含有某些封建的糟粕。但我们不能因此就全盘否定族谱修纂的意义。国有国史,家有家史,家族也有家族的历史,族谱就是同宗共祖的血缘集团记载本家族世系和活动事迹的历史图卷。史的功用在于鉴往而知来。人类的现实活动,是在历史活动的基础上展开的。如果人们对往事一无所知,不知道先辈是如何从过去走到现在,那么就会对未来感到迷茫,难以设定如何从现在走向未来。因此,"我从哪里来? 我向何处去?"便成为人们密切关注的一个时代命题。当前一股热衷于寻根问祖的世界潮流正在蓬勃兴起,其源盖在于此。

史的功用在于鉴往知来,给人们以有益的启示,以便更好地规划和建设未来。那么,同美陈氏的先辈有哪些优秀的精神品格,值得我们认真借鉴和继承,并加以发扬光大呢?

第一,艰苦创业的精神。同美陈氏的先辈,是从中原地区几经辗转迁徙,最后才到闽南落户定居的。在古代,每次迁徙,他们扶老携幼,长路漫漫,不知要越过多少崇山峻岭,踏过多少长河深涧,而所到的定居点,则都是人迹罕至,甚至是渺无人烟的蛮荒之地,荆棘丛生,豺狼出没,但是,他们不畏艰难,胼手胝足,艰苦奋斗,终于用血汗开辟出一片新天地。就拿同美陈氏的最后落脚地塘尾来说,现在是个山清水秀的好地方,但当初昆禄公从永春小岵迁居于此时,可是个荒无人烟之地,山地丛林密布,虎豹啸吟,平地蓬蒿遍野,长虫出没,加上台风的肆虐,蓝溪的泛滥,给开发带来了很大的困难。但他们发扬前辈敢于拼搏的精神,带领子孙克服种种艰难险阻,披荆斩棘,挥洒血汗,终于把这块穷乡僻壤改造成为宜居的新家园。

　　第二,尊师重教的传统。早在明清时期,塘尾陈氏族人就办起私塾。乾隆年间,族人陈恩创办学馆,重金礼聘温泉乡的举人唐桂生,教授子弟。经过多年的苦读,其子宗达和堂侄元锡先后考中进士。两位堂兄弟皆中进士,堪称同美,塘尾亦因此改称同美。民国九年(1920),又假祖祠创办新式学堂同美小学,礼聘泉州的林默出任首任校长。民国十五年(1926)由海内外乡贤捐资,为同美小学另择新址,在地势较高,不易遭到洪水侵袭的象山埔盖起一座同字形的新校舍,并礼聘名师任教,使教学水平得到大幅度的提高。1949年后特别是改革开放以来,村里不仅多次集资扩建校舍,而且在1994年重新进行翻建,增添现代化的教学设备,从而升格为城厢中心小学。1998年8月,马来西亚的侨亲陈金火先生还捐资,在巷头街创办了金火中学。由于尊师重教,同美陈氏子弟不仅素质不断提高,而且在明清时期出了多名进士、举人、廪生、太学生、贡生、庠生和武生。新中国成立以后更是人才辈出,既有担任行政职务的厅、处、科级干部,也有知名的专家、学者。

　　第三,恪守孝道的品德。相传陈姓的太始祖虞舜的父亲是个双目失明的盲人,妻子生下舜后去世,他又娶了个轻狂浮躁的后妻,生下象。舜的父亲生性愚妄,不仅溺爱娇纵后妻所生的小儿子象,使其养成傲慢无礼的坏脾气,而且还几次想除掉前妻所生的大儿子舜,舜有小的过错,就重加责罚,欲置之死地而后快。但舜始终善事生父和继母,侍奉唯谨,20岁时便以孝闻名。后来,儒学兴起,将孝列为伦理道德必须遵循的规范之一,同美族人更将《二十四孝》编成歌曲传唱,使之家喻户晓,深入人心。因此,恪守孝道便成为同美陈氏族人的一种传统美德。

　　第四,开放相容的心态。同美陈氏的祖先,从中原地区几经迁徙,于元末来到闽南定居。在不断的迁徙过程中,逐渐形成开放相容的心态。每迁移到一个陌生的地方,在保持中原原有的传统文化和风俗习惯的同时,又以厚德载物、开放相容的态度,对待当地土著居民的文化习俗,与之和睦相处,彼此相容。现在通行的闽南方言,就是中原移民包括陈姓移民带来的中原汉语融合闽南土著语言而形成的。至明清时期,同美的一些陈氏族人,为生活所迫,又进一步发扬先辈开放相容的传统,冲破安土重迁观念的束缚,以极大的胆量和勇气,到海外去闯荡世界,旅居东南亚乃至欧美等地,形成华侨与华人群体,既对当地的开发发挥积极的作用,也为缔造和发展中国人民与世界各国人民的友谊做出了重大的贡献。

　　这次同美陈氏族谱的重修,是族人的一件喜事。希望通过这次重修,能让族人铭记先辈艰苦创业的历史功绩,同时继承和发扬他们优秀的精神品格,为家乡的建设,为中华民族的振兴努力拼搏,做出更大的贡献。

2013 年 5 月 6 日于北京

（原载 2014 年重修《颍川同美陈氏族谱志》卷首）

《中国珠江文化史》的学术价值与现实意义

——在《中国珠江文化史》座谈会上的发言

今天有幸参加广东省珠江文化研究会成立十周年暨《中国珠江文化史》首发庆典大会,感到非常高兴。这里,我谈两点感想。

第一点感想,广东省珠江文化研究会组编这部《中国珠江文化史》,是做了一件功德无量的大好事,因为这部著作具有重要的学术价值和现实意义。

一是填补我国江河文化史研究的一大空白。我国现代意义的文化史学科,确立于20世纪的二三十年代。具有开创之功者,首推广东新会籍的史学大师梁启超。他曾拟撰写一套多卷本的《中国文化史》,惜壮志未酬,仅成《社会组织篇》八章。此后,有关文化史的研究成果陆续涌现。随着历史科学的发展,地下文物的不断发掘,中国古代文明一源说的传统观点被多源说所取代,人们逐渐认识到,中国的文化是由多地区多民族共同创造的,既有共同的特质又有多样的色彩。要想全面了解中国的文化,必须对各个地区的文化进行深入的研究。各地的有关部门,于是纷纷组织力量,投入到本地区文化史的研究之中。但是,这种区域文化史的研究,多局限于行政区域的范围之内。而行政区是一种行政管理区域单位,与作为有着相似或相同文化特质的文化区不是同一概念,前者是人为划定的,后者是在一定的自然和人文环境中形成的,两者在有些地方是相吻合的,但在更多的地方则是不吻合的。同时,随着文化史研究的深入,人们又发现,大江大河既是人类的摇篮,也是古文明的发源地,而每条江河特定的自然和人文环境又使其孕育的文化形成独特的风格。因此，改革开放以来，作为区域文化史的一种，江河文化史的研究日益受到人们的重视，成为文化史研究的一个热点。先是华艺出版社在1994年率先出版侯仁之主编的《黄河文化》，接着江西教育出版社又于1995年和2003年，分别推出由李学勤、徐吉军主编的《黄河文化史》和《长江文化史》。其间，河北大学出版社也于2001年至2004年推出一套雅俗共赏的普及读物"大江大河传记丛书"，包括《黄河传》《长江传》《珠江传》《淮河传》《塔里木河传》《雅鲁藏布江传》《松花江传》《澜沧江怒江传》等，对江河文化的研究和普及起到积极的推动作用。在这股江河文化史的研究热潮中，流淌在我国北部和中部数个省区市的两条母亲河黄河和长江，相继有了文化史专著，却独缺穿越我国南部数个省区的另一条母亲河珠江的文化史专著，这不能不说是个很大的缺憾。现在《中国珠江文化史》的出版，填补了这个学术空白。这样，我国历史上经济最为发达地区的文化发展概貌，就由三条母亲河为轴线串联起来，而得到系统的梳理，比较完整清晰地展现在世人面前了。

二是推进广东文化大省的建设。改革开放以来，随着经济强省地位的确立，广东全省上下一直致力于文化大省的建设。建设文化大省，离不开传统文化的继承与创新，这就需要对全省各地的文化遗迹和遗产进行一次全面、系统的清查和梳理，摸清原有的家底。广东省珠江文化研究会的成立和《中国珠江文化史》的编撰，正是适应了这个需要。珠江文化研究会成立之后，先后组织了多种学科的专家学者，深入到珠江干流和各个支流两岸进行深入的考察和调研，并与多省市联合召开多次学术研讨会，形成了"珠江文化丛书"等一系列学术成果。然后在这个基础上，组织有关的专家学者进行精心的结撰，推出这部近300万言的学术专著《中国珠江文化史》。一书在手，珠江文化的历史与现状历历在目，珠江文化的优点与缺点了然于胸，文化的传承与创新就会更加自觉，就可少走弯路，这对文化大省的建设无疑将发挥积极的推动作用。

第二点感想，广东省珠江文化研究会和《中国珠江文化史》作者的社会责任感、探索勇气和胆略，令人敬佩。

众所周知，我国学术界对黄河文化和长江文化的研究起步较早，成果也多，相关的论著可谓汗牛充栋。《黄河文化史》和《长江文化史》的编撰，又会聚了上至中国社会科学院下至许多省市高等院校、科研机构、文物局和博物馆的众多专家学者，而且只写到近代为止，不写现当代文化。珠江在历史上被视作"边河"，珠江文化的研究没有受到应有的重视,起步较晚,有关的研究成果非常有限。《中国珠江文化史》的撰稿人员,又全部来自本省的高等院校和文史馆,而且要写到争议较多、没有多少研究成果可供借鉴的近现代文化,其难度可想而知。但是,珠江文化研究会和珠江文化史写作班子的专家学者,看到这项课题的重大学术价值和现实意义,便义无反顾地迎难而上。他们不仅查遍各种有关的档案文书和文献资料,而且踏遍珠江流域的山山水水,进行实地考察,掌握大量的第一手资料,弄清了许多前人未曾弄清的历史谜团,梳理出珠江文化从古到今的发展脉络、起伏兴衰的规律及其独特的文化品格。通过将近十年的艰苦探索,终于首次为广大读者奉上这部《中国珠江文化史》专著。在学术空气十分浮躁的当今社会,这种社会责任感、探索勇气和胆识,尤其显得难能可贵,值得大力赞扬和学习。

2010 年 6 月 28 日

(原载黄伟宗主编:《创会十年——广东省珠江文化研究会成立十周年庆典文集》,

香港:中国评论学术出版社 2010 年版)

《朱元璋传》和《明代特务政治》的政治影射

最近刚在中央电视台播放过的电视连续剧《传奇皇帝朱元璋》，塑造了一个好色而又残暴的朱元璋形象，他除了不择手段地追逐女人，便是想着如何诛灭异己，于是呈现在观众面前的，净是一些特务横行的镜头，人头落地的场面，充满阴森恐怖的气氛。看完这部电视连续剧，人们不禁要问：这样一个好色凶残的大明开国皇帝，何以能酿成"洪武之治"，使全国的耕地面积达到850多万顷，远远超过了宋元时期？他开创的大明王朝何以能延续长达277年之久，成为中国封建社会仅次于唐朝的第二个国祚绵长的朝代？其经济文化何以能取得一系列突出成就，仅万历三十年（1602）全国1161万余顷的耕地面积，就成为清代直到雍正年间都未能超越的数字？晚明之时，中国何以会成为世界上最大的经济实体，在对外贸易中处于顺差的强势地位，使世界各地的白银大量流入中国？

其实，不光是这部电视连续剧，许多作家所写的历史小品、随笔和杂文，也常常一讲到朱元璋就是猜忌多疑，嗜杀成性，一说到明朝就是检校遍地，特务横行，狱案频发，血流成河。总之，在一般人的眼里，朱元璋开创的明王朝成为一个黑暗恐怖的朝代，没有丝毫的亮色，对它的评价不仅远逊于秦汉唐宋，甚至还不及元朝和清朝。这究竟是为什么呢？如果细加探究，除了目前明史研究的力度不够、高质量的成果有限之外，还有各种极其复杂的原因，而吴晗的《朱元璋传》、丁易（叶鼎彝）的《明代特务政治》的负面影响,恐怕也是一个不可忽视的重要因素。

　　吴晗和丁易的这两部著作,都写于20世纪40年代。当时为了配合全国人民反对蒋介石反动统治的民主运动,一些进步的历史学家如郭沫若、范文澜、翦伯赞等,常常以历史作为影射、抨击蒋介石的手段。吴晗和丁易就是在这样的历史背景下写出这两部著作的。吴晗的著作开笔于1942年,翌年由重庆的两家出版社分别出版,在创出版社的版本叫《由僧钵到皇权》,胜利出版社的版本叫《明太祖》,一书而两名。后来,吴晗曾回忆说:"由于当时对反动统治蒋介石集团的痛恨,以朱元璋影射蒋介石,虽然一方面不得不肯定历史上朱元璋应有的地位,另一方面却又指桑骂槐,给历史上较为突出的封建帝王朱元璋以过分的斥责。不完全切合实际的评价。"①全书共8万字,分为四章,记述朱元璋一生的经历和功过。作者所说的"不得不肯定历史上朱元璋应有的地位",是指肯定朱元璋推翻元朝,完成统一,"收复了沦陷于外族四百三十年的疆域","建立了汉族自主的大帝国",成为"历史上伟大的民族英雄之一",这个评价带有大汉族主义的色彩,显然是不很贴切的。作者所说的"指桑骂槐",内容主要集中在第四章《恐怖政治》,它分为《几件大案》《文字狱》《锦衣卫和廷杖》《皇权的极峰》四节,记述朱元璋在洪武建国后强化君主专制中央集权统治,屡兴大狱,诛杀功臣,"杀得全国寒心,人人战战兢兢,不知命在何日",又"利用锦衣卫来侦伺臣民,用廷杖来折磨士气,立'寰中士大夫不为君用'之法,强迫知识分子和他合作",并迭兴文字狱,弄得"举国上下都诚惶诚恐,拱手听命","洪武一朝的历史可以说是血写的"。后来,吴晗感到此书文字拙劣,材料不够,加之一书两名,更感不快,从1947年暑假起花了一年零一个月的时间进行重写,改名为《朱元璋传》,于1949年4月由上海新中国书局、三联书店和香港传记文学出版社出版。《朱元璋传》的篇幅比原作扩大了一倍,达到十五六万字,不仅在《恐怖政治》一章中补充了大量材料,还把第一章的标题由《流浪青年》改为《小流氓》,进一步突出影射的色彩。

　　丁易的《明代特务政治》于1945年动笔,1948年写成,1953年3月由中外出版社出版。后来,作者回忆说:"1945年正是中国人民抗日战争接近胜利的时期,这时候在蒋管区一方面是蒋介石的反动血腥统治和勾结敌人的卖国行为的变本加厉,一方面则是人民民主运动蓬蓬勃勃日益高涨起来,而蒋帮特务的镇压、逮捕、屠杀也越发厉害。在那

---

① 吴晗:《朱元璋传》自序,三联书店1965年,第1页。

时想写文章公开攻击他们的罪行,则没有办法发表出来的。于是我就想到利用历史事实绕个弯来隐射,恰好明代是特务最为凶横的朝代,这样,我就开始撰写了一些有关明代特务的论文,陆续在《新华日报》《文汇报》《中华论坛》《时与文》《理论与现实》《新中华》等刊物上发表出来。但在蒋帮的反动严密的检查制度之下,这些历史论文也仍然要遭受到抽筋换骨或斩头去尾的刑罚(现在就算在这书里一并更正了)。而朋友们看了却更鼓励我多写一些,我自己也觉得在那时多写这类文章也还有它一定的作用,这样就系统地撰写,编成了这本书。这是我写这本书的主要原因。"①此书将明代的特务机关分为分驻各地、驻在京师、临时派遣三大部分,以 44 万字的篇幅,分为 8 章,历述明代特务对人民的残酷剥削和血腥镇压,以及人民的不满和反抗斗争。

在抗日战争后期蒋介石积极反共、消极抗日和抗战胜利后蒋介石悍然发动反共反人民的内战的年代里,吴晗和丁易的著作借历史影射现实,以朱元璋的"恐怖政治"和明代的"特务政治"类比蒋介石的法西斯统治,希望借此打击敌人,教育群众,这是可以理解的。当时,这样的写法,也的确容易引起人们的联想,激起人们对蒋介石的不满和仇恨,对推动人民民主运动的发展产生了积极的作用。

但是,这种以历史影射现实的著作,毕竟存在很大的弊端。第一,强调实用性而忽略了科学性。两部著作或以朱元璋类比蒋介石,或以明王朝类比蒋介石的国民党政权,这本身就是不科学的,因为朱元璋毕竟不同于蒋介石,明王朝也不同于蒋介石的国民党政权,两者之间的阶级性质不同,时代环境也迥然有别。而且,两部著作为了突出明初和整个明代政治的残暴和黑暗,以强化影射的效果,往往导致对某些史事的扭曲演绎和错误论定。《由僧钵到皇权》一书,不仅用以影射蒋介石的《恐怖政治》一章占到全书篇幅的 1/5,而对洪武年间朱元璋的其他政治、经济、文化决策等一笔带过,特别是对他恢复和发展经济的决策和成就更是略而不谈,而且还把朱元璋所强化的皇权说成是历史的"极峰""最高峰"。这样一来,朱元璋就成为多疑猜忌、横暴嗜杀的暴君,洪武一朝的历史也就成为一部用血写的历史了。《明代特务政治》一书,不仅写了厂卫的种种暴行,还把宦官机构也定为特务机构,将明代的 40 万宦官都当作特务看待,举凡宦官干政、监军、采办、管理皇庄田地、充当矿监税使,都说成是特务活动。最后一章,作者就写道,崇

---

① 丁易:《明代特务政治》自序,北京:群众出版社 1983 年版,第 1 页。

祯皇帝朱由检"更进一步的来厉行特务政治,强化特务组织,恢复了许多已经废除的特务机构。他企图依仗特务来维持摇摇欲坠的专制统治,举凡政治、经济、军事以及刑法侦缉等等大权,完全交给特务掌管,造成了明代特务一个回光返照的局面"。这样,明代的政治也就成了"特务政治",除了黑暗、暴虐和血腥之外,没有值得肯定的一丝亮色了。

这种突显明初与明代政治阴暗面的演绎和论定,显然有悖历史事实。明代的宦官机构尽管罪行累累,但它毕竟不是特务机构,而是宫中的内侍机构。朱元璋大力强化封建专制中央集权统治,在宋元强化专制和集权的基础上,使皇帝的权力达到新的高峰,但并没有达到中国封建社会历史上的最高峰。中国封建专制中央集权高度强化的极峰,出现在清代而非明代。清代君主权力之膨胀,专制手段之残暴,危害之严重,比之明代是有过之无不及的。明代的君主虽集大权于一身,但总还有廷议、廷推制度的存在,朝中大臣可以通过廷议对国家大事发表意见,提出建议,吏部还可通过廷推参与高层人事安排的决策。朱元璋虽然专制,但总还积极提倡谏诤,要求臣民犯颜直谏,说:"臣不谏君,是不能尽臣职;君不受谏,是不能尽君道。臣有不幸言不见听而反受其责,是虽得罪于昏君,然有功于社稷人民也。"①尽管朱元璋提倡谏诤是为维护和巩固封建统治特别是朱家王朝的专制统治服务的,符合这个宗旨的谏言他能采纳,不符合这个宗旨的则拒绝采纳,甚至将进谏者加以诛杀,但是一些耿介之士仍把谏诤看作忠于社稷、君主的职责,即使以言触祸,也是"有功于社稷人民"的义举,一再冒死直谏。这种不怕坐牢、不怕杀头、敢言直谏的精神,还对后人产生了深远的影响。在朱元璋之后,每当昏庸之君在位,常常有人冒着杀身之祸,犯颜直谏,要求革新朝政,改弦易辙。海瑞骂皇帝,就是一个突出的事例。到了清代,这个谏诤之风便戛然而止,呈现一种万马齐喑的状态。近代明清史大家孟森曾感慨道:"明一代虽有极黯之君,忠臣义士极惨之祸,而效忠者无世无之,气节高于清世远甚。"②

另外,两书为了突显明代政治的残暴,不加审核地使用一些野史稗乘记载的传闻,也大大损害了其科学性。洪武年间,朱元璋大力强化封建专制,滥施政治淫威,迭兴狱案,诛戮功臣,并立"寰中士大夫不为君用"而"诛其身"之法,厉行文化专制,人们敢怒不敢言。明中后期,随着商品经济的繁荣,封建统治的松弛,逐渐兴起反君权的思潮。按

①　《明太祖实录》卷三〇,洪武元年二月乙未,台北:"中央研究院历史语言研究所"1962 年校勘本。
②　孟森:《明清史讲义》上册,北京:中华书局 1981 年版,第 75 页。

"新鬼大,旧鬼小"的世俗原则,此时的朱元璋已成为无害的圣像,人们便把抨击的矛头聚集到他身上,借他这个靶子来发泄对当朝君主和封建专制的不满。于是出现了许多朱元璋借表笺文字的讹误诛杀儒士的传闻。这些传闻,皆载之私家撰写的野史稗乘,而未见诸官修的史籍,而且往往互相抵牾,漏洞百出,有的荒诞不经甚至和史实相左。如徐祯卿《翦胜野闻》等书记载,洪武年间,徐一夔任杭州府学教授,尝作贺表,有"光天之下""天生圣人,为世作则"等语,朱元璋览之大怒,说:"腐儒乃如是侮朕耶。'生'者,僧也,以我从释氏。'光'则摩顶之谓矣。'则'字近'贼'。"乃"罪坐不敬,命收斩之"①。但据光绪年间编校的《始丰稿》跋的考证,徐一夔实际死于建文元年,年逾八十,并非为朱元璋所杀②。又如赵翼《廿二史札记》引黄溥《闲中古今录》的记载,说高僧来复写了首《谢恩诗》,有"殊域"及"自惭无德颂陶唐"之句,朱元璋阅后大为恼火,曰:"汝用'殊'字,是谓我'歹朱'也。又言'无德颂陶唐',是谓我无德,虽欲以陶唐颂我而不能也。"遂斩之③。但据释明河《补续高僧传》及释元贤《继灯录》的记载,来复是在洪武二十四年涉嫌胡惟庸党案被杀的,而非触犯文字禁忌而被斩④。再如郎瑛《七修类稿》载,四明高僧守仁、德祥分别以《题翡翠》《夏日西园》的诗作而遭朱元璋的忌恨,"皆罪之而不善终"⑤。但钱谦益在《列朝诗集小传》中却明确记载,这两位高僧都和朱元璋有着良好的关系。守仁曾在洪武十五年应召出任僧录司右讲经,三考升为右善世。其母逝世时,奉旨奔丧,特赐锱装殓。洪武二十四年又受命主持天禧寺,最后"示寂于寺",善终天年。德祥也曾"应召浮屠",十年三上京华,与缙绅往来频繁。他一直活到永乐中,最后"谈笑而逝",亦得善终⑥。但吴晗和丁易,对这些野史稗乘记载的传闻均未加辨析地加以引用,据以描述明初文字狱的一幕幕惨剧,从而背离了历史的真实。

第二,导致历史评价的失准。评价历史人物和历史事件,既有道德价值标准,又有历史价值标准。能够完全符合这两个标准的堪称完美的人物和事件,当然值得景仰和

---

① [明]徐祯卿:《翦胜野闻》,《纪录汇编》本。

② [明]徐一夔著、徐永恩校注:《始丰稿》附录,《丁丙〈始半稿跋〉》,杭州:浙江古籍出版社2008年版。

③ [清]赵翼著、王树民校证:《廿二史札记》卷三二,《明初文学之祸》,北京:中华书局1984年版,第740—741页。

④ [明]释明河:《补续高僧传》卷二五,《复见心传》,《续藏经》本;[明]释元贤:《继灯录》卷五,《径山悦禅师法嗣》,《继藏经》本。

⑤ [明]郎瑛著、安越点校:《七修类稿》卷三四,《二僧诗累》,北京:文化艺术出版社1998年版,第429页。

⑥ [清]钱谦益:《列朝诗集小传》闰集,《四库全书》本。

称赞,但毕竟少见。在历史上,由于阶级和时代条件的限制,更多的是存在这样那样缺陷的人和事。就是手创"贞观之治"的唐太宗,不也有过诛杀同胞兄弟的举措吗? 被誉为"盛世"之君的清世宗,登基之后不也对自己的亲弟弟八、九阿哥和他父亲宠幸的一大批官员狠下毒手,并迭兴文字狱,屠杀过大批汉族士人吗? 评价历史人物和历史事件,不仅要用道德价值标准来衡量,更重要的是要用历史价值标准来衡量,看此人和此事对社会的进步、历史的发展究竟起促进还是阻碍的作用。吴晗和丁易的两部著作,对朱元璋和明代政治的评价,更多的是使用道德价值标准,着重谴责、批判、抨击其阴暗面,很少甚至不顾及其对社会进步、历史发展的贡献,这样的评价显然偏颇。

1948 年夏,吴晗响应中共中央关于召开新政协的号召,离开北平绕道天津进入解放区。在石家庄,他将刚改完尚未出版的《朱元璋传》稿子呈送毛泽东审阅。毛泽东抽空读了这部书稿,除对彭莹玉的结局描述提出疑问,还给吴晗写了一封信,认为"先生似尚未完全接受历史唯物主义作为观察历史的方法论"。新中国成立后,吴晗根据毛泽东的意见,从 1954 年起花了一年多的时间对《朱元璋传》进行修改,除依据新发掘的史料纠正原书对彭莹玉结局的错误描述外,还根据蒋介石政权早已被赶出大陆的时局变化,尽可能去掉一些直接影射的词句,将第一章标题由《小流氓》改回《流浪青年》,并特地补写了《社会生产力的发展》一章,讲述朱元璋在元末农民战争结束后恢复和发展生产的种种措施及其成效,使人们了解朱元璋在强化封建专制中央集权统治的残暴一面之外,还有促进社会生产力发展的另一面。吴晗将此书油印了 100 多本,分送各方面的朋友征求意见,并再次呈送毛泽东审阅。毛泽东对这个修改本的意见是:"朱元璋是农民起义领袖,是该肯定的,应该写得好点,不要写得那么坏(指朱的晚年)。"①学术界的朋友大多认为修改本的主要缺点是"对阶级关系、阶级矛盾、阶级分析注意不够,对朱元璋这个历史人物评价也不够全面"②。吴晗于是下决心认真学习马克思主义、毛泽东思想,"经过九年来的学习,有些问题比以前认识得似乎清楚一些了,特别是关于阶级、阶级分析、阶级斗争和历史人物评价问题,学习得比较用心一些,也写了一些文章"。然后从 1964 年 2 月起,利用生病半休养的机会,花了两个月的时间进行第四次改写,于 1965 年 2 月由三联书店正式出版。

---

① 袁浦之:《忆吴晗二三事》,《北京盟讯》1981 年第 3 期。
② 《朱元璋传》自序,第 4 页。

这次改写的本子是《朱元璋传》的定稿本,篇幅扩增至 21 万字。全书运用历史唯物主义的观点,比较全面地记述朱元璋从农民起义领袖到明朝开国皇帝的曲折经历,比较深入地探讨了朱元璋称帝后的内政外交、经济文化决策及其成就,认为"朱元璋有许多功绩,也有许多缺点,就他的功绩和缺点比较起来看,还是功大于过的。他是对社会生产的发展、社会的前进起了推动作用的,是应该肯定的历史人物。在历代封建帝王中,他是一个比较突出、卓越的人物"。这个评价,显然比第一个本子所说的"伟大的民族英雄之一"更接近历史实际。因此,这部《朱元璋传》也就成为我国朱元璋研究的奠基之作。

不过,吴晗这个《朱元璋传》的定稿本毕竟是改定于以阶级斗争为纲的年代,难免带有那个时代史学论著的通病,即过分突出阶级分析和阶级斗争,从而削弱、冲淡了历史主义,对历史唯物主义的掌握和运用并不到位。比如对朱元璋强化封建专制中央集权的统治,书中就只讲到它是"阶级斗争的结果",着重强调它的残暴、血腥和恐怖,揭露其对明代政治、经济、文化发展的消极作用,却忽略了明代封建专制中央集权的强化归根结底是宋元以来地主土地所有制和租佃制普遍发展的产物,在客观上含有某些顺应社会发展趋势的因素,因而对明代政治、经济、文化的发展也有积极作用的另一面。正是由于封建专制中央集权的加强,文官武将和地方势力的力量遭到削弱,而朝廷则集中了更多的人力、物力和财力,特别是牢牢地控制了一支强大的军事力量,对内得以迅速平定统治阶级内部的叛乱和少数民族上层贵族的分裂活动,制止蒙古贵族的卷土重来,对外得以有力地抵御倭寇和外来势力的侵扰,从而保障社会秩序的稳定,维护和加强我国多民族国家的统一,为社会经济和文化的发展提供了必要的条件。

特别值得注意的是,在多年的《朱元璋传》修改过程中,朱元璋猜忌凶狠、残暴嗜杀的暴君形象在吴晗的脑子里已经根深蒂固,洪武一朝是血写的历史已成为他的思维定式,一时很难改变过来,因此《朱元璋传》的定稿本不仅全部保留第一个本子第四章《恐怖政治》的全部内容,而且经过第三个、第四个本子的不断扩充,把朱元璋以猛治国,搞特务网,诛杀功臣,兴文字狱,迫害知识分子的种种暴行,写得更加淋漓尽致,未能达到毛泽东指示的把朱元璋"写得好点"的要求。对明代封建专制中央集权制度的认定和评价也基本保持原样,只是将朱元璋改革国家机构,"使皇权由之达于极峰",改为"使中央集权发展到最高峰",并没有什么本质的区别。所以,这个定稿本也就未能完全改变第一个本子所描绘的那个恶劣的朱元璋形象。

　　至于丁易,他在《明代特务政治》出版之后,不幸于 20 世纪 50 年代后期英年辞世,已来不及发现书中存在的问题,也就没有机会再作修订了。

　　认识和了解明代的历史,最可靠的办法是查阅原始资料。明史的资料浩如烟海,除了专门的研究者,一般人没有兴趣也没有必要花时间去逐一查找翻阅。他们通常是通过当代人撰写的历史著作来了解明史的。吴晗是著名的明史专家,他的《朱元璋传》文笔生动活泼,简洁流畅,丁易是文学家,他的《明代特务政治》文笔也很漂亮,没有一般史学著作的沉闷枯燥之感,这两本书自然也就成为普通读者了解明史的首选之作。《朱元璋传》定稿本问世后,三联书店、人民出版社等一再重印,《明代特务政治》也由群众出版社两次重印,流传很广。它们对明史的错误论定也就随之在读者中产生广泛的影响,给人们留下明代是一个血腥黑暗朝代的深刻印象。

〔原载《历史学家茶座》总第 6 辑(2006.4)〕

严谨扎实的实证功夫

故宫博物院自 1925 年成立起,就重视学术研究,并逐渐形成重实证、不空发议论,文献与文物并重的实事求是学风,涌现出一批在明清史和宫廷文化研究、文物保护和鉴定等领域成就卓著的专家学者。章宏伟先生自调入紫禁城出版社任职以来,工作之余狠抓学术研究。在故宫学术氛围的耳濡目染之下,他也走上重实证而不尚空谈的治学路径,养成严谨扎实的实证学风。他推出的论著《故宫问学》,即充分体现了其治学的这种鲜明特色。

《故宫问学》一书,汇集章先生近年研究明清故宫学术特别是出版事业的一批论文。细加研读之后,它给我留下了三个特别深刻的印象。

一是史料丰富。章先生深知:"历史研究,只有详尽地占有史料,对史料进行具体的分析研究,才有可能得出正确的结论;否则,就连一般的研究也无从着手。"(《故宫问学》第 213 页)他不像时下的某些学人,从网上或别人的论著中扒下几条史料,就急于著书立说,而是学习史学前辈那种"板凳甘坐十年冷"的精神,"上穷碧落下黄泉,动手动脚找东西",广披博览,沙里淘金,深入发掘有关的史料。除一般史学研究常用的官修实录、政书、正史和方志之外,他还特别注重档案、文集、野史笔记、碑刻谱牒以及文物遗迹的搜寻,力求找到第一手资料,接近历史的原貌。由于这种几近"竭泽而渔"的广泛搜集和深入发掘,书中的每一篇文章,史料都非常丰富而翔实。如《故宫博物院藏〈嘉兴藏〉的价值》一文,除大量征引这部卷帙浩繁的《嘉兴藏》,还征引50多种有关的史籍。《明代工部尚书雷礼生平考略》一文,也征引了50多种史籍。即使是篇幅最短的《袁了凡生卒年考》一文,仅仅是考证袁了凡生卒年这样一个问题,征引的史籍也达20多种。正是由于作者掌握了大量史料,书中的论述皆"言必有据",做到"无一字无来历",不空发议论,不主观臆测,显得厚重而扎实。

二是考证严谨。章先生也深知:"研究历史,史料不足,会得不出结论或得出片面的结论;史料不正确,会导致结论的谬误。"(《故宫问学》第213页)他不仅重视史料的搜集发掘,更重视史事的审查考证,力求做到史实的准确无误。章先生没有轻信每一部史籍和每一条史料,也不盲从某些流行的成说,而是勤于思考,敏于求证。他的求证,除了使用史学界常用的几种方法之外,还继承故宫老一辈学者的传统,经常运用王国维首倡的二重证据法,将文物(实物)与文献记载互相印证,进而作出正确的判断,导出新的结论。例如《嘉兴藏》的雕版地点,故宫老专家杨玉良先生曾提出在五台山时期有妙德庵与妙喜庵两处之说。但章先生根据故宫博物院藏《嘉兴藏》每卷经文之后的施刻愿文,编列出五台山时期的刻藏事由及地点,却只见到妙德庵一个雕版地点而没有妙喜庵。于是,他又花费大量时间和精力,将长达万余卷的《嘉兴藏》从头到尾翻阅了四遍,并对施刻愿文逐一重新过录,还是没有找到妙喜庵雕版的文字记载。后来,经过反复思考琢磨,发现只有正藏第101函第4册《大智度论》卷50第22页的施刻愿文,将妙德庵的"德"字刻成异体字的"悳"字,他由此推断杨先生可能是将"悳"字误认做"喜"字,将妙德庵错成了妙喜庵。经过一番艰苦的求证,他最终得出了五台山时期只有妙德庵一个雕版地点的结论。又如满文《大藏经》,由于该书没有书名页,卷端、修书职衔、目录之前也不署书名,它的正式名称叫什么,学术界众说纷纭,令人莫衷一是。章先生查阅故宫博物院藏的满文《大藏经》,发现卷首有篇乾隆帝撰写的序文《乾隆御制清文翻译全藏经序》,后来又在阿桂等修纂的《八旬万寿盛典》卷14找到这样的文字记载:"乾隆五十五年,命以《清文翻译全藏经》成,皇上亲制序文申训。"据此内外证,他推断这部满文藏经的书名应为《清文翻译全藏经》,而按照清代内府刻书的惯例,书名之前还应加上"钦定"、"御制"或"御译"二字,查检该藏的目录,边款又恰有"御译大藏经目录"的字样,进而判定该书的全称应为《御译清文翻译全藏经》。这种以第一手史料为依据,并以文物与文献记载互相比对的考证,得出的结论自然是扎实牢靠,令人信服的。

　　三是创见迭出。由于作者勤于搜求,严于考证,这本书的论文绝少时下某些论著常见的人云亦云的陈词滥调和一大堆新名词的堆砌,而多有自己新颖独到的见解。如《扬州诗局刊刻〈全唐诗〉研究》一文,即提出在刊刻《全唐诗》之前并不存在扬州诗局这个机构,扬州诗局的经费也不是来自两淮"盐羡"的观点,推翻了某些长期流行的成说。又如《明代观政进士制度》一文,指出进士观政制度与有明一代的科考相始终,而非只存在于洪武年间;观政进士的责任是观政而非行政,是"试事"而非直接任职,也不是职前培训;观政进士不算正式官员,但已取得做官的资格,可以奏议政事,享有朝廷颁给的出身禄米,并按官员的标准穿戴青袍角带;观政的时间长短不一,而非仅止三个月的期限。这些论述,也都纠正了前人的错讹之说。再如《故宫博物院藏〈嘉兴藏〉的价值》一文,除订正五台山时期的雕版地点之外,还就《嘉兴藏》首函的许多问题,以及《方册藏》的首创者、募刻前期的实际主持者、刊刻之初的规模规划,选择五台山为刻藏地点之原因、五台山刻藏的现存经卷、刻工,《方册藏》正式刊刻前的刻经等都作了深入的探讨,提出许多令人耳目一新的见解。类似的创新之见,书中随处可见,多不胜举。

　　所有这些,都反映了章先生严谨扎实的实证功夫和求真求实的优良学风。在学术空气十分浮躁、学术泡沫和学术垃圾充斥的当今社会,这种学风尤显难能可贵,值得大加赞扬和提倡。

　　当然,智者千虑也难免会有一失。就具体史事的论述而言,书中的个别论点尚可进一步斟酌。如第1页的脚注①,作者重申他此前提出的一个论点,认为叶德辉先生将我国古代的刻书分为官刻、私刻和坊刻三个系统的观点不够妥当,因为私刻和坊刻并没有什么实质性的区别,而主张根据出版的投资主体和经营性质,划分为政府出版、私人出版和民间出版三大系统。但我认为,既然将政府出版单独划为一个系统,与之相对应的就都是非政府出版系统,实际上不论是私人出版还是民间出版,也确实都属于非政府出版系统,而政府出版也还可以细分为中央政府出版和地方政府出版两个子系统。因此,似可考虑将我国古代的刻书划分为政府(官方)出版和非政府(非官方)出版两大系统,然后在两大系统之下,再细分其子系统,如在政府出版系统之下分列中央官府出版和地方官府出版两个子系统,非政府出版系统之下分列私人出版和民间出版两个子系统。这样的分类,或许更为周全严密。再就全书总体而论,作者的微观研究成就突出,宏观研究则相对薄弱,从而影响到论述的深度和力度。历史研究的任务,不仅在于弄清每一件具体史实的原貌,更重要的是要揭示隐藏在历史现象背后带有规律性的东西。忽视微观研究的宏观研究,只能是空中楼阁,无法真正揭示历史发展的规律;忽视宏观研究的微观研究,又只能是盲人摸象,同样难以揭示历史演进的奥秘。宏观研究必须以微观研究为基础,微观研究必须以宏观研究为指导和归宿,两者应该并重,不可偏废。如果作者能把微观研究与宏观研究结合起来,在微观研究的基础上加强宏观研究,定将更上层楼,取得更大的成绩。

（原载《博览群书》2010 年第 3 期）

明清出版的基础研究

——读《十六—十九世纪中国出版研究》

　　明清是中国古代出版走向高度繁荣的鼎盛时期,存世的出版物数量繁多,相关的资料也极丰富。然而,目前有关明清出版的研究却成果无多,水平也不是很高,许多问题若明若暗,众说纷纭,令人莫衷一是,有些问题甚至无人涉足,成为空白,凸显基础研究的不足。有鉴于此,章宏伟先生多年来致力于明清出版的基础研究,选取明代杭州的私人出版、汤宾尹、胡正言、毛晋、《嘉兴藏》、清代的满文出版、扬州诗局刊刻《全唐诗》、马国翰与《玉函山房辑佚书》、海关造册处与中国近代出版业等若干课题进行个案研究,撰写了一批学术论文,于近期集成《十六—十九世纪中国出版研究》一书,由上海人民出版社于2011年1月正式梓行。

　　基础研究要从史料的搜集做起。章先生供职的故宫博物院,藏有大量的明清文献、宏富的清宫档案以及殿版书版实物,都是不可多得的第一手资料,为他的研究提供了得天独厚的条件。他经常整天埋首其中,广披博览,手摩目验,搜寻有用的史料。除此之外,他还通过各种渠道,从官修实录、正史、方志、野史笔记、碑刻谱牒和各种文集之中挖掘史料。他还将目光投向海外,有时"为了一条难寻觅的材料,甚至求到了日本、中国台湾,请友人帮助购买、复印"(《自序》第8页)。由于广泛的搜集与深入的发掘,章先生研究的每个课题都积累了大量史料,仅《方册藏》一题,他就"找到了一百多万字资料,一一输入电脑"(刘光裕《序言》第14页)。因此,书中的每篇论文,史料都非常丰富而翔实,几乎每页都有数量不等的脚注,有些页面脚注的篇幅甚至超过正文。也因此,书中的论述都能做到言之有据,不作无根之谈,显得厚重扎实,令人信服。

史料搜集到手之后,还有个鉴别的问题。史料缺乏或不足,固然无法展开研究,得不出结论;但如果史料不正确,却会导致结论的错误,更是贻害无穷。章先生不仅重视史料的搜集发掘,更重视史料的审查考证。他狠下功夫,反复对史料进行认真的考证,去伪存真,力求做到史实考订的准确。例如《嘉兴藏》在五台山的雕版地点,故宫一老专家曾据故宫博物院藏《嘉兴藏》提出妙德庵与妙喜庵两地说。章先生对此说存有疑问,便将万余卷的《嘉兴藏》翻查了四遍,还将施刻愿文重新过录一遍,都没有找到妙喜庵雕刻过《方册藏》的文字记载,从而断定妙喜庵雕版之说可能是将正藏第 101 函第 4 册《大智度论》卷 50 第 22 页施刻愿文中"德"字的异体字"悳"字误认作"喜"字所致。又如海峡两岸和日本的学者,从 20 世纪 80 年代起,纷纷撰文确认,从崇祯十四五年起,毛晋汲古阁参加了《嘉兴藏》的刊刻。《故宫博物院藏〈嘉兴藏〉目录》和台北《"国家图书馆"善本书志初稿》,都将与毛晋有关的藏经著录为毛晋汲古阁刊刻。章先生通过对《嘉兴藏》的梳理,依据经文后面的施刻愿文,撰写《五台山妙德庵方册藏刊刻编年》一文,逐年列出妙德庵的刻经活动,又写了《毛晋与〈嘉兴藏〉》一文,逐年排列崇祯十五、十六、十七年和顺治年间毛晋参与《嘉兴藏》的所有活动,发现毛晋作为一个佛教善信,曾捐资刊刻佛经作为功德,又曾出力参与虞山华严阁刊刻部分《嘉兴藏》的校对工作,这两部分藏经都非汲古阁所刊刻。毛晋经营的汲古阁极少刊刻佛经,但曾受云南木增委托,代刻《大方广佛华严经海印道场十重行愿常遍礼忏仪四十二卷》,后来木增将书版捐赠嘉兴楞严寺;还曾刊刻《牧云和尚懒斋别集十四卷》等,后来毛晋子辈将书版捐给寺院,随同《嘉兴藏》印刷流通。除代刻、捐赠书版外,汲古阁的刻工、书手都没有参与《嘉兴藏》的刊刻活动。因此,他认定:"这些与毛晋有关的藏经,都不能如《故宫博物院藏〈嘉兴藏〉目录》《"国家图书馆"善本书志初稿》著录为毛晋汲古阁刊刻。"(第 367 页)

学术研究贵在创新,而切忌人云亦云。由于作者勤于搜求,严于考证,这部论著多有自己独特的见解。例如,明代杭州的私人出版机构,以前张秀民《中国印刷史》著录 24 或 25 家,罗树宝 23 家,顾志兴说 29 家,叶树声、余敏辉说 37 家,缪咏禾说 36 家,张献忠说 42 家。作者通过对《全明分省分县刻书考》《北京图书馆善本书目》等资料的梳理,参照各家的研究成果,统计出明代杭州的私人出版机构在 223 家以上(有的一人开设不同名号的机构,只按一家计算),从而提出明代杭州私人出版的地位需要重新认识,明代的出版地图需要重建的论点。又如对饾版、拱花技术是否为晚明胡正言十竹斋所发明,学术界分歧很大,有的学者甚至认为拱花技术始于唐代,饾版技术肇自宋代。作者在前人研究的基础上,通过深入的探讨,发表了自己的看法:"十竹斋胡正言从万历末年开始出版《十竹斋书画谱》,创立了彩色套印中'饾版'的技法,使印刷出具有水墨质感的彩色版画成为可能。天启六年(1626)吴发祥刻的《萝轩变古笺谱》无论设计还是套印技巧,都较《十竹斋书画谱》有所超越,特别是'拱花'这种具有'浅浮雕'效果的处理手法,在版刻工艺中独具韵致。而《十竹斋笺谱》兼采'饾版'与'拱花',作品水准较《书画谱》又有所提高。这三谱在明代彩色套印版画中是最具代表性的,标志着中国古代的彩色套版雕印技术达到了非常成熟、空前绝后的地步。"(第67页)再如晚清的海关造册处,这是中国最早官办的具有现代概念的出版机构之一,它用中外文字刊印的多种出版物成为研究中国近代史某些课题的第一手甚至是唯一的资料,但是对它的发展历史、制度建设、业绩成就、地位作用等却无人研究,只有个别的论著涉及它的印刷厂以及印制的大龙邮票。作者翻查中国第一历史档案馆藏外务部档案,结合当时的一些文献资料,从出版史的角度,对海关造册处作了专题研究,撰成《海关造册处与中国近代出版》一文,对海关造册处的建立、职位设置和职员及出版物的种类、编辑、发行分别作了梳理,勾画出其发展脉络及大体轮廓。通过研究,作者发现,以前学术界关注的多是西学东渐,重在引进,而海关造册处则重在输出,它出版的书刊,特别是有关中国国情的调查统计和各种重要进出口商品的调查报告对西方了解中国起了很大作用,因此在文章的末尾特地强调:"海关造册处出版物如何向西方介绍中国,需要我们认真总结。"(第535页)

任何学科的构建与发展,都离不开基础研究。对于中国出版史这个新兴学科,基础研究尤显重要。没有基础研究,就没有新史料的发掘、新方法的发明、新理论的构建,学科就无从建立,也没法发展。但是,基础研究却是一件艰苦的工作,需要花很大的功夫,去翻检浩如烟海的各种古籍和档案,大海捞针似的查找有用的史料,再做认真细致的鉴别考订,去伪存真,然后才能对这些史料进行归纳排比,分析研究,从中引出其固有的结论,发表自己的看法。这是一种慢工细活,不仅需要耗费大量的精力和时间,而且十分枯燥烦闷,不是急功近利者所能为的。章先生觉得,"学问能够带来求知的乐趣,学问能够产生发现的愉悦,学问还能够带来成就的满足。当然,学问是苦乐相随,但有苦才有甜,苦后才更甜"。因此,他乐此不疲,在工作之余长期坚持中国出版史的基础研究。为此,他"放弃了应酬,舍弃了娱乐休息,每天晚上熬到深夜,第二天还要早早起来上班,没有节假日;为写一篇论文购买书刊资料的费用远远超过稿费所得"(《自序》第9页)。正是这种孜孜不倦、勤苦钻研的问学精神,使他在基础研究中收获一项又一项的成果,填补了一个又一个的空白。在学术风气十分浮躁的今天,但愿有更多的学者能像章先生那样,沉下心来,将更多的精力投入到基础研究之中,将我们的史学研究扎扎实实地推向前进。

2011 年 6 月 14 日

(原载《博览群书》2011 年第 10 期)

简评《明清江南著姓望族史》

　　吴仁安教授长期从事明清史研究,对江南望族史的研究用力尤勤,曾先后出版过《明清时期上海地区的著姓望族》和《明清江南望族与社会经济文化》两部专著。退休之后,仍发挥老骥奋蹄的精神,经常到各地的图书馆、档案馆和博物馆看谱牒、查资料,还利用春秋佳日到苏、浙、皖等地去寻访明清名流的故居、园林、宗祠和墓地,朝夕研思,不辍写作。经过六七个寒暑的艰苦努力,最近又推出了洋洋77万言的第三部专著《明清江南著姓望族史》(上海人民出版社2009年12月版)。

　　这部明清江南望族史,依据以"亲缘"、"地缘"、"神缘"、"业缘"和"物缘"为内涵的"五缘"文化学说,从社会史和地方史的交叉处入手,采用历史学、社会学、优生学、教育学、方志学、谱牒学等多学科相渗透,静态分析与动态考察、个案剖析与整体综论相结合的方法,对明清江南三大区域即苏南、浙江和皖南望族的历史概况、类型特点和社会影响作了深入的论述,颇多独到的见解。作者指出,明清时期江南的望族,由魏晋唐宋以来从中原迁入的"世家大族"和明清时期本地土著的著名家族构成。本属中原士族的"世家大族"迁入之后,虽已不能凭借门阀特权世代为官,也不能依靠庄田制进行超经济剥削,但他们却可凭着自己强大的文化优势,迅速地与隋唐以来推行的科举制度相契合,考取功名,继续维持着望族的社会地位。本地土著的著名家族,主要通过务农耕读起家、经营工商业或行医起家、教馆课徒起家或由勋业而成官宦世家等几种途径向上流动,跻身望族行列。在向上流动的几种途径之中,科举入仕则是最为主要的,而其他途径也都与科甲结有不解之缘。因此,明清江南的望族,不论是早先从中原迁入的还是本地土著的,皆以文化类型的家族居多。不过,由于各个地区的政治、经济、文化和地理条件的差异,江南各地的望族又各有特点。相对而言,吴中的望族倏兴倏衰,社会地位很不稳定;浙江望族既多"忠臣孝子"之家,又多务本求实、与时俱进之家;徽州望族则因其宗族均较重视教育,且又素重名节,既不积怨乡里,又不得罪地方官员,社会地位更为稳定。书中还指出,在官宦世家、豪门右族和文化世家等几种类型中,文化世家尽管可能受到政治、经济地位兴衰消长的影响,但其文化积累丰厚,而且随时移而益长,其门祚也较官宦世家、豪门右族更为绵长。影响望族盛衰消长的原因极其复杂,其关键的因素则在于是否具有优生、优育的观念及其实际实施的程度,是否能优化家庭蒙养教育和家塾、书院等学校教育,也即是否具备先天的优生和后天的优教。这些论述,都给人以有益的启示。

作者还在本书的有关章节,分别探讨了明清江南城镇经济文化发展与望族兴起的关系,指出明清江南城镇经济文化的蓬勃发展,特别是商品货币经济的繁荣,为望族的兴起奠定了坚固的基石。而明清江南教育的发达,科举制度的推行,义学、社学与书院的遍布各处,又为人们读书习艺、科举入仕创造了必要的条件。因此,明清时期的江南城镇,不仅是商品贸迁的场所,而且也是许多望族士大夫的出生地、栖身处或者是原籍。江南地区先后涌现的众多望族,有的曾依仗权势,勾结官府,鱼肉乡民,产生负面的影响。不过,其中占多数的文化世家,却涌现出众多的诗人、画家、通儒、名士,他们不仅热衷于著书立说的文化创造,为推动明清学术文化的发展作出杰出的贡献,而且常有热心文教、造福乡梓的义举,起着稳定当地社会、移风易俗的积极作用。这些见解,无疑也是相当精辟的。

（原载《光明日报》2010 年 4 月 4 日第 7 版）

面向普通大众的断代史佳作

—— 评彭勇著《明史》

　　历史知识可以帮助人们更好地认识过去，改造现在，开创未来。因此，普及性的历史读物，一向受到普通大众的欢迎和喜爱。人民出版社最近推出了一套由高等学校和科研机构的专家学者撰写的普及性断代史著作，致力打造"治学严谨、内容丰富、图文并茂、编校精良"、高质量的历史类通识读物。中央民族大学历史文化学院教授彭勇的《明史》是其中一部。

　　这部《明史》是彭勇根据其多年为本科生、研究生授课的讲稿修改、加工而成。全书共 39.7 万字，系统记叙了从明洪武建国到崇祯覆亡 277 年的历史进程，再现了明代政治、军事、民族、社会、经济、文化等各领域多姿多彩的风貌，总结了明代各方面的成就和不足，反映了明代垂死与新生并存、腐朽与神奇共生的鲜明特征。

　　在写作方式上，作者着眼于普及性，采用"论从史出"的写法，所有史事的叙述都先记述具体的事实及其发展变化，然后从中引出结论。既不作艰深的理论分析，也不搞繁琐的史料堆砌，征引少量古籍时，尽可能与叙述话语融为一体，做到行文流畅而无滞碍之感。文字的表述则力求生动活泼、通俗易懂，便于广大读者接受。此外，全书配有 200 幅精美的图片，其中许多是作者多年赴全国各地拍摄的，既辅助读者对内容的阅读，也有助于加深阅读印象，这在专业学者所著的通俗历史读物中是很难得的。所有这些，使得这部著作具有较强的可读性，易于"飞入寻常百姓家"。

　　同时,这部历史普及读物还具有较高的学术含量。作者在书中既立足于自己多年的研究心得,又能广泛吸收明史学界最新的研究成果,反映了当前明史研究前沿、专业的水准。书中关于明代国家管理体制、郑和下西洋、白银货币化、明中期改革、中晚期社会转型、明清易代等诸多聚讼纷纭的热点问题,作者都详述其分歧的由来、争论的症结,然后加以评论,发表自己的看法,其中有不少独到的见解。如有关郑和下西洋的动机,作者在历数各家的看法后指出:郑和下西洋的目的是多方面的,既有宣扬明朝国威、扩大在海外的政治影响、招喻各国前来朝贡的目的,也有发展以朝贡为形式的海外贸易的意图。而关于明朝历史上的重要悬案——建文帝的下落之谜,作者列出十多种经典传说故事,既"接地气",又能给予专业解答,把通俗与专业很好地结合在一起。

　　对学术界和社会各界颇有争议的明清易代问题,作者在评述各家意见后指出,评价明清易代的先进与落后、进步与退步,如果从传统国家王朝更迭的角度看,清朝的建立不过是王朝更替中的一环。长期的王朝稳定带来农耕经济的恢复、发展、繁荣,以及专制帝制下的思想统一和文化发展,还包括民族融合与疆域拓展,使得清朝在某些方面确实比明朝更进一步。但从帝制形态发展的角度看,清朝继承了明初的专制主义中央集权制度,在文化专制与思想禁锢方面有过之无不及,对晚明时代出现的近代思想实行严厉控制,其保守性、封闭性、反动性更加突出,对社会发展的阻碍作用更加明显。中西交流的停滞、扼杀启蒙思想、推行落后而僵化的专制制度、军事技术停滞不前等,就是清朝统治落后性的突出表现。这些见解都较为客观公允,是令人信服的。

　　作者长期在民族高校工作,书中专设《明朝的民族和外交关系》一章,对明代的民族政策和边疆管理提出自己的思考。作者认为,作为统一多民族国家,明代在"定天下于一"的民族观影响下,希望"天下一家",各民族共享太平之福,制定的民族政策体现了对"大一统"的追求,贯彻了"怀之以恩"和"因俗而治"的理念。因此,明朝中央在管理广大疆域时,分别实行了行政管理(十三布政司、南北二直隶)和军政管理(都司卫所)两大管理系统。虽然在边疆地区不设置流官,也不实行编户齐民,但通过不同类型的都司卫所进行管理,因俗而治,让不同民族保持一定程度的区域自治,而这些地区也对明王朝保持着高度的国家认同和文化认同,收到了很好的管理效果。明朝历史能延续近300年,与明初朱元璋对国家制度的构建和灵活务实的精心设计有着密切关系。这样的研究心得,无论是对于民族工作者,还是对广大的明史爱好者,在了解明代乃至中国古代的民族问题时,都是有益的。

　　明代的历史异彩纷呈,可书可写的精彩之处还有很多。如晚明党争这一重大历史事件就很值得关注,希望本书的内容还能更加丰富一些。整体论之,这部《明史》可称为面向大众的雅俗共赏的断代史佳作。该书先后获评人民出版社"2019 年度十大优秀学术著作",入围"中国好书"榜单(2019 年 12 月),并被广大读者推选为"搜狐文化 2019 年度十大人气好书",这样的荣誉实至名归。

　　　　　　　　　　　　　　　　　　(原载《中国民族报》2020 年 4 月 24 日)

潜心十年著鸿篇

——顾诚的《南明史》

　　《南明史》,77万字,中国青年出版社1997年5月出版。全书论述了从1644年(崇祯十七年)大顺军攻占北京直到1664年(康熙三年)夔东抗清基地倾覆的抗清运动的历史。同其他南明史专著不同,本书不以几个南明朱家朝廷的兴衰为中心,而基本上是以大顺军余部、大西军余部、郑成功队伍等民众的抗清斗争为主线,不仅论述的时间范围突破了以往从弘光帝继统(1645)至永历帝被俘杀(1662)的局限,而且论述的空间范围也从南方扩及北方,使内容更加丰富而全面。

　　顾诚(1934—2003),汉族,出生于江西南昌市一个知识分子家庭。年轻时曾在南昌市人民监察委员会、南昌市委党校工作。1957年入读北京师范大学历史系,1961年毕业后留校任教。生前为北京师范大学历史系教授、国家重点学科中国古代史学科学术带头人、中国农民战争史研究会副理事长、中国明史学会常务理事,享受国务院政府特殊津贴。

　　《南明史》的写作,建立在扎实的史料基础上。作者对史料的搜集极其重视,除了阅读治南明史者较为了解的一些史籍以外,还花费大量精力,到各地的图书馆查阅罕见的管绍宁、辛升、余煌、王锡衮、连城璧、佘一元、孟乔芳、李国英、张王治、卫周胤、刘武元、胡有升、佟国器、耿兴宗、张怡、曹烨、洪若皋、曹大镐、素心室主人、柳同春等人的一大批著作。作者还重视方志的利用,几乎查遍南明义军所到地区的省、府、州、县的各种方志,而且尽量择取时间最接近的顺治、康熙本(约占所征引方志的一半),避免《明史》刊印后和大兴文字狱后的严重篡改。作者不仅重视史料的搜求,而且注意史料真伪的辨别。凡是判定为托名伪造的文献,一概摒弃不用,如刘彬的《晋王李定国传》等。有些文献,由于过去弄错了著者而视为仅据传闻的泛泛之作,作者经过严格的审查弄清了真正的著者,从而大大提高了其史料价值。如《过江七事》,过去判定为陈贞慧所作,经作者论证,判定其为参与留都迎立并出任大学士的姜曰广的著作,它便成为迎立问题的最可靠的记载。因此,本书的史料不仅极为丰富翔实,而且精确可靠。

作者利用经过审核考订的大量资料,运用唯物史观,理清南明历史发展的基本线索,进而提出许多新颖独到的见解,发表了不少带有理论色彩的学术观点。作者认为,清军入关之前,民族矛盾是东北一隅的主要矛盾,而全国大部分地区的主要矛盾则是阶级矛盾。清军入关并占领黄河流域以后,不仅大肆屠戮,而且加紧推行圈地、投充、缉捕逃人等一系列适应其落后生产方式的措施,攻占南京后更把"剃发令"推向全国,民族矛盾上升为全国的主要矛盾。抵御清军的征服,解除满洲贵族的民族压迫枷锁,也就成为全国人民的主要任务。这种形势促成了大顺军、大西军余部与南明政权的联合,共同开展抗清的正义斗争,以保卫中原内地先进的生产方式。在南明长达20年的斗争历程里,大顺、大西军的余部始终发挥着举足轻重的作用,郑成功队伍也发挥着重要的作用。"没有这种大换血,朱明朝廷早就灰飞烟灭"了。

在书中,作者运用丰富扎实的史料,对南明史一些重大问题做了深层的探讨,揭开不少前人未曾解开的谜团。例如1654年李定国进攻广东之役和张名振、张煌言三入长江之役的前后,曾发生钱谦益的复明活动、贺王盛等人的反清之役与林察、周瑞的南下之役、刘文秀进攻常德之役、顾炎武擒杀世仆陆恩之案,过去虽有学者对这些事件分别做过研究,但许多情节一直未能弄清,而且缺乏综合研究,未能找出它们之间的联系,因而也未能真正了解进攻广东之役与三入长江之役在南明抗清史上的实际意义。《南明史》以两章的篇幅,对这些事件进行综合研究,不仅基本厘清其大体情节,纠正某些论著的错误记载,而且依据确凿的史料判断进攻广东之役与三入长江之役是其中的核心事件,其他事件都是为这两大战役做准备或由它们派生出来的。这两个战役如能实现,拥戴南明的各支抗清武装就将控制整个江南地区,全国形势必将大为改观。以当时的主客观条件而论,它们都是切实可行的。但南线由于郑成功另有所图,北线由于孙可望图谋篡位,因而错失良机,终至不可收拾。"此机一失,南明再无复兴之望",复明运动便逐渐化为泡影。因此,1654年即顺治十一年是"明清相争关键的一年"。

本书对众多历史人物的评价,坚持历史唯物主义的原则,强调应"以哪一种势力取胜对中国社会生产破坏最小,最有利于推动我国社会前进为褒贬的标准"。作者指出,满洲贵族推行民族压迫政策引起国内政局的大动荡,破坏了社会生产,打断了中国社会发展的正常进程。人民群众抗清复明的民族斗争是全部南明史的主线,在这场斗争中的表现和对待这场斗争的态度,也就成为做出历史是非判断的主要依据。根据这个标准,书中对南明史上的人物提出了不同以往的评价,甚至是翻了旧案。例如史可法,作者认为他在策立新君上犯了致命错误,在军事上毫无作为,其一生只有居官廉洁和在最后关头宁死不屈两点值得肯定。又如何腾蛟、瞿式耜、堵胤锡、张煌言,作者指出他们都坚持抗清,除了堵是病死外,其他三人被俘后皆坚贞不屈,气节可嘉,但何、瞿都排斥农民军,实际上走着一条自取灭亡的道路,堵、张的政治眼光和魄力则远远超过何、瞿两人,他们才是南明史上"最杰出的政治家"。再如郑成功,作者在充分肯定他抗清与驱荷两大历史功绩的同时,也批评他存在私心自用的缺点。对钱谦益和孙可望,作者认为他们先后降清,大节有亏,自应招致非议,但钱在内心里仍念念不忘恢复明朝,实际行动上多次冒杀身之祸从事复明活动,这是不容抹杀的。孙可望在1657年发兵内向进攻昆明以前,功大于过,他的缺点在于个人野心太大,特别是对待永历帝和李定国、刘文秀举措失当。

《南明史》坚持历史发展必然性与偶然性的辩证观点,反对把既成事实当作历史必然性的观点。认为明朝的灭亡不可避免,但接替者可能是大顺王朝,可能是清王朝,甚至可能是孙可望掌握实权的朝廷,也不能排除在较长时间处于分裂的局面。清军入关之后,各个主要派别的势力都有可胜之机,问题是谁掌握了这种机遇。明清相争的结局,汉族和其他民族反清斗争的先后失败,其主要原因是拥明势力内部矛盾重重、钩心斗角,导致力量严重分散,抵消了抗清实力。"南明之不振,关键在于从来没有一个能够调动全部抗清力量的权威核心。清廷内部虽然也有钩心斗角,但大体上能做到令行禁止,赏罚分明。清胜明败,根本原因不是强弱异形,而是内部凝聚力的差异。

《南明史》出版后,立即在明清史学界引起巨大的反响,好评如潮。"这部《南明史》专著,在吸收前人研究成果的基础上,以其丰富的史料、扎实的考证、深刻的论述、独到的见解,把南明史的研究推进到一个新的水平,是一部不可多得的佳作。"①何龄修认为,在明清史学界,"只有顾诚教授的《南明史》对南明史全过程和具体问题做了精深的分析、研究。也就是说,只有顾诚教授一人真正前后贯通地、比较透彻地掌握南明史",他的《南明史》"代表南明史研究迄今为止所达到的最高水平"。秦晖也认为:"在坚实的史料基础上,《南明史》的史识史论都有鲜明特色……像这样对传统史学、改革前史学与当前流行史学范式都实现了超越的著作,应当说是非常罕见的。因此在一定意义上可以说《南明史》本身便可能预示着一种新的史学研究范式的出现,这种意义显然已超出南明史研究的范围。"这部著作,因此荣获第四届国家图书奖和北京市哲学社会科学优秀成果一等奖。

与《南明史》相关的,作者还有《明末农民战争史》(中国社会科学出版社 1984 年 10 月出版)等专著和《从会师广东之役看郑成功与永历朝的关系》《顺治十一年——明清相争关键的一年》等一批论文。《明末农民战争史》与《南明史》是密切相关的姊妹篇。作者在《明末农民战争史》的前言中写道:"本书原拟写成上、下两卷。……后来又考虑到,农民军的抗清斗争是在联明的旗帜下进行的,在叙述这些篇章时势必涉及南明的基本史实。为了读者利用的方便,不如把原定的上、下卷分别成书,即至李自成、张献忠牺牲为止的《明末农民战争史》和以农民军抗清斗争为主的《南明史》。"两书的内容互相衔接,理论观点一脉相承。

(原载马宝珠主编:《20 世纪中国史学名著提要》,北京师范大学出版社 2007 年版)

---

① 拙作《一部将南明史研究推向深入的佳作》,《历史研究》,1998 年第 1 期。

这是上乘的明代边关志书校注本

——读《四镇三关志校注》

临近中秋之际,彭勇教授送来他和崔继来博士合作的《四镇三关志校注》(中州古籍出版社 2018 年 6 月出版)。拜读之后,有以下三点感想。

具有重要史料价值的《四镇三关志》

我国的地方志浩如烟海,据《中国地方志联合目录》的统计,截至 1949 年,我国存世的地方志就多达 8300 余种。限于人力、物力和财力,目前尚不可能对每种地方志逐一进行整理校注,只能首先选择其中最有价值者进行整理校注。明人刘效祖撰,刘应节、杨兆、王之弼等修的《四镇三关志》,就是其中之一。

"四镇"指的是蓟州镇、昌平镇、真保镇和辽东镇。"三关"指的是居庸关、紫荆关和山海关。这个地区位于与蒙古部的接邻之处,是拱卫京师的屏障。嘉靖二十九年(1550)"庚戌之变"后,北方的边防形势发生巨大变化,尽管朝政腐败,但一些有志之士仍不断进行改革,着力整顿边防,特别是高拱、张居正当国时期,往四镇三关调集精兵强将,组建重兵集团,修筑敌台和边墙,调整对蒙古的政策,更是实现"隆庆和议",取得"虏酋内附,逆贼伏诛,边境叛宁"的显著成效。"前事不忘,后事之师也",为了向朝廷和戍边将士提供借鉴,整饬密云等处兵备,山东布政司右参政兼按察司金事王之弼调动官府的资源,聘请名家刘效祖"筹集边事,辑而成书",编撰了这部《四镇三关志》。此志完成于万历二年(1574),万历四年刊刻,万历六年增修。全书共 10 卷,近 54 万字,内容十分丰富。它既有一般志书涉及的有关分野、形胜、建置、沿革、职官和人物的记载,又有边关专志所侧重的军旅、钱粮、骑乘、经略、制疏和夷部的叙述,对研究明代的军事、经济、民族关系和历史地理具有重要的史料价值,特别是书中辑录的大量诏敕制疏,更成为研究明代军制史的重要资料。其中有些资料,如关于"忠顺营""夜不收"的记叙,是其他史籍缺载或载而不详的,具有无可替代的价值。

　　彭、崔二位先生选择这部方志进行整理校注,无疑是颇具眼力的。

版本梳理与标点

　　古籍整理的第一步,是梳理版本的源流,选择底本和对校的本子。彭、崔两位先生通过各种渠道,搜集海内外藏书的资讯,厘清了此志流传的基本概况。原来,《四镇三关志》在万历四年(1576)刊刻之后,发行和流通并不是很顺畅,以至于明代最著名的文献目录专著《千顷堂书目》将其误记为 12 卷。到了清代,由于书中秉持"华夷之辨"的观念,并记载大量辽东史事,涉及清入关前女真人的历史,触犯清朝统治者的禁忌,遭到清朝的禁毁,更使其流传受到极大的影响。直到清末民初,随着文网的废弛,边关局势的紧张,边关志书再度引起人们的强烈关注,又陆续出现一些民间抄本。但是,由于社会的长期动荡,兵燹和人为的毁损,至新中国成立之时,此书存世的数量已是屈指可数。万历刻本,仅有浙江图书馆与南京图书馆各藏一部,皆为万历四年刻,万历六年增修本,且均有残缺。另外,台北故宫博物院也藏有一部,详情不明。清末民初的抄本,也仅在北京大学图书馆等几家大图书馆有收藏,读者查阅、使用极为不便。1991 年,全国图书馆缩微复印中心影印的《四镇三关志》,系以浙江图书馆与南京图书馆的藏本为底本,配补少量的民间抄本而成,收入"中国文献珍本丛书",后又收入《四库禁毁书丛刊》,成为读者使用最广泛的本子。这个本子"以明原版影印","除加断句外,凡版面不清处,均加修整,缺字可补者描补,无法读识者概存原貌。缺页因无他书可补,只得注明"①。但是这个本子仍存在诸多问题,一是刘效祖编纂《四镇三关志》的时间较短,较为仓促,书中存在的问题较多,万历刻本又存在诸多缺漏、不清之处,而民间抄本错讹更多;二是志中所记人物主要只开列职官姓氏、籍贯,不仅讹误不少,而且过于简略,信息不全。因此,读者阅读使用仍感不便。

针对这些问题,校注本以《四库禁毁书丛刊》史部第10册《四镇三关志》为底本,中国国家图书馆藏民国抄本、南京图书馆藏万历刻本、北京大学图书馆藏清李文田抄本配补。如书前杨兆所撰的《序》,"中国文献珍本丛书"影印本是以"昌拥九陵而护神京"一段开头的,而校注者从网上搜得保利拍卖行拍卖的《四镇三关志》公开书影,发现前面还有一段文字:"国家定鼎幽燕,北控大漠,盖枕华夏之交,示弹压之势,居重驭轻,为远猷矣! 是故蓟、昌在畿辅,实为腹心,东西辽、保则左右臂也。要之,论国势重轻则蓟、昌为最,保镇次之。论夷情缓急则蓟、辽为甚,昌镇次之,保镇又次之,此其大较也。"论述四镇在北方防御体系中的地位及其面对夷部侵扰压力的状况。他们即将这段文字补入杨兆序中,使之成为完璧。

这部志书有大量人名、地名、行政和军事机构的官职以及少数民族族群的名称,如无丰富的明史特别是明代军制史和民族关系史的知识,就无法进行准确的标点。彭勇教授长期从事明清军制史和民族关系史的研究,这方面的知识储备丰厚,而崔继来博士对此也颇有兴趣,具有比较扎实的历史文献、古典文字功底,他们遇到疑难问题又能虚心向周围师友求教,如书中"钦此钦遵"四字的点断,即与无数朋友讨论过,因此能做到句读准确,标点规范。如《纂修边志檄文》中的"钦差总督军务都察院右都御史刘批供应事宜悉依拟行候完日通行各镇道摊补司供应者即以经历傅尚智充之缴"一句,标点为"钦差总督军务都察院右都御史刘批:'供应事宜,悉依拟行候完日通行各镇道摊补。司供应者,即以经历傅尚智充之。'缴"。将都察院右都御史的批语至"充之"点断,完全正确。全书经过准确的标点,文意通畅,从而便于读者的阅读与了解。

---

① 马大正、吴锡麒、叶于敏整理:《吴丰培边事题跋集》,新疆人民出版社1998年版,第12页。

认真、细致的校注

在标点的基础上,彭、崔两位先生多种校法并用,对全书的错讹,做了认真细致的校勘。其中的错讹,除了常见笔画的错讹导致字词的错讹,如"戍"误作"戌","比陟儿"错成"此陟儿"之外,还有人名的错讹,如"檀石槐"误作"擅石槐","刘麟"错成"刘麒";地名的错讹,如"沧州"误作"仓州","乌程"错成"乌城","兴州前屯卫"错为"东胜右卫";数量的错讹,如"三(个)月"误作"三月","(一)千一百万斛"错成"万斛";年月日期的错讹,如将分守固关参将的设置时间嘉靖二十年误作二十二年,真定民兵营于嘉靖四十四年设置游击一员,错为四十五年设置;词语典故的错讹,如将"夜半传飧"误作"夜半转发"。有的地方则是掉了字,如"太子河一名东梁河,又名大梁","大梁"之后掉了个"水"字;有的是多了字,如"辽水通新水河之南"误作"辽水通新水通新河之南","通新"二字为衍文;还有字序颠倒的,如"海中岛曰乾岛、布袋、南双、北双、野鸡、韭菜、过岛、马连、渔湖、罗儿、小陈家、大陈家、荞麦、兔儿、青鱼、大松、小松、金线共八十处,俱流民居",句中的"八十"系"十八"两字颠倒致误。经过细致的辨析,认真的校勘,错讹之处,均依据其他史籍的记载,逐一加以纠正,并出校记,载明勘误的依据。

另外,《四镇三关志》所记山川形胜,多采摘其他方志的记载而将文字稍加压缩,有的地方因文字改动太多,而影响到读者对文意的理解。校注者在校勘之后也特地以注释的形式加以说明,以便于读者的阅读和理解。如卷二《形胜考》之《辽东形胜》,有段文字谓:"小山泉,(义州)城西北境外。永乐间,遣将征虏酋脱古思,在捕鱼儿海,由大宁、庆州军士渴无水,忽四泉涌出。"校注者便在此处加了个注释,曰:"此处将嘉靖《辽东志》中的文字改动太多,已影响对文意的理解。嘉靖《辽东志》卷一《山川》,《续修四库全书》第646册,第481页,'小山泉,义州城西北境外。永乐间,遣将征虏,闻虏酋脱古思脱木儿在捕鱼儿海,遂由大宁、庆州兼道而进。师次游南道,无水,军士渴甚,其地忽闻有声如砲。使人视之,则四泉涌出。众欢呼曰:'此朝廷之福,天之助也'。"

这部校注本在注释上下了很大功夫,除对一些生僻的字词、典故作了注。如:"空冀北,即马空冀北,伯乐将冀北良马搜选一空。语见韩愈著、马其昶校注、马茂元整理《韩昌黎文集校注》卷四《序·送温处士赴河阳军序》，上海古籍出版社 2014 年版，第 281 页，'伯乐一过冀北之野，而马群遂空'，此处代指蓟镇马政对蓟北直隶地区造成的负担。"对人们不很熟悉的一些官制和军制名词、北方少数民族的地名和族群名以及长城堡寨、关隘名称，校注本也都逐一作注。如："圻父，古官名，掌畿辅内军事。参《尚书正义》卷十四《酒诰第十四》，《十三经注疏》本，第 381 页，'矧惟若畴圻父，薄违农父?'注曰：'圻父，司马，农父，司徒。'此处汪圻父代指汪道昆，万历元年任兵部左侍郎。参张廷玉《明史》卷二百八十七《王世贞传附汪道昆传》，第 7832 页。"又如："尖儿手，明朝军队中负责侦察和刺探情报的特种兵，与夜不收并称'尖夜'。"由于注释数量庞大，有的页面，注释的篇幅占了一大半，甚至达到版面的五分之四。卷八《职官考》的原篇幅并不大，但注释却多达 20 余万字。整部校注本的字数多达 110 余万字，超过原志书近 54 万字的一倍多。大量的注释，不仅为读者扫除了阅读的障碍，更为人们提供了四镇三关边防体系与面对的敌情，以及戍守官兵诸多方面的信息，有利于研究的深入。

　　当然，古代史籍的整理是一件难事。这部志书的校注也存在不甚完满之处。《校注说明》交代，志书中出现的人物，文官作注，简单交代其功名与历官等信息，武官因材料较为分散，一般不作注。但《纂修边镇檄文》之一的一段文字，对"整饬密云等处兵备、山东布政司佥事兼按察司佥事王""总督蓟、辽、保定等处军务兼理粮饷，都察院右都御史兼兵部右侍郎刘""整饬蓟州等处边备兼巡抚顺天等府地方都察院右副都御史杨""保定巡抚都御史孙""辽东巡抚都御史张"分别作注，而对"巡按直隶监察御史王""巡按直隶等处监察御史余""提督学校巡按直隶监察御史傅""管理印马屯田巡按直隶监察御史梁""巡按直隶等处监察御史解""提督京通等处仓兼理通惠河军务巡按直隶监察御史鲍"却未作注，显得体例不够统一。不过，瑕不掩瑜。总体来看，《四镇三关志校注》历时多年，参考文献极为丰富，仅征引文献即有正史 19 部、地方志 625 部、其他史籍 94 部、研究专著 29 部，还有大量现当代研究论文；校勘标点认真细致，不仅将万历刻本中的缺漏、不清之处尽可能地据民国抄本补出，而且以其深厚的史学功底，校正了原志中的诸多错讹之处，并对一般人不甚熟悉的人名、地名、官制、军制和北方少数民族族群名称做出注释，堪称是一部上乘的明代边关志的优秀校注本。相信它的刊行，将有助于人们对此志的阅读和使用，进而推动明代军制史和民族关系史研究的深入。

（原载《博览群书》2018 年第 12 期）

明代佛教方志的首次系统梳理

21 世纪初，曹刚华进入北京师范大学古籍研究所攻读博士学位时，就选择中国佛教史籍作为自己长期的研究方向。他首先从宋代着手，花了三年时间撰成《宋代佛教史籍研究》的博士论文，获得广泛好评。接着，他又将学术触角转向明代佛教史籍的研究。在搜集史料过程中，他接触到佛教史籍中一种独特的类型——佛教方志，从而产生了浓厚的兴趣。

佛教史籍研究的开创者陈垣，抗战期间撰写了《中国佛教史籍概论》一书。在开篇的《缘起》中，他深刻地指出："中国佛教史籍恒与列朝史事有关，不参稽而旁考之，则每有窒碍难通之史迹。"该书论述六朝以来史学研究必须参考之佛教史籍，其中包括明代的佛教方志《吴都法乘》。从此以后，便有一些学者把目光投向了明代的佛教方志。但遗憾的是，迟迟未见有系统、全面研究明代佛教方志的著作和论文出现。

佛教方志是记述中国佛教兴衰的地理环境和人文环境情况的志书，是一种区域性的佛教历史地理著作和资料的汇编。中国的佛教史志肇始于魏晋，历经隋唐、宋元而趋兴盛，至明朝进入发展的黄金时代，诚如黄宗羲所言："凡寺有志，此近来之一变也。"有明一代，佛教方志的编纂，人才辈出，不仅记述的内容、体裁大有拓展，而且著述颇丰，数量繁多。但是，佛教方志以民间刊刻为主，有的甚至是靠人工抄写流传，读者又多限于僧众或地方士绅、文人居士等，受众面较窄，流传范围较小，整个明代究竟编纂了多少佛教方志，一直缺乏准确的统计。明清以来，战乱不断，加上天灾人祸的影响，明代佛教方志又同其他史籍一样，多所亡佚，现存数量也难作出准确的统计，只有"近百部"的笼统说法。这就给明代佛教方志的全面系统研究造成了巨大的障碍。

　　为了解决这个难题，曹刚华历时数年，不避寒暑，跑遍京、沪以及苏州、镇江、扬州、南京等地的各大图书馆，查阅大量佛教典籍和藏书目录，最后根据《中国佛寺志丛刊》《中国佛寺史志汇刊》《续藏经》《补编大藏经》《四库全书总目》《续修四库全书》《中国古籍善本书目》《柏克莱加州大学东亚图书馆中文古籍善本书志》《香港所藏古籍书目》《台湾省立台北图书馆普通线装书目》《美国哈佛大学哈佛燕京图书馆中文善本书志》《中国科学院图书馆藏中文古籍善本书目》和现存的明清书目，再加上国家图书馆等，以及复旦大学等高校图书馆收藏的明代佛教方志，统计出现存明代佛教方志有87部，亡佚65部，两者合计共152部，并制作《笔者所见现存的明代佛教方志》《亡佚明代佛教方志表》两个表格，逐一注明每部佛教方志的书名、编撰者、所属地区、常见版本（现存者）或出处（亡佚者）。这个统计数字和表格，尽管可能还有遗漏，但大体反映了明代佛教方志刊刻及现存、亡佚的基本情况，不仅为自己的研究奠定了坚实的基石，也为他人的研究提供极大的方便。

　　在此基础上，曹刚华以其深厚的史学修养、扎实的学术功底、严谨的治学态度，首次对明代佛教方志进行比较全面、系统的梳理，并参酌前贤的论著，对明代佛教方志兴盛的原因，编撰、刊刻与流传状况，体裁、体例与修志认识，佛学价值与文献学价值作了比较深入的探讨与论述。经过数个寒暑的刻苦钻研和辛勤写作，终于撰成《明代佛教方志研究》，由中国人民大学出版社于2011年3月梓行（下引该书只注页码），填补了这一领域研究的空白。该书经国内专家的严格评审，认为它代表了当前这个领域研究的前沿水平，故入选"国家哲学社会科学成果文库"。

　　全书基本厘清了明代佛教方志的发展脉络，指出明代佛教方志的编纂，经历了明前中期的起步、发展和明后期的繁荣两个阶段；地域的分布很不平衡，以经济文化的发达与否依次递减，最多的是浙江、南直隶、福建三地，其次是江西、湖广等地；编纂队伍则以地方官宦、文人居士为主，佛教僧人为辅，具有鲜明的地域性与宗派性和较高的文化素质。在这个基础上，作者对明代佛教方志编撰的成就作了较为深入的探讨，认为明代佛教方志的编纂群体文化素质较高，修志者的认识比前代有着较大的提高，对佛教方志的性质、优秀寺志的标准、内容的取舍、资料的收集、史料的考订、文字的表述、注释的规范等问题都展开比较深入的探讨,提出了许多精辟的见解;编纂的体裁,在继承早期佛教方志形式的基础上,广泛吸收传统地方志的编纂经验,出现了纲目体、平目体、游记体、辑录体等新的形式,使体裁更加多样化;体裁的安排,也由于借鉴传统地方志编纂的成果,显得更趋规范,更有章法,能根据实际的需要,按照一定的标准,灵活运用序言、凡例、图、志、表、传、论、文等多种文体和图表,将山水风情、佛教史事与世俗史事糅合在一起,反映出一方山林或一座寺院的发展历史与当世风貌。可以说,明代佛教方志为中国佛教方志的发展奠定了坚实的基础,从而对清代、民国乃至现当代佛教方志的撰述产生了深远的影响。这些论述资料翔实,论证有力,是符合实际,令人信服的。

书中对明代佛教方志佛学价值的论述,尤其值得重视。以往海内外对中国佛教史的研究,注意力多集中在魏晋、隋唐的佛教,成果颇丰,而认为五代以后的佛教,理论创新缺乏,宗派发展衰弱,是衰微中的延续,因而重视不够,成果寥寥。其实衰微并不等于停滞不前,更不等于趋于灭绝。曹刚华仔细查阅多种现存的明代佛教方志,发现其中录存了大量宋元和明代官方的诏敕制谕、僧人居士的传记碑铭、法要语录,即利用这些资料,开辟专章,对明代禅宗的状况、天台宗法脉的流传、寺院农业经济的经营以及民间信仰的佛教化,展开了系统的探讨,进而指出:"明代佛教仍然具有自己的新特点、新变化,佛教世俗化的盛行、禅宗的'一枝独秀'、禅教合一、义学纷纭、晚明佛教的复兴,这些都是明代佛教在衰微中坚持前进的表现。"(第8页)作者一针见血地指出,近年有关明代佛教的研究成果"很少关注明代佛教方志的存在,使用率较低。因此,在第一手资料的掌握上存在了一定的缺陷,无法全面反映明代佛教状况"(第132页)。

书中对明代佛教方志文献学价值的发掘,同样不可忽视。作者指出,明代佛教方志收录了许多唐宋、元明时期的碑刻、塔铭、诗歌、辞赋、诏敕、奏折,具有十分珍贵的第一手文献价值,"不仅是研究中国佛教史的巨大资料宝库,也是专家学者补遗、订补、辑录中国古代文献的重要来源之一"(第197页)。书中也辟有专章,分别从《全宋诗》补遗、《全元文》补遗、明代诏敕辑录三个方面,阐述明代佛教方志的文献学价值。

经作者认真查阅比对,明代佛教方志中收录的宋代诗歌,未被《全宋诗》(北京大学出版社)及时人收录者,有胡宗愈、李靓、文天祥等人的诗作35首(第198—199页);收录的元人文章,未被《全元文》(凤凰出版社2004年版)收录者,有杨维桢《清凉尊者传》、危素《师子林记》、僧昙噩《明州戒香寺哑女传》、释大圭《紫云开士传序》及《梦观堂记》等17篇。明代佛教方志中还收录213条明代诏敕,最多的是明太祖诏敕,共99条,其次是明成祖诏敕,共41条,其他有明宣宗、英宗、代宗等君主的诏敕,各十几条至几条不等。这些诏敕,多数置于卷首或单设类目,只有少数收录于艺文、僧制等类目之中,凸显皇权在佛教中的突出地位,诏敕的内容,涉及《大藏经》的修撰与颁赐、皇家佛寺的修建与护持、皇家的佛事活动与僧众的觐见、对寺院田土的赏赐与赋役的免除等史事,这些对于明代佛教和明史研究都是极为宝贵的第一手资料。

（原载《博览群书》2012年第3期）

明代卫所武官世袭制度研究的丰硕成果

——评梁志胜《明代卫所武官世袭制度研究》

　　明代卫所武官世袭制度是卫所制度的重要组成部分,它赋予世袭武官优厚的待遇,有利于卫所军队的军政建设,同时也埋下诱发卫所内部矛盾的祸根,对明代卫所制度的兴衰乃至整个明代政治、经济、文化和社会生活都产生重大的影响。对卫所武官世袭制度的研究,有助于加深对明代军事制度乃至明王朝兴衰的认识,具有重大的学术价值。然而迄今为止,只有很少的学者涉足这个领域,研究成果极为有限,无论是广度还是深度都很不够,留下诸多的学术空白。梁志胜博士在其博士学位论文基础上修订增补而成的学术专著《明代卫所武官世袭制度研究》(中国社会科学出版社 2012 年 10 月出版)的梓行,填补了这个空白。

　　对明代卫所武官世袭制度,明代官修的《诸司职掌》《明会典》和清代官修的《明史》等史籍,记载极为零散、简略,令人不明其详。但中国第一历史档案馆却存有明代的《武职选簿》103 册和与武选有关的簿册 10 册,辽宁省档案馆和台北"中央研究院历史语言研究所"也存有少量的选簿残本,合计有选簿 108 册和武选簿册 10 册(日本、美国流传的 13 件选簿,均系复制品)。选簿的编纂,除了录载历次武选的结果,还参考并收录贴黄、功次簿、零选簿、审稿、堂稿、诰敕等与武选密切相关的重要文书档案。现存的这批选簿,编造于隆庆三至四年,万历二十二年做过整理和补修,此后历次修造又陆续做过增补,直到明亡为止。其编造的时间虽然较晚,但内容却涵盖从朱元璋势力崛起直到明亡为止整个明代卫所武官的袭替过程,成为明代武官袭替的资料大全,为明代武官世袭制度的研究提供最为可靠的第一手资料。可惜除了海外的少数学者曾利用日本的选簿复制件做过研究外,国内的学者却未充分认识到这批选簿的价值并充分加以利用。2001年,中国第一历史档案馆和辽宁省档案馆合编的《中国明朝档案总汇》由广西师范大学出版社影印出版,将这批选簿刊布中外,便于人们利用。然而时至今日,利用这批选簿档案进行学术研究的学术成果却寥寥无几。

梁志胜在1997年9月考入北京师范大学历史系,师从著名明清史学家顾诚教授攻读博士学位。他采纳导师的建议,确定以明代卫所武官世袭制度研究作为学位论文的选题后,便不避寒暑,不畏辛劳,一头扎进中国第一历史档案馆,花费一年半的工夫,查阅馆中收藏的所有选簿和与武选有关的簿册,做了大量的摘录。然后加以排比、梳理,以之作为支撑性资料,参以正史、实录、会典、方志、文集和各种史籍的记载,撰写学位论文,得到导师和答辩委员的一致好评,顺利通过答辩,获得博士学位。后来,他到陕西师范大学历史学院任教,继续坚持这一课题的研究。除扩大方志、文集和各种史籍的阅读范围,挖掘更多的资料之外,还花费四年左右的时间,重新查阅已出版的《中国明朝档案总汇》中的选簿及相关簿册,进一步摘抄资料。而后,他对博士学位论文进行反复的修改增补,扩大论述的范围,从23万字左右扩充成50多万字的专著,交付出版。人们常用"十年磨一剑"来赞扬甘于寂寞、潜心钻研的治学精神。梁志胜获得博士学位后,并未急于将论文发表,而是在繁重的教学与行政工作之余,继续深入研究,从2000年6月博士论文完成,到2012年8月修订完稿,前后历时竟达12年之久。在学术空气十分浮躁的当今社会,许多人竞相追逐名利,学术成果造假、学术论文剽窃的事件屡有发生(梁志胜博士的论文即曾被人抄袭发表),他这种甘于坐冷板凳、孜孜不倦、忘寝废食的治学精神实在令人钦佩!

这部著作以明代卫所武职选簿档案为主,参以其他历史文献,在全面掌握海内外学者相关研究成果的基础上,首次对明代卫所武官的来源与武官集团的形成、武官世袭的袭替原则、优给优养、借职、比试、武选等制度进行全面、系统、深入的研究,厘清明代卫所武官世袭制度的基本内容及其流变,进而对武官世袭制度发展的后果及其影响做了客观的论述,从而把明代卫所制度的研究推进到一个新的水平。全书内容厚重扎实,资料丰富,论证严密,文字流畅,具有以下几个鲜明特点。

　　第一,充分利用明代卫所武职选簿档案,弥补许多史书记载的不足,解开了不少史书记载含混不清的谜团。例如,关于明代旗军(包括武官)的来源,据《明史》的记载,主要有四种,即从征(诸将所部兵)、归附(元朝军队及元末群雄队伍中的归附者)、谪发(犯罪充军者)和垛集(佥发民户三丁出一丁者)。但作者细检选簿资料,发现除以上四途,还有收集(将故元及元末群雄已解甲为民的将士重新收编为卫所旗军)、抽充(从民户中丁多之家抽一丁为军)、佥充(佥发民户充当锦衣卫、旗手卫的校尉、力士),甚至自愿从军等途径。又如,《明会典》记载:"武官多故绝,从旁枝继。其族属疏远者,名曰'犯堂',例不得袭。"何谓犯堂,会典的这段记载让人摸不着头脑。作者梳理选簿的大量实例后终于弄清,明代当某个旗军立功升为武官后,按制度规定,其子孙弟侄都有承袭权,其中嫡长子孙弟侄即正枝具有优先承袭权,其他子孙弟即旁枝具有候补承袭权。在这些具有武职候补承袭权的旁枝中,既有立功人的子孙,又有立功人的弟侄以及堂兄弟侄等非立功人子孙,分为有功旁枝与无功旁枝两类。无功旁枝是针对立功人而言的旁枝,指立功人的亲弟侄以及堂兄弟侄等非立功人子孙,他们是没有承袭权的。如果非立功人的子孙承武职,那就是犯堂。犯堂的规定,就是为了维护"非立功人子孙不得承袭"的承袭原则。长期困扰人们的谜团,至此便被解开了。

　　第二,注意明代卫所武官世袭制度的动态研究。众所周知,清代官修《明史》的各篇志书对明代政治、军事、经济及科举制度的记述未能顾及其前后的变化。受此影响,人们往往误认为明代的典章制度甚至社会生活、风俗习惯都是固定不变的。其实,在明朝统治的近300年间,社会处于激烈的变化之中,明代后期更处于由传统社会向近代社会转型的起步阶段,其统治政策也在不断地调整变动,各种制度除高度强化的君主专制集权体制因受明太祖钦定《祖训》"一字不可改易"的束缚保持不变之外,其他各项制度都曾作过或多或少的调整。作者注意到这个问题,书中对明代武官世袭制度中各项具体制度的研究,都着力揭示其前后变化的轨迹。比如对借职制度,作者就列举选簿记载的诸多实例说明,在明代前期,借职主要是在应袭者年幼的情况下发生的,而在明代中后期,武官老疾无子或应袭舍人残疾无子是借职发生的主要原因,同时也有因武官逃亡、应袭者下落不明、应袭者从文不愿承袭以及武官犯罪等多种情形而借职的。对武官世袭制度中的其他各种制度,作者也都坚持动态的研究。这种动态研究,不仅有助于人们掌握明代卫所武官世袭制度前后变化的概貌,也有助于人们加深对明朝盛衰历史的理解。

　　第三，多有创见。学术研究，贵在见前人所未见，言前人所未言。书中对明代卫所武官世袭制度的研究，不仅首次征引大量前人未曾征引过的资料，厘清诸多前人未曾厘清的问题，解开许多前人未曾解开的谜团，而且专辟一章论述明代武官世袭制度发展的后果和影响，提出自己独到的见解。作者指出，明代卫所武官世袭制度为世袭武官的生存和发展提供了各种优厚的条件，诸如宽松的袭替法则、极尽优恤功能的优给优养制度、法网偏开的"罚弗及嗣"处罚原则等，这使武官能够在卫所中安居乐业，解除后顾之忧，有利于建立一支稳定的武官队伍，有利于卫所军制的建设与维护，也有利于明初统治的稳定。卫所武官以家庭的形式由原籍迁居到各地的卫所，在当地世代繁衍，与卫所旗军家庭共同构成卫籍人口的重要组成部分。这对明代人口的迁移和分布、生产技术和文化的传播，都产生重大的影响，尤其是在边疆地区，卫所人口的存在，客观上起到巩固和开发边疆的积极作用。而边疆少数民族也通过卫所迁入内地，促进了各地区、各民族之间的双向交流与融合。但是，世袭制度赋予武官以优厚的待遇，又使武官很难因犯罪革职而取消世袭资格，或因绝后缺嗣而遭到自然淘汰，加以旗军又可通过建立军功不断加入世袭武官的行列，武官人数不断膨胀，造成大量冗员，随之而来的冗食便成为明政府沉重的经济负担。而由庞大的世袭武官队伍组成的利益集团，又极力压制改革的呼声，使世袭制度的弊端难以得到清理和革除。所有这一切，都对明朝的衰亡产生了重大的影响。这种辩证的分析，有理有据，符合客观实际，令人信服而又发人深省。

　　学海无涯，学术研究也没有止境。希望梁志胜博士能在现有的研究基础上，继续发掘资料，就明代卫所武官世袭制度的流变与社会转型的关系、世袭武官集团与明朝政府之间的博弈以及以之为核心的"武人社会"等问题，进一步展开深入的研究，贡献出新的学术成果。

（原载《唐都学刊》2013 年第 4 期）

《万历会计录》系统整理与创新研究的丰硕成果

中国社会科学院历史研究所研究员万明先生长期从事明史研究,成就斐然,特别是明代中外关系和白银货币化的研究,更是硕果累累,受到学界的广泛赞誉。最近,她与华北电力大学徐英凯教授合作,经历 10 年的艰苦努力,又推出了一部 395 万字的皇皇巨著《明代〈万历会计录〉整理与研究》(中国社会科学出版社 2015 年 11 月出版)。

《万历会计录》(以下简称《会计录》)是我国现存的唯一一部古代国家财政会计总册。该书是万历初年户部在各省直呈报的文册和档案、条例、事例的基础上编制而成的,内容极为丰富。书中不仅按旧额(洪武与弘治年间的数额)、见额(万历六年的数额)录载全国官民田与户口、岁入与岁出的各项数字,还按各布政司、南北两直隶列出各项田赋收入(洪武与弘治年间的田赋的收入记录到省一级,万历六年的数字则按省、府、县的顺序逐一开列)。此外,书中还录载了各边镇屯兵的粮饷开支数字以及内库供应、光禄寺供应、文武官俸、漕运、仓场、营卫俸银的数字,并录载了包括屯田、盐法、茶法、钞关、船料、商税、杂课的收入数字。这些数据虽不包括徭役,也不包括户部之外各部的收支数字,但毕竟为人们研究明代国家财政提供了丰富的第一手资料。不过,由于《会计录》卷帙浩繁,共有 43 卷,近百万字,4.5 万个数据,令人眼花缭乱,望而却步。加以使用计量单位又不统一,统计金银用两,统计米麦用石,统计绢布用匹,统计苎麻、桐油、红花等物用斤,统计草料用束或包,统计差发马用匹等,不便于人们进行综合统计、分析比较和利用。由于未经系统整理和深入研究，人们便很少加以利用，即使利用了，也很难得出正确的结论。美籍华裔学者黄仁宇先生的《十六世纪明代中国之财政与税收》一书，主要就依据《明实录》《明会典》和一些方志的资料进行写作，而将《会计录》列为参考文献的"其他明代和清初的资料"，只引用了该书的 6 个数据，因为缺乏第一手原始数据的支撑，得出的结论便失之偏颇，未能得到学界的认同。台湾经济学者赖建诚的《边镇粮饷：明代中后期的边防经费与国家财政危机，（1531—1602）》，是利用《会计录》研究明史的第一部专著。但此著着重于边镇粮饷的考察，对《会计录》未作系统的整体研究，并套用西方现代国家财政预算中的概念，错误地认定《会计录》是一部低估边镇实际需求之"预算书"，加上没有采用统一的计量单位，结果不仅未能给出一个明代边镇粮饷整体的全面认识，而且还得出万历六年明朝国库收支尚有盈余的错误结论。因此，对《会计录》进行系统的整理和深入的研究，便成为学界的一项紧迫的任务。

　　万明、徐英凯先生的这部巨著，出色地完成了这项任务。他们进行文理跨学科的合作，采用定性与定量相结合的方法以及历史学和计量统计学的方法，分三篇对《会计录》的大量数据进行系统的整理和统计分析。第一篇《整理篇》，按《会计录》原书的顺序，编制 133 个表格（甲表），使书中的数据具备了现代统计表格的形式，并将原书用汉字表述的数字改为阿拉伯数字，人们查阅时便一目了然，眉清目楚。第二篇《统计篇》，分章节依据《整理篇》原始统计表格列出的数据进行初步统计，编制 134 个表格（乙表），得出一些常用的统计数字，既方便研究者使用，也为下一步以白银作为统一的计量单位对晚明国家的财政结构进行分析奠定基础。第三篇《研究篇》，从白银货币化的理论出发，以白银作为统一的计量单位，按章节顺序，将《会计录》的所有数据都折算为白银，编成货币化的统计表格 288 个（丙表），附图 28 个。这样，全书共处理了 20 万个数据，列表 555 个，附图 28 个。在整理的过程中，还对原书的某些残缺作了复原弥补。原书最主要的残缺是卷六《山东布政司田赋》，作者在对《会计录》中的数字进行初步整理后，利用统计学中的系统类聚分析法，根据田赋水平对 15 个省直进行分类，得出山东与南直隶同属一类的结论。然后再根据《会计录》、《明会典》、嘉靖《山东通志》的记载，使用系统类聚分析模型和线性回归方法，以白银为统一的计量单位，对万历初年山东布政司的田赋进行复原整理和分析，进而对遗失的山东行省及其所辖的 6 府、15 州、89 县的田赋数据都作了补遗。对原书其他一些遗失，也都设法加以复原。经过系统的整理与统计分析，不仅复原16世纪末明朝财政的原貌,而且所有数据都以统计表格的形式呈现出来,解决由于原书内容繁杂、数据庞大给人们带来的困惑与麻烦,并将所有收支数据统一折算为白银,解决原书计量单位混杂,无法进行综合统计和分析比较的难题,从而使该书具备工具书的性质,便于人们的利用与研究。这对推动明代经济史乃至中国古代史的研究必将产生积极之作用,可谓功德无量。

作者在对《会计录》进行系统整理和统计分析的基础上,对明代的国家财政体系作了深入的探讨,提出许多创新性的理论观点。以往的中国古代财政史研究,大多沿袭传统的制度研究范式,将财政机构和职权的研究摆在首位,致力于探究机构与制度的继承与演变。本书转换研究的范式,以白银货币化作为切入点,着重探讨明代财政制度的基本特征及其变革趋向,进而揭示16世纪末晚明的历史走向。为此,万明先生在《绪论》中详细论述了明代的白银货币化与张居正改革的历史进程。她指出,明代的白银货币化始于洪武末年(14世纪末),是从民间自下而上崛起的;至成化、弘治年间(15世纪下半叶)为官方所认可,随即自上而下全面铺开;到嘉靖初年(16世纪初)白银逐渐成为流通领域的主币,中国开始跨入银本位阶段;万历初年(16世纪末)的张居正改革,促使白银全面渗透到国家的财政结构之中,国家的财政体系也从实物财政逐步向货币财政转型,《会计录》中实物与货币并列的二元结构正是这种转型的真实反映。张居正改革是在世界连成一体的全球化起始阶段的大背景下展开的,白银货币化就是当时中国与世界的关键连接点。在张居正改革之前,自嘉靖年间为了解除南倭北虏的交相困扰,明廷耗费巨大的人力、物力和财力,已面临严重的财政危机。为此,一批勇于任事的改革之士,在一个半世纪之内相继在各地展开赋役制度的改革,其中尤以一条鞭法的推行最为著名。张居正改革就是在这个基础上展开的,其核心是如何重建明朝财政体系的问题。张居正改革留下了两个重要文献。一个是改革攻坚阶段编制的这部《会计录》,旨在给决策者提供参考。《会计录》的大量数据显示,白银在国家财政收支的实物与货币的二元结构中已占据越来越多的份额,呈现即将在中央财政收支中占据主导地位的发展趋势。与此同时,《会计录》的财政收支总账中又呈现入不敷出的现象,存在157万余两的赤字,而就收支的货币化比例而言,总收入的货币化比例达到41.93%,总支出的货币化比例更高达49.41%,如何增加货币化的收入已成为迫在眉睫的问题,加快改革的步伐势在必行。由于正在各地推行一条鞭法的核心内容是"每粮一石,审银若干,每丁审银若干"，官府控制田土的多少直接关系到朝廷征银的多少。张居正于是决定在全国展开大规模的田地清丈，清查漏税的田产和追缴欠税。福建先行试点，在万历六年开展清丈，至万历八年九月告竣。当年十一月，户部依据诏令，拟定《清丈条例》颁行全国。这个《清丈条例》就是张居正改革的第二个重要文献。这次清丈，不仅是在抑制土地兼并，堵塞偷漏，保证田粮额度的完纳，更重要的是推动一条鞭法在全国的普遍施行，最后达到全国统一征银的目的，将实物税全面转向货币税，促成中国古代财政体系的全面转型，建立一种全新的中央集权货币财政体系。结果，在全面清丈之后，全国各地编纂的《赋役全书》，赋税的征收虽仍保留实物基准的标准不变，但在实物数额之后，都一律标出"该银"若干，也就是说，在全国各地官方的财政册籍中，全部以白银作为计量单位，实际上全部是以白银作为征收形态了。《会计录》所显示的实物与白银混杂、计量单位不一的现象，在《赋役全书》中一扫而光，代之以清一色的白银计量与征收了。从《会计录》到《赋役全书》，这不仅是财政会计主体的转型，更是整个财政体系的转型，标志着明代中央集权财政体系已从以实物为主的财政体系向以白银货币为主的财政体系转型。财政体系的转型意味着国家的转型。这是中国二千年亘古未有的划时代巨变，也是张居正改革的最重要成果。这样的结论，将此前万明先生在《晚明社会变迁:问题与研究》一书中提出的晚明社会变迁转型的观点向前推进了一大步，达到新的理论高度，加深对张居正改革和晚明社会的认识。作者在《绪论》中虽然未能就财政体系的转型与国家转型的关系进行具体详尽的论证，可能会引起不同意见的争论，但是不同意见的争论，必将把研究进一步引向深入，从而将明史研究推向新的高度。因此，这种新论的提出，我认为是具有重大的学术价值的。

（原载《博览群书》2016 年第 12 期，标题由编辑改为《这样研究明史有价值》）

杂　叙

中学教师应该具备的学科基本素养

——以中学历史教师为例

我们的中学教师,都是经过有关部门的考核,取得教师任职资格而走上讲台的。但这只是起码的任职资格,要把课讲好,成为一名真正合格乃至优秀的教师,还必须具备任职学科的基本素养。就中学历史教师而言,就是要掌握史学的基本理论、基本知识和基本方法。本文即以中学历史教师为例,谈谈教师们所应具备的学科基本素养。

一、掌握唯物史观的基本原理

作为中学历史教师,首先必须掌握马克思主义的史学理论,特别是唯物史观的基本原理。马克思主义史学理论,由马克思主义的唯物史观——史学本体论、史学认识论和史学方法论组成。在这三个组成部分中,历史观和以它为核心的史学本体论占据主导的地位。历史观是指人们对于历史的根本看法,或者指人们对于人类历史运动及其一般规律的理论概括。它是史学的灵魂,也是历史科学的理论基础。

历史观是在特定的社会生活中产生,并随着社会生活条件和意识形态的发展变化而发展变化的。在中国古代,随着社会的进步和史学的发展,曾经形成各种形态的历史观,如天命论史观、循环论史观、帝王中心论史观等。在欧洲,从中世纪的神学史观,到文艺复兴时期的人文主义史观,再到资产阶级革命时期的英雄史观、进化论史观、地理环境决定论史观,一直到黑格尔的历史哲学,历史观也在不断地发展变化。但是,直到马克思主义诞生之前,这些历史观都是用唯心主义来说明和解释历史,都属于唯心史观的范畴。

在唯心史观占统治地位的史学领域,尽管有的史学家提出了一些有价值的观点和思想材料,却无法全面揭示人类历史发展的客观规律并且给予科学的说明。恩格斯曾经一针见血地指出这种唯心史观的弊病:"以前所有对于历史的见解,都以下述观念为基础:一切历史变动的终极原因,应当到人们变动着的思想中去寻求,并且在一切历史变动中,最重要的、决定全部历史的是政治变动。可是,人的思想究竟从哪里来的,政治变动的动因又是什么——关于这一点,没有人发问过。"①列宁进一步指出,唯心史观的两个主要缺点是:"第一,以往一切史学理论,至多是考察了人们历史活动的思想动机,而没有考究这些动机的原因,没有摸到社会关系体系发展的客观规律性,没有看出物质生产发展程度是这种关系的根源;第二,过去的历史理论恰恰没有说明人民群众的活动,只有历史唯物主义才第一次使我们能以自然历史的精确性去考察群众生活的社会条件以及这些条件的变更。"②总之,唯心史观以人们的思想动机来说明和解释历史的发展过程,而未能看到物质生产及社会关系是历史发展的根源和动力,因而也就看不到物质生产者——劳动人民群众的活动及其作用,所以也就无法探明历史发展的规律,使史学成为真正的科学。

马克思主义的唯物史观,是19世纪四五十年代由马克思、恩格斯共同创立的。他们把唯物主义基本原理运用于人类社会和人类历史的研究,阐明了一系列根本性的问题,克服以往一切史学理论的弊端,使史学成为真正的科学。

马克思和恩格斯强调人在历史发展中的主体地位和能动作用。他们指出:"任何人类历史的前提无疑是有生命的个人的存在","这些人使自己和动物区别开来的第一个历史行动并不是在于他们有思想,而是在于他们开始生产自己所必需的生活资料"。③马克思、恩格斯进一步指出:"人们为了能够'创造历史',必须能够生活。但是为了生

---

①　《马克思恩格斯选集》第三卷,北京:人民出版社1972年版,第40页。
②　《列宁全集》第二一卷,北京:人民出版社1959年版,第38—39页。
③　《马克思恩格斯选集》第一卷,北京:人民出版社1972年版,第24页。

活,首先就需要衣、食、住以及其他东西。因此第一个历史活动就是生产满足这些需要的资料,即生产物质生活本身。"①这样,人们通过物质生产实践活动便创造了一定的生产力水平。在物质生产实践的同时,人们也必须相应地展开经济交往、社会交往、政治交往和精神交往的实践活动,这就创造出相应的经济交往形式即生产关系、社会交往形式即社会关系和社会组织形式、政治交往形式即政治制度和体制,以及精神交往形式即意识形态。这些交往形式逐渐稳定下来,便成为人们世代相传的既定的交往条件。接着,马克思、恩格斯又进一步阐明了生产力和生产关系、经济基础与上层建筑的关系,指出:"人们在自己生活的社会生产中必然发生一定的、必然的、不以他们意志为转移的关系,即同他们的物质生产力的一定发展阶段相适应的生产关系,这些生产关系的总和构成社会的经济结构,即有法律的和政治的上层建筑竖立其上并有一定的社会意识形态与之相适应的现实基础。物质生活的生产方式制约着整个社会生活、政治生活和精神生活的过程。不是人们的意识决定人们的存在,相反,是人们的社会生活决定人们的意识。"②这就揭穿了唯心史观的人们的意识决定历史发展的骗局。

人们的物质生产实践活动,不仅创造了一定的生产力水平和与之相适应的经济、社会、政治与精神交往形式,推动着它们的发展,同时也在推动着"个人本身力量"的发展。因为"在再生产的行为本身中,不但客观条件改变着,例如农村变为城市、荒野变为清除了林木的耕地,等等,而且生产者也在改变着,炼出新的品质,通过生产而发展和改造着自身,造成新的力量和新的观念,造成新的交往方式,新的需要和新的语言"③。在这种新的需要的推动下,物质力量和精神力量得到发展的人们,就会通过生产实践活动,把生产力推向新的高度。于是,现存的生产关系便由生产力的发展形式变成生产力的桎梏。"随着经济基础的变更,全部庞大的上层建筑也或快或慢地发生变革。"④这就是我们通常所说的生产力与生产关系、经济基础与上层建筑的矛盾。此时,社会革命也就到来,旧的生产关系就会被适应生产力的新的生产关系所取代,旧的上层建筑就会被适应经济基础的新的上层建筑所取代,社会形态也就由低级向高级发展。旧的矛盾解决了,

① 《马克思恩格斯选集》第一卷,北京:人民出版社1972年版,第23页。
② 《马克思恩格斯选集》第二卷,北京:人民出版社1972年版,第82页。
③ 《马克思恩格斯全集》第四六卷,北京:人民出版社1979年版,第82页。
④ 《马克思恩格斯选集》第二卷,北京:人民出版社1972年版,第83页。

生产力再向前发展,生产关系与上层建筑又与之发生新的矛盾,于是又发生新的社会革命,使经济基础与上层建筑再度发生变革,使社会形态向更高一级发展。

就这样,马克思主义的唯物史观,通过人们的物质生产实践,从总体上揭开了人类历史发展的普遍的客观规律。这就是:人类通过物质生产活动,不断地推动着生产力的发展,从手工劳动的小生产发展到社会化的大生产,从自给自足的自然经济发展到劳动和产品的普遍交换,从而推动着经济基础与上层建筑的不断变革,推动着社会形态从原始社会经过各种形态的阶级社会——奴隶社会、封建社会、资本主义社会,最后进入社会主义、共产主义社会。

通过马克思、恩格斯的一系列论述,我们可以归纳出唯物史观的几个基本原理。第一,人们的物质生产实践活动是历史发展的原动力,生产力是历史发展的最终决定力量。我们通常说生产力与生产关系、经济基础与上层建筑的矛盾是社会的基本矛盾,这种基本矛盾推动着人类历史的发展。这个说法并不错,但引发这个矛盾的正是人们通过物质生产活动推动着生产力发展的结果,而这个矛盾的解决归根结底又取决于人们的物质生产活动推动的生产力发展水平。

第二,在一般的情况下,社会存在决定社会意识,经济基础决定上层建筑。但是,也应该看到,上层建筑一旦产生便具有相对的独立性,又会对经济基础产生反作用,或者是正面的促进作用,或者是反面的阻滞作用。马克思就曾指出:“从直接生产者身上榨取无酬剩余劳动的独特经济形式,决定着统治和从属的关系,这种关系是直接从生产本身发生的,而又对生产发生决定性的反作用。”①恩格斯也指出:“虽然物质生活是原始的起因,但是这并不排斥思想领域也反过来对这些物质条件起作用,然而是第二性的作用。”②

第三,人类历史发展的根本动力是生产力的发展,而生产力的发展又受到生产关系以及上层建筑的各种因素的影响,因此恩格斯又提出“力的平行四边形”原理,说:“历史是这样创造的:最终的结果总是从许多单个的意志的相互冲突中产生出来的,而其中的每一个意志,又是由于许多特殊的生活条件,才成为它所成为的那样。这样就有无数互相交错的力量,有无数个力的平行四边形,而由此就产生出一个总的结果,即历史事变,

---

① 《马克思恩格斯全集》第三五卷,北京:人民出版社1971年版,第891页。
② 《马克思恩格斯选集》第四卷,北京:人民出版社1972年版,第474页。

这个结果又可以看作一个作为整体的、不自觉地和不自主地起着作用的力量的产物。"①
当然,这些合力中的各种力量并不起着同等的作用,是有主有次的,也并不是都起相同
方向的作用,是有正向的也有反向的。

第四,人类社会历史是有规律的运动,由低级向高级发展的。其发展变化,有渐进
与突变两种方式。当渐进的量变发展到一定的阶段,就会引起质的飞跃,社会革命就会
到来,实现从旧质态向新质态的变化。这种社会革命可以是暴力革命,如英、法、美的资
产阶级革命,也可以是大规模的社会改革,如俄国的农奴制改革、日本的明治维新。

第五,广大人民群众既是物质财富和精神财富的创造者,同时也是社会变革的决定
力量,因此他们是历史的创造者。当然,唯物史观认为人民群众是历史的创造者,并不
等于否认个人在历史上的作用。但是,个人在历史上所起作用的大小,又取决于他在多
大程度上反映人民群众的诉求,并且在多大程度上依靠人民群众的力量。因此,归根结
底,还是广大人民群众在创造着历史。

随着史学的不断发展,世界各国不断涌现许多新的史学理论和新的历史观,如全球
史观、现代化史观等。其中,有的是在唯心史观的基础上发展起来的,有的则是在唯物
史观的基础上发展起来的。我们对此必须进行细致的分析,凡是符合唯物史观的基本
原理的,可以适当加以吸收;凡是违背唯物史观的,属于唯心史观范畴的,则应加以抵制
与批驳。不能觉得新鲜,不分青红皂白,拿到篮里就是菜,全盘照收,甚至在课堂上向学
生宣讲传播。

掌握马克思主义唯物史观,不可能一蹴而就。这就要求我们的中学教师挤出一定
的时间,认真研读一些马克思主义的经典著作,特别是有关哲学、经济学和历史学等方
面的经典著作。同时,还需要阅读一些非马克思主义的名著,对照着进行思考,为何在
同一类的历史问题上,马克思主义和非马克思主义的看法会如此不同甚至是大相径庭。
同时进一步思考,这些非马克思主义著作中,有哪些观点是必须批判和摒弃的,又有哪
些见解是可取并且应该吸收的。只有经过认真的研读和思考,你才能逐步掌握马克思
主义的唯物史观。

---

① 《马克思恩格斯选集》第四卷,北京:人民出版社 1972 年版,第 478 页。

二、拥有历史基本知识

　　由于课时的限制,中学历史教科书不可能全面、系统地讲述中国和世界从古到今的历史,而是采取以点带面的写法,择取若干关键的节点,串联成线,来反映中国和世界历史的概貌及其发展规律。这种写法,必然使教科书出现许多缺环和空白。教师必须拥有历史基本知识,明了中国历史和世界历史发展的全过程,把握其发展的基本脉络,才能准确地领会教科书编写的意图,对其内容做出正确的诠释,抓住重点和难点,把课讲深讲透。

　　历史学是一门综合性学科,人类社会发生发展的一切过程都是它的研究对象,人类在生产斗争、阶级斗争和科学研究中积累的所有知识都是历史知识。这个知识宝库不仅内容极为丰富,而且涉及的范围也极为广泛。一部中国通史,上下五千年,纵横九万里,涉及经济、政治、军事、外交、边政、民族、宗教、文化、科技、教育、典籍、民俗、语言、文字、文学、艺术等诸多领域,可谓包罗万象。仅中国古代史籍就浩如烟海,以至于有"一部二十四史,不知从何读起"之叹。而中国古代史又只是整个中国历史的一部分。古代史之外,还有近代史、现代史和当代史。中国史之外,还有世界史。再说历史学又同哲学及社会科学的许多学科,如政治学、经济学、法学、社会学、人类学、民族学、人口学、民俗学、地理学、军事学、文学、艺术等有着密切的关系,同数学以及自然科学的许多学科也有着程度不一的联系。近年来,随着社会科学与自然科学以及它们内部各个学科的日益渗透与接近,世界科学正在向着一体化的方向发展,出现了许多新兴的边缘学科和交叉学科。因此,史学工作者必须"习六艺""百事通",发奋攻读,努力扩大自己的阅读面,广披博览,逐步积累起丰厚扎实的历史知识。

　　当然,正如庄子所说:"吾生也有涯,而知也无涯,以有涯随无涯,殆已。"①知识的海洋无边无际,人生却很短暂,不可能读尽世界上的书籍,穷尽所有的知识。中学教师的教学任务又十分繁重,空余时间非常有限,更不可能漫无边际地涉猎,见到什么书都读。

---

① 　[周]庄周:《庄子养生主》,《六子全书》本。

因此,讲究效率,形成合理的知识结构,就显得尤其重要。这就需要我们处理好涉猎与精研、纵观与横观以及吸收最新的研究成果等问题。

我们中学历史教师,古今中外的历史课程都得教,因此有人认为他们只要广泛涉猎各种当代史学著作就行了,不必有自己专攻的领域。事实上,许多优秀的历史教师都有自己的专长,或者在中国史的某个断代史,或者在外国史的某个国别史术有专攻,或者在政治史、经济史、文化史的某个专门史有较深的造诣,因此他们讲授这方面的课程,就能够抓住要点难点,讲得生动透彻、深入浅出,让学生听得津津有味,激发学习兴趣。这就涉及我们的历史教师在积累历史知识时,如何处理广泛涉猎与专精研读的关系问题,即通常所说的"博"与"约"的关系问题。对此,清代史学家章学诚曾从史学工作者知识结构的角度做过论述,他说:"学贵博而能约,未有不博而能约者也。以言陋儒荒俚,学一先生之言以自封域,不得谓专家也。然亦未有不约而能博者也,以言俗儒记涌漫漶,至于无极,妄求遍物,而不知尧、舜之知所不能也。"他主张,在处理博与约的关系时,应"以约为主"①。近代史学家梁启超更明确指出:"凡做史学的人,必须先有一种觉悟,曰:贵专精不贵杂博。"他认为:"专精同涉猎,两不可少。有一专长,又有充分常识,最佳。"他要求史学工作者处理好涉猎与专精的关系,说:"大概一人功力,以十之七八,做专精的功夫,选定局部研究,练习搜罗材料,判断真伪,决择取舍。以十之一二,做涉猎的功夫,随便听讲,随便读书,随意谈话。如此做去,极其有益。"②

我们的中学历史教师,情况千差万别,不仅学历不同,而且走上教学岗位的时间也不一样,有的是刚任教不久的年轻人,有的则是执掌教鞭多年的壮年人,甚至是资深的老龄教师。不管学历和资历如何不同,只要是从事中学的历史教学工作,都必须掌握从事这一工作的历史基本知识。这个基本知识大抵由两个部分组成,一部分包括中国史和世界史两门通史和断代史、国别史、专门史等。其中,两门通史是主干和基础,它们讲述了中外历史的主要进程和基本规律,而断代史、国别史和专门史则是其细化与补充。另一部分则包括与历史学关系密切的哲学、经济学、人类学、社会学、民族学、考古学、心理学、历史地理等学科的基础常识。我们中学历史教师,应该根据自身的情况,来掌握广泛涉猎与专精研读的时间分配比例,而不可一刀切。如果是刚刚从事中学历史教学

---

① 《文史通义·报孙渊如书》,《章氏遗书》本。
② 梁启超:《中国历史研究法·补编》,石家庄:河北教育出版社2002年版,第176页。

不久的年轻教师,就应该把主要精力用在掌握这些历史基本知识上,打下扎实的基础,而不急于去做专精的研读。待到掌握了这些基本知识,能够胜任教学任务之后,再根据自己的兴趣爱好,去开辟自己的研究领域,把更多的时间投入专精的研读上面,逐步过渡到"以约为主",最后做到在教学之余,"以十之七八,做专精的功夫","以十之一二,做涉猎的功夫"。

我们在阅读各种史籍时,还要做到纵观与横观相结合,在时间与空间方面进行比较深入的思考。历史活动是与空间和时间紧密相连的。恩格斯指出:"一切存在的基本形式是空间和时间,时间以外的存在和空间以外的存在,同样是非常荒诞的事情。"①历史活动也离不开空间和时间的存在的基本形式。历史的时间是一个纵向的动态系统,历史的空间则是一个横向的动态系统。在历史的屏幕上,景随时移,人随景长,在时空的连续的变易中,演出一幕又一幕威武雄壮的活剧,推动着历史的前进。我们的中学历史教师,在阅读史籍中,既要做纵向的考察,又要做横向的考察。

所谓纵向考察,就是考察历史发展的全过程,把握每个发展阶段的特点,探寻从前一个阶段进入后一个阶段的条件及原因,后一个阶段又在哪些方面超越了前一个阶段,等等。比如我们观察中国封建社会的历史,既要了解从战国秦汉到明清的全过程,把握其发展的基本脉络,又要弄清魏晋南北朝不同于战国秦汉,隋唐五代不同于魏晋南北朝,宋元不同于隋唐五代,明清不同于宋元,弄清其成长、发展、再发展和衰落的不同特点。这种纵向考察,既可以了解历史发展的全貌,又可以在历史发展的总背景下考察每个历史人物、历史事件和历史现象,恰如其分地确定其地位与作用,避免过分夸大或低估其意义。比如要想了解均田制的出现及其历史作用,就要系统梳理魏晋南北朝和隋唐的历史,才能弄清它在北齐出现的原因,它在隋、唐两朝的发展演变及其对调整当时社会矛盾、推动生产力发展的作用。又比如想弄清明太祖朱元璋复兴传统文化的意义,就需系统考察自秦汉至明清的思想文化史,了解自汉武帝"罢黜百家,独尊儒术",儒学取得独尊地位,成为主流的意识形态。经过魏晋南北朝,道、释兴起,三教互相碰撞与角逐,儒学受到严重的挑战,但在唐宋又复巩固其独尊的地位。到了元代,嗜利黩武的忽必烈虽然附会汉法,施行"外汉内蒙"的国策,但仍坚持蒙古文化本位的体制,使儒学丧

---

① 《马克思恩格斯选集》第三卷,北京:人民出版社1972年版,第40页。

失独尊地位,儒士也被边缘化。明太祖针对元朝的弊政,施行复兴传统文化的国策,尊孔崇儒,倡导理学,兴办学校,推行科举,普施教化,移风易俗。他的后继者继承这个政策,使儒家思想特别是程朱理学得到广泛传播,并渗透到边疆的少数民族地区,增强各民族对中华文化的认同感。正是由于儒家思想的深刻影响,当明朝的统治覆亡之后,入关的清朝统治者虽仍坚守满族文化,但实行的却是"外满内汉"的国策,儒学的独尊地位并未改变,以儒学为主干的传统文化仍在缓慢而曲折地向前发展。因此可以说,如果没有明太祖复兴传统文化的举措,我们所看到的传统文化就未必是现在的面貌了。①

所谓横向考察,就是考察某个阶段或某个时期历史活动各个方面的关系及其总的特点。比如我们要了解某个时期的社会经济,不仅要了解内地的社会经济,也要了解边疆地区的社会经济;讲到封建社会某个阶段阶级关系的变化,不仅要讲农民阶级的变化,也要讲到地主阶级的变化;研究中国封建社会的特点,还要考察西方封建社会的情况,两相比较,从而彰显并归纳出中国的特点,进而引出正确的结论。近年来,一些学者采用横向考察的方法,对明代后期的方方面面进行系统的梳理,发现此时在经济上商品经济持续发展,社会经济也由单一的农业经济向多元经济转变;社会生活上逐利与奢侈之风盛行,违礼越制的现象层出不穷;政治上出现由改革运动、党社运动与市民运动构成的生机勃勃的新气象,在思想界涌动着一股反对传统束缚、抨击专制集权、倡导人的主体地位和满足人的生理和物质欲望、肯定工商皆本的启蒙思潮;在科技界,在对传统科技进行总结的同时,积极吸收外来的科技成果,并倡导实验手段和数学语言的运用。所有这一切,表明明后期已显现由传统社会向近代社会转型的曙光,从而驳斥了某些西方学者一再重弹的中国历史"停滞论"的老调。②

我们的中学历史教师在广泛阅读各种史著,吸收各种历史知识时,还应注意追踪史学前沿的研究动态,吸收最新的研究成果。否则,人家已经否定的史料你还在引用,人家已经否定的论点你还在费劲地加以阐述,那不仅要闹大笑话,而且也妨碍自己水平的提高。所谓最新的研究成果,指的是新近发表的在史料和观点上具有新突破的论著。并不是所有新发表的论著都算是新的研究成果。因为有些新发表的论著在史料或观点

---

① 拙作《朱元璋复兴传统文化的历史功绩》,《明清论丛》第十七辑。

② 万明主编:《晚明社会变迁问题研究》,北京:商务印书馆 2005 年版;张显清主编:《明代后期社会转型研究》,北京:中国社会科学出版社 2008 年版。

上并没有新的突破,属于炒冷饭的东西;更有些新发表的论著,虽然受到某些人的吹捧和热炒,但其征引的史料却经不起检验,观点也是谬误百出。例如美籍华裔学者黄仁宇的《万历十五年》译成中文于 1982 年出版后,成为风靡一时的畅销书,还曾被列入高中生的阅读书目。事实上,这是一本"以论带史""以偏概全",歪曲历史事实、宣传错误历史观的著作,怎能作为新的研究成果加以吸收呢? 因此,对新发表的史学论著,不能通通视作最新的研究成果,一概加以吸收,而是要看它是否得到史学界同人的认同,更重要的是要亲自做一番审慎的检验。检验的方法有三,一是史料的检验,检查其所引用史料的真伪,是否有大的遗漏,是否有新发掘的史料。二是逻辑论证的检验,查看其逻辑论证是否严密,有无漏洞。三是社会实践的检验。历史的长河是不可割断的,近现代史中一些带规律性的东西,有的在当今的现实生活中还在发生作用,就是古代史的一些东西,它的残迹还在当今社会中产生影响,如封建主义的残余。而且由于我国各地区、各民族发展并不平衡,中原内地早已消失的母系父系氏族制、奴隶制、农奴制、封建制等,解放前后在一些边疆少数民族当中也还存在,甚至在外国某些民族当中还可找到。论述这些制度的论著,即可从中找到印证检验的资料。新发表的论著如能通过这种检验,就应当肯定、吸收;否则,就应该否定、抛弃。

三、熟悉史学研究的基本方法

中学历史教师还应熟悉史学研究的基本方法,搞点史学研究,以收研教相长的功效。这就要求我们的中学历史教师熟悉史学研究的基本程序和方法。关于史学研究的基本程序,笔者已在《与中学教师谈论文的写作——以中学历史教师为例》①一文中做过论述,此不复赘。史学研究的方法则多种多样,这里也不可能逐一详论,只拟着重谈谈众多研究方法都要涉及的逻辑方法的一些问题。

(一)分析与综合

分析与综合相结合是对立统一规律在思维中的运用。分析方法运用于史学研究,

---

① 发表于《课程·教材·教法》2017 年第 8 期。

就是把历史客体分解为各个部分、各个方面、各种因素来加以考察,了解其内在联系,得出本质的规律性的认识。在史学研究中,分析方法大抵有以下几种类型:一是方面分析,就是对历史客体内外联系的各种矛盾方面进行分析。例如研究历史上的一些重大战争、战役,往往将其分解为作战动机、战争性质、军事机制、指战员的素质、士兵的士气、战略战术、地理和气候条件以及作战机遇等几个方面,分别加以考察,总结出战争胜败的原因。拙作《论朱元璋取得反元斗争胜利的原因》一文,就是对比元末农民战争中朱元璋和其他农民起义领袖以及元朝方面的情况,最后得出这样的结论:"善于根据形势的变化,采取相应的政策和策略;狠抓积粮训兵,建立巩固的战略基地;注意礼贤下士,优待降人;具有优异的军事才能,正确地指导和进行战争,这些就是朱元璋所以取得反元斗争胜利的基本原因。"[1]二是阶段分析,就是对历史客体发展过程中所显现的不同发展阶段的各种矛盾进行分析,进而认识整个历史发展进程的本质及其规律。例如顾诚的《明末农民战争史》,就是把明末农民战争划分为初期、中期和后期等几个阶段,每个大阶段又分为若干个小阶段,逐一进行深入细致的分析,进而对明末农民战争爆发的背景、战争的过程以及最后失败的原因,提出了自己的看法[2]。三是层次分析,就是对历史客体的本质与外部表现相联系的层次进行分析。比如评价汉武帝的历史功过,即可分析他的政体改革、财政改革等举措,得出他全面加强中央集权的认识;分析他对匈奴的战争和对西域的外交活动,得出他发展和巩固我国统一多民族国家的认识;分析他猜忌臣下甚至亲生儿子的行为,得出他残忍专横,个人权力欲十分强烈的认识;分析他大兴土木、封禅、求仙等活动,得出他奢侈、迷信、好大喜功等的认识;分析他苛剥农民与镇压农民起义,得出对他的地主阶级本性的认识;分析他颁发"轮台罪己诏"和改变治国方略,得出他头脑比较清醒,能为本阶级的根本利益调整政策的认识。通过各个层次的解剖,汉武帝作为汉代有作为的封建君主的形象和本质便清晰地显现出来了。

将综合方法运用于史学研究,就是在分析研究的基础上,按照客观历史事物的本来面貌和联系,把历史客体的各个部分、各个方面、各种因素组合成一个整体来加以考察,从而达到对历史事物的整体的全面的本质的认识。比如清末的洋务运动就包含着多方面的内容,在政治上有维新变法,在经济上有民族工业的兴办,在思想文化上有维新思

---

① 拙作《朱元璋研究》,天津人民出版社 1983 年版,第 54—78 页。

② 顾诚:《明末农民战争史》,北京:中国社会科学出版社 1984 年版。

想、中学与西学之争。政治方面又可分为不同政治集团和势力,经济方面又可分为不同性质的生产方式,思想文化方面又可分为哲学、史学、文学、艺术等领域。这几个方面,又同帝国主义与中华民族的矛盾、资本主义生产方式与封建主义生产方式和上层建筑的矛盾、国内的阶级矛盾和统治阶级内部的矛盾等紧密地联系在一起。我们只有在对各个方面进行分析的基础上加以综合,找出它们之间的联系、作用与影响,并抓住要点和特点,才能形成对洋务运动的本质的认识,看出它在中国近代历史发展过程中的地位和意义。

进行综合研究,首先要有整体观念,研究国别史时,要把它放到世界史的范围内进行考察;研究断代史,要把它放到通史范围内考察;研究某个局部的史事,要把它放到全局范围内考察;研究某个人物、某个事件、某个现象,要把它们放到当时的时代背景下考察。其次,要着眼于历史客体的内在联系性。历史客体作为一个整体,既不是各种现象的偶发聚合,也不是各种要素的胡乱堆积。在这里,部分与部分,局部与整体,存在着一种必然的、内在的联系。进行综合研究,要注意发现和揭示历史客体内部各部分以及客体内部与外部的必然性联系。最后,要按照历史的本质进行综合,防止表象的、片面的综合。

(二)归纳与演绎

归纳与演绎的逻辑方法,从一定的意义上说,是分析与综合的进一步发展,是分析与综合方法在推理过程中的特殊表现。归纳法是人们在认识过程中从个别导出一般的逻辑方法。史学研究的归纳法,是通过挖掘大量的史料并且分别加以研究之后,概括出这些史实的一般属性,引出共同的结论。它对于判明历史现象的本质、主流、因果关系和其他关系很有帮助。例如毛泽东在《一切反动派都是纸老虎》一文中,从希特勒、沙皇、中国皇帝和日本帝国主义的倒台等历史事实,推导出这样的结论:"一切所有号称强大的反动派统统不过是纸老虎。原因是他们脱离人民。"①历史归纳的形式很多,比较常用的有枚举归纳法与统计归纳法。枚举归纳法,就是根据同一类型的历史现象、历史事件、历史人物中的部分对象具有或不具有某种属性,推导出该类事物的全部对象都具有或不具有某种属性。例如毛泽东 1944 年 4 月 12 日在《学习和时局》一文中,就是从中国

---

① 《毛泽东选集》第五卷,北京:人民出版社 1977 年版,第 499 页。

共产党历史上几次大的骄傲导致革命遭受损失甚至失败的事实,引出骄傲必然吃亏的结论,他写道:"我党历史上曾经有过几次表现了大的骄傲,都是吃了亏的。第一次是在一九二七年上半年。那时北伐军到了武汉,一些同志骄傲起来,自以为了不得,忘记了国民党将要袭击我们。结果犯了陈独秀路线的错误,使这次革命归于失败。第二次是在一九三〇年。红军利用蒋冯阎大战的条件,打了一些胜仗,又有一些同志骄傲起来,自以为了不得。结果犯了李立三路线的错误,也使革命力量遭到一些损失。第三次是在一九三一年。红军打破了第三次'围剿',接着全国人民在日本进攻面前发动了轰轰烈烈的抗日运动,又有一些同志骄傲起来,自以为了不得。结果犯了更严重的路线错误,使辛苦地聚集起来的革命力量损失了百分之九十左右。第四次是在一九三八年。抗战起来了,统一战线建立了,又有一些同志骄傲起来,自以为了不得,结果犯了和陈独秀路线有某些相似的错误。这一次,又使得受这些同志的错误思想影响最大的那些地方的革命工作,遭到了很大的损失。全党同志对于这几次骄傲,几次错误,都要引为鉴戒。"[①]统计归纳法与枚举归纳法相似,都是通过研究同一类事物中的一部分个别对象而做出关于全部同类事物属性的结论,不过枚举法做出的是关于整类对象的普遍的结论,而统计法做出的是关于这类对象的概率的结论。所以统计推理不仅要进行枚举,还要进行计算。这种统计法,在经济史的研究中用得比较多。

　　运用归纳法来研究历史,要注意以下几点。其一,用于归纳的同类事例不得少于两个,而且越多越好。少于两个就成为孤证,"孤证不立",是无法进行归纳的。反之,归纳的事例越多,结论就越加可靠。其二,一旦出现了反证,结论就需修正或放弃。其三,不宜做轻率概括,更不能做偏见概括。所谓轻率概括,就是在没有积累起足够的史料以供归纳之前,就轻率地下结论。这种结论往往是不可靠的,难以服人。例如有部名叫《河殇》的电视政论片,把中国与西方的传统文化分别概括为黄土文化和蔚蓝色的海洋文化,说前者保守,而后者开放。这显然是一种轻率概括。因为中国古代也有过海洋文化,先秦的东夷、莱夷就属于海洋文化,宋元时期的航海活动也相当发达,明代的郑和下西洋更是把中国古代的航海活动推向了高峰。西方文化,也不全部是蔚蓝色的。在古希腊、罗马时代,确实有过蔚蓝色的海洋文化,可是到了中世纪,欧洲的文化比中国还要

---

① 《毛泽东选集》一卷本,北京:人民出版社,1966年版,第951—952页。

封闭,一千多年没有蔚蓝色,直到文艺复兴之后才又有了发达的海洋文化。所谓偏见概括,就是有意无意地从某种偏见出发,不考虑据以概括的史实或史实的代表性,只按照自己的意愿、习惯思维或意图,甚至歪曲史实,进行主观的概括。这样概括出来的结论,当然是不可能站住脚的。过去西方一些人写的有关中国历史的论著,往往就充斥着这种偏见概括,结论与史实相去十万八千里之遥。

演绎法则是从一般性的结论出发,推导出个别历史事件、历史人物、历史现象具有相同的属性。人们的认识活动,大多是在前人认识的基础上,以前人认识结果的一般原理为指导进行的。唯物史观是从人类对历史认识的成果中总结出来的最科学的一般原理,我们运用唯物史观来研究具体的历史问题,使用的就是演绎法。比如,马克思主义经典作家通过对许多国家和民族历史的研究,总结出人类历史从低级到高级的五种社会形态的总规律,许多史学著作就运用这一原理来论述本国、本民族的历史。

运用演绎法来研究历史,要注意以下几点。第一,用于演绎的前提必须正确,前提不正确,演绎推理的结论必然是错误的。例如,有的学者把中国古代史上的匈奴、契丹、女真、蒙古等视为外族,将他们建立的政权划为外国,这个前提错了,他们据此推导出来的这些政权与汉、唐、宋、明的战争为侵略与反侵略战争的说法也就站不住脚了。须知这些民族的祖先很早就劳动、生息、繁衍在中国境内,他们的政权虽然与汉族建立的中原王朝处于对立状态,但都是中国历史的组成部分。这些民族建立的政权与汉族中原王朝的战争,虽有正义与非正义之分,但同春秋战国时期众多诸侯国之间,三国时期魏、蜀、吴之间的战争一样,并不带有侵略与反侵略的性质。[①] 第二,演绎的形式必须正确,演绎推理的结论所断定的概念范围不能超出前提。比如,我们说农民起义领袖、民族英雄、科学家对祖国的历史发展做出了贡献,你不能因此说李白、杜甫既不是农民起义领袖、民族英雄,也不是科学家,没有对祖国的历史发展做出贡献。因为这个演绎推理的形式不正确,推理的结论所断定的"对祖国的历史发展做出贡献"超出了前提,前提只是说农民起义领袖、民族英雄、科学家对祖国的历史发展做出贡献,并没有说文学家不对祖国的历史发展做出贡献。

---

① 拙作《正确阐述我国历史上的民族关系》,《课程·教材·教法》2008 年第 3 期。

（三）抽象与具体

从具体上升到抽象,从抽象再上升到具体,是一种重要的逻辑思维方法。用公式来表示,即具体—抽象—具体。这里的抽象是对具体而言的,指的是"思维抽象"。头一个"具体"指的是感性具体,即客观事物在人脑中的反映。后一个"具体"指的是思维具体,是在思维中再现事物的整体。感性具体虽然具体、生动,却是表面的、笼统的认识,要达到本质的认识,就要通过抽象的环节。所谓抽象,就是在思维中,把对象的某些本质的属性抽取出来,而舍弃其非本质的属性,形成抽象的规定。这种思维抽象已经接触到事物的本质,但它只是从某个方面反映事物的本质,是理性认识的初级阶段。到理性思维的高级阶段,将思维抽象得到的许多规定加以综合,把客观事物内部的许多方面的本质构成一个统一的整体,形成思维具体,从而更系统、更全面、更深刻地反映了研究的对象。马克思将思维运动的这两个阶段归纳为两条道路,他说:"在第一条道路上,完整的表象蒸发为抽象的规定;在第二条道路上,抽象的规定在思维行程中导致具体的再现。"这种具体的再现,"已不是一个混沌的关于整体的表象,而是一个具有许多规定和关系的丰富的总体了"①。只有到这时,人们才能真正认识所考察对象的具体本质。历史科学的任务在于揭示人类社会历史发展的普遍规律。但规律并不是独立存在的实体,不可能凭感官直观,而只能在逻辑思维的抽象中加以把握。因此,从具体上升到抽象,从抽象再上升到具体的逻辑方法,对史学研究便具有重大的意义。离开这种科学的研究方法,就无法揭示历史发展的规律,也不可能建立完备意义上的历史科学。

在史学研究中使用"从具体上升为抽象"方法,指的是从具体的历史材料出发,通过分析、综合、归纳、演绎,对复杂多样的历史现象做出科学的抽象,形成历史概念、历史理论、历史规律。但是我们的研究过程到此还只是完成了一半。更重要的一半,是回过头来,使用"从抽象到具体"的方法,运用已经掌握的历史概念、历史理论、历史规律的学说,去研究和认识不同时期、不同民族、不同国家的丰富多样的历史,科学地阐明这些历史的特性和发展规律,从而达到再现历史的认识任务。

以上几种逻辑方法,是史学研究的最基本的方法,我们的中学历史教师可以先熟悉

---

① 《马克思恩格斯选集》第二卷,北京:人民出版社1972年版,第103页。

这些最基本的方法,然后在这个基础上,逐步熟悉并掌握史学研究的其他方法,如历史方法、阶级分析方法、历史比较方法、微观与宏观研究方法、计量史学方法、口述史学方法、心理史学方法和跨学科史学方法等。更重要的是,要在教学之余,结合自己在教学和阅读史籍中遇到的问题,亲自做点研究,写些史学论文。实践出真知,通过自己的实践,才能真正熟悉和掌握史学研究的方法。

(原载《课程·教材·教法》2019 年第 5 期)

中学历史教学的人物评价问题

历史是由无数人物的活动组成的连续画卷。研究历史就必须研究人物,历史人物的评价便成为历史科学中一个永恒的主题,也是中学历史教学中一个不可或缺的重要课题。本文拟就历史人物评价的意义、原则和方法等问题,结合笔者的体会谈点看法,供广大中学历史教师和史学工作者参考。

一、评价历史人物的目的与意义

马克思、恩格斯曾指出:"任何人类历史的前提无疑是有生命的个人的存在""有了人,我们就有了历史"①。没有人的活动,就没有历史。所以,列宁指出:"全部历史本来由个人活动构成,而社会科学的任务在于解释这些活动。"②因此,历史人物的研究与评价,在历史科学中占有重要的地位。我国二十四史的开山之作《史记》,就有 12 篇本纪、30 篇世家、70 篇列传,记叙了各种历史人物的活动。此后的二十三史和《清史稿》,也都沿袭这种纪传体的体例,只有个别篇目稍作调整。近代史学兴起后,历史人物的评论和

---

① 《马克思恩格斯全集》第三卷,北京:人民出版社 1960 年版,第 23、457 页。
② 《列宁全集》第一卷,北京:人民出版社 1955 年版,第 395 页。

传记作品,可谓汗牛充栋。新中国成立以来,教育部颁布的中学历史教学大纲或课程标准,无不将从历史发展的进程中认识历史人物、历史事件的地位和作用作为培养学生知识与能力的一项重要内容。根据这些教学大纲和课程标准编写的各套中学历史教材,无不简明扼要地记叙了秦始皇、汉武帝、唐太宗、宋太祖等政治人物的活动以及其他军事、经济、文化领域各色人物的活动及成就,并对其是非功过做出评价。2005 年经教育部审查通过的那套"普通高中课程标准实验教科书",更有一册《历史选修 4 中外历史人物评说》,分六个单元,从古代中国的政治家、东西方的先哲、欧美资产阶级革命时代的杰出人物、亚洲觉醒的先驱、无产阶级革命家、杰出的科学家六种类型的历史人物中,选取 22 位最有代表性的人物,结合其所处的时代,考察他们的主要活动和成就,对他们在社会发展中的地位和作用做出恰当的评价。

中学历史教师和历史学家,对历史人物进行评价,具有什么目的和意义呢?

第一,有助于揭示人类社会历史发展的客观规律。历史研究与历史教学的终极目的,是为了总结历史发展的客观规律,帮助人们认识过去,改造现在,开创未来。但是历史发展的客观规律是通过对长时段的历史发展过程的考察归纳出来的,仅凭短时间的某些历史事件,人们是难以做出准确的历史观察的。这就需要对各个时期各种人物的活动进行深入细致的研究,揭示支配历史人物活动的物质力量。即使是对某个时期经济发展规律的探讨,也同样离不开对那个时期具体历史人物的研究。比如:要探讨三国两晋南北朝至隋唐时期的经济发展规律,就得研究当时的土地制度,就得涉及当时的许多历史人物;研究屯田制就得研究曹操;研究占田制就得研究晋武帝以及两晋的有关人物;研究均田制及其演变,就得研究北魏孝文帝、隋文帝、唐高祖、唐太宗、武则天等历史人物。离开具体历史人物的研究与教学,所谓探讨历史发展规律,就成为一句空话。

第二,有利于批判地继承历史文化遗产。历史是人类时代的延续与更替。各个时代的人们在改造客观世界的实践中,都必须借助先前时代的历史文化遗产和成果。无产阶级在争取自身和全人类的解放斗争中,既勇于破除一切对既往事物的迷信,又勇于汲取和改造人类历史上一切有价值的精神财富。列宁曾指出:"每个民族的文化里面,都有一些哪怕是还不发达的民主主义和社会主义的文化成分,因为每个民族里面都有劳动群众和被剥削群众,他们的生活条件必然会产生民主主义和社会主义的思想体系。"①毛泽东同志也指出:"我们这个民族有数千年的历史,有它的特点,有它的许多珍宝。对于这些,我们还是小学生。今天的中国是历史的中国的一个发展;我们是马克思主义的历史主义者,我们不应当割断历史。从孔夫子到孙中山,我们应当予以总结、承继这一份珍贵的遗产。"②但是,在阶级社会,一切历史文化遗产的创造,都与作为阶级一分子的人的活动分不开,其中有部分没有阶级性,有部分又具有阶级性,而且旧有的历史文化遗产又不可避免地带有时代的局限性,因此是既有精华,又有糟粕的。只有通过对历史人物的具体研究与教学,才能很好地辨明历史文化遗产的阶级与时代的局限性,从而加以批判地继承。

第三,可总结前人成功的经验和失败的教训,为后人提供借鉴。在历史上,有许多历史人物,他们顺应历史潮流而动,获得了成功,留名青史。如唐太宗即位后,勤于政事,虚怀纳谏,广纳贤才,知人善任,弼成了"贞观之治"。明太祖建立明朝后,提出"安民为本""锄强扶弱"的主张,实行休养生息,大力恢复和发展生产,使耕地面积和人口数字迅速超越前代水平;立法定律,严惩贪污腐败,击杀不法豪强,使动荡不安的社会秩序很快趋于稳定,促成了"洪武之治"。而有些历史人物,则逆历史潮流而动,最后无不落个身败或名裂的下场。如商纣王骄奢淫逸,并对臣民滥施"炮烙"等酷刑,导致人民强烈不满与反抗,最终被周所灭。慈禧太后在独揽清朝大权后,不仅残酷镇压太平天国、捻军起义,还在维新变法之时发动政变,破坏变法。而在义和团运动失败后,以她为首的清朝权贵,更是一味屈从帝国主义侵略势力,专心充当列强在中国的统治工具,而成为历史的罪人。通过历史人物的研究与教学,总结其成功的经验与失败的教训,可为后人提供行事的借鉴。

第四,可帮助人们提高辨别美、丑、善、恶的能力,发挥历史教育的功能。历史人物的研究与教学,将众多历史人物活动的成败得失逐一呈现出来,又可以帮助人们辨明什么是善、恶、美、丑,认识到什么是公平、进步、正义,有所甄别,有所汲取,启迪智慧,净化心灵,提高民族的自豪感与自信心。历史上那些志士仁人,他们身上那些体现民族脊梁的优秀品德,将永远成为后人效法的楷模。古代霍去病"匈奴未灭,何以家为"的志向,

① 《列宁全集》第二〇卷,北京:人民出版社1958年版,第6—7页。
② 《毛泽东选集》(一卷本),北京:人民出版社1966年版,第522页。

文天祥"人生自古谁无死,留取丹心照汗青"的千古绝唱,戚继光"封侯非我意,但愿海波平"的高尚品格,近代林则徐"蛮烟一扫海如镜"的宏伟理想,无不激励着后人去为国家民族献身。而为劳苦大众的解放、为共产主义事业而献身的李大钊、方志敏、刘胡兰、黄继光、邱少云等无产阶级革命烈士的共产主义品德,更激励着当今的人们,为中华民族的振兴、为建设现代化的社会主义强国而奋勇拼搏。

二、历史人物评价的原则

在过往的历史舞台上,有各种各样的人物登台,上演了一幕又一幕成败兴亡的"活剧"。历史研究与历史教学应该如何理解他们的命运,如何评价他们的功过是非呢?

列宁指出:"在分析任何一个社会问题时,马克思主义理论的绝对要求,就是要把问题提到一定的历史范围之内。"①评价历史人物,同样应当遵循这个历史唯物主义的原则。所有的历史人物,都是一定历史条件的产物,一定是在具体的时间和空间范围内产生的,评价历史人物,就必须把他们放到当时的历史条件下进行考察。一切以时间、地点、条件为转移,离开具体的历史条件,历史人物的功过是非就没有办法说清楚。正如列宁指出的:"判断历史的功绩,不是根据历史活动家没有提供现代所要求的东西,而是根据他们比他们的前辈提供了新的东西。"②毛泽东同志在《纪念孙中山先生》一文中也指出:"像很多站在正面指导时代潮流的伟大历史人物大都有他们的缺点那样,孙先生也有他的缺点方面,这是要从历史条件加以说明,使人理解,不可以苛求前人的。"③

那么,如何理解把历史人物放到当时的历史条件下进行考察呢? 也就是说,究竟应该考察些什么呢? 笔者认为,首先是考察历史人物身处的历史环境,分析当时社会的主要矛盾、历史发展的主要趋势和主要任务,以及实现这个历史任务的条件。其次是考察历史人物对当时历史发展主要趋势和面临的主要任务的认识,分析他在生产、政治、思想文化领域的斗争与建设中的具体表现和作用。凡是推动社会进步、历史发展的,即为

---

① 《列宁全集》第二〇卷,北京:人民出版社 1958 年版,第 401 页。
② 《列宁全集》第二卷,北京:人民出版社 1963 年版,第 150 页。
③ 《毛泽东选集》第五卷,北京:人民出版社 1977 年版,第 212 页。

功、为是,应予肯定;凡是阻碍社会进步、历史发展的,即为过、为非,应予否定。

历史人物评价是一种十分复杂的工作,在把历史人物放到当时的历史条件下进行考察时,要注意以下两个问题。

第一,考察历史人物所处的历史环境,要紧紧地抓住当时的主要社会矛盾和历史发展的主要趋势。只有抓住了主要的社会矛盾和主要发展趋势,才能弄清当时的时代诉求和历史任务,从而为历史人物的评价树立主要的标尺。否则,就会迷失方向,无法客观公正地评论其功过是非。以明末清初的历史为例,有的学者以1644年清军入关为界将其划分为两个阶段,前一阶段以推翻明王朝的腐朽统治为主要历史任务,后一阶段以统一中国为主要任务。这种分期法,并未抓住当时的主要社会矛盾和历史发展的主要趋势,不符合历史实际,既否定萨尔浒之战后明朝抵御后金(清)进攻和东北人民反抗金(清)民族征服和压迫的斗争,也抹杀了南明和农民革命军余部联合抗清的正义性。

其实,只要抓住明末清初的主要社会矛盾和主要发展趋势,人们便会发现,这段历史应以清军入关和夔东抗清基地的失陷,划分为三个阶段。第一阶段为明末农民大起义时期(1627至1644年清军入关)。明朝末年,由于明朝封建专制统治的腐朽,朝政的黑暗,赋役征敛的加剧,各种社会矛盾十分尖锐。天启七年(1627)陕西澄城县农民起义的爆发,迅速演变为一场大规模的农民战争,表明当时的阶级矛盾已全面激化,成为主要的社会矛盾,制约和影响着其他矛盾的发展。因此,以李自成、张献忠为首的农民起义军,就成为推动历史发展的主要动力。1644年李自成统率的大顺农民军攻占北京,推翻明朝的黑暗统治,为社会的进步扫除一大障碍,建立了不朽的历史功勋。至于东北地区的民族矛盾,要做具体分析。长期以来,明朝统治者对满族的前身女真实行"分而治之,不使统一"的民族压迫政策。女真首领努尔哈赤起兵抗明,统一女真,建立后金,这是正义的行动。但万历四十四年(1616)萨尔浒战役之后,后金(清)从战略防御转为战略进攻,并强行推行剃发易服的民族征服政策,又从正义转为非正义。东北汉族人民反对后金(清)的斗争,明王朝对后金(清)的抵御,又是正义的行动。第二阶段为南明抗清时期(1644至1664)。吴三桂引清兵入关后,李自成败退北京,然后西撤。清兵打出"灭流寇以安天下"的旗号,西攻晋陕,占领黄河流域广大地区。然后挥师攻占南京,自以为无敌于天下,不仅大肆烧杀掠夺,还实行圈地、投充、逃人法,使民族矛盾上升为全国的主要矛盾。汉族地主阶级纷纷建立南明政权,农民军余部也改变斗争方向,联明以抗清,共同开展反抗清朝民族征服与民族压迫的正义斗争。最终因内部的不团结以及政策、措施的失误,而被清兵各个击破,至康熙三年(1664)大顺军余部的湖北夔东抗清基地被攻破,抗清斗争陷于失败。第三阶段是清朝统一时期(1664至1684)。南明和农民军余部的抗清斗争虽然陷于失败,却迫使清朝统治者认识到汉族人民的伟大力量。康熙帝亲政后,便采取措施缓和民族矛盾,调整阶级关系,恢复与发展生产,并在其当政的前期基本完成满汉地主阶级的合流,使民族矛盾不再成为社会的主要矛盾,完成全国统一的条件趋于成熟。1681年,康熙帝平定三藩之乱,基本完成大陆的统一,至1683年进兵台湾,设置一府三县,隶属福建省,终于完成了全国的统一。

第二,评价历史人物的功过是非,要具体问题具体分析,区别对待,不可"一刀切"。我们说,评价历史人物的功过是非,主要看他对社会进步、历史发展的贡献,是起促进还是阻碍的作用。而社会生存与发展的基础是物质生产,社会生产力的发展便成为衡量社会进步的最高标准,是促进还是阻碍生产力的发展,也就成为评判历史人物功过是非的最高标准。但是,人类的社会领域是非常广阔、丰富多彩的,在物质生产活动之外,还有政治、军事、思想文化等多个领域的活动。政治家、军事家、改革家、企业家以及科学家等,他们的活动往往同物质生产有着直接的联系,对社会生产力发展的作用和效果是显而易见的。但一些思想家、哲学家、史学家、文学家、艺术家的活动,对社会生产力发展的作用和社会效果则较为间接、隐晦,不是立竿见影的。所以,我们对历史人物的评价,就不能简单地套用一个公式来加以评论,要具体分析,区别对待。对于思想文化领域的思想家、哲学家、史学家、文学家、艺术家的评价,主要应该根据他们在各自领域的成就和价值以及其对当代及后世的影响来做出判断,而他们的政治态度则只能作为评价的参考。比如唐代的韩愈,他反对"二王八司马"的改革,却是"古文运动"的倡导者,并身体力行,把散文体广泛运用于政论、传记、书信以及寓言、墓志铭之中,撰写了大量优质的散文,一扫六朝以来骈文俪句的呆板风格。他的诗作继承杜甫"语不惊人死不休"的审美情趣,大胆探索,力求创新,以善于用狠重粗豪的笔触,营造一些奇特险怪的意象而著称。南唐后主李煜政治上昏聩无能,沉湎酒色,毫无可取之处。但他多才多艺,诗文书画音乐皆有很高的造诣,其词作在境界和意象方面都有较大的开拓,并具有"真"的特点。他将亡国之痛与人事无常的悲慨融为一体,写下"流水落花春去也,天上人间""问君能有几多愁,恰似一江春水向东流"的不朽名句,对后世诗词创作产生了很大影响。宋代的司马光反对王安石变法,但他在刘恕、刘放、范祖禹三位助手的帮助下,搜集历朝正史、实录以及大量杂史、小说、方志、文集的材料,并逐一考核史实,用18年的时间撰成我国第一部编年体通史《资治通鉴》,记述了自战国至五代1360余年的历史,成为后代编年体史书的典范。对韩愈、李煜的文学成就只能运用文学艺术的标准来衡量,对司马光的评价只能根据思想文化的标准来做出判断,揭示他们在人类精神文明发展中的历史作用。

经济是社会的基础,政治是经济的集中表现,思想文化是一定的经济、政治的反映,而又对一定的经济、政治产生反作用。各个领域的历史人物的活动,都对社会的发展、历史的进步发挥各自的作用,没有主次、高低之分。我们评价历史人物的所言所行,不能只套用一种公式,而应从经济、政治、思想文化的相互联系与相互作用中,运用不同的标准考察和评价其功过是非。

三、评价历史人物常用的几种方法

历史人物的评价方法多种多样,限于篇幅,本文不可能逐一加以介绍。这里着重谈谈人们常用的几种基本方法。

（一）阶段评论

根据历史辩证法,世界上的一切事物都处于发展变化之中。历史人物也不例外,每个人物的一生都有一个运动变化的过程,呈现出"阶段性"发展的特征。评价历史人物的活动,不能用绝对的僵死不变的观点,而要考察其发展变化的全过程。为此,人们常用阶段评论的方法,把历史人物的活动划分为不同的阶段,逐段进行客观细致的考察,对其功过是非做出揭示和评价。

列宁对考茨基和普列汉诺夫的评价,就是运用阶段评论的光辉典范,他在《无产阶级革命与叛徒考茨基》一文中,严厉地斥责和批评考茨基对无产阶级革命的无耻背叛,但并不因此搞"一刀切",完全否定他此前的功绩,而是仍然肯定他作为社会主义者和马克思主义者之时的历史贡献,说"他是能够做一个马克思主义历史学家的,虽然他后来成了叛徒,他的那些著作始终是无产阶级的可靠财富"①。列宁将考茨基的一生划分为马克思主义者和叛徒两个不同阶段,对他不同时期的活动做出不同的评价,显然是比较符合历史实际的。

在中国历史上,人们可以看到许多历史人物前后不同的变化,有的人越来越进步,有的人越来越反动,有的人从进步走向反动,有的人则从反动走向进步。比如古代的唐玄宗李隆基,青年时代怀抱大志,密结豪俊,发动兵变,一举铲除武韦党乱,可谓有胆有识,登基之后,大胆任用人才,改革武周后期之弊政,开创了"开元盛世",是为明君,晚年乱伦,沉迷酒色,不问朝政,酿成"安史之乱",可谓昏君。明末清初的洪承畴,早先效忠明王朝,曾在西北地区残酷镇压王左挂、李自成等农民起义军。后奉命入卫京师,并率师援辽,投身反抗后金(清)民族征服与民族压迫的斗争。他在松锦之战失败被俘后,却屈膝降清,此后卖力地帮助清朝镇压农民军和南明的抗清斗争。就连乾隆帝也说他是个"大节有亏"之人,将他的传记编入《国史贰臣传》之中。近现代的洪秀全、韦昌辉、康有为、汪精卫、蒋介石、陈独秀、张国焘、杨度等人,也都是政治上比较复杂的历史人物,前后皆判若两人。洪秀全早年驰骋战场,无所畏惧,是个响当当的英雄人物。定都天京之后却逐渐腐化,丧失进取,沉迷权位,排斥异己,导致太平天国运动的失败。汪精卫早年追随孙中山致力于反清革命,后来投靠日本军国主义势力,成为罪恶昭彰的大汉奸、卖国贼。杨度早年主张实行君主立宪,辛亥革命后受袁世凯指使,曾与汪精卫组织国事共济会,后又与严复等组织筹安会,策划恢复帝制,是个保皇派。袁世凯死后,他逐渐倾向革命。1927年李大钊被军阀张作霖逮捕,他曾多方营救。晚年移居上海,参加一些进步组织的活动,于1929年加入中国共产党,在白色恐怖下坚持党的工作。对于这些历史人物的评价,显然应该分阶段进行研究,有功者予以褒扬,有过者予以谴责,这才是实事求是的态度。

毛泽东同志指出:"客观事物中矛盾着的诸方面的统一或同一性,本来不是死的、凝固的,而是生动的、有条件的、可变动的、暂时的、相对的东西,一切矛盾都依一定条件向它们的反面转化着。"②历史人物的善与恶、功与过、是与非也不是死的、凝固的,而是可变的、暂时的、相对的,依一定的条件向着它们的反面在转化着。在历史发展的潮流

---

①　《列宁全集》第三卷,北京:人民出版社1959年版,第636—730页。

②　《毛泽东选集》一卷本,北京:人民出版社1966年版,第318页。

中,由英雄转变为小丑、由反动转变为先进,这是历史人物之中常见的现象,我们不应漠视它、抹杀它,而应用历史唯物主义的原理加以分析和说明,使人能够理解。

(二)方面评论

历史人物的活动复杂多样。从纵的角度看,一生起起落落,变动不羁,具有"阶段性";从横的角度看,在同一个阶段,又都有不同性质、方面的活动,具有"多重性"。在许多历史人物身上,善与恶、功与过、是与非常常汇聚一身,英雄与暴君、伟人与无赖、才子与流氓往往交织于一身。评价历史人物,不能只看到其卓著的功勋就把他捧到天上,也不能仅抓住其卑劣的表现就把他打入十八层地狱。而应该运用方面评论的方法,对其各方面的表现进行认真细致的考察,表明自己的褒贬态度。

商纣王是历史上有名的暴君,他拒谏饰非,酒色淫乐,但其经略东南,平定夷方,把中原先进的文化推广过去,对东南地区的开发乃至中华民族的形成,是有历史功绩的。秦始皇扫灭六国,废除分封,设置郡县,建立了我国历史上第一个统一的多民族的中央集权的封建国家,并统一法律、货币和度量衡,修筑长城,攻击匈奴,可谓是"千古一帝"。但其统治极为残暴,徭役征发繁苛,文化专制严酷,又是个"千古暴君"。曹操以"荡平天下"为己任,雄才大略,有胆有谋,用人唯才,礼贤下士,在文学创作方面也取得优异的成绩,可谓是文武兼具的治国之才,但他性多疑而残暴,滥杀无辜,世称"乱世奸雄"。苏轼是位天才的文学巨匠,他政治上保守,反对王安石变法,但诗词文赋的创作都取得辉煌的成就,对后世的文学创作产生了深远的影响。法国的巴尔扎克是文坛巨擘,但为人道德败坏,生活糜烂。

金无足赤,人无完人,古今中外,莫不如此。"要真正地认识事物,就必须把握、研究它的一切方面,一切联系和中介。"①评论历史人物,不能只抓住一个方面,而不顾及其他方面,好就绝对好,坏就绝对坏,那不是马克思主义辩证唯物论的做法,而是形而上学的机械论的做派。不苛求,也不溢美,不鬼化,也不神化,实事求是,客观公正,这是我们评价历史人物的最基本原则和最基本方法。

必须指出的是,方面评论方法,不仅可以用于历史人物一生活动的研究与评价,也可用于历史人物某个领域活动的研究与评价。如拙作《朱元璋军事思想初探》,对朱元璋"有备则无患"的战略观点,"严号令以戢贪暴"的治军思想,以"持重"为总方针的作

---

① 《列宁全集》第四卷,北京:人民出版社1958年版,第453页。

战指导原则,都作了细致而深入的探讨。①

(三)综合评论

对于经历比较简单的一般历史人物,运用阶段评论或方面评论方法,大抵可以对其功过是非作出评判。但对那些经历曲折复杂而又对历史发展产生重大影响的历史人物,是远远不够的,还应在此基础上,进行综合评论。所谓综合评论,就是对其一生活动的各个阶段和各个方面进行综合的考察,抓住其主要方面和主要倾向,对他的功过是非作出基本的估计和定性的分析,最后提出一个基本的结论。笔者研究明太祖朱元璋多年,曾撰写一系列的论文对其一生的生活进行分阶段、分方面的探讨与研究,然后在这个基础上撰写了《关于朱元璋功过评价的几个问题》②《再论朱元璋的功绩与历史地位》③两篇论文,最后指出:"朱元璋推翻元朝统治,开创大明王朝,不仅弥成'洪武之治'的封建盛世,而且对此后明清的历史发展都产生了很大的影响,是一位有作为的封建皇帝,在我国封建社会后期的历史中占有重要的地位。"

在进行综合评论时,立论要抓住历史人物一生活动的主要方面和主要倾向,作出定性的分析,给出一个总结性的评价,看他是功大于过,还是过大于功,抑或是功过兼有。但要注意,有些历史人物功过两方面都很显著,如唐玄宗、李后主等人,既不能以瑜代瑕,也不能以瑕代瑜,只能是功过两分,褒贬并存。对于由进步走向反动的历史人物,其罪恶昭著者,如汪精卫、蒋介石之流,不宜过分颂扬其前期之"功"。反之,对由反动走向进步的历史人物,如杨度等人,则不宜过分追究其前期之"过"。

最后必须指出的是,由于课时和篇幅的限制,中学历史教科书讲到的历史人物,一般都只简略地提到其主要事迹,并不全面细述其一生的经历。因此,教师在备课之时,应该设法查找这些历史人物的传记资料,详细了解他们一生的诸多活动,对其功过是非有个总体的判断,做到心中有数。这样,在课堂讲授时就能掌握分寸,褒贬得当,不至于出现过分拔高或过度贬抑的现象,以免误导学生。

[原载《课程·教材·教法》第四十卷第3期(2020.3)]

---

① 拙作《朱元璋研究》,天津人民出版社1993年版,第291—309页。
② 拙作《朱元璋研究》,天津人民出版社1993年版,第310—328页。
③ 拙作《履痕集》,郑州:大象出版社2007年版,第218—232页。

与中学教师谈论文的写作

——以历史教师为例

　　中学教师在教学之余,应该搞点学术研究,以收教研相长之功效。本文以历史教师为例,谈谈进行史学研究的重要性,以供大家参考。

　　大家知道,由于课时的限制,中学历史教科书不可能全面、系统地概述中国和世界从古到今的历史,而是采取以点带面的写法,择取几个关键的节点,串联成线,来反映中国和世界历史的发展规律。如果教师不储备丰富的历史知识,掌握中国和世界历史的发展脉络,就无法把课讲深讲透。

　　储备丰富的历史知识,一方面要靠阅读大量的史学著作以及相关的哲学、经济学、政治学、社会学、文化学等著作,另一方面还要亲自搞点史学研究。这是因为,第一,无论是中国史和世界史,都存在许多无人研究的空白和谜团,如果你想早日弄清真相,揭开谜底,就得自己动手进行探究,否则只能坐等别人的研究,不知何时才能找到答案。第二,别人众多的史学论著,结论是否正确,你没有史学研究的实践,就很难做出判断,只能随风倒,人家错了,你也跟着错。例如,美籍华裔学者黄仁宇的《万历十五年》译成中文出版后,成为风靡一时的畅销书,还曾被列入高中生的阅读书目。事实上,这是一本“以论带史”“以偏概全”,歪曲历史事实、宣扬错误史观的著作①,根本不适合高中生

---

① 　拙作《〈万历十五年〉质疑》,《历史学家茶座》2006 年第二辑;《散叶集》,保定:河北大学出版社 2010 年版,第 50—56 页。

阅读。第三,实践出真知,只有亲身参与史学的研究,掌握的历史知识才会更加扎实牢靠,对教学中重点难点的把握才会更加准确,讲起课来也会更加透彻,更加生动活泼,受到学生的欢迎。

史学研究的成果主要是以论文或专著的形式表现出来的,两者虽有篇幅大小之分,论述广度与深度之别,但基本的写作程序和规范是相通的。下面,笔者针对中学教师的实际情况,结合自己的经验,就史学论文的写作程序、规范以及相关问题谈点看法。

一、研究课题的确定

史学研究先要确定研究的课题。从理论上说,凡是人类历史上发生过的事情,都可以进行研究。但是,我们选择研究的课题时,首先要考虑它是否具有研究的价值,没有价值的研究是无效劳动,就毫无意义了。

史学研究有学术和社会两个方面的价值。学术价值是看它探究历史真实的深度和广度如何,包括史学内容的真实性,是否客观演绎出历史的发展过程或澄清历史事实,揭示表层现象背后的本质问题,展现历史发展的普遍规律;表现形式的优美性,是否布局得体,层次分明,逻辑严密,文字流畅;史学见解的创新性,是否具有新的视角、新的史料、新的观点。概言之,即看在学术上解决了什么问题,具有什么价值,科学还是不科学。社会价值也称社会效果、社会功能,看它对历史发展和社会进步所起作用的大小。在阶级社会里,史学具有强烈的阶级性,其社会价值标准是由占统治地位的阶级决定的。史学论著只有为统治阶级效劳,才能受到官方的青睐,否则会招来无妄之灾。唐太宗非常重视以史为鉴,对史官的态度也是最为开明的,但他绝不允许史官去探究“玄武门之变”的真相,也不会同意他们考订李唐皇室的族源。所以,社会价值标准是随着时代的转移而变换的。我们今天的马克思主义史学是以唯物史观为指导,为无产阶级服务的。但这种服务,应该从最根本的意义上去理解。也就是说,它是通过具体的历史研究,帮助人们具体地认识历史发展的规律,自觉地为中国特色社会主义现代化建设、振兴中华、实现中国梦服务。如果用通俗的语言来表达的话,学术价值就是指科学性,即指能否客观地揭示历史的真相及其本质规律;社会价值则是指现实性,即指其在当下给予人们什么借鉴与启示,能否帮助人们认识过去、把握现在、开创未来。

史学论著的学术价值和社会价值是互为表里、互相联系、彼此统一的。我们选择课题时要考虑它是否具有学术价值与社会价值,如果是前人已经做过的课题,就属于炒冷饭的无效劳动,也就无学术价值与社会价值可言。我们应当避免蹈此覆辙。

在确定选题时,除了考虑其学术价值与社会价值之外,还要注意以下几点。一要选择自己有兴趣的课题,没有兴趣就写不好论文,更不要说写出新意。二是必须考虑自己是否具备研究该课题的主客观条件。主观条件是指自己理论上和专业上的学术积累,如研究商朝历史的课题,必须具备一定的古文字学特别是甲骨文方面的知识;研究中国经济史的课题,要有相当的经济学理论修养,并掌握中国经济史的一般知识;研究中外关系史和世界史的课题,要能阅读外文的资料。客观条件是指能否查找到课题所需要的史料,比如,你要写的论文所需要的材料国内根本没有,只在国外某个图书馆里才能见到,而你又没有熟悉的朋友可以帮你复制,撰写这样的论文显然是不现实的。三是可结合中学历史教学存在的问题选择课题,看看哪些问题是你讲不清楚,哪些问题是学生弄不明白的,然后就可以选择其中的某个问题进行研究了。四是青年教师或初次尝试进行史学研究的教师,可先考虑从小处入手。史学研究的课题可大可小,小的可以考证某个历史人物的生卒年代、某部史书的版本、某个地名的历史沿革和某个历史事件的具体细节,大的可以探讨整个中国史、世界史的发展脉络与规律。经济史学家严中平指出:"无论从科研能力的正常程序方面说,还是从科研能力的锻炼成长说,我劝青年在选题时要考虑这样的次序:先个别,后一般;先局部,后整体;先断代,后通代;先分析,后综合;先具体,后抽象;先把局部的具体的历史事实搞清楚,然后再进行全面的发展规律的抽象概括。总之一句话,从小处着手。"①这话说得很有道理,是经验之谈。

二、史料的搜集与鉴别

论题确定以后,就要着手进行史料的搜集与鉴别。恩格斯指出:"即使只是在一个

---

① 严中平:《科学研究方法十讲》,北京:人民出版社1986年版,第50页。

单独的历史实例上发展唯物主义的观点,也是一项要求多年冷静钻研的科学工作,因为很明显,在这里只说空话是无济于事的,只有靠大量的、批判地审查过的、充分地掌握了的历史资料,才能解决这样的任务。"①恩格斯的话是针对发展唯物主义观点说的,史学研究也同样如此,不仅需要"充分地掌握"大量的历史资料,还必须是"批判地审查过"的即经过鉴别的可靠资料。史料的搜集与鉴别,是史学研究打基础的工作,如同盖楼房打地基一样,地基打得不牢靠,楼房就会轰然倒塌,史料的搜集与鉴别不做扎实,你的立论就站不住。

（一）史料的搜集

史料的搜集包括两个部分:一是与本课题有关的论著,二是与本课题有关的史料。

搜集、查阅与本课题有关的论著,可以了解该课题研究的进展状况,做到心中有数。查阅时,要注意各家的论点、论据及由论据引出论点的方式,看看是否经得起推敲,并将各家之说加以比较,分析各自的优点和缺点,从而知道此课题有哪些方面尚较薄弱有待进一步深入探究,有哪些方面前人已做过透彻的研究而无更多用力之余地。同时,通过查阅前人的研究成果,还可以知道他们使用过哪些史料,可以之为基础扩大史料的搜集范围。

史料的范围非常广泛,大体包括文献资料(史籍;档案与文书;文集、笔记、信札与日记;方志;碑铭与简牍;谱牒、契约、账簿等)、文物资料(器物、建筑和历史遗址、遗迹等)、考古资料(出土文物、考古报告等)、现代音像资料(口述录音、录像及纪实性影视作品等)及数字资源等。要在如此广泛的范围内找到有用的史料,必须有勤奋吃苦的精神,像老一辈史学家傅斯年说的那样:"上穷碧落下黄泉,动手动脚找东西"②。同时,在搜集史料时,还要尽可能做到"竭泽而渔"。凡是与研究课题有关的史料,都要搜集到手,至少不要有大的遗漏。

在众多的史料中,特别要重视第一手史料的发掘。所谓第一手史料,指的是当时人记当时事、当地人记当地事、当事人记亲历事,因为这样的史料比较接近史实的原貌,比较准确可靠。只有在第一手史料缺乏的情况下,才使用第二、第三手史料,因为史料每经一次辗转抄录,不仅容易出错,还可能会被篡改,可信度便会依次递减。比如说研究

---

① ［德］马克思、恩格斯:《马克思恩格斯全集》第二卷,北京:人民出版社 1972 年版,第 118 页。
② 傅斯年:《民族与中国古代史》,石家庄:河北教育出版社 2002 年版,第 13 页。

宋代以前的历史，人们都需查阅司马光的《资治通鉴》，但我们更需细读《史记》《汉书》《后汉书》《东观汉记》《汉纪》等汉代典籍，从中查找史料，只有其中找不到的史料，才引用《资治通鉴》的记载。因为这些典籍的史料比《资治通鉴》的记载更为原始，《资治通鉴》有关两汉史实的记述主要是根据这些典籍编写的。同样的道理，我们研究明史，都要利用《明实录》《明史》《国榷》《明史纪事本末》《明通鉴》等史籍，但应当知道这些史籍的编撰年代是依次递降的，排在前头的早于后头的，因此前一部史籍记载的史料要比后一部史籍更接近原貌，而《明实录》的史料又不如当时留存的诏敕、奏疏、行状、墓铭乃至文集、稗乘的记载原始。当然，对第一手史料也要进行甄别考订，不可全信。如当事人记亲历事的史料，就要考查记事人的主观立场、观点和感情，因为他在记载亲历的事件时，极有可能隐瞒、更改对自己不利的情节或者无法证明自己观点的事情。例如，近代史学家梁启超的《戊戌政变记》就有许多与事实不符的记叙，其中有的是出于梁启超本人的政治目的而有意为之的。

（二）史料的考订

史料搜集齐全后，要进行认真细致的鉴别考订。老一辈史学家郭沫若指出："无论做任何研究，材料的鉴别是最必要的基础阶段。材料不够固然大成问题，而材料的真伪或时代性如未规定清楚，那比缺乏材料还要更危险。因为材料缺乏，顶多得不出结论而已，而材料不正确便会得出错误的结论，这样的结论比没有更为有害。"①中国的史籍浩如烟海，但鱼龙混杂，有不少伪作。古代有，近代也有。如清初有篇《江阴城守记》，署名为长洲韩菼作，前有"康熙乙未冬月长洲慕庐氏韩菼谨识"的序言，史学界一些人便误信其为韩菼所作。著名史学家顾诚查阅各种史籍，发现曾任清朝礼部尚书的韩菼死于康熙四十三年，不可能在殁后十一年的康熙乙未年即康熙五十四年再撰写这篇序言，证明此文的作者绝非韩氏。他将文中有关江阴城守的记载与许重熙的《江阴城守后记》、沈涛《江上见闻》及《清史稿》《清实录》的记载相比对，发现此文对城内的抗清活动记载翔实，而对城外清军的活动不甚了解，所记攻守双方战斗伤亡多不符实。最后，顾诚根据该文序言所说的"江头片壤，沾国家深仁厚泽，百有余年矣"，推断此文应写于清军入关的百余年之后，文中又言"圣朝宽大，锡以通谥"，而给明末尽节诸公赐以通谥是清高宗

---

① 郭沫若：《古代研究的自我批判》，《中国古代社会研究》，石家庄：河北教育出版社 2001 年版，第 599—600 页。

在位时的事,进而推断该文应是:"乾隆年间一位有心者整理旧文,托名于韩菼"的作品①。太平天国运动的历史,距今不过一个半世纪的时间,但其不少资料包括石达开的诗歌都是伪作的,太平天国史学家罗尔纲的《太平天国史料辨伪集》对此曾进行了详细的考证。因此,我们对搜集的史料,要持谨慎的态度,不能"拿到篮里就是菜",拿来就用,必须先进行鉴别考订,去伪存真。

史料的考订也叫考证或考据,方法多种多样,史学界常用的有以下几种。

1. 伪书辨识法。古代文献有许多伪书,如何辨别呢? 明代的胡应麟提出辨伪八法,后来,近代史学家梁启超把它发展为十二法。这十二法是:(1)"其书前代从未著录或绝无人征引而忽然出现者,十有九皆伪";(2)"其书虽前代有著录,然久经散佚,乃忽有一异本突出,篇数及内容等与旧本完全不同者,十有九皆伪";(3)"其书不问有无旧本,但今本来历不明者,即不可轻信";(4)"其书流传之绪,从他方面可以考见,而因以证明今本题某人旧撰为不确者"亦不可轻信;(5)"真书原本,经前人称引,确有佐证,而今本与之歧异者,则今本必伪";(6)"其书题某人撰,而书中所载事迹在本人后者,则其书或全伪或一部分伪";(7)"其书虽真,然一部分经后人窜乱之迹,既确凿有据,则对于其书之全体须慎加鉴别";(8)"书中所言确与事实相反者,则其书必伪";(9)"两书同载一事绝对矛盾者,则必有一伪或两俱伪";(10)"各时代之文体,盖有天然界画,多读书者自能知之,故后人伪作之书,有不必从字句求枝叶之反证,但一望文体即能断其伪者";(11)"各时代之社会状态,吾侪据各方面之资料,总可以推见崖略,若某书中所言其时代之状态,与情理相去悬绝者,即可断为伪";(12)"各时代之思想,其进化阶段,自有一定。若某书中所表现之思想与其时代不相衔接者,即可断为伪"。② 梁启超的辨伪十二法基本概括了辨识伪书的各种方法,非常精辟而实用。

2. 古籍校勘法。我国的古籍,在印刷术发明以前,都是手抄的。雕版印刷术发明以后,才有了刊印本。手抄本与刊印本都不可避免地会出现错讹脱漏的问题,这就需要进行校勘。近代史学家陈垣曾总结前人和自己的经验,在《校勘学释例》中提出了"校法四例":一为对校法。"即以同书之祖本或别本对读,遇不同之处则注于其旁"。二为本校

---

① 顾诚:《南明史》,北京:中国青年出版社 1997 年版,第 235 页。
② 梁启超:《中国历史研究法》,石家庄:河北教育出版社 2002 年版,第 106—110 页。

法。"以本书前后互证,而抉摘其异同,则知其中之谬误。"三为他校法。"以他书校本书。"四为理校法。"遇无古本可据,或数本互异,而无所适从之时,则用此法。"此法是指在使用上述三种办法都不能解决问题的情况下,可依照该书的前后记载,联系当时各种历史发展线索而用逻辑思维来进行校正①。陈垣的校勘四例,中华书局出版二十四史和《清史稿》标点本时,就在校勘中大量运用。

3. 二重证据法。二重证据法为近代史学家王国维所倡。他在《古史新证》中对此法的内容做了简要的说明:"吾辈生于今日,幸于纸上之材料外,更得地下之新材料。由此种材料,我辈固得据以补正纸上之材料,亦得证明古书之某部分全为实录,即百家不雅训之言亦不无表示一面之事实。此二重证据法惟在今日始得为之。虽古书之未得证明者,不能加以否定;而其已得证明者,不能不加以肯定,可断言也。"②后来,陈寅恪曾列三目以概括之:"一曰取地下之实物与纸上之遗文互相释证","二曰取异族之故书与吾国之旧籍互相补正","三曰取外来之观念,以固有之材料互相参证"③。王国维的二重证据法,当时主要是利用地下之材料即甲骨文、金文与先秦古籍之记载互相释证,而陈寅恪所说的外来之观念即指当时传入的一些西方史学观念。

4. 追寻史源法。这是中国传统史学常用的考证方法之一。陈垣是使用这种方法的行家能手,他曾在高等学校开设过"史源学实习"的课程,教学生追寻史料的来源,用以判断其真伪。现在也有很多学者使用这种方法考察史料在流传过程中的演变,从而对其真伪进行判断。顾诚的《李岩质疑》就是个典型的实例。李岩问题因郭沫若的名著《甲申三百年祭》而广泛流传。顾诚细读清初几部有关"流寇"的专著以及众多当时任职官员的文集、相关记载、档案、方志,却未能找到一条可以证明李岩存在的记载。于是追寻有关李岩传说的源头,发现它们是来自化名西吴懒道人创作的小说《剿闯小史》以及由其修改补充而成的《实录奇闻》《新世宏勋》《樵史通俗演义》等。由于小说出现较早,又在民间流传较广,到清初史家编撰有关"流寇"的史籍已是真伪难辨,便被误采入书。因此,他断言,李岩其人确如明末河南人郑廉所说的,是个"乌有先生"④。

---

① 陈乐素、陈智超编:《陈垣史学论著选》,上海人民出版社1987年版,第295—299页。
② 王国维:《古史新证》,《燕大月刊》,1935年版,第1—2期。
③ 陈寅恪:《王静安先生遗书序》,《金明馆丛稿》,上海古籍出版社1960年版,第219页。
④ 顾诚:《李岩质疑》,《历史研究》1978年第5期。

（三）史料的摘录与征引

翻阅史籍时，要随时将有用的典型的史料顺手进行抄录。方法可以多种多样，可以做笔记，可以做卡片。有些人嫌卡片太小，抄不了太长的段落，也可以用较大的纸张抄录。抄录时，如果是古籍，应记下作者的姓名、生活的朝代、书名、卷数、篇名及版本，编年体的古籍如实录、通鉴之类，在卷数之后还应标注该条记载的年月日。如果是当代出版物，还应标注出版社名称、地址、出版年代及页码。这样便于自己日后校对；将来论文加以引用，也便于读者查核。

对史料的摘录和征引，一定要采取实事求是的态度，保留其原来的面貌，不可随意添加或篡改，也不可掐头去尾。不能为了论证自己的观点，将与自己观点相左的史料摒弃不用，更不能虚构、伪造史料。史学研究是为了探明历史的真相，史料失真，得出的结论就站不住脚。黄仁宇的《万历十五年》之所以谬误百出，除了用以指导研究的历史观的错误外，还在于他对史料的处理态度极不严肃，不仅将与自己观点相左的史料一概摒弃不用，而且对所征引的史料多有误读、曲解或篡改之处，搞"六经注我"①。黄仁宇的其他著作，也都存在这样的问题。如他的《十六世纪明代中国之财政与税收》一书，经济史学家李龙潜花了一年时间对其征引的史料逐一进行校对，发现错讹数达 59 则②。史料的错讹如此之多，其结论的可信度自然就大打折扣了。

三、论点的提炼与论文的写作

（一）论点的提炼

就史学研究来说，史料的搜集与考订，不过是万里长征的第一步。接下来，便是更加艰苦的论点提炼与论文写作了。

论点的提炼，就是以唯物史观为指导，运用各种史学研究方法，对搜集到和考订过的史料进行分类排比，细致分析，由表及里，由现象到本质，揭示各个历史事实之间的联系，从中引出其固有的结论，形成你对论题涉及的历史事件或历史人物或历史现象的看

---

① 《〈万历十五年〉质疑》，《历史学家茶座》2006 年第二辑；《散叶集》，第 50—56 页。
② 李龙潜：《评黄仁宇著〈十六世纪明代中国之财政税收〉》，《明清论丛》第九辑。

法。这里要注意,研究的方法可以多种多样。你擅长哪种方法,就可以使用哪种,但不管使用哪种研究方法,都要坚持马克思主义唯物史观的指导。因为没有马克思主义唯物史观的指导,就不可能揭示现象背后的本质,也不可能正确阐明各种现象之间的联系,更不要说揭示历史的规律了。

论点的提炼很难一步到位。一般是形成一个大体的轮廓之后,就着手进行论文的写作,在写作过程中,逐步加以深化、修正和完善。

（二）论文的写作

1. 拟出题目

史学论文的题目大体有两种类型。一种是直接表明研究的内容,如《古人类人工取火的研究》的论题,让读者一看就明白,是研究古人类人工取火的。另一种是表达作者对所研究问题的倾向性态度,如郭沫若的《替曹操翻案》,是针对以往小说或戏曲表演中的"奸臣"负面形象而发的,表明他认为曹操是一位对历史发展做出贡献的人物,应当肯定。

题目的确定大致有几种情况。一是在搜集史料之前就确定题目,到论文写完,不再变动。二是先临时草拟一个题目,待论文完稿后再最后改定。二是先划定大致的研究范围,没有题目,待论文完稿,再依据内容敲定题目。这三种做法都是可行的,但要求题目能准确概括论文的内容要旨,字数不要太多,务求简单明了。切忌使用含混不清的词语。

2. 排比史料,拟定提纲

在论文写作之前,应将搜集到、考订过的史料,按照时间的顺序或按问题的分类进行排比,可能的话,最好做个史料长编,这样可以看清史事的发展脉络,便于我们把握整体,提炼观点,展开论证。然后根据史料长编,草拟写作提纲,再进行论文的写作。

3. 初稿的草拟与文字的表达

史学论文大致包括引言、正文、结语或余论几个部分。引言也称序言、前言,主要是总结前人的研究成果和有待探讨的问题,阐述本文的写作意图、主旨及学术价值、社会价值。文字要简练,重点要突出,让人一读,就明白这篇论文要解决什么问题,具有什么价值,从而引起关注,起到吸引读者的作用。

正文是论文的核心部分,撰写的方式多种多样。一种是按时间顺序来写,将某个历史人物的生平事迹、某个历史事件的发展过程,划分为不同的阶段依次加以分析、评述。另一种是对主题有关的各个方面,分别加以论述。如拙作《朱元璋与明代文化》一文,先论述明初朱元璋与文化有关的经济、政治措施及教育与科举方面的重大举措,再论述朱元璋在文化领域的具体活动,最后探讨其对明代文化发展产生的作用和影响。① 还有一种是混合使用上述两种方式。究竟采用哪种方式,可因人而异。你认为哪种方式便于把问题讲清说透,就采用哪种方式。此外,还有一种论争性的文章,要亮明自己的观点,摆出充分的论据,但注意要对事不对人,切忌恶语伤人。

结语或余论是论文的最后部分。结语是对全文论点的归纳与总结。有的论文,不写结语,而写与课题研究有关的余论,它往往论及由该课题衍生出来的问题和作者对此的看法,有助于读者更好地理解作者的观点。余论部分,并不是每篇论文都必需的,就看你在正文写完之后,是否还有意犹未尽的话要说。

初稿的撰写,可以详细一些。宋代司马光在撰写《资治通鉴》之前,同他的几个助手分头编撰"草卷"即长编时,提出一个"宁失于繁,毋失于略"②的编写原则。这个原则,对我们现在撰写论文的初稿也是适用的。初稿写得长一些,资料的征引可以多一些,论证可以细致一些,将来定稿时再做修改删削,并不费多大的劲。如果为图省事写得过于简略,资料征引多有缺漏,论证也未充分展开,修改时再作补充,费的劲就大了。

史学论文要讲究文字的表述。我国的史学素有"文史不分家"的传统,司马迁的《史记》既是优秀的史学著作,又是优秀的文学作品,被鲁迅誉为"史家之绝唱,无韵之离骚"③,令人百读不厌。当前一些史学著作或是堆砌史料,冗长呆滞;或是空洞无物,不知所云;或是枯燥沉闷,索然寡味;或是错别字连篇,不堪卒读,故而无人问津。史学论著的文字表达,除了要求准确求实、言之有物、含义清晰、文字凝练通达这些一般社会科学的通性之外,还必须是生动形象的,兼有文学的特性。这是因为,史学著作表述的内容,不仅要再现人类历史过程的真实情景,还要揭示运动的发展规律。后者要求史学家必须以哲学理论为指导,运用辩证思维与逻辑思维,对大量历史现象进行综合分析,科学

---

① 拙作《朱元璋与明代文化》,《明代文化研究·南京专辑》,北京:中国文史出版社2003年版,第29—58页。

② [宋]司马光:《贻范梦得》,《司马文正公传家集》卷六二,清乾隆六年刻本。

③ 鲁迅:《汉文学史纲要》,《鲁迅全集》第八卷,北京:人民文学出版社1958年版,第420页。

抽象,引出结论,而前者则要求以史实为基础,对具体时空的具体人物、具体事件、具体现象加以如实地论述,这就需要借用文学家常用的形象思维和文学语言,使史实的描述能够形象而生动地展现在读者的眼前。如果说,前者使用的语言表述必须是理性的、确切的、严谨的话,那后者的语言表述则应当是具体的、直觉的、形象的了。也就因此,古人无不强调文采的重要性。唐代文学家韩愈说,为文要"闳其中,而肆其外"①,内容要宏大深刻,文字要恣肆汪洋,能吸引人。北宋史学家吴缜说:"夫为史之要有三:一曰事实,二曰褒贬,三曰文采。"②信史必须记事准确,褒贬得当,还要文采斐然。清代史学家章学诚认为:"夫史所载者事也,事必藉文而传;故良史莫不工文。"③当然,史学论著同文学作品毕竟不能混为一谈,史学论著是以史实为依据,以纪史为目的,不能像文学作品那样将许多历史人物糅在一起,塑造典型形象,更不许用夸张虚构的手法篡改历史,让史实走样。但要求文字表述准确、规范、简洁、生动,则是必须的。史学研究是为了求真,事实真相如何,就应该如实地加以记述,所以文字表述必须准确、规范,不仅指使用规范的汉语进行写作,不去生造谁也看不懂的词、句,更指要符合学术规范,不生造谁也弄不清含义的名词术语。简洁就是不啰唆,做到如唐代刘知几所说的"文约而事丰"④,像鲁迅所说的那样:"写完后至少要看两遍,竭力将可有可无的字、句、段删去,毫不可惜。"⑤生动,不仅是对以叙述为主的作品如人物传记的要求,同时也应是以评论分析为主的史学论著的追求目标。郭沫若、翦伯赞等老一辈史学家的许多以评论分析为主的论著都写得非常形象生动,令人读来兴趣盎然,就是我们学习的榜样。

4. 参考文献与注释

论文中征引的史料,不论是引用原文或是转述大意的,都要注明出处,这就是参考文献与注释。注明出处应该包括该项记载的作者姓名、作品名称、卷(章节)数、篇名、出版地点及出版单位。如系古籍,作者姓名之前应加注其生活朝代,不注出版地点和出版单位,而改注版本。实录及编年史籍,在卷数之后,还应标注该条记载的年月日。

注明出处的办法有文内注、页下注和文末注三种。文内注也称夹注,一般只有报纸

---

① [唐]韩愈:《昌黎先生集·进学解》,四部备要本。
② [宋]吴缜:《新唐书纠谬序》,丛书集成初编本。
③ [清]章学诚:《文史通义》内篇五,《史德》,章氏遗书本。
④ [唐]刘知几:《史通·叙事》,文渊阁四库全书,台北:商务印书馆1983年影印本。
⑤ 鲁迅:《二心集·答北斗杂志问》,《鲁迅全集》第四卷,第364页。

和一些普及读物采用。学术论文大多篇幅较大,注释也较多,通常不用文内注,而采用文末注或页下注,但采用文末注,读者要到文章结束之后才能看到注释,很不方便,所以现在的出版物大多采用页下注。

(三)修改定稿

修改定稿,要做以下几项工作:(1)校核全文征引的史料,检查是否有错讹之处;(2)检查论证与结论是否严密,逻辑是否成立,论点是否正确;(3)检查篇章结构是否合理,层次是否清晰;(4)检查文字的表述是否准确、规范、简洁、生动;(5)检查全文使用的名词术语、注释的格式是否统一。最后根据检查发现的问题,进行修改补充,加以定稿,再拿出去发表。

(原载《课程·教材·教法》2017 年第 8 期)

《读通鉴论》——独树一帜的古代史论

《读通鉴论》是明末清初进步思想家王夫之写的一部历史评论著作。

王夫之(1619—1692),字而农,号薑斋,世称船山先生,湖南衡阳人。自少"颖悟过人",多闻博学。7 岁读完十三经,14 岁考中秀才。崇祯十六年(1643)十月,张献忠起义军占领衡阳,他拒绝与之合作,走匿深山。翌年,李自成起义军攻占北京,明朝灭亡。未几,清军入关,形势急转直下,民族矛盾迅速上升为主要的社会矛盾。顺治四年(1647)清军攻占衡阳,王夫之遂联络志士仁人,于次年起兵抗清。失败后奔赴广东肇庆,参加永历桂王政权,任行人司行人介子,不幸又遭奸党王化澄的陷害。他看到国事糜烂,势不可为,愤然返归湖南,隐伏苗瑶山中,过着漂泊的流亡生活。晚年迁居石船山下,筑"湘西草堂"而居,潜心著述 17 年,"虽饥寒交迫、生死当前而不变"①。《读通鉴论》就是在这个时期完成的。

《读通鉴论》是一部阅读司马光巨著《资治通鉴》的笔记。全书共 30 卷,64 万字,依据《资治通鉴》记叙的史实,评论自秦始皇至五代周世宗的历史人物与事件。除三国、西晋、五代等几卷外,其他诸卷皆不署朝代名称而以历代帝王为号依次排列,只有王莽直署其名是个特例。对各个朝代的人物和事件的评论,条数有多有少,篇幅有长有短,皆

---

① [清]王敔:《薑斋公行述》,清刻本。

不拘定数,意尽而止。书末附有"叙论"四篇,叙述撰写此书的旨意。

在那个"天崩地坼"的时代,王夫之撰述此书,并不是为了发思古之幽情,而是怀着故国覆亡之悲愤,借历史以言现实。针对清朝统治者入关后的残酷屠戮和民族高压政策,他在书中力倡民族大义,无情谴责屈膝投降的民族败类,热情讴歌保卫本民族利益的英雄人物。同时,还对明朝灭亡的历史进行深刻的反思,冀以"推本得失之原"①,"矫其所自失"②。书中借抨击古代史事,无情地揭露了明代政治、经济、文化的种种弊病,认为这些都是明朝专制制度造成的恶果,从而对君主专制制度作了大胆的否定,说:"以天下论者,必循天下之公,天下非夷狄盗逆之所可尸,而抑非一姓之私也。"③

《读通鉴论》的最大价值,还在于历史哲学方面的贡献。全书自始至终贯穿着作者鲜明的历史观,处处闪烁着朴素唯物论的光华。例如,书中提出"经世致用,以史为鉴"。王夫之主张,史学家须以"经世之大略"作为治史之宗旨。研究历史贵在"述往事以为来者师也",否则如果"为史者记载徒繁,而经世之大略不著",使"后人欲得其得失之枢机以效法之无由也",那就失去治史的意义④。因此,他对《资治通鉴》一书的命名十分赞赏,并在"叙论"中对"资治通鉴"四字作了进一步的阐释,认为所谓"资治",不能只停留在"知治知乱",还应从中总结出古人行事得失的经验教训,作为自己"力行求治"的借鉴。

又如,书中提出"理势合一","理因乎势"。所谓"势"是指历史发展的趋势,所谓"理"指的是历史发展的规律。王夫之认为,"顺必然之势者,理也","理者,势之顺而已矣"⑤。又说:"迨已得理,则自然成势,又只在磐之必然处见理。"⑥认为理和势是统一不可分的,历史发展的趋势就体现着"理",即历史规律的作用,人们只有循"理"而行,才能形成浩浩荡荡的不可阻挡的"势","故大智者,以理为势,以势为理"⑦。基于这种"理势合一"的历史观,书中对正统论作了严厉的批判,认为"统者,合而不离,续而不绝之谓

---

①　[清]王夫之:《读通鉴论》"叙论四",《船山遗书》本。

②　[清]王夫之:《黄书》"后序",《船山遗书》本。

③　《读通鉴论》"叙论一"。

④　《读通鉴论》卷六。

⑤　[清]王夫之:《宋论》卷七,《船山遗书》本。

⑥　[清]王夫之:《读四书大全说》卷九,《船山遗书》本。

⑦　[清]王夫之:《春秋家说》,《船山遗书》本。

也"①,只要是统一了国家并能比较长久地维护统一的局面就是"统",谁能做到这一点,谁就是顺应了历史之大势,谁就是正统。

又如,书中提出"事随势而法必易"。王夫之以发展的眼光看待历史,他列举唐、虞以前"茹毛饮血","衣裳未正,五品未清,婚姻未别,丧祭未修","人之异于禽兽无几",而唐太宗时"天下已帖然受治",说明"世益降,物益备",不可"泥古过高而菲薄方今"②。同时,他还从历史的发展中,看到"事随势迁而法必变"③,"势相激而理随以易"④,强调要趋时更新。因此,书中严厉地批判了邹衍的"五德始终说"、董仲舒的"三统循环论"和朱熹的复古论,指出历史绝不可能往复循环,停滞不前,更不会向后倒退,不应该泥古不变,"以古之制治古之天下,而未可概之今日者","以今之宜治今之天下,而非可必之后日者"⑤。

《读通鉴论》以其进步的历史观,在我国古代的史论著作中独树一帜。但其中也存在一些封建性和唯心论的糟粕,这是我们在阅读时必须注意加以清理和批判的。

《读通鉴论》有许多刻本和抄本。1975 年,中华书局曾以 1865 年金陵刊刻的《船山遗书》本为底本,根据衡阳刘氏、邵阳曾氏的两个抄本进行校补,出版了点校本。

(原载张岱年、牟钟鉴主编:《中国思想文化典籍导引》,

北京:中共中央党校出版社 1994 年版)

---

① 《读通鉴论》卷一六。
② 《读通鉴论》卷二〇。
③ 《读通鉴论》卷五。
④ 《读通鉴论》卷一。
⑤ 《读通鉴论》卷二〇。

《纲鉴易知录》——一部简明通俗的中国通史

　　《纲鉴易知录》是清初吴乘权主编的一部简明的编年体史书。

　　吴乘权(1655—1719),字子舆,号楚材,浙江山阴(今绍兴)人。他"才器过人",少年时代就"潜心力学",不幸患有严重的足疾,16岁时竟病得起不了床,此后在病榻一躺就是数年,无法进入科举仕途。但病中他仍手不释卷,"日阅古今书",积累了丰厚的古文字、文学和史学知识。病愈后,撰《小学初笾》二卷。后入太学,又屡试不中,遂弃科场远走他乡,先后入福建巡抚吴兴祚、浙闽总督范时崇的幕府充当幕宾,直至晚年足疾复发,才去职返归故里。垂暮之年,病势稍减,又离家远游,最后卒于北京。在吴兴祚的幕府里,他先后主编了两部著作,一部是《古文观止》,另一部就是《纲鉴易知录》。

　　吴乘权自幼"有志读史",在群书中"尤好读经史",却苦于没有一部贯通古今、引导有方的史书可读。康熙三十四年(1695),他完成《古文观止》的主编,将书稿交付刊行之后,就着手进行准备,计划编纂一部简明扼要、通俗易懂的中国通史。当时,他的两个忘年之交周之炯、周之灿正好也在进行这项工作。康熙四十三年(1704),他们两人已编出一部记述从传说中的盘古开天到元朝灭亡的《纲鉴全编》,将书稿送来向吴乘权请教。他喜出望外,立即同他们一道共同进行加工修改,经6年时间始克完成,定名为《纲鉴易知录》。就在这部书稿将要定稿之时,吴乘权的另一个好友朱国标又寄来一部《明纪钞略》的书稿,此书专记明代史事,正好补前书之不足。吴乘权又花费一年时间对它作了加工,改名为《明纪》,又名《明鉴易知录》。康熙五十年(1711),他将二书一并刊行,总其名曰《纲鉴易知录》。

　　《纲鉴易知录》共107卷,180多万字。其中,《纲鉴易知录》92卷,《明鉴易知录》15卷。它以时间为经,事件为纬,简要记述了上起远古神话传说下迄明朝灭亡、清兵入关的数千年历史。全书采用编年体中纲目体的体裁。我国史籍的编年体出现较早,它以时间为中心,按年、月、日的顺序记述史事。南宋乾道八年(1172)朱熹根据司马光的《资治通鉴》《举要历》和胡安国的《举要补遗》等书编纂《资治通鉴纲目》,模仿《春秋》的做法,纲为提要,又仿《左传》,目以叙事。此后元明两代,不断有人编纂此类史籍,它在编年体中遂别树一帜。《纲鉴易知录》采用这种体裁,自远古神话传说到周威烈王二十二年(前404)的史事分纲分纪,这里的纪实际上就是目;从周威烈王二十三年(前403)到元朝灭亡的史事分纲分目;明代史事分编分纪,这里的编实际上就是纲,纪就是目。由于全书纲目分明,数千年纷繁复杂的史事,被梳理得头绪井然,条理清楚,令人一目了然。

　　《纲鉴易知录》的材料皆取自已有的史籍。其中,从远古神话传说到周威烈王二十二年这部分,主要是辑录宋人刘恕的《通鉴外纪》和元人金履祥的《通鉴前编》,并参考元人陈桱的《通鉴续编》而成的。从周威烈王二十三年到后周显德六年(959)这部分,主要是根据朱熹的《资治通鉴纲目》编成的。宋元两代部分,以明人商辂的《续资治通鉴纲目》为蓝本。明代部分,则节抄自清初谷应泰的《明史纪事本末》。融诸家之所得,集数千年史事于一书,这是项极其艰苦的创造性劳动。在辑录编纂的过程中,吴乘权及其合作者没有草率从事,信笔乱删,而是对辑录的每件史事都进行认真的筛选,对遣词用字也作了细致的推敲,力求做到叙事要而不繁,文字略而不陋。吴乘权还以其深厚的学术功底,对书中涉及的名物、制度和古地名等逐一作了注释,为读者扫清阅读中的"拦路虎"。因此,全书读来,"事之原委,人之始末"皆"明若观火"①。

　　由于《纲鉴易知录》编得简明扼要,通俗易懂,具有雅俗共赏的特点,书一刊行即受到普遍的欢迎,许多人把它作为了解中国历史的入门著作来读。加上书中宣扬正统观念,符合封建统治者的需要,学校也把它作为初级历史教科书来用。所以,它流行极为

----

① 〔清〕吴乘权:《纲鉴易知录》卷首"发凡",扫叶山房石印本。

广泛。

　　《纲鉴易知录》自刊行后,出现了许多翻刻本和翻印本,据统计达 20 多种。1960 年,中华书局以脱误较少的扫叶山房石印本作底本,与其他一些刻本互相参校,整理出版了点校本。

（原载张岱年、牟钟鉴主编:《中国思想文化典籍导引》,

北京:中共中央党校出版社 1994 年版）

"猪见糠,喜洋洋"

在江西鄱阳湖周围地区,长期流传着这样一句谣谚:"猪见糠,喜洋洋。"这句谣谚,源出元朝末年朱元璋消灭陈友谅的鄱阳湖大战。"猪"与"朱"同音,喻指朱元璋;"糠"与"康"同音,喻指鄱阳湖中的康郎山(今称康山)。原来,朱元璋是在康郎山宽阔的水域消灭陈友谅的主力,从而奠定胜利的基石。人们联想到猪喜欢吃糠的习性,编出了这句谣谚。

那么,这场鄱阳湖大战是如何爆发的呢?冰冻三尺,非一日之寒。我们还得从朱元璋和陈友谅两股武装势力的形成和他们之间的矛盾说起。

贫苦农民出身的穷和尚朱元璋,是在元末农民大起义爆发的第二年即至正十二年(1352)投奔郭子兴领导的濠州(治今安徽凤阳)红巾军的。后来,郭子兴病死,他成为这支农民军的实际统帅,挥师南渡长江,攻占集庆路(治今江苏南京),改名应天府,奉刘福通所建宋政权的小明王之命,建立江南行省政权。从此,长江中下游地区形成了陈友谅、朱元璋、张士诚三支武装力量并立的局面。

朱元璋和徐寿辉、张士诚三支农民军都是为了反抗元朝的残暴统治而揭竿起义的,但他们属于不同的派系,互不统辖。起义初期,面对元朝官军和地主武装的镇压,他们各自为战,在客观上起着互相支援的作用。至正十四年(1354)元丞相脱脱围攻张士诚的高邮之战失败后,"元兵不复振矣"。加上元军主力又被宋政权的北方红巾军牵制在中原地区,对南方起义军的镇压逐渐松弛下来,起义军身上农民小生产者和小私有者的分散性和狭隘性便开始集中凸显出来。为了发展自己的势力,他们很快就彼此展开了武力兼并。

这种武力兼并首先发生在陈友谅与朱元璋之间。陈友谅是沔阳玉沙县(今湖北仙桃西南沔城)人,出身渔民之家。幼年读过书,粗通文义,曾做过县衙的帖书,郁郁不得志,遂回乡与弟友仁、友贵聚众起义。不久,在元军的追击下,率众投奔南方红巾军首领徐寿辉。初隶徐寿辉的部将倪文俊为簿掾,后以战功升任领兵元帅。后来,倪文俊谋杀徐寿辉未遂,投奔陈友谅。陈友谅用计袭杀倪文俊,兼并他的部众,大力向东南方拓展势力,攘有湖广、江西及闽西、浙南的大片土地,成为南方各支起义军中拓地最广、实力最强的一支武装力量。随着军事实力的增长,陈友谅的政治野心也如长江的春水一般日益高涨。他先在江州(今江西九江)用伏兵杀掉徐寿辉的部属,将徐寿辉所建天完政权的都城从汉阳(今湖北武汉汉阳区)迁至江州,自称汉王。至正二十年(1360)闰五月初一日,亲率10万水军,挟徐寿辉东下,进占朱元璋控制的太平(今安徽当涂)。在太平西北的采石,派人击杀徐寿辉,自立为帝,改国号为大汉。此时,他志得意满,认为席卷江东、兼并朱元璋,已是指日可待,随即引兵东向,并派人约平江(今江苏苏州)的张士诚,共同合击应天,瓜分朱元璋的地盘。

朱元璋攻占应天后,"论兵强莫如友谅,论财富莫如士诚"。他积粮训兵,暂缓称王,集中精力建设江南根据地。在军事上,根据北方有小明王作为屏障,东西两面的张士诚、陈友谅两支武装力量都比自己强大的实际状况,采取固守东西两线、向东南出击的方针,集中主要兵力夺取皖南、浙东孤立分散的元军据点。得知陈友谅大举东下的消息,朱元璋及时进行战略调整,改取固守东南、向东北和西线出击的方针,并根据东西两个劲敌的不同情况,先把主力放在西线。他采用谋士刘基的诱敌深入、"伏兵伺隙击之"的建议,在龙湾打了个伏击战,击退陈友谅的进攻。胆小的张士诚,始终按兵不动。朱元璋的军队乘胜夺取太平、安庆、信州(今江西上饶)。陈友谅的浮梁(今江西宜春)守将欧普祥投降。陈友谅派兵反击,朱元璋率兵迎战,朱元璋攻占江州。陈友谅的建昌(今江西南城)守将王溥、镇守龙兴(后改名洪都,今江西南昌)的江西行省丞相胡廷瑞和平章祝宗、吉安守将曾万中与孙本立、龙泉守将彭时中纷纷投降。江西州县和湖北东南部,全都归入了朱元璋的版图。

陈友谅败逃武昌(今湖北武汉武昌区)后,忿其疆土日蹙,决心同朱元璋拼一死战,报仇雪恨。他下令建造数百艘大型战舰——楼船,船高数丈,外涂红漆,上下三层,每层都有走马棚,最下一层设板房,置放几十支大橹,橹身都用铁皮包裹。每艘楼船大的可载 3000 人,中的可载 2500 人,小的可载 2000 人。他还在湖、潭、荆、襄等处征集农夫、市民为军,号曰"篷合",以补充几次战争中损失的兵员。然后等待时机,准备给朱元璋以致命的一击。

正当朱元璋与陈友谅在江南展开激战的时候,北方的形势发生了变化。北方红巾军三路北伐接连遭到挫折,大宋政权的都城汴梁(今河南开封)被元军攻破,刘福通奉小明王之命退守安丰(今安徽寿春)。至正二十三年(1363)二月,已经降元的张士诚,派部将吕珍带领 10 万军队帮助元朝进攻安丰,命其弟张士信领兵继后。刘福通、小明王处境危急,派人向朱元璋求救。朱元璋征求刘基的意见,刘基坚决反对,认为如果出动大军往救,应天空虚,陈友谅、张士诚伺隙来攻,就会陷于被动;而且就算救出了小明王,如何安置也是个问题。但是,朱元璋另有考虑,说:"如果安丰被攻破,张士诚的气焰就更嚣张,不可不救!"他不顾刘基的劝阻,命令徐达、常遇春两员最得力的干将和其他几位将领,随同自己率领大军,急赴安丰。但当他们于三月初抵达安丰时,刘福通、小明王已退往南部山区。他们经过一场激战,打败吕珍,接着又击败从庐州(今安徽合肥)出兵援助吕珍的左君弼。吕珍与左君弼相继逃遁。朱元璋自还应天,令徐达、常遇春攻打庐州,以惩治左君弼。

陈友谅在武昌的行宫里得到朱元璋出援安丰的消息,喜出望外,认为复仇的最佳时机已经到来。他快步走进密室,站到宫墙上悬挂的地图前,仔细谋划作战方案。三年前奔袭应天惨遭败绩的一幕又在脑海里浮现,他觉得那场战役之所以失败,是由于急躁冒进,从江州直扑应天,遭到朱元璋主力部队的伏击。这次他决定采取稳扎稳打、逐步推进的方针,先取洪都,再攻应天。洪都是江西行省的省会,控引荆越。如用重兵直插洪都,与吕珍、左君弼形成掎角之势,两面夹击,朱元璋顾此失彼,疲于奔命,必败无疑。一旦收复洪都,湖广、江西的大片土地失而复得,将会大大削弱朱元璋的力量而增强自己的实力,那时再由安庆顺流而下,攻取应天,不就易如反掌了吗?作战方针确定后,陈友谅不顾打造的楼船仅在船底舱上灰麻,不甚坚固,征集的"篷合"军未经训练,军心惶怯的状况,就在至正二十三年四月迫不及待地亲率号称 60 万的汉军,携带百官家属,乘坐数百艘船只，浩浩荡荡地沿长江顺流而下。到江西湖口，折向鄱阳湖往南，至西岸溯赣江而上，直扑洪都。

四月二十三日清晨，汉军舰队已驶近洪都。陈友谅站在楼船的甲板上，眺望不远处的洪都城，不觉大惊失色。他分明记得，至正十八年（1358）三月他攻占这座城市时，城墙是紧靠江边的。正是利用这种地势，他才得以趁着水涨船高，从船上直接攀附城墙攻入城内，击败了守城的元军。而眼前的城墙距江却有30步之遥，士卒无法从船上直接攀附入城。陈友谅只得下令，全体将士舍船登岸，用云梯器械攻城。但是数十万大军集中在狭小的地域，难以展开，很多人用不上劲。更让陈友谅感到意外的是，他在洪都遇到的对手朱文正竟是如此难以应付。原来陈友谅听说朱文正是朱元璋的亲侄，料定他是靠着叔叔的权势当上大都督的高官，受命镇守洪都的。风闻他是个贪财好色的主儿，估计没有什么本事，容易对付。哪想到此人竟备御有方，使自己难以前进半步，被拖入持久作战的泥潭。

对陈友谅奔袭洪都，朱元璋其实早有防备。去年正月，他亲至洪都接受胡廷瑞、祝宗的投降，巡视城池，即决定将紧靠赣江的西南城墙向后推移30步，再将东南城墙向前拓展二里许。后来，朱元璋认为洪都控引荆越，是应天的西南屏障。得洪都，等于砍掉陈友谅的一条臂膀，非用骨肉重臣镇守不可。又命亲侄大都督朱文正统大将赵德胜、邓愈等领兵镇守，令儒士郭子章、刘仲服为辅助参谋。朱文正是朱元璋大哥朱重四的次子，朱元璋在郭子兴手下当小军官时，他至滁州投奔。大约在朱元璋执掌这支起义军的实际指挥大权，带兵南渡长江之时，他当上了一名小军官。朱文正有才略，跟随渡江攻占太平、应天，屡立战功，升任江南行枢密院同佥。后又同徐达等大将一起统率大军，攻打常州、安庆等地。至正二十一年（1361）三月，朱元璋改行枢密院为大都督府，即命其为大都督，授予节制内外诸军事的大权，后又命他镇守洪都。朱文正到任后，虽然恃亲恃功，骄淫横暴，但对洪都的防守未敢掉以轻心。他首先按照朱元璋的指示，调动民力重修城墙，将西南面的城墙往里收缩，东南面的城墙向外拓展。新修的城墙比旧城墙缩短五分之一，长达2070丈余，高2丈9尺，建有7座城门。墙外挖掘一条宽11丈的壕沟，长达3400丈，防御能力大大增强。接着又调兵遣将，收取江西未定之地，多方诏谕据守各地的山寨头目，加强了对江西的控制。

面对汉军来势汹汹的攻势，朱文正精心组织防御，命诸将分率士卒镇守各座城门，自己居中节制,并率2000精骑往来应援。四月二十七日,陈友谅亲自督阵,命令汉军持箕形竹盾遮挡矢石,猛攻抚州门,攻坏城墙30多丈。邓愈指挥守军发射火铳,击退汉军,竖起木栅。汉军蜂拥而上,抢夺木栅。朱文正督促诸将拼死抵抗,边作战,边修筑,在一夜之间重新修好了城墙。五月初八日,陈友谅又率军攻新城门,没想到薛显却打开城门,率领骑兵杀出,把汉军冲得七零八落,大败而逃。陈友谅气急败坏,下令将在吉安、临江(今江西清江西)俘获的三名朱军将领押到城下示众,要朱文正投降,朱文正不为所动。六月十四日,陈友谅增修攻城器械,命将士强攻水关,又遭败绩。

洪都被汉军像铁桶一般紧紧包围,内外音讯断绝。朱文正率领将士坚守月余,以寡敌众,伤亡不少,急需增援。他派千户张子明去应天告急求援。张子明打扮成渔夫,驾着一只小渔船,在一个伸手不见五指的深夜,偷偷潜出水关,沿赣江再入长江,顺流而下。为躲避汉军耳目,夜行昼止,历时半月,于六月二十五日到达应天。他向朱元璋报告洪都的战况,慷慨陈词:"陈友谅兵势虽盛,但伤亡也不少。现今赣江江水日益干涸,贼军高大的楼船无法发挥作用,加上师久乏粮,战斗力已大大削弱。如果主公派兵支援,一定可以破敌!"当时徐达、常遇春率领主力部队围攻庐州已逾三个月,尚未回师。朱元璋告诉张子明:"你回洪都对文正说,让他再坚守一个月,我将亲自带兵赴援。"张子明不顾旅途的劳累,立即返回,不料在湖口被汉军捉住。陈友谅叫他劝洪都守军投降,他佯装答应,待被带到城下,他放开嗓门对城里高声呼喊:"我已见到主公,他让你们坚决守住,援兵很快就到!"汉军怒不可遏,举槊将他刺死。城内守军得知朱元璋即将统兵来援的消息,更加坚定拼死坚守的决心。陈友谅率兵转攻宫步、士步两门,赵德胜指挥守军顽强抵抗。赵德胜被流矢击中而亡,这反而激起守军的斗志,从城墙上射出密集的利箭,投下大量的滚木、石块,打得汉军抱头鼠窜。

送走了张子明,朱元璋经过反复思考,派快骑携带他的手谕,令徐达、常遇春等即刻回师。待他们返回应天,朱元璋立即召集诸将,宣布他的决定:"陈友谅多次对我发动进攻,现又进围洪都。他虽然屡战屡败,但终不悔悟,是上天夺其魂魄而促之亡也。吾拟亲自带兵救援洪都,请诸位爱将打整舟楫,做好准备,率领士马,随我出征。"七月初六日,朱元璋与部将徐达、常遇春、冯胜、廖永忠、俞通海率20万水军齐集龙江,行祭牙旗。然后以风斗快船为前导,以"翱""翔"两船为副,大小船只相继而进,沿着浩瀚的大江,溯流而上。儒士刘基、陶安、夏煜等随侍朱元璋左右,也随军出征。途中,冯胜乘坐的船只被风浪掀翻,朱元璋认为他晦气,命其返回应天。由于陈友谅骄傲轻敌,以为自己拥有优势兵力,这次空国而来,必胜无疑,把所有部队都拉到洪都,既未派出足够的兵力控扼长江和鄱阳湖的要津渡口,也无阻援和打援的部署,朱元璋的船队经过 10 天的航行,就顺利到达鄱阳湖北端东岸的湖口。出征之前,朱元璋曾对照地图,仔细了解鄱阳湖及其周围的自然环境和地理形势。鄱阳湖是我国最大的淡水湖,碧波万顷,水天相连,唐代大诗人王勃曾在《滕王阁序》中描写它的壮丽景色说:"落霞与孤鹜齐飞,秋水共长天一色。"此湖北距江州 90 里,西距洪都 150 里。整个湖面呈不规则的葫芦形状,北部狭窄多弯曲,湖身收缩处的罂子口(今江西星子东),是鄱阳湖流入长江的咽喉要道;北端的湖口,有鞋山即大孤山翼障于口门,形势险要;南端湖面宽阔,有康郎山屹立其中。朱元璋估计,陈友谅得知他亲自率军出援洪都,为避免腹背受敌,必然撤围退入鄱阳湖迎战,决定将其围困在湖中加以歼灭。为此,一到湖口,就先派戴德率军一部驻屯泾江口(今江西湖口东北);另派一部驻扎江州东面濒临鄱阳湖口的南湖嘴,封锁鄱阳湖进入长江的出口,以切断陈友谅的归路;又派人调信州的守军驻守武阳渡(今江西南昌县东南),以防汉军向南面溃逃。七月十九日,陈友谅闻讯果然东出鄱阳湖,长达 85 天的洪都之围遂告解除。朱元璋也率军由松门(今江西永修东北)进入南端开阔的水域,告谕诸将说:"两军相斗勇者胜。陈友谅久围洪都,现在闻我大军到来而退兵迎战,必然拼死力斗。诸公务必克尽全力,有进无退。剪灭此贼,正在今日!"

二十日午后,逆流而上的朱元璋水军到达康郎山北面的水域,发现顺流而下的陈友谅舰队。朱元璋下令停泊,站在一艘白桅樯的指挥船——白海船上,注目眺望汉军舰队,但见高大的楼船一艘紧挨着一艘,船头连着船尾,列成巨阵,像一座大山矗立湖面之上,旌旗楼橹赤红鲜亮,气势逼人,令人望而却步。但他却敏锐地捕捉到楼船灵活性差,不如自己的小船便于机动的弱点,对诸将说:"敌舰首尾相连,进退不便,不难攻破!"他将水军分为 11 队(一说 12 队,又一说 20 队),每队的船只都配备各种火铳、火箭、火蒺藜、大小火枪、大小将军筒、大小铁炮、神机箭和弓弩,命令各队在接近敌舰时先发火器,再射弓弩,等靠拢敌舰再用刀枪、长矛等短兵器格斗。但因时近日暮,当天没有发起攻击。第二天曙色微明,徐达、常遇春、廖永忠等率部冲入敌阵,喊"杀"之声此起彼伏,矢如雨注,铳炮轰鸣,火光闪烁,浪花飞溅,百里之内,湖水尽赤。徐达冲在诸将之前,率部败敌前军,击毙 1500 人,缴获楼船一艘,军威大振。俞通海乘风发射火炮,焚毁楼船 20

多艘。两军展开激烈的拼杀,汉军的许多楼船被撞碎,不少将士被杀或落水淹死。后来,陈友谅的骁将、太尉张定边发现朱元璋的座船白海船,乘巨舰紧追不舍。白海船在规避时突然搁浅。危急关头,常遇春在旁射中张定边,他的巨舰慌忙后退。俞通海又赶来救援,飞速行驶的快艇掀起大浪,白海船乘势开动,这才驶离浅滩,摆脱了危险。但程国胜、韩成、陈兆先等几员战将,驾驶快艇绕至张定边的楼船之后,却陷入重围,皆力战牺牲。廖永忠、俞通海急驾快艇追张定边的楼船,张定边慌忙后撤,又被飞矢击中,士卒伤亡惨重。当晚战斗结束后,朱元璋担心张士诚抄袭他的后方,命徐达还守应天。

第三天,朱元璋亲自布阵,手执令旗,指挥战斗。汉军将楼船用铁链锁在一起,列成巨阵。朱军乘坐小船仰攻,往往吃亏,伤亡不小。三年前归附的原陈友谅部将张世维,船桅被打断,陷入汉军的重围,拔剑自刎。两年前归附的陈友谅旧将丁普郎,身受重伤十余处,脑袋被砍掉,身体还直挺挺地站住,手持兵器做战斗状,令汉军惊呼为神。朱军尽管英勇作战,但还是挡不住汉军的攻势,右军被迫后退。朱元璋连杀十几名队长,仍然退缩不止。部将张兴说:"不是将士不卖力,是我们的小船打不过敌人的巨舰。只有采用火攻,才能取胜。"朱元璋立即命常遇春等人找来七艘渔船,装上芦苇、火药,待黄昏刮起东北风,令廖永忠、俞通海率领敢死队员驾船冲向陈友谅水寨。每艘渔船后面都拖着一艘小快艇,等到靠近水寨,敢死队员点燃船上的芦苇,即跃上快艇后撤。东北风越刮越猛,七艘渔船迅速冲入水寨,烧着汉军的楼船。一时烟焰涨天,湖水都被染红了。汉军伤亡惨重,陈友谅的弟弟友仁、友贵和平章陈普略等人都被烧死。朱军乘势发起进击,又斩首 2000 余人。

二十三日双方继续交战。汉军步步进逼,力图挽回败局。朱元璋的白海船又遭到汉军的围攻,难以顺利指挥战斗。晚上,他下令将所有船只的桅樯都涂成白色,以防汉军辨认出自己的座船。二十四日再战,朱元璋仍然乘坐白海船指挥战斗。忽然间远处响起如雷的炮声,随侍朱元璋的刘基跃起急呼:"赶快换船!"朱元璋和他刚刚跳到旁边的一艘船只,尚未坐定,白海船就被一发炮弹击碎了。廖永忠、俞通海等六员战将各驾驶一艘小船冲入敌阵,与敌搏杀。过了一会儿,又从敌阵中旋绕而出,未受损伤。朱军将士齐声欢呼,勇气倍增,奋力冲杀。汉军魂魄俱丧,连连败退,湖面上到处漂着他们扔掉的旗鼓器仗。陈友谅十分丧气,企图退守鞋山即大孤山,但出口早已被朱元璋派兵扼守,只好在夜间敛舟固守。朱元璋移舟停泊在距汉军五里多的地方,几次派兵向陈友谅挑战,他都拒绝回应。诸将建议暂时撤退,稍事休整。朱元璋开始没有同意,认为两军相持,先行退兵会遭到敌军的追击,陷于被动。后来,俞通海指出当地湖水较浅,舟船不便调动回旋,建议移师长江,控扼上游有利位置,刘基也暗中劝说移驻湖口,择日再战,朱元璋这才点头答应。当晚,朱军北撤,移师左蠡(今江西都昌西北)。陈友谅也随之移泊渚矶(今江西星子南)。

　　陈友谅进退两难,召集诸将征询计策。右金吾将军建议焚舟登陆,直趋湖南,以图再举。左金吾将军表示反对,认为现存的兵力尚堪一战,应该再作最后的搏杀。陈友谅犹豫不决,但发动几次进攻,均告失败,倾向右金吾将军的意见。过了三天,左金吾将军担心自己的建议不当,会被治罪,率众投奔朱元璋。右金吾将军见他投降,觉得大势已去,也率部投降。陈友谅的兵力更加削弱,准备焚舟退兵。朱元璋派使者送信,邀他决一死战,说:“公乘尾大不掉之舟,顿兵敝甲,与我相持。以公平日之狂暴,正当亲决一战,何以迟迟跟随在我后面,仿佛听我指挥似的,莫非不是个男子汉大丈夫?”陈友谅看完信暴跳如雷,扣留使者,并下令:“凡是俘获的朱军士兵,一律斩首!”朱元璋闻讯,却下令全部释放俘获的汉军士卒,有伤者赐给药物治疗,悉数遣送回家,并下令:“凡是捉到俘虏,一概不杀。”还下令祭祀战死的陈友谅弟弟、侄子及其部将。然后移师湖口,令常遇春、廖永忠统领部分水军至罂子口横截湖面,并派部分水军在长江两岸树立木栅,在江中放置火筏,还派兵夺取蕲州、兴国(今湖北阳新)等地,控制上游要地,自己则与博士夏煜等赋诗吟唱,等待陈友谅退兵。

　　经过朱军的屡次打击,汉军伤亡过半,损伤惨重。如今被困湖中,粮食也逐渐耗尽。陈友谅派500艘船只去都昌抢粮,又被朱文正派兵截击,放火烧毁。眼看士卒饥疲已极,归路又被切断,无再战之力。陈友谅无计可施,只好在八月二十六日率领仅存的百余艘楼船,向湖口方向突围,企图经南湖嘴进入长江,退回武昌。汉军舰船驶抵湖口,遭到常遇春、廖永忠所率水军和江中火筏的猛攻,慌乱奔逃。到泾江口又遇到朱元璋伏兵的截杀,他自己也被郭英发现,一箭射中,当场毙命。朱元璋随即传令:“陈友谅已中箭而死,所有将士一概停止杀戮。敢有擅杀一人者,斩!”汉军将士纷纷缴械投降,数达5万余人。太子陈善儿、平章姚天祥等被俘。张定边等用小船载着陈友谅的尸首和太子陈理,乘着夜色的掩护,向武昌逃窜。朱元璋总算艰难地取得了胜利,不禁想起刘基当初劝阻他出援安丰之事,对刘基说:“我不当有安丰之行,假使陈友谅乘我率主力部队外出,应天空虚,顺流而下,我将陷于进无所成、退无所守的窘境。友谅不攻应天而围洪都,此计之下也,不亡何待!"由于担心张士诚乘他外出之机偷袭应天,遂下令班师。为期36天的鄱阳湖大战宣告结束。"猪见糠,喜洋洋"的谣谚,也开始流传开来。

张定边返回武昌后,立陈理为帝。后来,朱元璋见张士诚没有动静,曾率领诸将亲征武昌。至正二十四年(1364)二月,陈理出降,陈友谅的势力被彻底消灭。这为朱元璋日后消灭张士诚、举兵北伐、推翻元朝打下了胜利的基础。

鄱阳湖之战,双方投入的兵力,陈友谅号称60万,朱元璋也声称20万,这两个数字显然都有夸大的成分,但陈友谅的兵力大大超过朱元璋是毫无疑问的。朱元璋为什么能以少胜多,取得最后的胜利呢?许多人感到难以理解。这个战役刚结束不久,诸将就问朱元璋:"自古水战,必须得天时地利才能取胜,如周瑜攻破曹操,就是因为得风得水之便。陈友谅兵据鄱阳,占据上流位置而待我,是得地利,况且我劳而彼逸,却被我打败,不知是何道理?"朱元璋回答说:"你们没听过古人说的'天时不如地利,地利不如人和'的话吗?陈友谅虽兵多将广,但人各一心,上下猜疑。他用兵连年,屡遭失败未能成功,就是因为他不能养威俟时,今天向东打,明日又往西进,使士卒疲于奔命,丧失信心。打仗贵在因时而动,一动就要有威势,有威势才能打胜仗。我以俟时而动的部队去对付士气不振的敌军,将士一心,人人勇气倍增,犹如鸷鸟搏击,小鸟的卵巢无不俱覆。这就是陈友谅为我所破的缘故。"陈理归降后,朱元璋又对群臣指出:"陈氏之败,并非缺乏健卒勇将,而是由于其上下骄矜,法令纵弛,不能坚持忍耐,恃众寡谋。假如他持重有谋,上下一心,据有荆楚之富,守住江汉之险,横跨江西,联络闽越,保其子民以待时机,则进足以窥中原,退足以抗衡一方,我哪能取胜呢?陈友谅举措失当,遂致土崩瓦解,这确是应该引以为戒的。"

朱元璋将陈友谅失败的主要原因归结为两点。一是"恃众寡谋",军事指挥不当,在战略战术上犯了一系列错误。这点在作战过程中已暴露无遗,无须赘述。二是"上下骄矜,法令纵弛",这点需要稍加说明。原来,在袭杀倪文俊后,陈友谅即追求豪华奢靡的生活。如攻占龙兴,即修建鹿囿,饲养一大群麋鹿。每有闲暇,就来到鹿囿,自骑一头灰白色的麋鹿,鹿角上挂着点缀瑟珠的璎珞,鹿背上放置缕金的花鞍,群鹿也都饰以锦绣,遨游于赣江之滨。诛杀徐寿辉自立为帝后,陈友谅更加奢侈腐化,不仅造缕金床,还在后庭聚集数百个花容月貌的美女,个个锦衣玉食,以供自己玩赏。为了满足自己的奢欲和支付战争费用,陈友谅根本不给百姓以喘气的机会,不仅驱民为兵,还向百姓征收沉重的赋税,如江西瑞州上高,所征税粮竟比元朝重一倍。随着陈友谅的腐化,汉政权上下骄矜,法令纵弛,军纪日益败坏。部将邓克明兄弟御众无律,所过荼毒,人称"邓贼";饶鼎臣也是肆行掳掠,残害百姓;有的将官为求金银财宝,公开率领部众挖掘坟墓。如此腐败的政权,自然不可能得到百姓的支持,就连一些地主儒士也深感失望,离他而去。如曾经加入陈友谅幕府的江西著名文人解开,在至正二十二年就对吉安守将孙本立说:"如今朝政不宁,势不可久。看来天命在朱氏一边,何不前往归附?"孙本立和其他许多将官,就是在他的劝说下投奔朱元璋的。在鄱阳湖大战时,江西的大多数地主更是全力支持朱元璋,帮助他攻打陈友谅。如进贤大地主金旭向朱元璋军队馈赠羊1000只,新建大地主刘文也以牛酒犒劳朱军,并捐谷助饷。加上陈友谅雄猜妒贤,好以权术御下,又弑主篡权,将士更是离心离德,相继倒向朱元璋一边。到鄱阳湖决战时,江西只剩下赣州的熊天瑞尚站在汉政权一边,但他也持观望态度,陈友谅连发文书要他出兵救援,他就是拒不应命。处于这种众叛亲离的困境,陈友谅哪能不败亡呢?

　　经过六百多年风雨的冲刷,鄱阳湖大战的陈迹早已荡然无存。但"猪见糠,喜洋洋"的谣谚却长久在民间流传,让后人不忘这场空前惨烈的大水战及其留下的深刻教训。

［原载《历史学家茶座》总第十七、十八辑(2009 第 3、4 辑)］

从兴王世子到大明皇帝

一、兴王的独子

　　明代湖广的安陆州(辖境相当于今湖北钟祥、京山两市),地处江汉平原北部,"界(长)江带汉(水),枕襄(阳)跨荆(州)",为舟车往来的水陆要冲,历代兵家的必争之地。州治在州西部的汉水东岸,元代称为寿县,洪武九年(1376)省并入州(今湖北钟祥),为湖广重镇。州东、北、西三面群山起伏,如缺环绕峙。汉水自西北穿越山谷奔腾而来,经州城西面,向南流入江汉平原,至潜江县北境折向东流,至汉阳注入长江。州治"西北则山林岩岫,草木蒙茸,坂道倾仄,东南则云梦广漠,坑堑交错,崔苇丛生"①,山川雄秀,形势险要。西晋时,羊祜以尚书左仆射都督荆州诸军事,曾在此依山筑城,以制东吴。城"三面皆天造,正面石壁尤为巉绝,因石为城,遂亦名石城"②。宋乾道、淳熙年间(1165—1189),增筑子城、罗城、堡寨,并在城墙四周开设四门,东曰行春门,西曰富水门,南曰宣风门,北曰雄楚门。后世续加修建,至元末毁于兵燹,沦为废墟。明洪武二十二年

---

① 同治《钟祥县治》卷二,《建置沿革·形胜》引旧郡志,清同治六年刻本。
② 同治《钟祥县治》补编卷一,黄如柏:《石城考》。

（1389），指挥使吴复屯驻此地，于旧址重新建城，"东北并垮山岗，西临汉水"①。城墙内外用砖包砌，增置午门，显得更加牢固而雄伟。

　　在州城雄楚门内，坐落着一座高墙环绕的兴王府。正德二年（1507）八月初十日（公历9月16日）②，一阵清脆响亮的哇哇啼哭声，打破府邸的寂静，兴王朱祐杬的妃子蒋氏的第二个儿子降生了。七年之前，蒋氏曾生下一个儿子叫厚熙，"生五日而殇"③。兴王早就盼着蒋氏能再给他生个儿子，好为他传宗接代。但蒋氏却接连生了两个女儿，长女生于弘治十四年（1501），四岁病死，次女生于弘治十六年（1503）。如今，他已是32岁④的中年人，总算天遂人愿，蒋氏第四胎为他产下男孩，不禁喜上眉梢，马上传令祝贺。整座王府，顿时呈现一派喜气洋洋的气氛。不久，朱祐杬派人驰赴京师，向宗人府奏报儿子的降生，并为他请名。宗人府依据明太祖朱元璋定下的宗室子孙命名制度，按照辈分，为他取名为厚熜。他就是兴王的世子、未来的明世宗⑤。

　　兴王朱祐杬是明宪宗朱见深的第四子。宪宗妻妾成群，共有14个儿子。长子未及命名即已夭折，次子朱祐极立为皇太子后又为万贵妃迫害致死，三子朱祐樘继立为太子，于成化二十三年（1487）继承皇位，是为明孝宗。四子朱祐杬生于成化十二年（1476）七月初二日，生母是邵贵妃。邵氏为杭州府昌化人，原姓林。父亲林淘沙是个军户，在杭州当兵。她幼时因家贫，被父亲卖给杭州镇守太监。镇守太监见她聪明伶俐，教她读书识字，诵读唐诗千余首。后来，她出落得亭亭玉立，花容月貌，镇守太监把她带回京城，送入掖庭应选掌礼嫔妃。入宫后，为万贵妃所妒，只得托词微疾另居别院，未得进宫⑥。有天深夜，她独对孤灯，研墨展纸，写了一首《题红叶》的诗，抒发心中的苦闷：

　　　　宫漏沉沉滴绛河，绣鞋无奈怯春罗。

　　　　曾将旧恨题红叶，惹得新愁上翠蛾。

　　①　同治《钟祥县治》卷二，《城池》。

　　②　本文所记年月日，一般采用阴历，下不一一注明。

　　③　《明史》卷一〇五，《睿宗献皇帝传》，北京：中华书局1974年版，第3553页。

　　④　本书所记年龄均为虚数。

　　⑤　明世宗之前，有太祖、惠帝、太宗（嘉靖时改为成祖）、仁宗、宣宗、英宗、代宗、宪宗、孝宗、武宗，世宗为第11代皇帝。因《明实录》将代宗事迹附入英宗实录之中，有的史书据此称明世宗为明朝第10代皇帝，实误。

　　⑥　［清］毛奇龄：《胜朝彤史拾遗记》卷三，西河合集本。

雨过玉阶秋气冷,风摇金锁夜声多。

几年不见君王面,咫尺蓬莱奈若何?①

　　诗成低吟,边吟边叹,正好被在月下散步的明宪宗听见,召入宫中,册为宸妃,后进贵妃。邵氏先后为明宪宗生了三个儿子,即祐杬、祐楱、祐楫。朱祐杬"资异常,神采秀发",童年即"端严颖悟","授以诗书,日千百言,朗诵不遗",很得明宪宗的钟爱,成化二十三年七月十一日被册封为兴王。就在这一年,明宪宗去世,12 岁的朱祐杬无限悲戚,"哀痛执礼如老成人"②。

　　明孝宗继位后,念朱祐杬是自己的"近亲之长",甚是宠爱。弘治四年(1491),下令在湖广德安府(今湖北安陆)为他修建兴王府,但未久又令改建于河南卫辉③。朱祐杬觉得卫辉傍近黄河,常受洪水泛滥之灾,地瘠民贫,很不高兴。原先明太祖为"藩屏王室"而分封诸子为王时,不仅授予诸藩王很大的政治、军事权力,而且给予优厚的经济待遇,规定亲王岁米 20000 石、钞 25000 贯;公主已受封赐庄田一所,岁收粮 1500 石,并给钞 2000 贯;亲王子已受封郡王,米 6000 石、钞 2800 贯;亲王女已受封郡主及已嫁,米 1000 石、钞 1400 贯;郡主诸子年及十五,各赐田 60 顷,以为永业,并除租税,"诸子所生诸子,唯世守永业"④。后来,随着中央集权的强化,明太祖虽对诸王的政治权力作了某些限制和削弱,但加强了藩王的军事权力⑤,经济待遇方面虽将亲王的岁禄减为米 10000 石,郡王减为米 2000 石,却将原先规定郡王之子的镇国将军拨赐田 60 顷作为其子孙的"永业",改为自镇国将军至乡君及仪宾每年各支付 1000 石至 200 石的禄米,以保证藩王子孙能过上优裕的生活。可是,由于明惠帝特别是明太宗为防止"尾大不掉"局面的出现而实行削藩之后,不仅彻底剥夺藩王的政治、军事权力,而且藩禁也愈来愈严,规定宗藩不得出仕、参政,不得从事士农工商"四民之业",不得交结官府,就连出城省墓也需"请

　　① ［明］朱国桢著,缪宏点校:《涌幢小品》卷五,《母后奉迎》,《笔记小说大观》第二辑。

　　② 《明武宗实录》卷一七五,正德十四年六月己卯,台北:"中央研究院历史语言研究所"1962 年校勘本。

　　③ 《明孝宗实录》卷五五,弘治四年九月壬寅;卷五六,弘治四年十月丁未,台北:"中央研究院历史语言研究所"1962 年校勘本。

　　④ 《明太祖实录》卷一〇四,洪武九年二月丙戌,台北:"中央研究院历史语言研究所"1962 年校勘本;《明史》卷八二,《食货志》六,北京:中华书局 1974 年版,第 1999—2000 页。

　　⑤ 参看拙著《洪武皇帝大传》第九章第二节,河南人民出版社 1993 年版,第 381—384 页。

而后许,二王不得相见"①,明中叶后甚至禁止宗藩入朝。宗藩既然在政治上没有发展机会,又不能从事士农工商诸业,就只能坐享厚禄了。封国所在地是否富饶、食禄能否按时支取,对藩王及其子孙来说也就成为至关重要的大事。因此,朱祐杬便以"卫辉瘠洼,河水泛滥,不可立府"为由,请求改封于富饶的湖广安陆州。明孝宗很宠爱他,慨然"从之"②。翌年。又择兵马指挥使蒋敩之女与之成婚,并赐淮安、仪真盐 1 万引(每引 200斤),"以助婚礼之用"③。随后,还下令赐给他食盐每年 1000 引、安陆州赤马野猪诸河泊所每年所征的课钞,并将已故郢、梁二王的香火地 449 顷交给他代管④。

　　弘治七年(1494),十九岁的朱祐杬,已是一个"隆准龙颜,神观秀伟,声音洪重"⑤的壮小伙子,明孝宗授予《皇明祖训》,赐给大量宫中秘藏的图书、珍宝和田地,并派大批军校和车船,护送他到安陆封国就藩。朱祐杬上疏表示感谢,并奏陈五事,"曰存省事天,曰豫教太子,曰时谕藩王,曰久任老成,曰严修武备"⑥,孝宗皆嘉纳之。九月金秋,朱祐杬携妃蒋氏,带着王府的属官、侍从和护卫离开北京,准备到通州(今北京通州区)搭船沿运河南下,由长江经汉水前往安陆。刚出张家湾(在今通州东南),他思念生母邵氏,请求允许带她一起到安陆王府居住,明孝宗以有违先例没有批准。后来传说,朱祐杬前往安陆途中,船只在龙江停泊时,忽然飞来数万只慈乌,绕船盘旋,鸣叫不已。船到黄州(今湖北黄冈),又再次出现类似的景象⑦。慈乌是乌鸦的一种,相传能反哺其母,也被称作孝鸟。唐代诗人白居易的诗作《慈乌夜啼》即曾写道:"慈乌失其母,哑哑吐哀音。……声中如告诉,未尽反哺心。"⑧这种慈乌绕舟的传说,或许就同朱祐杬要求生母同行而未获准的事情有关。

　　朱祐杬一行在通州分乘 900 余艘船只,浩浩荡荡地沿运河南下。大批护送的军校,每两人共乘一辆车子,组成一支数百辆的车队,在两岸跟随护送。临出发前,朱祐杬特

---

　　①　《明史》卷一二〇,《诸王传》赞,第 3659 页。

　　②　《明孝宗实录》卷五六,弘治四年十月丁未。

　　③　《明孝宗实录》卷四九,弘治四年三月壬寅。

　　④　《明孝宗实录》卷七二,弘治六年二月戊午;卷七四,弘治六年四月丁酉;卷九二,弘治七年九月癸巳。

　　⑤　[明]何乔远:《名山藏》卷三三,《开圣记》上,明崇祯十三年刻本。

　　⑥　《明武宗实录》卷一七五,正德十四年六月己卯。

　　⑦　《明史》卷一一五,《睿宗献皇帝传》,第 3552 页。《名山藏》卷三三《开圣记》上又记为:"有慈乌数万,集鸣江柳。"

　　⑧　[唐]白居易:《白氏长庆集》卷一,文渊阁四库全书本,台北:商务印书馆 1983 年影印本。

地诚谕从行官属:"无扰沿河居民,无黩货,无虐丁夫。"船到临清,当地守臣请他们观赏水戏,他说:"天沍寒,不可劳人。"到邳州(今江苏睢宁北),卫所官员进献土产良犬,他说:"旅獒非土性不畜,何用此为?"到扬州,听说马快船水手克扣民工的衣粮,严令禁止①。但是,由于当时官场普遍腐败,尽管他三令五申,护送的官校还是一路骚扰,给沿途的吏民造成了很大的痛苦。"兴、岐二王之国,分外陈乞,至用船九百余,沿途起夫至数万。"②至于官校的敲诈勒索,逼取财物,更给沿途官民增加极沉重的负担。事后,兵部奏报说:兴王"出京之后,官校暴横,甚于狼虎,虽方面官亦被凌轹。余船则装载私盐,余车则多索银两。经过地方,不胜烦扰,坏乱盐法,重困斯民"③。

就藩之后,朱祐杬特地写了一部《恩纪诗集》以谢"孝宗皇帝锡予之恩"。这部诗集收入300多首诗,分为7卷,"虽所指不同,然皆主于纪圣上之敷恩,彰王国之殊遇"④。明孝宗对他更是宠上加宠,弘治十三年(1500)二月,又下令拨赐湖广京山近湖淤地1350余顷。当时,户部尚书周经等大臣对此持有异议,说:"前项地土,其住种之人一千七百五十余户,世代为业,虽未起科,然籍此以贴办税役,若归王府,必生怨尤。今宜从轻每亩征杂粮二升,岁计二千七百四石,以补岁支不足之数。"孝宗乃命兴王管业,周经等人又奏:"市井小民虽一物之征夺,彼与此尚生忿争,况世守之业乎?且王府军校倚势侵凌,轻则逼迫逃移,重则激生他变。乞将前地每岁所征杂粮内以一千石输府,则皇上亲亲、仁民两得之矣。"孝宗回答说:"业已赐王矣,姑已之。"周经等人仍不同意,说:"近湖淤地自朝廷视之甚轻,自民视之甚重,若尽属王府,则照亩收租,此九潦一败之地,何以能给虎狼军校苦加追责?或怒不能供纳,必欲自佃,又将驱人夺其产。今湖广襄阳、安陆地方流贼白昼劫掠,正与淤地相接。此等愚民既无常产,衣食所迫,亦未必肯为沟中之瘠也。乞俯从臣等之议。"但他就是拒不接受。下令仍按前旨执行⑤。弘治十六年(1503)八月,又下令将交给朱祐杬代管的郢、梁二府所遗庄田并供祭人丁以及清出的起科地20余顷,赐给兴王府为业。

---

① 《明武宗实录》卷一七五,正德十四年六月己卯。
② 《涌幢小品》卷五,《王府》。
③ 《明孝宗实录》卷一四五,弘治十一年十二月丙申。
④ 同治《钟祥县志》卷一八,《明世宗兴献帝诗集序》。
⑤ 《明孝宗实录》卷一五九,弘治十三年二月辛丑。

由于受到明孝宗的特别宠爱，"所赐予车服、宝器、土田、湖池之类皆甲他藩"①，朱祐杬每年除支取禄米万石之外，还有大量的田租、科钞等收入，生活过得相当优裕。他对此铭感在心，决定不学那些只顾追求吃喝玩乐或蓄意谋反夺位的藩王的样，而要"资忠于屏藩，以副重眷托之心"。在《阳春台赋》中，他曾用这样的词句，表明自己的心迹：

噫！非朝廷之所封兮，予何得而有之？
凛皇训之可畏兮，寅夙夜以守之。
侈姑苏之殚力兮，荒麋鹿之可悲。
美章华之集怨兮，攘众心之悉离。
止九层之危殆兮，嘉晋灵之纳谏。
贮铜雀之歌舞兮，憯曹瞒之倾患。
窃谨独以自鉴兮，慄惴惴其匪康。
慎刑德以协中兮，敢违汩乎天常。
泯怨诽之不作兮，惠人心于矫攘。
屏宵人而弗迩分，亲方正之贤良。
惩台榭之荡心兮，息广厦而讲虞唐。
鼓南风之弦兮，赓阳春以超轶。
歌湛露之章兮，感旷泽以怡悦。
思对扬之莫既兮，馨予心之惓惓。
勉保障之无怠兮，庶几慰九重之恩怜。
巩皇图于不拔兮，屹然如山之不震焉。
流天潢之滚滚兮，光玉牒之绵绵。
丕皇休于亿千万载兮，岂直一台之可传……②

朱祐杬不仅这样说，而且身体力行，"其身虽在外，而心常在朝廷"，用具体行动来实

---

① 《明武宗实录》卷一七五，正德十四年六月己卯。
② 嘉靖《承天大志》卷一九，《宝谟记》，朱祐杬：《阳春台赋》，民国间晒印本。

践自己的诺言。他在王府,勤谨理政,"日必视朝"。任人唯贤,"府中内外辅导,惟忠良正直者是信是任"。对臣下"礼意甚周",且能虚怀纳谏,"诸所陈言,有益于国利于军民者,无不听纳施行"。同时,又"持法甚严,有犯者必坐之,无或苟免"。因此,朱祐杬对自己要求严格,生活一贯俭朴,"不甘旨酒,不迩声色,不殖货利,不耽玩珍奇,不谈术数,不狎狷优"①,"禁女乐,非公宴不用牲酒,罢绝诸珍异、牙角、犬马之献"②。而对民间疾苦,却颇为关心。当地风俗崇尚巫觋而轻医药,百姓生病不是问医求药,而是请巫师驱邪打鬼,他寻访名医,采择良方,"设药饵以济病者"③。附近的道路桥梁坏了,他出资修治。遇到水旱灾害,他都设法赈济灾民。有一年安陆久旱不雨,发生大饥荒,朱祐杬拨帑银籴米赈灾,又几次出粮煮粥分发饥民,"前后所活无算",并拿钱雇人,收埋了几千具倒毙在路旁的尸体。王府庄田的佃户因旱灾歉收要求免租,他派人核实后即行蠲免。有的佃户缺乏耕牛种子,他也资助添置。还有一年,汉水泛滥,淹没许多村庄,漂溺不少人口。朱祐杬采纳承奉正张佐的建议,雇人驾驶船只,四出抢救被水漂走的灾民。洪水退走后,他又出钱出粮,命地方官修堤40余里,"自是水旱乃绝,而军民濒水之田皆恃以安"④。对北方蒙古的侵扰,朱祐杬极为气愤。弘治十四年(1501),鞑靼骑兵犯边,他派宦官李荣献白银千两,资助官军买马,加强防御。对农民的反抗斗争,朱祐杬更是积极出钱出粮,支持朝廷进行镇压。正德四年(1509)十月,四川爆发蓝廷瑞、鄢本恕等人发动的起义,波及陕西、湖广等地。翌年,刑部尚书洪钟奉命总督川、陕、湖广、河南四省军务,调兵围剿。他派典仗刘海给郧、襄官军送去千两白银,以助军饷。正德六年,刘六、刘七在河北发动起义,后在各地流动作战,曾南下攻入河南,湖广震动。安陆州卫担心州城因年久失修而圮坏,难以抵挡农民军的进攻,朱祐杬又拿出禄米银,派千户陈政等重加修筑,"缮治完固"。州卫诉说没钱购买武器,他复"贷银麦千数,不责其偿",让添置武器装备⑤。朱祐杬的这些表现,不仅为他获得广泛的声誉,"士夫百姓每形于称颂之词",就连继孝宗而立的荒唐皇帝明武宗,也赞他"孝友性成,仁明内蕴","自始至终,一

① 嘉靖《承天大志》卷一九《宝谟记》,朱祐杬:《阳春台赋》。
② 《明武宗实录》卷一七五,正德十四年六月己卯。
③ 《明史》卷一一五,《睿宗献皇帝传》,第3551页。
④ 《明武宗实录》卷一七五,正德十四年六月己卯。
⑤ 《明武宗实录》卷六九、一七五,正德十四年六月己卯。

德无间,宜赝遐服,楷范诸藩"①。

　　朱祐杬自幼好学。他14岁出学西馆,由大学士刘吉等授经书,课字学。翌年出居外邸,仍勤励不息,苦读不辍。就藩途中,船行长江,遇到风浪,船只颠簸不止,不少人晕船呕吐,他却焚香安坐,手不释卷,有时还走出船舱观赏两岸风光,写上几首诗。到达安陆,他首谒孔子庙,然后到明伦堂听学官讲解《易经》。王府的生活非常清闲,他每日办完公务,即召长吏、伴读等官,轮番讲解经史,旁及治体民情。每次讲完回宫,得暇则拿出所讲的书本,静坐潜思,务求弄懂书中义理,凡有所疑,第二天必向讲官反复问难,直到明白为止。读书之余,朱祐杬喜欢写字、赋诗、鼓琴,在位20多年未尝停辍。他工古篆,尤"喜以文事自娱"②,经史子集诸类图书无不涉猎,对医书也颇感兴趣。周围的臣僚常为他赋诗说文。长史张景明,见他想念生母邵氏,为之"日赋国中景物一篇","以解其思"。张景明还曾著《六益》以献,很得他的赞赏,赐之白帛,说:"吾以此悬宫门矣。"太监李稷,数举仁义诗书为之称说,他"敬受之"③。朱祐杬自己也常赋诗作文。刚就藩时,因思念生母,曾作《思亲》诗呈邵贵妃,邵氏以诗答之④。府邸外东南有座从岵山,登之可以远眺汉水,他数次登临,作《汉江赋》以抒怀。府邸外西边有个古阳春台,他几次率侍臣登临,作《北望赋》,后又作《阳春台赋》以自儆,遂罢游观⑤。朱祐杬一生著述颇多,除前述《恩记诗集》,还有一部《含春堂稿》的诗歌集,录就藩前在大内西馆及出府所写的300余首诗。此外,他还著有《易诗书直解》《集通鉴节要》《医方选要》《外科经验方》《本草考异》及《食品便览》各一册,皆亲自撰写序跋,梓行于世⑥。

　　兴王妃蒋氏,祖先原是徐州人,后因加入军籍而居大兴(今北京大兴区)。父亲蒋敩重视对她的教育,使她能断文识字。同朱祐杬结婚后,她"事王恭顺,相纳忠言。日诵诗书,尝制《女训》十二篇"⑦。由于她同丈夫一样都是酷爱诗书,趣味相投,两口子恩恩爱爱,日子过得颇为舒心。唯一感到美中不足的是,她的头胎儿子夭折后,迟迟未再生育。

---

① 同治《钟祥县志》卷一八,《明世宗显陵碑文》《明武宗兴献王谥册文》《明武宗祭兴献王文》。
② 《明武宗实录》卷一七五,正德十四年六月己卯。
③ 《名山藏》卷三三,《开圣记》。
④ 《胜朝彤史拾遗记》卷三。
⑤ 同治《钟祥县志》卷三,《古迹》卷一九,《艺文》。
⑥ 《明武宗实录》卷一七五,正德十四年六月己卯。
⑦ 《名山藏》卷三四,《开圣记》。

朱祐杬讲究孝道,古训云"不孝有三,无后为大",这使他很感苦闷与焦虑。所幸的是,在他过了而立之年时,蒋氏终于为他生下第二个儿子朱厚熜,使他感到无限的快慰和欢乐。

据说,朱厚熜降生时,当天宫中升起一股红光,映红了整座宫殿,远近惊异。当年,混浊的黄河竟连续三天水清300里,荆楚的天际,布满了紫红色的祥云①。这些所谓吉祥的征兆,显然是在朱厚熜入继大统后附会编造出来的,旨在为他制造神圣的光圈,把他美化成受命于天的圣明天子。不过,朱厚熜的降生,确实给他的父母带来莫大的喜悦和安慰。他虽是次子,实际上却是独子。兴王朱祐杬和王妃蒋氏都把他视若掌上明珠,倍加宠爱。正德六年(1511),朱厚熜的二姐、年仅十岁的善化公主不幸病死。而年仅5岁的朱厚熜,此时却显得"颖敏绝人",朱祐杬口授诗歌,他听几遍,居然能一字不差地背诵出来②。因此,父母更把全部的爱都倾注在他的身上,王府上下,人人都夸奖他,个个都宠着他。独子的身份,父母的疼爱,王府上下的宠幸,这对朱厚熜日后形成刚愎自用、任性虚荣的性格,有着很大的关系。

朱厚熜是朱祐杬的希望所在。朱祐杬在疼爱的同时,也倾注全部的心血,注意对他的教育和培养。自5岁起,就抱在膝上口授诗歌,并教他读书写字,给他讲问安、就膳的礼节,讲军民的疾苦、稼穑的艰难。稍稍长大,又开设书馆,命讲官按时给他讲学。后来,听说湖广提学副使张邦奇不仅学问渊博,而且督学有方,在任三四年,府学生员竞相学习,学业进步很快,朱祐杬又让儿子前去应试。张邦奇见朱厚熜是兴王的世子,亲自主持考试。他特设两个书案,自己坐北面的书案,让朱厚熜坐南边的书案。考完批阅卷子,见成绩不错,就收朱厚熜入读府学。朱厚熜课业之余,讲究孝道的朱祐杬还亲自教他读《孝经》。有一次,他忽然问起"先德至德要道"的深奥问题,朱祐杬给他讲了,他虽然是个十多岁的孩子,但很快就能领悟,令父亲大感惊奇。每逢举行重大的祭祀活动或进京朝见皇帝,朱祐杬都带上他,让他熟悉各种规章制度和礼仪。他虽未成年,但"举止凝重,周旋中礼,俨然有人君之度"③。朱祐杬还常给他讲述朝中大政,使他对当时的政

---

① 《明世宗实录》卷一,台北:"中央研究院历史语言研究所"1962年校勘本;[明]范守己:《皇明肃皇外史》卷一,台北:伟文图书出版社1977年版清代禁毁书丛刊本。[明]徐学谟:《世庙识余录》卷一则谓:"其年黄河三百里清者五日。"(明万历刊本)。

② 《明武宗实录》卷一七五,正德十四年六月己卯;《明世宗实录》卷一;《世庙识余录》卷一。

③ 《明世宗实录》卷一。

治形势有所了解,并谆谆开导他说,将来治理封国,要严遵《祖训》,要勤奋进学,求道亲贤。朱厚熜后来回忆起父亲对自己的教育,曾这样描写道:"及爱育朕,躬抚教眇,质若训以国政,则曰'坚遵《祖训》,恪守吾行'。训以进学,则曰'求道亲贤,勉体吾志'。又至口授诗书,手教作字,有非笔墨间所能述者矣。"①少年时代的教育为朱厚熜摄王府事乃至入继大统后临朝理政,打下了初步的基础。

　　朱祐杬有一定的政治抱负和理想,但是当时的宗藩制度限定他只能待在王府的高墙里,过着豪华富贵而又寂寞的生活,他整天无所事事,胸中感到无比的郁闷和无聊。他的父亲孝宗崇佛惑道,而安陆恰又盛行道教,他也因之崇信道教,企图从中寻求精神上的寄托②。据同治《钟祥县志》卷六《藩封》载,他"别号纯一道人"③,岁时祷祀,必置斋于府邸的内书堂。后来朱厚熜入继大统,将兴王府按京师规格改建宫殿,即将这个内书堂改建为纯一殿。同书卷二〇《杂识》又载,安陆州城东南方有个元妙宫,住着一个"道行甚高"的道士叫纯一道人,朱祐杬"尝与之游"。正德二年八月初十日,朱祐杬坐在书房读书,觉得有些困乏,便凭几打盹。蒙眬之中,忽见纯一道人入宫,忙站起迎接,才发现自己是在做梦。梦醒后还问左右侍从:"纯一来此乎?"不一会儿,宫人兴冲冲地进来向他报告了世子降生的喜讯。后来,朱厚熜登基即皇帝位,即于元妙宫旧址改建元祐宫,"穷极壮丽焉"④。由于这样的家庭背景,朱厚熜从小就常跟随父母,在内书堂持斋,到元妙宫焚香祈祷,耳濡目染,神仙道术在他幼小的心灵中留下深刻的印象。后来,他对道教的笃信程度甚至远远超过其父,从而影响了他一生的政治活动和个人生活。

　　正当朱厚熜无忧无虑地过着温馨幸福的世子生活时,意外的不幸降临了。正德十四年(1519)夏天,安陆出现罕见的高温酷暑天气,接连好些日子,荆楚大地晴空万里,火辣辣的太阳把大地烤得发烫,禾苗被晒得枯焦了,田地裂开一条条缝。人们待在屋里,摇着扇子,还是燥热难忍,汗流浃背。朱厚熜的父亲朱祐杬身体一向健壮,不料却在六月初七日中暑病倒了。王府的医生给他扎针服药,总不见好,四出延医求药,也未见效。拖了10天,他竟撒手而去,享年44岁。朱厚熜如五雷轰顶,被这突然降临的不幸打蒙

　　① 同治《钟祥县志》卷一八,《明世宗显陵碑言文》。
　　② 《明武宗实录》卷一七五,正德十四年六月己卯条谓兴王朱祐杬"不尚仙释",并不确切。他确实不崇尚佛教,却崇信道教。
　　③ 《明武宗实录》卷一七五,正德十四年六月己卯条亦载:朱祐杬"自号纯一"。
　　④ 元妙宫、元祐宫,《明世宗实录》卷二二二,嘉靖十八年三月丁亥条作玄妙观、玄祐宫。

了。他悲恸欲绝,与母亲蒋氏"日惟号泣苦痛,五内摧伤"①。讣闻上报朝廷,明武宗皇太后张氏以明武宗的名义,下令辍朝三日,并派遣武安侯郑刚前往安陆祭奠,命行人司行人王瑄掌行丧礼,谥曰"献",朱祐杬因此也被称为兴献王。翌年,在一场隆重的葬礼中,朱祐杬被安葬在安陆城东北10里的松林山②。

父亲英年早逝,使朱厚熜过早地告别了娇惯的少年时代。按照明朝的制度,亲王去世,世子须为其父守丧三年,期满才能袭封为王。张太后以外出南巡的明武宗的名义,命他以嗣子暂管府事,并将他的养赡禄米由未袭封的200石增加到3000石③。此时,朱厚熜年仅13岁,对政务自然并不精通。好在王府事务并不繁杂,他过去曾亲眼看见过父亲处理一些日常事务的过程,并随父亲参加过朝见、祭祀等重大活动,多少也有点了解,加上有母亲蒋氏给拿主意,有进士出身的左长史张景明和右长史袁宗皋从旁辅助,据说他居然处理得有条不紊,"事皆有纪,府中肃然"④。

朱厚熜主持王府事务虽然只有短短一年多的时间,却使他经受了实践的锻炼,积累了经验,增长了才干。

二、明武宗的"遗诏"

如果没有意外的变故,朱厚熜将在三年丧服期满之后,正式袭封兴王,在兴王府里过上一辈子优裕清闲而又平淡的生活。然而一系列的突然事变,却使他的人生道路发生了预料不到的变化。

朱厚熜出生之时,正值明武宗的腐朽统治时期。明朝的统治,经历明太祖、惠帝、太宗、仁宗、宣宗创业与巩固阶段的繁荣兴盛之后,从明英宗正统中年开始步入衰落阶段。

---

① 同治《钟祥县治》卷一八,《明世宗显陵碑文》。

② 《明史》卷四四《地理志》五载:钟祥(安陆州于嘉靖十年八月更名为钟祥县),"北有松林山,兴献王陵寝在焉"(第1076页)。嘉庆《大清一统志》卷三四三《安陆府》有两条与此不同的记载:《陵墓》条记显陵"在钟祥县东十里纯德山。本明世宗本生父兴献王墓,世宗即位,追尊为兴献皇帝,名其墓曰显陵。"《山川》条则记纯德山"在钟祥县东十里,旧名松林山。明嘉靖中建兴献王陵于此,改名。"(清末刻本)按:松林山的实际位置在安陆州城之东偏北的方向,称在东或在北都不很准确。

③ 《明武宗实录》卷一九七,正德十六年三月辛酉。

④ 《明世宗实录》卷一。

随着商品经济的发展,封建地主阶级的贪欲日益膨胀,赋役的征派不断增加,土地兼并日趋严重,宦官迭相擅权,朝政混乱黑暗,社会矛盾日益尖锐激化,农民的反抗此伏彼起。为了挽救统治危机,明孝宗在即位之初,试图改弦更张,对历朝的积弊进行过一些改革,被誉为"中兴之令主"。但他的改革措施仅限于小修小补,而且也未能坚持到底。弘治后期,他崇佛信道,热衷于焚香膜拜,修炼斋醮,视朝渐宴,奢风日盛,兴作相继,科派日繁。到弘治末年已是"海内民困财竭,兵衰将懦,文恬武嬉,法令不振"①了。腐朽的明武宗继位后,恣意享乐巡游,统治危机日益加深。

　明武宗是明孝宗的皇后张氏所生,系嫡长子,他唯一的弟弟三岁夭折,所以实际上也是独子。明孝宗为他取名厚照,说"朕惟君天下莫先乎德,而德明惟明尤君道之所重",希望他将来养成厚德,"惟德以成,惟德以昭","四海虽广,兆民虽众,无不在于照临之下"②。在他刚两岁时,就急忙册封为皇太子。朱厚照自小聪明机灵,但"生而好武"③,且"好逸乐",随身太监常引导他蹴鞠(踢球)、骑射。朝中不少大臣为此感到忧虑,曾对太子的教育问题提出不少建议,兴王朱祐杬就藩时谢疏陈五事,其中一条也专讲"豫教太子"的问题。明孝宗对这些意见虽表示嘉纳,但并没有采取什么有力的措施。出于对独子的溺爱,他每次外出游幸,总把儿子带上。听说儿子喜好骑射,他还认为是"安不忘危",符合老祖宗明太祖既习文又讲武的传统,不加禁止。随侍的太监,不想让皇太子亲近儒臣而疏远宦官,又"数移事间讲读"④,常找各种借口让他停止讲读。因此,朱厚照自7岁出阁入学,经过7年的学习,连字数不多的《论语》和《尚书》都未读完。弘治十八年(1505)四月二十九日,明孝宗患重感冒,好几天高烧不退,无法上朝。五月初六日,他预感到自己将不久于人世,召内阁大学士刘健、李东阳、谢迁入乾清宫东暖阁,在病榻前将15岁的皇太子托付给他们,拉着刘健的手说:"东宫年幼,好逸乐,卿等当教之读书,辅导成德。"⑤第二天,弥留之际,又将厚照叫到跟前,面谕之曰:"朕不豫……东

---

①　[清]夏燮著,沈仲九标点:《明通鉴》卷三九,弘治十四年正月十七日,北京:中华书局1959年版,第1490页。
②　《明孝宗实录》卷六一,弘治五年三月丁丑。
③　[清]毛奇龄:《明武宗外纪》,中国历史研究资料丛书本。
④　《明史》卷一八四,《吴宽传》,第4884页。
⑤　《明通鉴》卷四〇,弘治十八年五月庚寅,第1531页。

宫务遵守祖宗成法,孝奉两宫,进学修德,用贤使能,毋怠毋荒,永保贞吉。"①

　　但是,明武宗一继位,就彻底暴露出封建后期统治阶级的腐朽本质。他性格刁钻古怪,昏庸暴虐而又嬉戏成性,放荡不羁,把其父的嘱咐全都抛之脑后,整天只顾和随侍的宦官恣情玩乐。他嗜酒如命,"常以杯杓自随"。左右欲乘其昏醉以市权乱政,又常"预备瓶罂,当其既醉而醒也,又每以进,或未温辄冷饮之"②,弄得他经常终日酣酗不醒,烂醉如泥。东宫时的随侍宦官刘瑾与马永成、古大田、魏彬、张永、邱聚、高凤、罗祥等,深得他的宠幸,人称"八党",亦称"八虎"。这些人是帮市井之徒,没有多少文化,却精通骑射、角觗、蹴鞠、博戏等,他们为讨取皇帝的欢心,日进佳酿美酒、狗马鹰兔、俳优杂戏,供他纵情取乐。他们还诱导皇帝溜出掖门,四处微服游荡,骑射驰骋,玩弄鹰犬。明武宗玩得高兴,"暮夜既无召对之条,昼日又无勤学之益"。他懒于听经筵日讲,常是"儒臣之讲未毕而已有鸿鹄之思,几席之读未几而倏兴逸乐之想"③,并不时以各种借口下令停止经筵日讲。他更怠于临朝理政,朝参经常迟到,往往日高数丈才姗姗来迟,并常常传令免朝。刘健等顾命大臣借孝宗遗诏之名公布的革除弊政的各项举措,他一件也不执行。朝中大臣,纷纷上疏劝谏。弘治十八年九月,户部给事中刘蒧的上书即尖锐地提出批评:"今梓宫未葬,德音在耳,而政务多乖,号令不信,中外皇皇,人皆失望。"④但明武宗我行我素,整天照样嬉戏玩乐。

　　托孤老臣刘健、谢迁和李东阳痛心疾首,于正德元年(1506)十月联合户部尚书韩文等九卿大臣⑤上疏请诛八虎。他们的行动得到司礼监太监王岳等宦官的支持。明武宗计出无奈,同意将八虎发往南京闲住。刘健等人坚持要处死八虎,并计划联络韩文及九卿大臣伏阙面争。不料吏部尚书焦芳向刘瑾告密,他们的计划遭到失败,王岳被捕并发配南京充当净军。明武宗将刘瑾由钟鼓司调掌司礼监,命马永成、谷大用掌东厂、西厂。刘瑾遂矫诏勒令刘健、谢迁致仕。正德二年三月,又将刘健、谢迁、韩文等53人列为奸党,"榜示朝堂",强迫致仕或罢职为民。

---

　　① 《明孝宗实录》卷二二四,弘治十八年五月辛卯。
　　② 《明武宗实录》卷一七一,弘治十四年二月己卯。
　　③ 《明武宗实录》卷一二,正德元年四月丁巳。
　　④ 《明武宗实录》卷五,弘治十八年九月甲辰。
　　⑤ 明代的九卿大臣,包括吏、户、礼、兵、刑、工六部的尚书与都察院的都御史、大理寺的卿、通政司的通政使。

　　刘健、谢迁、韩文等正直敢谏的大臣被逐出朝廷，再也无人对皇帝的荒嬉怠政进行劝阻，而刘瑾等太监更加积极地进献各种杂戏，明武宗也玩得更加起劲。正德二年八月，他下令在西华门内太液池附近别构院御，筑宫殿数重，而造密室于两厢，勾连栉列，名曰"豹房"。豹房建成后，明武宗称它为"新宅"，整日泡在那里，以便摆脱宫廷的各种清规戒律和皇太后、皇后的监视。从此直到病死，他再未回到大内居住。豹房成为明武宗游戏兼办公的场所，实际上的"第二朝廷"，故又称"豹房公廨"。明武宗临朝听政的次数越来越少，对国家大政通常都在豹房做出决策，然后由司礼监太监刘瑾等人代为批答。明武宗放手利用司礼监来控制内阁，自己大部分时间就在豹房寻欢作乐。他每天招纳教坊乐工入室承应，后来乐工承应不及，又下令取河间诸府技艺精湛的乐户遣送来京，每日多达百人。听说锦衣卫都督同知于永是色目人，精通"阴道秘戏"，他召入豹房密谈。于永于是矫旨向色目人、都督吕佐索要其家善西域歌舞的回族女子。吕佐为豹房送来12名回族女子，明武宗通宵达旦观赏她们的歌舞表演，犹嫌不足。于永又让他下令，将所有侯、伯家中的回族女子悉数召来，名为教习歌舞，而将中意的留置豹房供皇帝玩赏。正德三年七月，明武宗还以"近来音乐废缺，非所以重朝廷"为由，令礼部移文各布政司选送精通技艺的乐工进京供应，"自是筋斗百戏之类，盛于禁掖矣"[1]。明武宗还在豹房搏虎玩豹、操练内军等等，有时在宫中玩腻了还溜出宫门，逛商店、苑囿，或驰马挽弓，飞鹰逐兔。

　　明武宗日事游乐，政事越来越倚重刘瑾。刘瑾常常在明武宗玩兴正浓时，送上群臣的章奏让他省决。明武宗大手一挥，不耐烦地说："吾用尔何为？乃以此一一烦朕耶！"[2]刘瑾遂大权独揽，"内揣合帝意，外日以深事诛求诸臣"，并在东厂、西厂之外，设内行厂，由自己掌管，严密监视大小官员的行动，残酷迫害正直的大臣，"北门之祸骤兴，搢绅之祸尤烈"。与此同时，刘瑾将大批亲信安插到六部及其他政要部门，并将焦芳及刘宇、曹元等和党羽塞进内阁，牢牢地控制内阁大权，"内阁树其私人，部寺张其羽翼"。他还"矫诏令内阁撰敕，天下镇守太监得预刑名政事"[3]，让宦官直接插手地方政务。刘瑾本人自掌司礼监，正德三年六月又升任司礼监掌印太监，拥有代皇帝传宣圣旨和照内阁票拟批

①　《明武宗实录》卷四，正德三年七月壬子。
②　《明通鉴》卷四二，正德二年正月，第1571页。
③　谷应泰：《明史纪事本末》卷四三，《刘瑾用事》，第632、658、636页。

答大臣章奏(批朱)的权力。他凡事皆不覆奏,"事无大小,任意剖断,悉传旨行之,上多不之知也"①,公侯勋戚对刘瑾都畏惧三分,莫敢钩礼。诸司科道以下,到刘宅私谒,皆相率跪拜。大小官员,奉命外出以及还京朝见皇帝后,必赴刘宅告辞,凡内外所进奏章,都先具红揭投刘瑾,号"红本",然后再上通政司,号"白本"。刘瑾权倾一时,竟有"立地皇帝"之称。时人皆称京城有两个皇帝,一个坐皇帝,一个立皇帝,一个朱皇帝,一个刘皇帝②。后来,刘瑾听术士余日明、余伦、余子仁说他的侄子刘二汉"后有大贵","辄起异心,要得谋为不轨"③,竟密令兵仗局太监孙和等造衣甲牌面千万余副和大印一颗,又令两厂太监蔡昭、潘牛制造弓弩500余张,匿藏私宅,准备谋反夺位,当一个名副其实的坐皇帝。

刘瑾的专权,对皇权构成严重的威胁,也加剧了他与张永、谷大用等其他宦官的矛盾。正德五年(1510)八月,曾遭刘瑾迫害的前右副都御史杨一清,利用太监张永与刘瑾的矛盾,鼓动张永告发刘瑾的罪行。明武宗下令逮捕、诛杀刘瑾,惩处了一些依附刘瑾的官员,并罢撤西厂与内行厂。但明武宗并没有从中吸取教训,继续重用谷大用、张永、魏彬、马永成等太监,并宠信同他们相勾结的佞幸,"钱宁以锦衣幸,臧贤以伶人幸,江彬、许泰以边将幸,马昂以女弟幸"④。"张永用事,政仍在内,魏彬、马永成等擅窃权柄,阁部仍敛手而已"⑤。明武宗自己依然故我,很少临朝理政,先是"视朝太稀,又复太晚,或日西,或薄暮",后来"渐至昏夜"才姗姗来迟,"日月之光既远,上下之情不通"⑥。他不恤国事,整天就在钱宁、江彬等一批佞臣的陪伴下,嬉游取乐。

钱宁原是成化朝太监钱能的家奴,正德初年因曲事刘瑾,得以接近明武宗。他臂力过人,能左右开弓,被"生而好武"的明武宗看中,收为义子,累迁至左都督,掌锦衣卫事,充当豹房的大管家。他极得明武宗的宠信,两人在豹房形影不离,明武宗对他言无不听。钱宁为明武宗引进乐工臧贤、回族人于明和一批懂房中秘术的番僧(喇嘛)。明武

① 《明通鉴》卷四二,正德二年正月,第1571页。
② [明]张萱:《西园闻见录》卷一〇〇,《内臣》,中国文献珍本丛书本。
③ [明]谢蕡:《后鉴录》中,[明]邓士龙辑,许大龄、王天有主点校:《国朝典故》卷一〇八,北京大学出版社1991年版,第2201页。
④ 《明史》卷三〇七,《佞幸传》序,第7875页。
⑤ 《明通鉴》卷四三,正德五年九月癸酉,第1630页。
⑥ 《明武宗实录》卷一二〇,正德十年正月庚辰。

宗对番僧所穿的喇嘛教(藏传佛教)服装,所用的佛经、法器很感兴趣,不仅跟他们学习梵语,而且自称"大庆法王西天觉道圆明自在大定慧佛","诵习番经,心皈其教,尝被番僧服,演法内厂"①。他还从番僧学房中秘术,在豹房与女乐淫乐,甚至夺取臣下的妻妾美女来供自己玩乐。进出豹房的乐工、美女与番僧越来越多,原有的房屋不够用。正德七年(1512)十月,明武宗又下令增修豹房房屋200间,第二年还在豹房修建了一座护国寺。

　　江彬是经钱宁的引荐而得宠的。他原是宣府总兵官张俊的下属军官,在镇压刘六、刘七起义军时表现非凡,得到明武宗的赏识,收为义子,擢为都指挥佥事,留在豹房,一同睡卧。江彬为扩大自己的势力,对明武宗极言边军骁勇远胜京军,建议将边军与京军互调操练。明武宗于是调辽东、宣府、大同、延绥镇的边军入驻京师,号外四家,由江彬兼统。从此,明武宗便经常与江彬一起"团练大内,间以角觝戏","晨夕驰逐,甲光照宫苑,呼噪声达九门"。江彬得宠,引起钱宁的不满与忌恨,江彬便怂恿明武宗出游宣府,说:"宣府乐工多美妇人,且可观边衅,瞬息驰千里,何郁郁居大内,为廷臣所制!"②正德十二年(1517)八月,明武宗不顾大臣的劝阻,微服与江彬夜出居庸关,游幸宣府。他自称"总督军务威武大将军总兵官",还自封为"镇国公"。江彬在宣府为他营建"第二豹房"——镇国公府第,将豹房的珍玩、美女全部搬入府中,供明武宗玩赏。明武宗还常在夜间微服出行,见高屋大厦即驰马闯入,或索取饮料,或搜其妇女。后来,随行军士柴草不继,竟毁居民房屋,拆下木头烧饭,弄得"市肆萧然,白昼户闭"③。明武宗乐而忘返,竟称这所第二豹房为"家里"。直到次年正月,他才恋恋不舍地返回北京。回京不久,又去了一趟宣府,因闻太皇太后死,只好赶回来奔丧。接着,又以送葬为名,游昌平陵区,再游黄花镇、密云等处。这年的七月,明武宗外出巡视边情,从宣府、大同、偏头关、神木一直走到榆林,再由榆林经米脂、绥德、文水、交城、太原、宣府于正德十四年二月返回京师。虽名为巡边,但一路上仍大征女乐,夺人妻妾。"凡车驾所至,近侍先掠良家女以充幸御,至数十车,在道日有死者,……远近骚动,所经多逃亡。"④明武宗在外玩得痛快,江

①　《明武宗外纪》。
②　《明史》卷三〇七,《江彬传》,第7886页。
③　《明武宗外纪》。
④　《明武宗外纪》。

彬的权势也随之上升,成为第二豹房的大总管,不仅"中外事无大小,白彬乃奏"①,还提督十二团营,"与都督钱宁、中贵张忠、卢明、秦用、萧敬,优人臧贤表里擅权为奸"②。

明朝建立后,明太祖下令废除中书省与丞相制度,并对行政、军事、监察三大系统的官僚机构进行改革与整顿,使之彼此独立又互相钳制,最后直接归属皇帝指挥。全国的最高决策权力完全集中到皇帝手里,皇权得到空前的发展。但是,皇权毕竟是难以独自进行统治的。因此,皇帝除了通过朔望日朝参、早朝和午(晚)朝与大臣一道决策、处理政务外,后来又逐步建立、完善内阁与司礼监两个机构,作为皇权的"助手",参与皇权的决策。内阁主要掌票拟,代替皇帝起草对臣僚部分章奏的处理意见,司礼监主要掌批朱,代替皇帝照阁臣的票拟用红笔批注这些章奏的处理意见。在正常的情况下,全国的章奏均由司礼监呈送皇帝,皇帝审阅后,"大事亲批(红),庶事发内阁调帖(票拟),送司礼监批行"③。然后,司礼监再将皇帝亲批的重要章奏和司礼监代批的其他章奏,连同皇帝交代的事情送交内阁,由内阁草拟圣旨颁行。内阁的票拟与司礼监的批朱,"内外相维,可否相济"④,成为皇权决策过程中不可缺少的运作部分。皇帝通过内阁连接官僚机构和广大士大夫出身的官员,通过司礼监连接贵族势力,从而集中整个封建地主阶级的意志,实现其专制统治。但是,明武宗醉心于嬉游生活,长期离开大内而住进豹房,不仅懒得上朝接见大臣,而且忌恨正直的阁臣而宠信宦官以及与之互为表里、擅权为奸的佞幸,把政事完全托付给他们,从而破坏了皇权决策的运作程序。内阁被撇到一边。皇权连接官僚机构和广大士大夫出身的官员的桥梁被切断,皇权的决策便无法体现整个封建地主阶级的意志,而只能体现其中最腐朽的贵族大地主的意志,这样,君主专制的封建国家机器就无法沿着正常的轨道运行,纪纲随之废弛,一系列的腐败现象随之发生,从而酿成了严重的后果。

第一,造成吏治的腐败。宦官与幸臣是贵族大地主的政治代表,具有特别贪婪、狡诈、阴险和残酷的特征。他们为了一点点私利,往往大搞党同伐异。正直的官吏受到排斥,幸进者党附朋比,一般官吏也不得不俯仰其鼻息而求生存,从而使官吏的铨选任免

---

① 《明史》卷三〇七,《江彬传》,第 7887 页。
② 《明史纪事本末》卷四九,《江彬奸佞》,第 723 页。
③ [明]焦竑撰:《玉堂丛语》卷六,《事例》,北京:中华书局 1981 年版,第 203 页。
④ 《明孝宗实录》卷七,成化二十三年十一月己未。

制度和监察制度受到严重的破坏。刘瑾专权时,甚至公然更改明太祖以来苦心建立起来的典章制度。他公开破坏京官六年、外官三年考察一次的定制,要求户部搞不定期的考核。还规定举人、监生选官时,除考论、判外,还需增加时务策和行稿告事的考试。对翰林院官员的考核,除本院自考外,还需由本院掌印官会同吏部进行考核。正德二年(1507)闰正月,还假传圣旨,令吏、兵二部凡进退文武官员,先要到刘瑾处详细讨论通过,才许上奏。他还矫诏要求所有六科给事中,自寅至酉①都要待在衙门里,不许外出,"令锦衣卫直宿指挥不时点闸,违者以名闻"②。并令南北两京都察院和十三道监察御史,所有奏章,"必先呈堂禀详,然后上闻"③,据统计,刘瑾先后变法"有吏部二十四事,户部三十余事,兵部十八事,工部十三事"④。刘瑾利用他施行的所谓新法为武器,肆意排斥异己,安插亲信。正德二年三月,他下令裁革天顺以后各省府州县添设的445名官员⑤,但各处的镇守太监、总兵、巡抚、副参、游击等官,凡是由其门下出身的,不论贪污、年老、有病,都一律保留不动。他还随意革除河南、山东、山西、郧阳、蓟州、保定、苏松、凤阳、云贵等地的巡抚建置,而以自己亲信的镇守太监取代之。都指挥以下官员,只要刘瑾写个"某授某官"的纸条,兵部立即照办,不敢复奏。边将违法,只要向刘瑾送礼,不仅不予追究,反加升擢,"有加封伯、都督者,或径白传奉"⑥。刘瑾的亲信,升迁尤快,张綵不到一年的时间即由郎中而侍郎再升至尚书。触怒刘瑾,或者不给刘瑾送礼的官吏,轻者撤职,重则逮捕法办,有不少科官即因触怒刘瑾而被逮捕下狱,"且杖且枷且戍以为常"⑦。为了惩治自己的政治对手,刘瑾甚至创立罚米法,令曾开罪他的官员罚米输边,以充军粮。过去的工部尚书杨守随、户部尚书韩文、南京户部尚书雍泰、都御史杨一清等数十人,皆因此被搞得倾家荡产。对已死者,则逮捕其妻子儿女,以泄心头之恨。刘瑾被诛后,得宠擅权的张永等幸臣,虽未搞类似刘瑾的变法,但也用同样的手法破坏官吏的铨选任免和监察制度,大搞官以贿得,任人唯亲,如钱宁"内侍帝,外招权纳贿,诸大

① 寅时,等于现在的凌晨3至5时。酉时,等于现在的下午5时至7时。
② 《明武宗实录》卷二〇,正德元年十二月丁巳。
③ 《明史纪事本末》卷四三,《刘瑾用事》,第635页。
④ 《明史》卷三〇四,《刘瑾传》,第7792页。
⑤ 《明武宗实录》卷二四,正德二年三月己酉。
⑥ 《明史纪事本末》卷四三,《刘瑾用事》,第655页。
⑦ [清]傅维鳞:《明书》卷一五九,《刘瑾传》,畿辅丛书本。

臣造谒恐后,小拂意即中害。内侍武臣率重资投宁,求镇守总兵"①。

由于官吏铨选与监察制度的破坏,官吏阶层日趋腐败。掌权的宦官和佞臣竞相贪污受贿,公开向官吏索取贿赂。如刘瑾等派"诸曹郎治榷,诸直指巡豲,皆责入重贿,否辄别坐下狱"②。当时官员入京朝见,或从外地出差归来,都得给刘瑾送上贿银,称万为"方",千为"干"③。各省的布政使入京,通常得送2万两,他们便向京师的富豪借贷,而归则以库金偿"④,称之为"京债"。刘瑾等人,都因受贿而成"巨万"富豪。刘瑾家产有"金银累数百万,其他宝货不可胜计"⑤。江彬有"黄金七十柜,柜一千五百两,银二千二百柜,柜二千两,金银珠玉首饰五百一十箱,余物不可胜计"⑥,钱宁有"玉带二千五百束,金十余万两,银三千厢(箱),胡椒数千石,他珍异不可胜计"⑦。这样官由贿得,一般官吏都变本加厉地从老百姓和僚属身上搜刮,以肥私家。至于那些阿附宦官幸臣的大僚,其贪污受贿更超出一般官吏,如吏部尚书张綵,"变乱旧格,贿赂肆行,海内金帛奇货,相望涂巷间"⑧,兵部尚书兼团营曹元,"将校迁除,皆惟瑾命,元所入亦不赀"⑨。贪风于是越刮越凶,恶浊不堪。同时,由于官由贿得,不仅没有什么政绩甚至违法的官吏可以通过行贿保住或提升官职,更有大批毫无才能的贪鄙之徒借送礼而通过传升、乞升、冒籍等方式混入官僚队伍。如正德十二年(1517)对鞑靼军队的大同、应州之役,明军以战死52人、重伤563人的代价,取得斩敌16首级的战果,就升赏内外官员9555人⑩。官僚队伍的素质因之日趋下降,行政效率随之大大降低。江彬得势时,诸司章疏多阻格不上,"各镇奏报,有为江彬壅滞二三岁不得达者"⑪,就是一个突出的例证。

第二,导致财政的亏空。明朝前期储积起来的财政库存,至成化、弘治年间,已基本被消耗殆尽。但以明武宗为首的贵族大地主集团,为了满足自己骄奢淫逸生活,却不顾

---

① 《明史纪事本末》卷四九,《江彬奸佞》,第722页。
② [清]查继佐:《罪惟录》列传卷二九下,《刘瑾》,杭州:浙江古籍出版社1985年版,第2626页。
③ [明]陆深:《俨山外集》卷二七,《中和堂随笔》上,文渊阁四库全书本。
④ 《明史》卷三〇四,《刘瑾传》,第7790页。
⑤ 《明武宗实录》卷六六,正德五年八月乙未。
⑥ 高岱撰,孙正容、单锦珩点校:《鸿猷录》卷一四,《江彬之变》,上海古籍出版社1992年版,第329页。
⑦ 《罪惟录》列传三〇,《钱宁》,第2650页。
⑧ 《明史》卷三〇六,《张綵传》,第7841页。
⑨ 《明史》卷三〇六,《焦芳传附曹元传》,第7838页。
⑩ 《明武宗实录》卷一五四,正德十二年十月乙巳;卷一六四,正德十三年七月己亥。
⑪ 《明书》卷一五四,《江彬传》。

国家的财政困难,大肆挥霍浪费。明武宗即位刚一年多的时间,到正德元年(1506)七月,光禄寺的膳馐供应,就"视弘治元年(1488)日增一倍"①。当年十月,署内承应运库太监秦文奏报,自弘治十八年(1505)五月皇上继位至正德元年十月,国家的各项支出"实用六百二十五万余两","视旧例岁用之外加至五六倍矣"。其中仅登基之赏就用银180万两,婚礼用金8520余两、银533840余两,而当年全国的夏税、秋粮、马草、盐课折银及云南闸办、各钞关船料银两的收入"通计仅一百五十余万两"②。此后,明武宗大兴土木,嬉游无度,财政开支有增无减。如正德二年正月修南海子殿宇、桥梁,造元宵灯火等项工程,到八月"已用银二十万两"③。当时许多工程尚未完工,又在西华门营造豹房,到正德七年十月"所费价银已二十四万余两"④。正德七年又下令建造铺花毡帐式斋宫,至正德九年九月建成162间,"为费不赀"⑤。正德九年十二月,重修被大火焚毁的乾清宫、坤宁宫等,"用银百万两"⑥。第二年,又重修太素殿、天鹅房、船坞、御马监、钟鼓司、南城豹房、新房、火药库等,其中仅修太素殿就"用银二十万余两"⑦。此外,明武宗还滥施赏赐,如大同、应州之役,"赏赐亿万计"⑧。

贵族集团的挥霍浪费,加上官吏的贪污盗窃,每年财政收入入不敷出。明廷除不顾国家边防的需要,于正德三年下令悉罢各边军的年例银⑨,以减省国库的支出外,便刮地方库藏银。其一是借用太仆寺马价银、搜刮地方库藏银,如正德三年十一月诏广东布政司将库藏金105两、各项银261136两、玻璃器具19件送入内承运库,翌年三月命河东盐运司送库银7360余两入内承运库,六月又诏福建布按二司输银301474两入内承运库,正德五年五月诏梧州将所贮盐利军赏银60余万两拨三分之二解送入京⑩,结果"四方库

---

① 《明武宗实录》卷一五,正德元年七月庚辰。
② 《明武宗实录》卷一八,正德元年十月甲寅。
③ 《明武宗实录》卷二九,正德二年八月己卯。
④ 《明武宗实录》卷九三,正德七年十月甲子。
⑤ 《明武宗实录》卷一一六,正德九年九月癸亥。
⑥ 《明武宗实录》卷一一九,正德九年十二月甲寅。
⑦ 《明武宗实录》卷一二七,正德十年七月己亥。《明史》卷七八《食货志》二记为"用银至二千万余两"(第1970页),疑误"十"为"千"。
⑧ 《明史》卷三〇七,《江彬传》,第7887页。
⑨ 《明通鉴》卷四二,正德三年十月,第1595页。
⑩ 《明武宗实录》卷四四,正德三年十一月甲辰;卷四八,正德四年三月己未;卷五一,正德四年十月戊寅;卷五九,正德五年正月丙戌。

藏为之一空"，"军饷所需，别无倚赖"①。其二是卖官鬻爵，如正德二年八月明武宗公然批准卖官之议，规定："阴阳、僧道、医官有缺，许其生徒及仕官子孙、农民纳银送部，免考授官，其等有四。军民客商人等许纳银授以正七品而下散官，荣其终身，仍免杂徭，其等有二。民间子弟许纳银充都、布、按、府、州、县诸司承差、知印、吏役，其等有八。"②翌年四月，又开武职纳银补官赎罪之例，规定在京及北直隶、山东、山西、河南、陕西、辽东、宣府、大同、延绥有愿纳银授军职者，实授百户150两，逐级递增50两，至都指挥佥事600两，"俱止令终身，不支俸"，"如有欲升者，百户升副千户、副千户升正千户、指挥佥事升指挥同知、指挥同知升指挥使俱五十两，正千户升指挥佥事、指挥使升都指挥佥事俱一百两，百户以上升都指挥佥事者，照数递加，俱不加俸"；"其有罪问发立功者，每年纳银二十两，免其立功"。同月，还开生员入监及僧道给度牒纳银之例，规定生员愿入监者廪膳生150两，增广生200两，附学生230两，僧道度牒每名纳银10两或8两，"僧道官缺，其徒纳银五十两，送部准其承袭"。其中仅度牒一项，就卖出"僧牒二万道，道牒二千（道）"③。其三，是实行加派。正德九年十二月，因重建乾清宫，下令向浙江等省和南北两直隶的百姓加派工料价银100万两，"于一岁中尽征之"，"自是催科旁午，海内骚然矣"④。

第三，加剧土地的兼并。为了满足骄奢淫逸的生活需要，明武宗不仅肆意挥霍国库的财物，还拼命兼并土地。他即位仅仅一个月，就新建皇庄7所，正德九年又增至36处，仅在畿内就占地37595顷46亩⑤，占当时畿内官民田的七分之一⑥。由于政治的腐败导致朝廷控制能力的削弱，再加上皇帝的带头作用，亲王、勋戚和宦官纷纷通过乞请、投献、侵夺和购买等手段，大肆兼并土地。"诸王、外戚求请及夺民田者无算。"⑦明武宗一概听之任之。他有求必应，诸王、外戚乞请多少田土，都如数拨赐，数额较大的有如下几

---

① 《明武宗实录》卷七〇，正德五年十二月壬寅。
② 《明武宗实录》卷二九，正德二年八月庚辰。
③ 《明武宗实录》卷三七，正德三年四月乙亥。
④ 《明通鉴》卷四五，正德九年十二月甲寅，第1707页。
⑤ ［明］陈子龙等选辑：《明经世文编》卷八八，［明］林俊：《传奉敕谕畿内田地疏》，北京：中华书局1962年影印本。
⑥ 郑克晟：《明代政争探源》，天津古籍出版社1988年版，第131页。
⑦ 《明史》卷七七，《食货志》一，第1888页。

起:正德元年,赐皇后夏氏的父亲夏儒广平府清河县庄田 3300 余顷①;二年三月,赐乳母安圣夫人田氏顺义县夹河退滩地 117 顷余,九月赐荣王龙阳县沿河两岸新兴洲等地田地 530 顷余②;三年二月,赐皇亲沈传、吴让静海县无税地 6542 顷余,赐泽王沂州枣沟湖等无税地 707 顷 80 亩,四月赐衡王平度州白埠未税地 480 余顷,七月赐庆云侯周寿丰润县来安务庄田 870 顷,十一月赐仁和大长公主定兴、新安二县庄田 309 顷 90 余亩③;四年五月,赐汝王荣泽、河阴、汜水等县黄河退滩地 602 顷余④;九年,赐徽庄王彰德卫庄地 230 顷余⑤。其中,有不少地原是民田,如赐给夏儒广平府清河县的庄田系清河县民葛振刚的祖父在明初按照明太祖的开垦荒地永不起科的法令开垦耕种的⑥;赐给安圣夫人田氏的顺义县夹河退滩无粮地,户部当时就指出:"其地虽不征粮,现有军民徐安等耕种为业"⑦;赐给衡王平度州白埠未税地"亦多夺民之产"⑧。到正德十六年,畿内顺天等府共有皇庄及皇亲功臣庄田计 200919 顷 28 亩⑨。除去皇庄 37595 顷 46 亩,其他 163323 顷 82 亩为皇亲功臣庄田。宦官兼并土地的数量也很多,刘瑾在天津卫"受献为庄田者不下千顷"⑩,还在京师门外"侵占猫竹厂等处官地五十余顷,拆毁官民房屋一千九百余间,发掘民间坟二千五百余家",修建庄田⑪,甚至公然侵占崇文门外淳安大长公主的庄园⑫。谷大用"占民田万余顷"⑬,则是明代宦官霸占土地的最高数额。官僚地主对土地的兼并也极疯狂,大学士梁储之子、百户梁次摅,在广东老家,与富人杨端争夺南海县民谭观福的 100 多顷田地,竟唆使瑶民林闰等人打进杨家村寨,"尽杀其居民各姓几三百人,又焚

---

① 《明武宗实录》卷一〇三,正德八年八月庚子。
② 《明武宗实录》卷二四,正德二年三月丙辰;卷三〇,正德二年九月戊申。
③ 《明武宗实录》卷三五、正德三年二月辛巳、壬午;卷三七,正德三年四月甲午;卷四〇,正德三年七月辛酉;卷四四,正德三年十一月己巳。
④ 《明武宗实录》卷五〇,正德四年五月戊申。
⑤ 《明武宗实录》卷一一一,正德九年四月丙申。
⑥ 《明武宗实录》卷一〇三,正德八年八月庚子。
⑦ 《明武宗实录》卷二四,正德二年三月丙辰。
⑧ 《明武宗实录》卷三七,正德三年四月甲午。
⑨ 《明经世文编》卷八八,[明]林俊:《传奉敕谕查勘畿内田地疏》。
⑩ 《明世宗实录》卷四,正德十六年七月乙未。
⑪ 《后鉴录》中,《国朝典故》卷一〇八,第 2201 页。
⑫ 《国朝典汇》卷一九,《勋戚田土》。
⑬ 《明史》卷一九四,《林俊传》,第 5139 页。

其室庐,掳其财富",弄得"村社为墟,生灵愤怨"①。随着土地兼并的加剧,农民纷纷丧失土地。霸占大量土地的皇室勋戚权贵势豪地主阶级又通过影射、诡寄、飞洒等手段,把赋役转嫁到农民的身上,把农民逼入了困苦的深渊。

明武宗统治所造成的一系列恶果,使正德以来的各种社会矛盾趋于激化。失去土地的农民,纷纷揭竿而起。正德三年(1508),四川保宁农民刘烈首举义旗,进攻陕西汉中等地。从此,农民的武装反抗此伏彼起,连绵不绝,遍布于许多省区。四川、河北、江西是起义比较集中的三个地区,而以河北刘六、刘七的起义规模最大。刘六、刘七起义于正德六年二月,首先爆发于霸州文安县,而后兵分两路,"恃马力倏忽驰骤,野不占城郭,蹈虚不立方所"②,转战于南北直隶、山东、山西、河南、安徽、江西、湖广等8个省区,不仅所到之处焚官廨,夺府库,释狱囚,而且几次逼近京城,"震动京师,阻绝粮运"③,给明朝统治者以沉重的打击。与此同时,统治阶级内部的斗争也日趋尖锐。正德五年四月,宁夏的安化王朱寘鐇以讨伐刘瑾为名发动了叛乱。事平之后九年,南昌的宁王朱宸濠又于正德十四年六月十四起兵反叛,攻占九江,然后自率舟师蔽江而下,围攻安庆,妄图效法明太宗以武力夺取皇位。

朱宸濠的叛乱,虽然只有一个多月的时间,就被汀赣巡抚副都御史王守仁平息下去,却为明武宗提供了一个南巡的借口。原来,明武宗在几次北巡,赏够北国风光之后,正德十四年二月又想南巡,好领略一下江南秀丽的山川景色。内阁首辅杨廷和上书劝阻,指出:"东南乃国家财赋所出之地,连年大水为灾,兼以征徭烦重,百姓不堪困苦。若复军旅经过,日费不赀,不知何以供应?"④翰林修撰舒芬约群臣上疏谏阻,兵部郎中黄巩、员外陆震等于是纷纷疏谏。明武宗恼怒异常,将黄巩、陆震等6人逮下诏狱,将舒芬等100人罚跪午门5日,继而杖于阙下,先后杖死十余人。杨廷和又找司礼监太监转告明武宗说:"皇上承九庙之祀,奉两宫之养,国本未建,人心危疑。现今军民困苦,盗贼纵横,圣驾欲南去,远涉大江,应接皆腹里人,不比胡虏易辨,倘有奸党谋潜匿,围舟纵火,

① 《明武宗实录》卷一〇六,正德八年十一月己卯。
② 《明史纪事本末》卷四五,《平河北盗》,第668页。
③ 《后鉴录》上,《国朝典故》卷一〇七,第2174页。
④ 《明武宗实录》卷一七一,正德十四年二月甲申。

仓卒何以应之？又有宗室窥伺，或伪为奉迎，诱至深宫，进退不能，消息不达，噬脐无及矣。"①明武宗还是不听，但看到群臣反复谏阻，觉得众怒难犯，只得将南巡之事搁置下来。七月，朱宸濠之叛的消息传入京师，明武宗总算找到了一个南巡的借口，立即传下一道圣旨："即令总督军务威武大将军总兵官后军总督府太师镇国公朱寿亲统各镇边兵征剿"。并派太监张忠、安边伯许泰、都督刘晖率军开赴南昌征剿"余贼"。首辅杨廷和等大臣再次劝阻，他不仅不听，反而下令："再有犯颜来奏者，必治以极刑不宥。"②八月二十二日，明武宗在江彬、张永等的陪伴下，亲统各路大军从北京出发。二十六日到达涿州（一说良乡），收到王守仁俘获朱宸濠、平定叛乱的奏疏，竟秘而不宣，继续南下。九月初一日到达保定，性格古怪的明武宗下令"禁民间畜猪"③，理由是"当爵本命，既而又姓，虽然字异，实乃音同"④，说本镇国公生肖属猪，而又姓朱，猪与朱虽然字异，但音实同，因此百姓不能吃猪肉。结果弄得老百姓没有猪肉吃，连举行祭祀也找不到猪头上供。明武宗一行一路游山玩水，骚扰百姓，沿途苦于迎送，公私疲于供应。十二月驻跸南京，流连忘返，"乐不思蜀"，一待就是几个月，并"有游苏、杭，泛江、浙，泝湖、湘，登武当之意"⑤，想把江南名胜玩个够。留守北京的内阁首辅杨廷和、大学士毛纪，随行的大学士梁储、蒋冕等反复上疏，劝说明武宗返京。直到第二年夏天，北方蒙古的侵扰不断加剧，似有大举进犯的势头，江淮一带又灾情严重，流民遍地，民心不稳。他在南京的住地，夜里竟莫名其妙地落下个绿色的猪头，使他担惊受怕。而朱宸濠的叛乱平息后，宸濠与武宗身边幸臣钱宁、陆完、臧贤相勾结的内幕被揭露出来，更使他感到一种迫切的危机感，他这才决定结束南巡，返回北京。明武宗这次南巡打的是御驾亲征的旗号，实际上却根本没有同宁王朱宸濠的叛军交手。为了挽回面子，明武宗叫张永传话给王守仁，让他再上一个奏疏，写进明武宗南征叛军的功劳。正德十五年（1520）七月，王守仁只得再呈递一个《重上江西捷音疏》，说自己这次率兵平定朱宸濠叛乱"是皆钦差总督（威武大将军总兵官后军都督府太师镇国公朱寿）威德指示方略之所致也"⑥，把功劳都

① 《献征录》卷一五，孙志仁述：《杨公廷和行状》。
② 《明武宗实录》卷一七六，正德十四年七月丙辰。
③ ［清］谈迁：《国榷》卷五一，正德十四年九月壬辰，北京：中华书局1958年版，第3191页。
④ ［明］李诩：《戒庵老人漫笔》卷四，《禁宰犬豕》，北京：中华书局1982年版，第143页。
⑤ ［明］薛应旂：《宪章录》卷四六，正德十五年七月，明万历二年陆光宅刻本。
⑥ 《王文成公全书》卷一三，《别录》五，四部丛刻本。

记到皇帝的账上。闰八月,明武宗"欲自以为捷",又在南京搞了个受俘仪式。他下令在一个广场上竖起大旗,四周环列身着戎装、手握兵器的军士,将朱宸濠押解进来,除去枷锁,然后"伐鼓鸣金而擒之",套上枷锁,再由他接受献俘,下诏班师①。

回京途中,明武宗仍不忘寻欢作乐。到仪真时,曾在江口捕鱼。九月,至淮安清江浦,又独自在运河西岸的积水池泛舟,结果翻船落水,虽被左右侍臣救起,但秋凉水冷,他受到凉水的刺激,加上落水的惊吓,"自是遂不豫"②。十月底车驾到通州,在那里休息了一个多月,下令赐朱宸濠自尽而后焚尸扬灰,并逮捕与之勾结的钱宁、陆完等人。这时,江彬还想劝说明武宗游幸宣府,但他染病在身,实在精疲力竭,加上随行的大臣苦苦劝阻,只得在十二月十一日返回北京。四天之后,在南郊补行当年正月的大祀天地典礼,但行四拜礼时只拜了一拜就呕血不能成礼,被左右扶回斋宫休息。过了一夜,回到宫中,勉强支撑着病躯,参加奉天殿的郊祀庆成礼,传旨免宴,而后回到豹房,病情就一天天加重了。

明武宗的身体原来非常健壮。正德十三年七月他出居庸关西巡,自宣府至榆林、绥德,历时五个月,往返数千里,"乘马腰弓矢,冲风戴雪,备历险阨,有司具辇以随,亦不御"。回到宣府,随行的太监和警卫"皆疲惫弗支",而他尚"不以为劳"③。许多大臣见他后妃虽多,却未生一子,劝他仿照汉、宋诸朝的做法,从藩王中选择一位既亲且贤的人为嗣,预养宫中,以定国本,但他总认为自己年富力强,精力旺盛,不愁日后无子,都未加理睬。但是,由于嬉游无制,纵欲无度,他的身体却过早地垮了下来。清江浦溺水后,九月二十四日走到临清,急召太医吴杰前去诊治,吴杰发现他已"病亟","幸可及还内耳"④。郊祀呕血后,明武宗病情日渐加剧。正德十六年正月十五日,他见太医治疗无效,叫司礼监太监魏彬、张锐传话给首辅杨廷和,命其拟旨"求草野医人冀万一"⑤。显然,他已觉察到自己来日无多,希望阁臣能尽早谋划皇位的继承问题。

① 《明武宗外纪》;《明通鉴》卷四九,正德十五年闰八月癸巳,第 1822 页。
② 《明武宗外纪》。
③ 《明武宗外纪》。
④ [明]朱国桢:《皇明大事纪》卷二六,《江彬乱政》,《皇明史概》本。
⑤ 《献征录》卷一五,[明]孙志仁:《杨公廷和行状》。按:行状记事在辛巳(正德十六年)三月四日,误。据《明武宗实录》卷一九五载,事在正德十六年正月十六日的前一日即十五日。

　　杨廷和字介夫，号石斋，四川新都人。幼时聪颖好学，才器恢廓，13岁考中举人①，他的大同乡、户部尚书兼左副都御史余子俊"夙重之"，成化二十二年致仕回到四川青神老家时，曾持《大明律》相赠，对他说："介夫当相天下，为我熟此，以助他日谋断。"②正德二年（1507）杨廷和被召入阁为大学士。此时贪风盛行，他却"居家俭素，食不兼味，衣自命服外，皆布素"③。他"为人美风姿，性沉静详审，为文简畅有法。好考究掌故、民瘼、边事及一切法家言，郁然负公辅望"，很得首辅李东阳的赏识，称他有经国济民之才，说："吾于文翰，颇有一日之长，若经济事须归介夫。"④但当时刘瑾擅权，杨廷和无法施展自己的才干，与李东阳等只能"委曲其间，小有救济而已"。刘瑾垮台后，正德七年接替李东阳出任首辅，屡劝明武宗"早朝宴罢，深居简出"，并谏阻巡游及诸失政之策，皆不听。宦官谷大用、魏彬、张雄与幸臣钱宁、江彬辈骄横跋扈，"廷和虽不为之下，然不能有所裁禁"⑤。他觉得自己有负众望，深感愧疚不安。明武宗南巡时，有个正直的书生上书指责杨廷和过失，杨廷和延礼书生，流着眼泪对他说："久当不负良意。"⑥如今，明武宗既已病危，他决定利用手中的首辅职权定策迎立新君，助其革故鼎新，使明朝重新出现"中兴"的景象。

　　事实上，在魏彬、张锐向杨廷和传达明武宗谕旨之前，他已在考虑皇位的继承人问题。早在九月底，杨廷和大概已得到吴杰的诊视报告，至晚在十月二十六日他前往通州接驾后，也应该完全了解明武宗的病情。估计就在这段时间，他开始策划皇位继承人的遴选问题。中国的封建社会，历来实行家天下的统治，皇位被看作皇帝一家一姓的私产。为确保其世代相传，防止江山易姓，"父死子继"便成为皇位承传的根本大法。西汉确立预立皇太子的制度后，又依照封建宗法关系确定了嫡长子的继承制，叫作"立嫡以长不以贤，立子以贵不以长"⑦。根据这种制度，皇位必须由皇后所生诸嫡子中择长者继

---

　　① 《献征录》卷一五，[明]孙志仁：《杨公廷和行状》《明史》卷一九《杨廷和传》皆记杨廷和12岁考中举人，19岁成进士，此为实岁。据《杨公廷和行状》载杨廷和生于天顺己卯（天顺三年，1459）九月十九日，辛卯（成化七年，1471）举于乡，成化戊戌（成化十四年，1478）举进士，如按虚岁算，中举人为13岁，成进士为20岁。

　　② 《献征录》卷一五，[明]赵贞吉：《杨文忠公廷和墓祠碑》。

　　③ 《献征录》卷一五，[明]赵贞吉：《杨文忠公廷和墓祠碑》。

　　④ 《明史》卷一九〇，《杨廷和传》，第5039页。

　　⑤ [明]王世贞：《嘉靖以来内阁首辅传》卷一，《杨廷和传》，四库全书本。

　　⑥ [明]唐枢：《国琛录》卷二，纪录汇编本。

　　⑦ 《春秋公羊传》鲁隐公元年，十三经注疏本。

承,如皇后无子,再由嫔妃所生诸庶子中择长者继承;如嫡长子先于君父而亡,就由嫡长孙继承;如后妃皆无子,则按伦序由皇帝之嫡长弟继承。明代实行的也是这种制度。明太祖在开国之初,即明确宣布:"朕惟帝王之子,居嫡长者必正储位。"①并在《皇明祖训》中规定:"凡朝廷无皇子,必兄终弟及。"②但是,明武宗既无子嗣,也无同父之亲兄弟可以继位,无法在明武宗之父明孝宗系找到皇位的继承人。杨廷和只好扩大挑选的范围,从明孝宗父亲明宪宗系统的皇家子孙中寻找皇位继承人。按照传统的惯例,杨廷和应从明武宗的从兄弟的儿子中挑选个年长者过继给明武宗,由他来继承皇位。但杨廷和可能觉得明武亲从兄弟的儿子年龄都太小,到长大成人时间太长,容易受到身边宦官的影响和操纵,将来重蹈明英宗的覆辙,而明武宗的母亲张太后虽然深得明孝宗的宠眷,一门暴贵,但她"知大体,不干预政事"③,不愿违背祖制垂帘听政,由他这个内阁首辅来主政,又会背上擅权专政的黑锅,受到朝臣的指责,所以没有这样做。杨廷和想起祖训"兄终弟及"的规定,认为如援引这条规定,直接挑选一个明武宗的从兄弟过继给明孝宗为子来继承皇位,或许是个比较稳妥的办法。明宪宗有 14 个儿子,第一、二子皆早死无嗣,第三子为明孝宗,第四子是兴王朱祐杬,兴王虽死但留下一个 14 岁的儿子朱厚熜,可以明孝宗亲弟之长子的身份,按伦序立为孝宗之后,继承皇位。这个兴王世子聪颖敏捷,气度不凡,自小生在安陆,同明武宗周围的宦官、幸臣没有什么瓜葛,估计对清除武宗弊政、革故鼎新不会有什么妨碍;他年龄不大,具有一定的可塑性,可由自己和朝臣加以教育,培养成一个有为之君,而且他岁数又不太小,再过几年即可亲自主政,自己也可免去擅权之嫌。但是嗣君的选择直接涉及皇族的切身利益,因此杨廷和得知明武宗病重的消息,即刻便禀报张太后,并向她陈述了自己对选择嗣君的想法。他的意见,正对张太后的心思,当初她利用儿子南巡不在京城的机会,借明武宗名义命令朱厚熜"暂管府事",就含有选他做皇位继承人的意思。她觉得自己以长辈的身份迎立朱厚熜入继大统,就可取得政治上的主动权,借以保持和巩固张氏家族和整个皇族的利益。因此,她坚决支持杨廷和迎立朱厚熜为嗣君的定策。此后,以张太后为首的皇族和以杨廷和为首的朝臣便携手合作,竭尽全力来迎立朱厚熜。

① 《皇明大事记》卷九,《封建》。
② [明]朱元璋:《皇明祖训·法律》,明刻本。
③ 《胜朝彤史拾遗记》卷四。

　　嗣君的人选敲定之后,今后的关键是如何保证他顺利继位的问题。因为当时的皇族中,不乏像安化王朱寘鐇和宁王朱宸濠那样的野心分子,明武宗身边的幸臣江彬等人也对皇位虎视眈眈,万一他们在皇上驾崩之时乘机夺位,势必引起局面的混乱,甚至导致王朝的崩溃,使江山易姓。因此,当司礼监太监魏彬、张锐向杨廷和传达明武宗的“求草野医人冀万一”之谕旨时,他即向他们发出严厉的警告:“若有大变,公辈祸福在反掌间!”魏彬愣了一下,吃惊地问:“何谓祸福?”杨廷和就挑明说:“我辈与闻,处之如伦叙,天下以安,内外同福。反是,公等先受祸,次及我辈矣。”魏彬与张锐听罢,赶忙表示:“听老先生处分,彬等岂敢!”①正德十六年三月初九日,张太后见自己的儿子病入膏肓,已无治愈的希望,又应兴王妃蒋氏之请,打破亲王薨世子须服释才能袭封的规定,以明武宗的名义,命朱厚熜提前袭封为兴王。此举的目的,就是明确向人们表示:朱厚熜就是她这个皇室长辈选定的皇位继承人,其他人不得有非分之想!

　　正德十六年三月十三日深夜,明武宗病死在豹房的龙榻之上。十四日早上,司礼少监陈严带着杨廷和代拟的《廷试策问》呈报明武宗,得知明武宗已死,急忙返回内阁向杨廷和报信。杨廷和让他赶快进宫报告皇太后,迎取兴王长子入京继统②。此前,在明武宗病榻前值班的太监陈敬、苏进,大清早即已向皇太后奏报武宗临终前交代的遗言:“朕疾殆不可为矣,尔等与张锐可召司礼监官来,以朕意达皇太后,天下事重,其与内阁辅臣议处之。前此事皆由朕而悮,非汝众人所能与也。”③张太后听罢,命将明武宗的遗体移入大内。皇位的继承人虽已内定为袭封兴王的朱厚熜,但还得通过一定的手续才算合法,于是她又令司礼监等官谷大用、张永、张锐等至内阁报丧,与阁臣商议嗣君的人选问题。陈严离开内阁不久,谷大用等几个太监走到内阁,交给杨廷和一份明武宗的遗言。杨廷和向几位大学士宣读了武宗遗言,并率群臣举行简短的默哀仪式后,说:“群臣止哭!”然后从袖中摸出《皇明祖训》对几个太监说:“大行皇帝未有后,当遵祖训‘兄终弟及’之文。”④梁储、蒋冕、毛纪等几位大学士都表示赞同,几个太监都未敢提出异议。谷大用、张永、张锐随即回宫向张太后汇报,杨廷和等几位阁

　　①　《献征录》卷一五,[明]孙志仁:《杨公廷和行状》。
　　②　[明]杨廷和:《杨文忠公三录》卷四,四库全书本。
　　③　《明武宗实录》卷一九七,正德十六年三月丙寅。
　　④　《献征录》卷一五,[明]孙志仁:《杨廷和行状》。

臣则在左顺门等候懿旨。

正当杨廷和等阁臣在左顺门等候取旨之时,依附于江彬的吏部尚书王琼,率九卿大臣气喘吁吁地冲过左掖门,前来责问:议立之事为何不让他们参与? 王琼原是兵部尚书,"才高,善结纳,厚事钱宁、江彬等,因得自展,所奏请辄行。其能为功于兵部者,亦彬等力也"。后代为吏部尚书,"所诛赏,多取中旨,不关内阁",弄得杨廷和"弗能堪"①。他听到明武宗的死讯,即与兵部尚书王宪等率九卿大臣来到左顺门,见谷大用等太监奉张太后懿旨进入内阁,就想跟进去打探消息。太监们拦住他们,说:"我辈奉有敕旨,无诸公事。"并说:"朝廷也无他事。"王琼高声嚷道:"外面满街俱传言取白衣,安得无事?"并煽动科、道等官说:"此等事,如何不与我辈会议?"②谷大用等人进入内阁后,向杨廷和报告了这一情况,杨廷和严令看守阁门的人不准放进任何人。王琼等人仍不死心,待谷大用等几个太监进宫汇报,又与九卿突闯左掖门,厉声责问:"九卿之在廷,我为长,谁当立者而不使闻?"③但杨廷和等内阁大学士都不吱声,王琼等人讨个没趣,只得怏怏离去。

杨廷和等阁臣在左顺门焦躁不安地等候了一阵,太监传下明武宗的"遗旨"与张太后的懿旨,"皆一如廷和等请"④。这道"遗旨"与懿旨,显然是张太后与杨廷和事先拟就的,所以自然与杨廷和所请相符。明武宗的"遗旨"内容如下:

> 朕疾弥留,储嗣未建。朕皇考亲弟兴献王长子厚熜年已长成,贤明仁孝,伦序当立。已遵奉祖训"兄终弟及"之文,告于宗庙,请于慈寿皇太后(张太后),即日遣官迎取来京,嗣皇帝位,奉祀宗庙,君临天下。

张太后的懿旨内容是:

> 皇帝寝疾弥留,已迎取兴献王长子厚熜来京,嗣皇帝位。一应事务,俱待嗣君

---

① 《明史》卷一九八,《王琼传》,第5233页。
② 《杨文忠公三录》卷四。
③ 《嘉靖以来首辅传》卷一,《杨廷和传》。
④ [清]陈鹤:《明纪》卷二七,正德十六年三月丙寅,四部备要本。

至日处分。①

根据明武宗的"遗旨"与张太后的懿旨,杨廷和即与张太后商议迎取朱厚熜入京继位的人选。按照传统的做法,此行"当以内阁一人与中贵勋戚偕礼官前往"②,他们决定由司礼监等太监谷大用、魏彬、张锐,内阁大学士梁储、定国公徐光祚、驸马都尉崔元、礼部尚书毛澄等人组成高规格的迎驾班子③。其中,梁储的入选是杨廷和的主意。当时阁臣中有梁储、蒋冕、毛纪等人,蒋冕与毛纪比梁储小 12 岁,特别是蒋冕为人"持正不挠"④,杨廷和想把蒋冕留在身边帮助自己处理朝中大事,而让梁储代表内阁前去迎驾。但他又担心梁储已届 71 岁高龄,经不起旅途的颠簸劳累,就故意对梁储说:你年岁太大了,让别人去吧。梁储被他一激,便慷慨激昂地说:"事孰有大于此者,敢以衰辞!"⑤这样,就将梁储列入了迎驾的人选。迎驾官员确定后,第二天,他们就奉大行皇帝"遗诏"、金符等动身奔赴安陆,迎取兴王朱厚熜入京嗣位。

第三天即三月十六日,朝廷正式向全国颁布大行皇帝临终之前留下的"遗诏",再次重申迎取朱厚熜入京继位的决定:

> 朕以菲薄,绍承祖宗丕业,十有七年矣。图治虽勤,化理未洽,深惟(违)先帝付托。今忽遘疾弥留,殆弗能兴。夫死生常理,古今人所不免。惟在继统得人,宗社生民有赖,吾虽弃世亦复奚憾焉!皇考孝宗敬皇帝亲弟兴献王长子厚熜,聪明仁孝,德器夙成,伦序当立。已遵奉祖训"兄终弟及"之文,告于宗庙,请于慈寿皇太后与内外文武群臣合谋同辞,即日遣官迎取来京,嗣皇帝位。内外文武群臣,其协心辅理。凡一应事务,率依祖宗旧制,用副予志。⑥

---

① 《明武宗实录》卷一九七,正德十六年三月丙辰。
② 《明史》卷一九〇、《梁储传》,第 5042 页。
③ 此据《明武宗实录》卷一九七、《明世宗实录》卷一、《国榷》卷五一、《明史》卷一七。范守己《皇明肃皇外史》卷一、薛应旂《宪章录》卷四所记迎驾官员则有张太后亲弟、寿宁侯张延龄而无徐光祚。
④ 《明史》卷一九〇、《蒋冕传》,第 5045 页。
⑤ 《明史》卷一九〇、《梁储传》,第 5042 页。
⑥ 《明武宗实录》卷一九七,正德十六年三月辛酉。

　　过了几天,张太后又下旨,派遣太监温祥、孙和和惠安伯张伟、兵部右侍郎杨廷仪领官军 3000 人,前往安陆迎护嗣君朱厚熜,以确保他能安全抵达北京,顺利继承皇位。

三、入京继承大统

　　父亲的英年早逝,使朱厚熜冲龄早熟。父亲去世的前三天,宸濠之乱在江南爆发,社会动荡不安,他即开始注意时局的变化。随后,传来明武宗病重的消息,他不禁浮起跻登大室的念头,心想:这位皇从兄既无子嗣,也没有亲兄弟可以继位,皇位的继承人只能从皇族成员中挑选,皇太后既然对自己另眼看待,破格给自己增加禄米,是不是会选中我来做这个继承人呢?明武宗病危之际,朱厚熜的母亲蒋氏为了试探朝廷的态度,又以"岁时庆贺、祭祀,嗣子以常服行礼非便"为由,上书"请预袭封为王"①,张太后又打破惯例,以明武宗的名义下诏允准。朱厚熜更增添了信心,似乎将来的皇位继承人非他莫属。由于朝思暮想,一天晚上竟梦见自己的一头黑发突然变白,第二天一早醒来,忙问侍读钱定是何兆头?钱定明白他的心思,回答说:"王上添白,其吉可知。""王"字上头添个"白"字,组成"皇"字,这不是坐龙床当皇帝的大吉兆吗?他听后大喜,更关切朝廷的动向,注意捕捉京师传来的每一条消息,盼着早一天把理想变为现实。正德十六年(1521)三月二十六日,兴王府宫门外的护卫兵传报,御马监太监谷大用来到安陆,自称与梁储等大臣奉大行皇帝遗诏前来迎取兴王入京继位,他先到一步,想单独进谒新君。朱厚熜听报,得知自己的梦想就要变成现实,自然心花怒放;但听说谷大用要求单独进见,又皱起了眉头。他早已耳闻刘瑾、谷大用等宦官为恶乱政的种种罪行,国人对他们恨之入骨,如今先皇已经去世,谷大用要求单独进见,无非是想洗刷、辩白自己以往的罪责,巴结、讨好他这位新君。如果答应谷大用的要求,势必遭到朝臣的痛恨,不利于皇位的巩固。这些宦官,不过是皇帝的家奴,他们的命运完全操在皇帝的手中,所以无不想方设法来讨取皇帝的欢心。皇帝可以利用宦官充当耳目,监视朝臣的言行,巩固皇权;但他们一旦得志,又常借皇权以营私利,为非作歹,无所顾忌,对皇位构成威胁。自己将

---

　　① 《明武宗实录》卷一九七,正德十六年三月辛酉。

以旁支皇族的身份由藩王入继大位,不像皇太子那样有东宫的辅臣可以护驾,先朝的宦官依附自己,固然可以帮助抑制那些不肯驯服的先朝老臣,但同他们拉上关系,又势必引起满朝文武的记恨,反而不利于皇位的巩固。朱厚熜沉思片刻,权衡利弊之后,拒绝了谷大用的请求,传话说待所有奉迎大臣到达后再一齐进见。接着,他立即传令府中做好迎接的准备,自己则穿戴冕服,来到宫门外等候。不久,梁储等奉迎大臣来到。朱厚熜把他们接进承运殿,按当时的礼制,先拜诏开读,然后升座,藩府及安陆州卫文武官员侍立两旁,自己亲受金符,接着再接受奉迎大臣的朝见礼,并"赏赉有差"①。

拜诏受符之后,朱厚熜便着手进行入京继统的准备。他和母亲蒋氏及左右长史张景明、袁宗皋就如何继位和继位后的大政方针问题,做了详细的研究。有关这方面的情况,史书缺载,人们不明其详,但根据朱厚熜日后的行动,可以推测他们大抵已做出如下的两个决策。首先,要锐意求治,革故鼎新。先帝恣意玩乐,懒于理政,弄得内外交困,危机四伏。当今,朝野上下,莫不亟盼继位的新君能锐意求治,革故鼎新,以便重振祖宗的基业。朱厚熜以外藩亲王的身份入继大统,必须顺应这种潮流,孜孜求治,革除弊政,才能巩固自己的统治。其次,限制宦官,还权内阁。前朝宠用宦官,排斥阁臣,破坏皇权决策的运作程序,不仅损害了皇权的独断性,而且导致政治的腐败,这是个严重的教训。朱厚熜就位之后,必须抑制宦官势力,还政内阁,依靠内阁和朝中的贤良诸臣,才能施行革故鼎新的举措。

经过几天的忙碌,进京的准备工作大体就绪。四月初一日,朱厚熜到郊外松林山拜别父亲兴王的寝墓,"成拜,恸哭,从官莫不感泣"。初二日,辞别母亲蒋氏,蒋氏呜咽啼哭,殷殷嘱咐说:"吾儿此行,荷负重任,慎无轻言。"他含着热泪答道:"谨受教。"②然后携带王府随侍的宦官张佐、戴永,长史袁宗皋、护卫指挥骆安等40余人,在3000迎护官军的护卫下,乘车离开了安陆。朱厚熜根据革故鼎新的决策,一改先帝出巡四处骚扰的做法,严厉告诫扈从诸臣:"沿途务安静毋扰。"途经诸王府,给他送来礼品,皆辞谢不受。还通知各地官府:"膳馐廪饩,止用常品,他珍异皆却之;行殿惟取朴质。有过侈者辄去。"有些地方官,仓猝未及准备,食宿供应较差,他也未加责备③。

----

① 《宪章录》卷四六,正德十六年三月戊寅。
② 《宪章录》卷四六,正德十六年四月壬午、癸未。
③ 《明世宗实录》卷一,正德十六年四月癸卯。

奉迎大使起程赴安陆迎护嗣君朱厚熜之后，首辅杨廷和在北京采取了诸多紧急措施，以防不测事情的发生，确保朱厚熜能顺利继位。在明武宗死前的五天，江彬矫诏"改团营西官厅为威武团练营，以西官厅监督太监张忠、安边伯朱(许)泰、平虏伯朱(江)彬，都督朱(张)洪、朱(刘)晖、朱(神)周、朱(李)琮俱提督团营教场与威武团练营，操练人马令别辟团练教场"。六科给事中汪元锡、十三道御史张仲贤上疏指出，威武团练营是专为明武宗"自将而设"的，许泰等人"不过奔走麾下，乃概加提督之名，不几于僭乎"？要求他们收回成命，但江彬"不听"①。此事充分暴露出他妄图篡位的狼子野心。明武宗一死，京城内外又纷纷传言江彬将发动军事政变，气氛十分紧张，人心浮动。杨廷和立即以皇上遗旨的形式下令：太监张永、武定侯郭勋、定边伯许泰、兵部尚书王宪选各营马步官军，防守皇城四门、京城九门及草桥、卢沟桥等处；东厂、锦衣卫缉事衙门及五城巡视御史各督所属巡逻，勿得怠玩；张永、郭勋、许泰、王宪提督统领豹房的随侍官军，加意抚恤；罢革威武团练营，京营官军各还本营，各边及保定官军还镇，从而扼制了政变的发生。

与此同时，杨廷和还与其他阁臣，利用朱厚熜入京之前的皇位空缺时期，用皇上遗旨的形式，下令革除各处皇店管店官校并军门办事官旗校尉等，各还本卫；遣还留京的各边镇守太监；哈密及吐鲁番、佛郎机等处进贡使臣，俱给赏赍，令其还国；豹房番僧及少林寺和尚，各处随带匠役、水手及教坊司乐人，南京马快船非常例者，俱遣散放归；释放南京逮系狱囚；放遣四方进献女子；停罢京师不急工务；收宣府行宫金宝，归之内库②。

接着，杨廷和又策划逮捕江彬。三月十七日，杨廷和借在文华殿同内阁官员及司礼监太监商议给皇上撰写铭旌(挽词)的机会，与蒋冕劝说太监魏彬、温祥、张锐、陈严等清除江彬。张锐极力为江彬辩白，遭到杨廷和的严厉斥责。魏彬虽同江彬是姻亲，但见江彬罪恶滔天，怕连累自己，只好表示同意。温祥、陈严则表示坚决拥护，温祥还主张向张太后请懿旨。第二天，杨廷和拟就逮捕江彬的方案，由魏彬、温祥等带入宫中上奏张太后。但杨廷和诸臣等候了好长时间，一直未见张太后下懿旨，担心有某个大宦官从中作梗。大家正在焦急，陈严前来报告：江彬已经捉到了！原来这天坤宁宫因修缮完工，举

---

① 《明武宗实录》卷一九七，正德十六年三月庚申；《明通鉴》卷四九，正德十六年三月庚申，第1829—1830页。

② 《明武宗实录》卷一九七，正德十六年三月丙寅、戊辰。

行安兽吻的典礼，命工部尚书李鐩与江彬前去行祭礼。行礼完毕，太监张永事先得知要捉拿江彬的消息，留江彬、李鐩在宫外吃饭，准备趁机将他逮捕。但没等张永动手，张锐却派人偷偷向江彬通报消息。江彬慌忙奔向西安门，借口说要去西官厅取文书，走到半道又折向北安门。这时，张太后已下达逮捕江彬、神周、李琮的懿旨，门卫说："有旨留提督！"江彬破口大骂："皇帝何在，旨安从得！"抬手就给这个门卫一个耳光。旁边的守门人一拥而上，把江彬堵在门内，奉太后懿旨前来追捕的十几个卫士正好赶到，将他五花大绑，并把他的胡须几乎拔个精光。同一天，神周、李琮也在家中被捕。消息一传开，城中百姓都拍手称快，编了一首歌谣唱道："拿了江彬，朝廷安稳。"①

　　杨廷和还与诸辅臣商议年号、即位诏书及嗣位仪节问题。当初杨廷和主张迎立朱厚熜，是援引《皇明祖训》的"兄终弟及"作为根据的。但祖训的"兄终弟及"是有严格的条件限制的："凡朝廷无皇子，必兄终弟及，须立嫡母所生者，庶母所生虽长不得立。"②也就是说，"兄终弟及"的宗法内涵，只能是同母所生的兄弟，异母所生的兄弟或堂兄弟不在此列。作为明武宗从弟的朱厚熜，要继承皇位，必须先过继给明孝宗为嗣，才有资格继承皇位。但事出仓促，登基在即，已经没有时间办理继嗣的手续了。不过，杨廷和觉得还是应该将朱厚熜既继位又继嗣这一点明确起来，免得将来生出许多麻烦，因此，他与诸臣为这位嗣君拟定了"绍治"的年号③。"绍"是继承、接续的意思，"治"是指明孝宗年号"弘治"，以"绍治"为年号，既是希望朱厚熜效法明孝宗，当一个"中兴之令主"，同时又蕴含着接续明孝宗宗派系统之意。杨廷和执笔起草的即位诏书，还特地写上"奉慈寿（张）皇太后之懿旨、皇兄大行皇帝之遗诏，属以伦序，入奉宗祧"④一句话。"宗祧"犹宗庙，亦用为世系之意。"入奉宗祧"，一语双关，既明言继位，也暗含继嗣。杨廷和令礼部仪制郎中余才拟定的即位仪节，按臣子遭君父丧之礼入嗣继位，规定朱厚熜以藩王的身份"由东安门入居文华殿"，象征他过嗣为皇太子，第二天，"百官朝见，三上笺劝进。候令旨俞允，择日即位"，再以皇太子身份登基⑤。劝进的笺文，亦"皆循皇子嗣位故

①《皇明大事记》卷二六，《江彬乱政》；《明武宗实录》卷一九七，正德十六年三月庚午。
②《皇明祖训·法律》。
③［明］沈德符：《万历野获编》卷一，北京：中华书局1959年版，第11页。
④《明世宗实录》卷一，正德十六年四月癸卯。
⑤《皇明肃皇外史》卷一。

事"①。

四月二十一日，朱厚熜一行经过 20 多天的跋涉，到达良乡，做就位前的最后准备。四月初六日，他在途中收到礼部员外郎杨应奎送来的即位仪节表文，心里非常生气，觉得如果按这套仪节即位，就等于默认自己是过继给叔父明孝宗为嗣，这不仅有悖于自己所信奉的孝道，使自己处于十分难堪的困境，而且一旦纳入孝宗—武宗的宗脉系统，又势必使自己受到张太后的控制，岂不是永无出头之日了吗？但此事关系重大，当时他还没有想好如何表态。到良乡后，朱厚熜再次打开表文审读，气愤地对袁宗皋说："遗诏以孤嗣皇帝位，非皇子也，此状云何？"袁宗皋明白他的心思，回答说："殿下聪明仁孝，天实启之。"②示意他恪守孝道，只继位不继嗣。他便把表文退回礼部，要求重拟即位仪节。二十二日清晨，久旱的华北大地突然降下瓢泼大雨，空气显得非常沉闷。朱厚熜冒雨进抵北京宣武门外，住进一座临时为他建造的行殿。此前，大臣中曾就以什么礼节谒见这位未来的天子发生一场争论，有人主张用天子礼谒见，礼部尚书毛澄坚决反对，说："今即如此，后何以加？岂劝进、辞让之礼遂废乎？"③杨廷和等辅臣于是按见亲王礼至行殿进谒朱厚熜，并上疏要求他按礼部拟定的仪节，先立为皇太子，再举行即位仪式。朱厚熜坚决不从，双方形成僵局。张太后闻报，感到焦躁不安，因为朱厚熜一日不就位，政局就无法稳定，死了一个多月的亲生儿子明武宗也无法入土安葬。她决定先撇开继嗣问题，让这位侄子尽早登基继统，下懿旨曰："天位不可久虚，嗣君已至行殿，内外文武百官可即日上笺劝进。"④既然张太后下了懿旨，杨廷和不便再坚持要他按皇太子礼即皇帝位，就答应让他登基就位。即位仪节风波遂告平息，但也为日后的大礼仪之争埋下了伏笔。

当天上午，杨廷和遵照张太后的懿旨，命开国功臣徐达的后裔、魏国公徐鹏举率领一群文武百官、军民耆老，冒着倾盆大雨，赶到宣武门外的行殿三上劝进表笺。朱厚熜按照惯例，先推辞了两次，以示"谦德"。到第三次，他才回答说："奉慈寿皇太后懿旨，天位不可久虚，命以四月二十二日即皇帝位。尔文武百官及军民耆老，合词劝进，至再至

① 《明纪》卷二七，正德十六年四月癸未。
② 《国榷》卷五二，正德十六年四月癸卯，第 3219 页。
③ 《明史》卷一九一，《毛澄传》，第 5055 页。
④ 《明世宗实录》卷一，正德十六年四月壬寅。

三,情词恳切,勉从所请,其具仪来闻。"①他谕示礼部,按已被确立为皇太子的身份履行即位仪式,"日中入自大明门,遣官告宗庙社稷,谒大行皇帝几筵,朝皇太后,出御奉天殿即位"②。礼部尚书毛澄等遵旨迅速拟就登极仪注呈上,他阅后允准,登基的事就确定下来了。

　　到了中午,下了半天的大雨突然停止,阴云逐渐敛尽,天空一碧如洗,金灿灿的太阳给都城抹上了一层喜庆的光辉。朱厚熜以皇太子的身份由大明门进入皇宫,审议杨廷和等辅臣所拟年号和即位诏书。他看出所拟的"绍治"年号一语双关,含有继承弘治之意,断然加以否定,自己另拟了"嘉靖"的年号。"嘉靖"二字"盖取义于商高宗之'嘉靖殷邦'也"③。商高宗即商代国王武丁,"嘉靖殷邦"语出《尚书·无逸》,全句为"嘉靖殷邦,至于小大,无时或怨"。孔颖达疏:"释诂云:'嘉,善也;靖,谋也。'善谋殷国,谋为政教,故至于大小之政,皆允人意,人无是有怨高宗者。言其政无非也。"弃"绍治"改用"嘉靖","此未必薄弘治为不足绍,而继统不继嗣之意已蓄于隐微"④。即位诏书写得很长,他见书中有奉"皇兄大行皇帝之遗诏,以伦序入奉宗祧"之句,不禁皱起了眉头,觉得这还是"为人后者为之子"的意思,"迟回久之"⑤,但绞尽脑汁也没想出修改的办法,只得点头表示同意。接着,立即传令武定侯郭勋祭告天地神祇,建昌侯张延龄祭告宗庙社稷。自己也匆匆穿上素服亲谒大行皇帝几筵,然后换上衮冕,至奉天殿朝见张太后,到华盖殿接受百官朝贺,再出御奉天殿颁布即位诏书,以明年为嘉靖元年。由于朱厚熜还未成年,宫中尚衣监为他准备的龙袍显得又肥又大,他穿上后长了一截,几乎拖在地上。在继位过程中,他几次低头俯视,用手提提龙袍,生怕不小心踩着了跌跤,显得很不高兴。杨廷和把这一切看在眼里,忙上前奏道:"陛下垂衣裳而天下治。"⑥朱厚熜听后"天颜顿怡"⑦,露出了会心的微笑。

　　登基大典完满结束了,朱厚熜便成了明朝的第11代皇帝明世宗,因其年号嘉靖,人

---

① 《明世宗实录》卷一,正德十六年四月癸卯。
② 《明纪》卷二七,正德十六年四月癸未。
③ 《明世宗实录》卷二八,嘉靖二年六月癸卯。
④ 《万历野获编》卷一,《年号》,第11页。
⑤ 《明纪》卷二七,正德十六年四月癸未。
⑥ [明]焦竑:《玉堂丛语》卷一,《言语》,北京:中华书局1981年版,第31页。
⑦ 《万历野获编》卷二,《触忌》,第57页。

们称他为嘉靖皇帝。

1994 年 10 月 16 日至 1995 年 1 月 25 日草就

　　附记:这是笔者原拟撰写的《明世宗大传》第一章的手稿,后因担任系主任的行政工作而停笔,此传终未写成,而成一大憾事。

2018 年 2 月 1 日

怀念韦庆远教授

　　著名档案学家和明清史学家韦庆远教授逝世已近一年了,他那高大魁梧的身影,慈眉善目的脸庞,仍不时浮现眼前,令我回忆起同他交往的件件往事,感到无比的悲痛与怀念。

　　我同韦先生的交往,始于 1987 年初夏。那时候,韦先生担任中国人民大学档案学院院长,家住北京东城区张自忠路人大清史研究所院内。有天晚上,我随人大的一位老师前去拜访,受到热情接待。交谈中,我发现韦先生虽然比我大上七八岁而且早已名著史坛,却没有架子,和蔼可亲,乐于助人。当时我住在东城区王府井黄图岗胡同,离他家不远。有天我便骑上自行车,独自前去拜访,向他求教。他不仅耐心地解答了我的问题,还送我一份托人从台湾复印回来的《太祖御笔》,令我喜出望外。拜访结束,韦先生要送我到清史所大门口,从他住的红楼到清史所大门口要走好几百米,我忙阻挡。他却笑着说:“你是我们明史学界的后起之秀,送送是应该的。”我不禁满脸涨红,连说“不敢当,不敢当”,但又无可奈何,只得推着自行车,同他并肩步行到清史所门外的大马路边,再握手告别。此后,我有空常前往请教,同他逐渐熟悉,成了忘年之交。

　　后来,我从东城区搬到海淀区,住在魏公村,离清史所较远,拜访韦先生的次数逐渐减少。不久,韦先生申请档案学博士点,因人大档案学院当时只有他一名史学教授而未获批准,便于 1993 年辞职退休。此后,他先是在北京和故乡广州轮换居住,后来干脆把家搬到广州,并长期到港台和海外许多国家讲学,我同他的联系更是稀少。不过,他每有新著问世,总托人捎来送我,我有著作出版,也寄请他指教。每到两年一次的明史学术讨论会,我们见面都倍感亲切,总要聊上一阵。记得韦先生退休那年的夏天,在西安召开的第五届明史国际学术讨论会期间,会务组组织与会学者参观秦始皇陵、兵马俑和唐昭陵、乾陵等名胜古迹,我们结伴同行,一路边看边聊。有时他还把手搭在我的肩膀上,聊得极为尽兴。后来,韦先生的高足柏桦先生开玩笑说:在西安开明史会,我本想凑到你跟前套套近乎,拉拉关系,一见韦先生同你那么亲密,就不敢造次了。

韦先生退休后,仍孜孜矻矻,执着于史学研究。众所周知,按照当前我国的教育体制,高校教师退休离开教席,就丧失一切行政资源,不能申请社科基金课题,无法得到出版资助,有的发表论文甚至要自付版面费,出版专著更要支付一笔不菲的出版补贴。大部分教师退休后,便偃旗息鼓,不再搞什么研究,整天在家抱抱孙子,打打麻将,练练太极拳。但韦先生认为,退休之后不用再忙于备课讲课,承担指令性的写作任务,也不用再参加过多的会议,填写各种各样烦琐的报表,可以有较充裕的时间研究自己感兴趣的课题,这是对自己的一种照顾。因此,他把退休当作迈向学术生涯另一个黄金阶段的新起点,更是刻苦钻研,笔耕不辍。除了继续探讨明清档案、明清社会经济和中国政治制度史外,还将研究的范围扩大到明清若干历史人物和官场吏治等方面,屡有佳构问世。由于他的论著多有新的资料和独到见解,许多杂志和出版社的编辑纷纷上门约稿索稿。人们不仅常在史学刊物上看到他的新论,而且几乎每隔两三年便可读到他的一部新著,无不备感惊叹和钦佩。1998 年,韦先生推出耗费十余年功力结撰的力作《张居正和明代中后期政局》,洋洋 70 万言,以资料之丰富、考证之缜密、论述之深刻、见解之新颖,获得广泛的好评和赞赏,被认为是一部可传之后世的学术精品。

但是,韦先生并不是一心只钻故纸堆、两耳不闻窗外事的学者。退休之后,他除钻研自己的学问外,还时刻关注着周围的文化动向和国家大事。改革开放以来,文化事业蓬勃发展,历史题材的小说、戏剧和电视剧创作日趋繁荣,让他感到欣喜;而低级、庸俗作品的泛滥,歪曲、篡改、戏说历史的小说和电视剧大行其道,又令其深感不满和忧虑。如有的历史小说把高拱塑造成与张居正对立的反面形象,无视高、张二人基于尊崇实学、倡奉变法的共同的学术见解和政治主张,在隆庆年间曾和衷共济,推行改革,并取得显著成果的历史事实,将高拱的学术成就和政治业绩一笔抹杀。又如有的清宫小说,写孝庄皇太后令其孙子康熙帝娶早年随她陪嫁到满洲、年龄比他大上40岁的蒙古侍女苏麻喇姑,并封其为德妃,而德妃在历史上又另有其人,她就是雍正帝的生母。韦先生认为,如此胡编乱造,不仅消解了史学家多年积累的研究成果,惑乱视听,误人子弟,而且还将对整个社会文化心理的塑造产生深远的负面影响。韦先生由此想到史学家的社会职责,认为史学家不仅应肩负发展历史科学的重任,而且也有普及历史知识的义务,既要写出高质量的学术论著,推动历史科学的发展,也应写点雅俗共赏的普及读物,向普通大众传播正确的历史知识。在《张居正和明代中后期政局》定稿之日,尽管他已年届七十,但仍决心以明中期的荒唐皇帝明武宗为题材,撰写一部面向大众的长篇历史小说《正德风云》。

　　转眼到了2008年3月,我欣喜地收到广东人民出版社寄来的两厚册《正德风云》征求意见本,内附责任编辑的一封短笺:"中国人民大学韦庆远教授历时10年,撰成80余万字的长篇历史小说《正德风云:荡子皇帝朱厚照别传》。全部书稿已于2007年8月交给出版社。遵照作者所托,我们先将未经校对的清样做成电脑直印的样书,寄给台端征求意见。"我当即放下手头正在撰写的稿子,兴致勃勃地读起这部散发着墨香的小说。开始我还担心韦先生擅长逻辑思维,会把小说弄成历史人物和历史事件的简单摹写,通俗敷陈。翻了几页,发现他不仅擅长逻辑思维,而且兼擅形象思维,这种担心便一扫而光,并迅即转为惊异、钦羡。整部作品,在充分尊重历史事实的大前提下,充分运用各种艺术手段,巧妙地编织故事情节,营造环境氛围,强化矛盾冲突,刻画人物性格,充满着丰富的想象和合理的虚构。通过艺术的再创作,作者把原本残缺不全的历史碎片,连缀成一幅幅完整的历史图画,再现那些已经消失了的历史人物的活动场景,形象地反映出正德一朝的社会风貌、政治风云和历史走向,是一部严格意义上的长篇历史小说。

　　读完小说,我打电话到广州番禺,对韦先生谈了自己的初步印象,向他表示祝贺。同时,也对样书提出几点小的改进意见。一是建议将回改为章。小说采用章回体的形式,但并未像章回体那样,每回都在情节开展的紧要关头煞尾,留下悬念,下回再接续前回的情节展开叙述,把悬念解开。这部小说的写法,更像西方小说的章节体,不妨将回改为章,更符合实际。二是建议将目录改为横排。样书的目录从右到左竖排,而正文却是从左到右横排,很不协调。特别是目录的第2页和第3页,摊开成一个平面,读者要先由左边的第2页从右往左看,再转到右边的第3页从右往左看,非常别扭。何不将目录改为横排,同正文一致起来?三是建议重新设计封面。样书的封面显得杂乱、俗气,是否可重新设计,搞得素雅庄重一些?四是建议改换开本。样书采用32开本,版面较小,上下两册各40万字,都在500页上下,像两块砖头,显得小气。可否改为16开本,版面扩大,本子变薄,大气一些?

韦先生听后当即表示,待小说正式出版时,一定将回改为章,其他三点建议也将转达出版社,请他们考虑。接着,他要我为这部小说写篇书评,好话坏话都可以说。我对文学是外行,隔行如隔山,怕评不到点子上,连忙推辞。他却说:"我都80岁了,这部小说大概是我最后一本大部头著作,以后只能写些单篇的论文。这次我只请移居加拿大的陈捷先教授写序;毛佩琦写了篇书评,他是我的学生,不算同行评论。明史学界我谁都没找,只请你来写书评。我读过你的几部著作,知道你的文笔很好,有一定的文学修养,肯定能评到点子上。咱们是几十年的老朋友,你就不要推辞啦。"话已至此,我只得勉力承应下来了。

当年7月,《正德风云》正式出版,韦先生果然将回改为章,表现了他虚怀若谷、从善如流的宽广胸怀。涉及出版社的三点建议,除封面维持原样外,其他两点也都作了相应改进。我以《一部正德历史的活剧》为题的书评,也在《博览群书》当年第7期发表。韦先生收到我寄去的样刊后,从广州打来电话致谢,并告知中国社会科学院经济研究所的李根蟠先生将把这部小说发到"国学网"的"中国经济史论坛"上连载,同时把毛佩琦和我写的书评也转载到网上。接着,韦先生还就拙评涉及的历史事实与历史真实问题,谈了自己的想法与体会。拙评指出,关于历史小说,史学界和文学界长期争论不休,史学界强调历史小说写的历史人物和历史事件必须符合历史事实,否则只把历史人物当作一个符号,涉及的历史事件全是随意编造的,完全背离历史事实,那就不叫历史小说。文学家却说文学创作需要想象和虚构,不能完全拘泥于历史事实,否则就不成其为文学作品。文学创作当然需要虚构和想象,需要艺术的再创作,不然就不可能把历史人物转化为艺术形象,把历史事实转化为历史真实。但是,说历史小说写的主要人物和事件必须符合历史事实,并不等于拒绝虚构和想象。相反,历史的记载往往十分简略,残缺不全,甚至是断线的。你要把那些残缺不全的历史碎片连缀成完整的历史画面,形象地再现历史人物的活动场景,就需要进行艺术的再创作,需要想象和虚构。问题是,你的想象和虚构必须符合当时的历史条件,是当时条件下可能出现和发生的事情。只有这样,你的想象和虚构才是合理的,才能令人信服。韦先生说他完全赞同我的看法,并表示:"我写这部历史小说,就想在这方面做个试验,看看在尊重历史事实的大前提下,究竟能不能写出一部真正的历史小说。我不是专业作家,小说的艺术成就可能不高,但我的试验起码可以证明,此路是可以行得通的!"听了这番话,我更是肃然起敬。试想,一位著作等身、享誉史坛的老学者,在七十岁高龄之际,敢于承担风险,不惜花费 10 年的时间和精力,跨行在文学领域进行这样的试验,需要有何等的勇气和魄力啊!

然而,谁也想不到韦先生说的《正德风云》大概是他最后一本大部头著作的话,竟一语成谶。2009 年 5 月下旬,我到厦门参加郑成功文化节后返京,即听到他于 5 月 11 日因胃癌辞世的消息。闻此噩耗,我不禁悲从中来,为失去一位可以请益切磋的师友而痛惜。由于长期不辍的笔耕,他实在太劳累了。愿他的在天之灵安息!

（原载《博览群书》2010 年第 4 期）

无尽的追思　深切的怀念

——忆张海鹏教授

著名明清史学家、徽学研究的奠基者张海鹏教授辞世已经十年了,同他交往的件件往事仍不时浮现眼前,引起我对他的深切怀念。

我同张海鹏教授相识较晚。"文化大革命"结束后,我转向明史研究,陆续在报纸杂志上读过他有关马皇后、朱升和徽商等的研究论文,知道他有着深厚的史学功底和精辟的学术见解,但一直无缘谋面。1985年金秋时节,我应邀奔赴皖南的黄山,参加张海鹏教授承办的第一届中国明史国际学术讨论会,这才有幸同他初次见面。就是在这次会上,有两件事情给我留下了极深的印象,从而播下我们学术交谊的种子。

第一件事发生在会议开幕的前一天。当天午后,我到黄山汤泉宾馆,在大厅的接待处报到后,由一位年轻的接待同志领我到一个双人间住下。我把行李包放在一张床上,即忙着浏览刚刚领到的会议资料与论文。不一会儿,年轻的接待同志又找来,说要调一下房间,领我到一个四人间去住。我没在意,进屋后还是摊开会议资料和论文,继续翻阅浏览。大约过了半个钟头,响起"当当当"的敲门声。我以为是哪位同住一室的与会者到了,说了声"请进!"即去开门。拉开房门一看,门口站着一位瘦瘦高高、清癯儒雅的中年学者,以谦和的声音问道:"你是陈梧桐老师吗?我是张海鹏。"原来他就是这次会议的承办者、中国明史学会副会长、安徽师范大学校长张海鹏教授。我赶紧请他进屋,让他在一张床边坐下。因为此前彼此素不相识,更无来往,我想不出他为什么找我,便以探寻的目光注视着他。没想到张教授一脸歉意地对我说："实在抱歉，原先安排你住双人间。后来，有位安排住双人间的年轻外宾，说他们国家同性的成年人不能同住一个房间，否则就是同性恋。我们只好让所有外宾一人住一个房间。黄山是著名旅游区，秋天又是旅游的黄金季节，游客多，但附近的宾馆现在建的并不多，我们住的这家宾馆的客房早已预订一空，没有多余的床位。所以只能在内部进行调整，让国内的年轻同志委屈一下，都住四人间，腾出部分房间给外宾住。我们第一次承办国际学术会议，缺乏经验，考虑不周，请大家多多包涵。"说着，还双手抱拳，连连作揖。这种小事，其实让负责接待的同志说一声，大家都能理解。张教授却以堂堂校长的身份，亲自登门道歉，让我有些过意不去，忙制止道："没关系，没关系。我们这些人，大学毕业后，人人都下放过，什么劳动锻炼，'四清运动'，'五七干校'，'再教育'，哪样艰苦的生活没经历过？房间挤点算什么，人多不是更热闹，可以多交几个朋友嘛。再说你们费尽心血，筹集经费，调动人力，承办这样一个学术会议，劳苦功高，我们应该感谢你们才对，哪有让你们来道歉的呢？"他却谦恭地答道："我既然承诺筹办这个会议，就要想尽一切办法把它办好，出了纰漏，应该检讨！"张教授的这番肺腑之言，反映出他为人坦诚谦虚、做事认真负责的质朴而高尚的品德，马上赢得了我的好感和信任。

接着，我们便聊起了各自的科研工作。张教授告诉我，"文革"以前，他一直从事秦汉魏晋南北朝史的教学，兼任历史系副主任的行政工作。"文革"结束后，系里中国古代史的教学，每一段都有人做，力量比较强，但明清部分却是个空白，他作为系领导，便改变研究方向，来补这个缺了。经过一段时间的摸索，他发现明清徽州的经济文化既有地域特色又具有典型意义，而且资料极为丰富。早在 20 世纪 40 年代，我国著名的社会经济史学家傅衣凌先生就发表了《明代徽商考》一文。到 50 年代初，日本的藤井宏先生出版了《新安商人的研究》的长篇论著。到了 80 年代初，广州的叶显恩先生出版了《明清徽州农村社会与佃仆制》。但作为近水楼台的安徽，却未见有人涉足这个领域。80 年代初，一些美、日学者为研究包括徽商在内的徽学，到徽州来做实地考察，搜集资料，路过安徽师大，经常找历史系的教师座谈，老师们因为缺乏系统深入的研究，自己也所知甚少，谈不出太多的东西，感到很不是滋味。安徽师大是一所老牌学校，地处皖南，距古徽州也就是 200 公里的距离，称得上是徽州的门户，研究徽学无疑比外地和外国学者方便得多。如果不急起直追，万一将来出现"徽州在中国，徽学在国外"的尴尬局面，那将成为历史的罪人。为此,张教授在 1983 年便联合几位志同道合的老师,成立明清史研究室,确定以徽学作为主要的研究方向,以徽商这个徽州文化的酵母作为研究的切入点和突破点。此后,他便率领教研室的同志,北上合肥、南京、北京,南下上海及徽州各县,从各地的图书馆、档案馆、博物馆、科研院所和私家珍藏的史籍、方志、谱牒、笔记、小说、契约、文书、碑刻、档案中,搜集到徽商资料百余万字,整理编辑成《明清徽商资料选编》一书,由黄山书社出版。这次会上,将发给大家,人手一册,既广泛征求意见,也为同行的研究提供方便。今后他们将进一步搜集资料,并利用所掌握的资料,对徽商展开系统深入的研究,然后由徽商的研究延伸到徽学各方面的研究。听了张教授这番不藏不掖、直率诚挚的叙说,我不由对他深邃的学术眼光、远大的史学抱负和高度的历史责任感感到由衷的敬佩。

随后,张教授说读过我的一些论述朱元璋的论文,很有新意,猜测我正在系统地研究朱元璋,问我何以对朱元璋感兴趣,是怎样研究起这个历史人物的,有何计划和打算。我便如实地谈起自己的曲折经历。我说,自己大学毕业后,先到高等教育出版社当文史编辑,不久又调到人民教育出版社,从事中学历史世界古代史教材的编写工作。"文革"后期,下放到安徽凤阳的教育部"五七干校"接受"再教育"。后来从干校分配到广西大学,参与中文系的创办与公共课世界近代史的教学。"文革"结束前夕调回北京,到中央民族学院(今中央民族大学)历史系任教。"文革"结束后,高等学校恢复招生和正常教学,我便改教中国古代史,业余时间从事明史的研究。要研究明史,当然必须先了解开国皇帝朱元璋和他制订的一系列规章制度,而"五七干校"的经历,又使我对朱元璋传奇的一生产生浓厚的兴趣。查阅吴晗的名著《朱元璋传》和有关朱元璋的论著,觉得脑子里许多疑问得到了解决,但仍有不少问题没有答案,就决定自己动手来解开这些谜团。从此一发不可收,先后发表了十几篇论文,后来有出版社前来邀约,请我撰写一部新的朱元璋传记。目前打算将已发表的一组论文辑成《朱元璋研究》一书先行出版,然后着手撰写朱元璋的传记。我还告诉张教授,人民教育出版社历史编辑室十几位同志下放"五七干校"后,有两位因此和凤阳结下了不解之缘。除我由此萌生研究朱元璋的念头外,还有一位是王剑英先生。王先生因为有什么"历史问题"未查清楚,当大部分同志被分配到边疆一些省区重新工作后,他和少数同志仍留在干校继续接受审查。当时干校的农田已交回给当地的公社或农场,没有农活可干,他便抽空踏勘明中都遗址,写出了一部《明中都城考》的专著（后来正式出版时改名为《明中都》）。张教授静静地听着，最后笑着说："我们安徽有许多历史宝藏等待人们的开掘，可惜我省的史学队伍力量比较单薄，像朱元璋这样重要的历史人物就没有专人进行研究。徽学也是如此，我们的研究也才刚刚起步。我们的《明清徽商资料选编》搞得比较仓促，希望你多提意见。我也等着尽快读到你的《朱元璋研究》和新的朱元璋传记。"

第二件事发生在会议闭幕的前一天。那天好像是会议组织者组织与会者兵分两路，一路游览黄山，一路考察徽州古民居。我因大病刚愈，身体比较虚弱，只随几位老先生到黄山脚下逛了一个多小时，远眺顶峰金秋瑰丽的景色，就回到了宾馆。下午四点多钟，便到已从黄山归来的《光明日报》史学编辑肖黎先生的房间去聊天。不一会儿，张海鹏教授推门而入，询问游览黄山的观感，然后问肖黎先生："能不能在《光明日报》的《史学》版上，为《明清徽商资料选编》的出版登条消息？"肖黎先生当即爽快答应，说："没问题。你找人写个一二百字的书讯给我，我来安排。"张教授随即对我说："陈先生就在北京，能不能劳你大驾，给写条书讯，就近交给肖黎先生？省得我找人写了再邮寄，太耽误时间了。"张教授既然信任我，我二话没说，当即应允了。

回到北京，我抽空将《明清徽商资料选编》从头到尾翻阅一遍，拟出了一则二百字左右的书讯，除交代该书主编、出版社的名字及出版时间外，还着重指出它的价值所在："有关徽商的资料，对于研究我国封建社会后期的政治、经济、文化史和徽州的社会史，尤其是对于探讨我国封建社会长期延续、资本主义萌芽缓慢发展的原因，具有很高的价值。"然后署上"纪程"的笔名，交给肖黎先生。第二年2月5日《光明日报》的《史学》版刊出后，我给张教授寄去一份样报，作为对其嘱托的复命。没想到的是，张教授竟来信对这举手之劳表示谢意，说我的这则书讯虽然字数不多，但对资料集做出了很高的评价，让他和他的同事深感欣慰和鼓舞。透过这封字迹娟秀的短笺，我又真切地领略到张教授尊重他人劳动、真诚对待朋友的人格魅力，更感到他是一位可以深交的挚友。

转眼到了1993年，两部拙著《洪武皇帝大传》和《朱元璋研究》几经周折，终于在6月和11月相继问世，我寄请张海鹏教授指教。张教授收到《洪武皇帝大传》后，在繁忙的行政工作和教学、科研之余，抽空认真翻阅，提笔给我写了一封热情洋溢的信，称赞"《大传》洋洋五十余万言，诚为朱元璋传记中前所未有之巨制。与原有的同类著作相比，它不仅挖掘了许多新的史料，订正了不少史籍记载的错误，而且大大拓宽了研究的领域,加深了论述的深度,具有重要的学术价值","是一部有较高学术价值又有较强可读性的历史人物传记"。我在感动之余,萌生了一个念头:何不请张教授将此信改写成一篇书评,拿到报刊上发表?我当即给人民日报社理论部的一位编辑打电话,询问可否借该报的一角予以刊载。他慨然应允,但篇幅限在千把字左右。我便给张教授去信,斗胆提出了这个请求。到了11月,张教授寄赠他与张海瀛先生主编的刚出版的《中国十大商帮》一书,同时寄来了他撰写的书评。书评以前人评诗的一句名言"工夫深处却平夷"为标题,以前引来信中的那段评论为基调,分别征引书中的有关论述论证拙著"挖掘了许多新的史料""订正了不少史籍记载的错误""拓宽了研究的领域""加深了论述的深度"诸项成就,然后用一段文字评说拙著的文字表述"具有较强可读性"的优点:

> 《大传》文字表述上也做到了深入浅出,明白晓畅。铺叙是为了析透问题,简约则是力求语言的皓洁。这就把史学的内容和文学的形式合为一体了。

最后还有一段文字,评说拙著写得成功的原因:

> 这部《大传》之所以写得成功,原因是作者曾穷十余年之力,就朱元璋一生活动的事迹,从不同的方面写出二十多篇很有分量的学术论文。《洪武皇帝大传》则是在通过深入研究朱元璋其人其事的基础上写出来的。这说明,作者在动笔之前,就已下过功夫了。前人评诗有句名言:"工夫深处却平夷。"其实,写文章,写著作,要求得较高的质量,关键也在于"工夫深处",工夫够了,写出来的论著也就平易明白了。

全文约1800字,字里行间体现出张教授奖掖后学、鼓励外地学者挖掘安徽历史富矿的慷慨气度。我按照事先的约定,将稿件转给人民日报社理论部的编辑。理论部的编辑对稿子略加压缩,删去最后两段,并将标题改为《〈洪武皇帝大传〉评介》,于翌年3月23日发表。

这样,一来二去,我们便结下深厚的友谊。几次明史国际学术讨论会和朱元璋国际学术讨论会,我们重逢时都会畅谈一番,交流彼此的学术研究和工作生活情况。通过接触和交谈，我知道张教授身兼数职，除了安徽师大校长繁重的行政工作，还要兼顾教学与科研以及校外的许多社会活动，但他应对裕如，样样都做得十分出色。就科研而言，张教授本人不仅发表了数十篇论文，还在安徽师大历史系先后组建明清史教研室、徽商研究中心、徽学研究所等机构，率领一批志同道合的老师，协作攻关，撰写和出版了一批徽商与徽学的重要论著，在海内外产生了很大的反响。以培育人才而论，张教授在20世纪八九十年代先后培养了一批硕士生，他们现在都已成为教学与科研的骨干人才和中坚力量。再就社会活动来说，张教授作为中国史学会理事、中国明史学会副会长、中国朱元璋研究会会长、安徽省史学会会长，在安徽的黄山（1985）和凤阳（1995）先后承办了两次明史国际学术讨论会，还在凤阳（1990、1998）主持了两次朱元璋国际学术讨论会。在他生前，还没有一个省区市单独举办过如此多次数的明史和朱元璋的国际性学术会议。这些学术会议的召开，对明史和朱元璋研究产生了积极的推动作用。

　　十年之前，张海鹏教授因长期劳累过早地与世长辞了，令人无限痛惜。值得庆幸的是，张教授为之奠立基石的徽学研究，在其后继者和学生的努力之下，正在向纵深开拓，呈现出日益辉煌的局面；他积极推动的明史和朱元璋研究，队伍在日益壮大，成果在不断涌现，也呈现一派欣欣向荣的景象。所有这一切，或许多少可以告慰张教授的在天之灵吧。

（原载《博览群书》2011年第8期，后收入王世华、李琳琦、周晓光主编的
《"纪念张海鹏先生诞辰八十周年暨徽学学术讨论会"文集》，
芜湖：安徽师范大学出版社2013年6月版，第31~35页）

我与人教社的不解之缘

我自 1961 年 12 月从高等教育出版社调至人民教育出版社,在历史编辑室工作了十多年的时间。调离之后,仍常受历史室之邀,参加几套历史教材的编写与审阅,同人教社可谓是有不解之缘。

那时的人教社,办公地点在景山东街(今沙滩后街)的一个大院,那里原是清朝的一座公主府,后来北京大学在沙滩创办时,又成为北京大学校区的一部分。历史室在公主楼东边的一座大楼里,它由许多装满图书的书柜隔成四个大小不等的空间,充满着书卷气。

在人教社工作,感受最深的,是领导重视编辑人才的培养。当时的社领导都是著名的专家、学者,社长兼总编辑叶圣陶是著名的文学家和语言学家,副总编辑吴伯箫是著名的散文作家。历史室领导也都很有学问,室主任陈乐素是宋史专家,副主任邱汉生是中国古代思想史专家,副主任兼党支部书记苏寿桐在中国近代史方面也颇有造诣。他们都很重视人才的培养,一再要求大家认真读书,刻苦钻研,增长才干。我刚到历史室时,室主任将我安排在世界史组。当时尚无具体的教材编写任务,我在上班时间,便阅读了大量的世界史论著,为将来世界史教材的编写做准备。与此同时,还阅读了马克思主义经典作家有关历史科学的一些论著,以及《人民教育》1961 年 9 月号发表的翦伯赞《对处理若干历史问题的初步意见》、吴晗《历史教材和历史研究中的几个问题》、邱汉生《在中学历史教材中处理中国封建社会的农民战争问题》、姚喁冰(姚涌彬)《试谈中学历史教材中历史人物的处理问题》，对此前"大跃进"、浮夸风及"左"倾思潮对历史教学和历史研究的影响作了一番思考与清理。

1961年夏，针对"大跃进"以来各地自编教材受到浮夸风及"左"倾思潮影响而出现的种种混乱现象，中央文教小组指示教育部重新编写十二年制中小学教材，社里决定分头编写中国历史教材和世界历史教材。初中《中国历史》教材共4册率先启动，由中国史组负责编写，于1962年出版，在全国几所中学试用。高中《世界历史》教材分上、下两册，稍后启动，由世界史组负责编写。动手编写之前，世界史组组长李纯武召集组里的同志商议分工问题。李纯武同志毕业于原中央大学历史系的世界史专业，长期从事世界史教材的编写，自然继续负责撰写近代部分；姚涌彬同志毕业于清华大学历史系，此前编写过中国历史教材，现在转向世界史，他提出负责撰写中世纪部分；王小曼同志原就读于北京大学中文系，念了一年被选派留学苏联，在列宁格勒大学攻读国际共运史，未及结业，因病回国休养，病愈后到高等教育出版社工作，同我一起调入人教社，她提出负责撰写现代部分；剩下的只有古代部分，便由我来承担了。分工确定之后，大家分头按照教学大纲进行撰写。大约耗时半年，写出了初稿，打印后分发给大家，人手一份，各自仔细审读再集中进行讨论、修改。讨论时，先由执笔者朗读一段，再由大家发表意见，从史事的论述到文字的表达，乃至标点符号的运用，都要细加斟酌，反复探究，有时甚至争得脸红耳赤，最后再根据大家比较一致的意见修改。这样，一课时的教材往往要讨论一天左右的时间。慢工出细活，书稿的质量也较高。王宏志同志在《新中国教材建设史(1949—2000)研究丛书·历史卷》中，评价同时编写的十二年制初中《中国历史(试教本)》时说："十二年制学校初级中学《中国历史(试教本)》第一、二、三、四册，可以说是新中国成立以来编写得最好的一套历史教科书，观点比较正确，选题全面，体例清晰有序，文字简练而又生动易懂，图画丰富多彩。"①我想这个评语也同样适用于这套《世界历史》教材。可惜这套《世界历史》教材当时未及印刷，后因"文化大革命"的爆发而未能试用。"文化大革命"刚结束时，姚涌彬同志曾向人民出版社推荐过这部《世界历史》书稿，他们曾考虑将它作为一部普及读物出版，后来因故而作罢，连原稿也下落不明了。

1963—1964年，我先后到宁夏永宁、河北磁县参加两期"四清"工作。待返京，"文化

---

① 王宏志：《新中国教材建设史(1949—2000)研究丛书·历史卷》，人民教育出版社2010年版，第250页。

大革命"已经爆发,正常的工作陷于停顿。"文化大革命"后期,1969年秋,我与出版社的同事一起下放安徽凤阳教育部"五七"干校劳动。过了三年,由于教育部及其下属单位均已解散,我们被重新分配工作,我到广西大学任教,参与中文系的创办,并讲授世界近代史的公共课。从此,便离开了人教社。

又过三年,我于1975年5月调回北京,到中央民族学院(今中央民族大学)历史系任教。1976年10月,"四人帮"被粉碎,全国中小学面临着拨乱反正和恢复正常教学秩序的任务。重新恢复工作的邓小平亲自抓中小学教材的建设。教育部根据邓小平的指示,着手组织教材编写队伍。以原人教社的编辑为主,调集高等学校的专家和优秀的中小学教师,组成一支200余人的编写班子,以"全国中小学教材编写工作会议"的形式,开始编写全日制学校十年制中小学教材。原历史室的编辑除陈乐素、金堤、姚涌彬、柳松等同志外,均被调回,我也在被借调之列,与从各地调来的专家及中学教师,共同编写初、高中《中国历史》与《世界历史》教材。我因调至民族学院后,改教中国古代史,便参加初中《中国历史》教材的编写,主要负责起草宋元明清史部分的稿子,并奉历史组组长苏寿桐之命,撰写《坚持历史唯物主义的基本观点——关于新编〈中国历史〉课本的几个问题》一文,刊发于《上海教育》1978年第2期,还执笔撰写了《叙述基本历史知识阐明社会发展规律——略谈有关新编中学历史课本的若干问题》,发表于《光明日报》1978年9月16日。

这套全日制十年制学校中小学教材编写完成之后,人教社已经恢复,此前被分配到各地而借调回来参加全日制十年制中小学教材编写的同志,大部分便留在了社里。但历史室的吴雁南同志和我没有留下。我对人教社多年的培养一直怀有感激之情,当时社领导张玺恩也曾给教育部打报告,想将我调回出版社。苏寿桐同志知道后,表示此事应该征求本人的意见,如果愿意留下,自然最好;如果不愿意留,也不要勉强。张玺恩同志于是让他征求我的意见,我觉得在高校任教,上课之外可以自由支配时间,搞点儿自己感兴趣的研究工作,表示还是希望能回中央民族学院;同时表示,如果将来人教社有事要我帮忙,我随叫随到。这样,张玺恩同志也不再坚持调我,我就返回到中央民族学院任教了。

此后,我又应人教社之邀,参与普通高中课程标准历史教科书必修1、2、3册及选修6的编写,并担任必修2及选修6两册的主编,还参加了供澳门使用的初中中国历史及高中中国历史教科书(试用版)的编写,并为人教社审阅九年义务教育初中中国历史教科书。

回想在人教社的工作和多次参加中学历史教材的编写，真是获益良多。这不仅使我进一步熟悉人类社会的发展规律，掌握中国历史发展的基本脉络，领会唯物史观的基本要领，而且在文字表达能力上也得到很大的提高。有学者著文说"陈先生在学术界一向以文笔优美著称"①，这实得益于在人教社的文字训练。这一切，都为我到高校从事教学和史学研究打下了坚实的基础。我也因此，得以在明史和中国民族关系史的研究中做出一些成绩，写出了《朱元璋大传》《明史十讲》《古代民族关系论稿》等专著，并出任中央民族大学历史系主任。同我差不多同时调离人教社历史室的同志，更是在各自的岗位上做出了突出的成绩。陈乐素同志先到杭州大学，后到暨南大学，创办宋史研究室，担任博士生导师，培养了一批宋史研究人才。吴雁南同志到贵阳师院（今贵阳师大），从室主任升为系主任再升为校长，在中国近代史上发表了一系列论著。姚涌彬同志到文物出版社，领导让他担任《文物》月刊的主笔，他考虑到自己体质较弱，不耐繁剧，主动推辞，支持另一位同志担任主笔，自己则承担稿件的复审，为刊物把关。王小曼同志到中国社会科学院历史研究所西欧研究室担任支部书记，如果不是英年早逝，她将在西欧现代史和国际共运史的研究中做出应有的贡献。"文化大革命"爆发当年大学毕业分配到历史室的柳松同志，到宁夏大学后，担任历史系主任，兼任宁夏回族自治区历史学会副会长，并在中共党史的研究中做出一定成绩。陆续调回人教社的同志，也都有着不同的成就。他们除了编写中小学历史教材外，邱汉生同志著有《四书集注简论》，并与侯外庐等人合著《宋明理学史》。苏寿桐同志和王宏志同志先后出任副总编辑，王宏志同志还著有《洪承畴传》。王剑英同志在安徽凤阳的"五七"干校探查明中都遗址，著有《明中都》的专著，后出任中国大百科全书中国历史地图组的副主编。李纯武和寿纪瑜（她原在外语室，后调历史室）等同志合著了《简明世界通史》上、下册。人们私下议论说："人教社是个藏龙卧虎之地。"此言确非过誉。

2019 年 12 月 27 日草就
于北京民族大学西路书斋
（原载《课程·教材·教法》2020 年第 12 期）

① 彭勇：《〈朱元璋大传〉的经典气质》，《博览群书》2019 年第 6 期。

附　　　录

解读有关朱元璋身世事功的几个"谜团"

中国文化报记者　卢毅然　采访嘉宾　陈梧桐

记者: 陈教授您好,感谢您接受本报的采访。关于明朝"那些事儿"最近由于一些网络文学和影视作品的推出而引起人们的广泛兴趣,有关朱元璋的故事和历史评价更是众说纷纭。您作为研究朱元璋的权威历史专家,对此有何评述?

陈梧桐: 是的,在一些面向大众的历史知识普及性作品的推波助澜下,人们对历史文化的兴趣渐浓,对明史和朱元璋的关注与研究在眼下已经"走出书斋",成为一种"现象"。这是好事,但这些作品中也存在一些史实不准确和纯属艺术想象的内容,作为历史学者,有必要、有责任对此进行分析和澄清。

朱元璋是明王朝的开创者,一生的经历曲折复杂,充满传奇色彩,存在着许多谜团。例如,他究竟出生在何处? 他原本是个没有多少文化的贫苦农民出身的小行童,何以会成为威震四方的农民起义军领袖? 他为什么能在渡江之后越战越强,逐一扫灭群雄,推翻元朝统治? 他创建明朝以后,为什么要大力强化君主专制的中央集权制度,产生了怎样的作用和影响? 他究竟采取了什么措施,来恢复和发展惨遭战争破坏的经济? 他的是非功过交织于一身,究竟应当怎样评价? 他死后,又究竟葬在了什么地方? 所有这些,都是争论颇多,人们极想了解的问题。

最新考证:"钟离东乡"出生地即今凤阳小溪河镇金桥村

记者:朱元璋的准确出生地由于历史行政区划的变迁而逐渐模糊,进而在近30年演变为一场此起彼伏的争论。据了解,您对朱元璋研究会的刘思祥、陈怀仁等人的最新考证表示认同,并将考虑据此修改您的《洪武皇帝大传》等著作中的有关记述,是这样吗?

陈梧桐:是的。尽管有关争论从表象上已演化为地方经济发展的文化依托之争,但从根本上还是要靠严谨准确的学术考证来解决问题。朱元璋祖籍在今江苏沛县与安徽宿州符离镇一带,后来他的先祖南迁至句容通德乡朱家巷。五世祖朱仲八、高祖父朱百六、曾祖父朱四九,都是世代从事农业生产。到宋末元初,朱元璋祖父朱初一却被官府定为淘金户。句容不产金,朱家每年都得花钱到外地买金子向官府缴纳,把家产都赔光了。至元二十六年(1289),不堪忍受的朱初一带着全家北逃到淮河北岸的泗州孙家岗,开垦荒地,死后就葬在那里。朱初一去世后,他的两个儿子朱五一和朱五四,也就是朱元璋的伯父和父亲,又迁至淮河南岸的盱眙津律镇。后来朱五一和朱五四兄弟又分别迁徙。朱五一一家迁至濠州钟离;朱五四一家先迁至灵璧,又迁至虹县(今安徽泗县),再迁至钟离东乡(据最新考证即今安徽凤阳小溪河镇金桥村)。朱元璋的3个亲兄分别出生于盱眙、灵璧和虹县,朱元璋则在天历元年(1328)父亲48岁时出生于钟离东乡。大约在迁离盱眙之后,朱五四开始充当佃户,有时也外出打工,日子过得相当艰难,遇到地主夺佃就得搬家。后至元四年(1338)便迁到钟离西乡(今凤阳临淮镇汤府村附近),第二年(1339)又迁至钟离太平乡孤庄村(今凤阳县城西乡二十营村)。后来,朱元璋亲撰的《朱氏世德碑》和翰林侍讲学士危素依据朱元璋提供的资料撰写的《皇陵碑》,都扼要讲述过他的家世和出生地。《朱氏世德碑》云:"先考君娶陈氏,泗州人……某其季也,先迁钟离,后戊辰(1328)所生。"危素《皇陵碑》也说:"皇考有四子:长兄讳某,生于津律镇;仲兄讳某,生于灵璧;三兄讳某,生于虹县;皇考五十,居钟离之东乡,而朕生焉。"正是根据朱元璋本人的记述,明代官修的《实录》和清代官修的《明史》及明清私家修撰的绝大多数史籍,都确认朱元璋是凤阳人。

但是,明成祖朱棣为明孝陵撰写的《孝陵神功至德碑》为了神化他父亲朱元璋,编造了一些所谓"圣瑞"之象,说:"初,皇祖妣淳皇后,梦神馈药如丸,烨烨有光,吞之,既觉异香袭体,遂娠皇考。及诞之夕,有光烛天。"后来,这种"圣瑞"传说越传越广,情节也越来越生动神异,但发生地点却不一致,有说发生在钟离东乡,有说发生在盱眙灵迹乡或太平乡的。至明中期,泗州盱眙的地方官借修撰方志之机,把种种"圣瑞"之象都移植到盱眙境内,并在盱眙灵迹乡刻石立碑,形成朱元璋出生地的"盱眙说"。1932年,盱眙县的灵迹、太平诸乡划归安徽嘉山管辖。1994年,嘉山撤县,设立明光市。"盱眙说"又演变为"嘉山说""明光说"。这种说法,由于完全奠立于传闻的基础上,缺乏可靠的第一手资料为依据,不仅荒诞不经,而且彼此抵牾,漏洞百出,因而未被大多数史籍所采纳。

"朱重八"名字的由来:《明朝那些事儿》错了

记者:朱元璋小时候的名字"朱重八"很有意思,一些传说和文学作品对此进行了演绎,但历史的本真——"朱重八"到底是什么意思?

陈梧桐:朱元璋小时候父母给他取的名字叫重八,长大后自己改名为兴宗,后来才改名为元璋,字国瑞。时下流行的一本通俗历史读物《明朝那些事儿·朱元璋卷》,开篇为朱元璋列出一份档案,在姓名与别名的栏目里写道:"姓名:朱元璋　别名(外号):朱重八、朱国瑞。"将朱重八列入"别名(外号)"一栏,显然是错误的。正确的做法,应该把朱重八、朱兴宗单独列为"曾用名"一栏。

那么,朱元璋的父母为什么给他取这样的名字呢? 这本通俗历史读物的作者解释说:"取这样的名字不是因为朱家是搞数学的,而是因为在元朝,老百姓如果不能上学和当官就没有名字,只能以父母年龄相加或者出生的日期命名(登记户口的人一定会眼花)。"既然是以父母年龄相加或者出生的日期命名,他的名字应该是两个数字,所以作者说:"朱重八,这个名字也可以叫朱八八。"

但是,朱元璋生于元文宗天历元年(1328)农历九月十八(公历10月21日),这一年他父亲朱五四48岁,母亲陈氏43岁,父母的年岁相加是91岁。如果朱元璋的名字是以父母的年岁相加或者出生的日期命名,他的名字应该叫九一或一八,怎么说也不会是重八或八八了。

其实,这位作者是只知其一,不知其二。宋元以来的封建社会,平民百姓没有职名的,除以父母的年岁相加或者出生的日期作为称呼外,还有以行辈命名的。清代俞樾《春在堂随笔》卷五即云:

> 徐诚庵大令为余言:"向见吾邑《蔡氏家谱》有前辈书小字一行,云:'元制:庶民无职者,不许取名,止以行第及父母年齿合计为名。'此制于《元史》无征,然证以明高皇(即明太祖朱元璋)所称其兄之名,正是如此。其为元时令甲无疑矣。见在绍兴乡间,颇有以数目字为名者。如夫年二十四,妇年二十二,合为四十六,生子即名四六;夫年二十三,妇年二十二,合为四十五,生子或名为五九,五九四十五也。"以上并徐君说。余考明勋臣,开平王常遇春,曾祖四三,祖重五,父六六;东瓯王汤和曾祖五一,祖六一,父七一,亦以数目字为名。又考洪文敏《夷坚志》所载宋时杂事,如云兴国军民熊二;又云刘十二,鄱阳城民也;又云南城田夫周三;又云鄱阳小民隗六;又云符离人从四;又云楚州山阳县渔者尹二;又云解州安邑池西乡民梁小二;又云董小七,临川人;又云徽州婺源民张四;又云黄州市民十六,其仆崔三;又云鄱阳乡民郑小五;又云金华县孝顺镇农民陈二。诸如此类,不可胜举。又载阳武四将军事云:访渔之家,无有知之者,亦不曾询其姓第,识者疑为神云。按言姓第,不言姓名,疑宋时里巷细民,固无名也。

重八这个名字就是按照行辈的次序而取的。他属于"重"字辈,有四个堂兄,分别叫重一、重二、重三、重五,三个胞兄分别叫重四、重六、重七,他年纪最小,就叫重八。既然是按辈分取名的,这个重八,就不能叫八八。

这位作者主张:"其实历史本身很精彩,所有的历史都可以写得很好看。"他的这本通俗历史读物,用了很多流行文学的描写手法和表现方式,文字俏皮、幽默,确实好看。但是历史虽然是已经发生过的往事,却是一种客观的存在,不是可以任人随意打扮的小姑娘。任何历史作品,不管其表现形式如何,是学术著作还是通俗读物,都应该真实地反映历史的面貌,揭示其丰富的内涵。否则,戏说历史,真假混淆,就无助于人们认识历史,得到有益的启迪了。因此,历史作品应该写得好看,更要写得真实。真实是历史作品的生命之所在。

耐人深思:明中都的营建与废弃

记者:朱元璋其实有很浓厚的家乡情结,他在称帝之初考虑把自己的家乡凤阳建为"中都",但终究因种种因素作罢。您能详细介绍一下这段至今已鲜为人知的历史吗?

陈梧桐:许多人知道明朝有南、北两京,却不一定知道明初朱元璋曾在他家乡凤阳营建一个中都。洪武元年(1368)正月,朱元璋在应天称帝后,就面临着在哪里建都的问题。都城的选择,一般都把政治、军事、经济和地理条件等各种因素综合起来加以考虑。应天是他发展壮大的基地,此地龙蟠虎踞,形势险要,而且地处经济发达的江南地区,经济条件十分优越,但它的地理位置偏于东南,距离对元朝作战的北方前线太远,不便朝廷部署军事和指挥、调动部队,这是个很大的缺陷。加上历史上在此建都的东吴、东晋和南朝的宋、齐、梁、陈六朝,又都是短命王朝,朱元璋也认为很不吉利。所以他迟迟未能拿定主意,是否就在这里定都。

不久,徐达率领北伐大军攻占山东、河南,大臣都说"君天下者宜居中土",汴梁是宋朝故都,劝朱元璋在那里定都。朱元璋随后亲到汴梁,改汴梁路为开封府,并与徐达商讨部署下一步的作战计划,顺便对这个城市做一番考察。考察结果,他觉得开封地处中原,"四方朝贡,道里均适",决定在此建都,但又感到这个城市无险可守,是个"四面受敌之地",决定把应天也定作都城,实行古已有之的两京制度。八月,下诏以应天为南京,开封为北京。

就在诏书颁布的第二天,北伐军攻占大都。到第二年八月,明军又次第攻克山西、陕西等地,将北方大片地区纳入版图。随着形势的变化,建都的地点是否要进行调整呢? 朱元璋召集臣僚进行讨论。多数大臣鉴于北方元朝的残余势力尚未消灭,仍主张在中原建都,并提出定都长安、洛阳、开封和北平(今北京)等几种方案。朱元璋听完各种意见后,说:"所言皆善,惟时不同耳。"认为大臣们的话虽然都有道理,却不适应当前形势。长安、洛阳、开封虽系周、秦、汉、魏、唐、宋诸朝的故都,但明朝刚刚建国,民力未苏,如果在那些地方建都,供给力役都要依赖江南,势必加重江南人民的负担;北平虽有元朝的宫室可以利用,但如定为都城,仍需进行一番改造修建,还是要耗费不少人力、物力。因此,他另外提出一个在南京和他家乡凤阳建都的方案,说南京"长江天堑,龙蟠虎踞,江南形势之地,真足以立国",可作为都城,但它"去中原颇远,控制(北方)良难",而离中原稍近的凤阳"前江后淮,以险可恃,以水可漕",以之作为中都,可以补救定都南京之不足。朱元璋征求臣僚的意见,李善长等一大批淮西勋贵自然都表示赞同。洪武二年九月,朱元璋正式下诏在凤阳营建中都。

朱元璋的这道诏令只提到定都南京和中都,没有提到开封,但也没有取消开封作为北京的地位,这就形成了中国历史上罕见的三个都城并立的局面。不过,他最看重的还是中都。当礼部尚书陶凯向他请示,询问三个都城有三个城隍神主,将来合祀,以哪个神主为首?他回答说,现在以我所在都城即南京神主为首,"若他日迁中都,则先中都之主"。事实上,他是准备在中都建成后,把都城迁去,在家乡长久居住的。正如他后来在《龙兴寺碑》里所说的:"洪武初,欲以(凤凰)山前为京师,定鼎四方。"其实,凤阳并不具备建都的经济、地理条件。在起义初期,当郭子兴准备在滁州称王时,朱元璋曾出面劝阻:"滁,山城也,舟楫不通,商贾不集,无形胜可据,不足居也!"凤阳也不比滁州好到哪儿去,这里地处丘陵地带,形势曼衍,无险可据,加上土地贫瘠,商贾不集,也不是理想的定都之地。朱元璋之所以要在家乡建都,实出于根深蒂固的小农意识。贫苦农民出身的朱元璋,同所有古代社会的农民一样,具有强烈的安土重迁和乡土、宗族观念。在击灭张士诚之前,濠州一度为张士诚的部将所占,他曾发出"我有国无家可乎"的慨叹。起义期间,他主要依靠同自己有乡里、宗族关系的淮西将臣打天下。明朝建立后,他不仅给予淮西将臣大量封赏,使之成为王朝的新贵,而且想把家乡建成都城,和这帮淮西勋贵一道衣锦还乡,齐心协力,共同巩固明朝的统治,以共享安乐。

正是由于"圣心思念帝乡,欲久居凤阳",朱元璋一反往常崇尚节俭的做法,要求把中都建得非常雄壮华丽。不仅圜丘、方丘、日月社坛、山川坛和太庙要"上以画绣",连一些石构建筑也要雕饰奇巧,使用龙凤、海水、云朵的纹饰。诏书发布后,他特地在凤阳设立行工部,具体负责营建工作,并命已退休的丞相李善长和大将汤和、吴良及工部尚书薛祥等人前往督工。将近九万工匠和几十万军士、民夫和罪犯,参加了中都的营建工作。经过四年的辛勤劳作,中都的营建"功将完成",一座崭新的都城,已初具规模,矗立于皖东大地。

洪武八年四月初二日,朱元璋满怀喜悦地前往中都,准备"验工赏劳"。不料,他在视察宫殿时,苦于工役繁重、食不饱腹的工匠,却在殿脊上搞了据说可招来鬼神作怪的"厌镇法",以发泄他们的怨恨情绪。朱元璋虽下令尽杀搞"厌镇法"的工匠,但这个事件还是使他受到强烈的震动。他开始意识到元朝的统治刚刚被推翻,民困未苏,而统一战争尚在进行之时,就大规模营建中都,并要求建得非常雄壮华丽,是个重大的失误。离开中都之前,他在圜丘祭告天地,特地向皇天后土请罪,说:"此臣之罪有不可免者。"

四月二十九日,朱元璋闷闷不乐地回到南京,又得知刘基已在本月十六日去世的消息,心情越发沉重。刘基是朱元璋夺取天下的重要谋士,也是敢言直谏的重臣,因此而结怨李善长、胡惟庸等淮西勋贵。当中都的营建工程正在紧张开展之时,刘基就表示了反对意见,说:"中都曼衍,非天子居也。"这更引起一心梦想着衣锦还乡的淮西勋贵的忌恨。加上他反对胡惟庸任相,他们便倾力攻击刘基。当刘基忧愤成疾后,胡惟庸便派医生将他毒死。刘基之死,促使朱元璋重新审视他所倚重的淮西勋贵和定都凤阳的决策。登基之后,朱元璋在倚重淮西勋贵的同时,尽管也对他们采取了一系列措施,以防功高震主,威胁到他的宝座,但是这些淮西勋贵根本不听约束,不仅恃功骄恣,屡屡干出越礼犯分的勾当(如武定侯郭英竟私自役使营建中都的工匠为自己建造宅第),而且极力排斥、打击非淮西籍的大臣。在毒死刘基之前,他们就曾将山西籍的中书省左丞杨宪倾陷致死。看来,乡党并不都是忠诚可靠的,如果在凤阳建都,淮西勋贵利用家乡盘根错节的宗族、乡里关系扩展势力,势必对皇权构成严重的威胁。于是,朱元璋决心抛弃乡土观念,在返回南京的当天,下诏罢中都役作。九月,下诏改建南京的大内宫殿,要求"但求安固,不事华丽,凡雕饰奇巧,一切不用","台榭苑囿之作,劳民费财之事,游观之乐"决不为之。这意味着迁都中都的计划已彻底放弃。朱元璋也从此未再返回凤阳老家。他的用人之策,也从倚重淮西乡党逐步转向任用五湖四海的人才。洪武十年十月,南京大内宫殿改建完成。洪武十一年正月,朱元璋下诏改南京为京师,同时罢除北京,仍称开封府。犹豫10年之久的建都问题,算是暂时解决。后来永乐年间,明成祖改北平为北京,迁都于此,而改京师为南京,明朝的南、北两京,至此遂为定制。

明中都兴废事件已经过去了600多年,但它留下的深刻教训却不应被遗忘。时至今日,我们不是屡屡见到某些政府"衙门"不顾经济条件,大盖富丽堂皇的楼堂馆所,以及某些官员只提拔重用同自己有着宗族、乡土关系的部属吗?愿600多年前明中都兴废的教训,能使他们的头脑清醒再清醒。

葬身何地本不应成"谜"：埋葬于紫金山南麓无可置疑

记者：也许是受曹操"七十二疑冢"传说的影响，一代雄杰朱元璋的葬身地也被附会了很多传说，有人宁愿不信正史信野史，搞得堂堂的明朝开国皇帝似乎连葬身之所都说不清了。对所谓朱元璋的"葬身地之谜"，您有何看法？

陈梧桐：作为寿终正寝、隆重下葬的一代开国皇帝，朱元璋的葬身之地怎么会成为"谜"呢？传说本无稽，正史的记载是确凿可信的。

同所有封建皇帝一样，朱元璋生前就开始为自己修建陵墓。洪武初年，他命精通形势宗风水术的谋士刘基与自己的同乡徐达、汤和，和自己一起踏勘南京东郊的紫金山，为他选择陵址。

他们一路走来，到达紫金山南麓独龙阜玩珠峰下，发现此处不仅泉壑幽深，云霭迷蒙，风光秀美，而且东有象征青龙的龙山，西有象征白虎的虎山，北有象征玄武的玩珠峰，南有象征朱雀的前湖，远处还有梅花山和方山，具备皇陵所追求的拱卫、环抱、朝揖的风水格局，一致认定这是一块理想的风水宝地，适于建造陵墓。陵址选定后，洪武九年（1376）开始筹建，到十四年初步建成。十五年八月，马皇后病逝，九月葬入墓中。朱元璋主张"以孝治天下"，为马皇后赐谥"孝慈皇后"，这座陵墓也就被称为"孝陵"。不过，此时陵墓的地面建筑建造尚在继续进行。洪武十六年（1383），孝陵大殿建成。三十一年（1398）闰五月初十日，朱元璋病故。十六日，他的孙子朱允炆继位，改元建文，随即于当天将他的遗体葬入陵墓。"帝后以下附葬者，妃嫔共四十人。"朱元璋的妃嫔全部殉葬。朱元璋的妃嫔大多数是汉族，也有蒙古女子，如燕王（朱棣）和周王的生母碽妃就是蒙古妃子。此外，还有个别高丽女子，如周妃、韩妃。元、明两代，高丽多次向元、明宫中贡献年轻女子。朱元璋身边的高丽妃子，有的就是在明军占领大都后得之于元宫的。严从简《殊域周咨录》即载："初，元主尝索女子于高丽，得（高丽使臣周）谊女，纳之于宫中，后为我朝中使携归（时宫中美人有号高丽妃者，疑即此女）。"

朱元璋下葬后，孝陵尚未全部完工。永乐三年（1405），明成祖朱棣在陵前竖起高大的《孝陵神功圣德碑》，陵墓的修建工作方告结束。整个明孝陵的建造，前后历时达30

年之久。如今,这座宏伟庞大的明孝陵,已同其他明清皇陵一起,被列入"世界文化遗产名录"。

明末清初,在民间流行一种传说,称朱元璋丧葬是从当时南京的十三座城门同时出殡的,由此又产生出朱元璋究竟葬于何处的疑问。一种说法是朱元璋葬在南京西城朝天宫的三清殿下面,另一种说法是朱元璋第四个儿子燕王朱棣起兵"靖难",从他侄儿建文帝手中夺取到皇位后,把父亲的灵柩运到北京的万岁山(今景山)安葬。

其实,朱元璋和马皇后入葬南京东郊明孝陵史有明载,确凿有据,而以上传说根本没有史实依据。明人王棠《知新录》就曾驳斥民间流传的这两种说法:"俗说朝天宫是太祖葬处,此伪言也。帝王大度,断不如是。元朝帝王无陵寝,其伎俩与瞒(即曹操,传说身后置七十二疑冢)同。又有谓在燕京万岁山者,不足信也。"

不过,王棠反驳的理由说得并不充分。到了清代,金陵人甘熙又在《白下琐言》中评论说:"世传三清殿下为太祖真葬。国朝赵秋谷执信,又谓葬于燕京之万岁山,作长歌以纪,有'马后悲孤独'之语。然崩葬孝陵,见诸正史,以当时情事而论,相度地势,起造山陵,动帑数百万,经历十数年,岂第为马后而计? 且建文仁孝,又安忍以太祖遗骸置诸渺不可知之域? 群臣岂绝无目击其事者? 万岁山在燕京,其时方以会葬不从(朱元璋临终前的遗诏规定:'诸王各于本国哭临,不必赴京。'朱棣从北平赶赴南京,中途遇到朝廷使臣向他传达遗诏,只得返回北平),兴师靖难,焉有奉移梓宫,不远数千里而徙之事? 赵说更不足信。"甘熙所论有理有据,也较全面,是令人信服的。

(原载《中国文化报》2010 年 7 月 5 日第 4 版)

图书在版编目（CIP）数据

秋实集/陈梧桐著. --郑州:河南文艺出版社,
2021.11（2023.8 重印）
　　ISBN 978-7-5559-1105-0

　　Ⅰ.①秋…　Ⅱ.①陈…　Ⅲ.①中国历史-明代-文
集　Ⅳ.①K248.07-53

中国版本图书馆 CIP 数据核字（2021）第 196389 号

选题策划　杨彦玲　梁素娟
责任编辑　梁素娟
书籍设计　张　萌
责任校对　殷现堂
责任印制　陈少强

出版发行　河南文艺出版社
本社地址　郑州市郑东新区祥盛街 27 号 C 座 5 楼
承印单位　河南省邮电科技有限公司
经销单位　新华书店
纸张规格　787 毫米×1092 毫米　1/16
印　　张　31.5
字　　数　534 000
版　　次　2021 年 11 月第 1 版
印　　次　2023 年 8 月第 3 次印刷
定　　价　98.00 元